本书受全国高校古籍整理研究工作委员会资助指导

古籍研究

《古籍研究》编辑委员会　编

总第66卷

凤凰出版社

图书在版编目（CIP）数据

古籍研究. 总第66卷 / 《古籍研究》编辑委员会编.
-- 南京 : 凤凰出版社, 2017.12
ISBN 978-7-5506-2698-0

Ⅰ. ①古… Ⅱ. ①古… Ⅲ. ①古籍－研究－中国
Ⅳ. ①G256

中国版本图书馆CIP数据核字(2017)第294411号

书　　名	古籍研究(总第66卷)
编　　者	《古籍研究》编辑委员会
责任编辑	李相东
装帧设计	徐　慧
出版发行	凤凰出版社(原江苏古籍出版社) 发行部电话025-83223462
出版社地址	南京市中央路165号,邮编:210009
出版社网址	http://www.fhcbs.com
照　　排	南京凯建图文制作有限公司
印　　刷	江苏省句容市排印厂 句容市春城镇南,邮编:212404
开　　本	787×1092毫米　1/16
印　　张	21
字　　数	460千字
版　　次	2017年12月第1版　2017年12月第1次印刷
标准书号	ISBN 978-7-5506-2698-0
定　　价	82.00元

(本书凡印装错误可向承印厂调换,电话:0511-87871135)

《古籍研究》主办单位

安徽大学文学院

安徽大学古籍整理研究所

安徽省古籍整理出版办公室

淮北师范大学古籍整理研究所

安庆师范大学文学院

安徽师范大学中国诗学研究中心

目　录

文史专论

目录与版本

校勘与注释

《太平广记》的编纂与成书考论*

熊　明

宋太宗为何诏命李昉等编纂《太平广记》等书？自《太平广记》等问世以来，说法颇多，李昉等在《太平广记表》中自呈初衷，谓是“九流并起，皆得圣人之道”，“足以启迪聪明，鉴照今古”，然“以为编秩既广，观览难周”，故编此书。而后世许多学者，则颇不以为然，或以为宋太宗命李昉等人编纂卷帙浩繁的《太平广记》等书，实另有目的，最流行的观点认为是宋太宗以此为借口将海内名士羁縻于文字之间。窃以为宋太宗下诏编纂《太平广记》、《太平御览》、《文苑英华》，是有其历史文化背景与现实需要的。而以李昉为首的参纂成员都是当时的饱学之士，他们的小说知识背景，对《太平广记》的迅速成书有着极大的影响。

一、“老英雄法”之说

宋太宗时，编纂成《太平广记》、《太平御览》、《文苑英华》三书，后宋真宗时又编纂成《册府元龟》。《太平广记》是与《太平御览》同时开始编纂的，据王应麟《玉海》卷五四《艺文·承诏撰述 类书》“太平兴国《太平御览》《太平广记》”条云：

《实录》：太平兴国二年三月戊寅，诏翰林学士李昉、扈蒙、左补阙知制诰李穆、太子少詹事汤悦、太子率更令徐铉、太子中允张洎、左补阙李克勤、右拾遗宋白、太子中允陈鄂、光禄寺丞徐用宾、太府寺丞吴淑、国子寺丞舒雅、少府监丞吕文仲、阮思道等(十四人)，同以前代《修文御览》、《艺文类聚》、《文思博要》及诸书，分门编为一千卷。又以野史、传记、小说杂编为五百卷。八年十一月庚辰，诏：“史馆所修《太平总类》一千卷，宜令日进三卷，朕当亲览焉。”自十二月一日为始，宰相宋琪等言曰：“天寒景短，日阅三卷，恐圣躬疲倦。”上曰：“朕性喜读书，颇得其趣，开卷有益，岂徒然也。因知好学者，读万卷书非虚语耳。”十二月庚子，书成。凡五十四门(《书目》云：杂采经史、传记、小说，自天地事物迄皇帝王霸，分类编次)。诏曰：“史馆新纂《太平总类》一千卷，包括群书，指掌千古，颇资乙夜之览，何止名山之藏，用锡嘉称，以传来裔，可改名《太平御览》。”戊申，上于禁中读书(一云清心殿)，自巳时至申时始罢，有苍鹳(一作鹤)自上始开卷，飞止殿鸱尾，逮掩卷而去。上怪之，以语近臣，宰相宋琪对曰：“此上好学之感也。昔杨震方讲

* 本文为 2013 年度国家社科基金项目“《太平广记》与汉唐小说研究”(编号：13BZW064)、辽宁省教育厅人文社科重点研究基地专项项目“《太平广记》编纂思想研究”(编号：ZJ2015026)阶段性成果。

间,有鹳雀衔三鳣鱼堕于庭,亦同其应。"《会要》:先是,帝阅类书,门目纷杂,遂诏修此书。兴国二年三月,诏昉等取野史小说集为五百卷(五十五部,天部至百卉),三年八月书成,号曰《太平广记》。(二年三月戊寅所集,八年十二月庚子成书。)六年诏令镂版(《广记》镂本颁天下,言者以为非学者所急,收墨板藏太清楼)。二书所命官皆同,唯克勤、用宾、思道改他官,续命太子中允王克正、董淳、直史馆赵邻幾预焉。①

又据嘉靖间谈恺刻本所录李昉《太平广记表》上表时间"太平兴国三年(978)八月十三日",及所载"八月二十五日奉敕送史馆"、"六年正月奉圣旨雕印版"等时间,可知《太平广记》的编纂,当始于太平兴国二年(977)三月,至太平兴国三年(978)八月完成上表进呈,同年八月送交史馆,太平兴国六年(981)正月雕版颁行。又据谈恺刻书序,"言者以《广记》非后学所急,收板藏太清楼"。

宋太宗为何诏命李昉等编纂《太平广记》等书?自《太平广记》等问世以来,说法颇多,李昉等在《太平广记表》中自呈初衷,谓是"九流并起,皆得圣人之道","足以启迪聪明,鉴照今古",然"以为编秩既广,观览难周",故编此书,其云:

臣昉等言:臣先奉敕撰集《太平广记》五百卷者,伏以六籍既分,九流并起,皆得圣人之道,以尽万物之情。足以启迪聪明,鉴照今古。伏惟皇帝陛下,体周圣启,德迈文思。博综群言,不遗众善。以为编秩既广,观览难周,故使采摭菁英,裁成类例。惟兹重事,宜属通儒。臣等谬以谀闻,幸尘清赏,猥奉修文之寄。曾无叙事之能,退省疏芜,惟增腼冒。其书五百卷、并目录十卷、共五百十卷。谨诣东上阁门奉表上进以闻,冒渎天听。臣昉等诚惶诚恐顿首顿首谨言。

太平兴国三年八月十三日。②

而后世许多学者,则颇不以为然,或以为宋太宗命李昉等人编纂卷帙浩繁的《太平广记》等书,实另有目的,即以此为借口将海内名士羁縻于文字之间。南宋王明清在《挥麈录》中即有此论:

太平兴国中,诸降王死,其旧臣或宣怨言。太宗尽收用之,置之馆阁,使修群书,如《册府元龟》、《文苑英华》、《太平广记》之类。广其卷帙,厚其廪禄赡给,以役其心。多卒老于文字之间云。(朱希真先生云)③

马端临《文献通考》卷二四八《经籍考七十五·集》总集类"《文苑英华》一千卷"条引用王氏之言,似亦持相似观点:

陈氏曰:太平兴国七年,命学士李昉、扈蒙、徐铉、宋白等阅前代文学,撮其精要,以类分之,续又命苏易简、王佑等至雍熙三年书成。王氏曰:太平中诸降

① (宋)王应麟:《玉海》卷五四《艺文·承诏撰述 类书》"太平兴国《太平御览》《太平广记》",扬州:广陵书社,2003年,第1030页下—1031页上。

② (宋)李昉:《太平广记表》,李昉等《太平广记》,北京:中华书局,2003年,第1页。

③ (宋)王明清撰,穆公校点:《挥麈录》后录卷一"太宗收用旧臣处之编修以役其心",上海:上海古籍出版社,2001年,第3616页。

王旧臣，或宣怨言，太宗尽收用之，置之馆阁，使修群书，如《册府元龟》、《文苑英华》、《太平广记》之类，广其卷帙，厚其廪禄赡给，以役其心，多卒老于文字之间云。

谈恺刻《太平广记》，其所撰《刻太平广记序》亦重复王明清之言，“宋太平兴国间，既得诸国图籍，而降王诸臣，皆海内名士，或宣怨言。尽收用之，置之馆阁，厚其廪饩，使修群书。以《修文御览》、《艺文类聚》、《文思博要》、经史子集一千六百九十余种，编成一千卷，赐名《太平御览》。又以野史传记小说诸家，编成书五百卷，分五十五部，赐名《太平广记》”①。明陆深亦以为宋太宗本意如此，他说：“宋太宗平列国，所得裸将之士颇多，无地处之，于是设馆修三大书。命宋白等总之三大书者，《册府元龟》、《太平御览》、《文苑英华》也。《御览》外又别修《广记》五百卷，亦皆优为供给。盖将以驰驱一时之人才，使之乐而忘老，其本意初不为书籍也，明君贤相真自有度。”②清吴任臣《十国春秋》卷二八《殷崇义传》亦云：“是时诸降王死，多出非命，其故臣或宣怨言。太宗俱录之馆中，俾修《太平御览》等书，丰其廪饩，诸臣多卒老于中，崇义其一也。”③鲁迅先生撰《中国小说史略》，言及《太平广记》，亦云：“宋既平一宇内，收诸国图籍，而降王臣佐多海内名士，或宣怨言，遂尽招之馆阁，厚其廪饩，使修书，成《太平御览》、《文苑英华》各一千卷；又以野史传记小说诸家成书五百卷，目录十卷，是为《太平广记》。”④在《中国小说的历史的变迁》中亦言：“此在政府的目的，不过利用这事业，收养名人，以图减其对于政治上之反动而已，固未尝有意于文艺……”⑤邓嗣禹在《太平广记篇目及引书引得·序》中亦承王氏之说。

王明清首言宋太宗诏修《太平广记》等书，实是以修书为由羁縻名士，是一种高明的“老英雄法”，王明清以降如马端临、谈恺、鲁迅等，皆附和其说，影响颇大。不过，质疑亦历代不绝。宋李心传在《旧闻证误》卷一中即指出王氏所言有误：

朱希真云：太平兴国中，诸降王死，其旧臣或宣怨言，太宗尽收用之，置之馆阁，使修群书，如《册府元龟》、《文苑英华》、《太平广记》之类。广其卷帙，厚其廪禄赡给，以役其心，多卒老于文字之间。（出王仲言《挥麈后录》）按《会要》：太平兴国二年，命学士李明远、扈日用偕诸儒修《太平御览》一千卷，《广记》五百卷。明年《广记》成，八年，《御览》成，九年，又命三公及诸儒修《文苑英华》一千卷，雍熙三年成。与修者乃李文恭穆、杨文安徽之、杨枢副砺、贾参政黄中、李参政至、吕文穆蒙正、宋文安白、赵舍人邻幾，皆名臣也。杨文安虽贯浦城，然耻事伪廷，举后周进士第。江南旧臣之与选者，特汤光禄、张师黯、徐鼎臣、杜文周、吴正仪等数人。其后汤、徐并直学士院，张参知政事，杜官至龙图阁直学士，吴知制诰，皆一时文人。此谓“多老于文字之间”者，误也。当修《御览》、《广记》时，李重光

① (明)谈恺：《刻太平广记序》，《太平广记》，北京：中华书局，2003年，第2页。

② (明)陆深：《俨山外集》卷二七《春雨堂杂抄》，文渊阁《四库全书》本，第885册，第158页下。

③ (清)吴任臣：《十国春秋》卷二八《殷崇义传》，文渊阁《四库全书》本。第465册，第269页上。

④ 鲁迅：《中国小说史略》第十一篇《宋之志怪及传奇文》，北京：东方出版社，1996年，第73页。

⑤ 鲁迅：《中国小说的历史的变迁》第四讲《宋人之“说话”及其影响》，《鲁迅全集》第九卷，北京：人民文学出版社，2005年，第329页。

尚亡恙,今谓"因降王死而出怨言",又误矣。《册府元龟》乃景德二年王文穆、杨文公奉诏修,朱说甚误。①

不仅"多老于文字之间"有误,"因降王死而出怨言"有误,且"《册府元龟》乃景德二年王文穆、杨文公奉诏修"亦与历史实际不符,辨说甚详。而元代的刘埙,在其《隐居通议》卷一三中则又以为参与编纂的李昉等算不上英雄,故王氏之言不妥。其云:

如宋初编《文苑英华》之类,尤不足采。或谓当时削平诸僭,其降臣聚朝多怀旧者,虑其或有异志,故皆位之馆阁,厚其爵禄,使编纂群书,如《太平御览》、《广记》、《英华》诸书,迟以岁月,困其心志,于是诸国之臣俱老死文字。闲世以为深得老英雄法,推为长策。以予观之,是惟无英雄尔。果有英雄,此何足以束缚之!彼以翻阅故纸、寻行数墨者谓之英雄,宁不足笑耶!当时如江南徐铉,号为辩士之雄,然犹不能使其国之不亡,孰谓既亡之后,犹能逞异志而使亡者复存邪!此好议者之过也。又如《文选》诸诗,乃昭明太子一时偶取入集,初非立体,而后世作诗者,乃创立一名曰"此为选体",尤非确论。②

近代以来,如聂崇岐、胡道静等,虽不同意王氏所谓宋太宗诏修《太平广记》等书为"老英雄法"之说,但亦以为此举是有政治目的的,聂崇岐指出王氏之说虽"实有两种错误",但"太宗之敕修群书,不过为点缀升平、欲获右文令主之名"③。胡道静以为且"宋太宗赵光义确有'惭德'的问题,他的帝王位置是从他哥哥太祖赵匡胤手中夺得的,且有杀兄的嫌疑——所谓'烛影斧声'者是。当时他必须安定人心,首先是须安定太祖旧臣之心。用这点来窥测太宗广修类书的心理及其政治作用,则李、聂所举抵牾之点皆可通;朱敦儒的说法诚有错误——不应当联系到'诸降王死'的问题上去,而他的说法的基本精神是应该认为有所根据的"④。不惟胡道静认为宋太宗敕修类书有"惭德"的原因,乾隆亦以为如此,他说:"亦由宋太宗身有惭德,因集文人为《太平御览》、《太平广记》、《文苑英华》三大书,以弭草野之私议。"⑤今之研究者,虽多批评王明清之说的史实谬误、不赞同其说的武断,但多不否认宋太宗这种做法的政治目的性。如日本学者竺雅章即认为:"这一大规模的编纂事业,主要是为了转移新征服的南方各国的文人学士对宋朝的不满,使他们在优越的条件下埋头编书,去掉那种失意愤恨的情绪……一般说来,中国历代王朝,完成了统一天下大业的皇帝,往往注意大力发展文化事业。如唐太宗时编纂《五经新义》、明永乐帝时编修《永乐大典》、清代康熙皇帝时编纂《古今图书集成》就是例子。这些帝王往往以此标榜自己是中国传统的

---

① (宋)李心传:《旧闻证误》卷一,文渊阁《四库全书》本,第686册,第578页上。

② (元)刘埙:《隐居通议》卷一三《文章一·古今类编》,文渊阁《四库全书》本,第866册,第122页下—123上。

③ 聂崇岐:《太平御览引得·序》,上海:上海古籍出版社,1990年,第5—6页。

④ 胡道静:《中国古代的类书》,北京:中华书局,1982年,第16—18页。

⑤ (清)弘历:《御制诗四集》卷一一《命校永乐大典因成八韵示意诗》注,文渊阁《四库全书》本,第1307册,第432页下。

文治国家的继承者，同时又可以作为笼络知识分子的手段。”①

二、《太平广记》的诏修缘起

《太平广记》与《太平御览》同时编纂，始于太平兴国二年(977)三月，而《太平广记》于太平兴国三年(978)八月先成，《太平御览》于太平兴国八年(983)十二月完成。太平兴国七年(982)九月，又诏修《文苑英华》，至雍熙三年(986)十二月完成。宋太宗诏修《太平广记》等书，是否为“老英雄法”、是否因为“惭德”，当然只是他人与后人的揣度，因为即使这是宋太宗的本意，他是不会诉诸言说、行诸文字的，且必然会多方掩饰，给出一个冠冕堂皇的理由。正如乾隆在言及为何诏修《四库全书》时说：“若今所辑《四库全书》，惟在搜罗遗佚，以广流传，为万事书林津逮，用意固不同耳。”②显然，“老英雄法”与“惭德”等，实是一种无法言说或者不便言说的理由，那么，宋太宗诏修《太平广记》等书，是否与其国家治理理念相关？是否是其国家治理策略中的措施之一呢？答案是肯定的。

《宋史·太祖本纪》末赞云：“建隆以来，释藩镇兵权，绳赃吏重法，以塞浊乱之源；州郡司牧，下至令录、幕职，躬自引对；务农兴学，慎罚薄敛，与世休息，迄于丕平；治定功成，制礼作乐。”③宋太祖赵匡胤立国，即实行“务农兴学”、“与世休息”的一系列政策措施，特别是“以文靖国”理念的提出与施行，确立起了有宋一代“右文抑武”的基本国策，影响深远。继立的宋太宗诏修《太平广记》等书，无疑是践行宋太祖这一政策的具体举措。李焘《续资治通鉴长编》卷二三云：

> 上尝谓近臣曰：“朕每读《老子》，至‘佳兵者，不祥之器，圣人不得已而用之’，未尝不三复以为规戒。王者虽以武功克定，终须用文德致治。朕每退朝，不废观书，意欲酌前世成败而行之，以尽损益也。”④

于此可见，从宋太宗读《老子》而叹，说明他对“以文靖国”的理解是深刻的，特别是“王者虽以武功克定，终须用文德致治”一语，更是“以文靖国”理念的直接表达，显然是深思熟虑的结论。而要实现“以文靖国”、“文德致治”，全社会重文风气的养成是至关重要的，而要养成重文风气，书籍又是不可或缺的。宋太宗对此是有清晰认识的，他在雍熙元年(984)说“夫教化之本，治乱之源，苟无书籍，何以取法”，并下令在民间征集图书：

> 雍熙元年春正月壬戌，上谓侍臣曰：“夫教化之本，治乱之源，苟无书籍，何以

---

① [日]竺雅章：《宋太祖与宋太宗》，三秦出版社，1988年，第123—124页。其他如赵维国《论〈太平广记〉纂修的文化因素》，《河南大学学报》2001年第3期；张国风《〈太平广记〉版本考述》第一章《〈太平广记〉的成书与流传》，中华书局，2004年，第4—5页；牛景丽《〈太平广记〉的传播与影响》第一章《〈太平广记〉概述》，南开大学出版社，2008年，第3—7页。袁文春《宋太宗诏修〈太平广记〉主旨新探》，中南大学学报2012年第1期。

② (清)弘历：《御制诗四集》卷一七《插架》注，文渊阁《四库全书》本，第1307册，第541页下。

③ (元)脱脱等：《宋史》卷三《太祖本纪》，北京：中华书局，2011年，第51页。

④ (宋)李焘：《续资治通鉴长编》卷二三《太宗》，北京：中华书局，1995年，第528页。

取法?"今三馆所贮遗逸尚多。乃诏三馆以《开元四库书目》阅馆中所阙者,具列其名,募中外有以书来上及三百卷,当议甄录酬奖,余第卷帙之数等级优赐。不愿送官者,借其本写毕还之。自是,四方之书往往间出矣。①

此时《太平广记》、《太平御览》业已编纂完成,《文苑英华》正在编纂中。当然,宋初对图籍的收集并不只这些,宋太祖在勘平各地时便注意搜罗图书,"以实三馆":

宋建隆初,三馆有书万二千余卷。乾德元年,平荆南,尽收其图书以实三馆。三年,平蜀,遣右拾遗孙逢吉往收其图籍,凡得书万三千卷。四年,下诏购募亡书。《三礼》涉弼、《三传》彭幹、学究朱载等皆诣阙献书,合千二百二十八卷。诏分置书府,弼等并赐以科名。闰八月,诏史馆:"凡吏民有以书籍来献,当视其篇目,馆中所无者收之,献书人送学士院试问吏理,堪任职官者具以名闻。"开宝八年冬,平江南,明年春,遣太子洗马吕龟祥就金陵籍其图书,得二万余卷,悉送史馆。自是群书渐备,两浙钱俶归朝,又收其书籍。②

宋太宗太平兴国初,幸三馆,因见其"湫隘卑庳,才蔽风雨",诏令别建:

先是,朱梁都汴,贞明中始以今右长庆门东北庐舍十数间,列为三馆,湫隘卑庳,才蔽风雨,周庐徼道,出于其侧,卫士驺卒,朝夕喧杂,历代以来,未遑改作。每诸儒受诏有所论撰,即移于他所,始能成之。太平兴国初,太宗因幸三馆,顾左右曰:"若此之陋,岂可以蓄天下图籍,延四方之士邪!"即诏经度左升龙门东北旧车路院,别建三馆,命中使督。其后栋宇之制,皆亲所规画。三年二月书院成,诏曰:"国家聿新崇构,大集群书,宜锡嘉名,以光策府。其三馆新修书院,宜目为崇文院。"自经始至于毕功,临幸者再,轮奂壮丽,甲于内庭。③

所以,从宋立国以来,自太祖至太宗,在"以文靖国"、"文德致治"的理念下,均重视图书的收集,和保存。既然"教化之本,治乱之源,苟无书籍,何以取法",因此,仅仅收集前代留存的图书是远远不够的,为便于"取法",编纂适合时代要求的书籍也就成为必然。宋太宗诏修《太平广记》等书,应当是宋初"以文靖国"、"文德致治"理念下为培养整个社会重文风气而采取的一项重要措施。

宋太祖好读书,不仅如此,他也希望皇子们多读书,特别是经书,而不必学作文章,司马光《涑水记闻》载其曾与秦王侍讲云:"帝王之子,当务读经书,知治乱之大体,不必学作文章,无所用也。"④还曾向近臣表达欲尽令武臣读书的想法,《涑水记闻》又载云:"太祖闻国子监集诸生讲书,喜,遣使赐之酒果,曰:'今之武臣,亦当使其读经书,欲其知为治之道也。'"⑤《续资治通鉴长编》卷三亦有类似记载:"太祖建隆三年……壬寅,上谓近臣曰:'今之武臣欲尽令读书,贵知为治之道。'近臣皆莫对。"⑥而

① 《续资治通鉴长编》卷二五《太宗》,第571页。
② (元)马端临:《文献通考·经籍考》卷一《总叙》,上海:华东师范大学出版社,1985年,第25页。
③ 《文献通考·经籍考》卷一《总叙》,第25—26页。
④ (宋)司马光撰,邓广铭、张希清点校:《涑水记闻》卷一第42条,北京:中华书局,2012年,第20页。
⑤ 《涑水记闻》卷一第30条,第15页。
⑥ 《续资治通鉴长编》卷三《太祖》,第62页。

陈均《九朝编年备要》则记载更详：

> 尝谓近臣曰："今之武臣，欲尽令读书，贵知为治之道。"近臣莫对。上性严重寡言，独喜读书，虽在军中，手不释卷。显德中，从世宗平淮甸，或谮上曰："赵某下寿州，所载数车，皆重宝也。"世宗遣使按之，唯书数千卷，无他物。世宗召谕曰："卿方为朕作将帅，何用书为？"上顿首曰："臣无奇谋，上赞圣德，所以聚书，欲广闻见、增智虑也。"[①]

与宋太祖相比，宋太宗尤嗜读书，虽日理万机而不费观书，晨间视事，既罢，便即观书。据《宋朝事实》卷三记载："太宗尝谓侍臣曰：'朕万几之暇，不废观书。见前代帝王行事多矣，苟自不能有所钊裁，全倚于人，则未知措身之所。'因言宋文帝恭俭，而元凶悖逆，及隋杨素邪佞、唐许敬宗谄谀之事。侍臣耸听。苏易简曰：'披览旧史，安危治乱尽在圣怀，社稷无穷之福也。'"又载云："太平兴国九年，太宗谓宰相曰：'朕每日所为，自有常节，晨间视事，既罢，便即观书，深夜就寝，五鼓而起，盛暑尽日亦未尝寝。'"[②]《宋太宗实录》多载其勤奋读书之事："庚辰，诏：'史馆所修《太平总类》一千卷，宜令日进三卷，朕当亲览焉，自十二月一日为始。'宰相宋琪等言曰：'天寒景短，日览三卷，恐圣躬疲倦。'上曰：'联性喜读书，颇得其趣，开卷有益，岂徒然也。因知好学者读万卷书，非虚语耳。'"[③]此事李焘《续资治通鉴长编》亦载："庚辰，诏：'史馆所修《太平总类》，自今日进三卷，朕当亲览。'宋琪等言：'穷岁短晷，日阅三卷，恐圣躬疲倦。'上曰：'朕性喜读书，开卷有益，不为劳也。此书千卷，朕欲一年读遍，因思学者读万卷书，亦不为劳耳。'寻改《总类》名曰《御览》。"[④]《渑水燕谈录》云："太宗锐意文史，太平兴国中，诏李昉、扈蒙、徐铉、张洎等，门类群书为一千卷，赐名《太平御览》。又诏昉等撰集野史为《太平广记》五百卷，类选前代文章为一千卷，曰《文苑英华》。太宗日阅《御览》三卷，因事有阙，暇日追补之，尝曰：'开卷有益，朕不以为劳也。'"[⑤]《宋太宗实录》又云："乙亥，诏史馆所编文集将就，可令接续进来，上谓宰相曰：'自去年冬末，日读《御览》三卷，未尝废阙，有故即追补之，已读八百余卷矣。'"[⑥]宋太宗在观览前代典籍的过程中，发现诸如《修文殿御览》、《艺文类聚》等门目繁多，失其伦次，因而产生了编纂新书的想法：

> 太宗笃好儒学，尝览前代《修文殿御览》、《艺文类聚》，门目繁杂，失其伦次。乃诏翰林学士李昉、扈蒙、知制诰李穆、右拾遗宋白等，参详类次，分定门目，编为《太平总类》一千卷，俄改为《太平御览录》（案：《宋史》及各家书目皆作《太平御览》，此多一录字，与各书异）又谓稗官之说，或有可采，令取野史传记故事小说编

---

① （宋）陈均：《九朝编年备要》卷一《太祖皇帝》，文渊阁《四库全书》本，第328册，第43页下。

② （宋）李攸：《宋朝事实》卷三《圣学》，《丛书集成新编》本，台北：新文丰出版公司，1985年，第37、38页。

③ 《太宗皇帝实录》卷二七，《四部丛刊》三编史部第7册，第五页。

④ 《续资治通鉴长编》卷二四《太宗》，第559页。

⑤ （宋）王辟之：《渑水燕谈录》，北京：中华书局，1997年，第70页。

⑥ 《太宗皇帝实录》卷三一，《四部丛刊》三编史部第7册，第6页。

为五百卷,赐名《太平广记》。[1]

李昉《太平广记表》亦云:"以为编秩既广,观览难周,故使采摭菁英,裁成类例。"可见,宋太宗嗜读书,而在阅读前代典籍的过程中发现前代典籍存在缺点与不足,因而直接导致了其诏修《太平御览》、《太平广记》,促成了二书的编纂完成,而《太平广记》、《太平御览》的完成,又启导了《文苑英华》以及《册府元龟》的编纂。当然,宋太宗读书,不仅是因为爱好,也是为了从书中获得治身治国的道理,他在读《兵法阴符经》后说:"朕每日退朝,不废观书,意欲酌先王成败而行之,以尽损益也。"读《老子》后又说:"伯阳五千言,读之甚有益,治身治国,并在其内。"[2]而修《太平广记》等书,当然也是为了更方便地从典籍记载中获得治身治国得失成败的知识启迪。

三、《太平广记》参纂人员的构成及其简况

据李昉《太平广记表》,参与修纂《太平广记》的共有十三人:

将仕郎守少府监丞臣吕文仲、臣吴淑。

朝请大夫太子中赞善柱国赐紫金鱼袋臣陈鄂。

中大夫太子左赞善直史馆臣赵邻幾。

朝奉郎太子中允赐紫金鱼袋臣董淳。

朝奉大夫太子中允紫金鱼袋臣王克贞、臣张洎。

承奉郎左拾遗直史馆臣宋白。

通奉大夫行太子率更令上柱国赐紫金鱼袋臣徐铉。

金紫光禄大夫上柱国陈县男食邑三百户臣汤悦。

朝散大夫充史馆修撰上柱国赐紫金鱼袋臣李穆。

翰林院学士朝奉大夫中书舍人赐紫金鱼袋臣扈蒙。

翰林院学士中顺大夫户部尚书知制诰上柱国陇西县开国男食邑三百赐紫金鱼袋臣李昉。[3]

又据王应麟《玉海》卷五四《艺文·承诏撰述类书》"太平兴国《太平御览》《太平广记》"条云:"《实录》:太平兴国二年三月戊寅,诏翰林学士李昉、扈蒙、左补阙知制诰李穆、太子少詹事汤悦、太子率更令徐铉、太子中允张洎、左补阙李克勤、右拾遗宋白、太子中允陈鄂、光禄寺丞徐用宾、太府寺丞吴淑、国子寺丞舒雅、少府监丞吕文仲、阮思道等(十四人),同以前代《修文御览》、《艺文类聚》、《文思博要》及诸书,分门编为一千卷。又以野史、传记、小说杂编为五百卷……二书所命官皆同,唯克勤、用宾、思道改他官,续命太子中允王克正、董淳、直史馆赵邻幾预焉。"[4]则修纂《太平广记》与《太平御览》的是同一团队,在修纂过程中,团队成员又略有变动,李克勤、徐用宾、阮思道因

[1][2] 《宋朝事实》卷三《圣学》,第37页。

[3] 《太平广记表》,李昉等《太平广记》,第1—2页。

[4] 《玉海》卷五四《艺文·承诏撰述 类书》,第1030页下。

改他官中途退出，王克正、董淳、赵邻幾补入修纂团队。张国风先生比较了《太平广记》各传本，包括谈恺刻本、清人陈鳣据宋本所校明许自昌刻本、明沈与文野竹斋抄本，认为舒雅也中途退出修纂团队，他说："结合《玉海》卷五四的记载，使我们进一步确认：《太平广记》的编纂开始于太平兴国二年三月；第二年八月十三日成书；负责纂修的有李昉、扈蒙、李穆、汤悦、徐铉、宋白、张洎、王克贞、董淳、赵邻幾、陈鄂、吴淑和吕文仲等人。其中王克贞、董淳、赵邻幾三人一开始并未参加，而李克勤、徐用宾、舒雅、阮思道四人是开始参加而中途退出……"①《太平广记》在不到一年半的时间里就得以完成，中途退出的李克勤、徐用宾、舒雅、阮思道可能还未来得及参与具体工作就离开了，故李昉《太平广记表》的修纂人员不列其名。本文讨论亦不及此四人。

李昉，《宋史·李昉传》："李昉，字明远，深州饶阳人。父超，晋工部郎中、集贤殿直学士。从父右资善大夫沼无子，以昉为后，荫补斋郎，选授太子校书。汉乾祐举进士，为秘书郎。"②李昉有才学文章，后周显德中，宰相李谷征淮南，李昉为记室，其所作章奏，深得周世宗赏识，并因此被擢为主客员外郎、知制诰、集贤殿直学士。李昉亦有史才，入宋，太宗即位后，曾参与撰写《宋太祖实录》，"加昉户部侍郎，受诏与扈蒙、李穆、郭贽、宋白同修《太祖实录》"③。又据《宋史·李昉传》，"昉和厚多恕，不念旧恶，在位小心循谨，无赫赫称。为文章慕白居易，尤浅近易晓"，"有文集五十卷"④。

扈蒙，《宋史·扈蒙传》："扈蒙，字日用，幽州安次人。曾祖洋，涿州别驾。祖智周，卢龙军节度推官。父曾，内园使。蒙少能文，晋天福中举进士，入汉为鄠县主簿。"宋初，由中书舍人迁翰林学士，扈蒙有史才、史识，亦曾参与撰写《宋太祖实录》，"太宗即位，召拜中书舍人，旋复翰林学士，与李昉同修《太祖实录》"。又曾参与撰写《五代史》，"六年，复知制诰，充史馆修撰。开宝中，受诏与李穆等同修《五代史》，详定《古今本草》"。并曾上书建议保存当代日常重要文献，以备史官将来撰著之用，"望自今凡有裁制之事，优恤之言，发自宸衷，可书简策者，并委宰臣及参知政事每月轮知抄录，以备史官撰集"⑤。《宋史·扈蒙传》又称其好释典，有文集二十卷行世："……蒙性沉厚，不言人是非，好释典，不喜杀，缙绅称善人。有笑疾，虽上前不自禁。多著述，有《鳌山集》二十卷行于世。"⑥

李穆，《宋史》卷二六三《李穆传》："李穆，字孟雍，开封府阳武人。父咸秩，陕西大都督府司马。穆幼能属文，有至行。行路得遗物，必访主归之，从酸枣王昭素受《易》及《庄》、《老》书，尽究其义。周显德初，以进士为郢、汝二州从事，迁右拾遗。宋初，以殿中侍御史选为洋州通判。亦曾参与纂修《宋太祖实录》，"太平兴国初，转左补阙。三年冬，加史馆修撰、判馆事，面赐金紫。四年，从征太原还，拜中书舍人。预修《太祖实录》，赐衣带、银器、缯彩"⑦。《宋史·李穆传》又称其工篆隶、绘画，深信释典，"穆善篆隶，又工画，常晦其事。质厚忠恪，谨言慎行，所为纯至，无有矫饰。深信释典，善

① 张国风：《太平广记版本考述》，北京：中华书局，2004年，第4页。

②③ 《宋史》卷二六五《李昉传》，第9135、9136页。

④ 《宋史》卷二六五《李昉传》，第9138、9140页。

⑤⑥ 《宋史》卷二六九《扈蒙传》，第9239—9240、9240页。

⑦ 《宋史》卷二六三《李穆传》，第9105—9106页。

谈名理,接引后进,多所荐达。尤宽厚,家人未尝见其喜愠。所著文章,随即毁之,多不留稿”[①]。

徐铉,《宋史·徐铉传》:“徐铉,字鼎臣,扬州广陵人。十岁能属文,不妄游处,与韩熙载齐名,江东谓之‘韩徐’。仕吴为校书郎,又仕南唐李昪父子,试知制诰,与宰相宋齐丘不协。时有得军中书檄者,铉及弟锴评其援引不当。檄乃汤悦所作,悦与齐丘诬铉、锴泄机事,铉坐贬泰州司户掾,锴贬为乌江尉,俄复旧官。”[②]太平兴国初,徐铉直学士院。“从征太原,军中书诏填委,铉援笔无滞,辞理精当,时论能之,师还,加给事中”。《宋史·徐铉传》又称其不喜释氏而好神怪,且精小学,“性简淡寡欲,质直无矫饰,不喜释氏而好神怪,有以此献者,所求必如其请。铉精小学,好李斯小篆,臻其妙,隶书亦工。尝受诏与句中正、葛湍、王惟恭等同校《说文》”;“铉有文集三十卷,《质疑论》若干卷。所著《稽神录》,多出于其客蒯亮。”[③]《宋史·艺文志》又著录徐铉、汤悦《江南录》十卷。

宋白,《宋史·宋白传》:“宋白,字太素,大名人。年十三,善属文。多游鄠、杜间,尝馆于张琼家,琼武人,赏白有才,遇之甚厚。白豪俊,尚气节,重交友,在词场名称甚著。”建隆二年,窦仪典贡部,擢进士甲科。乾德初,献文百轴,试拔萃高等,解褐授著作佐郎。宋太宗即位,擢为左拾遗,权知兖州。后召还,参与修撰《宋太祖实录》、《文苑英华》:“预修《太祖实录》,俄直史馆,判吏部南曹。从征太原,判行在御史台。刘继元降,翌日,奏《平晋颂》。”“雍熙中,召白与李昉集诸文士纂《文苑英华》一千卷。”[④]《宋史·宋白传》又称其“学问宏博,属文敏赡,然词意放荡,少法度”;“尝类故事千余门,号《建章集》,唐贤编集遗落者,白多缵缀之”;“有集百卷”[⑤]。《宋史·艺文志》又著录宋白、李宗谔《续通典》二百卷。

张洎,《宋史·张洎传》:“张洎,滁州全椒人。曾祖暭,澄城尉。祖蕴,泗上转运巡官。父煦,滁州司法掾。洎少有俊才,博通坟典。江南举进士,解褐上元尉。”[⑥]后归宋,拜太子中允,岁余判刑部。太宗即位,以其文雅,选直舍人院,考试诸州进士。《宋史·张洎传》又称其曾参与修撰《国史》,“俄奉诏与李至、范杲、张佖同修国史,又判史馆”;后与寇准一同秉政而无所参预,“专修时政记”;“洎风仪洒落,文采清丽,博览道释书,兼通禅寂虚无之理。终日清谈,亹亹可听”;“有文集五十卷行于世”。[⑦]

赵邻幾,《宋史·赵邻幾传》:“赵邻幾,字亚之,郓州须城人,家世为农。邻幾少好学,能属文,尝作《禹别九州岛赋》,凡万余言,人多传诵。周显德二年,举进士,解褐秘书省校书郎,历许州、宋州从事。太平兴国初,召为左赞善大夫、直史馆,改宗正丞。四年,郭贽、宋白授中书舍人,告谢日交荐之,俄而邻幾献颂,上览而嘉之,迁左补阙、知制诰,数月卒,年五十九。中使护葬。”[⑧]《宋史·赵邻幾传》又云邻幾体貌尪弱,如不胜衣,“为文浩博,慕徐、庾及王、杨、卢、骆之体,每构思,必敛衽危坐,成千言始下

① 《宋史》卷二六三《李穆传》,第9107页。
②③ 《宋史》卷四四一《文苑传·徐铉传》,第13044—13045、13046、13049页。
④⑤ 《宋史》卷四三九《文苑传·宋白传》,第12998、12999—13000页。
⑥⑦ 《宋史》卷二六七《张洎传》,第9208页、第9213—9215页。
⑧ 《宋史》卷四三九《文苑传·赵邻幾传》,第13009页。

笔。属对精切，致意缜密，时辈咸推服之”；“常欲追补唐武宗以来实录，孜孜访求遗事，殆废寝食”。赵邻幾卒后，其家属寄居睢阳，太宗遣直史馆钱熙往取其书，“得邻幾所补《会昌以来日历》二十六卷及文集三十四卷，所著《鲰子》一卷、《六帝年略》一卷、《史氏懋官志》五卷，并他书五十余卷来上，皆涂窜之笔也。诏赐其家钱十万”①。

吴淑，《宋史·吴淑传》：“吴淑，字正仪，润州丹阳人。父文正，仕吴至太子中允。好学，多自缮写书。淑幼俊爽，属文敏速。韩熙载、潘佑以文章著名江左，一见淑，深加器重。自是每有滞义，难于措词者，必命淑赋述。以校书郎直内史。江南平，归朝，久不得调，甚穷窘。俄以近臣延荐，试学士院，授大理评事，预修《太平御览》、《太平广记》、《文苑英华》。”②《宋史·吴淑传》又云吴淑“性纯静好古，词学典雅”，“善笔札，好篆籀”，又曾撰《九弦琴五弦阮颂》，“又作《事类赋》百篇以献，诏令注释，淑分注成三十卷上之。迁水部员外郎。至道二年，兼掌起居舍人事，预修《太宗实录》”；“取《说文》有字义者千八百余条，撰《说文五义》三卷，又著《江淮异人录》三卷、《秘阁闲谈》五卷”；“有集十卷”③。

吕文仲，《宋史》卷二九六《吕文仲传》：“吕文仲，字子臧，歙州新安人。父裕，伪唐歙州录事参军。文仲在江左，举进士，调补临川尉，再迁大理评事，掌宗室书奏。入朝，授太常寺太祝，稍迁少府监丞。预修《太平御览》、《广记》、《文苑英华》，改著作佐郎。”④《宋史·吕文仲传》又云其“富词学，器韵淹雅”，“有集十卷”。⑤

参与修纂《太平广记》的汤悦、王克贞、董淳、陈鄂四人，《宋史》无传。汤悦，原名殷崇义，清吴任臣《十国春秋·殷崇义传》云：“殷崇义，陈州西华人。”殷崇义博洽能文章，深得南唐元宗及后周世宗赏识，“国亡入宋，避宣祖庙讳，易姓名曰汤悦。宋太宗敕撰《江南录》十卷，自言有陈寿史体，当世颇称之”⑥。王克贞，明彭大翼《山堂肆考》卷一二三《文学·著书下》“《太平广记》”条云：“宋王克贞，庐陵人。南唐进士，宋初授太子中允，知汉州。太宗闻其词学，命直舍人院、诰命典正，预修《太平广记》。”⑦董淳，《宋史·王溥传》、《宋史·郑起传》言及，《宋史·王溥传》云：“恭帝嗣位，加右仆射。是冬，表请修《世宗实录》，遂奏史馆修撰都官郎中知制诰扈蒙、右司员外郎知制诰张淡、左拾遗王格、直史馆左拾遗董淳同加修纂。”⑧《宋史·郑起传》云：“又有颍贽、董淳、刘从义善为文章，张翼、谭用之善为诗，张之翰善笺启。贽拔萃登科，至太子中允。淳为工部员外郎、直史馆，奏诏撰《孟昶纪事》。”⑨则董淳善为文章，后周时参与编修《周世宗实录》，宋时又撰《孟昶纪事》。陈鄂，《宋史·西蜀孟氏》言及，其云：“时玄珏方就学，为选起居舍人陈鄂为教授。至是，自陈愿以钱赐鄂，昶嘉而许焉。鄂

---

① 《宋史》卷四三九《文苑传·赵邻幾传》，第13010页。

②③ 《宋史》卷四四一《文苑传·吴淑传》，第13040、13040—13041页。

④⑤ 《宋史》卷二九六《吕文仲传》，第9870、9872页。

⑥ （清）吴任臣：《十国春秋》卷二八《南唐·殷崇义传》，文渊阁《四库全书》本，第465册，第269页上。

⑦ （明）彭大翼：《山堂肆考》卷一二三《文学·著书下》“《太平广记》”，文渊阁《四库全书》本，第976册，第414页下。

⑧ 《宋史》卷二四九《王溥传》，第8800页。

⑨ 《宋史》卷四七九《世家·西蜀孟氏》，第13012页。

尝仿唐李瀚《蒙求》、高测《韵对》为《四库韵对》四十卷以献,玄珏益赏之。”[①]《宋史·艺文志》子部杂家类著录陈鄂《十经韵对》二十卷,又《四库韵对》九十九卷。陈鄂亦曾参与李昉等人编纂的《开宝通礼》,《宋史》卷九八《礼志第五十一·礼一》云:“开宝中,四方渐平,民稍休息,乃命御史中丞刘温叟、中书舍人李昉、兵部员外郎知制诰卢多逊、左司员外郎知制诰扈蒙、太子詹事杨昭俭、左补阙贾黄中、司勋员外郎和岘、太子中舍陈鄂撰《开宝通礼》二百卷,本《唐开元礼》而损益之。既又定《通礼义纂》一百卷。”[②]

四、《太平广记》参纂人员的小说知识背景

“取野史传记故事小说”而成的《太平广记》[③],由于其卷帙的巨大,正如鲁迅在《破〈唐人说荟〉》中所说,“从六朝到宋初的小说几乎全收在内”[④],而成为中国小说史上具有划时代意义的作品。而这样一部五百卷的巨著,却能在短短的一年半时间里完成,其成书速度可谓速捷。综观之,其采摭不可谓不广,类例不可谓不善,裁夺不可谓不工,编排不可谓不精。《太平广记》之所以能做到如此,是与李昉等编纂成员完整、全面的小说知识背景息息相关的。

从《太平广记》的参纂成员构成情况看,参与修纂《太平广记》的十三人,可以说都是文章之士。李昉文章早年即为周世宗所赏,见相国寺《文英院集》,“益善昉诗而称赏之,曰:‘吾久知有此人矣’”;《宋史》称其“为文章慕白居易,尤浅近易晓”[⑤]。扈蒙“少能文”,很早就有文名,后汉李穀曾称“蒙文学名流,不习吏事”[⑥]。李穆亦“幼能属文”,为文尚雅正,“五代以还,词令尚华靡,至穆而独用雅正,悉矫其弊”。[⑦] 徐铉亦“十岁能属文”[⑧],宋白亦“年十三善属文”,“在词场名称甚著”,“学问宏博,属文敏赡”。[⑨] 张洎亦少有俊才,“文采清丽”[⑩]。赵邻幾“少好学,能属文”,“为文浩博”,“属对精切,致意缜密,时辈咸推服之”[⑪]。吴淑“幼俊爽,属文敏速”,“词学典雅”[⑫]。吕文仲亦“富词学,器韵淹雅”[⑬]。汤悦、王克贞、董淳、陈鄂四人亦博洽能文章,如《宋史·

---

① 《宋史》卷四七九《世家·西蜀孟氏》,第13882—13883页。

② 《宋史》卷九八《礼志第五十一·礼一》,第2421页。

③ 《宋朝事实》卷三《圣学》,第37页。

④ 鲁迅:《破〈唐人说荟〉》,《鲁迅全集》第八卷《集外集拾遗补编》,北京:人民文学出版社,2005年,第133页。

⑤ 《宋史》卷二六五《李昉传》,第9135页,第9138页。

⑥ 《宋史》卷二六九《扈蒙传》,第9239页。

⑦ 《宋史》卷二六三《李穆传》,第9105页。

⑧ 《宋史》卷四四一《文苑传·徐铉传》,第13044页。

⑨ 《宋史》卷四三九《文苑传·宋白传》,第12998页,第12999页。

⑩ 《宋史》卷二六七《张洎传》,第9215页。

⑪ 《宋史》卷四三九《文苑传·赵邻幾传》,第13009—13010页。

⑫ 《宋史》卷四四一《文苑传·吴淑传》,第13040页。

⑬ 《宋史》卷二九六《吕文仲传》,第9872页。

郑起传》即称“又有颍贽、董淳、刘从义善为文章”[①]。

十三人不仅文才富赡，且大多曾任职史馆，有史才，编撰过实录、国史等史著。如李昉就曾为史馆修撰、判馆事，扈蒙曾充史馆修撰，李穆亦曾为史馆修撰、判馆事，宋白亦曾直史馆，四人都曾参与撰写《宋太祖实录》，扈蒙又曾参与撰写《五代史》，并曾建言注意保存日常史料。张洎曾判史馆，参与修撰国史。董淳曾直史馆，参与修撰《周世宗实录》。吴淑则曾预修《宋太宗实录》。《宋史》卷二〇四《艺文志》史部霸史类著录有“徐铉、汤悦《江南录》十卷”，“董淳《后蜀孟氏记事》三卷”，则徐铉、汤悦曾作《江南录》，董淳曾作《后蜀孟氏记事》。赵邻幾曾欲撰唐武宗以来实录，未成而卒，留下《会昌以来日历》、《六帝年略》、《史氏懋官志》等史著。

而尤为值得注意的是，十三人中，多有释氏、神仙之好者。扈蒙、李穆好释氏，《宋史・扈蒙传》云扈蒙“好释典，不喜杀”[②]；《宋史・李穆传》云李穆“深信释典，善谈名理”[③]；而徐铉则不喜释氏而好神怪，《宋史・徐铉传》云徐铉“不喜释氏而好神怪，有以此献者，所求必如其请”[④]；《宋朝事实类苑》卷六五引杨大年《杨文公谈苑》亦云：“徐铉不信佛，而酷好鬼神之说……专搜求神怪之事，记于简牍，以为《稽神录》。尝典选，选人无以自通，诡言有神怪之事。铉初令录之，选人言不闲笔缀，愿得口述。亟呼见问之，因以私祷，罔不遂其请。”[⑤]明胡应麟又云：“小说称徐铉好言怪，宾客之不能自通者，与失意见斥绝者，皆托言以求合……铉所著《稽神录》，其中必有诳于宾客，如夷坚所得者，岂皆实哉！”[⑥]而张洎则兼好释道，《宋史・张洎传》云张洎“博览道释书，兼通禅寂虚无之理”[⑦]。

我们知道，佛教、道教在传播发展过程中，常造作、撰集教宗先圣灵迹故事，“意在自神其教”，以为辅教之用，于是，出现了大量的释氏、老氏的辅教撰作，这些撰作多呈现出显著的故事性与虚构性，具有小说性质。如鲁迅先生言：“释氏辅教之书……大抵记经像之显效，明应验之实有，以震耸世俗，使生敬信之心，顾后世则视为小说。”[⑧]佛教辅教之书如此，道教亦如斯。佛教自汉末传入中国以来，经历魏晋南北朝及隋唐五代自宋初，产生了大量的弘佛小说[⑨]，这些小说大致包括经像灵验故事、因果报应故事以及僧人传记三类。道教自汉末兴起，迄宋初，亦产生了许多弘道小说，包括各种仙传以及道教历代真君传记，魏晋南北朝出现一次撰作高潮，而在唐五代则出现两次撰作高潮，“一是高宗武后至玄宗时期”，“二是唐末五代时期”[⑩]。扈蒙、李穆、徐

① 《宋史》卷四七九《世家・西蜀孟氏》，第 13012 页。

② 《宋史》卷二六九《扈蒙传》，第 9240 页。

③ 《宋史》卷二六三《李穆传》，第 9107 页。

④ 《宋史》卷四四一《文苑传・徐铉传》，第 13046 页。

⑤ （宋）江少虞：《宋朝事实类苑》卷六五《谈谐戏谑》，上海：上海古籍出版社，1981 年，第 868—869 页。

⑥ （明）胡应麟：《少室山房笔丛》卷三六己部《二酉缀遗中》，北京：中华书局，1958 年，第 475—476 页。

⑦ 《宋史》卷二六七《张洎传》，第 9215 页。

⑧ 《中国小说史略》，第 37 页。

⑨ 关于魏晋南北朝至隋唐五代的释氏辅教小说，曾礼军《宗教文化视阈下的〈太平广记〉研究》一书中有概略介绍，可参看。曾礼军：《宗教文化视阈下的〈太平广记〉研究》第一章《太平广记成书的宗教文化背景》，北京：中国社会科学出版社，2013 年，第 76—79 页。

⑩ 《宗教文化视阈下的〈太平广记〉研究》，第 74 页。

铉、张洎等人喜好释道之书,当然也包括这些小说性质的辅教之书,可以说是有比较深厚的小说知识背景的。而如徐铉,则有明显的小说癖好,《宋史·徐铉传》即好神怪之事,近于痴迷,至有"有以此献者,所求必如其请",可以说不惜一切搜求积聚,这些搜求所得,当成为其所著《稽神录》的资材。虽然《宋史·徐铉传》称《稽神录》"多出于其客蒯亮"①,而无疑徐铉是《稽神录》资材的主要收集者与编定者,其客蒯亮或只是协助其整理编排。

另外,吴淑也是小说家,《宋史·吴淑传》称其著《江淮异人录》三卷、《秘阁闲谈》五卷,《宋史·艺文志》又著录吴淑《异僧记》一卷。宋白亦当对小说有着特殊的爱好,《宋史·宋白传》称宋白"尝类故事千余门,号《建章集》",这些千余门"故事",亦恐多具小说性质或者就是小说,可见宋白也应当是熟悉小说并喜好小说的。其余诸人包括李昉、赵邻幾、吕文仲、汤悦、王克贞、董淳、陈鄂,虽不见史籍明确记载他们有小说之好,但他们均由唐末五代而入宋,必受到其时社会上浓郁的小说之风熏染。自中唐以降至五代,小说创作勃兴,实现了中国古代小说体裁的成熟并迎来了一次创作高潮,产生了大量的小说,并取得了可以和诗歌比肩的成就。桃源居士《唐人小说·序》即云:"唐三百年,文章鼎盛,独律诗与小说,称绝代之奇。何也?盖诗多赋事,唐人于歌律,以兴以情,在有意无意之间。文多征实,唐人于小说,摛词布景,有翻空造微之趣。至纤若锦机,怪同鬼斧,即李杜之跌宕、韩柳之尔雅,有时不得与孟东野、陆鲁望、沈亚之、段成式辈,争奇竞爽。犹耆卿、易安之于词,汉卿、东篱之于曲,所谓厥体当行,别成奇致,良有以也。"②不仅把唐人小说与唐人诗歌相提并论,认为唐人小说和唐诗一样,是有唐一代的文学标志之一,而且指出唐人小说在艺术上也成就巨大。据李剑国先生,"今存可以考见的大约百多种单篇传奇和百多种专集,(不包括笔记,)总共近五千篇(条)"③。李剑国先生统计的是传奇和志怪,另外,还有大量的轶事小说,即所谓笔记。李昉等人皆当时文坛名宿,虽不能完全肯定他们喜好小说,但熟悉小说、拥有完整的小说知识背景则应是无疑的。而从他们快速完成《太平广记》五百卷的编纂来看,这种推断是可靠的,因为,如果不熟悉宋前小说或者说汉唐小说的整体面貌,没有完整、全面的小说知识背景,是无法做到这一点的。

五、《太平广记》的成书

总共五百卷的《太平广记》,虽卷帙巨大,但编纂所用时间却极短,不到一年半的时间即完成。关于《太平广记》成书的具体过程,李昉《太平广记表》及王应麟《玉海》都曾述及。李昉云:

> 臣昉等言:臣先奉敕撰集《太平广记》五百卷者,伏以六籍既分,九流并起,皆得圣人之道,以尽万物之情。足以启迪聪明,鉴照今古。伏惟皇帝陛下,体周圣

① 《宋史》卷四四一《文苑传·徐铉传》,第13046、13049页。

② (明)桃源居士:《唐人小说·序》,上海:上海文艺出版社,1992年影印上海扫叶山房石印本,第1页。

③ 李剑国:《唐五代志怪传奇叙录》《唐稗思考录》,天津:南开大学出版社,1998年,第30页。

启，德迈文思。博综群言，不遗众善。以为编秩既广，观览难周，故使采摭菁英，裁成类例。惟兹重事，宜属通儒。臣等谬以谀闻，幸尘清赏，猥奉修文之寄。曾无叙事之能，退省疏芜，惟增腼冒。其书五百卷、并目录十卷、共五百十卷。谨诣东上阁门奉表上进以闻，冒渎天听。臣昉等诚惶诚恐顿首顿首谨言。

太平兴国三年八月十三日。①

……

八月二十五日奉敕送史馆。

六年正月奉圣旨雕印版。

王应麟《玉海》卷五四《艺文·承诏撰述类书》"太平兴国《太平御览》《太平广记》"条云：

《实录》：太平兴国二年三月戊寅，诏翰林学士李昉、扈蒙、左补阙知制诰李穆、太子少詹事汤悦、太子率更令徐铉、太子中允张洎、左补阙李克勤、右拾遗宋白、太子中允陈鄂、光禄寺丞徐用宾、太府寺丞吴淑、国子寺丞舒雅、少府监丞吕文仲、阮思道等（十四人），同以前代《修文御览》、《艺文类聚》、《文思博要》及诸书，分门编为一千卷。又以野史、传记、小说杂编为五百卷……《会要》：先是，帝阅类书，门目纷杂，遂诏修此书。兴国二年三月，诏昉等取野史小说集为五百卷（五十五部，天部至百卉），三年八月书成，号曰《太平广记》。（二年三月戊寅所集，八年十二月庚子成书）六年诏令镂版（《广记》镂本颁天下，言者以为非学者所急，收墨板藏太清楼）。二书所命官皆同，唯克勤、用宾、思道改他官，续命太子中允王克正、董淳、直史馆赵邻幾预焉。②

综合李昉、王应麟之所言，《太平广记》成书过程大致如下：

太平兴国二年（977）三月戊寅，同时诏修《太平御览》与《太平广记》。

太平兴国三年（978）八月书成。

太平兴国三年（978）八月十三日李昉进书。

太平兴国三年（978）八月二十五日奉敕送史馆。

太平兴国六年（981）正月诏令镂版，旋即有言者以为非学者所急，收墨板藏太清楼。③

《太平广记》之所以能在如此短的时间里就能编纂完成，是与文献资料的充足特

---

① 《太平广记表》，李昉等《太平广记》，第1—2页。

② 《玉海》卷五四《艺文·承诏撰述 类书》"太平兴国《太平御览》《太平广记》"，第1030页下—1031页上。

③ 《太平广记》成书的具体时间，邓嗣禹认为是早于太平兴国三年八月，张国风认为是太平兴国三年八月。实际上，邓嗣禹与张国风对于《太平广记》成书时间的认识无实质差别，李昉上《太平广记表》时间的是"太平兴国三年八月十三日"，《太平广记》的实际编纂完成肯定在此之前，而此时间点李昉上表告《太平广记》编撰完成，当然可以作为正式完成的时间点。林耀琳撰文认为"《广记》是奉宋太宗诏令开始编撰，由李昉等十三人主编，从编撰到成书，时间跨度大，经历了宋太宗和宋真宗时期，虽此期间有编者高升或离任，但《广记》还是以十三人为班底，继续完善和成书。因此，《广记》开始编撰于宋太宗太平兴国年间，成书于宋真宗时期。"但其举证尚有疑点和疑问。分别见：邓嗣禹：《〈太平广记〉引得》，上海：上海古籍出版社，1990年，第5页；张国风：《太平广记版本考述》，中华书局，2004年，第1—4页；林耀琳：《〈太平广记〉成书时间考》，《长江论坛》2014年第5期。

别是小说资料的充足密切相关。胡应麟注意到这一点,他说:

> 《太平御览》引用书一千六百九十余种,非必宋初尽存,大率晋宋以前,得之《修文御览》,齐梁以后,得之《文思博要》,而唐人事迹,则得之本书者也。《广记》引用书凡三百四十余种,前此靡所因袭,当是采集众小说为之,盖小说本易传,中唐后稍稍知印刻,而引用之书又仅得《御览》五中之一,足证本书具存。然宋元间小说,陶氏《说郛》尚数百种,今全书存者,第《桯史》、《笔谈》百余家而已,余大半湮没矣。①

据胡应麟推测,《太平御览》引文来源大致分为两个部分,即唐前引文来源于《修文御览》、《文思博要》等现成类书,唐代引文则来源于本书。而《太平广记》因前代无此种总集可供参照和抄录,故引文主要来源于本书。并据此推测《太平广记》引文所用的那些宋前或者说汉唐时期的小说类书籍,在宋初编纂《太平广记》之时,应当大量存在,且多完好。

唐末五代,图书散佚是十分严重的,尤其是国家秘阁所藏图书,毁失更是触目惊心。南宋程俱对此有云:"古今文字皆在禁中,两汉或徙金马门,历代不常其处。唐季流离,中原多故,儒雅之风几将坠地;故百王之书;荡然散失,兰台延阁空存名号。"②大致而言,国家秘阁所藏图书经历了三次严重的毁失。第一次是黄巢攻陷并占领长安、洛阳期间,《旧唐书·经籍志》云:"及广明初,黄巢干纪,再陷两京,宫庙寺署,焚荡殆尽,曩时遗籍,尺简无存。及行在朝诸儒购辑,所传无几。昭宗即位,志弘文雅。秘书省奏曰:'当省元掌御书十二库,共七万余卷。广明之乱,一时散失。后来省司购募,尚及二万余卷。及先朝再幸山南,尚存一万八千卷,窃知京城制置使孙惟晟收在本军,其御书秘阁见充教坊及诸军占住。伏以典籍国之大经,秘府校雠之地,其书籍并望付当省校其残阙,渐令补辑。乐人乞移他所。'并从之。"③第二次是后梁朱温在开平元年(907)迁都洛阳,秘书阁书籍"又丧其半"④。第三次是开宝八年(975)冬,宋太祖命曹彬征江南,南唐后主李煜见大势已去,焚毁南唐宫中所藏图籍近万卷。马令《南唐书》卷五《后主书》载:"宫中图籍万卷,尤多钟、王墨迹,国主尝谓所幸保仪黄氏曰:'此皆累世宝惜,城若不守,尔可焚之,毋使散逸。'及城陷,文籍尽炀。"⑤陆游《南唐书》列传卷一三《后主保仪黄氏》亦云:"元宗、后主俱喜书法,元宗学羊欣,后主学柳公权,皆得十九,购藏钟、王以来墨帖至多,保仪实掌之。城将陷,后主谓之曰:'此皆先帝所宝,城若不守,汝即焚之,无为他人得。'及城陷,悉焚无遗者。"⑥

国家秘阁图书虽然在唐末五代的动乱中毁失严重,但经太祖尽力收聚劫后所余

① 《少室山房笔丛》卷三五己部《二酉缀遗中》,第466—467页。

② (宋)程俱:《麟台故事》卷一,文渊阁《四库全书》本,第595册,第306页下。

③ (五代)刘昫等:《旧唐书》卷四六《志·经籍志上》,北京:中华书局,2011年,第1962页。

④ 《旧唐书》卷四六《志·经籍志上》,第1962页。

⑤ (宋)马令:《南唐书》卷五《后主书》,《南唐书》(两种),《南京稀见文献丛刊》本,南京:南京出版社,2010年,第48页。

⑥ (宋)陆游:《南唐书》列传卷一三《后主保仪黄氏》,《南唐书》(两种),《南京稀见文献丛刊》本,南京:南京出版社,2010年,第336—337页。

及征集民间所藏，宋初三馆之书的数量还是相当可观。太祖《宋史》云："宋初，有书万余卷。其后削平诸国，收其图籍，及下诏遣使购求散亡，三馆之书，稍复增益。"[①]据《文献通考》，宋初三馆尚存"有书万二千余卷"，其后，平荆南、蜀及江南、两浙，收得大量图书：乾德元年，"平荆南，尽收其图书以实三馆"，乾德三年，"平蜀，遣右拾遗孙逢吉往收其图籍，凡得书万三千卷"。开宝八年冬，"平江南，明年春，遣太子洗马吕龟祥就金陵籍其图书，得二万余卷，悉送史馆"。后来"两浙钱俶归朝，又收其书籍"。同时，在乾德四年，又"下诏购募亡书"[②]。经过努力，在宋太宗初年修纂《太平御览》、《太平广记》之时，国家三馆的藏书规模实际上已十分可观，《宋史·艺文志》称"始太祖、太宗、真宗三朝，三千三百二十七部，三万九千一百四十二卷"[③]。且在这些藏书中，正如胡应麟所言，"小说本易传"，因而"野史、传记、小说"的数量应当十分巨大。

这一点，从《崇文总目》的著录情况是可以得到证明的。太平兴国初，宋太宗幸三馆，因见其"湫隘卑庳，才蔽风雨"，"岂可以蓄天下图籍，延四方之士邪"[④]诏令于左升龙门东北别建新馆，太平兴国三年二月建成，赐名崇文院，"而徙三馆之书以实之，又分三馆书万余卷，别为书库，目为'秘阁'"[⑤]。也就是说，到太宗太平兴国三年后，原三馆所藏国家图书分藏于崇文院和秘阁两地。至真宗时，"命三馆写四部书二本，置禁中之龙图阁及后苑之太清楼，而玉宸殿、四门殿亦各有书万余卷，又以秘阁地隘，分内藏西库以广之"。后王宫失火，延及崇文、秘阁，书多煨烬，乃命重写书籍，选官详覆校勘，藏于太清楼。至仁宗时，编纂《崇文总目》六十六卷，共著录"书凡三万六百六十九卷"[⑥]。以四部法分为四十五类，计三千四百四十五部。从《宋史·艺文志》记载可知，仁宗时编《崇文总目》以前，崇文院、秘阁、太清楼、玉宸殿、四门殿等各处所藏图书，应相当可观，虽然在真宗时崇文院、秘阁经历了一次火焚，但由于先时已"命三馆写四部书二本"，分置在龙图阁及太清楼等处，故已有书籍不应当因此而失传。则《崇文总目》所录，当是囊括了宋初几乎所有国家藏书。

考《崇文总目》分类[⑦]，属于"野史、传记、小说"者，分散于史部的杂史类、伪史类、传记类及子部的小说类、道书类、释书类等类别中。今考此诸类所录，卷三史部杂史类"杂史上共六十八部计六百七十一卷"，"杂史下共三十四部计三百三十五卷"，卷三史部伪史类"共二十七部计三百二十六卷"，卷四史部传记类"传记上共七十八部计三百七十卷"，"传记下共七十三部计四百七十六卷"，卷五子部小说类"小说上共七十部计二百八十八卷"，卷六子部小说类"小说下共七十九部计二百九十卷"，卷九子部道书类"道书一共五十五部计一百四卷"，"道书二共五十部计二百八十六卷"，"道书三共五十八部计八十一卷"，"道书四共八十三部计九十八卷"，"道书五共五十八部计八十四卷""道书六共五十五部计四十七卷"，"道书七共五十一部计八十一卷"，"道书八共五十五部计八十五卷"，"道书九共六十部计一百六卷"，卷十子部释书类"释书上共

①⑤⑥ 《宋史》卷二〇三《志·艺文一》，第 5032 页。

② 《文献通考·经籍考》卷一《总叙》，第 25 页。

③ 《宋史》卷二〇三《志·艺文一》，第 5033 页。

④ 《文献通考·经籍考》卷一《总叙》，第 25、26 页。

⑦ （宋）王尧臣等：《崇文总目》，文渊阁《四库全书》本，第 674 册，第 1—152 页。

五十七部计三百三十六卷”,“释书下共二十七部计二百二卷”,共计一千〇三十八部,四千二百六十六卷。书籍数量几乎占了《崇文总目》全部著录的三分之一,这还仅是著录于史部的杂史类、伪史类、传记类及子部的小说类、道书类、释书类之书就有如此之众,可见当时“野史、传记、小说”之书的数量应当是巨大的。此外,李昉等人的私家藏书中的“野史、传记、小说”亦当不少。公私藏书的丰富,特别是“野史、传记、小说”之书的丰富,正是能够迅速而顺利地完成《太平广记》编纂的重要原因。

李昉等编纂的《太平广记》,在中国古代小说发展的历史进程中是具有划时代意义的。他突破了传统小说观念的限制,将其他类别“野史”、“传记”、“故事”甚至“经史”中大量存在的小说和具有小说品格的篇章清理出来,汇聚一处。李昉等虽然未作理论阐释,但在客观上,通过《太平广记》形成了一个新的小说概念和小说类别,我们不妨称为“新小说”,《太平广记》的新小说,不仅包括《汉书艺文志》所确认的子部小说,如志怪、志人小说,也包括刘知幾所确认的“偏记小说”,以记录历史轶闻和当代掌故为主的杂事小说、地理博物小说,还将杂史小说、杂传小说和被称为传记的唐人传奇小说全部纳入其中,在卷四八四至卷四九二单列杂传记类,在卷四九三至卷五〇〇单列杂录类,确认了唐人小说特别是传奇一类这种成熟的新兴小说的小说身份,解决了唐人小说的归属问题。正如鲁迅先生所言“从六朝到宋初的小说几乎全收在内”[①],与我们按照现代学术标准所确认的汉唐小说几乎完全一致,足见李昉等或者说《太平广记》小说态度的科学性。而厘清《太平广记》的编纂与成书的历史过程,无疑对理解其小说态度的科学性具有重要意义。

(作者单位:辽宁大学文学院)

① 鲁迅《破〈唐人说荟〉》,《鲁迅全集》第八卷《集外集拾遗补编》,第133页。

傅咸“七经诗”研究

刘智禹

集句体利用别人已有的句子组合成诗成词。《修辞学发凡》将“集句”作为一种独立的修辞格，归入“明引体”一类：“明引法在中国文学中发现的奇现象，就是那全篇尽集古人成语而成的所谓‘集句’或‘集锦’。集句大抵是诗，文不多见。”①而集句诗是古代集句的主流，作品数量最多，成就也较高，所谓“杂集古今以成诗也”②。集句诗从北宋开始正式发展，初期带有较强的游戏性质。至明清发展到顶峰，逐渐成为具有独立意义的诗体。

傅咸所作“经诗”，以经学著作为依托，选取并改造其中语句，重新组合为四言诗的形式，现存十一首，被认为是古人集句之始。“其间七经诗中，毛诗一首，虽集句托始，无关言志。”③然而对于“七经诗”的研究，还有很多可以继续深入的地方。“七经诗”这一名称从何而来，这些诗歌的作品和创作缘起？以及与前代诗歌创作方式的关联，与后世集句诗的具体关系，都有待深入梳理清楚。

一、“七经诗”之名及其篇目考证

后世多将傅咸所作“经诗”题名为“七经诗”，如上文所引《汉魏六朝百三家集辞注》。但实则是否真是“七经诗”，是否足七数？仍有值得商榷的地方。

因涉及材料较为繁复，现将主要材料大致按时间顺序列举如下。

1.《南齐书·文学传论》中称其为“傅咸五经”：

> 今之文章，作者虽众，总而为论，略有三体：一则启心闲绎，托辞华旷。虽存巧绮，终致迂回。宜登公宴，本非准的；而疏慢阐缓，膏肓之病。典正可采，酷不入情。其体之源，出灵运而成也。次则缉事比类，非对不发。博物可嘉，职成拘制。或全借古语，用申今情，崎岖牵引，直为偶说，唯睹事例，顿失清采。此则傅咸《五经》，应璩《指事》。虽不全似，可以类从。次则发唱惊挺，操调险急。雕藻淫艳，倾炫心魂。亦犹五色之有红紫，八音之有郑卫；斯鲍照之遗烈也。④

“全借古语，用申今情”，这八个字同集句诗非常相似，还明确提到了傅咸《五经》。

---

① 陈望道：《修辞学发凡》，上海：上海教育出版社，1997年，第107页。

② （明）徐师曾：《文体明辨序说》，北京：人民文学出版社，1998年，第111页。

③ （明）张溥著，殷孟伦注：《汉魏六朝百三家集题辞注》，北京：中华书局，2007年，第165页。

④ （梁）萧子显：《南齐书》，北京：中华书局，1972年，第908页。

2.《艺文类聚》中载有傅咸集句诗五首：

诗，晋傅咸《孝经诗》曰：立身行道，始于事亲。上下无怨，不敢恶人。孝无终始，不离其身。三者备矣，以临其民。(其一)以孝事君，不离令名。进思尽忠，不议则争。匡救其恶，灾害不生。孝悌之至，通于神明。(其二)

又《论语诗》曰：守死善道，磨而不磷。直哉史鱼，可谓大臣。见危授命，能致其身。(其一)克己复礼，学优则仕。富贵在天，为仁由己。以道事君，死而后已。(其二)

又《毛诗诗》曰：无将大车，惟尘冥冥。济济多士，文王以宁。显允君子，大犹是经。(其一)聿修厥德，令终有淑。勉尔遯思，我言惟服。盗言孔甘，其何能淑。谗人罔极，有腼面目。(其二)

又《周易诗》曰：卑以自牧，谦尊而光。进德修业，既有典常。辉光日新，照于四方。小人勿用，君子道长。(其二)

又《周官诗》曰：惟王建国，设官分职。进贤兴功，取诸易直。除其不蠲，无敢反侧。以德诏爵，允臻其极。(其一)辨其可任，以告于正。掌其戒禁，治其政令。各修乃职，以听王命。(其二)①

3. 在《春秋左传正义》中，第一次出现了“七经诗”这一词语：

则有晋郑咸黜不端。【注】黜，去也。晋文杀叔带，郑厉杀子颓，为王室去不端直之人。去，起吕反，下同。为，于伪反。【疏】咸黜不端。正义曰，诸本咸或作减，王肃云，咸，皆也。傅咸爲七经诗，其传诗有此句。王羲之写亦作咸。杜本当然。②

《艺文类聚》中所载五首集句诗中并没有出于左传的句子。

4. 唐徐坚《初学记》补《左传诗》：

晋，傅咸《孝经诗》：立身行道，始于事亲。上下无怨，不恶于人。孝无终始，不离其身。三者备矣，以临于民。以孝事君，不离令名。进思尽忠，义则不争。匡救其恶，灾害不生。孝悌之至，通于神明。

又《论语诗》：守死善道，磨而不磷。直哉史鱼，可谓大臣。见危授命，能致其身。克己复礼，学优则仕。富贵在天，为仁由己。以道事君，死而后已。

又《毛诗诗》：无将大车，维尘冥冥。济济多士，文王以宁。明允君子，大猷是经。聿修厥德，令终有俶。勉尔遯思，我言惟服。盗言孔甘，其何能淑。谗人罔极，有腼面目。

又《周易诗》：卑以自牧，谦尊而光。进德修业，既有典常。晖光日新，照于四方。小人勿用，君子道长。

又《周官诗》：惟王建国，设官分职。进贤兴功，取诸易直。除其不蠲，无敢反侧。以德诏爵，允臻其极。辨其可任，以告于正。掌其戒禁，治其政令。各修乃

① (唐)欧阳询撰，汪绍楹校：《艺文类聚》，上海：上海古籍出版社，1982年，第984页。

② (晋)杜预注，(唐)孔颖达正义：《春秋左传正义》，嘉庆二十年南昌府学刻本，卷五十二，第1129页。

职，以听王命。

又《左传诗》：事君之礼，敢不尽情。敬奉德义，树之风声。昭德塞违，不殒其名。死而利国，以为己荣。兹心不爽，忠而能力。不为利谄，古之遗直。威黜不端，勿使能植。[①]

孔颖达《五经正义》成书时间稍晚于《艺文类聚》，早于《初学记》，而独孔氏称傅咸所作“经诗”为“七经诗”，此实在可疑。自孔颖达之后，再见到“七经诗”这一称呼，是《玉海》中引《五经正义》原文：

傅咸《七经诗》。《春秋正义》：“傅咸为《七经诗》”。[②]

《困学纪闻》中的记载几乎与之一模一样：

《春秋正义》云：“傅咸为七经诗”。[③]

宋及以前文献中再无他处。再后于《小学绀珠》中出现：

“七经”：《易》、《书》、《诗》、《三礼》、《春秋》。秦宓曰：“文翁遣相如东受七经，还教吏民。”傅咸《七经诗》、隋樊深《七经义纲》、《七经论》。[④]

《玉海》、《困学纪闻》、《小学绀珠》都是王应麟的著作，在这里只能视为同一处。《艺文类聚》和《初学记》中都没有“七经诗”这一称呼。独《五经正义》中有，实在可疑。在明清时期的文献中，还有另一种称呼。在明代《禅寄笔谈》笔谈中有记载：

集句诗古人已有之。傅咸作《集经诗》。其毛詩一篇略曰：“聿脩厥德，令终有俶。勉尔遁思，我言维服。盗言孔甘，其何能淑。谗人罔极，有腼面目。此乃集句诗之始，或谓集句起于王安石，非也。”[⑤]

除此之外，还有些材料引人注意。丁国钧《补晋书艺文志》中有言：

《七经诗》，傅咸。谨按：孔颖达曰“咸为七经诗”。[⑥]

从这则材料中可以看出，很可能是因为孔颖达这一称呼，后世便约定俗成了，而根本没有其他证据表明是七首。况且《南齐书·文章传论》中有言“傅咸五经”。两者在文献层面都是孤证的情况下，更早并且专论文章流别的《南齐书·文章传论》在此问题上可信度更高。后世因孔颖达称为“七经诗”，遂认定其有七首，怀疑现存记载有脱漏，这一逻辑本身就存在问题。

同时《初学记》中所补《左传诗》也有可疑之处。按上文所引，《五经正义》提及“七经诗”时，所举正是《左传诗》，而后《初学记》补之，很可能是出自同一文献。前五首诗较之所据经传，文字方面没有变动之处，唯有《左传诗》将“咸黜不端”写作“威黜不

① (唐)徐坚：《初学记》，北京：中华书局，1962年，第500页

② (宋)王应麟：《玉海》，清文渊阁四库全书本，卷第五十九，第1177页。

③ (宋)王应麟：《困学纪闻》，四部丛刊三编景元本，卷八，第145页。

④ (宋)王应麟：《小学绀珠》，明津逮秘书本，卷四，第70页。

⑤ (明)陈师：《禅寄笔谈》，万历二十一年自刻本，卷五，第101页。

⑥ (清)丁国钧：《补晋书艺文志》，清光绪刻常熟丁氏从书本，卷四，第84页。

端”,于此有可疑之处。自然“咸”和“威”字形非常相似,传抄过程中难免出错。但《左传诗》的结构也和其他几首存在明显差异。如《孝经诗》:

立身行道,始于事亲。上下无怨,不敢恶人。孝无终始,不离其身。三者备矣,以临其民。(其一)以孝事君,不离令名。进思尽忠,不议则争。匡救其恶,灾害不生。孝悌之至,通于神明。(其二)

其一劝勉君王,说明孝道从侍奉自己双亲开始,延及百姓,并且坚持不懈,才可统御万民。其二谈论忠君之事,对君主和社稷要尽到臣子的责任。从诗歌含义和所依韵目来看,确实两章。《论语诗》、《周官诗》、《毛诗诗》都是这种结构。《左传诗》:

事君之礼,敢不尽情。敬奉德义,树之风声。昭德塞违,不殒其名。死而利国,以为己荣。兹心不爽,忠而能力。不为利谄,古之遗直。威黜不端,勿使能植。

全诗都是谈论忠君之事,没有文意上的变化。前五首诗中,《毛诗诗》是从《诗经》中直接截取诗句,未加改动,因其本就是四言诗。其他三首诗都是对原句进行了较大改动,很少直接从原文中截取四言句。说明傅咸当时并没有后世“集句”的概念,只是选取一些词句,改写成四言诗的形式,不是四言句便改写。但《左传诗》中的句子绝大部分在《左传》中本就是四言句或者四言词。这种创作较其他几首诗有明显区别,恐怕并非傅咸所作。

再者,如果傅咸自己题其“经诗”为“七经诗”,那就是给一组诗歌起了一个总题,而且这个总题很有概括性,不似应璩《百一诗》、左思《咏史》,这类诗实际上所有诗共用一个题目,而这个题目并没有什么含义。诗人写一组诗,每首各有题目,同时又有一总题概论。这种做法出现得很晚,不是魏晋时人的做法。其实无论“七经诗”还是《南齐书》中“五经”都应当是后人所起,严格说来不能说是这组诗的题目,其性质类似后人称呼老杜之“三吏”、“三别”。

综上所述,傅咸所作“经诗”很可能本就非七首,《五经正义》及《初学记》中所补《左传诗》是否为傅咸所作存在很大疑问。“七经诗”之名也并非傅咸自题,而是后人所起,类似“三吏”“三别”。考《五经正义》语,将《孝经》、《论语》、《毛诗》、《周易》、《周官》、《左传》皆称为“经”,乃至称为“七经”。孔颖达著《五经正义》,采《毛诗》、《左传》两传入经,“七经诗”之名或许正是出自孔颖达之手。而其诗只如《南齐书》所载为“五经”,并非七首。后人多以“七经诗”这一称呼,反以为傅咸“经诗”真是七首。

二、“断章取义”在传统文化中的演绎

钱穆先生曾指出,研究中国古典文学,有两个基本,一则“辨体”,一则“明变”。研究一种文体,推源溯流便是基本。于文献中,傅咸所作《毛诗诗》自然是集句诗之祖,无可争议。集句诗最核心的方法便是“断章取义”,对诗句意义的拆分和重构。从这

个角度来看，可以再向上追溯。《左传》：“赋《诗》断章，余取所求焉。”①这种用诗的方法盛行于春秋，运用于诸侯各国的外交往来，借用《诗经》中某些诗句达成外交目的。《汉书·艺文志》云：“古者诸侯抑大夫交接邻国，以微言相感，当揖让之时，必称诗以谕其志，盖以别贤不肖而观盛衰焉。”②《左传》中记载昭公十六年，宣子出使郑国时，双方赋诗的情形：

夏四月，郑六卿饯宣子于郊。宣子曰：“二三君子请皆赋，起亦以知郑志。”

子齹赋《野有蔓草》，宣子曰：“孺子善哉，吾有望矣。”

子产赋郑之《羔裘》，宣子曰：“起不堪也。”

子大叔赋《褰裳》，宣子曰：“起在此，敢勤至于他人乎？”子大叔拜，宣子曰：“善哉，子之言是。不有是事，其能终乎？”

子游赋《风雨》，子旗赋《有女同车》，子柳赋《萚兮》。宣子喜曰：“郑其庶乎！二三君子以命贶起，赋不出郑志，皆昵燕好也。二三君子数世之主也，可以无惧矣。”

宣子曹献马，而赋《我将》，子产拜，使五卿拜，曰：“吾子靖乱，敢不拜德？”③

《左传》的记载中，郑国六卿各赋一诗，可能是诗中个别句子。对于这些意义已经发生改变的诗句，宣子承其意和之，也是对前面赋诗行为的解释。而这种用诗方法，后代在创作中有相似之处。曹操所作《短歌行》：“青青子衿，悠悠我心。但为君故，沉吟至今。”前一句取自《诗经·子衿》，意义与原诗稍有不同，后一句是对前一句的承和和解释，“但为君故，沉吟至今”是“悠悠我心”的表现。但于此只是说明这两种用诗的思维和手法有相似性，无法证明外交手段对诗歌创作的影响。不能认为任何相似的两者之间一定存在某种关联，不可强征因果④。

《列子》中所记载民谣“尧乃微服游于康衢，闻儿童谣曰：‘立我蒸民，莫匪尔极。不识不知，顺帝之则’”⑤，此乃集句，无需赘言。而这种断章改写的方式，出现了两种特殊的文体，一则集句，一则隐括。隐括这一手法实则在汉代已有先驱，朱彝尊《曝书亭集·书玉台新咏后》：

所录古诗十九首，以徐陵《玉台新咏》勘之。枚乘诗居其八。至《驱车上东门》，载乐府杂曲歌辞，其余六首，《玉台》不录。就《文选》本第十五首而论，“生年不满百，长怀千载忧。昼短而夜长，何不秉烛游。”则《西门行》古辞也。古辞：“夫为乐，为乐当及时，何能坐愁怫郁，而复待来兹。”而《文选》更之曰：“为乐当及时，何能待来兹。”古辞：“贪财爱惜费，但为后世界嗤。”而《文选》更之曰：“愚者爱惜费，但为后世嗤。”古辞：“自非仙人王子乔，计会寿命难与期。”而《文选》更之曰：

① 杨伯峻编著：《春秋大传注》，北京：中华书局，2009年，第1145页。

② （汉）班固：《汉书》，北京：中华书局，1962年，第1175页。

③ 《春秋左传注》，第1380—1381页。

④ 取前作诗句片段用于自身创作的行为，在汉魏六朝时很多，宇文所安《中国早期古典诗歌的生成》中有详细论述，可参看。

⑤ 杨伯峻编著：《列子集绎》，北京：中华书局，1979年，第144页。

“仙人王子乔，难可与等期。”裁剪长短句作五言，移易其前后，杂糅置十九首中，没枚乘等姓名，概题曰《古诗》。要之皆出文选楼中诸学士之手也。[①]

《古诗十九首》中《生年不满百》这一诗，隐括自《西门行》。这种改写很可能是为了适合新兴五言诗的文体或者称为音乐节奏，宋人很多隐括词前有写明，其隐括为词的目的，是为了使前人之诗文符合词的乐律[②]。而集句差别就很大了，其最初的想法和用处与此不同。下文再行论述。这两种“断章取义”的创作手法，到了宋代，王安石大量创作集句诗，苏轼大量创作隐括词之后，界线逐渐明晰，在此之前很多情况下纠缠不清。如《全唐诗》中所载同谷子《五子之歌》与《尚书·夏书》中《五子之歌》亦是一例，同时兼有隐括和集句的性质。傅咸所作“经诗”中，除《毛诗诗》外，其余四首都有改写，也具有隐括的性质，很难完全区分。

古人论及傅咸“七经诗”时，常会争论集句之始是《毛诗诗》还是全部“经诗”。如果从创作手法来看，这几首都可以算是集句之始。如果从对后世的启发作用来看，只有《毛诗诗》可以算是集句之始。一种文体的“始祖”，重要的是其启发和推动作用，既然有《毛诗诗》完全符合后世集句诗创作手法和条件，而其余几首颇有不同，自然后世的集句诗最直接的开端就是《毛诗诗》。考虑的条件和角度不同，结果也可能不同。这个问题争论的意义并不大，故不多做分辨。

三、“别有机杼”还是“非为正则”

古代文人对于集句诗的态度多不屑，称其“不为诗家正则”。然集句在文人中很受欢迎，自王安石之后，创作集句诗便显著增加了。也有人认为“集句别有机杼，佳处真令才人阁笔”。其实不只是集句诗，包括联句、离合、反复、回文，乃至清代流行的“集诗牌”等，这些游戏性很强的文体，该不该归入正式文体当中？一直有争议。

现存傅咸的诗歌中，绝大部分是四言诗，个别赠答诗是五言诗。其创作的“经诗”很有可能类似“读书笔记”的性质，用这种方法来记录自己读书的感悟。如《毛诗诗》：

无将大车，惟尘冥冥。济济多士，文王以宁。显允君子，大犹是经。(其一)聿修厥德，令终有淑。勉尔遁思，我言惟服。盗言孔甘，其何能淑。谗人罔极，有腼面目。(其二)

其一中前两句出自《大雅·无将大车》，三四句出自《大雅·文王》，第五句出自《小雅·湛露》，第六句出自《小雅·小旻》。其二中诗句由前到后分别出自《大雅·文王》、《大雅·既醉》、《小雅·白驹》、《大雅·板》、《小雅·巧言》、《大雅·桑柔》、《小雅·青蝇》、《小雅·何人斯》。所选之句全部集中在《大雅》、《小雅》中。极有可能是其读《毛诗》读至《雅》时，想以此为念，记录自己读书的体悟。所集的诗句，都不出

---

① (清)朱彝尊:《曝书亭集》，清康熙五十三年刻本，卷五十二，第501页。

② 苏轼《哨遍》序:“陶渊明赋《归去来》，有其词而无其声。余治东坡，筑雪堂于上。人皆笑其陋，独鄱阳董毅夫过而悦之，有卜邻之意。乃取《归去来》，词稍加括，使就声律，以遗毅夫。使家僮歌之，时相从于东坡，释耒而和之，扣牛角而为之节，不亦乐乎!”

《雅》的范围，完全不涉及《风》、《颂》部分，应是其时手边正看到这一部分，以此为源作集句诗。且所引的这些诗句，在《诗经》中都有，绝非《毛诗》独有，无可争议。便知当时傅咸所看正是《毛诗》，在集句完成之后，按所依之书，据实名之为《毛诗诗》，而未称为《诗经诗》，可见这是傅咸记录读书行为的随性之作，就和“读书笔记”差不多。如后世作集句，多喜欢集杜诗，题名为《集杜》或《集杜工部集》，没有见到如“集杜诗详注”、“集杜诗镜铨”之类，因为其所集的诗句都是杜甫所作，无关仇兆鳌和杨伦，只能称为“集杜”，而傅咸没有这个意识，随手名之《毛诗诗》。

用集句作为读书纪念的方法在后世的集句诗中很常见，还产生了一类专门集某位诗人或某部诗集中句的作品，如清代闺秀诗人陈淑英，在其《竹素园集句》中，专集杜诗的集句诗有四首，《夜读集杜》、《江村春暮集杜》、《避乱山中集杜》、《读诸葛武侯传集杜》。《夜读集杜》是其读到《杜工部集》时所作，纪念意义明显。其他三首则和杜甫的诗歌有或多或少的联系。杜甫有《江村》、《避地》、《蜀相》，陈淑英的三首集杜诗，不仅与之题目相似，在诗意和写法上也有共通的地方。另有专文，此不赘述。

论及傅咸为何会选择四言诗作为集句诗的形态，有些学者认为此源于其宗经的理念，实在有些穿凿附会。一则傅咸本身作诗就喜做四言诗，现存其诗歌绝大部分都是四言诗。二则盖傅咸最开始所作的集句诗是《毛诗诗》，原句便是四言，《毛诗诗》(其一)中，第一二句、第三四句原文便两两相连，另外几首“经诗”根本没有这种做法，很可能便是傅咸试笔之作，才用了原文便两两相连的四句诗。在完成《毛诗诗》之后，另外几首“经诗”为了配合《毛诗诗》的体例，也统一沿用了四言诗格式。而其当时并没有意识到自己应用了一种新的创作方式。

自傅咸作集句诗后，数百年未见新的集句诗，可能有文献散失的缘故，同时没有诗人大量创作集句诗自然也是事实。宋代文人最初都以为集句“始于王荆公”，可见之前并没有集句作品流传于世，否则宋人不会有此论断。不过有一点值得注意，唐代科举中出现了“帖括”的现象，所谓帖括，是将经传中难以记忆的词句编成诗句，这种方法大受欢迎，以至于《新唐书》中记载：“为进士者，皆诵当代之文，而不通经史。明经者但记帖括。”不难想见，这种方法也是将经传中难以记忆的句子变为押韵，组成当时容易记忆的文体，可能是律诗，形式和方法与集句诗都要相似之处。不过仍同上文所说，此二者应只是方法上近似，并没有明确文献证明两者存在事实上的联系。

为何集句诗出现数百年之后，直至赵宋之世才引起文人的大范围注意，在此之前连创作都没有看到。在具体讨论之前，有两个观念需要说明。一者，并不是一种文体或者创作手法出现了，后世创作的人就会越来越多。新事物的出现很多时候源于创作者的灵光一现，比如傅咸读《毛诗》时，临时想到可以用此手法作诗。而后世大范围推广的条件实则很苛刻，不到宋代，确实没有集句诗大量创作的条件，下文会有说明。再者，一个历史事物的发展，不是简单从甲到乙的直线关系，而是很多因素如树根一般错结，经过或长或短的时间，树苗才得生长，事物才得显现。相似不代表一定存在联系，一种文体对后世的影响，必须在联结中才得显现，如果两者没有明确联系，仍强行论证关联或意义，会有附会和强征因果之嫌。

宋代之前，实则不具有集句诗大量创作的条件。集句诗是将以前的诗句拼凑成新诗,不能有大的改动。这是一种需要以学济诗的诗体,必然要求其来源的文体本身具有严格的形式约束。集句诗中鲜见古体诗,绝大多数都是绝句和律诗。因为近体诗有严格的形式约束,律诗的平仄和音律形式有严格规定,词语和诗句的组合规则不过几种而已,其余都是可变通的变体。从中挑选句子重组为诗,自然比较便利。相反,集句古诗和集句文数量如此稀少,正因为古体诗和文章缺少这种形式约束,作家创作时,不知该由何入手。所以集句体真正发端在近体诗繁荣的宋代,符合文体创作和发展规律。唐诗为宋代集句创作积累了大量材料,宋人重视"学诗",这两条因素是集句诗大量创作的必要条件。唐人之心性,讲求个性张扬,此种全借别人之语的创作方式,大概不入其眼。

再者,傅咸的"经诗"近似"读书笔记",其文学成就确实不高。如《孝经诗》:

> 立身行道,始于事亲。上下无怨,不敢恶人。孝无终始,不离其身。三者备矣,以临其民。(其一)以孝事君,不离令名。进思尽忠,不议则争。匡救其恶,灾害不生。孝悌之至,通于神明。(其二)

其一全面君王,说明孝道从侍奉自己双亲开始,延及百姓,并且坚持不懈,才可统御万民。其二论及忠君之事,对君主和社稷尽到臣子的责任。文学性确实不高,如流水账一般。与后世集句中"风定花犹落,鸟鸣山更幽"此等佳句,判若霄壤。袁枚《随园诗话》中评价"赋得"体:"有赋得等名,自以诗为诗,犹之以水洗水,更无意味。从此诗之道每况愈下矣"。以此来形容傅咸所作"经诗",也能说明某些问题。

实则不仅是傅咸"经诗",这种借用、改编前人文字的做法,刚付诸实践的时候,都是类似"顺口溜"的作品。《列子》所载民谣:"立我蒸民,莫匪尔极。不识不知,顺帝之则"。包括唐代科举时,参加考试的举子所看的"帖括",将经传中难以记忆的句子重新改编组合为诗的形式,显然就是容易记诵的"顺口溜"。即便是现在,这种方法仍然活跃在人们日常表达和记诵中。

根据上面的分析,集句诗从傅咸正式确立此文体,到宋代文人大量创作,中间数百年时间,集句诗没有被重视的原因,一则在近体诗大兴之前,缺少创作基础和素材。且后世创作集句诗,多伴有逞才的心理,如果还要将文句更改再入诗,别人很可能看不出诗句出自何处,逞才的心理就不容易得到满足了。二则傅咸"经诗"的文学成就不高,且同类作品也多是"顺口溜"之流。得不到文人的重视,也在情理之中。

还有一个点,魏晋南北朝时,伴随着文学的觉醒和清谈的盛行,文人尤其是士族文人不关心政治,当时出现了很多不同的游戏诗体,后世归入"杂体诗"。《艺文类聚》专门收录有六朝时人创作的各种杂体诗。皮日休《杂体诗序》专门介绍,有回文、联句、离合、反复、风人、六甲、百姓、十二属等等数十种之多,集句诗是杂体诗的一种,都是对汉语文字诗学的一种探索。六朝时集句在众多"游戏"文体中并不引人注意,自然鲜有人创作。

最后还有一点需要着重说明,前人在探讨傅咸创作集句诗的原因时,都会强调其家族"宗经"的传统。实则还有一点更重要,傅玄、傅咸父子的诗赋体制多有创新,其诗赋创作很"新潮"。如上文所说杂体诗,皮日休《杂体诗序》中载:"晋傅咸有回文反复诗二首,云反复其文,以示忧心展转也。"在魏晋时期,作诗作赋前加小序也是新兴的手法,傅咸所作赠答诗前多有小序,记载写诗之情形或缘由。其父傅玄所作《连珠序》解连珠特点,作《七谟序》论七体源流,这在当时是很先进的文学手法,上承班固《两都赋序》,对后世影响非常大。可见傅咸家族在创作时,很喜欢使用新兴的手法和文体,这是傅咸能作出集句诗的重要原因。傅玄、傅咸家族在文学体制创新方面的贡献,也值得注意。同时也有以前人所作入自身创作的例证,傅玄对于《陌上桑》的仿写,以及其大量拟作,都可视为一种创作中引述前人的传统。

所谓傅咸"七经诗"实则只有五首,后补的《左传诗》甚为可疑,《南齐书》所称"五经"更贴近事实。无论是"七经诗"还是"五经"都是后人所起的代称,类似"三吏"、"三别"。"集句"这一手法与古代"断章取义"的用诗方式有传承,与汉魏六朝时摘取前人之诗作片段入诗的创作方式也有很大关联。傅咸所作"经诗"类似"读书笔记"的性质,这种用集句诗记录自己读书经历的做法,在后代集句诗中有很多例证。傅咸之后,数百年没有新的集句诗出现,一则在律诗出现之前,集句诗不具备创作的条件,二则傅咸所作"经诗"文学成就不高,很难引起注意,同时六朝时出现了大量具有游戏性质的"杂体诗","集句诗"在其中并不突出。傅咸能创作集句诗的原因,一则本于其宗经的思想,但更重要的是其家族在文体创新方面的意识和传统。

(作者单位:南京大学文学院)

南宋说话四家发覆*

张　莉　郝　敬

作为一门通俗艺术表现形式，宋代说话达到了非常高超的水平，发展之繁盛，成为同时期瓦舍勾栏中众多伎艺表演形式的重要代表。但对于说话四家数细目分类的具体阐述，却迟至南宋后期才出现，并由于文献的单一与记载方式的非正规性，造成今人解读的差异。自清末至当代，学者多有探讨，未有定论，并由四家说衍生出三家说、五家说、多家说等观点，也出现了立足于文献的阙失现状，试图暂时搁置问题的观点。其云众众，此不赘述。本文仅从文献角度出发，作一挖掘。

今天能够看到对两宋说话伎艺集中记载的文献，莫过于《东京梦华录》等五部记载北宋都城东京与南宋都城临安风土人情的作品。其中《东京梦华录》追述汴梁之事，成书于南宋之初；《都城纪胜》、《西湖老人繁胜录》和《武林旧事》皆记述临安之事，成书于南宋后期至蒙古灭宋之际；《梦粱录》追述临安之事，成书较晚，应为元朝中后期，而非《四库全书总目提要》所云宋度宗咸淳十年（1274）①，王古鲁《南宋人说话四家的分法》曾有辨析②，可参。

附表1　记录宋代说话伎艺的文献

文　献	著　者	成书时间	记述时间	记述地点
东京梦华录	孟元老	宋高宗绍兴十七年(1147)	宋徽宗崇宁至宣和(1102—1125)间	东京(汴梁)
都城纪胜	灌圃耐得翁	宋理宗端平二年(1235)		临安
西湖老人繁胜录	西湖老人	宋理宗宝祐(1253—1258)间		临安
武林旧事	周密	元世祖至元十七年(1280)后	元世祖至元二十七年(1290)前	临安
梦粱录	吴自牧	元顺宗元统三年(1334)	宋理宗淳祐至宋度宗咸淳(1241—1274)间	临安

---

* 本文为国家社科基金青年项目“中国古代‘说话’流变研究”(17CZW035)阶段性研究成果。

① (清)永瑢等：《四库全书总目》，卷七十，第626页，北京：中华书局，1965年。

② (明)凌濛初著，章培恒整理，王古鲁注释：《二刻拍案惊奇》，附录二《南宋说话人四家的分法》，第784页，上海：上海古籍出版社，1983年。

从上表可以看出，考察这五种文献资料，我们大致可以按成书时间及叙述内容分成两大类，一类成书于南宋初期，反映北宋说话情形，即《东京梦华录》；另一类反映南宋说话情形，又可按成书时间分成两个子类，其一成书于南宋后期，即《都城纪胜》与《西湖老人繁胜录》；其二成书于元代，即《武林旧事》与《梦粱录》。那么，作为解决问题所依据的基本文献，自然以宋人撰述为主优先使用，其次是入元的撰述，而明清时期的一些记载则仅能作为辅证。

一、对北宋说话伎艺有无家数的考察：《东京梦华录》

对宋代说话伎艺的集中记录，目前可见最早文献当是《东京梦华录》。摘引如下：

崇、观以来，在京瓦肆伎艺：张廷叟，孟子书主张。小唱李师师、徐婆惜、封宜奴、孙三四等，诚其角者。嘌唱弟子张七七、王京奴、左小四、安娘、毛团等。教坊减罢并温习。张翠盖、张成、弟子薛子大、薛子小、俏枝儿、杨总惜、周寿奴、称心等。般杂剧。枝头傀儡任小三，每日五更头回小杂剧，差晚看不及矣。悬丝傀儡张金线。李外宁，药发傀儡张臻妙、温奴哥、真个强、没勃脐、小掉刀，筋骨、上索、杂手伎、浑身眼。李宗正、张哥，球杖、踢弄。孙宽、孙十五、曾无党、高恕、李孝详，讲史。李慥、杨中立、张十一、徐明、赵世亨、贾九，小说。王颜喜、盖中宝、刘名广，散乐。张真奴，舞旋。杨望京，小儿相扑。杂剧、掉刀、蛮牌董十五、赵七、曹保义、朱婆儿、没困驼、风僧哥、俎六弄。影戏丁仪，瘦吉等弄乔影戏。刘百禽弄虫蚁。孔三传耍秀才，诸宫调。毛详、霍伯丑，商谜。吴八儿，合生。张山人，说诨话。刘乔、河北子、帛遂、胡牛儿、达眼五重明、乔骆驼儿、李敦等杂班外入。孙三神鬼，霍四究说三分，尹常卖《五代史》，文八娘叫果子。其余不可胜数。不以风雨寒暑，诸棚看人，日日如是。教坊，钧容直，每遇旬休按乐，亦许人观看。每遇内宴，前一月，教坊内勾集弟子小儿，习队舞作乐，杂剧节次。①

在以“京瓦伎艺”命名的本目下，并行罗列了34种伎艺，包括与说话相关的各项伎艺，如讲史、小说、商迷、合生，说诨话、神鬼、说三分、五代史和叫果子等七种表现形式与其主要表演艺人姓名②，并未对说话的家数作出具体处理。基于此种表述方式的出现，我们有理由初步判定，虽然北宋时期说话的发展已经具有类别的多样性，但在理论层面还未出现对说话伎艺总结性的系统建构，因此文献的记载依然停留在对具体子目的特征性描述，缺少分类标准的总体把握。例如，“京瓦伎艺”中已经列出“讲史”，却又在后文继续列出性质相同的“说三分”、“五代史”，不能不说是对分类标准特征的把握缺乏归纳总结。这也是我国古代典籍，无论是史籍中的艺文志或经籍志，还是类书或文集，经常出现的一种现象，即对各类事物的分类，往往注重对细节特征的区分，而忽略或无法把握各类事物的普遍性特征。此种现象在唐宋时期尤盛，如从宋代修成的四大类书的具体子目设置，可见一斑。

①② （宋）孟元老撰，伊永文笺注：《东京梦华录笺注》，卷五，“京瓦伎艺”，第461—462页，北京：中华书局，2006年。

我们还可以从《东京梦华录》中的其他相关记录得到佐证。卷六"元宵"条云：

正月十五日元宵,大内前自岁前冬至后,开封府绞缚山棚,立木正对宣德楼,游人已集御街。两廊下奇术异能,歌舞百戏,鳞鳞相切,乐声嘈杂十余里,击丸、蹴踘,踏索、上竿。赵野人倒吃冷淘、张九哥吞铁剑、李外宁药法傀儡、小健儿吐五色水、旋烧泥丸子。大特落灰药、榾柮儿杂剧。温大头、小曹嵇琴、党千箫管。孙四烧炼药方、王十二作剧术、邹遇、田地广杂扮、苏十、孟宣筑球、尹常卖《五代史》、刘百禽虫蚁、杨文秀鼓笛。更有猴呈百戏,鱼跳刀门,使唤蜂蝶,追呼蝼蚁。其余卖药、卖卦,沙书地谜,奇巧百端,日新耳目。①

卷八"六月六日崔府君生日二十四日神保观神生日"条又云：

自早呈拽百戏,如上竿、趯弄、跳索、相扑、鼓板、小唱、斗鸡、说诨话、杂扮、商谜、合笙、乔筋骨、乔相扑、浪子杂剧、叫果子、学像生、倬刀、装鬼、砑鼓、牌棒、道术之类,色色有之,至暮呈拽不尽。②

从上述两条材料看,我们可以得出三点:第一,所谓北宋说话伎艺的代表形式并不固定,列举项目多寡不一,对小说、讲史等后人观念中属于说话类的主要代表并无特殊的看待,甚至仅列举一些属于附属的"说诨话"、"叫果子"等,这就表明在北宋时期没有出现说话四家数的观念认知。第二,在这些伎艺的表述中,北宋时期并没有次序先后的观念梳理,具体到说话一类,讲史可以位于小说之前,商谜也可以位于合生之前,甚至讲史的细目如三分、五代史又可以列于所有伎艺的后列。这样的表述方式与南宋及元代完全不同,既显示了叙述的自由度,也客观表明了北宋说话家数的观念尚未定型。第三,在所有的相关叙述中,没有出现说经类,足见北宋时期说经还未被纳入说话的范畴之中。

从学术考察的方法看,以上观点的得出还属于原始文献的自证。我们还必须找出其他的相关文献来进一步检验我们的观点。南宋时期著名史学家徐梦莘编撰《三朝北盟会编》,曾提到靖康之变时发生的一件事,可以有助于我们的考察。钦宗靖康二年(1127)正月,金兵在第二次围困东京汴梁城后,诱骗宋钦宗再次前往金营议和,并随之拘禁钦宗,以此要挟宋室,索取财物。正月二十五日,金人要求宋室进纳各种物事及人员,其中就包括了说话艺人。在《三朝北盟会编》卷七十七靖康中帙五十二"金人求索诸色人"目下,徐梦莘详细记载了包括医生、教坊乐工、妓女、歌舞宫女、工匠、百戏艺人等被掳掠。其云：

杂剧、说话、弄影戏、小说、嘌唱、弄傀儡、打筋斗、弹筝、琵、瑟、吹笙等艺人一百五十余家。③

从这条记录看,本应属于说话子目的小说被并行于说话同列,实在是有所矛盾的。但

① 《东京梦华录笺注》,卷六,"元宵",第541页。

② 《东京梦华录笺注》,卷八,"六月六日崔府君生日二十四日神保观神生日",第758页。

③ (宋)徐梦莘:《三朝北盟会编》,卷七十七,第583页,上海:上海古籍出版社,1987年。按,该版为影印许涵度光绪三十四年刻本。

是从另一角度看，以徐梦莘为代表的史家的主流观点中，说话这门伎艺并未有明显的细目再分。或者说，将小说、讲史等相关伎艺统一到说话范畴之下的观念，在北宋时期甚至南宋初期，仍未形成。

值得注意的是，似乎在小说这门伎艺中，存在细目的类别划分。北宋晚期至南宋初期，与宋室对峙的金政权，百姓生活亦有各种伎艺演出。《金史》中曾记载海陵王完颜亮的佞幸之臣张仲轲的一条文献材料：

张仲轲幼名牛儿，市井无赖，说传奇小说，杂以俳优诙谐语为业。①

可见，张仲轲擅长的伎艺是小说中的传奇一类，这与南宋成书的《都城纪胜》记载相符合。并且，张仲轲还可以"杂以俳优诙谐语"，其中的诙谐语大约就是说诨话一类。这也表明了包括小说在内的各种说话伎艺都处于不断发展与丰满的演变之中。

二、对南宋说话伎艺家数记载的考察：《都城纪胜》与《西湖老人繁胜录》

南宋破亡之前成书的《都城纪胜》与《西湖老人繁胜录》，记录了说话伎艺的相关情况。其中最为学界注意的是《都城纪胜》，这部书最先表明了宋代(南宋)说话伎艺存在家数分类的认知。《都城纪胜》的"瓦舍众伎"目云：

说话有四家：一者小说，谓之银字儿，如烟粉、灵怪、传奇。说公案，皆是扑刀杆棒及发迹变泰之事。说铁骑儿，谓士马金鼓之事。说经，谓演说佛书。说参请，谓宾主参禅悟道等事。讲史书，讲说前代书史文传、兴废争战之事。最畏小说人，盖小说能以一朝一代故事倾刻间提破。合生与起令、随令相似，各占一事。商谜，旧用鼓板吹《贺胜朝》，聚人猜诗谜、字谜、戾谜、社谜，本是隐语。有道谜(来客念隐语说谜，又名打谜)、正猜(来客索猜)、下套(商者以物类相似者讥之，人名对智)、贴套(贴智思索)、走智(改物类以困猜者)、横下(许旁人猜)、问因(商者喝问句头)、调爽(假作难猜，以定其智)。②

由于古人的记载无诸如今人的标点标识，所以这段文献材料的解读成为研究者无法回避的障碍，往往各执一词，各论其说。

此书另有一节录本，名《古杭梦游录》，为元末明初陶宗仪《说郛》所收，约十余条，皆出于《都城纪胜》。本条《说郛》云：

说话有四家：一者小说，谓之银字儿，如烟粉、灵怪、传奇。说公案，皆是搏拳提刀赶棒及发迹变泰之事。说铁骑儿，谓士马金鼓之事。说经，谓演说佛书。说参，谓参禅。讲史书，谓说前代兴废争战之事。合生与起令、随令相似。商谜，旧用鼓板吹〔贺圣朝〕，聚人猜诗谜、字谜等，本是隐语。有道谜来(客念引语说谜，

---

① (元)脱脱等：《金史》，卷一百二十九，第2780页，北京：中华书局，1975年。

② (宋)灌圃耐得翁：《都城纪胜》，《四库全书》本。录自清光绪四年戊寅(1878)夏泉唐丁氏镌本，收入癸未(1883)秋八月嘉惠堂丁氏影印本《武林掌故丛编》。

又名打谜)、正猜(求客索猜)、下套(商者以物类相似者讥之,人名对智)、贴套(贴知思索)、走智(改物类以困猜者)、横下(许旁人猜)、问曰(商者为喝问句头)、调爽(假作难猜,以定其智)。①

虽陶宗仪时代距南宋不远,但明代类书丛书往往节引原书,甚至有自纂伪书以为新作,故用其材料应谨慎。两相比较,则《说郛》本《古杭梦游录》节录原书甚夥,上下文字多处截断,面貌虽有,但文意割裂,不可细究。故不能作为说话家数的分类参考。

"瓦舍众伎"目主要介绍了南宋临安城在瓦舍勾栏中存在的各种伎艺。根据文意,大致介绍了三大类。第一大类是散乐,主要代表是杂剧。第二大类是诸宫调,介绍了细乐、清乐与唱叫,在唱叫下又细分成小唱、嘌唱、叫声和唱赚,第三大类是百戏,介绍了相扑争交(角觝)、踢弄、杂手艺、傀儡、影戏、说话、商迷等。这一类细目较多,如踢弄下细分成十六类、杂手艺下细分成二十八类。有的细目读解较清楚,如傀儡下细分成悬丝傀儡、杖头傀儡、水傀儡、肉傀儡四种表演形式;有的细目读解则存在歧义,如本目最后一节介绍的说话与合生、商谜,究竟是合是分、四家数作何解?

作为考察南宋说话四家数问题的第一手文献资料,《都城纪胜》的重要性是不容置疑的。在伎艺叙述的系统性上,比《东京梦华录》俨然已有意识地归类处理。对于一些仍处于发展状态的伎艺,则体现了特征的动态性。如杂扮类,详细介绍了两宋时期表演形式与内容的异同。但是,必须注意的是,"瓦舍众伎"的叙述仍有其逻辑的不严密性与书写的随意性。在大类细目的介绍上,有脱落之嫌。如唱叫类下的细目,缺少了叫果子、唱耍曲儿等,仅在嘌唱的介绍中提及。那么,我们在考察这一段文献资料的时候,就必须寻求作者的一些行文规律来辅助我们解读。

争论的焦点之一集中在文献的首句,即说公案与说铁骑儿究竟是说话的大类、还是小说的子类?这个问题多年来有很多学者辨析讨论,前文已经谈及,这里不再展开,仅就《都城纪胜》中为学界较少关注的其他记载来自证。

《都城纪胜》在介绍杂剧时,谈到在北宋时即有"杂剧本子"作为表演的底本,这个"杂剧本子"自然是记述搬演故事的主要内容。在介绍傀儡与影戏时,也谈到这两类表演都有相应的"话本"作为搬演内容的记录。因此,无论是"杂剧本子"还是"(傀儡、影戏)话本",都与说话的"话本"有着相似的性质,即记录搬演的故事内容。这就为我们考察"小说"的细目划分提供了一个比较依据。《都城纪胜》云:

凡傀儡敷演烟粉灵怪故事、铁骑公案之类,其话本或如杂剧,或如崖词,大抵多虚少实,如巨灵神朱姬大仙之类是也。②

这里记录了傀儡表演的故事按内容可以分成烟粉、灵怪、铁骑、公案等子类,也就说明这些子类都是同一层面的不同类别。因此,对"小说"下细目的记述——"一者小说,谓之银字儿,如烟粉、灵怪、传奇。说公案,皆是朴刀杆棒及发迹变泰之事。说铁骑儿,谓士马金鼓之事"——这一句的读解,我们就不应将"说公案"、"说铁骑儿"单独作

---

① (宋)灌圃耐得翁:《古杭梦游录》,载(元)陶宗仪:《说郛》,卷三,北京:中国书店,1986年,是书据涵芬楼1927年11月版影印。

② (宋)灌圃耐得翁:《都城纪胜》,《四库全书》本。

为与“小说”并列的类别，而应将其作为与烟粉、灵怪、传奇并列的类别。

《都城纪胜》还提供了另外一条资料，也可佐证。在介绍“唱叫”类下的“唱赚”时，其云：“今又有‘覆赚’，又且变花前月下之情及铁骑之类。”①明确表明“唱赚”的脚本内容包含了叙述“花前月下之情”和“铁骑”的两类题材，而“花前月下之情”正是“烟粉”类的主要代表。这里将“花前月下”和“铁骑”并列，也说明了这是两个属于同一层面的题材。推此及彼，也不应将“说铁骑儿”作为与“小说”并列的类别。

结合上述两条材料对烟粉、灵怪、铁骑、公案的表述方式及行文规律，我们再看说话四家中“小说”细目的文字，则可以得出，在南宋人的观念中，或至少在《都城纪胜》作者灌圃耐得翁的观念中，说公案、说铁骑儿与烟粉、灵怪、传奇，都同属于一个层面的不同题材，是说话四家中“小说”类的细目。因此，以谭正璧、陈汝衡、王古鲁、李啸仓、胡士莹等先生为代表的一些学者所提出的将“说公案”、“说铁骑儿”作为说话四家的一种，则不符合《都城纪胜》的行文规律。

那么，我们的这个推论是否可以得到其他文献材料的印证呢？答案是肯定的。宋元之际书会才人罗烨编撰的《醉翁谈录》，也涉及了这个问题。《醉翁谈录》第一卷“舌耕叙引”中的“小说开辟”一文，提到说话中的小说类“有灵怪、烟粉、传奇、公案，兼朴刀、捍棒、妖术、神仙”②。在这一篇的回末诗又提及：“辨论妖怪精灵话，分别神仙达士机，涉案枪刀并铁骑，闲情云雨共偷期。”③可见，无论是公案、抑或是铁骑，并没有跳出小说的范畴，成为单独与说话并列的类别。由于罗烨身处宋元之际，是书又是当时说话的话本记录，所以将公案、铁骑作为与烟粉、灵怪并列的说话细目的观点，是较为贴近南宋说话范畴原貌的认知。

《西湖老人繁胜录》成书时间与《都城纪胜》仿佛，都在南宋末年。孙毓修先生据书中“庆元间油钱”条，考其成书时间比《都城纪胜》略早，约在宁宗朝④。1940年秋，孙楷第先生撰《近代戏曲原出傀儡戏影戏考》⑤，对此有所辨正。其云：

> 是书称宁宗圣节，金国奉使贺生辰毕，观江潮。云云。称庙号，知书成在宁宗之后。其所记伎艺人多与吴自牧《梦粱录》同。《梦粱录》书成在度宗之后，而记伎艺人多是理宗淳祐以后人。故余疑《繁胜录》成书，至少当在淳祐后。而《都城纪胜》成书，在理宗端平二年，以时考之应较《繁胜录》为早。毓修谓老人生世先于耐得翁，殊未必然。故余宁置此书于《都城纪胜》之后。⑥

是书与《都城纪胜》篇幅相当，且创作时间相距不远，故可以互为印证。如“十三军大教场……在内作场”条中记载：“喝涯词，与只引子弟；听淘真，尽是村人。”则这些伎艺

① （宋）灌圃耐得翁：《都城纪胜》，《四库全书》本。

② （宋）罗烨：《醉翁谈录》，第3页，上海：古典文学出版社，1957年。

③ 《醉翁谈录》，第5页。

④ 孙毓修：《西湖老人繁胜录跋》，载《涵芬楼秘笈》第三集录《西湖老人繁胜录》，是书为孙毓修自《永乐大典》第七千六百三卷杭字韵录出。

⑤ 是文原载1942年《辅仁学志》第十一卷第一、二合期，后与《傀儡戏考原》一文合并收入《傀儡戏考原》一书，上海上杂出版社1952年9月第1版，后收入《沧州集》，改名为《近世戏曲的唱演形式出自傀儡戏影戏考》。

⑥ 孙楷第：《近世戏曲的唱演形式出自傀儡戏影戏考》，载《沧州集》，第161页，北京：中华书局，2009年。

表演,无论是对城市里的市民,还是乡村里的山野之人,都具有强烈的吸引力。而说话伎艺中的“小说”这一家似乎受欢迎程度更高,甚至不局限于在瓦舍勾栏作场,“野呵小说处处分数”,连不是表演名家的普通艺人亦可以凭此伎艺立足生存。

《西湖老人繁胜录》也有专门的条目记载当时的伎艺状况。其云:

> 瓦市:南瓦、中瓦、大瓦、北瓦、蒲桥瓦。惟北瓦大,有勾栏一十三座。常是两座勾栏,专说史书,乔万卷、许贡士、张解元。背做蓬花棚,常是御前杂剧,赵泰、王荼喜、《宋邦宁河宴》、清锄头、段子贵。弟子散乐,作场相扑,王侥大、撞倒山、刘子路、铁板踏、宋金刚、倒提山、赛板踏、金重旺、曹铁凛,人人好汉。说经,长啸和尚、彭道安、陆妙慧、陆妙净。小说,蔡和、李公佐。女流,史惠英、小张四郎,一世只在北瓦,占一座勾栏说话,不曾去别瓦作场,人叫做小张四郎。勾栏合生,双秀才。覆射,女郎中。踢瓶弄碗,张宝歌。杖头傀儡,陈中喜。悬丝傀儡,炉金线。使棒作场,朱来儿。打硬,孙七郎。杂班,铁刷汤。江鱼头,兔儿头、菖蒲头。背商谜,胡六郎。教飞禽,赵十七郎。装神鬼,谢兴歌。舞番乐,张遇喜。水傀儡,刘小仆射。影戏,尚保仪、贾雄。卖嘌唱,樊华。唱赚,濮三郎、扇李二郎、郭四郎。说唱诸宫调,高郎妇、黄淑卿。乔相扑,鼋鱼头、鹤儿头、鸳鸯头、一条黑、斗门桥、白条儿。踢弄,吴全脚、耍大头。谈诨话,蛮张四郎。散耍,杨宝兴、陆行、小关西。装秀才,陈斋郎。学乡谈,方斋郎。分数甚多,十三应勾栏不闲,终日团圆。①

这一段叙述与《都城纪胜》的记载比较,有几点差异:第一,《繁胜录》没有像《都城纪胜》对说话伎艺有明确的家数分类,只是具体罗列了几种说话的代表形式:说史书、说经、小说、勾栏合生、背商谜、谈诨话、学乡谈;第二,《繁胜录》没有像《都城纪胜》仅列出伎艺门类,而是采用《东京梦华录》的记录方式,将当时的代表伎艺人记录下来,如说史书有乔万卷等三人,说经有长啸和尚等四人,小说有蔡和等四人等;第三,《繁胜录》对伎艺种类的记录顺序,与《东京梦华录》的记录顺序颇为吻合,而与《都城纪胜》的记录顺序有明显不同,如《东京梦华录》与《繁胜录》都将说话的第一家记载讲史类,而《都城纪胜》却将小说置于首位,将讲史退入第三家;第四,《繁胜录》虽记录了许多艺人,但没有《都城纪胜》中的说参请,多出了谈诨话、学乡谈等。

从以上差异看,在南宋当时的观念中,虽然与说话伎艺相关的表演形式很多,但如《都城纪胜》所云“说话有四家”,且四家有固定的代表种类,似乎还没有成为一个被大众普遍接受的常识。所以在《都城纪胜》之前成书的《东京梦华录》与之后成书的《西湖老人繁胜录》,都没有出现“四家”的具体记录,尽管这些文献都详细记录了当时的大量伎艺种类。

那么,这个推论是否可以确定呢?我们还需考察其他的文献。

---

① 《西湖老人繁胜录》,《涵芬楼秘笈》本。

三、宋元之际对南宋说话伎艺家数记载的考察：《武林旧事》与《梦粱录》

《武林旧事》记录瓦舍众伎的种类繁多，但与《都城纪胜》、《西湖老人繁胜录》表述方式不太一致，没有对各类伎艺性质特征进行相关解说，哪怕是一两句的简短说明，而是详尽地罗列出各类伎艺表演的名家代表。在“诸色伎艺人”列出的五十三类伎艺中，[①]与说话相关的有演史、说经诨经、小说、说诨话、商谜、学乡谈、合笙等七种。这样的叙述方式与《东京梦华录》仿佛，除了将说诨话提至商谜与合笙之前，其他排列次序也基本一致。

虽然《武林旧事》成书于南宋破亡不久，但遗憾的是，“说话有四家”的说法并没有出现。当然究其原因也可能如前文所说，古人分类重在细目的表达而不善于对普遍规律加以总结归类。如《武林旧事》虽将说话大类下的各个小类分别表述，却又将傀儡类的各个小类综而合之，是叙述的体例明显不一。

值得注意的是，在所列伎艺人中，小说的艺人达到52人，远远超过其他类别的说话艺人，这应该是说话在经过南宋发展后，在宋元之际出现的一个新趋向，无疑也是小说受到百姓喜爱的真实反映。另一方面，商谜被记录的艺人也达到13人，俨然有与演史（23人）、说经诨经（17人）分庭抗礼的趋势，而在前期，商谜与合生、说诨话等都只被记录了一个代表艺人。

出现较多争议的文献其实是《梦粱录》的相关记载。首先是这本书的成书时间。四库馆臣曾经据吴自牧序文中“甲戌岁中秋日”[②]，定为度宗咸淳十年（1274），但序中吴自牧所谓“缅怀往事，殆犹梦也”，故四库馆臣又云“其时宋尚未亡，不应现作是语，意‘甲戌’字传写误欤”[③]。卢文弨于乾隆四十二年（1777）撰《〈梦粱录〉跋》表示了对这一类观点的质疑。其云：“序无纪元，但书甲戌。若枉咸淳，则故都尚无恙也。阅一甲子，则当在元顺帝时，斯时元之为元，不犹夫宋之季世也哉。”[④]但是卢文弨也没有举出明确的证据。孙楷第先生认为：

> 余按自牧此书，实成于度宗之后。卷三“皇帝初九日圣节”篇云：“四月初九日度宗生日。”卷八“宗阳宫”篇云：“斋曰会真、澄妙、常净；俱度庙奎藻。”称庙号，其证一。卷五“郊祀年驾宿青城端诚殿”篇云：“向于咸淳年间，度宗亲飨南郊，祀用正月朔，正係上辛日行事。”此追忆咸淳事，其证二。度宗纪元虽止于咸淳十年，然下距临安之破仅二年。是时国事已非。其序署甲戌，或是书后成序先作，或纪年传写有误，则不可知矣。[⑤]

---

① （宋）周密：《武林旧事》，卷六，《知不足斋丛书》本。此本据鲍廷博跋文，系用惠氏红豆山房所藏元钞本为底本，并与明正德宋廷佐刻本与嘉靖陈珂翻刻本参校。

② （宋）吴自牧：《梦粱录》，序，《知不足斋丛书》本。

③ （清）永瑢等：《四库全书总目》，卷七十，第626页，北京：中华书局，1965年。

④ （清）卢文弨：《抱经堂文集》，卷九，《抱经堂丛书》本，1923年5月直隶书局影印乾隆六十年刻本。

⑤ 孙楷第：《近世戏曲的唱演形式出自傀儡戏影戏考》，载《沧州集》，第161页，北京：中华书局，2009年。

其实不仅是孙楷第先生所举之例,书中有明显语句能断定成书时间。卷十六“面食店”条云:

向者汴京开南食面店,川饭分茶,以备江南往来士夫,谓其不便北食故耳。南渡以来,几二百余年,则水土既惯,饮食混淆,无南北之分矣。[①]

这条文献材料学界较少注意,且《梦粱录》各版本的记录大致相同,因此可以作为成书时间的依据来考察。从靖康之变、高宗南渡(1127)算起,历二百余年,则已进入元代中后期,再按序文所言甲戌岁,则正是元顺帝元统二年(1334),较为符合文意。故《梦粱录》成书并非宋度宗咸淳十年,而是元顺帝元统二年,距离宋室破亡已经将近一甲子了。

《梦粱录》对说话伎艺的记录集中在卷二十的“小说讲经史”。其云:

说话者谓之舌辩,虽有四家数,各有门庭。且小说名银字儿,如烟粉、灵怪、传奇、公案、朴刀、杆棒、发发踪参(发迹变泰)之事。有谭淡子、翁三郎、雍燕、王保义、陈良甫、陈郎妇、枣儿、余二郎等,谈论古今,如水之流。谈经者,谓演说佛书。说参请者,谓宾主参禅悟道等事。有宝庵、管庵、喜然和尚等。又有说诨经者戴忻庵。讲史书者,谓讲说通鉴、汉唐历代书史文传,兴废争战之事。有戴书生、周进士、张小娘子、宋小娘子、丘机山、徐宣教。又有王六大夫,元系御前供话,为幕士请给讲,诸史俱通,于咸淳年间敷演《复华篇》及《中兴名将传》,听者纷纷,盖讲得字真不俗,记问渊源甚广耳。但最畏小说人,盖小说者,能讲一朝一代故事,顷刻间捏合。(合生)与起令、随令相似,各占一事也。商谜者,先用鼓儿贺之,然后聚人猜诗谜、字谜、戾谜、社谜,本是隐语。有道谜,来客念思司语。讥谜,又名“打谜”。走智,改物类以困猜者。正猜,来客索猜。下套,商者以物类相似者讥之,又名“对智”。贴套,贴智思索。横下,许旁人猜。问因,商者喝问句头。调爽,假作难猜,以走其智。杭之猜谜者,且言之一二,如有归和尚及马定斋,记问博洽,厥名传久矣。[②]

《梦粱录》的记录有以下特征值得注意:

第一,记录方式与之前的四种文献都不相同,采用了以《都城纪胜》说明伎艺性质特点为主的方式,间以附录各个代表艺人。因此可以认为是吸收了四种文献的记录之长。这也较为符合《梦粱录》与其他文献成书时间相隔较远的客观实际。

第二,与《都城纪胜》的观点一致,明确认为说话伎艺“有四家数”。但两者的叙述重点有差异。《都城纪胜》只云“说话有四家”,强调说话伎艺大类下的二级分类;而《梦粱录》云“虽有四家数,各有门庭”,重在强调二家分类下的三级分类,即四家每一家的细目。这种叙述方式的变化可以说明两个问题。其一,说话的伎艺不断地得到发展丰满,从前期文献记录二级分类的相对单一性,到《梦粱录》记录时已经各自壮大,实际独立为类。其二,吴自牧强调“各有门庭”,重点落在细目之上,也从另一角度

① 《梦粱录》,卷十六,《知不足斋丛书》本。

② 《梦粱录》,卷二十,《知不足斋丛书》本。

反映了其对二级分类的不确定性。"虽有四家数",那只是耐得翁笔下的记录,经历了这么长时间,原先处于各子类位置的伎艺,都已经得到充分发展并成熟,同时也有一些伎艺随着实际生活的需要而演变发展,抑或消亡。此时此刻,吴自牧很难再处理记忆之中的说话四家的具体所指。

第三,对说话各类代表形式的记录顺序,《梦粱录》与《都城纪胜》完全一致,即小说、谈经说参请、讲史书、(合生、)商谜,而在《东京梦华录》、《西湖老人繁胜录》与《武林旧事》中的一些也属说话伎艺的类别,如说诨话、叫果子、学乡谈等,则没有出现。

第四,在罗列各类伎艺时,《梦粱录》有相当的可能性模仿了《都城纪胜》的叙述,但由于伎艺自身的发展与消亡,使得两宋之际与宋元之际的伎艺特征可能会有一些不同,从而不能完全贴合于《都城纪胜》的记录。因此,吴自牧在处理合生这门伎艺时,就发生了理解的障碍与讹误。现实环境与文献记录的差距如何弥缝,吴自牧的无奈与牵强,就成为我们今天在《梦粱录》中看到的脱讹之句——"但最畏小说人,盖小说者,能讲一朝一代故事,顷刻间捏合。(合生)与起令、随令相似,各占一事也。"与此对应的是,每一个伎艺类别下,吴自牧都或多或少的举出一些艺人姓名,唯独合生无法再举例,这也在一定程度上说明合生的特征在发展中与其他的说话伎艺逐渐重合、消隐,客观上造成了吴自牧笔下的缺失。

第五,对说话伎艺的表述,《梦粱录》也不是完全借鉴《都城纪胜》,吴自牧也吸收了说话伎艺发展中形成的一些新特点。"小说讲经史"首云"说话者谓之舌辩",本条内又将并不是以讲说故事为主要特征的(合生、)商谜纳入,可见在南宋后期至元代中期,说话的核心特征既包括讲说故事、也包括炫耀口舌之技。上溯到两宋之际直至北宋时期,说话的范畴是以讲说故事为主,还是也包括口舌之技?是我们必须关注和思考的。这个问题能否解决,直接影响到我们对说话家数的考察与认定。因此,解决南宋说话四家的关键在于对说话性质的认知。

《东京梦华录》等文献虽然记录说话伎艺,但都未对说话的整体性质予以说明,实际造成了后人对说话性质无法找出合理的依据而作出恰当的判断,《梦粱录》虽有说明,但学界往往桎梏于前四种文献的分类叙述,视线被局限在家数的类别,而对突如其来的性质总结又未加注意,习惯性地沿用今天的说话特征来框定宋代的说话范畴,这就脱离了说话伎艺在当时的生长土壤、发展环境,将说话作为一种一成不变的固有形态来看待,使得学术研究方法无形中陷入了僵化的困局。

第六,《梦粱录》首次明确地将(合生、)商谜纳入"小说讲经史"条目中,也归入了说话的范畴,这意味着在吴自牧的观念中,(合生、)商谜确实是说话四家的一种代表。

为了更为清晰直观地看出说话伎艺各个类别在宋元时期的发展演变,特将五种文献资料的相关记录制成一表如下:

附表2 宋元文献中的说话伎艺记录

次序	《东京梦华录》	《都城纪胜》	《西湖老人繁胜录》	《武林旧事》	《梦粱录》
1	孙宽、孙十五、曾无党、高恕、李孝详,讲史。霍四究说三分,尹常卖《五代史》。	小说	说史书,乔万卷、许贡士、张解元。	演史:乔万卷、许贡士、张解元、周八官人、檀溪子、陈进士、陈一飞、陈三官人、林宣教、徐宣教、李郎中、武书生、刘进士、巩八官人、徐继先、穆书生、戴书生、王贡士、陆进士、丘几山、张小娘子、宋小娘子、陈小娘子	小说:谭淡子、翁三郎、雍燕、王保义、陈良甫、陈郎妇、枣儿、余二郎等。
2		说经说参请	说经,长啸和尚、彭道安、陆妙慧、陆妙净。	说经诨经:长啸和尚、彭道(名法和)、陆妙慧(女流)、余信庵、周太辩(和尚)、陆妙静(女流)、达理(和尚)、啸庵、隐秀、混俗、许安然、有缘(和尚)、借庵、保庵、戴悦庵、息庵、戴忻庵	谈经说参请:宝庵、管庵、喜然和尚等。又有说诨经者戴忻庵。
3	李慥、杨中立、张十一、徐明、赵世亨、贾九,小说。	讲史	小说,蔡和、李公佐。女流,史惠英、小张四郎。	小说:蔡和、李公佐、张小四郎、朱脩(德寿宫)、孙奇(德寿宫)、任辩(御前)、施珪(御前)、叶茂(御前)、方瑞(御前)、刘和(御前)、王辩(铁衣亲兵)、盛显、王琦、陈良辅、王班直(洪)、翟四郎(升)、粥张二、许济、张黑剔、俞住庵、色头陈彬、秦州张显、酒李一郎、乔宜、王四郎(明)、王十郎(国林)、王六郎(师古)、胡十五郎(彬)、故衣毛三、仓张三、枣儿徐荣、徐保义、汪保义、张拍、张训、沈佺、沈喝、湖水周、爊肝朱、掇絛张茂、王三教、徐茂(象牙孩儿)、王主管、翁彦、嵇元、陈可庵、林茂、夏达、明东白思义、史惠英(女流)	讲史书:戴书生、周进士、张小娘子、宋小娘子、丘机山、徐宣教。又有王六大夫。
4	毛详、霍伯丑,商谜。	合生	勾栏合生,双秀才。	说诨话:蛮张四郎	(合生)
5	吴八儿,合生。	商迷	背商谜,胡六郎。	商谜:胡六郎、魏大林、张振、周月岩(江西人)、蛮明和尚、东吴秀才、陈赟、张月斋、捷机和尚、魏智海、小胡六、马定斋、王心斋	商谜:有归和尚及马定斋。
6	张山人,说诨话。		谈诨话,蛮张四郎。	学乡谈:方斋郎	

续表

次序	《东京梦华录》	《都城纪胜》	《西湖老人繁胜录》	《武林旧事》	《梦粱录》
7			学乡谈，方斋郎。	合笙：双秀才	
8	文八娘，叫果子。			说药：杨郎中、徐郎中、乔七官人	

从上表及前文的讨论，我们可以得到以下几点：

第一，说话伎艺在北宋及南宋初期虽已发展出多门伎艺类别，但尚未有“说话四家”的称谓。因此，我们只能说“宋代说话家数”或“南宋说话四家”，不能说“宋代说话四家”。

第二，“南宋说话四家”的称谓并非是时人一致的看法。宋元四种文献资料中只有两种有此说法，且《梦粱录》因袭《都城纪胜》的因素不能不考虑。

第三，北宋及南宋初期说话伎艺中无“说经”。

第四，南宋说话伎艺中，小说、说经、讲史的位置稳定，占据了说话四家的前三家。

第五，从说话伎艺的其余类别看，合生、商谜、说诨话的发展也较为稳定，说话四家的第四家如果存在，应该出自这三家之中。

四、对南宋说话伎艺家数考察的重要补充：罗烨《醉翁谈录》

除去前文提到的五种文献，学界在研究南宋说话伎艺家数问题时，往往还会用到几种文献。一种即《应用碎金》，陈汝衡先生认为是宋元时期无名氏编纂的类书。据王重民先生《中国善本书提要》著录《碎金》之书三种，皆为明代刻本，两种题为《明本大字应用碎金二卷》，撰人不详；一种题为《碎金一卷》。后者即为陈汝衡先生所据内阁大库之书，原为沈兼士先生在内阁大库查得，1935 年由文献馆影印刊行，余嘉锡先生曾为之作跋文。另有日本长泽规矩也等人编《佚存书目》，云有“宋刻本《重编详备碎金》三卷，题宋张云翼编，并有宋理宗嘉熙戊戌双桂书院序。惜序文甚短，仅谓重编，原委未尽。长泽氏又与明刊本相校，谓其内容不同。惜亦未指明其内容完全不同，抑仅有文字上之异同也？”[①]余嘉锡先生以内阁大库本和明本大字本为主，详细考察了《碎金》之书的流变原委，认为明本大字本是洪武四年之书，内阁大库本是永乐初用洪武本修改而成。又用地理、官职等细目一一对比，认为《碎金》之书在宋、元时即已有之，但经后人屡屡增益，性质大致相当于其时的小学教育之书[②]。故我们用此书时应多加注意，文字极有可能经过明人之修补。

《应用碎金》“技艺”篇林林总总介绍了多项伎艺。其中涉及到说话伎艺的语句，

① 王重民：《中国善本书提要》，第 365 页，上海：上海古籍出版社，1983 年。

② 余嘉锡：《内阁大库本碎金跋》，引自《余嘉锡论学杂著》，第 600—606 页，北京：中华书局，2007 年。

陈汝衡先生认为应作如下句读:“说话:小说、演史、说经。”但是这种解读是否准确呢?我们应该将“技艺”篇完整地句读,才能确定。《应用碎金》作为类书,对事物的大类尚有较为准确的标准,但是对二级分类或三级分类,标准就十分模糊。我们可以用同是“伎艺”篇的另一个例子来分析。与诸宫调大类下的唱叫类相关的几种伎艺类型,“技艺”篇是这样记录的:“唱赚、说唱、嘌唱、小唱、吟叫、单提”[①],按照陈汝衡先生的句读之法,则应读作:“唱赚:说唱、嘌唱、小唱、吟叫、单提。”但我们根据《都城纪胜》中“瓦舍众伎”的记录,我们知道这个二级分类的名目是“唱叫”,又下分三级细目:“小唱、嘌唱、叫声和唱赚”,则唱赚与嘌唱、小唱、吟叫等实为平行的类别,并非唱赚是这一类的总称。因此,我们认为《应用碎金》对各种伎艺的记录,只是如《东京梦华录》或《武林旧事》的单独记录,而没有认真地统一标准、准确分类。又如这些唱叫的伎艺本属诸宫调大类,但《应用碎金》的记录则在此后间隔了多种别的伎艺,才记录下宫调,完全不符合分类逻辑。综合考虑《应用碎金》的行文,对说话伎艺的句读,应读如“说话、小说、演史、讲经”。即使宋人有《碎金》之书如上记录,也应理解为记录的不严谨,不应作为学术考察的基本依据。而经过元明以来屡次增补的《碎金》之书,则更不应纳入我们对宋代说话伎艺的考察范畴。

另一种即元末陶宗仪编纂《说郛》节录《都城纪胜》而成,名为《古杭梦游录》。此书不宜佐证,前文已述。

第三种即胡士莹先生发现的,清人张心泰所著《宦海浮沉录》一书中所云,将说话伎艺分为小说、说公案与说铁骑儿、说经与说参请、讲史书四类。我们认为,这种对说话四家的解读与判定,并不是在南宋语境下的真实反映,仅仅体现了张心泰对说话伎艺的理解与认知。这种划分可以作为研究的观点之一,但绝不应作为判定说话四家划分的依据。简而言之,这是清人的观点而不是宋人的观点。

第四种即宋元之际的书会才人罗烨编撰的《醉翁谈录》。罗烨其人的生卒时间、《醉翁谈录》的成书时间,由于现存资料的不足,都还没有定论。但我们根据仅有的观澜阁本,可以推定,“《醉翁谈录》中大部分资料出自唐宋,尤其是《小说引子》和《小说开辟》两篇重要史料,是考订话本年代的旁证。《小说引子》里有一首歌,末四句说:‘唐氏末帝称五代,宋承周禅握乾符,子孙神圣膺天命,万载升平复版图。’《小说开辟》里又有‘分州军县镇之程途’和‘新话说张、韩、刘、岳’等话,显然都是南宋人的口气。至少这两篇说话史料可以定为宋人作品,因而它所列举的小说也应是宋人作品。”[②]在这个认知的基础上,《小说引子》和《小说开辟》无疑就成为我们解读南宋说话家数问题的一把钥匙。

罗烨《醉翁谈录》有助于以下几个问题的解决:

1. 耐得翁《都城纪胜》“说话有四家”的说法不一定是南宋时人的统一认知,极有可能是耐得翁在撰著此书时的笔意所到,对说话伎艺现象的个体总结。耐得翁根据

① (明)无名氏:《明本大字应用碎金》,载《北京图书馆古籍珍本丛刊》,第76册,第420页,北京:书目文献出版社,2000年。

② 程毅中:《宋元小说家话本考辨》,《燕京学报》,新5期,第169—188页,北京:北京大学出版社,1998年。

说话伎艺的性质、特征、表现规律加以总结归纳，形成了四家数的认知，但这个认知是否是南宋社会群体的认知，我们并无确定的文献来佐证，否则，何以当时其他的撰著中不见相似的说法。作为宋元时期书会才人的通用底本，《醉翁谈录》对说话伎艺考察的典型性应更强于《都城纪胜》，但我们看《醉翁谈录》卷一“舌耕叙引”中第一节“小说引子”在题下有自注云：“演史、讲经并可通用”，①则涵盖了说话类的三种主要代表形式：小说、演史和讲经。并没有第四家的称谓出现。因此，我们以为这条文献材料对当时并没有有说话四家的统一说法很有说服力。

2. 如前文所论，说话伎艺已具有众多的类别，尤其是小说类又具有众多的细目。“小说开辟”一节例举了许多小说类的细目，有助于我们厘清仅依靠五种文献容易造成的阅读错讹。“小说开辟”云“有灵怪、烟粉、传奇、公案，兼朴刀、杆棒、妖术、神仙”②，并对这八种细目作了内容特点上的细致介绍。这就明确了公案属于小说类。同时，“小说开辟”在文末附了一首总结性质的回末诗，其云：

> 小说纷纷皆有之，须凭实学是根基，开天辟地通经史，博古明今历传奇，藏蕴满怀风与月，吐谈万卷曲和诗，辨论妖怪精灵话，分别神仙达士机，涉案枪刀并铁骑，闺情云雨共偷期，世间多少无穷事，历历从头说细微。③

这首类似于打油之作的韵体诗，涉及了传奇、烟粉、妖术、灵怪、神仙、公案、朴刀、铁骑等等隶属于小说类的子目，这又明确了铁骑属于小说类。那么，在《都城纪胜》中涉及“说公案”和“说铁骑儿”的句读之疑，众多学者的研究之误，可以藉此得到厘清。

3. 如果一定要按照耐得翁的记述，追询南宋说话四家中的第四家究竟是哪一家，最大的可能性就是合生。而要对合生属于说话四家之一作出肯定的认知，则需要摒弃对合生性质的僵化理解，准确把握其动态的发展特性。经过任半塘、孙楷第、李啸仓、严敦易、程毅中、陈文申、张锦池、张毅等学者前后数十年的考察研究，终于将这一门伎艺的性质流变大体梳理清楚。这里仅拣其流变的重要节点作一简要阐述，以说明其在南宋隶属说话范畴的合理性。

最早记载合生的文献，是宋人所修的《新唐书》。《新唐书·武平一传》云：

> 后宴两仪殿，帝（中宗）命后兄光禄少卿婴监酒，婴滑稽敏给，诏学士嘲之，婴能抗数人。酒酣，胡人袜子、何懿等唱“合生”，歌言浅秽，因倨肆，欲夺司农少卿宋廷瑜赐鱼。平一上书谏曰：“乐，天之和，礼，地之序；礼配地，乐应天。故音动于心，声形于物，因心哀乐，感物应变。乐正则风化正，乐邪则政教邪，先王所以达废兴也。伏见胡乐施于声律，本备四夷之数，比来日益流宕，异曲新声，哀思淫溺。始自王公，稍及闾巷，妖伎胡人、街童市子，或言妃主情貌，或列王公名质，咏歌蹈舞，号曰合生。……”④

则在盛唐时期，合生的主要性质是一种有配乐、以唱为主、内容涉及故事人物的伎艺。但是到了五代时期，合生的性质已经发生了一些变化。宋人张齐贤的《洛阳缙绅旧闻

①②③ 《醉翁谈录》，卷一，第1、3、5页。

④ （宋）欧阳修、宋祁：《新唐书》，卷一百一十九，第4295页，北京：中华书局，1975年。

记》"少师佯狂"条就记录了一则相关材料。其云:

有谈歌妇人杨苎罗,善合生杂嘲,辨慧有才思,当时罕与比者。少师以侄女呼之,每令讴唱,言词捷给,声韵清楚,真秦青、韩娥之俦也。少师以侄女呼之,盖念其聪俊也。时僧云辨能俗讲,有文章,敏于应对,若祀祝之辞,随其名位高下,对之立成千字,皆如宿构,少师尤重之。云辨于长寿寺五月讲,少师诣讲院,与云辨对坐,歌者在侧。忽有大蜘蛛于檐前垂丝而下,正对少师于僧前。(此句有脱字。)云辨笑谓歌者曰:"试嘲此蜘蛛。如嘲得着,奉绢两匹。"歌者更不待思虑,应声嘲之,意全不离蜘蛛,而嘲戏之辞,正讽云辨。少师闻之绝倒,久之,大叫曰:"和尚,取绢五匹来!"云辨且笑,遂以绢五匹奉之。歌者嘲蜘蛛云:"吃得肚罂撑,寻丝绕寺行。空中设罗网,只待杀众生。"(盖讥云辨体肥而肚大故也。)[①]

则合生的主要特点落在了嘲讽之上,至于这种唱词是否有配乐,则不再体现。合生在宋代本朝的性质特点,则有洪迈《夷坚志》的记录。《夷坚支志》乙集卷六"合生诗词"条云:

江浙间路岐伶女,有慧黠、知文墨,能于席上指物题咏、应命辄成者,谓之"合生"。其滑稽含玩讽者,谓之"乔合生",盖京都遗风也。张安国守临川。王宣子解庐陵郡印归次抚,安国置酒郡斋,招郡士陈汉卿参会。适散乐一奴言学作诗。汉卿语之曰:"太守呼为五马,今日两州使君对席,遂成十马。汝体此意做八句。"妓凝立良久,即高吟曰:"同是天边侍从臣,江头相遇转情亲。莹如临汝无瑕玉,暖作庐陵有脚春。五马今朝成十马,两人前日压千人。便看飞诏催归去。共坐中书秉化钧。"安国为之嗟赏竟日,赏以万钱。予守会稽,有歌诸宫调女子洪惠英正唱词次,忽停鼓白曰:"惠英有述怀小曲,愿容举似。"乃歌曰:"梅花似雪,刚被雪来相挫折。雪里梅花,无限精神总属他。梅花无语,只有东君来作主。传语东君,宜与梅花作主人。"歌毕,再拜云:"梅者,惠英自喻,非敢僭拟名花,姑以借意。雪者,指无赖恶少者。"官奴因言其人在府,一月而遭恶子困扰者至四五,故情见乎词。在流辈中诚不易得。[②]

那么,南宋时期的合生应具有几个特征:一是"指物题咏、应命辄成"、"滑稽含玩讽",这与五代时期的合生的特征是一脉相沿;二是诗词可以单咏,也可以配乐,较之五代更为宽泛。所以,孙楷第先生作出了一个推断:

《新唐书》记袜子何懿等唱合生,似亦非一人之事。大概合生以二人演奏。有时舞蹈歌唱,铺陈事实人物;有时指物题咏,滑稽含讽。舞蹈歌唱,则近杂剧;铺陈事实人物,则近说话;指物题咏,滑稽含讽,则与商谜之因题咏而射物者,其以风雅为游戏亦同。所以,我假设合生是介乎杂剧、说书与商谜之间的东西。[③]

孙楷第先生的推断很谨慎,实际道出了合生伎艺发展的多向性。这一点其实在文献

① (宋)张齐贤:《洛阳缙绅旧闻记》,卷一,《知不足斋丛书》本。
② (宋)洪迈撰,何卓点校:《夷坚志》,夷坚支乙卷第六,第841页,北京:中华书局,1981年。
③ 孙楷第:《宋朝说话人的家数问题》,载孙楷第著:《沧州集》,第60—61页,北京:中华书局,2009年。

上可以找到。宋代还有一条相关文献资料的记录，即北宋后期高承所编辑的类书《事物纪原》。《事物纪原》卷九“博弈嬉戏部”的“合生”条下，引用了《新唐书·武平一传》的记录，并在其后加上附语云：“……即是合生之原，起自唐中宗，今人亦谓之‘唱题目’。”①但后人往往据实际将前人类书加以增益删减，如此书明英宗正统九年(1444)南平赵弼与建安陈华的序本，此条附语却作：“……是则合生之原，起自唐中宗时也，今之谓院本、杂剧之类，即是此也。”②两厢比较，同是明刊本，正统十二年选用的底本，此条似沿用宋人说法未作修订，保留了合生在宋代“唱题目”的别称，即表明了伎艺的性质特点，而略早一些的正统九年刊本，则结合明代合生的实际发展情况，删去了宋代的性质特点，改为当时已入戏曲范畴的特征。这也从另一个角度说明，合生伎艺的确是出于不断发展的状态之中，甚至有较大的性质转变。其实，这种情况也不是孤立的，如小说的称谓，即有宋代说话伎艺之中的小说，也有传统的子部小说，两者性质大相径庭。因此，我们不能仅就一个称谓而固定其发展演变，这也不符合伎艺随时代发展演变的实际情况。

唐宋合生名目相同、性质各异的情况，任半塘先生也通过具体的考辨加以指出。不仅如此，任半塘先生还认为在唐代合生属于戏曲范畴，宋代合生不属于戏曲范畴、具有说唱特点的性质变化问题上，“目前资料既缺，理解难通，亦惟有存以有待耳，不必曲解。”③因此，我们不应以唐代合生的性质特点笼盖宋代合生的性质特点。即便如李啸仓先生不赞同合生属于说话一家，也并不否认宋代合生伎艺“在说唱故事上用叙述而不用代言，其与说话颇有类似之处却是可以断言的”④。

那么，在缺乏文献资料的情况下，如何有效地把握宋代合生伎艺的主要特征，则需将《醉翁谈录》与《都城纪胜》相关文本的对比细读。《都城纪胜》云：“合生与起令、随令相似，各占一事。”说明合生伎艺包含了叙事的因素，叙事例法甚至与起令、随令的结构仿佛，大致前说一事，后说一事，两事关联，这就比洪迈《夷坚志》“指物题咏、应命辄成”、“滑稽含玩讽”的特征总结，至少在表现手法上更加广泛。至于宋代起令、随令的例子，相关文献记录很多，最具代表的是南宋无名氏《东坡居士佛印禅师语录问答》，这里不再举例。

《醉翁谈录》“小说引子”云：“或名演史，或谓合生，或称舌耕，或作挑闪，皆有所据，不敢谬言。言其上世之贤者可为师，排其近世之愚者可为戒。言非无根，听之有益。”而整篇“舌耕叙引”文字往往四六成句，对偶有则。因此，我们不能不认为，在罗烨等书会才人的观念中，演史与合生是具有同一伎艺层面的两种表现形式。按文字的上下承合，前四句中前两句说伎艺名称，后两句说表现特点，其实是有章法可循的。

---

① (宋)高承：《事物纪原》，卷九，《惜阴轩丛书》本。是书选用明英宗正统十二年(1447)南昌阎敬校刻、宪宗成化八年(1472)成安李果删定本为底本，于光绪二十二年(1896)七月刊刻。另有日明历二年(1656)三月京都武村市兵卫刊本，是书选用明胡文焕《格致丛书》本为底本，著录内容相同。见[日]长泽规矩也编：《和刻本类书集成》第2辑《事物纪原、小学绀珠》，第227页，上海古籍出版社1990年。

② (宋)高承：《事物纪原》，卷十九，明正统九年赵弼陈华序刊本。

③ 任半塘：《唐戏弄》，第238页，北京：作家出版社，1958年。

④ 李啸仓：《合生考》，载《宋元伎艺杂考》，第72页，上海：上杂出版社，1953年。

就名称出现的叙述逻辑看,合生理应与演史一样,居于说话四家之一。而"舌耕"与"挑闪"这些表现特点,也正呼应了元代《梦粱录》"说话者谓之舌辩"的记录,不仅体现了说话伎艺讲说故事的主要特点,也体现了说话伎艺中炫耀口才的实际特点。另外,《梦粱录》"小说讲经史"目下包括了合生、商谜,这也佐证了《醉翁谈录》"小说引子"包含合生的合理性。

说话范畴中的合生伎艺在宋代的具体表现形式究竟是什么?由于文献资料的不足,我们难以描摹其原貌,但依据可掌握的文献,我们能够确定的有两点:一是说话范畴中有合生一家,其他的艺术范畴如戏剧类也有合生,但两者名称虽一样,性质却是不同的。二是说话范畴中的合生具有多种表现特征,既有"指物题咏、应命辄成"、"滑稽含玩讽",也有与起令、随令相似的叙事的特点,而后者正是我们目前无法寻到实证来确认,但又对合生属于南宋说话四家极为重要的关键之处。在现有的研究中,陈文申先生提出的一种可能性应值得我们注意,即合生由同类型的两个故事组成,前一个篇幅稍小,目的在于引出后一个故事。这种表现形式明显不同于小说、演史和讲经等其他说话类伎艺。随着合生的发展,前一个故事的叙述篇幅愈来愈小,最后简化为"权做个得胜头回",合生的特殊表现特征也就消失了,而合生的表演篇目也就逐渐溶入其他说话伎艺如小说等①。

通过对宋代说话家数问题的考察,我们可以得出以下结论:

(一)对南宋说话四家数的划分:

第一家:小说(烟粉、灵怪、传奇、公案、铁骑儿);

第二家:说经、说参请;

第三家:演史;

第四家:合生、商谜。

(二)对该问题研究方法的一些总结:

首先,研究明清之前的学术问题,最好的方法是尽量做到穷尽相关文献。

其次,基本文献的选取。应优先使用同时代的撰著,谨慎使用后期文献,尤其是类书的使用必须加以鉴别。

再次,基本文献的解读。应对文献整体作通读,再细读相关文本,而不能仅仅停留在相关字句上。

最后,对问题的研究现状要了解,并掌握伴随研究进展出现的一些衍生问题。

(作者单位:合肥工业大学文法学院,安徽大学文学院)

① 陈文申:《关于"说话"四家和合生》,载赵景深主编:《中国古典小说戏曲论集》,第268—278页,上海:上海古籍出版社,1985年。

《吕氏家塾读诗记》姓氏考

方　媛

《吕氏家塾读诗记》（下称《读诗记》）是南宋大儒吕祖谦（1137—1181）的重要《诗》学著述，也是宋代《诗经》汉学的代表作之一。《读诗记》以集解体的方式兼存各家之说，吕祖谦在编写过程中对删削排布极费思量①，其中所征引各家的姓氏是今人研究《读诗记》必须面对的一个重要问题。

今存《读诗记》版本颇多，大致可以分为宋刻本和明清刻本两类，其中宋刻本皆无姓氏表，明清刻本则多补入了姓氏表。从《读诗记》的成书及版本情况可知，姓氏表并非吕祖谦编订，乃系后人刊印时所补入②。姓氏表的附入对了解《读诗记》中引用情况显然极有帮助，但由于姓氏表并非吕祖谦所作，体例上不仅与《读诗记》正文不相一致，其内部亦有前后不一的情况，且表中姓氏颇有错漏，如对宋代之前的先儒是以“姓＋名”的方式，但姓名和顺序皆有错误。此外，有些人物生平及其《诗》学情况已渐湮没，有些著述亦已散佚，以致今人欲加引用，只能使用“某氏曰”的方式，却不能确指

---

① 《条例》：“诸家解定从一说。辨析名物、敷绎文义可以足成前说者，注其下。说虽不同，当兼存者，亦附注焉。诸家解文句小未安者，用啖、赵《集传》例，颇为删削……诸家先后以经文为序，或一章首用甲说次用乙说，末复用甲说，则再出甲姓氏。经子史传引《诗》文句与毛氏不同者，各见章末。诸家或未备，颇以己说足之，录于每条之后，比诸家解低一字写。”可见吕祖谦对引用对象、各家之说的排布先后皆有设计。黄灵庚、吴战垒：《吕祖谦全集》第4册，杭州：浙江古籍出版社，2008年，第23页。

② 吕祖谦下世一年后，宋孝宗淳熙九年壬寅（1182），丘宗卿于江西漕台始刻《读诗记》（简称“漕台本”），这是今可见《读诗记》最早的完整版本，瞿氏铁琴铜剑楼所藏即此本，《四部丛刊初编》《中华再造善本》皆据此，浙江古籍出版社《吕祖谦全集》第四册《吕氏家塾读诗记》亦以此为底本。北京图书馆藏有与漕台本同时、刻于建宁的一种残本，止存卷十二至卷三十二（简称“建宁本”）。此外，日本宫内厅书陵部图书寮藏有宋代刊刻于浙江的另一版本（简称“宋浙本”），其与漕台本相比颇有异文，互有优劣。日本宫内厅另有与漕台本同一系统而不同行款的版本，据日本学者阿部隆一考证，系由漕台本翻刻梓行（简称“日藏宋刻本”）。以上四种宋刻本皆未列姓氏表。《读诗记》的另一类版本为明清刻本，包括明嘉靖十年陆釴重刊本（《文渊阁四库全书》所收）、明嘉靖十年傅应台刻本、明万历四十一年南京吏部刻本、清嘉庆十四年张海鹏《墨海金壶》本、清嘉庆十六年溪上听彝堂藏板重雕本、清钱仪吉《经苑》本、清同光间胡丹凤《金华丛书》所收退补斋刻本。以上明清刻本皆附有姓氏表。《重修金华丛书》收录三种版本：漕台本、日藏宋刻本、胡氏退补斋本，其中退补斋本附有姓氏表，本文所据即此。版本情况整理自《吕祖谦全集》第四册《点校说明》、郭丽娟《吕祖谦〈诗经〉学研究》（新北：花木兰文化出版社，2011年，第57—63页）、黄灵庚《重修金华丛书提要·吕氏家塾读诗记》（上海：上海古籍出版社，2014年，第93—95页）。

"某氏"为谁[①]。因此考证《读诗记》中所引诸家姓名,不仅对研究吕祖谦《诗》学渊源和《读诗记》的编纂有所裨益,也有助于借《读诗记》中所保存的文献,更加全面深入地了解南宋《诗》学文献的整体情况。

有关《读诗记》究竟引用了多少家之说、姓氏表中各家究竟为谁等问题,已有学界前辈予以了一定关注,但各家说法不一。陆侃如据姓氏表认为引用44家,赖炎元称引述48家,杜海军将姓氏与书籍合计为80家上下,吴冰妮认为引诸儒之说达54家[②]。笔者所统计的实际引用数量为49家。今所见《读诗记》姓氏表如下:

毛氏苌 郑氏康成 孔氏安国 陆氏玑 何氏休 杜氏预
郭氏璞 韦氏昭 韩氏愈
明道程氏 伊川程氏 横渠张氏 成都范氏 荥阳吕氏 蓝田吕氏
上蔡谢氏
龟山杨氏 庐陵欧阳氏 眉山苏氏 眉山苏氏 后山陈氏 临川王氏
永嘉陈氏
延平罗氏 武夷胡氏 建安游氏 河东侯氏 河南尹氏 南丰曾氏
元城刘氏
三山李氏 长乐刘氏 莆田郑氏 永嘉郑氏 长乐王氏 山阴陆氏
渤海胡氏
什方张氏 导江鲜于氏 董氏 徐氏 丘氏 南轩张氏
晦庵朱氏

从《读诗记》的引用情况来看,以上所列的姓氏表主要问题有四:一,体例不一;二,姓名错漏;三,未列籍贯。其中较大的问题在于,已列和未列中有一些姓氏无法直接确定所对应的人物,需要仔细考证[③]。兹就《读诗记》中所引姓氏考辨如下,以俟方家之教。

一、《读诗记》与姓氏表列名体例

吕祖谦在《读诗记》中的引用列名体例大致有两种。第一种是某姓氏没有重姓,不会出现所指不明,则直接以"某氏曰"表示,如毛氏、孔氏、何氏、杨氏、欧阳氏、董氏

① 目前关于《读诗记》的专著,仅有郭丽娟《吕祖谦〈诗经〉学研究》,系其1994年硕士论文修改出版。其他以《读诗记》为研究对象的硕博论文如:杨延:《吕祖谦〈吕氏家塾读诗记〉的宗毛倾向》,新疆师范大学2006年硕士论文),程颖颖:《论〈吕氏家塾读诗记〉》,山东大学2007年;李伟:《〈吕氏家塾读诗记〉初探——从朱熹〈序〉谈起》,四川师范大学2012年;王雯文:《浅析〈吕氏家塾读诗记〉》,南京师范大学2016年。这些研究成果或据姓氏表将所引各家记为44家,或对所引各家的问题未作讨论,乃至有以姓氏表为吕祖谦"特意设置"的。这些忽略或误解显然已经对吕祖谦和《读诗记》的研究形成了一定的阻碍。

② 以上统计转引自黄忠慎《经典的重构:论吕祖谦〈吕氏家塾读诗记〉在〈诗经〉学史上的承衍与新变》,新竹:《清华学报》新42卷第1期,2012年3月,第45—77页。

③ 黄忠慎先生曾将姓氏表重新排列并标出姓名,但仍有未补齐姓名者五人(延平罗氏、长乐王氏、什方张氏、徐氏、丘氏),与本文考证相异者三人(永嘉陈氏、三山李氏、渤海胡氏)。参见黄忠慎《经典的重构:论吕祖谦〈吕氏家塾读诗记〉在〈诗经〉学史上的承衍与新变》。

等。第二种是同一姓氏对应多人的情况，又分为两种处理方式。一种是先引用者称“某氏”，后引用者以“别号＋某氏”或“郡望＋某氏”表示，如苏辙称“苏氏”则苏轼称“东坡苏氏”，陆玑称“陆氏”则陆佃称“山阴陆氏”，胡安国称“胡氏”则胡旦称“渤海胡氏”，刘安世称“刘氏”则刘彝称“长乐刘氏”，郑玄称“郑氏”则郑樵称“莆田郑氏”、郑伯熊称“永嘉郑氏”。第二种处理方式属特例，因吕希哲是吕祖谦高祖，《读诗记》中引用吕希哲处尊称“荥阳公”，引用吕大临处则称“吕氏”，引吕大钧则称“吕和叔”。

但吕祖谦自定的体例，也有三个例外的情况。《读诗记》所引韩氏只有韩愈一人，卷四《谷风》、卷五《相鼠》称“韩愈”，而卷十九《菁菁者莪》却前加郡望称“昌黎韩氏”；张载本已称“张氏”，但卷二十二《甫田》之后却“张氏”与“横渠张氏”杂用[①]；鲜于侁在卷三十一称“导江鲜于氏”，而卷三十二引用两处，仅称“鲜于氏”。吕祖谦修订《读诗记》未竟而逝，在修订后期，他很可能因精力不济而无法将体例统一，是以《读诗记》后半体例偶见例外[②]。如卷十九的“昌黎韩氏”、卷二十二后出现的“横渠张氏”皆为初编时体例，至于卷二十六《公刘》首章之后更未及修订[③]。

后人在编排姓氏表的时候，对《读诗记》中引用先儒姓氏的处理方式是补全其名，对所引宋儒姓氏的处理有四种，最常见的是在姓氏前加上二字郡望，如吕希哲为荥阳吕氏，吕大临为蓝田吕氏，谢良佐为上蔡谢氏，王安石为临川王氏，等等。第二种处理方式是《读诗记》未分而姓氏表分列的，如《读诗记》只称“陈氏”，姓氏表则分列后山陈氏、永嘉陈氏。[④] 第三种是《读诗记》本已分列，而姓氏表同一的，如《读诗记》分列有苏氏与东坡苏氏，姓氏表中则并列两个“眉山苏氏”，如此则失去了相对的辨识度。第四种是姓氏表的列名与《读诗记》中不同的，如张栻在《读诗记》中为“广汉张氏”，是“郡望＋姓氏”的格式，姓氏表则改为“南轩张氏”，是“别号＋姓氏”的格式；又如苏轼在《读诗记》中称“东坡苏氏”，是“别号＋姓氏”的格式，在姓氏表中则称“眉山苏氏”，是“郡望＋姓氏”的格式。由此我们不难发现，后人补入的姓氏表虽有意使体例趋向齐整，其内部却出现了体例不一的情况。

事实上，姓氏表前后体例不一的情况还远不止上举之例。从整体上来看，姓氏表的列名体例以时代为界，大致分为两类。宋以前先儒以“姓＋名”的格式列出，宋儒则以“郡望＋姓氏”的格式列出。但两类中皆有破例者。姓氏表中共列先儒九人，唯独“郑氏康成”是以“姓＋字”的格式，若依体例应当写作“郑氏玄”。姓氏表中宋儒多以

---

① 卷二十二《甫田》称“横渠张氏”，卷二十二《瞻彼洛矣》至卷二十六《凫鹥》称“张氏”，卷二十六《公刘》第二章之后又称“横渠张氏”。

② 据《读诗记·公刘》首章后吕祖俭按语：“先兄已亥之秋复修是书，至此而终。”据吕祖谦《东莱集》卷十五《庚子辛丑日记》(《吕祖谦全集》第1册第238页)，淳熙七年庚子正月戊寅四日已修订到《唐·无衣》，此后几乎单日编《大事记》，双日修订《读诗记》，《甫田》的修订记载在淳熙八年正月二日。另，吕祖谦在给朱熹的信中说：“某近日看书甚少，每早饭后却不复翻阅，如《诗》方整顿到《车攻》，盖每日只理会一章或两章，可见其少也。”(《东莱集》别集卷八《与朱侍讲》，《吕祖谦全集》第1册第432页)。《庚子辛丑日记》记载到淳熙八年阴历七月二十七日：“《公刘》一章。阴。”二十九日，吕祖谦即逝世。

③ 卷二十六后虽未及修订，但全书已有初编本，确系吕祖谦所作。陆釴称“吕氏凡二十二卷，乃《公刘》以后编纂未就，其门人续成之”，误。陆釴《序》见《吕祖谦全集》第4册第795页。

④ 此处分列有误，详下文第二点“后山陈氏”。

"郡望+姓氏"的格式列出,但明道程氏、横渠张氏、龟山杨氏、后山陈氏、南轩张氏、晦庵朱氏却是以"别号+姓氏"的格式列出,而董氏、徐氏、丘氏则既无郡望也无别号。

二、姓氏表漏列与多列者

姓氏表中共列有44人,其中宋以前先儒9人,宋儒35人。遍检《读诗记》所引,姓氏表漏列9人,其中宋以前3人,宋儒6人,兹据所引用先后列于下,并附其在《读诗记》中所引卷次、篇目。

吕大钧:吕大钧(1029—1080)字和叔,蓝田人,吕大临二兄,张载弟子。事具《宋元学案·吕范诸儒学案》。《读诗记》卷一《诗乐》称"吕大钧和叔",又引称"吕和叔寄刘几伯寿书",《淇奥》称"吕和叔"。

匡衡:匡衡字稚圭,西汉人,从后苍习《齐诗》。引文见《关雎》《闵予小子》。

沈括:沈括(1031—1095)字存中,事具《宋史》。引文见《芄兰》《黍离》。

扬子:扬雄(前53—18)字子云,西汉人。引文见《甫田》。

闻人氏:疑为闻人宏。据《万姓统谱》,闻人宏字君度,北宋徽宗年间人,曾从陈瓘游。《续文献通考》载其有《周礼通解》[①],《千顷堂书目》著录有《经史旁阐》。引文见《天保》。

孙炎:孙炎字叔然,东汉末人。《通志》载其受学于郑玄,曾为《毛诗》作注。引文见《六月》《斯干》《行苇》[②]。

邹氏:邹浩(1060—1111)字志完,学者称道乡先生,曾反对以王安石《三经新义》用于科举。事具《宋史》卷三百四十五、《宋元学案·陈邹诸儒学案》。引文见《灵台》。

晁氏:晁说之(1059—1129)字以道,一字伯以,因慕司马光而自号景迂生。事具《宋元学案·景迂学案》。引文见《灵台》《桓》。

谯郡张氏:其人难考。引文见《臣工之什》、《有客》。

在以上姓氏表漏列者外,尚有姓氏表列名而未见《读诗记》引用的四人。

延平罗氏:罗从彦(1072—1135)字仲素,学者称豫章先生。师从杨时,为闽学奠基人之一。朱松、李侗皆曾师事之。事具《宋史》卷四百二十八、《宋元学案·豫章学案》。

河东侯氏:侯仲良字师圣,二程表弟,有《论语说》、《雅言》。事具《宋元学案·刘李诸儒学案》。

河南尹氏:尹焞(1071—1142)字彦明,一字德充,学者称和靖先生。全祖望称其"于洛学最为晚出,而守其师说最醇"。事具《宋史》卷四百二十八、《宋元学案·和靖学案》。

罗从彦、侯仲良、尹焞三人与吕祖谦都颇有渊源,但遍检《读诗记》,确未见引用三人之说。姓氏表误列,很可能是将《读诗记》中其他文字误认。如卷二十四《都人士》

---

① 《浙江通志》作《周官通解》。

② 《读诗记》中孙炎所注多通过孔颖达转引,唯此三处直接称"孙炎曰"。

引《郊特牲》曰："大罗氏，天子之掌鸟兽者。"此处或被误作"罗氏"。再如卷一《诗乐》引《射义》："《诗》云：'曾孙侯氏，四正具举。'"卷二十七《大雅・韩奕》有"笾豆有且，侯氏燕胥"的诗句，其下对"侯氏"有解。以上或被误作"侯氏"。又如《诗经》中本有"尹氏"之称，多指周朝太师尹吉甫，《烝民》、《江汉》据传即尹吉甫所作。《读诗记》中提到的"尹氏"有41处，分别在卷十一《有杕之杜》(1处)、卷二十《节南山》(32处)、卷二十四《都人士》(4处)和卷二十七《常武》(4处)，皆指诗中内容而非引用。以上或被误作"尹氏"。

后山陈氏：陈师道(1053—1102)字履常，一字无己，号后山居士。苏门六君子之一，以文名世。事具《宋史》卷四百四十四。《读诗记》中所引"陈氏曰"，多数在已修订之列，却未见有分列"永嘉""后山"，若确有两个"陈氏"，依吕祖谦书中体例，其一当冠以郡望。今全书皆只称"陈氏"，且论《诗》之语不似出自二人，姓氏表分列为"永嘉陈氏"与"后山陈氏"，误。详下文"永嘉陈氏"。

此外尚有引用诗歌八处①，其中韩愈、张载、苏轼列于姓氏表，陶渊明、孟郊未列②。

三、未列籍贯者

姓氏表中未著录籍贯的有董氏、徐氏、丘氏三人。

董氏：董逌，字彦远，有《广川诗故》四十卷。《直斋书录解题》称"其说兼取三家，不传毛、郑。"《宋史》《文献通考》皆著录，《经义考》注曰"佚"。

徐氏：《读诗记》卷六《木瓜》所引"徐氏曰"③，系转引自李樗《毛诗集解》④，卷二十《雨无正》引"李氏曰"有转引徐安道1条，据李著可知徐氏为徐安道。徐安道《宋史》无传，亦不见有《诗》说传世，胡仔《苕溪渔隐丛话前后集》称徐安道曾为陆德明《经典释文》作音辨⑤，今未见著录。《经义考》著录徐安道有《左传事类》，曰"未见"。李焘《续资治通鉴长编》卷四百九十注："元丰八年二月初……伯温昔为庆州经略司幕官，有内臣走马承受徐安道，颇识道理，逮事宣仁后。绍圣初亦编管永州，遇赦放还。"⑥此徐安道为神宗年间内官，未知是否与《读诗记》所引徐氏为一人。

丘氏：丘铸，宋县人，苏辙同调。郑樵《通志》、《宋史・艺文志》载其有《周诗集解》二十卷，"只取序中第一句以为子夏作，后句则削之"。《经义考》注曰"佚"。

---

① 引韩愈诗1处，见卷四《谷风》；引张载诗4处，见卷二《葛覃》、《卷耳》，卷七《扬之水》，卷十五《候人》；引苏轼诗1处，见卷十二《黄鸟》；引陶渊明诗1处，见卷十二《黄鸟》；引孟郊诗1处，见卷二十一《蓼莪》。

② 从引用诗歌的内容来看，除张载诗是专为《诗经》而作之外，另三首更像是读《诗》之后有所感发而引为评点之用的。黄忠慎先生认为苏轼仅以诗一处而列名，有所不妥，但八处引诗都在已修订之列，可见吕祖谦的《诗》学已经不仅仅局限于经义训诂的严格区间之内。姓氏表未列陶、孟，则或许是列表者以经学为选裁标准。

③ 徐氏曰："瓜有瓜瓞，桃有羊桃，李有雀李，此皆枝蔓也。故言木瓜、木桃、木李以别之也。"

④ 李樗《毛诗集解》引有徐安道《诗》说16条。

⑤ (宋)胡仔：《苕溪渔隐丛话前后集》后集卷五，清乾隆刻本。

⑥ (宋)李焘：《续资治通鉴长编》，清文渊阁四库全书本。

四　姓氏对应有疑者

姓氏表中对应有疑者有成都范氏、长乐王氏、什方张氏三人。

成都范氏:成都华阳范氏范镇一族有范百禄、范祖禹二人有《诗》学著述,但二书皆已佚,难以能据其引文确证,故并列于下。

范祖禹(1041—1098)字淳夫,一字梦得。范镇从孙,吕祖谦六世祖吕公著之婿。有《诗解》一卷,《经义考》注曰"未见"。事具《宋史》卷三百三十七,《宋元学案·华阳学案》。

范百禄(1029—1094)字子功,范镇从子。著有《诗传补注》二十卷,《经义考》注曰"佚",其说当为考毛、郑得失而补注①,与吕祖谦《诗》学颇合。事具《宋史》卷三百三十七,《宋元学案·范吕诸儒学案》。

此外,今人研究《读诗记》,颇有以范氏为范处义者②。范处义,金华兰溪人,今有《诗补传》三十卷存世。将《读诗记》中"范氏曰"与《诗补传》相比对,并无吻合处,当以姓氏表所列籍贯为是。

长乐王氏:长乐王氏疑为王回。王回(1048—1101)字深父,《宋史》卷三百四十五作仙游人,卷四百三十二又作福州侯官人,《宋元学案·庐陵学案》作侯官人,附传于曾巩。

什方张氏:疑为张唐英。张唐英(1029—1072)字次功,四川新津人③,《宋史》卷三百五十一附传其弟张商英之后。张唐英以史闻名,不见有《诗》学著述,据《玉海》《宋史》,有《仁宗政要》、《宋名臣传》、《蜀梼杌》等。《读诗记》所引三处有两处皆为历史角度论《诗》,或为张唐英之论。

案:考诸家《诗》说,《读诗记》之前未见有称"什方张氏"者,《读诗记》之后,严粲《诗缉》卷三十三引有一条,内容与《读诗记》卷二十九所引相类而颇有异文④。清人陈启源、顾栋高、顾广誉、顾镇、胡承拱、严虞惇、朱鹤龄皆有引称"什方张氏",观其引文皆转自《读诗记》。宋代文献中除《读诗记》与《诗缉》外,另有称"什邡张氏"者。《山谷年谱》卷十一《次韵王稚川客舍二首》下引任氏注云:"什邡张氏有山谷手书此诗,与今日本正同,唯一二字稍异。"⑤则此什邡张氏与黄庭坚在世时间当为同时或稍晚。

---

① 《经义考》引宋哲宗《奖谕诏》:"敕,百禄省所上表,撰成《诗传补注》二十卷。夫六义之文,盖温柔敦厚之教,四家之说,有训、故、传、笺之殊,虽同出于先儒,或有非其本义,是使后学各务名家。卿博识洽闻,留心经术讨论之外,尤深于《诗》。鉴商周之盛衰,考毛、郑之得失,补注其略,紬次成书,真得作者之微,颇助学官之阙。奏篇来上,讲解甚明,研味之余,嘉叹无已。"

② 今人引用通常是据书中而称范氏,但或许是因范处义与吕祖谦既是金华同乡,其《诗补传》与《读诗记》又同为《诗经》汉学代表作的缘故,也有直以"范氏"作范处义的。参见杨新勋,《吕祖谦〈吕氏家塾读诗记〉在〈诗经〉学史上的意义》,南京师大学报,2008年11月.

③ 什邡与什方同。据(万历)《四川总志》卷五,什邡与新津皆属成都府治下,今什邡与新津距离约一百公里余。

④ 什方张氏曰:"自管蔡以武庚、禄父叛,周公诛之,故于微子之来见也,则告之曰:'昔者既有淫威矣,而今也降福孔夷。'盖逆顺之理如此,凡吾之威福,非苟而已也。"严粲《诗缉》,明味经堂刻本。

⑤ 《山谷年谱》卷十一,清《文渊阁四库全书》本。

若以上文献所称"什方张氏"为同一人，或即张唐英。

五、姓氏对应无疑者

今见姓氏表中列名宋儒共35人，其中籍贯或名号与姓氏对应可无疑者25人，兹据表中次序略叙如下：

明道程氏：程颢（1032—1085）字伯淳，学者称明道先生，从学于周敦颐。宋代理学奠基人，"洛学"代表人物。事具《宋史》卷四百二十七、《宋元学案·明道学案》。

伊川程氏：程颐（1033—1107）字正叔，学者称伊川先生，与兄程颢同学于周敦颐，共创"洛学"，奠定宋代理学基础。事具《宋史》卷四百二十七、《宋元学案·伊川学案》。

横渠张氏：张载（1020—1077）字子厚，学者称横渠先生。因忤王安石新政，辞官回乡，讲学关中，创立"关学"，为宋代理学奠基人之一。事具《宋史》卷四百二十七、《宋元学案·横渠学案》。

荥阳吕氏：吕希哲（1036—1114）字原明，学者称荥阳先生，吕祖谦高祖，从学于焦千之、孙复、石介、张载、程颢、程颐、王安石等，为学"不主一门，不私一说"，形成了兼容并包的吕氏家风。事具《宋史》卷三百三十六、《宋元学案·荥阳学案》。

蓝田吕氏：吕大临（1041—1092）字与叔，尊张载为师，关学代表人物之一，后又从学于二程而不背关学思想，与谢良佐、杨时、游酢并称为"程门四先生"。事具《宋史》卷三百四十、《宋元学案·吕范诸儒学案》。

上蔡谢氏：谢良佐（1050—1103）字显道，学者称上蔡先生。师从二程，与杨时、游酢、吕大临并称"程门四先生"，黄宗羲称"程门高弟，予窃以上蔡为第一"[①]。创立上蔡学派，是湖湘学派的鼻祖，宋代心学奠基人。事具《宋史》卷四百二十八、《宋元学案·上蔡学案》。

龟山杨氏：杨时（1053—1135）字中立，号龟山，学者称龟山先生，师从二程，与谢良佐、游酢。吕大临并称"程门四先生"，又与罗从彦、李侗并称"南剑三先生"。有为驳王安石《三经新义》而作的《三经义辨》，今佚[②]。事具《宋史》卷四百二十八、《宋元学案·龟山学案》。

庐陵欧阳氏：欧阳修（1007—1072）字永叔，号六一居士，又号醉翁，谥文忠。《诗》学著述有《诗本义》十六卷，辨毛、郑不得古人意者百十四篇[③]。事具《宋史》卷三百一十九、《宋元学案·庐陵学案》。

眉山苏氏：苏轼（1037—1101）字子瞻，号东坡居士，世称苏东坡，以诗文闻名于世，与父苏洵、弟苏辙并称"三苏"。事具《宋史》卷三百三十八、《宋元学案·苏氏蜀学略》。

---

① 《宋元学案·上蔡学案》。

② 彭国翔：《杨时〈三经义辨〉考论》，郑培凯主编《九州岛学林》2007春季5卷1期，上海：复旦大学出版社，2008年。

③ 《诗本义》张爟序，《四部丛刊三编》本。

眉山苏氏:苏辙(1039—1112)字子由,号颍滨遗老,与父苏洵、兄苏氏并称"三苏"。有《诗集传》传世,只取小序第一句而废其他,其说颇有影响。事具《宋史》卷三百三十八、《宋元学案·苏氏蜀学略》。

临川王氏:王安石(1021—1086)字介甫,号半山。神宗熙宁年间主持新政,封荆国公,世称王荆公。有《三经新义》,为其新法之支撑,反对者甚众,于宋代《诗》学影响颇大。事具《宋史》卷三百二十七、《宋元学案·荆公新学略》。

永嘉陈氏:陈鹏飞(1099—1148)字少南,绍兴十二年进士,汪应辰、芮煜并在赵鼎、张浚的学侣、同调之间,有《诗解》二十卷,《直斋书录解题》《郡斋读书志》《玉海》等皆著录,《经义考》注曰"佚"。事具《宋史翼》卷二十四、《宋元学案·赵张诸儒学案》。

案:《读诗记》引"陈氏"只一人,前文已辨。刘毓庆先生以陈氏为陈傅良,黄忠慎先生以永嘉陈氏为陈亮①,或误。遍索今存宋元学者论《诗》之作,《读诗记》称引"陈氏"之处,宋人李樗《毛诗集解》、元人刘瑾《诗传通释》皆称引为"陈少南",则"陈氏"当为陈鹏飞。另据叶适《水心集》卷十三《陈少南墓志铭》称:"其于经,不为章句新说,至君父、人伦、世变风俗之际,必反复详至而趋于深厚。"《宋元学案·赵张诸儒学案》中黄宗羲称:"先生解《诗》,则以为《商颂》当阙而《鲁颂》可废,深宁先生不以为然。予谓先生是说,盖亦取尊君抑臣之义,有为言之也。"今《读诗记》卷三十一《鲁颂》、卷三十二《商颂》恰无"陈氏曰",且所引之说与"至君父、人伦、世变风俗之际,必反复详至而趋于深厚"颇合。② 此为"陈氏"系陈鹏飞之旁证。

武夷胡氏:胡安国(1074—1138)字康侯,号青山,谥文定,学者称武夷先生,与次子胡宏同为湖湘学派开创者,后世称胡文定公。事具《宋史》卷四百三十五、《宋元学案·武夷学案》。

建安游氏:游酢(1053—1123)字定夫,学者称廌山先生,师从二程,与杨时、谢良佐、吕大临并称"程门四先生"。《诗》学著述有《诗二南义》,今佚。事具《宋史》卷四百二十八、《宋元学案·廌山学案》。

南丰曾氏:曾巩(1019—1083)字子固,学者称南丰先生,欧阳修门人。事具《宋史》卷三百一十九、《宋元学案·庐陵学案》。

元城刘氏:刘安世(1048—1125)字器之,学者称元城先生。全祖望以其为司马光门人,称刘安世"得其刚健"。事具《宋史》卷三百四十五、《宋元学案·元城学案》。

---

① 刘毓庆:《历代诗经著述考》(先秦—元代),北京:中华书局,2002年,第251页;黄忠慎:《经典的重构:论吕祖谦〈吕氏家塾读诗记〉在〈诗经〉学史上的承衍与新变》。

② 如卷十一《有杕之杜》,陈氏曰:"使武公诚实有好贤之心,唯恐无以饮食贤者,则贤者自来矣。"卷十五《下泉》,陈氏曰:"乱极而不治,变极而不正,则天理灭矣,人道绝矣。圣人于变《风》之极,则系之以思治之诗,以示循环之理,以言乱之可治、变之可正也。"卷十八《南有嘉鱼》,陈氏曰:"太平之时得贤,则未必有益于治,失贤亦未必趋于乱。是以贤者渐致疏弃,不肖者渐致狎昵。间有勉强与贤者共享其乐,亦不能久。今也至诚乐与贤者共之,非天资敦厚、学与性成,不能如是也。"卷二十一《巧言》,陈氏曰:"小人以不根之言摇动君子,人君不为之别白,遂致并畜于胸次而涵之于疑信之间。日月既久,心志感移,猜忌之心不能不生;猜忌既久,则心所疑惑者,往往以为有验。"此类之论甚多。

三山李氏：李樗字迂仲[①]，一字若林，生卒年不详，福州人[②]，学者称迂斋先生，又称三山先生。与兄李楠、林之奇俱为吕本中弟子，有《毛诗详解》四十二卷。事具《宋史翼》卷二十三、《宋元学案・紫微学案》。

长乐刘氏：刘彝(1017—1086)字执中，幼从胡瑗学，有《七经中议》。《读诗记》引文皆称"长乐刘氏"，至卷二十三《宾之初筵》两次称"刘执中"，皆在吕祖谦补充诸家说的文字中，其中篇末曰："刘执中解此章虽多牵强忿激，失诗人温柔敦厚之意，然论酗酒之害，深切详明，故并录之。"事具《宋史》卷三百三十四、《宋元学案・安定学案》。

莆田郑氏：郑樵(1104—1162)字渔仲，有《诗辨妄》[③]，力斥《诗序》为"村野妄人所作"[④]。事具《宋史》卷四百三十六。

永嘉郑氏：郑伯熊(1124—1181)字景望，学者称敷文先生。《宋元学案・周许诸儒学案》以其为周行己私淑、吴松年讲友，称"吕成公尤重之"。《宋史》称"伯熊于古人经制治法讨论尤精"。有《六经口义拾遗》，今不传。事具《宋史》卷四百三十四、《宋元学案・周许诸儒学案》。

山阴陆氏：陆佃(1042—1102)字农师，陆游祖父。少从学于王安石。今传世有《埤雅》，据其《诗物性门类》修订而成，多本王安石《字说》。事具《宋史》卷三百四十三、《宋元学案・荆公新学略》。

渤海胡氏[⑤]：胡旦(955—1034)字周父，有《毛诗演圣论》十卷[⑥]，系《演圣通论》中论《诗》部分，今佚。事具《宋史》卷四百三十二。

导江鲜于氏：鲜于侁(1018—1087)字子骏，阆中人[⑦]。有《诗传》六十卷，《经义考》注曰"未见"。事具《宋史》卷三百四十四、《宋元学案・元祐党案》。

南轩张氏：张栻(1133—1180)字敬夫，学者称南轩先生，南宋名相张浚之子，与吕祖谦、朱熹并称"东南三贤"。曾主岳麓书院，为湖湘学派的重要代表。事具《宋史》卷四百二十九、《宋元学案・南轩学案》。

晦庵朱氏：朱熹(1130—1200)字元晦，又字仲晦，号晦庵，世称朱文公。与吕祖谦、张氏并称"东南三贤"，其所创闽学又与吕祖谦之婺学、陆九渊之心学并立于世。早年服膺毛、郑《诗》学，有《诗集解》，后承郑樵《诗辨妄》之说，力主废《序》，有《诗集传》，其说在《诗经》学史上影响极大。事具《宋史》卷四百二十九、《宋元学案・晦翁学案》。

---

① 见《宋元学案・紫微学案》。

② 见(弘治)《八闽通志》卷六十二，称"闽县人"。

③ 原书已佚，今有顾颉刚所辑二卷本。

④ (宋)黎靖德编《朱子语类》第6册，北京：中华书局，1986年，第2076页。

⑤ 卷七《葛藟》作"渤海胡氏"，卷九《敝笱》、卷十九《庭燎》、卷二十七《江汉》、卷二十八《天作》作"勃海胡氏"。

⑥ 《宋史・艺文志》作二十卷。

⑦ 据(万历)《四川总志》卷五"灌县"条："宋改为永安军，后废为灌口寨，又置永康军，治导江县。"古人郡望并无严格界限，阆中距灌县(今都江堰市)约300公里，地理上较为接近。

六、姓氏表列名顺序

黄忠慎先生曾举例指出宋前先儒列名的错误,如毛亨误为毛苌、孔颖达误为孔安国,何休误置于陆玑之后、韦昭应在何休与陆玑之间①。但如以时代先后为标准,不仅宋前先儒的顺序有问题,宋儒的排序上似也有很大的问题。如胡旦、鲜于侁、陆佃皆北宋时人:胡旦时代最早,在宋太宗年间;鲜于侁为仁宗至神宗时人;陆佃最晚,主要的活动时间也在神宗年间。如果姓氏表按照时代顺序排列,这三人无论如何也不当如此靠后。笔者梳理所引各家关系后认为,姓氏表的排布原则并不是以时代先后为主要标准的。

我们依旧将姓氏表分作“宋前先儒”和“宋儒”两个部分进行考察。

毛、郑、孔三家的排列依据传、笺、疏的顺序,这当无疑问。从陆玑至韩愈,则是依据《读诗记》引文与《诗经》的亲疏关系而排列的。陆玑《毛诗草木鸟兽虫鱼疏》是直接为《诗经》作疏,因此紧随孔颖达之后。《读诗记》所引何休(129—182)为《公羊传》注文、引杜预(222—285)为《左传》注文、引郭璞(276—324)为《尔雅》注文,皆为注经之作,故三人再依时代先后排列。韦昭(204—273)虽然时代较早,但所引《国语》注文属史部之列,故列于经部之后。引韩愈之文(诗歌除外)出自他的书信②,故又在史部之后。由此我们可得出结论,宋前先儒是以所引之文的四部分类进行排列的:首列《毛诗》传、笺、疏,次列各家注经之文,史部注文又次之,集部之文最末。

姓氏表中有宋儒35人,基本根据学术传承关系排列。据各家学术背景可将宋儒分为如下五组。第一组:明道程氏、伊川程氏、横渠张氏、成都范氏、荥阳吕氏、蓝田吕氏、上蔡谢氏、龟山杨氏;第二组:庐陵欧阳氏、眉山苏氏、眉山苏氏、永嘉陈氏、临川王氏;第三组:延平罗氏、武夷胡氏、建安游氏、河东侯氏、河南尹氏、南丰曾氏、元城刘氏、三山李氏、长乐刘氏、莆田郑氏、永嘉郑氏、长乐王氏、山阴陆氏、渤海胡氏、什方张氏、导江鲜于氏;第四组:董氏、徐氏、丘氏;第五组:南轩张氏、晦庵朱氏。

第一组是宋代关洛之学的祖师正传。二程是伊洛祖师,张载是关学创始,吕希哲、吕大临、谢良佐、杨时皆是传洛学最得力之人,吕希哲、吕大临又兼传关学。范祖禹之学虽本司马光,但朱熹编《伊洛渊源录》的时候亦将他列入程门弟子③。宋人极重师弟相承的学统关系,朱熹编《伊洛渊源录》时,吕祖谦曾为之寻找材料并提出过重要意见。姓氏表自二程至杨时,皆在《伊洛渊源录》中,所引各家体现出《读诗记》的学术渊源,而姓氏表的排布则看出后人对吕祖谦《诗》学宗尚的看法。

第二组是与关洛之学并行的诸家④。庐陵之学、苏氏蜀学、荆公新学皆并行于关

① 毛、孔二家列名之误,确如黄忠慎先生所说,若加上本该列名却列字的郑玄,则三家都出现的问题。参见黄忠慎《关于吕祖谦对于〈诗序〉的态度问题》(《诗经研究丛刊》第二十七辑,2015年11月)。

② 《读诗记》卷十九《菁菁者莪》两引“昌黎韩氏”,皆出自《昌黎先生文集》卷十六《上宰相书》。

③ 见《宋元学案·华阳学案》全祖望案语:“范正献公之师涑水,其本集可据也。其师程氏,则出自鲜于绰之讹。《伊洛渊源录》既疑之,而又仍之,误矣。”

④ 本组中“后山陈氏”前已有疑,故不再论。

洛方兴之时,《读诗记》引欧阳修《诗本义》、苏辙《诗集传》、王安石《诗经新义》皆数量极大,可见三家之学在吕祖谦《诗》学中有重要的地位。陈鹏飞是中兴二相赵鼎、张浚的同调,“亦吾道之疏附也”①。

第三组包括了关蜀伊洛诸家的门人弟子、学侣讲友及其他各家。胡安国为“私淑洛学而大成者”,罗从彦为杨时门人,“所学虽醇而所得实浅”,游酢甚至被称为“程门罪人”,侯仲良之学“于精微曲折之际不免疏略”,尹焞为“洛学后起之龙象”②。以上各家之传洛学,或为私淑,或所得疏浅,或所出较晚;另一方面,从《读诗记》引用情况来看,引胡安国3条,引游酢1条,罗从彦、侯仲良、尹焞三人实际并未引用。次列诸家学侣门人。如曾巩为庐陵学侣、刘安世为涑水门人、李樗为紫微门人、刘彝为安定门人、郑伯熊为浮沚私淑③、陆佃为荆公门人等。再次列其他诸家:渤海胡氏(5条)、什方张氏(3条)、导江鲜于氏(3条)。要之,第三组中各家是《读诗记》引用较少的或学统关系较为疏远的。

第四组所列三人或是因姓氏表作者未能确考籍贯而缀于各家之后。最后列南轩张氏、晦庵朱氏,皆为吕祖谦学侣好友,合于《读诗记》“谦让退托”④的著述精神。

以上分组,以《伊洛渊源录》和《宋元学案》为参照对象,大致可以看出,姓氏表中宋儒排序虽非以时代为序,亦有其内在理路,即以学术渊源上的正、别之传和《读诗记》的引用数量为依据。它试图通过这种排列向读者传达《读诗记》尊毛、郑而兼采各家,崇关洛而不废他学的学术宗向。从这一点看,姓氏表的作者应该是理解吕祖谦作《读诗记》的要义的。

七、结语

明清人所补姓氏表在一定程度上为阅读《读诗记》提供了方便,但对今人易有两个误导:一是误以为此表系吕祖谦所作,这一个误会我们可由吕氏修书未毕及初刻本等宋本皆无姓氏表而澄清;二是误以为吕祖谦所引各家尽在姓氏表中,这一点通过爬梳文献也可予以补充。在补充姓氏表的基础上,考证所引各家的具体所指,对于研究吕祖谦和《读诗记》大约有三点作用:其一可以避免在引用时所指模糊,方便学者按图索骥考索原著。其二是能够避免今人引用时将古人之说张冠李戴,如上文所考陈鹏飞之例。其三可稍有裨益于宋儒个人文献的辑佚研究。《读诗记》中所引各家《诗》说,有许多著述已失传,如杨时、游酢、郑伯熊、胡旦、刘彝、鲜于侁、董逌、丘铸等人说《诗》之书,今皆不可见,《读诗记》中所引的大量内容为研究他们的《诗》学提供了材料;又如谢良佐之书今传甚少,《读诗记》所引3条皆未见于朱熹所辑《上蔡语录》,这便为谢良佐的研究补充了3条佚文。

---

① 《宋元学案·赵张诸儒学案》全祖望案语。

② 以上分见《宋元学案》之《武夷学案》、《豫章学案》、《廌山学案》、《刘李诸儒学案》、《和靖学案》。

③ 《宋元学案·周许诸儒学案》黄百家案语:“周行己亲见伊川……得郑伯熊为之弟子。”王梓材案:“郑先生为浮沚私淑弟子。”

④ 《吕祖谦全集》第4册第2页。

通过以上整理考辨,在原姓氏表44人的基础上补入9人(吕大钧、匡衡、沈括、扬雄、闻人宏、孙炎、邹浩、晁说之、谯郡张氏),移出未引用4人(延平罗氏、河东侯氏、河南尹氏、后山陈氏),则本文统计所得《读诗记》实际引用者共49人,其中宋儒37人。

吕祖谦修订《读诗记》未竟而逝,时年四十五岁。长他七岁的朱熹则一直活到了宁宗庆元六年(1200),逝年七十岁。在淳熙八年(1181)之后的二十年里,朱熹新的《诗》学观日臻完备,他的学说则自元代以后被钦定为官学。随着朱子学的壮大,朱熹对吕祖谦的评价渐成"定论"。无论是朱熹对学生所谓"戏言"称吕祖谦为"毛、郑佞臣"①,还是他在写给张栻的信中称吕祖谦"博杂"②,都因朱熹及其学说地位的不断提升而影响着后代学者对吕祖谦的评判。虽然也有人对吕祖谦的《诗》学大加赞扬③,但自朱熹之后,论吕祖谦《诗》学便多以为吕氏论《诗》专尊毛、郑而不违《序》。然而我们今日若能抛开自朱子以来近千年的成见,仔细考诸《读诗记》本身,便会发现《读诗记》的《诗》学虽本毛、郑,但所引如欧阳修、王安石、苏辙、郑樵等人,皆是疑《序》派的代表④,尊《序》派学者则如二程、杨时、朱熹,另引有大量三家《诗》异文异训,《诗》学各家在《读诗记》中得以并存。公平地说,吕祖谦在《读诗记》的编排上既以诸家互证,又以异见互参,是以审慎的态度对待先儒之学,以包容之量接纳今人之说⑤,是"不薄今人爱古人"⑥。若论学术气度,能够并存异同无疑要比指摘他人为"异端邪说"更加雅量宏廓。正是由于吕祖谦的这种包容,许多原书已湮没无传的文献才得以留存至今,其中就包括朱熹早年《诗》学著述《诗集解》⑦。如果说我们能在吕祖谦保留的文献之外还有什么收获,或许便是他在学术上的胸襟气量;而若说今日受《读诗记》泽被的我们能回馈于前贤什么,则或许是还吕祖谦与《读诗记》在《诗》学史上一个公允的评价。

(作者单位:浙江师范大学人文学院)

---

① "人言何休为公羊忠臣,某尝戏伯恭为毛、郑之佞臣。"《朱子语类》第8册,2950页。

② 朱熹在给张栻的信中说:"伯恭……向得渠两书,似日前只向博杂处用功,于要约处不曾子细研究。病痛颇多,不知近日复如何。大抵博杂极害事。"《晦庵集》卷三十一《与张敬夫》。

③ 比如陈振孙称:"《诗》学之详正,未有逾于此书者。" 陈振孙:《直斋书录解题》,北京:中华书局,1985年,37页。《四库全书总目提要》评《读诗记》亦引陈振孙之言。

④ 朱熹虽是后世最为著名的"疑序派",但《读诗记》所引为朱熹早年之作《诗集解》。朱熹在为《读诗记》所作的《序》中说:"此书所谓朱氏者,实熹少时浅陋之说。"但朱熹的疑序乃承自郑樵之说,《读诗记》所引郑樵说颇多。

⑤ 典型的一个例子,是王安石的《三经新义》是遭到毁板之书,吕祖谦本人的政治立场也并不与他相合,但吕祖谦认为"王氏之说,虽非经旨,亦学者所当知也"(见《读诗记》卷十七《常棣》)。

⑥ 杜甫《戏为六绝句》。

⑦ 束景南:《诗集解·辑录说明》,朱杰人、严佐之、刘永翔主编《朱子全书》第26册,上海:上海古籍出版社;合肥:安徽教育出版社,2002年。案:是书《读诗记》误作《读诗纪》,今正之。

儒家思想在19世纪越南诗歌中的表现

黎文诗

一、儒家思想对越南封建时期的影响

1. 儒家思想对越南政体和治国思想的作用

吴权于公元939年打败南汉军后自立为王。《越南通史》记载:"吴权设官职,制朝仪,定服色,并整顿国内政治欲为长久之业。"①以儒家思想为指导建立起的中央政体对巩固越南封建统治起了重要作用,越南封建制度也是以皇帝为中心的中央集权制度。从吴朝始,历经丁、前黎、李、陈、胡、后黎、阮诸朝,继续继承和发展儒家理论来治国。除了完备的统治制度,他们还有一套较为完备的伦理学说作为维护统治的理论依据和精神支撑。同时儒家的三纲五常、忠孝节义等观念,亦适应于这种政治环境。越南封建王朝还大力褒奖忠臣义夫、节妇孝子,如阮朝明命皇帝(1820—1840)就奖掖贤孝品行,级别分为优、平、次等三个层次,并镌刻"孝风可行"、"孝顺可风"等匾额以示众人,相应地,非忠孝之人也受到相关惩罚。这样,越南封建统治者在继承中国儒家文化的基础上,建立起了适合自己的政治制度,并以伦理道德为纽带,加强了王朝内部的联系,使得儒家伦理成为国家的思想核心,在越南政体和治国思想方面起到了重要作用。

2. 儒教思想对越南封建社会教育的作用

越南独立后,从吴朝、丁朝到前黎朝,因各种原因,文教之事不兴。此后李朝(1010—1225)在集中发展和巩固封建统治制度之时,文教也得到了重视,也被纳入了议程。李朝仿照中国科举制度在京都升龙建立了文庙,皇族后裔在此学习。并设立国子监,选取人才教授官吏子弟以及平民中聪明俊秀的学生。科举制度对推动教育的发展起了巨大的作用。至1075年李仁宗第一次开科取士,延揽才俊,教育事业便有了长足的发展。此后,越南皇朝都把科举考试作为选拔官吏的重要方式,科举考试也成为学子走向仕途的重要途径。

士子在准备科举考试时所使用书籍都是汉文书籍,其中有部分是喃字书籍,如启蒙书《一千字》、《三千字》、《五千字》等。另外有一些概括中国、越南历史的著作,以及处世训诫的如《初学问津》、砥砺学生的如《幼学五言》等。其中"四书"、"五经"、《明心宝鉴》、《明道家训》、《三字经》、《孝经》、《忠经》等都是采用汉字撰写的方式。学生从小就诵读这些汉字书,学习中国文化,在潜移默化中,多数人都信仰中国的儒家学说,

① (越)陈重金:《越南通史》,北京:商务印书馆,1985年,第57页。

并认为儒家学说是修身从政的准则,视为立身处事的标的。因此,儒家学说受到越南士子的广泛接受和认同。

二、儒家思想对越南封建时期文学的影响

在越南封建时期,文学得到长足的发展。儒、佛、道等思想相互吸收、融合,并形成比较完整的思想体系,对整个越南封建文学的发展都有重要影响。

其中,儒家文化主要在汉语文学的形成和发展上对越南封建时期文学起着影响作用。从越南汉字文学的发展历程来看,李朝是基础奠定期,陈朝[①]继之有了较大的发展,直至后黎朝才达到繁荣。这一时期越南汉字文学获得丰硕成果。在国语文学取代喃字文学前夕,汉字文学一直是作为越南正统文学而存在的。据《越南文学史要》[②]记载:公元1世纪至10世纪前,越南文学主要是口头文学,也称民间文学,此时越南还没有统一的文字。到公元10世纪后,汉字成为越南运用广泛的文字。汉字在越南有着长久的使用历史,以致汉字文学也逐渐成为越南主要的文学形式。越南在普遍接受中国汉字的同时,亦接受了中国文学。那时的中国文学受儒家思想影响较深,所以越南文学也无可避免地受儒家文化的影响。此外,这一时期的越南封建政权也以儒家思想治国,致使儒家思想在普通民众之间也有广泛的影响。例如,在汉字文学时期,陈国峻檄文《檄将士文》、李公蕴诏书《徙都诏》、万幸法师偈文诗《示弟子》、匡越法师《王朗归》、满觉法师《告疾示众》、空路法师《渔闲》以及陈朝时期陈仁宗的《登宝山台》等。这些作品不仅是用汉字写成的,而且在内容上也体现着中国传统文化的因素,尤其是儒家思想。喃字文学时期的诸多诗赋作品中,除了多数作品使用越南六八体、双七六八体之外,还有不少作品皆是按照中国的文学韵律写出来。如张汉超《白藤江赋》、莫挺之《玉井莲赋》、阮嘉韶《温如诗集》、黎贵惇《桂堂诗集》和《联珠诗集》,阮攸《清轩前后集》和《南中杂吟》等。在形式上充分体现了中国诗赋的特点。另外儒家思想在文学中也得到了充分体现,如阮廌《抑斋诗集》、阮忠彦《介轩诗集》、陈光朝《冰壶玉壑集》、黎思诚《天南余暇集》、阮秉谦《白云诗集》等作品。在内容上多为宣扬忠孝节义、歌颂封建王朝的儒家思想。这一时期除了儒家思想以外,亦有道、佛等的影响。但道家思想对越南文学的影响远没有儒家思想那么深远,道家的仙学、无为等思想却影响了越南文人的诗文创作,如阮廌《梦山中》、阮攸《山村》等诗篇。另自《三藏经》传入越南以后,佛教对越南诗人的创作思想及表现内容也产生了不容忽视的影响。李太宗《赞毗尼多流支禅师》、陈太宗《寄清风庵僧德山》、段文钦《挽广智禅师》等都不同程度地体现了佛教的轮回说、时空观和因果报应等观念。

综上所述,越南文学与儒家文化有着极为密切的联系。因此,在东方文学的整体

---

① 在李朝和陈朝之前还有吴朝(939—965),丁朝(968—979),前黎朝(980—1009),李朝(1010—1225),陈朝(1225—1400)。这五个朝代和北属时间(公元1世纪—公元10世纪)这段时间纵然儒家思想已经慢慢转播和影响到越南,但是在越南人的佛教影响已经深远了。所以儒家思想影响越南不深。特别是前李和陈朝他们把佛教立为国教,等到后黎朝(1428—1789)儒家才有重要的地位。

② (越)阳广晗,《越南文学史要》,学料中心出版,1968年。

框架下来讨论越南文学跟儒家文化的渊源关系，进一步分析中越文学交流的融合度及生命力，显得尤为重要。

三、儒家思想对19世纪越南封建时期诗歌的影响

越南19世纪封建文学内容大部分反映经济、政治和文化社会生活等方面，较为集中地体现了普通人民的思想感情。然而创作形式单一，主要以诗文为主。作品对于人物、景物的描写，都有着一定的趋同性，有着鲜明的时代痕迹。这种模式化的创作方式限制了作家们的思维。这一情形直到十九世纪后期法国殖民者入侵后才有所改变，但也给越南社会带来了深远影响。越南文学家在这一时期也继续表现有着越南传统性质的爱国主义主题。他们以文学为武器，从而激起人民共同反抗法国殖民统治。因此，那时的作品中都充满着强烈的民族主义和爱国主义思想。这段时期深受儒家文化影响而创作的作家较多，如阮春温（Nguyễn Xuân Ôn，1825—1889）、阮光碧（Nguyễn Quang Bích，1832—1890）、阮绵审（Nguyễn Miên Thẩm，1819—1870）、阮公著（Nguyễn Công Trứ，1778—1858）、阮攸（Nguyễn Du，1766—1820）、阮廷照（Nguyễn Đình Chiểu，1822—1888）、阮劝（Nguyễn Khuyến，1835—1909）、秀昌（Tú Xương，1870—1907）、乔莹懋（Kiều Oánh Mậu，1854—1912）、高伯适（Cao Bá Quát，1809—1855）、杨圭（Dương Khuê，1839—1902）、朱孟桢（Chu Mạnh Trinh，1862—1905）等。儒家文化的影响主要体现在以下几个方面：

1. 忠君爱国观念

越南十九世纪诗歌作品作为一部能够反映封建时期社会生活的史书，集中展现了这段时间所特有的社会观念。从历史角度看，十八世纪到十九世纪上半叶，越南文学发展没有太大变化，尚未摆脱封建社会“兴，衰，治，乱”的常见模式。稍后，越南封建割据的现实得到平复，祖国重新得到统一，集权制度再次提升到一个新的高度。尤其是在顺化阮朝[①]，儒家思想的地位得到肯定，并获得再一次的提高。历经几百年的内战后，经郑阮纠纷、扶黎歼郑及西山起义等事件，加之人民渴望和平，涌现了许多试图倡导儒家政治思想、伦理道德的思潮。那时的顺化阮朝为了顺应民心，嘉龙皇帝便积极倡导儒家思想，由此恢弘儒家思想，重用优秀士人，朝野内外一派崇儒气象。从京都到府镇设了许多孔子文庙，特别是在顺化京都开国子监，并举行乡试、会试、殿试等。越南封建治乱兴衰的历史经验给后代君主以启示，要正视这一群体的力量。士作为中间阶层，处在贵族和劳动人民之间。他们排在贵族阶层底端，同时又是四民之首，具有贵族性质和平民性质。他们认为，入世之后，有更多机会辅佐君王，造福人民，并赢得身后名。在这种心理的促使下，儒家思想由此存在于越南各个封建朝代。此时的儒士醉心于诗歌，表达建功立业的愿望，实现辅佐圣主贤臣的理想，如阮春温、阮光碧、潘庭逢、阮攸、阮廷照等。

---

① 顺化阮朝（1802—1945）用来分别西山阮朝（1778—1802）。

越南十九世纪的诗歌中出现“男儿志”、“报国”、“忠义”、“国运”、“英雄”、“孤忠”、“青云志”、“忠孝”、“忠信”、“士居”等词次数较多。男性身份体认得到加强,在诗歌中得到充分体现。他们砥砺品行,勤学善思,渴望及第的同时,也有经世之志,彰扬时代精神。他们追寻“作为英雄会明亮”的人生理想①,这种志向像山河般永存。阮公著《男儿志》说:

聪明的男子,立志于天下。
出生后要有什么追求?难道浪费一辈子!
妒忌岂如皂子,桑蓬债决还完毕。
已经奔投笔战、要努力弓剑,离析男子的须眉。
在宇宙中已有一份事,要有什么名对于山河。
走了没有,难道回了也没有?②

综上可知:越南十九世纪诗歌主题大多为保家卫国。诗歌中所吟咏的对象大多都试图通过自我努力,实现人生价值。他们自觉认同阶级的合理性,视皇权为至上权威。

与“男儿志”息息相关的是儒家忠孝观念。儒士通过忠孝行为表达自己的意志。通过忠孝与男儿志相结合,士人受其陶冶,成就其君子品质。身为一个君子,要一心为国为民,做到忠君爱国。陈名案《谅山感题》(其二)诗中写道:

别时天语记丁宁,社稷存亡系此行。花草对人如诉怨,江山似客不知名。三千怔路烟岚老,一片孤忠日月明。跋涉勤劳臣子职,国家恩重故身轻。③

潘廷逢《戊子元旦感作》写道:

鸿山万里望云飞。吾家有教根忠孝,④

潘佩珠《有感》写道:

三年岭海作诗囚,身世家邦戾迸流。精卫魂孤沙诸断,杜鹃血黯蜀山幽。亲朋秋叶风前舞,书剑青萍水上浮。自笑丹心还不死,吴城夜夜望南牛。⑤

除了拥有男儿志以外,君子还需有儒家纲常道义,遵守君臣礼节,孝顺父母。因

---

① Làm nên đấng anh hùng đâu đấy tỏ。阮公著的《男子志》。

② Thông minh nhất nam tử /Yếu vi thiên hạ kỳ/Trót sinh ra thì phải có chi chi/Chẳng lẽ tiêu lưng ba vạn sáu/Đố kị sá chi con tạo/Nợ tang bồng quyết trả cho xong/Đã xông pha bút trận, thì gắng gỏi kiếm cung/Cho rõ mặt tu mi nam tử/Trong vũ trụ đã đành phận sự/Phải có danh mà đối vối núi sông/Đi không, chẳng lẽ về không ? .[越]阳广晗:《越南诗文合选》,河内:教育出版社,1951 年。

③④ (越)东川选译:《汉越诗选》,西贡:草香出版社,1975 年。

⑤ Thơ tù đất Lĩnh ba năm/Nước nhà nghĩ đến dòng dòng lệ tuôn/Cát vùi Tinh Vệ hồn đơn/Đỗ quyên nh ỏ máu từng cơn non Thục/Thân bằng chiếc lá thu phong/Tấm thân cung kiếm theo dòng bèo trôi/Lòng son bất t ử tự cười/Đêm đêm vọng quốc Nam ngưu dõi nhìn.[越] 东西语言文化中心,《潘佩珠全集》,顺化:顺化出版社,2001 年。

此，儒士的心中永存道义、君亲。阮公著《男儿债》写道：

桑弧蓬矢男儿债，功名是个负债。浓厚二字：君亲，为子道微臣哪有轻？①

又《做男儿的份事》写道：

安放二字“君亲”而担负。

有忠有孝应该站在天地，没有功名宁粉碎如草木。②

阮劝《凶年》（其五）写道：

国运若为家运厄，大人应作豕人呼。③

由上可知，提倡忠孝即提倡忠君爱国。在十九世纪的诗歌中，这不仅符合儒家基本观念，并且流露了爱国爱民的思想。他们渴望得到功名，期盼忠孝理想，因而把这些情感寄托于诗歌中。

2. 入世行动观念

越南儒家文化与中国传统文化在“入世”方面有很大渊源。中国古代传统文化中有“立德”，“立功”，“立言”的观念。士人积极入世，建立功业，创造辉煌的功绩，从而拥有不朽的事业。不管在何时何地，士人的身份均得以肯定，作用在不断提高。他们是一群拥有传统文化知识并渴望得到重用的一个阶层。东方诸国社会基本以“文”和“道理”为基础，所以士人们的责任更大。士人意志更加坚定，拥有远大抱负。士人往往要移尊就教，为学是行。孔子为了国家民族而入世，为了理想，知其不可而为之。后代学子受其影响，以孔子精神相激发，明晰为国贡献，是不能局限于书斋之内的。

越南儒士亦不断用行动来证明自己的儒士身份，践行自己的儒士理想。高伯适在诗歌主张男儿最大的事是追求功名。他积极步入仕途，追求自己的入世理想。在《世事浮沉》一诗云：“功名二字已经刻在山河”④，彰扬“功名”的重要性。越南其他诗人在作品中也经常提及功名，如“无功名宁粉碎如草木”、“功名是个负累”、“得失一声公侯”等。潘廷逢《答友人寄》中写道：“百年宗社余怀热，一片孤忠贼胆寒。寄语同人知也否，楚王势力拔何山。”⑤阮公著更是典型。诗云：“有劈山补河之志，作为英雄

---

① Tang bồng hồ thỉ nam nhi trái /Cái công danh là cái nợ nần/Nặng nề thay hai chữ quân thân/Đạo vi tử, vi thần đâu có nhẹ.[越]阮公著的《男儿债》在阮样风，《十九世纪越文演讲》，阮劝学校出版社，1953年。

② Sắp hai chữ “quân, thân” mà gánh vác/ Có trung hiếu nên đứng trong trời đất/ Không công danh thà nát với cỏ cây. 阮公著的《做男儿的份事》。

③ Quốc vận nhược vi gia vận ách/Đại nhân ưng tác thỉ nhân hô.[越]陈文耳：《阮劝汉字诗歌》，文艺出版社，2005年。

④ Chữ công danh đã tạc với non sông. [越]国学研究中心，《高伯适全集—第一集》，河内：文学出版社，2004年。

⑤ Trăm năm xã tắc lòng nung nấu/ Một tấm cô trung khiếp vía thù/ Nhắn nhủ đồng liêu ai biết chẳng/ Sở vương nhổ được núi nào đâu? [越]《潘廷逢：本人和事业》，义安出版社，2007年。

会明亮。”①在阮朝嘉龙皇帝去往北河的路上,在义安河边休息,阮公著到他的行宫觐呈《太平十策》,提出在长时间离乱后的建国办法,受到君臣的关注。阮公著42岁才步入仕途,保国安民,其功业在诗歌中得到体现,事迹于后世流传。

越南诗歌内容多关涉兵备,并且注重发展经济。在那时,士人们还主动帮助人民开垦荒地。黎克瑾《恭次协辩大学士陈大人留柬元韵》中写道:

帝轸勋臣降惠养,人怀元老系私忧。青山未必长闲局,想到期颐尚献猷。②

阮春温《述怀》中写道:

报国臣心不敢亏,那堪人事每相违。……此身荣辱何须挂,敌忾丹忱死不衰。③

总之,士人要有远见卓识。为官要安民,力图使人民衣食无忧。正如俗语所说“有土则有才”。故士人除了会用笔和剑以外,还要会使用犁铧,如同中国尧舜一样。“以民为本”的思想贯穿于诗歌主旨之中,其入世的精神也得到的体现。

3. 修身观念

“修身”是儒家学说中的重要观点。历代儒家学者都极其注重道德教化,把修身看作是实现人生价值、完善人格的主要途径。在儒家学说中,既有对崇高理想的追求,又不乏一套通过修身来完善人格的理论。儒家经典《大学》就明确提出过“修身为本”的思想,指出了修身的路径和最终目标:“大学之道,在明明德,在亲民,在止于至善。”④并指出“古之欲明明德于天下者,先治其国;欲治其国者,先齐其家;欲齐其家者,先修其身。身修而后家齐,家齐而后国治,国治而后天下平。”其中,“修身、齐家、治国、平天下”高度概括修身的目的,并说明了其意义。这就是儒家“内圣外王”⑤之道。通过自我修养以期达到至善至美的崇高境界,从而实现“内圣”,随后再把这一主体修养所得延伸到齐家治国平天下这一层面,以实现“外王”。

在越南封建时代的儒士们也相当注意自己的修养。士子们苦学《四书》、《五经》,以期进入仕途。然而,步入仕途的过程并非一蹴而就,充满了艰辛和挑战。黎克瑾在《贺安忠举人邓廷恂长科翁》中写道:

庠门最少昔相推,秋选如今长鬓眉。……到底黄花入梦迟。一路功名从此

---

① Chí những toan sẻ núi lấp sông/ Làm nên đấng anh hùng đâu đấy tỏ。阮公著的《男子志》。

② Ơn huệ vua ban hàng huân cựu/ Nghĩa tình dân mến bậc danh thần/ Non xanh chửa muốn an nhàn bước/ Muốn được trăm năm góp chút phần.[越]陈伯志:《黎克瑾诗文》,海防出版社,2003年。

③ Tinh thần báo quốc dám đơn sai/ Ngán nỗi lòng riêng trái việc đời/ … /Vinh nhục thân này chi xá kể/ Lòng son giết giặc chết không phai.[越]阮德云:《阮春温诗文》,河内:文学出版社,1977年。

④ 大学教人的道理,在于彰显人人本有,自身所具的光明德性(明明德),再推己及人,使人人都能去除污染而自新(亲民,新民也),而且精益求精,做到最完善的地步并且保持不变。

⑤ “内圣外王”:指内具有圣人的才德,对外施行王道。

做，以前四十九年知。①

为了实现官场梦想，报答祖国，士人要经过艰苦训练，努力研习《四书》《五经》，提高思想品德。潘廷逢《与伯玉唱和》中写：

文章从古有前因，知识休论旧或新。科甲我为松岭主，诗书君是猎山人。②

士子通过科举成功获得功名后，修身也是其生活的重要内容。阮攸《卧病》（其一）中写：

未有文章生孽障，不容尘垢杂清虚。③

又《寄友》（其二）中写：

鴻山山月一輪明，千里長安此夜情。太璞不全眞面目，一州何事小功名。④

因此，儒家修身思想在个体的自我完善和理想人格的塑造、培养方面都有着十分重要的意义。

4. 天命思想及儒士的人生观

中国传统宗教神学的总体特征是"天人合一"，其主要特点是皇权掌控着神权，如"天人感应"学说。孔子的天命观受其影响。《论语・为政》云："吾十有五而志于学，三十而立，四十而不惑，五十而知天命。"其天命观具有抽象、普及、泛指等特点。孔子说："君子有三畏：畏天命，畏大人，畏圣人之言。""不知命，无以为君子也。"这些语录，是孔子在长期的社会实践中，针对理想与现实之间不能调和的矛盾，发出了"不知命，无以为君子"的"畏天命"感慨。从宗教思想角度看，孔子的天命观，实际上是把天命神学予以抽象化和通俗化，将此前天命为帝王所独有的思想观念演化成了君子知天命、而小人不知天命但也自有其天命的观念。

其实，从本质上说，天命就是宇宙的变化规律，促使万物生长和发展。天是万物的本原，给了每一个体由生长到幻灭的过程。此一过程可以叫做"命"。因此，我们在生活中不应违背自然规律，而是要顺应自然，故孔子教导君子要"畏天命"。

阮公著在诗中写道：

天福吴，地再吴。天地生吴原有意。⑤

或者：

---

① Tuổi trẻ vào trường kẻ đã lâu/ Đến nay dài rậm cả mày râu/ ... / Cúc vàng vào mộng đã chờ lâu! / Từ đây mở vận công danh mới/ Bốn chín năm rồi đã hiểu sâu.《黎克瑾诗文》

② Văn chương từ trước có tiền duyên/ Mới cũ bàn gì chỗ lạ quen/ Khoa giáp non Tùng, tấy chủ/ Thi thư núi Lạp, bạn là tiên.《潘廷逢：本人和事业》

③ Văn chương chưa thấy mang thân luỵ/ Cát bụi đừng cho lẫn tính thiêng.（越）陈文耳：《阮攸汉字诗歌》，文艺出版社，2007年。

④ Đêm nay ngàn Hồng bóng trăng thanh/ Nghìn dặm Tràng An một mảnh tình/ Ngọc phác không gìn nguyên diện mục/ Thân đời khéo buộc nẻo công danh!《阮攸汉字诗歌》

⑤ Thiên phú ngô, địa tái ngô/ Thiên địa sinh ngô nguyên hữu ý. 阮公著的《功名债》

宇宙皆吴有分事。没有功名,怎么立于尘世。桑蓬志约江山,忠孝道与君亲两字要承担。①

每个人都有自己的命数,这一命数的形成、发展及消亡,都是由天安排的。这一过程就是所谓的天机。在思想深处,儒士们都想顺应天命。而这就需要有仁德。天命学说教儒士们人皆有命数,士人们要能够承受,要为立德而不断奋斗,以提升修养、锻炼身心。阮攸《杂吟》(其三)中道:

秋风高竹鸣天籁,零雨黄花布地金。远岫寒侵游子梦,澄潭清共主人心。②

儒家的天命学说往往引导士人们要安分守己。它能够在人们遭遇失败时给予心灵安慰。这一思想不但影响诗人们的日常生活,而且影响到他们人生观的建立,更影响士人们的创作观念。

5. 闲逸观念

闲逸,一般有两层含义:一是士人功成名就后从都门告退的闲逸之趣;二是对政治现实不满而佯装避世的苦闷的情怀。诗歌作为传达情感的媒介,可以通过其自身的蕴藉,充分地表达吟咏闲逸的目的。

在越南封建时期,这两种情况都存在。不同朝代在治国之道有些许差异,呈现的闲逸观念也有不同。特别是十九世纪越南历史,这种现象更加突出。此时期越南社会历史可分成两个阶段:从 1802 年到 1858 年,为封建独立时期;从 1858 年到 1900 年,为法国封建殖民主义时期。在顺化阮朝时,法国殖民者倒行逆施,专断独行。儒家文化因此失去了往日的辉煌。西方文化的大量涌入和法国殖民者的侵略致使封建制度渐趋落败。顺化阮朝用中国儒家正统思想予以治国的初衷并未实现。这个改变像"无形镯子"一般使儒士们出现了"行藏观念"③。诸如潘廷逢、吴仁静、番文议、吴世邻、阮攸,阮公著等人,都不能摆脱这个"无形镯子",所以他们形成了隐居避世的观念。吴仁静《答居友家赠元韵》中写道:

满城春色送征鞍,半句心头欲话难。未信临民师子产,敢将市义效冯骥。
江山有意云襄净,天佳无心物自闲。此去已期梅月会,休将杯酒唱阳关。④

高伯适《闲咏》中写道:

---

① Vũ trụ giai ngô phận sự/ Chẳng công danh chi đứng giữa tuần hoàn/ Chí tang bồng hẹn với giang san/Đường trung, hiếu, chữ "quân thân" là gánh vác. 阮公著的《桑蓬债》

② Trúc reo trước gió trời khua sáo/ Cúc toả sau mưa vàng rắc hoa/ Núi lành lạnh hoá hồn mộng khách/ Đầm trong trong suốt tấm lòng ta.《汉越诗选》。

③ 《论语·述而》:"用之则行,舍之则藏。"意为被任用就出仕,不被任用就退隐。

④ Đầy thành xuân sắc tiễn chinh an/ Nửa câu tâm tình muốn nói nhưng khó khăn/ Chưa tin mình có thể noi gương Tử Sản lo cho dân/ Nhưng dám bắt chước Phùng Hoan làm điều nghĩa/ Non sông cóý, mây quang sạch/ Trời đất vô tâm mà vật tựnhàn/ Lần này đi hẹn sẽ trở vềvào tháng mai nở/ Thôi khỏi phải nâng chén rượu hát khúc Dương quan.[越]郑怀德、吴仁静、黎光定,《嘉定三家》,怀英编译,同奈出版社,2006 年。

贫病年来独自嗟，攸攸无计奈天何。不为物累心由铁，却备悲侵鬓花欲。莫展一筹谋国少，犹怀三斗为身多。安知不晤唐虞圣，笑杀何人为浪歌。①

他们深谙时事，对社会现状有清楚的认识，却未选择归隐，而是能够泰然处之。与十六世纪的儒士们归隐方式不同，他们对社会制度不满，又无力改变，故不得已为之。越南社会在十九世纪时已经受到西方文化的影响，西方文化的大量涌入，越南本地文化与之发生碰撞。因此这时儒士们的思想有较大波动。他们的思想随之发生了改变。他们的忠孝在这时是对国家、民族的忠，不是以前的“忠君”。他们虽对王朝制度不满，但依旧留在世俗中同人民一起抗争侵略者。

潘廷逢《覆答黄高启》中写道：

忠孝由来几得全，风尘回首泪孱然。未能一死酬君父，空费三生学圣贤。十载魂游青琐地，万行血泪白云天。苦心寥向同心话，昨夜残灯独自怜。②

阮福膺苹《奉和轩洪著贵叔七十自述》中写道：

憎命文章为世宝，寄怀山水乐天真。③

阮攸《自叹》(其二)中写道：

三十行庚六尺身，聪明穿凿损天真。本无文字能憎命，何事乾坤错妒人。书剑无成生计促，春秋代序白头新。何能落发归林去，卧听松风响半云。④

这一时期大多数的儒士都渴望功名，希望实现忠孝理想，成为一个真正的闲逸儒士，逃避此时的社会，但往往不能如愿。所以他们想通过诗歌来反映自己的心境。

四、结语

从越南十世纪独立至二十世纪中叶，儒家文化一直影响着越南封建朝代。每个

---

① Bần bệnh niên lai độc tự ta/ Du du vô kế nại thiên hà/ Bất vi vật luỵ tâm do thiết/ Khước bị bi xâm mấn dục hoa/ Mạc triển nhất trù mưu quốc thiểu/ Do hoài tam đấu vị thân đa/ An tri bất ngộ Đường Ngu thánh/ Tiếu sát hà nhân vị lãng ca.[越]国学研究中心，《高伯适全集—第一集》，文学出版社，河内，2004年。

② Từ trước tới nay trung hiếu mấy ai giữ được toàn vẹn cả/ Trải phong trần quay đầu nghĩ lại nước mắt đầm đìa/ Chưa thể đem một cái chết báo đền ơn vua/ Uổng phí công ba sinh học đạo thánh hiền/ Mười năm hồn mơ chơi ở nơi cung khuyết/ Muôn hàng huyết lệ trông theo mây trắng lên trời/ Nỗi khổ tâm muốn nói nhưng vắng bạn đồng tâm/Đêm qua dưới ánh đèn tàn, mình lại thương mình.《潘廷逢：本人和事业》

③ Người giỏi văn chương không màng danh lợi là hiếm quí của thế gian/ Sinh sống với núi sông, hồn nhiên vui thú. [越]赵春采集，《膺苹菽野氏—本人和作品》，文学出版社，2008年

④ Tấm thân sáu thước tuổi ba mươi/Đeo đẳng thông minh để thiệt đời/ Chữ nghĩa vốn không ghen với mệnh/ Đất trời sao nỡ ghét lầm ai? / Dở danh thư kiếm lại cùng quẫn/ Lần lữa xuân thu tóc bạc rồi/ Những ước cạo đầu vào núi ẩn/Đàn thông nằm lắng tiếng lưng trời! [越]维飞，《阮攸的249首汉字诗》，文化民族出版社，2003年。

朝代的影响或深或浅,越南人民一直视儒家思想为越南文化的一个重要组成部分。越南人在“自己的基地”上接受儒家思想,如爱仁义、重孝道、乐观知命、崇尚天然等。在此过程中,他们去粗取精,选择适合自己的思想,鄙弃不符合自我的观念。其中诗歌也不例外。儒家思想对诗歌的影响主要两个方面表现:第一是儒士渴望立功;第二是不得志者归隐避世。这两个方面都掺杂着儒佛道思想,而儒家思想影响最著,由此形成了越南诗歌的独特风格。

(作者单位:安徽大学文学院、越南顺化科学大学语文系)

南京图书馆藏抄本《经纬集笺注》的文献价值*

丁恩全

《经纬集》，又名《孙可之文集》、《孙可之集》、《孙樵集》、《孙职方集》，唐孙樵撰。南京图书馆藏有《经纬集笺注》，封面有手写“乾隆丙子五月十八日知不足斋收藏”和“天都鲍氏困学斋图籍”朱方印。知不足斋是清代藏书家鲍廷博书斋名。鲍廷博(1728—1814)，字以文，号渌饮，祖籍安徽歙县。“乾隆丙子”是乾隆二十一年(1756)，是鲍廷博于1756年5月18日收藏。目录页有“巴陵方氏碧琳琅馆珍藏秘笈”朱方印，首卷首页有“巴陵方氏功惠柳桥甫印”、“巴陵方氏碧琳琅馆珍藏书籍”朱方印，则此书方功惠曾藏。方功惠(1829—1897)，字庆龄，号柳桥，湖南巴陵(今岳阳)人。曾任广东盐道知事，统辖粤、闽、赣、湘盐课，官至潮州知府，富甲粤东。书末有跋文：

> 是集有汲古阁刊本，此本乃鲍氏知不足斋所抄，上下笺注，不著姓名，大要国初人手笔，外页有鲍氏题字一行，有唐碑笔意。注亦详洽，洵可宝也。余购于巴陵方氏。方官于广东，藏书甚富，抄本尤夥。惜无力多购，深以为憾。

此本为鲍廷博抄汲古阁刊本。跋文落款“己亥冬日胡延识于京师汪芝麻胡同庚斋”。胡延(1862—1904)，字长木，号研孙，四川成都人，光绪十一年(1885)优贡，历官山西平遥和永济知县、江苏江安粮储道、安徽宁池太庐凤淮扬十府粮储道，有《苾刍馆词集》六卷、《长安宫词》一卷、《兰福堂诗集》一卷，编有《绛县志》。己亥岁指光绪元年(1875)。此书为注文最为详尽的版本，注者虽“不著姓名”，却不影响其文献价值。

一、校勘价值

《经纬集笺注》虽然不以校勘为主，但时见校勘文字，如《孙可之文集序》：“丛其可观者三十五篇。”“丛”字旁注：“或作蘩。”“藏诸箧笥，以贻子孙。”“贻”字旁注：“又作诒。”所以，此书有一定的校勘价值。

《经纬集笺注》的校勘价值首先在于注释者作出了较为合理的判断。

如《出蜀赋》中有“承明冀辟”一语，“辟”，吴䜣本、王鏊正德本都作“关”，冯焌光读有用书斋本、储欣《唐宋十大家》本、《全唐文》作“阙”；《经纬集笺注》校作“冀阙”，注：“《秦本纪》：‘筑冀阙。’注：‘冀，犹记事；阙，即象魏也。’”此注释可以说有理有据。储欣《孙可之先生全集录·出蜀赋·备考》也说：“冀阙，商君大筑冀阙，营如鲁卫。”也可

---

* 本文系河南省高等学校青年骨干教师资助计划项目阶段性成果。

以与《经纬集笺注》互相印证。

《出蜀赋》中“彀弱弓而满铅镞兮”一语,《经纬集笺注》校“镞”为“族”,注:“族,矢锋也。”“镞”,王鏊正德本、储欣十大家本、北京图书馆藏朝鲜抄本都作“族”,宋本、吴翻本等作“镞”。《说文解字》:“族,矢锋也,束之族族也。”段玉裁注:“今字用镞,古字用族。金部曰,镞者,利也,则不以为矢族字矣。”①从韩愈及其门人喜用古字的习惯看,《经纬集笺注》的判断是说得通的。

《书何易于》中“其合易于廉如是”一语中的“合”字,《经纬集笺注》下有“一作察”,旁校为“全”。此字诸版本多有异同,汲古阁本、朝鲜抄本作“合”,下注“一作察”;吴翻本注“一作察”;十大家本作“合”;《唐文粹》无“全”字;闵齐伋本作“察”。值得注意的是,《文苑英华》作“察”,注“集作全”。可见,《文苑英华》之前,还有更早的版本作“全”,这也说明《经纬集笺注》的选择较为合理。

《书何易于》中“止请常期,不欲紧绳百姓”一语,《经纬集笺注》“常”字旁注为“贷”,注:“贷,音态,假也。”从版本上看,“常”,《全唐文》注“一作贷”,吴翻本注“一作贷,亦作紧”;《文苑英华》作“贷”,注“集作紧”;《唐文粹》作“贷”,三字均有版本依据。从字义上讲,“贷”为延长期限,意义更胜。

《书田将军边事》中“卒无胥怨”一语,《经纬集笺注》注:“当是‘卒胥无怨’,胥,相也。”这句话版本上也颇有异同,吴翻本、王鏊正德本作“卒無胥怨”;《文苑英华》作“卒无怨”,《唐文粹》作“卒无胥怨”。《经纬集笺注》的判断和徐复相同,而解释不同。徐复《后读书杂志》:“宋蜀本、正德本以下各本均作‘卒无胥怨’,惟《文苑英华》无‘胥’字,‘卒’下有注云:‘集有胥字。’是卒胥二字连文之证,胥为胥吏,各本皆误倒耳。卒胥无怨,义自可解。”②徐复的解释是“卒”和“胥吏”无怨,《经纬集笺注》的解释是士卒不再相互抱怨。从意义上看,二者好像都可以说得通,仔细思考,却是《经纬集笺注》的解释更胜一筹:从田将军的叙述看来,将、县官、胥吏都得到了非法利益,只有士卒是受害者,胥吏作为利益获得者,哪有抱怨的动机,释“胥”为相,即士卒不再相互抱怨,更胜一筹。

《寓汴观察判官书》中“由是军侯得侵绳贫民,鞫决授辞”一语,《经纬集笺注》中“绳”原为“系”,改为“绳”;“鞫”原为“鞠”,改为“鞫”,注:“鞫,穷理罪人。又问鞫也。《史记·酷吏传》:‘讯鞫论报’,‘讯鞫罪囚’。《礼·小司寇》:‘一曰训群臣。’”《经纬集笺注》改“鞠”为“鞫”,与顾广圻校宋本的做法一致,又进行了释义。值得注意的是,《经纬集笺注》改“系”为“绳”,各版本均作“绳”,“系”并无依据,这是版本上的新现象。

《迎春奏》中“驹驱辙结,杂遝噎禊”,《经纬集笺注》校“噎禊”为“抬楔”,注:“《尔雅》:‘枨谓之楔。’注:‘门两旁木柣,柣音秩,门限也。’”校“禊”为“楔”,《经纬集笺注》和徐复相同,解释也相同。徐复《后读书杂志》:“当作‘楔’。《尔雅·释宫》:‘枨谓之楔。’郭璞注:‘门两旁木。’后因以为门称。楔与上句结字入声屑韵。又噎为填塞不通。《三国志·吴志·陆逊传》:‘城门噎不得关。’亦称阗噎。《文选·吴都赋》:‘冠盖

① (东汉)许慎撰,(清)段玉裁注:《说文解字注》,上海:上海古籍出版社,1981年版,第312页。

② 徐复:《后读书杂志》,上海:上海古籍出版社,1996年版,第240页。

云荫，闾阎阗噎。'刘逵注：'言人物遍满貌。'噎楔连文，谓人多拥塞门庭也。"①但是，《经纬集笺注》校"噎"为"抬"，虽然与徐复不同，意义上也可以说得通，《康熙字典》："《博雅》：'抬揌，动也。'又《广韵》：'抬，举也。'"文中意思是人多，好像抬动了门框。

《潼关甲铭》中"惊柝夜鸣"一语中的"惊柝"，《经纬集笺注》注："当是警柝。柝，《说文》作'欜'。欜，判也，夜行所击者。《左传》：'鲁击柝闻于邾。'徐铉曰：'谓判两木夹于门为机，相击以警夜也。'"从版本上看，各本均作"惊"，只有吴龢本作"警"。柝是军中用来警戒的工具，自然是"警"好一些。

《经纬集笺注》的校勘价值还在于，它较为详尽地解释了自己的校勘依据。

如《大明宫赋》中"雕"、"彫"、"凋"三字，校勘上难以区分。"厚征而雕"，"雕"，《全唐文》也作"彫"。《经纬集笺注》注："彫，伤瘁也。《魏明纪》：'于时百姓彫弊。'亦作雕。《尔雅》：'雕谓之琢。'《埤雅》：'雕之义出于雕鹗之雕，雕性刻制故也。'"在"伤瘁"之意项上，"彫"和"雕"通，并举出实例和《尔雅》、《埤雅》的解释作为证据。"厚征而彫"，意为因"厚征"而百姓"伤瘁"。"籍民其雕"，"雕"，吴龢本、储欣十大家本、王鏊正德本、朝鲜抄本作"凋"，《全唐文》作"彫"。《经纬集笺注》注："凋，半伤也。《海赋》：'为凋为瘵。'又通作雕。《晋书・李重传》：'雕弊之迹。'"在"伤"这一义项上，"凋"和"雕"是相通的，《海赋》和《晋书・李重传》可以为证。

《书田将军边事》中"馈运者纵吏而鼠窃"一语，《经纬集笺注》"运"旁注为"餫"，注："餫音运，野馈也。《左传》：'晋荀首如齐逆女，宣伯餫诸穀。'注：'运粮馈之。《六书故》古之使者所遇邦国，皆有委积牵饩，无运粮之说，荀首遇鲁，鲁畏晋，远馈牵饩，故谓之餫。'""运"，《文苑英华》就作"餫"，《经纬集笺注》详细解释了作"餫"的理由，这是其他版本所没有的。

《龙多山录》中"俯对绝壑，抄临兰薄"一语，《经纬集笺注》"抄"作"钞"，注："钞与杪同。《管子》：'教行于钞。'注：'钞，末也。'""抄"，十大家本作"钞"；读有用书斋本、《全唐文》作"杪"；吴龢本作"杪"，注"一作钞"。《经纬集笺注》的注释告诉我们，"钞"和"杪"都是可以的。

除此之外，还有一些违背了一般的校勘规律，但是却有不少参考意义的校勘文字，像上文所提到的《迎春奏》中的"噎"字一样，还有如下几例：

《梓潼移江记》中"民惜其田以顗得"一语，"顗"，《说文解字》："谨庄貌。"放在句中，意义不通。《经纬集笺注》："顗字误，当是觊，音冀，欿幸也，俗通作冀。欿，音冀，与觊几同。"作"觊"虽无版本依据，意义则通顺了。

《序陈生举进士》"即不得遂，作必飘忽"一语中的"即"，《经纬集笺注》旁注为"抑"，亦不知版本依据。然而，作"抑"，意义上也可以说得通。

《寓居对》"一入长安，十年屡穷"一语中的"屡"，《经纬集笺注》旁注为"履"，亦不知版本依据。然而，作"履"，意义好像稍胜。下文言"长日猛赤，饿肠火迫"和"暮雪严冽，入夜断骨"的穷迫情形，自不是多次的"屡"，而是长期的"履"。"其能穷而反谀乎"一语中的"谀"，《经纬集笺注》旁注为"腴"，注："谀当是腴。"也没有版本依据。但是，

① 《后读书杂志》，第245页。

《经纬集笺注》的判断却让人耳目一亮,别开胜境。从上下文意来看,如果作“谀”,“吾非槛豕笼雏,其能穷而反谀乎”意指我不能被迫改变自己“洗剔精魂”的作文精神状态。如果作“腴”,就指改变自己行为方式的结果是不再如前文所说“悴如冻灰,癯如槁柴”,照应后文“肥于貌”和“肥于道”的矛盾。

《乞巧对》中“遂使俗尚浮华,名溺于奢,凋家磨国,未骋胸臆,蛊于化源,戕此民力”一语,“名”字,《经纬集笺注》旁注为“各”,“此”字,《经纬集笺注》旁注为“于”。这两处也没有版本依据,然而意义亦更胜一筹。“名溺于奢”其实不可解,而“名”作“各”意义就通顺了。“此”、“于”意义都可通,然而从修辞上来说,作“于”与前句对偶,也符合孙樵的行文习惯。

《唐故仓部郎中康公墓志铭》中“群胥辈徒搦管捉纸,字字书出”一语,“书”,《经纬集笺注》旁注为“画”,无版本依据,却更能形容出“群胥辈”无所事事的被动状态。

《逐痁鬼文》中“终则愤胸灼肌”一语,“愤”,《经纬集笺注》注:“愤当是燌。燌音汾,王充《论衡》:‘中身则皮肤灼燌。’本作焚。”“愤”作“燌”,没有版本依据,各本俱作“愤”,作“燌”意义易通,作“愤”则意义稍显晦涩。

当然,校文中也存在一些问题。如《出蜀赋》中“抵长都之岌岌”,“都”,《经纬集笺注》校为“途”,各本均未见此异文,且“长都”指长安,与上下文意思通顺,作“长途”则意思不明。《孙氏西斋录》中“为史官者不能忭直骨于枯坟”,《经纬集笺注》眉批:“忭字误,当是抃,拊手也。”“忭”,各本俱作“忭”,只有《续古逸丛书》刊宋本作“抃”。忭,《康熙字典》:“喜乐也。”抃,《汉语大词典》:“鼓掌,拍手表示欢欣。”如果作“忭”,是使“直骨”“于枯坟”之中高兴。如果作“抃”,则是为“枯坟”中之“直骨”鼓掌,也是高兴之意。意义都可通,直接判定“忭”字误,很明显考虑不周。

二、字词注释价值

正如胡延所说,《经纬集笺注》注释“详洽”。仅就字数论,不少篇目注文数量超出了正文数量。如孙樵自序正文199字,注文12条,注释文字247字;《大明宫赋》791字,注文57条,注释文字864字。在大量的注释文字中,数量最大,也最能体现注释成就的是字的音义注释,主要分为下面几种类型:

1. 简洁明了型

指用非常简洁的语言注出字音字义。如《书褒城驿》“踵千里者不裹粮”,注“踵,至也”。有时候音义同时注出,如《梓潼移江记》“先堤民言”,注“堤,音氐,防也”。这种注释方法往往用在注释一些义项较少的字,如《大明宫赋》中,“胡猘饱腊”,注“猘,音制,狂犬也”;“俾克斮灭”,注“斮,音捉,斩也”;“吾则励阴刀翦其翼”,注“励,勉力也”;《露台遗基赋》中,“民既携二”注“携,离也”;《出蜀赋》中,“出大散之奥区”注“奥,集聚;又音郁,隈也,水内曰奥,与澳、隩通”;《书何易于》中,“县距刺史治所四十里”注“距,至也”。这些字义项虽少,但是今古义存在差别,注释的必要性很强。

2. 详细解释型

指既注出字音字义,又注出实例,最能体现《经纬集笺注》注释价值的部分。

如《大明宫赋》中，“踣肌齚骨”注：“踣，音匐，僵也。《尔雅》：‘斃，踣也。’《周礼·掌戮》：‘殺人者踣诸市，肆之三日。’注：‘踣，僵尸也。’”《尔雅》邢昺疏：“斃，踣也。偾，僵也。释曰前却颠倒之名也。斃又谓之踣，皆前覆也。《檀弓》‘射之斃’，郑注云‘斃，仆也’，然则又为仆。偾谓之僵，皆仰偃也。”①《说文解字》释“踣”为“僵”，释“僵”为“偃”，段玉裁注：“踣与仆音义皆同”，②“仆，前覆也”，“僵谓仰倒”。③“踣”和“僵”虽有细微不同，却都反映出安禄山部队杀人盈野的残忍。

“惊血溅阙”注：“溅，音箭，水激也。蔺相如：‘请得以颈血溅大王。’”引用《史记·蔺相如列传》中语说明“溅”字由“水激”义引申为“血溅”义，依据充分。

“吾见若正声在悬”注：“悬本作縣，系也。《西京赋》：‘后宫不移，乐不徙悬。’”“悬”字意义隐晦，颇难理解。张衡《西京赋》有“后宫不移，乐不徙悬”句，李善注引刘向《新序》：“孟献子聘于晋，韩宣子止而觞之，饮三徙，钟石之悬，不移而具也。”④可知，悬是悬挂钟磬等乐器的架子，文中代指音乐，“正声在悬”指乐器中奏出的是雅乐，而不是靡靡之音。

“辍黈延谏”注：“黈，他斗切，冕前纩也。《东方朔传》：‘黈纩充耳，所以塞聪。’注：‘以黄绵为圜，用组悬之于冕，垂两耳旁，示不外听也。’”引用《汉书·东方朔传》中语和颜师古的注释⑤，阐释“黈”字，清楚明白。

“刳襟沃善”注：“沃，灌溉也。《说命》：‘启乃心，沃朕心。’正义：‘当开汝心所有以灌沃我心也。’”“启乃心，沃朕心”出自《尚书·说命》，孔颖达疏：“正义曰，当开汝心所有以灌沃我心，欲令以彼所见教己未知故也。其沃我心，须切至。”⑥《尚书·说命》中“沃”的意义与《大明宫赋》中的用法是一致的，《经纬集笺注》引用此语至为恰切。

《武皇遗剑录》中“贼镇阻兵，邀爵山东”，“阻”字注：“《左传》：‘州吁阻兵而安忍。’注：‘阻，恃也。’《史记·秦本纪》：‘阻法度之威，以督责于下。’”“州吁阻兵而安忍”出《春秋左传正义·隐公四年》众仲语，孔颖达：“正义曰，阻，恃诸国之兵以求胜而征伐不已；安忍，行虐事刑杀过度也。”⑦释义明确。

《龙多山录》中，“攀援上下，闯然而出”注：“闯，丑禁切，马出门貌。又，出头貌。《公羊传》：‘开之，则闯然公子阳生也。’注：‘闯，出头貌。’”《春秋公羊传·哀公六年》写齐国陈乞用“居囊”装公子阳生，“闯然”形容打开“巨囊”，露出公子阳生，给齐国诸大夫带来的突然感。《龙多山录》写孙樵游览龙多山仙台，山“腹窦而空，路由其中，断腭相望”，“闯然”体现从中走出的突然感，引证非常准确。

3. 详列多义型

《经纬集笺注》有大量的语词注释，列出了语词的多种义项。如《孙可之文集序》中，“代袭簪缨”注：“袭，受也。《左传》：‘故袭天禄，子孙受之。’又贩也，《上林赋》：‘袭朝服。’”注出了“袭”字的两个义项。《大明宫赋》中，“旅见大明宫前庭”注：“旅，众也。

① 《十三经注疏》，上海：上海古籍出版社，1997年版，第2584页。

②③ 《说文解字注》，第83、380页。

④ (南朝梁)萧统编，(唐)李善注：《昭明文选》，上海：上海古籍出版社，1986年版，第56页。

⑤ (东汉)班固撰：《汉书》，北京：中华书局，1962年版，第2866—2867页。

⑥⑦ 《十三经注疏》，第174、1725页。

又《小雅》:‘殽核惟旅。’《传》:‘旅,陈也。’又《樂記》:‘进旅进旅。’注:‘旅,犹俱也。’”注出了“旅”字的三个义项。“仰眙俯骇”注:“眙,笞去声,直视也。《滑稽传》:‘目眙不禁。’又惊视貌。班固《西都赋》:‘虽轻迅与僄狡,犹愕眙而不能阶。’又澄去声,直视貌,一作瞪。又音怡,举目貌。”注出了“眙”字的四个义项。“大麓北挈”注:“挈,悬持也;又提挈也。”注出了“挈”字的两个义项。

又有虽列多义,实际上是一个意义的。如《大明宫赋》“言未及阕”注:“阕,止也。又讫也。又乐终也。《文王世子》:‘有司告以乐阕。’注:‘阕,终也。’”虽然列出了“阕”字的三个义项,但都指终止、结束。《露台遗基赋》中,“兹台始基,轸于帝思”注:“轸,转也,动也。《大玄经》:‘轸转其道。’又轸怀痛念也。《楚辞·九章》:‘出国门而轸怀。’”虽然列出了“轸”字的两个义项,但都指向萦绕于怀这个意义。“挍之经费”注:“挍,计量也。又检也,考也。”虽然列出了“挍”的两个义项,都指向计算这个意义。

这种注释方式有一个问题,就是有些义项没有必要列出。如《露台遗基赋》“届峡山之偪侧”注:“峡,巫峡,蜀楚之交,山有三峡。又山峭夹水曰峡。”这里明显是“山峭夹水”这个义项,“巫峡,蜀楚之交,山有三峡”无必要注出。《出蜀赋》“又似乎潮波之却颓”,“颓”,《经纬集笺注》作“𩕳”,注:“𩕳,邕危切,女随人也。通作委。又音魋,下坠也,颓水下流也。《河渠书》‘水颓以绝商’,颜注:‘下流曰颓,商颜,山名。’”“女随人”这个义项与本文没有联系,不必列出。“骇天险之重阻”注:“阻,险也;又,隔。《释名》:‘山巇曰险,水隔曰阻,若泛言则山水通用。’”“阻”字在这里明显是“隔”义,“险”这个义项没必要注出。

对字义的注释,有的地方还可以再前进一步,如《武皇遗剑录》“纂武皇之耿光”注:“與缵通。《班固叙传》:‘纂尧之绪。’”如果能把“缵”注释一下,就更好了。《说文解字》:“缵,继也。”这样就把“纂”字的意义解释清楚了。《书何易于》“罪小者劝,大者杖”注:“杖,木梃也。”“杖”在句中明显是名词作动词用,如果注出词类活用就更好了。

《经纬集笺注》还有些注释明显有问题。《兴元新路记》“故汾阳王私田”注:“汾,音渍,水出太原晋阳山,西南入河。或曰出汾阳北山,冀州浸。”且不说注释的正确与否,问题是这里需要解释的是汾阳王而不是“汾水”。而“上长松岭,极峻,羊肠而上”的“羊肠”,注释为:“太行山坂名,《赵世家》注:‘太行山坂通名,南属怀州,北属泽州。’”兴元新路不经太行山,注释也明显错误。《出蜀赋》“波濒洞而雷抃”注:“抃,拊手也。”“拊手”即拍手,在此显得意义不明。

三、其他注释价值

《经纬集笺注》的重点不在典故、典章制度注释,但随手作注,也有一些成绩。

首先看典故注释,《经纬集笺注》注重典源的注释。《出蜀赋》中,“若捧水而投石”,《经纬集笺注》注:“魏李康,字萧远,《运命论》:‘张良受黄石之符,诵三略之说以游于群雄,其言也如以水投石,莫之受也。及其遭汉祖,其言也如以石投水,莫之逆也。’”“若捧水而投石”主要指“莫之受”,形容怀才不遇。《书田将军边事》中,“十九如瓠”注:“陆佃《埤雅》:‘长而瘦上曰匏,短颈大腹曰瓠。瓠性甘,匏性苦。故《诗》曰匏有苦叶。《左传》叔向曰：苦匏不材于人，共济而已。'《陈平传》：'肥白如瓠。'""如瓠"指人的体型"短颈大腹"，肥胖而不健壮。《武皇遗剑录》中，"武皇曾不逗挠"注："《汉·韩安国传》：'逗挠当斩。'注：'逗，曲行避敌也。挠，顾望也。'"不"逗挠"是勇敢面对、毫不犹豫之意。这两条就着重注出了典源。以上都是其他各本没有做出注释的。

也有一些是典源和典故意义都注出的。如《露台遗基赋》中，"肇啓我邦"注："肇，始也。《仲虺之诰》：'肇我邦于有夏。'传：'始我商家国于夏世。'"《出蜀赋》中，"途诘屈而隘穿"注："《晋书·卫恒传》：'《字势》云，研桑不能数其诘屈。"""泉觱沸而中洌"注："觱沸，音必弗，泉涌出貌。《小雅》：'觱沸槛泉。'""芬淑郁而骇风"注："淑，清湛也。《上林赋》'芬芳沤郁，酷烈淑郁'，淑郁，香气盛也。""仰白日之赫赫"注："《大雅》'赫赫炎炎'，传：'赫赫，旱气也。'又，'赫赫明明'，传：'赫赫然盛也。'""阙庭蔼其多士兮"注："《大雅》'蔼蔼王多吉士'，传：'蔼蔼，济济也，贤士盛多之容止。'""焚逐逐之燥机"注："《颐卦》'其欲逐逐'。"

典章制度注释方面，简繁不一。简单注释者，如《出蜀赋》中，"尝枚师而北去"，"枚"字注："枚，衔枚，枚狀如箸，口横衔之，繣结于口也。繣，胡卦切；结，碍也。《周礼·大司马》：'徒衔枚而进。'注：'枚如箸，衔之，有繣结项中。'疏：'繣即两头系也。'"《书褒城驿》："龙节虎旗"注："节，符节，所以示信。《周礼·小行人》：'山国用虎节，土国用人节，泽国用龙节，皆以金为之。道路用旌节，门关用符节，都鄙用管节，皆以竹为之。'"繁复者如《书何易于》中，"传符外一无所与"注："传，专去声，遽也，驿递曰传。古者以车驾马乘诣京师，谓之传车。后又置驿骑，用单马乘之，若今之递马。凡四马高足为置传，四马中足为驰传，四马下足为乘传，一马二马为轺传。轺，……小车也。《汉平纪》：'征天下通知逸经、古记……者，在所在为驾一封轺传，遣诣京师。'注：'以一马轺车而乘传。'"

《经纬集笺注》对典章制度的注释虽简繁不一，成就一般，但也是有益的补充。

四、《经纬集笺注》的独特地位

目前所见的《孙可之文集》评注本有四种：孙耀祖、孙逌的《经纬集笺评》，储欣《唐宋十大家全集录·可之先生全集录》，汪师韩的《孙文志疑》和此文所谈的《经纬集笺注》。前面三本书最为注重的是孙樵散文的艺术成就，兼及典章制度和地名、人名注释，只有《经纬集笺注》聚焦于语词释读。所以，《经纬集笺注》在孙樵研究史上的意义颇为独特，也是孙樵研究的必读书。

（作者单位：周口师范学院文学院）

清越缦堂抄本《文选楼藏书记》诗文集目录刊误

刁美林

《文选楼藏书记》是清乾嘉时期著名学者阮元的私家藏书目录。阮元,字伯元,号芸台。历任山东、浙江学政及两广、云贵总督等职。作为一代学术领袖,阮元一生嗜好藏书,其于扬州选址建立文选楼,作为藏书、读书、校书、刻书的重要场所,栋充书帙,窗散芸香。《文选楼藏书记》以文选楼藏书为基础,依书名、卷数、册数、著者、版本等著录,除卷六之集部外,每书之下均撰有简明提要,多概述藏书的内容、背景、价值、序跋、存佚等,总计六卷,收书达2663种之多,反映了当时空前繁荣的学术盛况。

近期偶翻清越缦堂抄本《文选楼藏书记》,发现其中讹误之处颇多,既有书名、卷数、著者等著录失实之硬伤,亦有因抄写凌乱而语义不通之处。以阮元之学术功力,断然不会至此。考虑到《文选楼藏书记》并未公开印行,仅以抄本流传,存世不多,而抄书之人文化水平参差不齐,其始错并非自阮元,心中之惑乃略缓解。正如清代著名藏书家刘文淇言:"校刻古书,难矣!而展转传抄之书,则校刻尤难。……至于传抄之书,脱文错简往往而是,若不刊谬正讹,则其书几不可读,亦憾事也。"[①]乃就专业所长,考订其中部分诗文集目录如下,希就教于方家。

1.《续文选》三十二卷

明杨绍祖辑。海监人。刊本。是书宋昭明以后迄于明代,凡类似《选》体俱录之。

按:"杨绍祖"当作"汤绍祖"。据清范邦甸《天一阁书目》:"《续文选》三十二卷。刊本。明平原汤绍祖公孟氏撰并序。"[②]黄虞稷《千顷堂书目》:"汤绍祖《续文选》二十七卷。"[③]嵇曾筠《(雍正)浙江通志》:"汤绍祖《海盐县图经》。字公孟,……为《续文选》三十二卷行世。"[④]嵇璜《续通志》:"《续文选》三十二卷,明汤绍祖编。"[⑤]嵇璜《续文献通考》:"汤绍祖《续文选》三十二卷。"[⑥]史澄《(光绪)广州府志》:"汤绍祖。大兴人。七年任。"[⑦]万斯同《明史》:"汤绍祖《续文选》二十七卷。"[⑧]永瑢《四库全书总目》:"《续文选》三十二卷。浙江汪启淑家藏本。明汤绍祖编。绍祖字公孟,海盐人,东瓯王汤

① (清)刘文淇:《宋元〈镇江志〉校勘记》序,《青溪旧屋文集》卷五,清光绪九年仪征刘良甫刻本。
② (清)范邦甸:《天一阁书目》卷四,清嘉庆十三年文选楼刻本。
③ (清)黄虞稷:《千顷堂书目》卷三一,清文渊阁《四库全书》本。
④ (清)嵇曾筠:《(雍正)浙江通志》卷一七九,清文渊阁《四库全书》本。
⑤ (清)嵇璜:《续通志》卷一六三,清文渊阁《四库全书》本。
⑥ (清)嵇璜:《续文献通考》卷一九八,清文渊阁《四库全书》本。
⑦ (清)史澄:《(光绪)广州府志》卷二五,清光绪五年刊本。
⑧ (清)万斯同、张廷玉:《明史》卷一三七,清光绪三年湖北崇文书局刻本。

和裔也。”[①]

2.《古诗类苑》一百三十卷

明布政使经历张之象辑，云间俞镇卿补。刊本。是书悉录上古迄陈、隋之事，以类编次。

按：“俞镇卿”当作“俞显卿”。据明屠隆《白榆集》：“刑部主事俞显卿，倾险反复，天性好乱。初入刑部，构陷堂官潘司寇，排挤同僚，提牢生事，风波百出，僚友疾之。”[②]谢肇淛《尘余》：“云间比部俞显卿，壮而无子。”[③]张朝瑞《皇明贡举考》：“俞显卿。南直隶上海县。”[④]清赵宏恩《(乾隆)江南通志》：“俞显卿，松江人。”[⑤]陈田《明诗纪事》：“甲申岁，刑部主事俞显卿论劾屠长卿。得旨，两人俱革职为民。俞松江上海人。”[⑥]云间，旧时松江府别称。焦循《剧说》：“上海孝廉俞显卿以事干谒之屠，不听，且加侮慢，俞心恨甚。及为刑部主事，论劾长卿。”[⑦]钱维乔《(乾隆)鄞县志》：“刑部主事俞显卿者，尝为隆所诋，心恨之。”[⑧]孙星衍《平津馆鉴藏书籍记》：“《金石韵府》五卷，题毗陵朱云时望辑，篆云间俞显卿子如校正。”[⑨]谈迁《国榷》：“刑部主事上海俞显卿，讦奏礼部仪制主事鄞县屠隆在西宁侯宋世恩第淫纵事。”[⑩]永瑢《四库全书总目》：“《古诗类苑》一百二十卷。浙江汪启淑家藏本。明张之象编。是编前有黄体仁序，称之象此书与《唐诗类苑》均家贫不能刊，以授其同里俞显卿，显卿亦未刊而卒。”[⑪]张廷玉《明史》：“刑部主事俞显卿者，险人也，尝为隆所诋，心恨之。”[⑫]

3.《万首唐人绝句》四十卷

宋洪辑迈。刊本。是书汇录五、七言绝句，多明黄习远增补，本尽迈之原本。

按：“洪辑迈”当作“洪迈辑”。据清王琦《李太白诗集注》：“洪迈选《万首唐人绝句》，分此诗为三章。”[⑬]赵殿成《王右丞集笺注》：“洪迈《万首唐人绝句》序云……”[⑭]明陈师《禅寄笔谈》：“盖据作者之诗言，非谓以前人所作分截而成绝句也，如洪迈编《万首唐人绝句》。”[⑮]明胡震亨《唐音癸签》：“《万首唐人绝句》。洪迈编。五言二十五卷，

---

① (清)永瑢：《四库全书总目》卷一九三，清乾隆五十五至五十九年武英殿刻本。
② (明)屠隆：《白榆集》文集卷一一，明万历二十二年程元方刻本。
③ (明)谢肇淛：《尘余》卷三，明万历刻本。
④ (明)张朝瑞：《皇明贡举考》卷九，明万历刻本。
⑤ (清)赵宏恩：《(乾隆)江南通志》卷一二八，清文渊阁《四库全书》本。
⑥ (清)陈田：《明诗纪事》卷六，清光绪二十五年陈氏听诗斋刻本。
⑦ (清)焦循：《剧说》卷二，1917年诵芬室《读曲丛刊》本。
⑧ (清)钱维乔：《(乾隆)鄞县志》卷一六，清乾隆五十三年刻本。
⑨ (清)孙星衍：《平津馆鉴藏书籍记·补遗》，清道光二十一年刻本。
⑩ (清)谈迁：《国榷》卷七二，清《续修四库全书》本。
⑪ 《四库全书总目》卷一九二。
⑫ 《明史》卷二八八。
⑬ (唐)李白：《李太白诗集注》卷五，清文渊阁《四库全书》本。
⑭ (唐)王维：《王右丞集笺注》卷一五，清文渊阁《四库全书》本。
⑮ (明)陈师：《禅寄笔谈》卷五，明万历二十一年自刻本。

七言七十五卷。”[①]焦竑《国史经籍志》:“《万首唐人绝句》一百一卷。洪迈。”[②]明朱睦㮮《万卷堂书目》:“《万首唐人绝句》一百一卷。洪迈。”[③]清钱大昕《十驾斋养新录附余录》:“洪迈《万首唐人绝句》一百卷。”[④]民国李榕《(民国)杭州府志》:“又洪迈《万首唐人绝句》有顾况《临平坞杂题十二首》。”[⑤]

据文义,明赵宧光、黄习远于《万首唐人绝句》有订补之功,则“本尽”当作“不尽”。清黄虞稷《千顷堂书目》、万斯同《明史》:“赵宧光、黄习远增定《万首唐人绝句》四十卷。”[⑥]杨守敬《日本访书志》:“洪容斋《唐人万首绝句》,前人议其多谬误。此本为明赵宧光与黄习远重订,凡去其谬且复者二百十九首,补入六百五十九首,总得一万四百七十七首诗,以人汇,人以代次,较原书实为精整。”[⑦]

4.《圣宋文选》三十二卷

不著撰人姓氏。抄本。是书录宋人文九十四家,明欧阳修迄陈□中。

按据文义,“九”当作“凡”为是。“陈□中”当补作“陈莹中”。据清丁丙《善本书室藏书志》:“《圣宋文选》三十二卷。南宋建阳小字本。不著编辑姓名。凡选十四家:欧阳永叔二卷,司马君实三卷,范希文一卷,王禹偁一卷,孙明复二卷,王介甫二卷,余元度一卷,曾子固二卷,石守道三卷,李邦五卷,唐子西一卷,张文潜七卷,黄鲁直一卷,陈莹中一卷。皆选有经术政治之文,凡诗赋、碑记绝不登载。”[⑧]陆心源《皕宋楼藏书志》:“《圣宋文选》三十二卷。影写宋刊本。朱竹垞旧藏。不著编辑者姓氏。所录欧阳永叔二卷,司马君实三卷,范希文一卷,王禹偁一卷,孙明复二卷,王介甫二卷,余元度一卷,曾子固二卷,石守道三卷,李邦五卷,唐子西一卷,张文潜七卷,黄鲁直一卷,陈莹中一卷,凡一十四人。”[⑨]冯桂芬《(同治)苏州府志》、民国曹允源《(民国)吴县志》俱云:“《圣宋文选》三十三卷。每半叶十六行,每行二十八字。无序目并撰录人姓名。凡选十四家:欧阳永叔二卷,司马君实三卷,范希文一卷,王禹偁一卷,孙明复二卷,王介甫二卷,余元度一卷,曾子固二卷,石守道三卷,李邦直五卷,唐子西一卷,张文潜七卷,黄鲁直一卷,陈莹中一卷。”[⑩]冯、曹二《志》俱误为三十三卷。

5.《天下同文》五十卷

元周向瑞辑。庐陵人。刊本。是书杂录元代各体诗史,间有缺文。

按:“周向瑞”当作“周南瑞”。据清丁丙《善本书室藏书志》:“《天下同文》前甲集

① (明)胡震亨:《唐音癸签》卷三一,清文渊阁《四库全书》本。
② (明)焦竑:《国史经籍志》卷五,明徐象枟刻本。
③ (明)朱睦㮮:《万卷堂书目》卷四,清光绪二十九年《观古堂书目丛刊》本。
④ (清)钱大昕:《十驾斋养新录附余录》卷七,清嘉庆四年嘉定钱氏刻本。
⑤ 李榕:《(民国)杭州府志》卷三一,1922年印本。
⑥ 《千顷堂书目》卷三一。《明史》卷一三七。
⑦ (清)杨守敬:《日本访书志》卷一四,清光绪二十三年邻苏园刻本。
⑧ (清)丁丙:《善本书室藏书志》卷三八,清光绪二十七年钱塘丁氏刻本。
⑨ (清)陆心源:《皕宋楼藏书志》卷一一三,清光绪八年十万卷楼刻本。
⑩ (清)冯桂芬:《(同治)苏州府志》卷一四九,清光绪九年刊本。曹允源:《(民国)吴县志》卷七九,1933年铅印本。

五十卷。旧抄本。振绮堂藏书。元庐陵周南瑞撰。南瑞字敬修,自称濂溪之派。"[①]丁仁《八千卷楼书目》:"《天下同文集》四十四卷。元周南瑞编。抄本。仿元抄本。"[②]嵇璜《续通志》:"《天下同文集》五十卷,中阙六卷。元周南瑞编。"[③]魏源《元史新编》:"周南瑞《天下同文》五十卷。安成人。"[④]永瑢《四库全书总目》:"《天下同文集》四十四卷。两淮马裕家藏本。元周南瑞撰。"[⑤]张金吾《爱日精庐藏书志》:"《天下同文集》五十卷。旧抄本。元庐陵周南瑞敬辑。"[⑥]

据文义,"各体诗史"当作"各体诗文"为是。

6.《闽南唐雅》十二卷

明费道周辑。石阡人。刊本。是书考唐人之系闽产者,卷录其诗,分家编文。

按:"费道周"当作"费道用"。据清永瑢《四库全书总目》:"《闽南唐雅》十二卷。浙江汪启淑家藏本。明徐𤊹编,费道用、杨德周等补之。"[⑦]郝玉麟《(乾隆)福建通志》、徐景熹《(乾隆)福州府志》:"费道用,字笔山,合州人。崇祯辛未进士,知福清。"[⑧]鄂尔泰《(乾隆)贵州通志》:"崇正辛未科陈于泰榜:费道用,石阡人。官吏部郎中。……费道用,石阡人。辛未进士。"[⑨]饶安鼎《(乾隆)福清县志》:"费道用,字笔山。崇祯辛未进士。名宦有传。"[⑩]欧阳英《(民国)闽侯县志》:"《闽南唐雅》十二卷。徐𤊹编,费道用、杨德周等补。"[⑪]

7.《岭南五朝语选》三十五卷

国朝黄登辑。番禺人。刊本。是书选闽南名宦人物之诗,自唐、宋、元、明迄国朝止。

按:"《岭南五朝语选》"当作"《岭南五朝诗选》"。据清陈澧《(光绪)香山县志》:"《岭南五朝诗选》曰:'晋字子昼。贡生。官兵部司务,旋致仕归养。'"[⑫]法式善《陶庐杂录》:"《岭南五朝诗选》三十五卷。番禺黄登编。刻于康熙三十五年。"[⑬]官修《清通志》:"《岭南五朝诗选》三十五卷。黄登编。"[⑭]阮元《(道光)广东通志》:"《岭南五朝诗

① 《善本书室藏书志》卷三八。

② (清)丁仁:《八千卷楼书目》卷一九,1923年钱塘丁氏铅印本。

③ 《续通志》卷一六三。

④ (清)魏源:《元史新编》卷九四,清光绪三十一年邵阳魏氏慎微堂刻本。

⑤ 《四库全书总目》卷一八八。

⑥ (清)张金吾:《爱日精庐藏书志》卷三五,清光绪十三年吴县灵芬阁集字版校印本。

⑦ 《四库全书总目》卷一九三。

⑧ (清)郝玉麟:《(乾隆)福建通志》卷二九,清文渊阁《四库全书》本。(清)徐景熹:《(乾隆)福州府志》卷四八,清乾隆十九年刻本。

⑨ (清)鄂尔泰:《(乾隆)贵州通志》卷二六,清乾隆六年刻嘉庆修补本。

⑩ (清)饶安鼎:《(乾隆)福清县志》卷八,清光绪二十四年刻本。

⑪ 欧阳英:《(民国)闽侯县志》卷四七,1933年刊本。

⑫ (清)陈澧:《(光绪)香山县志》卷二一,清光绪五年刻本。

⑬ (清)法式善:《陶庐杂录》卷三,清嘉庆二十二年陈预刻本。

⑭ (清)嵇璜等:《清通志》卷一〇四,清文渊阁《四库全书》本。

选》前集二十卷后集二十卷。国朝黄登编。存。”[①]史澄《(光绪)广州府志》:“《青霞漫稿》一卷。明番禺李时行撰。据《岭南五朝诗选》。”[②]

8.《广东诗粹》十二卷

国朝良善长辑。顺德人。刊本。是书录唐张九龄以下迄今凡四百十三家诗。

按:“良善长”当作“梁善长”。据清法式善《陶庐杂录》:“《广东诗粹》十二卷。顺德梁善长编。”[③]官修《清文献通考》:“《广东诗粹》十二卷。梁善长编。善长字崇一。顺德人。乾隆己未进士。”[④]史澄《(光绪)广州府志》:“《广东诗粹》十二卷。国朝顺德梁善长编。”[⑤]梁善长《(乾隆)白水县志》:“梁善长,字崇一。广东顺德进士。乾隆十五年到任。”[⑥]席奉乾《(乾隆)合阳县志》:“梁善长,字崇一,号爕庵,别号鉴塘。广东顺德人。乾隆己未进士,庚午知白水县,庚辰调合阳。生嗜学,勤于课士,诸生以文字就正者,即批定之,无倦容。”[⑦]

9.《婺贤之轨》四卷

明戚雄辑。金华人。抄本。是书选录金华一郡宋、元、明人之文。

按:“《婺贤之轨》”当作“《婺贤文轨》”。据明过庭训《本朝分省人物考》:“戚雄字世英。昂之子。金华县人也。……著有《雪厓文集》、《金华县志》、《鄙见日钞》、《婺贤文轨》等书行于世。”[⑧]明祁承㸁《澹生堂藏书目》:“《婺贤文轨》四卷。二册。戚雄。”[⑨]清嵇曾筠《(雍正)浙江通志》:“《婺贤文轨》四卷。《两浙名贤录》。戚雄著。”[⑩]嵇璜《续通志》:“《婺贤文轨》四卷,《拾遗》一卷。明戚雄编。”[⑪]卢文弨《读史札记》:“明金华戚雄,字世英。……有《雪厓文集》及《婺贤文轨》等书。”[⑫]永瑢《四库全书总目》:“《婺贤文轨》四卷,《拾遗》一卷。江苏巡抚采进本。明戚雄编。”[⑬]黄虞稷《千顷堂书目》:“戚贤《婺贤文轨》四卷。”[⑭]“戚雄”误作“戚贤”。

10.《金华诗粹》十二卷

明阮元声辑。滇南人。刊本。是书录金华一郡人诗,自梁刘孝标以至明代

---

① (清)阮元:《(道光)广东通志》卷一九八,清道光二年刻本。
② 《(光绪)广州府志》卷九三。
③ 《陶庐杂录》卷三。
④ (清)张廷玉等:《清文献通考》卷二三八,清文渊阁《四库全书》本。
⑤ 《(光绪)广州府志》卷九六。
⑥ (清)梁善长:《(乾隆)白水县志》卷三,1925年重印本。
⑦ (清)席奉乾:《(乾隆)合阳县志》卷二,清乾隆三十四年刻本。
⑧ (明)过庭训:《本朝分省人物考》卷五三,明天启二年刻本。
⑨ (明)祁承㸁:《澹生堂藏书目》,清光绪二十年刻本。
⑩ 《(雍正)浙江通志》卷二五四。
⑪ 《续通志》卷一六三。
⑫ (清)卢文弨:《读史札记》,清光绪贵池刘氏《聚学轩丛书》本。
⑬ 《四库全书总目》卷一九二。
⑭ 《千顷堂书目》卷三一。

止，分体编次。

按：据文义，“刘孝标以”下脱“下”字。

11.《小昆山杂录》二十六卷

明俞允文编。河间人。刊本。是书本宋龚立道初纂，明嘉靖间王纶续纂，允文复合二家而增广之。

按：“《小昆山杂录》”当作“《昆山杂咏》”。据明焦竑《国史经籍志》：“《昆山杂咏》二十八卷。俞允文。《昆山杂咏》四卷。宋龚立道。”①孙能传《内阁藏书目录》：“《昆山杂咏》二册。全。宋嘉定间龚道立裒集昆山自唐以来名胜题咏。”②“龚立道”误作“龚道立”。明王鏊《（正德）姑苏志》：“龚明之字熙仲……有《昆山杂咏》。”③叶盛《菉竹堂稿》：“《书〈昆山杂咏〉后》。《昆山杂咏》三卷。龚昱立道编。”④清黄虞稷《千顷堂书目》：“俞允文《昆山杂咏》二十八卷。”⑤万斯同《明史》：“俞允文《昆山杂咏》二十八卷。”⑥王昶《（嘉庆）直隶太仓州志》：“《俞仲诗集》。俞允文著。下同。《昆山杂咏》二十八卷。”⑦

12.《河汾诸志诗》一册

元房琪辑。刊本。是书系录金、元间遗志麻革、张彦等八人文诗，皆与元明间游从唱酹者。

按：“《河汾诸志诗》”当作“《河汾诸老诗》”，“遗志”当作“遗老”。据金元好问《元遗山诗集笺注》：“今纂录自贻溪至兑斋凡八人，得古律诗二百一首，号曰《河汾诸老诗集》。”⑧明高儒《百川书志》：“《河汾诸老诗集》八卷。元横汾隐者房淇编纂。金元遗山而下八人诗二百一首。”⑨清陈鳣《简庄诗文钞》：“录乡邦之诗，若宋王伯厚《四明文献集》、元房祺《河汾诸老诗集》、汪泽民《宛陵群英集》。”⑩丁丙《善本书室藏书志》：“《河汾诸老诗集》八卷。旧抄本。振绮堂藏书。横汾隐者房祺编。”⑪陆心源《皕宋楼藏书志》：“《河汾诸老诗集》八卷。明刊本。元横汾隐者房祺编。”⑫穆彰阿《（嘉庆）大清一统志》：“与麻革、段成己等八人号河汾诸老。”⑬倪灿《补辽金元艺文志·集部》：

---

① 《国史经籍志》卷五。
② （明）孙能传：《内阁藏书目录》卷八，清迟云楼抄本。
③ （明）王鏊：《（正德）姑苏志》卷五三，清文渊阁《四库全书》本。
④ （明）叶盛：《菉竹堂稿》卷八，清初抄本。
⑤ 《千顷堂书目》卷三一。
⑥ 《明史》卷一三七。
⑦ （清）王昶：《（嘉庆）直隶太仓州志》卷五五，清嘉庆七年刻本。
⑧ （金）元好问：《元遗山诗集笺注》补载，清道光二年南浔瑞松堂蒋氏刻本。
⑨ （明）高儒：《百川书志》卷一九，清光绪二十九年《观古堂书目丛刊》本。
⑩ （清）陈鳣：《简庄诗文钞》续编卷一，清光绪十四年富文斋刻本。
⑪ 《善本书室藏书志》卷三八。
⑫ 《皕宋楼藏书志》卷一一五。
⑬ （清）穆彰阿：《（嘉庆）大清一统志》卷一四一，清道光二十二年内府进呈写本。

"房祺《河汾诸老诗集》八卷。"[①]清钱谦益《绛云楼书目》:"房祺编《河汾诸老诗》。"[②]

"张彦"当作"张宇"。据清顾嗣立《元诗选》:"与张宇彦升、陈赓子扬、庚子京、房皞希白、段克己复之、成己诚之、曹之谦益甫诸老,与裕之游从宦寓中,一时雅合,并以诗鸣。元大德间,大同路儒学教授房祺自号横汾隐者,纂录信之等八人编集成帙,得古律诗二百一首,号曰《河汾诸老诗集》。"[③]

"元明间"当作"元好问"。据《四库全书总目》:"房祺编《河汾诸老诗》八卷,皆金之遗民从元好问游者。"[④]

据文义,"文"当作"之"、"唱酹"当作"唱酬"为是。

如上所举,"房琪"亦有"房祺"、"房淇"之说,未知孰是。

13.《玉山纪游》一册

元衮华编。汝阳人。抄本。是书录顾河英、郑元姑诸家纪游唱和之作。

按:"衮华"当作"袁华"。据清丁丙《善本书室藏书志》:"《纪游》一卷,汝阳袁华子英编。为《四库》著录。皆顾瑛纪游倡和之作。"[⑤]丁仁《八千卷楼书目》:"《玉山纪游》一卷。明袁华编。抄本。有《外集附录》本。"[⑥]冯桂芬《(同治)苏州府志》:"袁华《玉山名胜集》十卷(《四库总目》八卷,《外集》一卷)、《草堂雅集》十三卷、《玉山纪游》一卷。此三种皆玉山交游杨维桢等四十余人之诗,袁华编。"[⑦]清瞿镛《铁琴铜剑楼藏书目录》:"《玉山纪游》一卷。抄本。元袁华编。皆纪玉山草堂诸人游历唱和之诗。"[⑧]

"顾河英"或作"顾仲英"。据明杨逢春《(嘉靖)昆山县志》:"顾瑛字仲英,别名辉。少轻财结客,豪宕自好,……日夜与客酌酒赋诗,其中四方文学之士若张翥、杨维祯、柯九思、李孝光,与凡一时名士,咸主其家。"[⑨]"杨维桢"误作"杨维祯"。亦有"顾仲瑛"、"顾阿英"之说。据明袁华《玉山纪游》:"至正八年春二月十有九日,昆山顾君仲瑛以书来招致。"[⑩]清李铭皖《(同治)苏州府志》:"昆山顾阿英在元末以豪爽自命,有亭馆三十六处,处处华整。一时名士如杨廉夫、郑德明、张伯雨、倪元镇皆其客也,尤密于秦约。于立、释良琦有二妓曰小琼花、南枝秀,每会必出以侑觞。"[⑪]郑元祐,字明德,李《志》误作"德明"。

"郑元姑"当作"郑元祐"。据清陶梁《词综补遗》:"顾瑛《玉山纪游》一卷。袁华编次。华以外为会稽杨维桢、遂昌郑元祐、吴兴郯韶、沈明远、南康于立、天台陈基、淮南

---

① (清)倪灿:《补辽金元艺文志》,清光绪十七年刻广雅书局丛书本。

② (清)钱谦益:《绛云楼书目》卷四,清道光三十年《粤雅丛书》刻本。

③ (清)顾嗣立:《元诗选》三集卷一,清文渊阁《四库全书》本。

④ 《四库全书总目》卷一八八。

⑤ 《善本书室藏书志》卷三九。

⑥ 《八千卷楼书目》卷一九。

⑦ 《(同治)苏州府志》卷一三九。

⑧ (清)瞿镛:《铁琴铜剑楼藏书目录》卷二三,清光绪二十四年常熟瞿氏家塾刻本。

⑨ (明)杨逢春:《(嘉靖)昆山县志》卷一一,明嘉靖十七年刻本。

⑩ (明)袁华:《玉山纪游·游昆山联句诗并序》,清文渊阁《四库全书》本。

⑪ 《(同治)苏州府志》卷一四六。

张渥、嘉兴瞿智、吴中周砥、释良琦、昆山陆仁。”①《四库全书总目》:“《玉山纪游》一卷。浙江汪启淑家藏本。元顾瑛纪游唱和之作,明袁华为类次成帙者也。……所与游者,自华以外,为会稽杨维桢、遂昌郑元祐、吴兴郯韶、沈明远、南康于立、天台陈基、淮南张渥、嘉兴瞿智、吴中周砥、释良琦、昆山陆仁,皆一时风雅胜流。”②

14.《豳风概》一卷《续》一卷

明蒋如平辑。东鲁人。刊本。是书录邵州历代之诗。

按:“蒋如平”当作“蒋如苹”。据清嵇璜《续通志》:“《豳风概》一卷。明蒋如苹编。”③又《续文献通考》:“蒋如苹《豳风概》一卷。”④毛永柏《(咸丰)青州府志》:“蒋如苹《豳风概》一卷。见国朝《四库全书总目》。”⑤又云:“蒋如苹字宾王。祺子。选贡,授容城知县。……著有《豳风概》一卷,《四库全书》存其目。”⑥清王克淳《(乾隆)容城县志》:“蒋如苹,山东益都恩贡。万历二十年任。《县志》至公再修。”⑦

“邵州”当作“邠州”。《四库全书总目》:“《豳风概》一卷。两江总督采进本。明蒋如苹编。如苹有《(万历)容城县志》,已著录。是集乃其官邠州知州时,采历代歌诗之有关于风土者,汇为一编。刻于万历戊申,凡七十余篇,首冠以《豳风·七月》之诗。”⑧

15.《唐宋元各表》上册三卷下册三卷

明尚书胡松辑。松阳人。刊本。是书选唐、宋、元诸家表奏,分人类次。

按:“《唐宋元各表》”当作“《唐宋元名表》”。据清丁丙《善本书室藏书志》:“《唐宋元名表》四卷。嘉靖刊本。明胡松编。松字汝茂,滁州人。嘉靖己丑进士,官至南京吏部尚书。”⑨清吴坤修《(光绪)重修安徽通志》:“《唐宋元名表》四卷。滁州胡松编。”⑩

“松阳”当作“滁阳”。滁阳又名滁州。据罗炌《(崇祯)嘉兴县志》:“胡松。尚书。滁阳人。”⑪于慎行《(万历)兖州府志》:“胡松。滁州人。进士。”⑫嵇曾筠《(雍正)浙江通志》:“胡松字汝茂。滁州人。”⑬许容《(乾隆)甘肃通志》:“胡松。江南滁州人。”⑭

(作者单位:故宫博物院图书馆)

---

① (清)陶梁:《词综补遗》卷二〇,清道光十四年陶氏红豆树馆刻本。
② 《四库全书总目》卷一八八。
③ 《续通志》卷一六三。
④ 《续文献通考》卷一九八。
⑤ (清)毛永柏:《(咸丰)青州府志》卷三三,清咸丰九年刻本。
⑥ 《(咸丰)青州府志》卷四五。
⑦ (清)王克淳:《(乾隆)容城县志》卷五,清乾隆二十六年刻本。
⑧ 《四库全书总目》卷一九三。
⑨ 《善本书室藏书志》卷三九。
⑩ (清)吴坤修:《(光绪)重修安徽通志》卷三四六,清光绪四年刻本。
⑪ (明)罗炌:《(崇祯)嘉兴县志》卷二一,明崇祯十年刻本。
⑫ (明)于慎行:《(万历)兖州府志》卷三五,明万历二十四年刻本。
⑬ 《(雍正)浙江通志》卷一一八。
⑭ (清)许容:《(乾隆)甘肃通志》卷二七,清乾隆元年刻本。

杨仁山居士文集传本述略

汪长林

杨文会(1837—1911),字仁山,弟子尊称他为“石埭大师”,又因其曾以“深柳堂”题额书室,或称“深柳大师”。出生不久便被父亲朴庵先生寄名于南华寺一高僧处。十岁始入凫山书院发蒙读书。居士从小颖悟,十四能文,却不喜举子业。性任侠,好读奇书,“凡音韵、历算、天文、舆地,以及黄、老、庄、列,靡不领会”(《杨仁山居士事略》[①])。然其一生用力最深,成就最著者,则莫过于复兴中国近代佛学,为中国与日本、印度等地佛教文化的交流作出了重要贡献,被誉为现代“中国佛教复兴之父”、“中国佛学的中兴之祖”。不仅如此,他还为后人留下了诸多宝贵的研习佛学与传统文化的经验与感悟,后人将其汇集为《杨仁山居士遗著》[②](以下简称“遗著”)。居士之遗著自上世纪初问世以来,不仅在佛学界影响深远,在其他领域亦深受重视,其传本除了一些寺庙的翻印外,对其进行整理的传本迄今已有五种之多。因此对其传本进行一些必要的梳理与比勘,将对居士遗著的流传及其思想研究将有一定之助益。

一、著述结集与版本流传

居士一生之所以致力于佛学,除了自身对于佛理的感悟外,还因为曾有幸先后随曾纪泽、刘芝田两次出访欧洲时所获传教之有助于强国的启示。在作中西比较之后,认为西方列强所以“立国之原”(《杨仁山居士事略》)有二:一是通商,一是传教。通商对于国人早已不是问题,其于传教则“独付阙如”(《支那佛教振兴策二》)。传教的作用在于相互之间易于沟通思想,而在当时之中国要与世界沟通,“统地球大势论之,能通行而无悖者,莫如佛教”(同上)。然而中国之佛学典籍长期以来或失于自觉之保护,或毁于战乱,尤其在太平天国时期更是佛典之大劫,而“末法世界,全赖流通经典,普济众生”(《杨仁山居士事略》)。为此,搜散佚经典重新刊刻传播,便成为居士弘扬佛学最直接的手段,而居士之著述也因之而随行。

居士自二十八岁得闻佛法,其后日益精深,每有心领神会之处,便能总结在策,以助后进学佛之人有所参详。居士一生学佛传法之心得,见于文字者有《大宗地玄文本论略注》四卷,《佛教初学课本》一卷、注一卷,《十宗略说》一卷,《观无量寿略论》一卷,《论语发隐》一卷,《孟子发隐》一卷,《阴符经发隐》一卷,《道德经发隐》一卷,《冲虚经发隐》一卷,《南华经发隐》一卷,《等不等观杂录》八卷等等。此外尚有:《大藏辑要》一

---

① (清)杨文会撰,周继旨点校:《杨仁山全集》,合肥:黄山书社,2000年。以下引用该书将随文夹注篇名。

② 《杨仁山居士遗著》,民国八年(1919)金陵刻经处刻本。

千馀卷，《贤首法集》一百余卷，《华严著述集要》二十九种，《净土古佚书》十种，《净土经论》十四种，《大乘起信论疏解汇编》、《释氏四书》《释氏十三经》、《释氏十三经注疏》、《佛教中学古文课本（甲乙丙丁）》以及其他编绘经论等等，均作单行本流通。

居士遗著之编刊，盖经始于民国六年（1917）夏（从其卷首目录后有"丁巳夏编者识"字样可以说明），结束于民国八年（1919）冬（该书卷八结束处有"中华民国八年己未冬十一月金陵刻经处识"字样），先后历时二年有余。民国六年，距离居士仙逝已有七年，但从目录之《阐教编》注文"此卷遵居士遗命缓刻"来看，说明居士生前即已作手编辑自己的著述，只是刊刻工作未及施行而已。考编者识语，遗著的刊刻工作并非一次完成，先是刊刻了：《大宗地玄文本论略注》、《佛教初学课本》和相关的注释文字，还有《阴符经发隐》、《道德经发隐》、《冲虚经发隐》、《南华经发隐》诸种。其《等不等观杂录》、《观无量寿略论》（附《愿生偈略释》、《坛经偈略释》）、《金刚五位图》（附于《大宗地玄文本论略注》后）、《十宗略说》、《论语发隐》、《孟子发隐》，以及卷首总目、塔图、塔铭、事略、分家笔据、封面签条等均属后一批刊刻完成。全集刻成后分装成十册：

第一册，收《总目》、《遗像》、《塔图》、《金陵刻经处图》、《杨居士塔铭》、《杨仁山居士事略》、《杨氏分家笔据》。第二至三册，收《大宗地玄文本论略注》四卷。第四册，收《佛教初学课本》及《注》各一卷；《十宗略说》一卷。第五册，收《观无量寿佛经略论》一卷（附《愿生偈坛经略释》）、《论语发隐》一卷、《孟子发隐》一卷。《观无量寿佛经略论》及两篇附录为未定稿，由编者根据杨文会生前读书笔记，系于相应的经文之后。第六册，收《阴符经发隐》一卷、《道德经发隐》一卷、《冲虚经发隐》一卷、《南华经发隐》一卷。从《论语发隐》到《南华经发隐》，均属以佛义解说儒道经典，认为儒道经典皆从佛的智慧海中流出，而孔孟老庄不过是"大权菩萨"的示现而已。第七至十册，收《等不等观杂录》八卷。前四卷收录居士一生中主要的佛学论文，后四卷所收乃居士与他人交往的各种信件，其中卷七、八，收录居士与日本高僧南条文雄交往的书信达二十八件，足见二人交谊之一斑，亦可窥视当时中日双方佛教交流之盛况。本次汇编居士遗著，惟于《阐教编》因遵居士"缓刻"之遗嘱，故而有目无文。后至民国 12 年（1923）才将《阐教编》增刻问世，至此"遗著"终成完秩。

"遗著"结集后，由于资金问题，印行数量有限，因此后来便时有翻印本流通。如台湾就有 1973 年河洛图书出版社的影印本与 1993 年台湾新文丰出版公司的影印本；大陆则有 1981 年金陵刻经处的影印本等。其中影响较大的当是金陵刻经处的影印本。1981 年金陵刻经处恢复后，"遗著"被列为首批重印之目。赵朴初《金陵刻经处重印经书因缘略记》云："余意支谶译《弥陀经》法为中土大乘盛宏之始。仁山居士刊印《净土四经》，为近世佛教重光之始。今刻经处继志述事，复首印此册，其亦法运更新之始欤……《杨仁山居士遗著》开佛教一代之风气，为居士著述之先河，有功于我国近世佛教之发展者至钜。印饷国人，亦其宜也。"本次重印，装帧为十一册，其中第一至十册与前次刊印本一致，所不同者，将前本未收之《阐教编》悉数收入，并前本目录中《阐教编》后编者注文"此卷遵居士遗命缓刻"九字删去，装订成第十一册。计有《阐教刍言》、《评真宗教旨》、《评选择本愿念佛集》、《评小粟栖阳驳阴资辩》、《评小粟栖念佛圆通》、《杂评》等文字，均为评议当时日本真宗之珍贵资料。

居士文集结集后,流行于今者除了上述影印本外,尚有五个当代整理本:一是黄夏年主编,中国社会科学出版社1995年出版的"近现代著名学者佛学文集"之《杨仁山集》[①]本;二是由周继旨校点,黄山书社2000年1月出版的《杨仁山全集》本(以下简称"全集");三是由刘静娴、余晋点校,黄山书社2005年12月出版的《杨仁山居士文集》本(以下简称"文集")[②];四是麻天祥主编,武汉大学出版社2008年12出版的"20世纪佛学研究经典文库·杨仁山卷"本(以下简称"文库")[③];五是王志远主编,北京华夏出版社2012年4月版的"百年佛教高僧大德丛书"之《杨仁山大德文汇》本(以下简称"文汇")[④]。五个传本中,《杨仁山集》虽问世最早,但非全集,只是居士文章的一个选本而已。该本共择选居士文章凡100篇,编选者言其编选"标准只有两个:一是学术性。所选文章应该是优秀的佛学或者关于佛教的研究著述。二是史料性。所选文章应该反映佛教在近现代中国历史中的某一特征,与当时的社会背景戚戚相关。"其余四个传本均为全集性质。

考"全集"、"文集"、"文库"诸本,其编辑说明中均已明言以"遗著"为底本,唯"文汇"未提供任何版本说明,显然有失谨严。今考"文汇"之内容及其编辑情况看,无疑也是以"遗著"为底本。因此无论是从传本的内容还是编辑体例看,各本之间均渊源有致。但由于各本在编辑过程中处理的方法以及其他因素之影响,以致各本在体例和文字符号的处理上均存在一定差异。

二、各本体例之差异

体例,乃是编者对所编对象的基本认识与工作的基本准则。姚永朴《史学研究法》云:"史之为法大端有二:一曰体(指体裁);二曰例(指类例)。必明乎体,乃能辨类,必审乎例,乃能属辞,二者如鸟有两翼,车有两轮,未可缺一也。"观居士文集之各种传本,其体例因编辑者的不同,亦存在一定的差异。

"遗著"类有十册本与十一册本二种。其十一册本,即依上述所言十一册之顺序编辑排印。十册本则是按上述一至十册之顺序编排,唯《阐教编》有目无文而已。此二本之最大差异在于十册本于卷首、卷尾以及相关文章之后均有编者跋语,或交代编辑原委,如卷首目录后跋云:"以上均居士手著。尚有居士手辑《大藏辑要》一千数百卷……及其他编会经论,均别行。丁巳夏,编者识。"又《评小粟栖阳驳阴资辩》(《阐教编》)之"阅教典须一一销归自性……所学即属无益"后跋云:"谨案,此条评本未录,兹依手稿增入。编者识。"或记录刊刻资助者情况,如《佛教初学课本》结尾处有"石埭胡惠时施龙银四十八圆刊板"字样。这些原编者的跋语,在重印的十一册本中则基本上被删去殆尽。

在编排次序上,十册本与十一册本完全一致,已如上述,但整理本于此均作了较

① (清)杨文会撰,黄夏年主编:《杨仁山集》,北京:中国社会科学出版社,1995年。

② (清)杨文会撰,刘静娴、余晋点校:《杨仁山居士文集》,合肥:黄山书社,2005年。

③ (清)杨文会撰,麻天祥主编:《杨仁山卷》,武汉:武汉大学出版社,2008年。

④ (清)杨文会撰,王志远:《杨仁山德文汇》,北京:华夏出版社,2012年。

大的调整。“全集”除将底本第一册中的篇章尽数收录于附录外，其他篇目顺序皆依次按照遗著的十册本顺序排版。“文集”、“文库”、“文汇”则对底本篇目排序有一定的调整。如将底本排在第二、三篇的《佛教初学课本》及其注释文字与《十宗略说》移到到第一、二两篇的位置。“文汇”将《等不等观杂录》排在第四篇，将《阐教编》排在经典发隐之前等等。显然，整理者将《佛教初学课本》及其注释文字与《十宗略说》的排序位置进行迁移，自有其一定的积极意义，因为这样处理可以为读者提供了一个由浅及深的入门脉络。作为一本普及读本，让读者读懂是第一要务。《佛教初学课本》自叙有云：“《释教三字经》者，明季吹万老人效世俗训蒙之书而作也”（《佛教初学课本·自叙》）。我们都知道《三字经》三字为句，朗朗上口，近千年来一直都是国人最好的启蒙读物之一，而《佛教初学课本》作为“释教三字经”，更是我们接触佛学知识最简单、最直接的第一本书，能使读者简单而快速地了解佛教的基本概况。《初学课本》中，对“十宗”进行了简单的罗列，而紧跟其后的《十宗略说》正是对此作详细阐释。《十宗略说》，主要因日本凝然上人的《八宗纲要》对于初学者而言比较晦涩难懂，居士为“求其简而易晓”（《十宗略说·序》），故而重作，以便更好的开启初学者之识见（《佛学书目表》）。

其于附录，各整理本亦有不同：《杨仁山集》无附录。“全集”附录收有《杨居士塔铭》（沈曾植）、《杨仁山居士别传》（张尔田）、《杨文会传》（金天翮）、《杨仁山居士事略》（欧阳渐）、《杨仁山居士传》（欧阳渐）、《杨氏分家笔据》、《杨仁山先生年谱》（沈彭龄）、《杨仁山居士遗著总目跋》、《等不等观杂录跋》、《阐教编跋》、《曾纪泽日记（八十二则）》、《忘山庐日记（三则）》、《上欧阳中鹄书》（谭嗣同）、《与汪康年梁启超书》（谭嗣同）、《金陵听说法诗（四首）》（谭嗣同）、《谭嗣同传（摘录）》（梁启超）、《清代学术概论（摘录）》（梁启超）、《与刘三书》（苏曼殊）、《关于为杨仁山先生立传的意见（摘录）》（何逸林）、《中国佛教史（摘录）》（黄忏华）、《中国佛教史（二则）》（蒋维乔）、《金陵刻经处重印经书因缘略记》（赵朴初）、《有关在日本举行的杨文会居士追悼会之资料》（陈继东）、《清末日本传来佛教典籍考》（陈继东）等。“文集”附录则删去了《杨仁山居士遗著总目跋》、《等不等观杂录跋》、《阐教编跋》、《曾纪泽日记（八十二则）》、《忘山庐日记（三则）》、《上欧阳中鹄书》、《与汪康年梁启超书》、《金陵听说法诗（四首）》、《谭嗣同传（摘录）》、《与刘三书》十篇；“文汇”之附录则删去了《杨仁山居士遗著总目跋》、《等不等观杂录跋》、《阐教编跋》、《曾纪泽日记（八十二则）》、《忘山庐日记（三则）》、《上欧阳中鹄书》、《与汪康年梁启超书》、《金陵听说法诗（四首）》、《谭嗣同传（摘录）》、《与刘三书》、《中国佛教史（摘录）》、《中国佛教史（二则）》、《有关在日本举行的杨文会居士追悼会之资料》、《清末日本传来佛教典籍考》等十四篇。“文库”之附录则仅收《杨仁山居士事略》一篇，但于正文与附录之间增补了“书信辑佚”。比短量长，对于附录的处理“全集”显然做得最为全面，而“文库”虽收录过简但却增补了辑佚，也是一种贡献。

此外，于前言的处理上整理本亦各有别。《杨仁山集》先将“近现代著名学者佛学文集”丛书之《缘起》放在第一篇，之后便是编选者所撰《杨文会先生与佛学》一文作为前言文字。“全集”本除了《安徽古籍丛书编印缘起》外，还有整理者自撰的《前言》一篇，对杨仁山及其于佛学的贡献做了全面的论述，对居士一生之著述也做了介绍。

"文集"则除了以"本书编委会"的名义撰写了一篇《前言》外,另将"遗著"中欧阳渐所撰的一篇《杨仁山居士事略》作为本书之《序言》。"文库"无"前言"之目,仅将主编麻天祥所撰的《科学与理性的佛学百年(代序)》作为该书之序言。各整理本中惟"文汇"的前言部分最丰富,除了杨仁山居士照片外,还收录有许嘉璐等照片9张,另有许嘉璐、王志远所撰之序文二篇,序文之后有《杨仁山大德生平》简介一篇。目录之后亦将"遗著"中欧阳渐所撰的一篇《杨仁山居士事略》作为本书之《前言》。

在版式上,整理本除了"全集"为繁体竖排外,其余均属简体横排样式。繁体竖排虽然端庄古朴且大气,但简体横排在当代读者中也具有很大的优势。因为居士遗文中大部分是关涉于经典古籍,尤其是佛教经典,需要有"上根利智"之人才能参悟其中奥义,而普通读者,则往往读得云里雾里了,如果再加上竖排繁体,就会更加头痛,因而不利于居士思想之传播。居士对于弘法事业的功德应该让更多的人了解,佛教在中国经历了什么,以及他与居士之间究竟有着什么样的渊源,同样也需要让更多的人知晓。采取简体横排的编辑方式,便能够让更多读者知道居士,了解他的事业。

总之,各本均能从自己的整理意图出发,最大限度地将居士遗文推荐给读者。但是从史料角度上讲,《杨仁山居士遗著》在经历了战乱与社会动荡之后,已有残缺,因此搜遗补缺,能更加立体地为读者展现仁山居士的一生。同时也在整理中吸收了一部分国内外研究的新成果,这就对居士之研究,也可提供有益的参照。限于整理者各自的客观原因,对于居士资料的收集上虽多寡不一,但整体还是相当丰富的。

三、校勘举例

从编辑体例上看,诸传本均因编辑的目的不同,虽各具千秋、各呈特色,但在校勘方面依然存有或多或少的失误之处。因整理各本均以"遗著"为底本,因此将各整理本与"遗著"相比勘,其中之讹脱衍误处会时有发生。

(一) 讹误

1. 形近而误

在校勘中有因字形相近而导致差异者,例如:

(1) 刻本第一册《杨居士塔铭》:"诸子门人敬遵将事,昭其志也。"昭:"全集""文集"同,"文汇"则讹作"绍"。

按:作"昭"是。《说文解字》:"昭,日明也。"[①]《诗·小雅·鹿鸣》:"我有嘉宾,德音孔昭。"郑玄笺:"昭,明也。"绍,《说文解字》:"继也。"根据上下文来看,居士生前对子女以及门人均交代,要"舍宅为坊","坊中以葬"。因此,"诸子门人"在居士西逝以后,便敬遵其遗愿,以明示居士复兴佛法之志。显然,"昭"比"绍"更符合文意。

(2) 刻本第二册《无尽无穷尘尘数量道路大抉择分第十一》:"九者言说门,十者

① (东汉)许慎撰,(清)段玉裁注:《说文解字注》,北京:中华书局,1981年。以下引《说文解字注》均出此本,不注。

言人门，是名为十。”人：“全集”同。“文集”“文汇”讹作“入”。

按：当做“人”。“言人”在次文中共出现五次，上文所引外，还有“虽末后二门，一名言说，一名言人，亦从前文因果而来也”；“如是已说言说门，次当说言人门，其相云何”；以及二次“无有穷尽故，名为言人门”。五句中唯“虽末后二门，一名言说，一名言人，亦从前文因果而来也”为居士之评语，其余四次均属经文。“文汇”五处皆讹作“言入”。“文集”则于“一名言人”处作“人”，其余二处均讹作“入”，前后自相矛盾，不能统一。考此语乃源自真谛三藏所译之《大宗地玄文本论》第六卷，检《乾隆大藏经》《大正新修大藏》等本均不作“言入”，居士之注释乃因经文而来，故亦不当作“言入”。

2. 声近而误

在校勘中或有因字音相近而导致差异者，例如：

（1）“遗著”第八册《答释德高质疑十八问》：“梦时所见，属六七识妄缘，幻境也。”境：“全集”“杨仁山集”同。“文集”、“文汇”均讹作“镜”字。

按：“镜”当为“境”之音近而讹。在上下文中，“幻境”乃与上文“醒时所见，属八识相分，报境也”之“报境”相对举而成文。“境”乃佛经中一常用词汇，梵语 vis！aya，汉译作“境”、“境界”、“尘”，指人的感觉作用所到之区域，即即人心与感官所能感觉或思惟到的对象，即所谓“心之所游履攀缘者，谓之境”（丁福保《佛学大词典》）。“醒时所见”是“报”的范围，“梦时所见”属“幻”之对象，二者对举而立。

（2）“遗著”第五册《佛说观无量寿佛经略论》：“否则亦只想象而已，不能如日中目睹也。”睹：“全集”同。“文集”、“文汇”讹作“赌”。

按：“赌”为“睹”之误。这是居士阐释《佛说观无量寿佛经略》之佛告阿难及韦提希什么是“杂想观”一节文字。结合经文与居士阐释之上下文，显然是以“目睹”来解释经文之“观”。《说文》：“睹，见也。”如果换做“赌博”之“赌”，则文意尽失，无从理解。

3. 臆改

在校勘中或有臆改而导致差异者，例如：

（1）“遗著”第一册《杨仁山居士事略》：“南条学梵文于英国，与居士素稔。厥后由海外得来藏外书籍二三百种。”厥：“全集”、“文汇”同。“文集”则臆改为“其”。

按：《说文》：“厥，发石也。”《尔雅·释言》：“厥，其也。”《说文》段注：“《释言》曰‘厥，其也’，此假借也。假借盛行而本义废矣。”“厥”的本义是发射石头，后假借作“其”。此处“厥”虽为“其”义，但底本乃作“厥”而非“其”，故不当臆改。

又该篇：“印刷佛像至十余万张，而愿力之弘，所嘱望于将来者，更无有穷尽也。”所：“全集”同。“文集”改作“秘”。

按：“文集”改“所”作“秘”，未知何据。秘，或作“祕”，谓不公开或不可测知之事。《广韵·至韵》：“祕，密也，神也。俗作‘秘’。”《集韵·至韵》：“秘，密也。”居士一生发愿要以刊刻佛学典籍来复兴佛教，这样的弘愿与行动足以彰显于世，令人敬仰，却为何要秘而不宣呢？因此，这个“秘”字显然不当。

（2）“遗著”第六册《汤问第五》：“鯱俞师旷方夜擿耳俯首而听之，弗闻其声。”鯱：“文汇”臆改作“鲲”。

按：考鯱俞乃与师旷一样，均是古代传说中的聪耳之人。《列子集释·汤问篇》：

"鯱俞师旷方夜擿耳俯首而听之。《释文》云:'鯱,除侍切。'鯱俞师旷,皆古之聪耳人也。"①[9] 陈士元《名疑集》云:"鯱俞,古之聪耳人也。一作褫俞。"②鄧名世《古今姓氏书辩证・上聲・四紙・鯱》云:"鯱,丑豖切,音褫。姓书未有。谨按《列子》'古善听者鯱俞'。今增入。"③也就是说"鯱"乃古姓,或写作"褫",其与"鳡"则迥然有别。

(二)衍

在校勘中或有衍文而导致差异者,例如:"遗著"第二册《一种金刚道路大抉择分第三》:"如谒'谓渐次究竟,及圆满等非,并及等是位'故。如是五位,自家宣说,龟则方说。""方说","文集""文汇"同;"全集"讹作"方说者",衍一"者"字。

按:检《乾隆大藏经》《大正新修大藏》等,均作"方说"。"全集"之衍文,盖因居士之注文影响而误判。居士注云:"'自家宣说'者,随意发挥,应机无定也。'龟则方说'者,佛佛道同,古今一致也。"

(三)脱

在校勘中或有脱文而导致差异者,例如:

(1)"遗著"第二册《大宗地玄文本论略注》叙云:"以众生弃有著空,趣于断灭,故立一切诸法俱是位"、"立一切诸法"。"全集""杨仁山集"同。"文集""文汇"均脱"诸法"二字。

按:原文"立一切诸法俱是位"乃与上文之"立一切诸法俱非位"对举成文。从《大宗地玄文本论目录叙》之"略标大意"将第十一分至第十四分标注为"属俱是位",将第十五分至第十八分标注为"属俱非位"。《大藏经・诸宗部・法界图记丛髓录》云:"一切诸法俱非位者,偈曰:'诸无量无边,一切种种位,皆悉非建立,名俱非位地。'论释曰:'非因非果等(云云)。'以其非义立为位故也。一切诸法俱是位者,偈曰:'一切种种法。无非金刚身。以一身义故。名为俱是门。'论释曰:'是名无病道人也。'"欧阳竟无《唯识抉择谈》云:"一切诸法俱非位,谈《大般若经》法无自性之义;一切诸法俱是位,谈《阿毗达磨经》五姓齐被之义。"可见"诸法"二字之不当脱。

(2)"遗著"第三册《不可思议俱俱微尘一切山王道路大抉择分第十三》:"如谒第二转觉者,出兴中无量……如是数量信地大海。"此处凡 80 字,"文集"尽脱。

按:考《乾隆大藏经》等所载改篇文字均有此 80 字。检该文谒语:"今此道路佛,出兴小无量,法及化大海。第二转觉者,出兴中无量,法及化大海。第三转觉者,出兴大无量,法及化大海。后后诸转中,如此第无超,渐渐增数量。"可知所脱文字,正是谒语所论内容之一,如若少了"第二转觉",便不能"依次第无超,渐渐增进"了。

(3)"遗著"第六册《汤问第五》:"鯱俞师旷方夜擿耳俯首而听之,弗闻其声。""文集"脱"鯱"字。参见前文臆改条。

---

① 杨伯峻:《列子集释》,北京:中华书局,1979 年。

② 陈士元:《名疑集》,《丛书集成初编》,北京:中华书局,1991 年。

③ (宋)邓名世撰:《古今姓氏書辩证》40 卷目 2 卷,《岱南阁丛书》,嘉庆七年(1802)敦礼堂刊本。

(四)其他如标点问题亦有可商者

如“遗著”第二册《一种金刚道路大抉择分第三》注文:“贤首、清凉疏《华严经》,阐扬一时一处帝纲无尽法门,正合此位。”“文集”断成:“贤首《清凉疏》、《华严经》”。

按:“文集”不识贤首与清凉以致破句。检下文《金刚宝轮山王大抉择分第四》即有释“贤首”“清凉”之文:“若明此义,则知古今弘法大士……有兼阐二门三门者,有俱转五门者,如天台、贤首、清凉、永明诸公”云云,可知“贤首”“清凉”当是“诸公”之一,二人均为《华严经》作过疏解,释一如《三藏法数》、近人丁福保《佛学大辞典》均有词条介绍。贤首《华严经疏》凡二十卷,全称《华严经探玄记》,又称《华严探玄记》《探玄记》,收于《大正藏》第三十五册。清凉所撰《华严经疏》有十卷本与六十卷本二种,十卷本全称《贞元新译华严经疏》,又称《华严经普贤行愿品疏》《华严经行愿品疏》,收于《卍续藏》第七册;六十卷本全称《大方广佛华严经疏》,又称《新华严经疏》,收于《大正藏》第三十五册。据《三藏法数》之“华严宗七祖”条所云,贤首为五祖,清凉乃六祖。

又如“遗著”第九册第 11 页《与释幻人书一》:“《或问》篇中,六种震动、宝塔高广、劫日长短等论。”“全集”讹作“六种震动,宝塔高广劫,日长短等论”。

按:且不论“动”“广”之后用逗号或顿号那个更合适,仅就将“劫”上标便有破句之嫌。“全集”在《与释幻人书二》中出现该句时,标作“劫日长短”,亦见前后不一。

观《杨仁山居士遗著》,不难看出居士一生均在践行其“教在贤首,行在弥陀”的宏愿。其所刊刻或整理的每一部著作,都是这位老人走在这条艰辛路上的心血总结。沈鹏龄先生称誉居士“不仅为内学大师而已,实整理内学之功臣也”,其“内学得弘扬于震旦而复哲人辈出之今日者,先生力也”(《杨仁山居士年谱》)。不管是搜集古德佚书还是创刻书本全藏、培养人才,这些都是居士弘法的重要途径与手段,“于是隋唐诸宗大德之章疏复归于中国,百年之绝学焕然中兴,中国之佛教自是进入一新时期”①。后之学人热衷于居士遗著之刻印流通,这对居士自是一种告慰。但在整理遗著之时,自当以崇敬之心、谨严之风来虔诚工作才是,至于或因本身之学力或工作之松懈而导致传本之讹误者,其于后之学者均当引以为戒。

(作者单位:安庆师范大学皖江历史文化研究中心)

① 《杨仁山全集》,第 623 页。

颜师古《匡谬正俗》的版本系统

严　旭

颜师古是唐初集经学、史学、小学于一身的著名学者，其著作流传至今的有《汉书注》、《急就篇注》和《匡谬正俗》，其中尤以《汉书注》成就最高。《匡谬正俗》为师古生前未竟之作，全书共八卷，收录词语182条。前四卷凡55条，皆论诸经训诂音释；后四卷凡127条，皆论诸书字义、字音及俗语相承之异，考据精审，旁征博引，胜义间出。所引典籍及诸家训诂，多为古代逸书，可资见闻。

唐永徽初，颜师古之子扬庭编定父亲遗作，表上朝廷，奉敕录付秘府。宋代，此书付梓刊刻，避太祖赵匡胤讳，改称《刊谬正俗》，明代因之。今宋本已不可见，尚有明刻本传世。清代小学鼎盛，《匡谬正俗》被《四库全书》收录，并有多种刻本、钞本流传。自清至民国，众多学者、藏书家曾收藏、研读或校勘此书，如何焯、卢见曾、惠栋、卢文弨、吴翌凤、吴志忠、吴省兰、张绍仁、黄丕烈、蔡廷相、王国维、张寿镛等，可见其价值为学林所推重。

然而，虽然《匡谬正俗》自唐代以来即为人所熟知，但古今学者多是零星考辨书中的具体训诂问题，或是在对颜师古的研究中间或引用书中条目为例，对此书的整体关注十分匮乏。民国时，秦选之著《匡谬正俗校注》（以下简称"《校注》"），注释简洁，引证颇广；当代刘晓东著《匡谬正俗平议》（以下简称"《平议》"），平秩众论，审慎允当。遗憾的是由今观之，两书依然存在一些白璧微瑕之处，其中一个比较突出的问题是未能厘清《匡谬正俗》的版本情况。《校注》直接选取清代卢见曾《雅雨堂丛书》刻本，别无参校；《平议》亦未说明版本情况，仅在个别条目中偶尔提及某处异文，因此众多前人有价值的校勘、序跋都未被吸纳，一些能够通过校勘而辨明的问题也没有得到确认。

二十世纪八九十年代以来，出现了一些与《匡谬正俗》研究相关的论文，从训诂学、文献学、语言文字学等不同方面对《匡谬正俗》作整体述评或具体考辨。但由于缺乏对其版本的梳理，有些错误的说法至今在不少相关研究中以讹传讹。例如，《匡谬正俗》流传最广的版本是清代卢见曾所刻《雅雨堂丛书》本，而卢氏在《〈匡谬正俗〉序》中言道"元明以后，未见刻本"，当代学人即相习而言元、明小学荒疏，两朝无此书刻本①，不审清人多以明刻本与此册对校，惑矣。

---

① 如崔文印：《〈匡谬正俗〉题解》，《史学史研究》，1991年第1期，第48页；刘乾：《读〈匡谬正俗〉札记》，《平原大学学报》，1995年第4期，第30页；赵伯义：《论颜师古的〈匡谬正俗〉》，《河北师范大学学报》（哲学社会科学版），2004年第1期，第97页；罗晓燕：《从〈匡谬正俗〉看颜师古的语言文字研究》，四川师范大学硕士学位论文，2004年，第5页；等，乃至秦选之《匡谬正俗校注自序》亦云"（卢雅雨氏原刻）盖继宋人雕板之后首先翻印者"。此外，崔文印（1991）还说"宋代两部有名的私人目录《郡斋读书志》、《直斋书录解题》则不著录"，这个说法也是错误的。这两部目录对此书都有著录，详见下文。

因此，在调查《匡谬正俗》的著录概况及存世版本的基础上，厘清其版本系统，既是对《匡谬正俗》整理和研究的基础，也将有助于对颜师古乃至训诂学史的研究。

一、《匡谬正俗》的著录概况及存世版本

《匡谬正俗》在《旧唐书·经籍志》入甲部诂训类①，《新唐书·艺文志》入甲部经解类②。宋时雕板印行，《宋史·艺文志》卷二百二作《刊谬正俗》，入经部经解类③；卷二百五又作《纠谬正俗》，入子部儒家类④。“刊”“纠”皆宋人讳改。《崇文总目》亦作“刊”，入经部论语类⑤。清钱东垣云：“《通志·校雠略》云：‘《刊谬正俗》乃杂记经史，惟第一篇起《论语》，而《崇文总目》以为论语类，应知《崇文》所释，不看全书，多只看帙前数行，率意以释之耳。《刊谬正俗》当入经解类。’东垣谓其论非是，说已见前。⑥ 是书本作‘匡谬’，此避太祖讳。《宋志》作‘纠缪正俗’，《书录解题》《毛诗补音》下亦引作‘纠缪’，又有郑樵《刊谬正俗跋》八卷，《遂初堂书目》亦作‘刊缪’，皆避讳也。”宋代两部著名私人目录《郡斋读书志》⑦、《直斋书录解题》⑧亦有著录。明代书目未见著录。清乾隆后，该书随雅雨刻书和四库收录而得以大行，有多种刻本、钞本传世，各家书目多有著录，如钱曾《读书敏求记》⑨、朱彝尊《经义考》⑩、陆心源《皕宋楼藏书志》⑪等。

其存世版本，《中国古籍善本书目》（以下简称“《善本书目》”）经部小学类⑫云：

①《刊谬正俗》八卷，唐颜师古撰，明刻本，编号三九八六，现藏国家图书馆；

②《刊谬正俗》八卷，唐颜师古撰，明刻本，编号三九八七，现藏国家图书馆；

③《匡谬正俗》八卷，唐颜师古撰，清乾隆二十一年卢见曾刻《雅雨堂丛书》本，清吴省兰注、清吴志忠校并跋，编号三九八八，现藏国家图书馆；

④《匡谬正俗》八卷，唐颜师古撰，清抄本，编号三九八九，现藏国家图书馆；

---

① （后晋）刘昫：《旧唐书》（第6册）北京：中华书局，1975年，第1983页。

② （宋）欧阳修、宋祁：《新唐书》（第5册），北京：中华书局，1975年，第1446页。

③ （元）脱脱等：《宋史》（第15册），北京：中华书局，1977年，第5070页。

④ 《宋史》，第5172页。

⑤ （宋）王尧臣等编、（清）钱东垣辑释：《崇文总目》，上海：商务印书馆，1939年，第32页。

⑥ 《崇文总目》经部论语类下钱东垣按语云：“《白虎通得论》以下七书，当另是‘经总’一门，非《论语》类也。然《隋志》《论语》类后叙云‘并五经总义附于此篇’，故《白虎通》、《五经钩沈》诸书并入《论语》类。此书盖沿其例。郑渔仲所讥《刊谬正俗》‘只看帙前数行，率意释之’者，不知此例，凭臆驳诎，谬甚。”见《崇文总目》，第30—31页。关于郑樵误批《崇文总目》归类不当，《四库全书总目》也有辨正。

⑦ （宋）晁公武著、孙猛校证：《郡斋读书志》（卷四经解类），上海：上海古籍出版社，1990年，第142页。

⑧ （宋）陈振孙：《直斋书录解题》（卷十子部杂家类），上海：上海古籍出版社，1987年，第305页。

⑨ （清）钱曾撰、丁瑜点校：《读书敏求记》（卷一经），北京：书目文献出版社，1984年，第15页。

⑩ （清）朱彝尊著、游均晶等点校：《经义考》（第7册），台北：“中央研究院”中国文哲研究所筹备处，1997年，第336页。

⑪ （清）陆心源《皕宋楼藏书志》卷一二（续修西库全书·史部·目录类，第138页）著录“《刊谬正俗》十卷，旧抄本，顾千里校”，并载汪应辰书、何焯手跋、陈昱手跋。

⑫ 中国古籍善本书目编辑委员会：《中国古籍善本书目》（经部），上海：上海古籍出版社，1989年，第391页。

⑤《刊谬正俗》八卷,唐颜师古撰,清抄本,清惠栋校,编号三九九〇,现藏国家图书馆;

⑥《刊谬正俗》八卷,唐颜师古撰,清抄本,佚名录清何焯校跋,编号三九九一,现藏南京[①]。

《中国古籍总目》(以下简称"《古籍总目》")经部二小学类训诂之属[②]云:

经21214723,刊谬正俗八卷,唐颜师古撰,有明刻本(国图)、清乾隆间钞本(国图)、清抄本(国图、南京)(佚名録清何焯校跋)、崇文书局汇刻书本(光绪刻)、民国元年鄂官书处刻本(湖南、武汉);

经21214724,匡谬正俗八卷,唐颜师古撰,有雅雨堂藏书本(乾隆刻)、四库全书本(乾隆写)、艺海珠尘本(嘉庆刻道光增刻)、清咸丰四年郑知同抄本(四川)、反约篇本(同治抄)(福建师大)、古经解汇函本(小学汇函,同治刻、光绪石印、光绪刻)、清抄本(国图)、关中丛书本(民国铅印)。

本文以此为线索进行访求,除鄂官书处刻本、郑知同抄本、反约篇本以外,其余各本悉皆检得。其未得者皆清末之本,对版本系统几无影响。今按年代先后顺序择要整理版本、版式、校注及内容等信息如下:

表1 国家图书馆藏《匡谬正俗》版本信息

序号	国图索书号	时代	年份	公元纪年	性质	是否善本	收入丛书	出版单位
1	13699	明	/	/	刻	是	/	/
2	12153	明	/	/	刻	是	/	/
3	10035	清	/	/	抄	是	/	/
4	S2431	清	/	/	抄	否	/	/
5	XD8217	清	乾隆	1717—1756	抄	否	/	/
6	字129/422/部一	清	乾隆二十一年	1756	刻	否	雅雨堂	德州卢氏雅雨堂
7	A02122	清	乾隆二十一年	1756	刻	是	雅雨堂	德州卢氏雅雨堂
8	SB06406	清	乾隆二十一年	1756	刻	是	雅雨堂	德州卢氏雅雨堂
9	/	清	乾隆四十九年	1784	写	否	文渊阁四库全书	/

① 国家图书馆善本古籍阅览室可以查阅到该本的微缩胶片。

② 中国古籍总目编纂委员会:《中国古籍总目》(经部二)小学类·训诂之属,北京:中华书局,2009年,第1218页。

续表

序号	国图索书号	时代	年份	公元纪年	性质	是否善本	收入丛书	出版单位
10	A02850	清	嘉庆	/	刻	是	艺海珠尘·庚集	南汇吴省兰听彝堂
11	65317:38	清	同治十三年	1874	刻	否	古经解汇函·附小学汇函	广东粤东书局
12	字 129/422.1/部一	清	光绪三年	1877	刻	否	/	湖北崇文书局
13	10626:18	民国	民国二十三年	1934	铅印	否	关中丛书	陕西通志馆
14	MGTS/012969	民国	民国二十五年	1936	影印	否	丛书集成初编	商务印书馆

表 2 国家图书馆藏《匡谬正俗》版式概况

序号	册数	行/半页	字/行	书口	边	鱼尾
1	2	9	18	白	左右双边	单
2	1	9	18	白	左右双边	单
3	1	10	18	/	/	/
4	1	9	18	/	/	/
5	1	10	21	白	四周双边	单
6	1	10	21	白	四周单边	单
7	1	10	21	白	四周单边	单
8	2	10	21	白	四周单边	单
9	2	8	21	白	四周双边	单
10	与《续方言》《续方言补正》合 1 册	10	21	白	左右双边	单
11	1	10	21	白	左右双边	单
12	1	12	24	黑	四周双边	双
13	1	10	22	白	左右双边	单
14	与《广雅疏证》《博雅音》合一册	10	21	白	左右双边	单

表3　国家图书馆藏《匡谬正俗》校注情况

序号	校注者	校注者年代	底本	校　本
1	/	/	/	/
2	沈士龙	明	/	/
3	何焯	清	/	/
4	惠栋	清	宋刻本	/
5	卢文弨	清	宋刻本	/
6	张绍仁	清	/	影宋钞本、明刻本
7	王国维	清	/	/
8	吴省兰、吴志忠	清	/	影宋钞本
9	/	/	/	/
10	胡勋尧等	清	雅雨堂	/
11	冯佐勋、林国赓	清	雅雨堂	/
12	/	/	国子监南学	/
13	宋联奎等	民国	雅雨堂	/
14	冯佐勋、林国赓	清	小学汇函(雅雨堂)	/

表4　国家图书馆藏《匡谬正俗》所含内容

序号	卢见曾序	汪应辰书	颜扬庭表	总目	佚名勘正	跋	备　注
1	无	有	有	无	有	无	“匡”作“刊”。
2	无	有	有	无	有	无	“匡”作“刊”。 缺3页,衍1页。
3	无	有	有	无	无	何焯	“匡”作“刊”。
4	无	有	有	无	无	无	“匡”作“刊”。
5	有	有	有	有	无	蔡廷相、 翟文选	“匡”作“刊”。
6	有	有	有	有	无	吴翌凤、 张绍仁	卷末有张绍仁抄补 明本勘正两页。
7	有	有	有	有	无	无	校改部分篇题。
8	有	有	有	有	无	吴志忠	
9	无	无	有	有	无	无	有《四库总目提要》。
10	有	有	有	有	无	无	题名下增颜师古小传。 篇内增双行小注。
11	有	有	有	有	无	无	

续表

序号	卢见曾序	汪应辰书	颜扬庭表	总目	佚名勘正	跋	备注
12	无	有	有	无	有	无	“匡”作“刊”。
13	有	有	有	有	无	宋联奎	卷末有勘误表一页。
14	有	有	有	有	无	无	

二、《匡谬正俗》的版本系统

清吴志忠校注雅雨堂本《匡谬正俗》跋云:“近获影宋抄一本,细细勘读,卢刻多浅人妄改,而朱校亦多非是。”清张绍仁校雅雨堂本跋云:“今郡城故家散出古书,中有影宋钞《刊谬正俗》,为黄荛翁所得。余见而借归,以挍此册,是正甚多。”民国张寿镛校钞本《刊谬正俗》跋云:“适又见张氏莛圃旧藏黄荛圃校影宋钞本,为之一一雠校。”据此可知三人都曾见到影宋钞本《刊谬正俗》,并用以与各自手中的版本对校。其中张寿镛跋语作于辛巳(1941)夏正十一月朔日,可见截至彼时仍有影宋本存世,惜今已不知所踪。

现今可见的最早版本是上表中 1 号、2 号两个明刻本,即《善本书目》中①②两本,题名《刊谬正俗》,本文分别称之为“明本”、“沈本”。两本版式相同,均为白口,左右双边,单鱼尾,半叶 9 行,行 18 字。内容相同,除正文八卷外,均有颜扬庭《上〈匡谬正俗〉表》(简称“颜扬庭表”)、汪应辰《书〈刊谬正俗〉二则》(简称“汪应辰书”)、佚名勘正十三则(简称“佚名勘正”)。

明本无牌记,不知是何人所刻、何年所梓。书名在鱼尾上,颜扬庭表首页钤“虞山毛氏汲古阁收臧”(毛晋)、“華渚”、“冯大凲”、“惕甫经眼”(王芑孙)、“苏州渊雅堂王氏图书”(王芑孙),卷一题名页钤“朱彝尊印”、“王芑孙”、“冯子征斋”,卷末钤“子晋”(毛晋)、“毛晋”、“渊雅堂读书记”(王芑孙)、“惕甫”(王芑孙)、“芑孙”(王芑孙)、“冯華渚读书记”,可知毛晋、朱彝尊都曾见过此本,惟不知冯氏者何人。

沈本亦无牌记,卷二至八结衔署“唐颜师古撰　明沈世龙校”,书名在鱼尾下。卷七阙 1 页,脱“黄巷”至“隶齿”,计 2 条三百余字;卷八衍 1 页,衍“圈称”至“稻秫穤”,计 3 条三百余字;又阙 2 页,脱“稻秫穤”至“苦菜”,计 3 条约五百字。

校者沈世龙,字汝纳,秀水人。父思孝,官至御史大夫。世龙奥博能文,颇明历代兴革,有用世之志,与胡震亨、姚士粦为密友。万历二十五年(1597)与震亨同年中举,次年同赴京应进士第,皆下第归,后共同编订《秘册汇函》[①]。万历四十年(1612)春正

① 《秘册》之编者,钱谦益《列朝诗集小传》、黄虞稷《千顷堂书目》皆云胡震亨、姚士粦,《明史·艺文志》、《中国丛书综录》则谓沈世龙、胡震亨。今检其书,卷首小引文后署云“秀水沈世龙汝纳,海盐胡震亨孝辕,新都孙震卿百里”,姚士粦不预焉。复检编中各书题跋,每以沈、胡并列,沈且居前。且胡震亨自云“……余向所与亡友沈汝纳氏刻诸杂书,未竟而残于火”(胡震亨《津逮秘书题辞》),襄助此编者云“吾友沈汝纳、胡孝辕博雅嗜古,旁罗秘册,刻为汇函,手批塈械,订其鲁鱼”(《泉志》徐象梅跋),姚士粦亦云“时沈汝纳、胡孝辕方刻《秘册汇函》”(《汉秘事杂辛》包衡跋),是知乃沈、胡二人主导。

月暴病卒。事迹附见于康熙二十四年《秀水县志》卷五《沈思孝传》,其好友刘世教《研宝斋遗稿》卷九有《祭沈汝纳文》①。惟其早亡,声名不显,亦无集传世,今仅见《秘册汇函》中跋语二十余则。

《秘册汇函》现存百四十四卷,收书凡二十四种②,多是沈、胡等搜讨得来,校订后题写跋语,以作者世次序其先后,编定后付杭州刊刻。天启元年(1621),杭州火灾,刻板残毁,时全书尚未刊竟。后胡震亨将残板交予好友毛晋,因并合之,名《津逮秘书》以行。故《秘册》原本虽颇罕见,而所收诸书却仍得以流传。《津逮》中取自《秘册》沈、胡原刻的,版心书名在鱼尾下,用宋本旧式,多半叶9行,行18字,框稍大,字体松散呆板;毛晋自刊则书名多在鱼尾上,下刻"汲古阁"字,行格参差不齐,以行19字为多,框略小,字体墩实有力③。今考沈本版式,似是沈、胡原刻,然而现存《秘册汇函》、《津逮秘书》书目中均无《刊谬正俗》④,姑为阙疑。

3号清抄本《刊谬正俗》,即《善本总目》之⑥,"佚名录何焯(1661—1722)校跋"本,本文称之为"何本"。用小楷墨笔抄成,字体清秀,无格,半叶10行,行18字。内容除正文外,有汪应辰书、颜扬庭表。天头、行间等处有何焯校识及按语,卷末有何焯手跋一则,跋末钤焯弟何煌"小何水部"印一方。此外值得一提的是每卷题名页皆遍布各家藏书印⑤,可知此本流传已久,藏家众多,是当时公认的善本。若能理清其递藏经过,亦是趣事。此处不赘。原抄与明本相似度较高,书尾何焯跋语云:"康熙戊戌(1718)二月灯下读此书,既无他本可以借校,而自愧见书不多,遇有所疑,不能决定,仅略改其所知者。"虽云不曾借校他本,但从卷中校注来看,何焯应当见过别本,至少是何氏当时的流行本⑥。

4号清抄本《刊谬正俗》,即《善本书目》之⑤,年份及抄录者不详。用小楷墨笔抄成,字体峻逸,无格,半叶9行,行18字。天头、行间等处有惠栋(1697—1758)手书墨笔校识及按语。内容除正文外,有汪应辰书、颜扬庭表,本文称之为"惠本"。颜扬庭表题名下钤"靖伯"、"陆沅之印",汪应辰书后钤"红豆书屋"(惠栋)、"陆僎字树兰"、"陆沅字夊篁",卷一题名下钤"惠栋之印"、"字曰定宇"(惠栋)、"曾在陆树兰处",卷三题名下钤"陶庵"。惠栋晚年曾被卢见曾聘至家中,为其编校《雅雨堂丛书》、《山左诗

① 冉旭:《〈秘册汇函〉考》,《古籍研究整理學刊》,2004年第3期,第31页。

② 《千顷堂书目》卷十五类书类著录为二十卷(上海:上海古籍出版社,1990年,第401页),《明史·艺文志》云二十二种,一百四十一卷(北京:中华书局,1974年,第2450页),是诸家所见不同。今据《中国丛书综录》(上海:上海古籍出版社,1957年,第45页)。

③ 孔毅:《汲古阁刻本〈津逮秘书〉杂考》,《四川图书馆学报》,1989年第2期,第68—69页。

④ 上海图书馆编:《中国图书综录》汇编·杂纂类(明代),上海:上海古籍出版社,1982年,第45、54页。

⑤ 颜扬庭表页钤"仲子考藏"(何煌)、"朱子"、"何堂之印"、"毛晋之印"、"青松白玉",卷一题名页钤"随庵图书"(徐乃昌)、"虹桥何氏"(何煌)、"松斋"、"南宫邢氏珍藏善本"(邢之襄)、"邢之襄印"、"黄绢幼妇"(何焯),卷二题名页钤"玩此芳艸"、"不薄今人爱古人",卷三题名页钤"怀古堂"(钱兴祖),卷四题名页钤"逍遥游"(何焯),卷五题名页钤"闲官养不才"(何焯)、"随菴道人"(徐乃昌),卷六题名页钤"游戏三昧"、"随庵"(徐乃昌),卷八题名页钤"留华醉月",卷末钤"静观楼印"(周鲁)。

⑥ 卷一"号"条"亦以非也"四字,何本眉批云:"一无'以'字。"卷五"便面"条"形不圜者"四字,他本皆同,惟何本原抄作"形上袤平而下圜者",与《汉书·张敞传》注合,而眉批云:"'形上袤平而下圜者'作'形不圜者'。"若何焯别无参校之本,则不当有此校语。

抄》、《感旧集》等。因此，惠本很有可能是雅雨堂本的底本之一。

5号清抄本《刊谬正俗》，墨丝栏，白口，四周单边，单鱼尾，半叶10行，行21字。内容除正文外，有卢见曾序、汪应辰书、颜扬庭表及总目。首页题名下钤“积学斋徐乃昌臧书”印一方，卷末有蔡廷相、翟文选二人手跋。蔡氏跋语云：“此为雅雨堂刊刻底本，卷中朱笔校改者，或出卢召弓先生手欤？与郑注《周易》底本同得于赵静涵家。”翟氏跋语云：“此书据蔡氏所称朱笔校改处或出卢召弓先生之手，兹与杨星吾访书东瀛，所刊宋本第一辑《盋山书影》内卢氏所跋、吴槎客所藏南宋本《汉书》笔迹丝毫不异。复与《雅雨堂丛书》相校，更无一字相差……顷又得近人罗振玉影印《昭代经师手简》卢召弓先生跋王怀祖手札，与此书朱笔更相符合。”进一步确认了卷中朱笔校改确实出自卢文弨(1717—1795)之手。蔡氏既言此为雅雨堂刊刻底本，必有确证，或从可靠途径获得，本文称之为“卢本”。考察卢文弨校改之后的内容，确与雅雨堂本密合，蔡、翟所言当可采信。这是研究《匡谬正俗》版本流变的关键节点。

清乾隆二十一年(1756)，卢见曾刻《雅雨堂丛书》，其中收有《匡谬正俗》。雅雨堂本墨丝栏，白口，四周单边，单鱼尾，半叶10行，行21字。内容除正文外，有卢见曾序、汪应辰书、颜扬庭表及总目。雅雨堂本刊刻精美，流传广泛，为此后各刻本、钞本所本，众多学者曾以此本与他本对校。其中价值较高的有：

6号张绍仁用黄丕烈藏影宋钞本及家藏明刻本两次对校、并朱笔过录吴翌凤跋语一则的本子，本文称之为“张本”。卷一题名下钤“积学斋徐乃昌臧书”印。由于此本的朱笔校注较为详细地展现了影宋钞本的面貌，黄笔校注又部分展现了沈本的面貌①，因此，本文在判断各本性质时，多以此为参考依据。

7号王国维校本，卷一结衔下批注“戊午(1918)腊月，国维读于海上寓居之永观堂，并订正诸题”，钤“王国维”印一方，书内有王氏修改篇题若干及校语数则。本文称此本为“王本”。

8号吴省兰注、吴志忠校注并跋的本子，即《善本书目》之③，本文称之为“吴本”。卢见曾序首页钤“稷堂”(吴省兰)、“吴省兰印”(吴省兰)、“静纷山房”、“蘧庄”(王文奎②)、“均伯过眼”、“蘧庄珍赏”(王文奎)；颜扬庭表题名下钤“吴志忠印”，卷一题名下钤“志忠手校”。据卷中吴省兰按语和卷末吴志忠手跋，此本先由吴省兰参何本校订，后吴志忠又与影宋抄本对校。省兰按语字迹端方，志忠校注字体飘逸。后吴省兰所辑《艺海珠尘》丛书中有《匡谬正俗》，即以雅雨堂本为底本。

9号文渊阁四库全书本，墨丝栏，白口，四周双边，单鱼尾，半叶8行，行21字。内容除正文外，有颜扬庭表、总目及《四库总目提要》。据《四库采进书目》，《匡谬正

---

① 张本黄笔眉批：卷一“籀”条“明刻本有‘竹’字”，卷二“詈”条“明刻第二字作‘詈’，余同钞本”，卷三“予”条“明刻作‘夫人自有美子兮荪何为兮愁苦’”，“裼”条“‘驱’明刻作‘殴’”，“温”条“明刻‘藴’”，“素食”条“明刻作‘粗粝’”，卷五“汉书”条“明刻作‘强读陂为坡’”，“杨豫”条“明刻‘豜’作‘大’”，卷六“木钟”条“明刻‘掌’字下空十二格”，卷七“黄巷”条“明刻作‘自东之西’”，卷八“舍”条“明刻作‘人之舍屋’”。经校勘发现与沈本悉合，可知张绍仁黄笔跋语所称的“家藏明刻本”乃是沈本。张氏黄笔跋语云“复以家藏明刻本重勘，凡与钞本同者，皆不更书；与钞本异而义似稍长及可疑者，略记数条”，因此张本黄笔校改并非沈本全貌，仅为沈本中与雅雨堂本、影宋钞本皆不相同而张氏以为文义较长之处。

② 王文奎，生卒年不详，字东宿，号蘧庄，广陵人。著有《彀音草》三卷。

俗》江苏、安徽、浙江三省都有进呈。考其文字，底本亦为雅雨堂本。

10号《艺海珠尘》本，乃覆刻雅雨堂本，改其版式，排印紧密，如总目每则篇题之间仅空一格，而非如雅雨堂本一栏两则。题名下增入颜师古小传一则，每卷结衔署“南汇吴省兰泉之辑”及各卷校勘者姓字①，篇内增入双行小注。艺海本后于道光三十年(1850)由金山钱氏漱石轩重印，光绪年间，又由文萃堂印行。

11号《古经解汇函·附小学汇函》本，牌记标明“德州卢氏雅雨堂本”，版式、内容均与雅雨堂本相同，结衔署“唐颜师古撰”，每卷末署“顺德冯佐勋、番禺林国赓校字”。《小学汇函》本于光绪戊子年(1888)石印出版，与《急就章》、《说文解字》合一册。白口，左右双边，单鱼尾，半叶15行，行38字。

12号崇文书局本《刊谬正俗》，黑口，四周双边，双鱼尾，半叶12行，行24字。内容除正文外，有颜扬庭表、汪应辰书、佚名勘正，卷一题名下钤“国子监南学书(光绪九年二月查过准部齐全)”。考其文字，底本当为明本。崇文本《刊谬正俗》后收入《崇文丛刻》和《崇文书局汇刻书》中。

13号《关中丛书》本，宋联奎跋语云“兹就卢氏雅雨堂本检出付印”，可知亦覆刻雅雨堂本，白口，左右双边，单鱼尾，半叶10行，行22字。内容与雅雨堂本相同，卷末有宋联奎跋以及勘误表一页。

14号《丛书集成初编》本，民国二十五年(1936)上海商务印书馆影印《小学汇函》本，亦即雅雨堂本。1985年，中华书局据以影印。

要之，雅雨堂本后，除崇文本翻刻明本外，四库本、艺海本、小学本、关中本及丛书本皆以雅雨堂本为底本，故雅雨堂本的性质及其与之前各本的关系至关重要。本文对雅雨堂本、明本、沈本、何本、卢本、惠本及张本朱校的异文(不含字形区别)分析：

卢氏序文云：“宋时雕板避讳，作《刊谬正俗》。元、明以后，未见刻本。为梓而行之，以广其传。改‘刊’为‘匡’，存本书之旧。”雅雨堂本无佚名勘正，盖因校刻者直承宋本，未见明本、沈本。周祖谟《景宋本〈刊谬正俗〉校记》亦云：“至于今日所见颜书，为清卢见曾雅雨堂重翻南宋本。”是知雅雨堂本所据底本乃一宋刻本，已不可得见。

据卢本蔡、张跋语可知，卢本是雅雨堂刊刻底本，然则卢本原抄乃据宋刻本为之。经过比对，除极个别抄写讹误外，惠本原抄与卢本原抄几乎完全一致，然则惠本原抄依据的是同一个宋刻本。以二人年龄而言，当是惠校在前。惠氏的校改大半被吸收到卢校之中，亦有少数不同之处直接被雅雨堂本所采纳。卢氏的校改更多，约150处(不含订正字形者)，其中绝大多数为雅雨堂本所采纳。其校改半数以上与明本、沈本、何本、张本朱校均不相同，或是吸收惠校，或是理校之法，出自己意。如卷一“论语”条“也”改为“已矣”，是据今本改；“矜”条“各顽反”改为“古顽反”，是据《经典释文》改；卷二“朋”条“孥戮”改为“孥朋”，是恢复古文字形；“閒”条

① 卷一青浦胡勋尧赞唐校，卷二娄县张长庚希白校，卷三巴陵方功锦黼堂校，卷四通道吴大恕近之校，卷五湘乡张钺黼文校，卷六宁远杨登训听彝校，卷七茶陵谭德润汝膏校，卷八麻阳田锡龄会英校。

“开”改为“開”，是据文意改；等等。惠氏校改较少，其中大半与卢校相同，所不同者，亦有少数被雅雨堂本所采纳。然而最终刊刻印行的雅雨堂本还有与两本原抄及卢校、惠校均不相同者，如卷六“逡遁”条甚至文意全非，可见雅雨堂本付梓时又经过微量校改，但不知系何人所为。

又据张本跋语可知，张本朱笔校改可以大致反映影宋钞本的面貌。周祖谟(1938)曾就张氏所校，撰次为《景宋本〈刊谬正俗〉校记》，欲以明旧本与卢刻之得失，云：“景宋本者……其中文字与卢本错互者至多，实一别本也。”是则周氏认为张本所反映的影宋本与雅雨堂本所依据的宋刻本判然分别。

本文先以张本朱校与明本、沈本、何本进行比勘，发现明本与影宋本异文重合度最高；沈本文字亦与影宋本高度重合，但字形有所差异，推测为沈世龙校改之故；何本原抄亦与影宋本、明本、沈本较为相似，但有多处文字与其他各本皆不相同，推测为抄者据《汉书注》等他书所改。此四本可以看作同一个版本系统。

为确认雅雨堂本与影宋本之别是源自底本而非卢、惠等人校改所致，本文再以影宋抄等四本与惠本、卢本原抄进行比勘，发现二抄本有彼此一致、而与其他四本均不相同，且不似因抄写过程中讹、脱、倒、衍而致误的文字，如颜扬庭表中“羽陵”作“羽林”、“扬庭”作“庭扬”，汪应辰书中“斿”作“游”，卷一“莫”条“捋采其刘”作“捋采其流”，卷二“尚书”条“学士”作“学者”、“兽”条“武成”作“武城”，卷三“禹宇丘区”条“宇禹”作“禹宇”、“啸”条“念彼”作“念此”，卷四“鹬”条“之义”作“之议”，卷五“汉书”条“载”作“传”、“熹”条“不究”作“不救”，卷六“木钟”条“钟义”作“于义”，卷七“褫”条“皆失之”作“又失之”，卷八“上下”条“士族”作“士俗”、“禽”条“禽鸟”作“禽兽”，等。故此本文认为，周氏《校记》所言不误，雅雨堂本所依据的宋刻本与张本所反映的影宋本确实是两个不同的版本。

可以推测，卢本和惠本都是据宋刻本所抄，卢、惠二人各自对原抄作了校改，雅雨堂本正是据此二本进行刊刻。因此雅雨堂本及其之后的翻刻者与影宋本等四本相比，不仅文字有所改动，而且一些条目的文意也有改变。此后对雅雨堂本进行校注的学者已经发现了这一点，如吴本《上〈匡谬正俗〉表》天头处吴志忠眉批“‘羽陵’见《穆天子传》，今俗刻本误作‘羽林’，卢误引妄改也”，卷二“開”条眉批“楷书自有体，不必参入篆形”，卷三“不至”条眉批“不必据今《诗笺》改”，卷六“逡遁”条眉批“此条经浅人妄改，极谬”，卷七“黄巷”条眉批“旧本无‘秦’字，增者谬”，等。

综上，《匡谬正俗》的版本系统主要有二：一是上承影宋本而各有少量校改的影宋钞本系统，包含明本、沈本、何本及其翻刻者；二是上承宋刻本而经过卢、惠校改的雅雨堂本系统，包含卢本、惠本、雅雨堂本及其翻刻者。如下图所示：

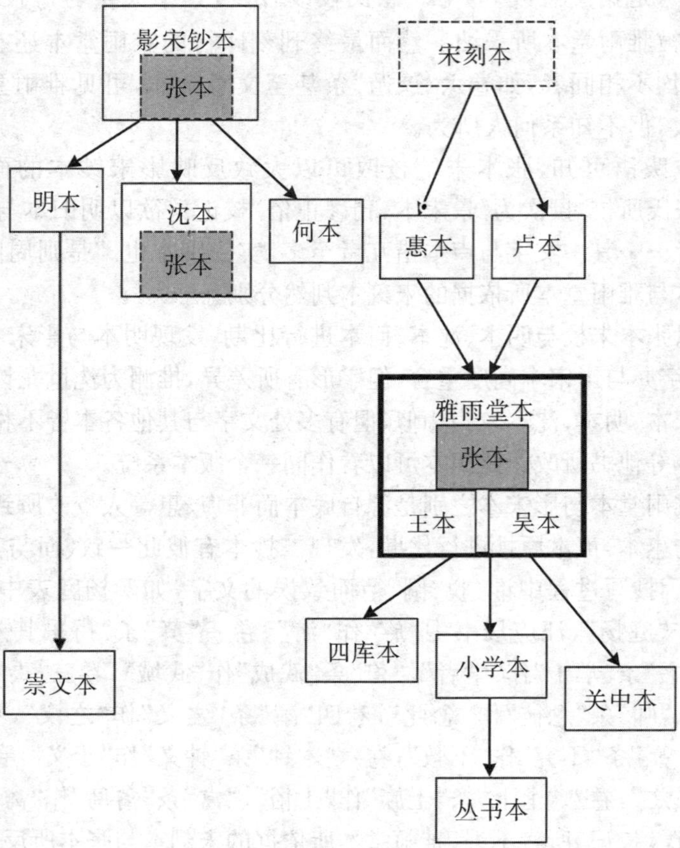

图1 《匡谬正俗》版本系统示意图

二者在文字、引文和少量条目的文意上有所差别。

(作者单位:北京语言大学人文社会科学学部)

敦煌《金刚经》八十老人抄本考

罗慕君

一、存有题署的八十老人本

敦煌文献中有一批《金刚经》写本，抄写者署名为“八十二老人”“八十三老人(翁)”“八十四老人”“八十八老人”等(以下统称为“八十老人”)。通过普查现已刊布的敦煌文献图版，我们共搜集到11件明确署名为八十老人的《金刚经》抄本。更难得的是，这些抄本都有帝王纪年或干支纪年。兹按所存纪年先后依次介绍如下：

1. S.5534号。见IDP①。册叶装，15叶30个半叶。首缺尾全，经文部分每半叶约11行，行约13字。有科分标题，从“尊重正教分第十二”至“应化非真分第三十二”，尾题“金刚般若波罗蜜经”，换行署“西川过家印真本”，后附“大身真言”“随心真言”“心中心真言”，末题“时天复五年岁次乙丑(905)三月一日写竟，信心受持，老人八十有二”。楷书。分题低正文约3字。所存内容参见《大正藏》② T8/750A1—752C7③。《翟录》已考定为《金刚经》罗什译本三十二分本，称原件每叶纸高11厘米(IDP称纸高11.3厘米)，宽16厘米。《翟录》/32

2. S.5444号。见IDP。册叶装，29叶58个半叶。首尾皆全，经文部分每半叶约10行，行约10字。经前有启请文，首题“金刚般若波罗蜜经”，中有科分标题，从“法会因由分第一”至“应化非真分第三十二”，尾题“金刚般若波罗蜜经”，换行署“西川过家真印本”，后附“大身真言”“随心真言”“心中心真言”，末题“天佑二年岁次乙丑(905)四月廿三日，八十二老人手写此经，流传信士”。楷书。分题低正文约2字。所存内容参见《大正藏》T8/748C17—752C7。《翟录》已考定为《金刚经》罗什译本三十二分本，称原件每叶纸高11厘米，宽16厘米(IDP称纸宽15.5厘米)。《翟录》/31

---

① 文中IDP指国际敦煌项目网站：idp.bl.uk，《翟录》指Lionel Giles, *Descriptive Catalogue of the Chinese Manuscripts from Tunhuang in the British Museum*, London: The Trustees of the British Museum, 1957，《甘藏》指《甘肃藏敦煌文献》(兰州：甘肃人民出版社，1999年)，《法藏》指《法藏敦煌西域文献》(上海：上海古籍出版社，1995—2005年)，《俄藏》指《俄藏敦煌文献》(上海：上海古籍出版社，1992—2001年)，《国图》指《国家图书馆藏敦煌遗书》(北京：北京图书馆出版社，2005—2013年)，《宝藏》指《敦煌宝藏》(台北：新文丰出版公司，1981—1986年)，《孟录》指[俄]孟列夫主编、袁席箴和陈华平译《俄藏敦煌汉文写卷叙录》(上海：上海古籍出版社，1999年)，《曾良》指《敦煌佛经字词与校勘研究》(厦门：厦门大学出版社，2010年)，《集录》指《中国古代写本识语集录》(东京：东京大学东洋文化研究所，1990年)。

② [日]高楠顺次郎等：《大正新修大藏经》，东京：大正一切经刊行会，1924—1932年。

③ “T8/750A1—752C7”指存文对应《大正藏》第8卷750页上栏第1行至752页下栏第7行。“A、B、C”分别表示“上、中、下”栏。下同。

3. S.5965 号。见 IDP。册叶装,由卷轴装写经纸裁剪而成,共 4 叶 4 个半叶。经文部分每半叶约 9 行,行约 12 字。包括原属同册,但互不相连的两部分:第一部分 S.5965(1),2 叶 2 个半叶,首尾皆缺,有科分标题,从"一合相理分弟三十"至"知见不生分弟三十一",所存内容参见《大正藏》T8/752B3—752B18,背面抄有《莲华经》,所存内容参见《大正藏》T9/40C1—40C27;第二部分 S.5965(2),2 叶 2 个半叶,首缺尾全,尾题"金刚般若波罗蜜经",下署"西川过家真本",后附"大身真言""随心真言""心中心真言",末题"天复(佑)二年乙丑(905)十二月廿日,八十二老人手写流传",所存内容参见《大正藏》T8/752B27—752C7,背面抄有《莲华经》,所存内容参见《大正藏》T9/39B15—39C4。比勘完整文本,二者间缺 2 个半叶。楷书。分题低正文约 3 字。《翟录》已考定为《金刚经》罗什译本三十二分本,称原件每叶纸高 12.5 厘米(IDP 称纸高 12.8 厘米),宽 12.5 厘米。[《翟录》/33]

4. 敦博 53 号。见《甘藏》6/129B—144A。册叶装,共 31 叶 61 个半叶。首尾略残,经文部分每半叶约 8 行,行约 13 字。包括原属同册,但互不相连的两部分:第一部分,前 30 叶 60 个半叶,经前有启请文残文,首题"▨▨▨▨▨▨▨▨(金刚般若波罗蜜经)",中有科分标题,从"法会因由分弟一"至"知见不生分弟三十一",所存内容参见《大正藏》T8/748C17—752B19;第二部分,后 1 叶 1 个半叶,存"心中心真言"后部,末题"唐天佑三年丙寅(906)正月廿六日,八十□"。比勘完整文本,二者间缺 2 叶 4 个半叶。楷书。分题低正文约 3 字。《甘藏》序录称原件每叶纸高 13.6 厘米。

5. S.5451 号。见 IDP。册叶装,17 叶 34 个半叶。首缺尾全,经文部分每半叶约 8 行,行约 12 字。有科分标题,从"离相寂灭分弟十四"至"应化非真分弟三十二",尾题"金刚般若波罗蜜经",下署"西川过家真印本",后附"大身真言""随心真言""心中心真言",末题"天佑三年丙寅(906)二月二日,八十三老人,手自刺血写之"。楷书。分题低正文约 3 字。所存内容参见《大正藏》T8/750A24—752C7。《翟录》已考定为《金刚经》罗什译本三十二分本,称原件纸高 13.5 厘米,宽 11 厘米(IDP 称原件每叶纸高 14.3 厘米,宽 11.5 厘米)。[《翟录》/32]

6. S.5669 号。见 IDP。册叶装,共 6 叶 12 个半叶。经文部分每半叶约 8 行,行约 13 字。内容包括原属同册,但互不相连的两部分:第一部分,前 1 叶 2 个半叶,首全尾缺,正面为封面,背面为金刚图及启请文残文;第二部分,后 5 叶 10 个半叶,首缺尾全,有科分标题,从"威仪寂静分弟二十九"至"应化非真分弟三十二",尾题"金刚般若波罗蜜经",换行署"西川过家真印本",后附"大身真言""随心真言""心中心真言",末题"天佑三年丙寅(906)二月三日,八十三老人刺左手中指,出血,以香墨写此金经流传,信心人一无所愿,本性实空,无有愿乐",所存内容参见《大正藏》T8/752A25—752C7。楷书。分题低正文约 2 字。《翟录》已考定为《金刚经》罗什译本三十二分本,称原件每叶纸高 13.5 厘米,宽 11 厘米。[《翟录》/32—33]

7. P.2876 号。见《法藏》19/229A—242B[1]。册叶装，28 叶 56 个半叶。首尾皆全，经文部分每半叶约 8 行，行约 15 字。经前有八大金刚图、启请文，首题"金刚般若波罗蜜经"，下署"后秦罗什法师译"，中有科分标题，从"法会因由分弟一"至"应化非真分弟三十二"，尾题"金刚般若波罗蜜经"，换行署"西川过家真印本"，后附"大身真言""随心真言""心中心真言"，末题"天佑三年岁次丙寅(906)四月五日，八十三老翁刺血和墨，手写此经，流布沙州，一切信士，国土安宁，法轮常转，以死写之，乞早过世，余无所愿"。楷书。分题低正文约 4 字。所存内容参见《大正藏》T8/748C17—752C7。

8. Дх.11043 号。见《俄藏》15/151A—152B。册叶装，图版有误[2]，暂时无法确定叶数。首缺尾全，经文部分每半叶约 7 行，行约 13 字。有科分标题，从"无断无灭分弟二十七"至"应化非真分弟三十二"，尾题"金刚般若波罗蜜经"，换行署"西川过家真▨□(印本)"，后附"大身真言""随心真言""心中心真言"，末题"天佑三年丙寅(906)五月廿六日，▨▨(奉为)司善使者在于幽冥分付领受，所有损害生命及五逆十▨(恶)▨不善缘，冤家债主，所有刺血▨写《金刚经》功德并乞分明领受，老人八十三岁，流传此经，至心受持"。楷书。分题低正文约 4 字。所存内容参见《大正藏》T8/752A11—752C7。《俄藏》未定名。

9. Дх.5126 号。见《俄藏》12/25A。册叶装，1 叶 2 个半叶(《俄藏》仅刊布了正面图版)。首缺尾全，存 7 行，行字不定。存"随心真言"后半部及"心中心真言"，后有题记"天佑三年丙▨(寅)(906)六月十二日，八十三▨(老)人奉为金刚蜜迹菩萨写此经，乞早过世，信心人受持"。楷书。原件缺题，《俄藏》未定名。

10. BD8888 号(有 9)。见《国图》104/214A—218B。册叶装，10 叶 20 个半叶。首缺尾全，经文部分每半叶约 8 行，行约 13 字。有科分标题，从"法界通化分弟十九"至"应化非真分弟三十二"，尾题"金刚般若波罗蜜经"，下署"西川过家真印本"，后附"大身真言""随心真言""心中心真言"，末题"丁卯年三月十二日，八十四老人手写流传"。楷书。分题低正文约 1 字。所存内容参见《大正藏》T8/751B25—752C7。《国图》拟题"金刚般若波罗蜜经(三十二分本)"。《国图》条记目录称原件每叶纸高 14.5 厘米，宽 10.6 厘米，为 967 年归义军时期写本。

11. BD10902 号(L1031)。见《国图》108/220B。册叶装，1 叶 1 个半叶。首缺尾全，存 8 行，行字不定。尾题"金刚般若波罗蜜经"，下署"西川真印本"，后附"大身真言""随心真言""心中心真言"，末题"辛未年七月廿日，八十八老人手写流通"。楷书。所存内容参见《大正藏》T8/752C2—752C7。《国图》拟题"金刚般若波罗蜜经(三十二分本)"。《国图》条记目录称原件纸高 15 厘米，宽 10.8 厘米，为 971 年归义军时期写本，系翟奉达写本，并指明首接 BD10900 号。

分析比较上揭 11 号明确署名为八十老人的《金刚经》抄本，试作推断如下：

第一，上揭 11 号抄本皆有八十老人题署，皆为册叶装，内容皆为《金刚经》罗什译

① "《法藏》19/229A—242B"指图版出自《法藏》第 19 册第 229 页上栏至第 242 页下栏。其中 A、B 分别代表上、下栏。下同。

② 罗慕君、张涌泉：《敦煌文献影印图版正误》，《东亚文献研究》第 17 辑，2016 年 6 月，第 5—6 页。

本三十二分本,尾题后皆附真言,除敦博53号、Дx.11043号二号缺损外,其余九号皆署明所据底本为西川印本。就行款格式而言,同一册叶本内,纸张规格相同,每半叶行数及每行字数大致统一,分题基本都换行降格题写,所降格数亦相近;不同册叶本间,纸张规格、每半叶行数、每行字数、分题所降格数则不尽相同。笔迹似同,兹截取上揭11号中反复出现、书风相近,同时又与其他敦煌《金刚经》写本字迹有较大区分度的特色例字若干,如表1所示(见下页)。结合以上种种线索,可以推定上揭11号所署八十老人当是同一个人。

第二,"天复"系唐昭宗年号,始于901年四月。904年闰四月,昭宗改年号为"天佑"。同年八月,唐哀帝即位,沿用"天佑"直至907年三月。那么,S.5534号题记所谓的"天复五年",其实是"天佑二年"。至于为什么沿用"天复"年号,可能是因为敦煌地处边远,改元消息滞后,也可能是八十老人习惯使然。从天佑二年四月抄写的S.5444号已题为"天佑"年号,而天佑二年十二月抄写的S.5965号又误题为"天复"推测,后者可能性更大。

第三,上揭11号,前九号采用帝王纪年,容易断代。而后二号采用干支纪年,需参考老人年龄以确定具体年份。BD8888号题"丁卯年",时年老人八十四岁,当是907年;《国图》条记目录称系967年归义军时期写本,差一甲子,误。BD10902号题"辛未年",时年老人八十八岁,当是911年;《国图》条记目录称为971年归义军时期写本,亦差一甲子,误。二号断代修正后,上揭11号纪年变化与老人年纪变化皆可对应。

第四,上揭诸号抄写时间,分别为S.5534号"天复五年岁次乙丑(905)三月一日"、S.5444号"天佑二年岁次乙丑(905)四月廿三日"、S.5965号"天复(佑)二年乙丑(905)十二月廿日"、敦博53号"唐天佑三年丙寅(906)正月廿六日"、S.5451号"天佑三年丙寅(906)二月二日"、S.5669号"天佑三年丙寅(906)二月三日"、P.2876号"天佑三年岁次丙寅(906)四月五日"、Дx.11043号"天佑三年丙寅(906)五月廿六日"、Дx.5126号"天佑三年丙▨(寅)(906)六月十二日"、BD8888号"丁卯年(907)三月十二日"、BD10902号"辛未年(911)七月廿日"。其中S.5669号与S.5451号仅差一天,S.5451号与敦博53号仅隔五天,Дx.5126号与Дx.11043号仅隔半月,S.5444号与S.5534号、敦博53号与S.5965号、Дx.11043号与P.2876号也都只隔约一月,而留存纪年最早的S.5534号与最晚的BD10902号之间,相差了六年多。可见,八十老人抄写《金刚经》不仅抄得很勤,而且常年坚持。由此推测,八十老人所抄《金刚经》数量不容小觑。

表1 敦煌《金刚经》八十老人抄本例字表①

卷号＼例字	须	菩	提	我	无	切	罗	施	说	诸	法	分	就	亦	众	量	此	佛	可	不	人	如	身	以	子	见
S.5534号	須	菩	提	我	无	切	羅	施	説	諸	法	分	就	亦	衆	量	此	佛	可	不	人	如	身	以	子	見
S.5444号	須	菩	提	我	无	切	羅	施	説	諸	法	分	就	亦	衆	量	此	佛	可	不	人	如	身	以	子	見
S.5965号	須	菩	提	我	无	切	羅	○	説	諸	○	分	○	亦	衆	○	○	佛	○	不	人	如	○	以	子	見
敦博53号	須	菩	提	我	无	切	羅	施	説	諸	法	分	就	亦	衆	量	此	佛	可	不	人	如	身	以	子	見
S.5451号	須	菩	提	我	无	切	羅	施	説	諸	法	分	就	亦	衆	量	此	佛	可	不	人	如	身	以	子	見
S.5669号	須	菩	提	我	无	切	羅	施	説	諸	法	分	○	亦	衆	量	此	佛	可	不	人	如	身	以	子	見
P.2876号	須	菩	提	我	无	切	羅	施	説	諸	法	分	就	亦	衆	量	此	佛	可	不	人	如	身	以	子	見
Дx.11043号	須	菩	提	我	无	切	羅	○	説	諸	法	分	○	○	衆	量	此	佛	○	不	人	如	身	以	子	見
Дx.5126号	○	○	○	○	○	○	羅	○	○	○	○	○	○	○	○	○	此	○	○	○	人	○	○	○	○	○
BD8888号	須	菩	提	我	无	切	羅	施	説	諸	法	分	○	亦	衆	量	此	佛	可	不	人	如	身	以	子	見
BD10902号	○	○	○	○	无	○	羅	○	○	○	○	○	○	○	○	○	○	○	○	○	○	○	身	○	○	○

① 表1中“○”表示对应残卷缺对应例字的图版。

二、八十老人本的缀合之一

除以上11件明确署名为八十老人的《金刚经》抄本外，我们另找到可与其中4件分别缀合的《金刚经》八十老人抄本17号。兹以各组缀合后所存内容先后与完整程度为序，依次介绍如下：

(一) S.5443号+S.5534号①

1. S.5443号。见IDP。册叶装，7叶14个半叶。首全尾缺，经文部分每半叶约11行，行约13字。经前有启请文，首题"金刚般若波罗蜜经"，中有科分标题，从"法会因由分第一"至"无为福胜分第十一"。楷书。分题低正文约3字。《翟录》已考定为《金刚经》罗什译本三十二分本，称原件每叶纸高11厘米，宽16厘米。[《翟录》/31] 末半叶如图1右部所示。

2. S.5534号。写本信息如前文所述。首半叶如图1左部所示。

菩提譬如人身如須弥山王於意
云何是身為大不須菩提言甚大
世尊何以故佛說非身是名大
身
無為福勝分第十一
須菩提如恒河中所有沙數如是
沙等恒河於意云何是諸恒河沙寧
為多不須菩提言甚多世尊但
諸恒河尚多無數何況其沙須菩
提我今實言告汝若有善男子
善女人以七寶滿尔所恒河沙數
三千大千世界以用布施得福
多不須菩提言甚多世尊佛告
須菩提若善男子善女人於此
經中乃至受持四句偈等為他
人說而此福德勝前福德
尊重正教分第十二
復次須菩提隨說是經乃至四句
偈等當知此處一切世間天人阿修
羅皆應供養如佛塔廟何況有人
盡能受持讀誦須菩提當知
是人成就最上第一希有之法若

S.5534（局部）　　S.5443（局部）

图1　S.5443号(首半叶)+S.5534号(末半叶)缀合图②

按：上揭二号皆为《金刚经》罗什译本三十二分本，内容于"以七實满尔所恒河沙数/三千大千世界以用布施"③句前后相连，有缀合可能。敦煌册叶装多高长于宽，以高15厘米、宽10厘米左右最为常见。而上揭二号纸高11厘米，宽16厘米，宽长于高，规格特殊。又二号行款格式相近(楷书，经文部分每半叶约11行，行约13字，分题皆低正文约3字，天头、地脚、书口处留白相近，书口上下角皆为弧形，行距、字距、

---

① 卷号间用"+"连接表示二号可以直接缀合，用"…"连接表示二号不直接相连。

② 本文缀合图版在缀接处保留缝隙以示残卷边缘，或通过设置颜色深浅来区分不同的残片。缀合后各半叶按存文先后排序，除特殊说明外，阅览顺序自上向下、自右向左。所有图版上、下方除卷号外的数字皆系所据图版原标号，大小写字母则系笔者标注，相同字母大小写所标的两个半叶为同一叶的正反面，如A、a两半叶为同一叶的正反面。

③ 本文引文以"/"表示两号边缘，"▨"表示原卷残字，"□"表示原卷缺字，残缺几字用几个，"▨"、"□"后跟"( )"表示补入残字或缺字，不能确定字数的，用"⎿⏤"表示上部残缺，"⎿⏤⏤"表示中部残缺，"⏤⏤⏌"表示下部残缺。

字体大小相近)，书风字迹似同(比较二者共有的“人”“言”“甚”“分”“苐”“十”“须”“菩”“提”“多”等字)。由此判定二者当可缀合，缀合后如图1所示，全卷完整。[①]

上揭二号既属同卷，而S.5534号有明确的抄写纪年“天复五年岁次乙丑(905)三月一日”，则可推知S.5443号亦必抄写于同一年。

(二) Дх.4867号+Дх.339号+Дх.3873号+Дх.1569号…BD8847号…BD7982号+Дх.4834号+Дх.1006号+Дх.10954号(2—2)+Дх.5126号

Дх.339号、Дх.1006号、Дх.1569号、Дх.3873号、Дх.4834号、Дх.4867号，《俄藏》以前一号为主目，以后五号附列其下，见《俄藏》6/236A—239B。册叶装，首尾皆残，存11叶22个半叶，每半叶约7行，行约13字。楷书。原卷有分题，低正文约3字。《俄藏》拟题“金刚般若波罗蜜经”。按:《俄藏》多卷合一时卷号是按数字大小排列的，与其下所附的图版并不对应。《孟录》已考定此六号皆为《金刚经》罗什译本，原属同册，其中Дх.4867号+Дх.339号+Дх.3873号+Дх.1569号、Дх.4834号+Дх.1006号可分别缀合，并称原件每叶纸高14厘米，宽10.5厘米，为9—11世纪写本。[《孟录》上/88—89]兹据《孟录》所叙，将此六号对应图版按经文顺序重排如下：

1. Дх.4867号。见《俄藏》6/236A。如图2第1栏右部所示，1叶2个半叶。有科分标题，从“大乘正宗分弟三”至“妙行无住分弟四”。

2. Дх.339号。见《俄藏》6/236B。如图2第1栏左部所示，1叶2个半叶。有科分标题，从“如理实见分弟五”至“正信希有分弟六”。

3. Дх.3873号。见《俄藏》6/237A。如图2第2栏右部所示，1叶2个半叶。原卷无题。

4. Дх.1569号。见《俄藏》6/237B。如图2第2栏左部所示，1叶2个半叶。有科分标题“无得无说分弟七”。

5. Дх.4834号。见《俄藏》6/239B、6/238A。如图2第5栏所示，1叶2个半叶。有科分标题“法身非我分弟二十六”。

6. Дх.1006号。见《俄藏》6/238A—239B。如图2第6栏所示，6叶12个半叶。有科分标题，从“无断无灭分弟二十七”至“知见不生分弟三十一”。

如上所述，前四号、后二号可以分别缀合，但4、5间有大段残缺，6后亦有残缺。后来我们又发现了以下四号：

7. BD8847号(国68)。见《国图》104/155B—158A。册叶装，5叶10个半叶。首尾皆缺，每半叶约7行，行约13字。有科分标题，从“尊重正教分弟十二”至“离相寂灭分弟十四”。楷书。分题低正文约4字。《国图》拟题“金刚般若波罗蜜经(三十二分本)”。《国图》条记目录称原件每叶纸高14.5厘米、宽11厘米，为9—10世纪归义军时期写本。所存前3个半叶及末半叶如图2第3栏所示。

8. BD7982号(北4150;文82)。见《国图》100/60A—65A。册叶装，11叶20个

① 参见张涌泉、罗慕君:《敦煌佛经残卷缀合释例》,《浙江大学学报(人文社会科学版)》,2016年第3期，第18—19页。

半叶。首尾皆残,每半叶约7行,行约13字。有科分标题,从"能净叶障分弟十六"至"化无所化分弟二十五"。楷书。分题低正文约3字。《国图》拟题"金刚般若波罗蜜经(三十二分本)"。《国图》条记目录称原件每叶纸高14.2厘米、宽11厘米,为9—10世纪归义军时期写本。所存前3个半叶及末半叶如图2第4栏所示。

9. Дx.10954(2—2)号①。见《俄藏》15/109A。册叶装,2叶4个半叶。如图2第7栏右2叶所示,首尾皆缺,每半叶约7行,行约13字。有科分标题"应化非真分弟三十二",尾题"金刚般若波罗蜜经",换行署"西川过家真印本",后有"大身真言"及"随心真言"前半部。所存文本顺序为A—a—B—b。

10. Дx.5126号。写本信息如前文所述。图版如图2第7栏左片所示。

按:上揭十号皆原属同册,可以缀合。7、8二号系从4、5号间脱落,9、10号则系6号之后脱落的部分,缀合后如图2所示,其先后顺序为Дx.4867+Дx.339+Дx.3873+Дx.1569…BD8847…BD7982+Дx.4834+Дx.1006+ Дx.10954(2—2)+Дx.5126。其中仅BD8847号与前后二号难以直接缀合(据完整文本推算,Дx.1569号与BD8847号间缺约4叶,BD8847号与BD7982号间缺1叶),其余相邻各号内容均前后相承,依次为"应如/是布施"、"正信希有分弟六/须菩提白佛言"、"即为着我人/众生寿者"、"化无所化分弟二十五/须菩提,于意云何"、"尔/时,世尊而说偈言"、"世人不解/我所说义"、"波罗蜜/多曳",中无缺字。又上揭各号纸高、纸宽略同,纸面渍痕轮廓、纹理相似,抄写行款格式相同(楷书,每半叶皆约7行,行约13字,分题低正文3、4字,天头、地脚、书口处留白相近,书口上下角皆剪为弧形,字体大小相近、字间距相近),书风相似,书迹似同(比较共有的"须""菩""提""弟""分""人""经"等字),可资佐证。十号缀合后,所存内容参见《大正藏》T8/749A5—752C7。

上揭十号既属同卷,1至2、4至9八号都存有三十二分科分标题,可推知上述八号及未见三十二分科分标题的"3、10号"皆可统一拟题为"金刚般若波罗蜜经(鸠摩罗什译三十二分本)"。又Дx.5126号有明确抄写纪年"天佑三年丙寅(906)六月十二日",可推知其他九号亦必抄写于同一年。前六号《孟录》定作《金刚经》罗什译本,并判定为9—11世纪写本;BD8847号、BD7982号,《国图》拟题"金刚般若波罗蜜经(三十二分本)",条记目录判定为9—10世纪归义军时期写本,皆近是而未确。

① Дx.10954(2—2)与Дx.10954(2—1)不属于同一写本。详见《敦煌文献影印图版正误》,第4—5页。

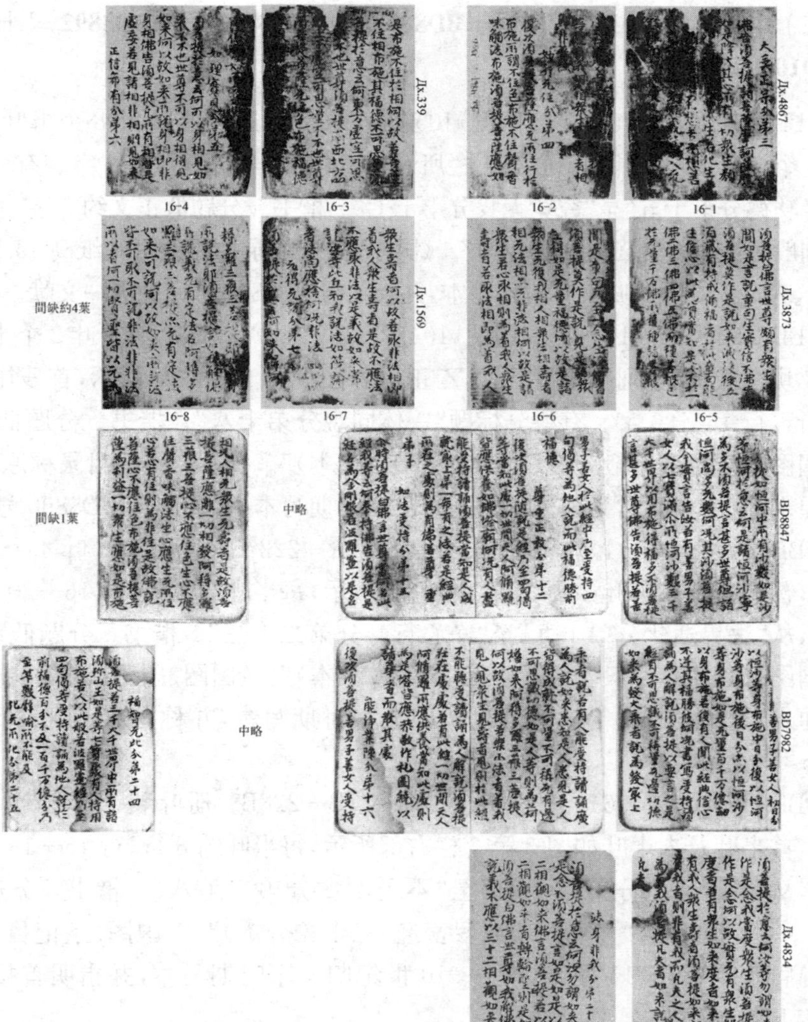

图 2　Дx.4867 号＋Дx.339 号＋Дx.3873 号＋Дx.1569 号…BD8847 号…BD7982 号＋Дx.4834 号＋Дx.1006 号＋Дx.10954 号(2—2)＋Дx.5126 号缀合图

(三) BD9154号…BD8894号+BD8890号+BD8895号+BD8892号+BD10900号+BD10902号

1. BD9154号(陶75)。见《国图》105/66B—68B。册叶装,4叶8个半叶。首尾皆残,前3个半叶及末半叶如图3第1栏所示,每半叶约8行,行约16字。有科分标题,从“持经功德分弟十五”至“究竟无我分弟十七”。楷书。分题低正文约3字。《国图》拟题“金刚般若波罗蜜经(三十二分本)”。《国图》条记目录称原件每叶纸高15.5厘米、宽11厘米,为9—10世纪归义军时期写本,并指明与BD8894号原为同一文献。

2. BD8894号(有15)。见《国图》104/226B—227A。册叶装,1叶2个半叶。《国图》列2块图版,但排列顺序有问题,乙正后如图3第2栏右部所示,首残尾缺,每半叶约8行,行15—20字。有科分标题“一体同观分弟十八”。楷书。分题低正文约4字。《国图》拟题“金刚般若波罗蜜经(三十二分本)”。《国图》条记目录称原件每叶纸高15厘米、宽11厘米,为9—10世纪归义军时期写本,并称尾接BD8890号。

3. BD8890号(有11)。见《国图》104/221A—222A。册叶装,2叶4个半叶。首尾皆缺,首半叶及末半叶如图3第2栏左部所示,每半叶约8行,行16—20字。有科分标题,从“法界通化分弟十九”至“净心行善分弟二十三”。楷书。分题低正文4—5字。《国图》拟题“金刚般若波罗蜜经(三十二分本)”。《国图》条记目录称原件每叶纸高15厘米、宽11厘米,为9—10世纪归义军时期写本,并称首接BD8894号,尾接BD8895号。

4. BD8895号(有16)。见《国图》104/227B—228B。册叶装,2叶4个半叶。首尾皆缺,首半叶及末半叶如图3第3栏右部所示,每半叶约8行,行16—19字。有科分标题,从“福智无比分弟二十四”至“不受不贪分弟二十八”。楷书。分题低正文4—5字。《国图》拟题“金刚般若波罗蜜经(三十二分本)”。《国图》条记目录称原件每叶纸高15厘米、宽11厘米,为9—10世纪归义军时期写本,并指明首接BD8890号,尾接BD8892号。

5. BD8892号(有13)。见《国图》104/224A—224B。册叶装,1叶2个半叶。如图3第3栏左部所示,首缺尾残,每半叶约8行,行15—16字。有科分标题,从“一合相理分弟三十”至“知见不生分弟三十一”。楷书。分题低正文3—5字。《国图》拟题“金刚般若波罗蜜经(三十二分本)”。《国图》条记目录称原件每叶纸高15厘米、宽11厘米,为9—10世纪归义军时期写本,并称首接BD8895号。

6. BD10900号(L1029)。见《国图》108/218B—219A。册叶装,1叶2个半叶。如图3第4栏右部所示,首残尾缺,每半叶约8行,行约16字。有科分标题“应化非真分弟三十二”。楷书。分题低正文3—4字。《国图》拟题“金刚般若波罗蜜经(三十二分本)”。《国图》条记目录称原件每叶纸高15厘米、宽10.8厘米,为9—10世纪归义军时期写本,并指明尾接BD10902号。

7. BD10902号(L1031)。写本信息如前文所述。图版见图3第4栏左部所示。

按:《国图》条记目录业已指明1至5可缀,6与7亦可缀,今谓上揭七号皆原属同册,可以缀合。缀合后如图3所示,其先后顺序为BD9154…BD8894+BD8890+

BD8895＋ BD8892＋BD10900＋BD10902。其中 BD9154 号与 BD8894 号难以直接缀合，据完整文本推算，间缺 1 叶；后六号相邻二号内容前后相承，依次为“未来心不可得/法界通化分弟十九”“是名善法/福智无比分弟二十四”“是故佛说不受福德/威仪寂静分弟二十九”“佛（说）我见人见众生见寿者/见”“皆大欢喜/信受奉持”，中无缺字。且上揭七号每叶皆高约 15 厘米、宽约 11 厘米，抄写行款格式相同（楷书，每半叶约 8 行，行约 16 字，分题低正文 3—5 字，天头、地脚、书口处留白相近，书口上下角皆剪为弧形，字体大小相近、字间距相近），书风相似，书迹似同（比较各号共有的“须”“菩”“提”“第”“分”“人”“经”等字），可资佐证。七号缀合后，所存内容参见《大正藏》T8/750B2—752C7。

上文第一节结论部分第三点已论证 BD10902 号所署“辛未年”当为 911 年。上揭七号既属同卷，则可推知 1 至 6 六号亦抄写于同一年，《国图》条记目录判定为 9—10 世纪归义军时期写本，近是而未确。

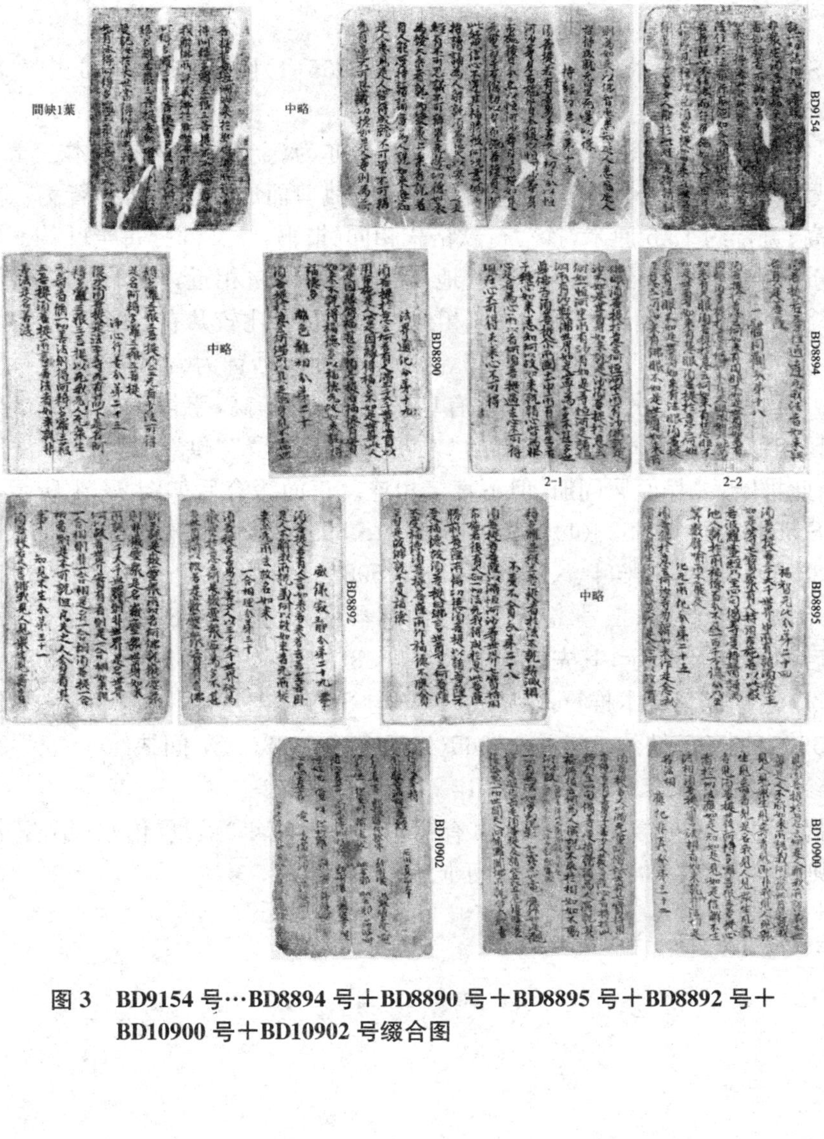

图 3　BD9154 号…BD8894 号＋BD8890 号＋BD8895 号＋BD8892 号＋BD10900 号＋BD10902 号缀合图

(四) S.5538号…S.5965号

1. S.5538号。见IDP。册叶装,由卷轴装写经纸裁剪而成,共5叶5个半叶。首尾皆缺,每半叶约9行,行约12字。包括原属同册,但互不相连的两部分:第一部分叶面标注"S.5538(1)",如图4-1中右部所示,共3个半叶,上部2个半叶,左半叶残损,有科分标题"法身非相分弟二十六",所存内容参见《大正藏》T8/752A5—752A16;下部1个半叶,下部略有残损,有科分标题"无断无灭分弟二十七",所存内容参见《大正藏》T8/752A19—752A24。背面抄有《莲华经》,所存内容参见《大正藏》T9/38C9—38C23;第二部分叶面标注"S.5538(2)",如图4-1右部所示,共2个半叶,页面有残损,右半叶空白,左半叶有科分标题"▨(福)智无比分弟二十▨(四)",所存内容参见《大正藏》T8/751C24—751C29。背面亦抄有《莲华经》,所存内容参见《大正藏》T9/41B29—41C14。楷书。正面经文分题低正文约3字,《翟录》已考定为《金刚经》,并称原件纸高14厘米,宽12.5厘米(IDP称纸高、宽皆约12.5厘米)。《翟录》/131

2. S.5965号。写本信息如前文所述。S.5965(1)图版如图4-1中左部所示,S.5965(2)图版如图4-1左部所示。

按:据残存文字及科分标题推断,S.5538号亦为《金刚经》罗什译本三十二分本。上揭二号册叶装散叶皆由废弃的卷轴装写经纸裁剪而成。正面所抄皆为《金刚经》,每叶纸高、宽皆约12.5厘米,抄写行款格式相同(楷书,经文部分每半叶约9行,行约12字,分标题比正文低约3字,天头、地脚、书口处留白相近,书口上下角皆略作裁剪,字体大小相近、字间距相近),书风相似,书迹似同(比较共有的"须""菩""提""若""我""人""是""不""如""来""所""说"等字)。背面所抄皆为《莲华经》(或《添品妙法莲华经》),抄写行款格式相同(楷书,有乌丝栏,地脚等高,字体大小相近、字间距相近),书风相似,书迹似同(比较共有的"人""子""大""罗""供""养""师""法""无"等字)。由此推断,二号原属同册,但不直接相连。正面缀合后如图4-1所示,其先后顺序为S.5538(2)…S.5538(1)…S.5965(1)…S.5965(2),据完整文本推算,S.5538(2)与S.5538(1)间缺1个半叶、S.5538(1)与S.5965(1)间缺1个半叶、S.5965(1)与S.5965(2)间缺2个半叶,二号缀合后所存内容参见《大正藏》T8/751C24—752C7。背面缀合后如图4-2所示,其先后顺序为S.5538(1)V…S.5965(2)V…S.5965(1)V…S.5538(2)V,据完整文本推算,S.5538(1)V与S.5965(2)V间缺约44行、S.5965(2)V与S.5965(1)V间缺约71行、S.5965(1)V与S.5538(2)V间缺约45行,缀合后所存内容参见《大正藏》T9/38C9—41C14。

上揭二号既属同卷,又S.5965号有明确的抄写纪年"天复(佑)二年乙丑十二月廿日",则可推知S.5538号亦必抄写于同一年。

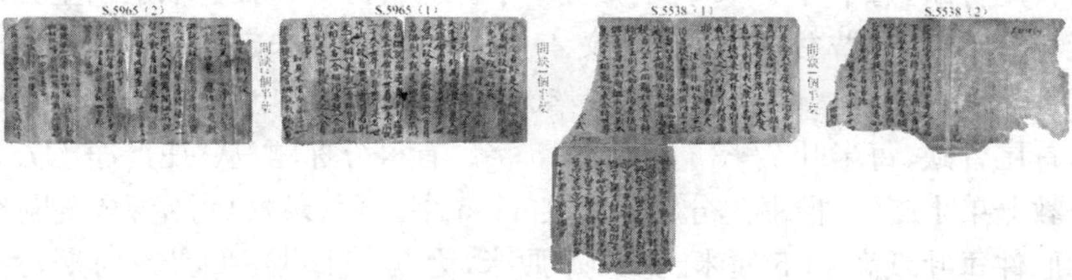

图 4－1　S.5538 号(2)…S.5538 号(1)…S.5965 号(1)…S.5965 号(2)缀合示意图

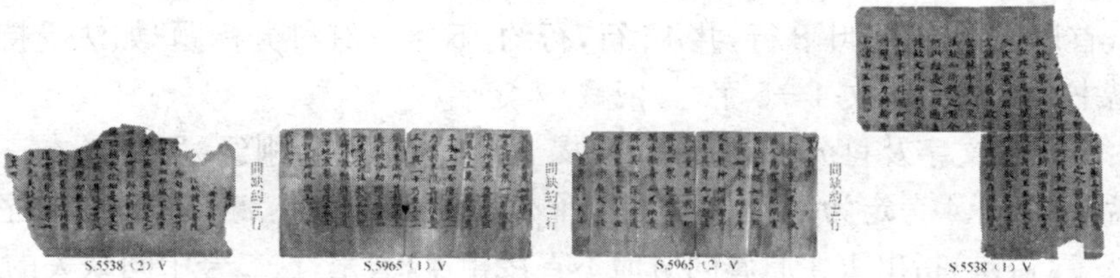

图 4－2　S.5538 号(1)V…S.5965 号(2)V…S.5965 号(1)V…S.5538 号(2)V 缀合示意图

通过这 4 组缀合，既确认了 S.5443 号等 17 号写本亦为八十老人所抄《金刚经》罗什译本三十二分本，又根据存有纪年的散叶推断出了这 17 号写本的确切抄写时间，据以纠正了前贤时修在定名、断代、图版排序等问题上的一些疏误。

三、八十老人本的缀合之二

上文我们通过题记或残卷缀合，共找到了 28 件《金刚经》八十老人抄本。诚如上文第一节结论部分第四点所做的推测，我们有理由相信敦煌文献中可能留存着更多的《金刚经》八十老人抄本。比照上文总结的《金刚经》八十老人抄本在装帧、版本、行款格式、笔迹等方面的特点，我们进一步普查业已刊布的敦煌文献图版，发现还有 58 件《金刚经》写本极有可能也是八十老人所抄，且其中的 19 件可相互缀合为 7 组。兹以缀合后所存内容先后与完整程度为序，把此 7 组写卷依次介绍如下：

（一）Дх. 1976 号＋Дх. 11041 号＋Дх. 11651 号(2—1)＋Дх. 2741 号＋Дх. 5736 号

1. Дх.1976 号。见《俄藏》8/408A—408B。册叶装，2 叶 4 个半叶。如图 5 第 1 栏所示，首全尾缺，每半叶 7—9 行，行约 15 字。首题“金刚般若波罗蜜经”，下题“后秦罗什法师译”，有科分标题，从“法会因由分弟一”至“妙行无住分弟四”。楷书。分题低正文 4—5 字。《孟录》已考定为《金刚经》罗什译本，称原件每叶纸高 14.5 厘米、宽 10.5 厘米，为 9—11 世纪归义军时期写本，并称与 Дх.2741 号原属同册。[《孟录》下/64]

2. Дх.11041 号正背面。见《俄藏》15/150A。册叶装，2 叶 4 个半叶。如图 5 第 2 栏所示，首尾皆缺，每半叶 8 行，行约 15 字。有科分标题，从“如理实见分弟五”至“无得无说分弟七”。楷书。分题低正文 4—5 字。《俄藏》未定名。

3. Дх.11651(2—1)号。见《俄藏》15/292A。册叶装，2 叶 4 个半叶。如图 5 第 3

栏所示,首尾皆缺,每半叶7—8行,行约15字。有科分标题,从“依法出生分弟八”至“一相无相分弟九”。楷书。分题低正文4—5字。《俄藏》未定名。

4. Дх.2741号。见《俄藏》8/409A—409B。册叶装,2叶4个半叶。如图5第4栏所示,首尾皆缺,每半叶7—8行,行约15字。有科分标题,从“庄严净土分弟十”至“尊重正教分弟十二”。楷书。分题低正文4—5字。《孟录》已考定为《金刚经》罗什译本,称原件每叶纸高14.5厘米、宽10.5厘米,为9—11世纪归义军时期写本,并称与Дх.1976号原属同册,但不直接相连。《孟录》下/77

5. Дх.5736号正背面。见《俄藏》12/232A。册叶装,1叶2个半叶。如图5第5栏所示,首尾皆缺,每半叶8行,共16行,行约15字。有科分标题“如法受持分弟十三”。楷书。分题低正文4—5字。《俄藏》未定名。

按:据残存文字及科分标题推断,上揭五号皆应为《金刚经》罗什译本三十二分本。《孟录》将1、4考定为《金刚经》罗什译本,近是而未确。2所存文本顺序为A—a—B—b。《孟录》指出1、4原属同册但不直接相连,甚是;这二号中间缺失的正是2、3二号;5号则是4号之后缺失的一叶。此五号缀合后如图5所示(见下页),相邻二号内容前后相承,依次为“东方虚空可思/量不”“亦无有定/法如来可说”“我得阿罗汉/道”“若是经典所在之/处”。又五号抄写行款格式相同(楷书,每半叶约8行,行约13字,分题低正文4—5字,天头、地脚、书口处留白相近,书口上下角皆剪平,字体大小相近、字间距相近),书风相似,书迹似同(比较共有的“须”“菩”“提”“不”“分”“法”“亦”“说”“人”“经”等字),可资佐证。五号缀合后,所存内容参见《大正藏》T8/748C17—750A23。

(二)“Дх.6684号+Дх.6729号”+Дх.5896号

1. “Дх.6684号+Дх.6729号”。见《俄藏》13/180A。此二号《俄藏》已按正背面分别缀合为一,如图6第1栏所示,册叶装,2叶4个半叶,首全尾缺,每半叶8—9行,行约13字。首题“金刚般若波罗蜜经”,下题“后秦罗什译”,有科分标题,从“法会因由分弟一”至“妙行无住▨(分)□□(弟四)”。叶面有残损。楷书。分题低正文4—5字。《俄藏》未定名。

2. Дх.5896号。见《俄藏》12/269B。册叶装,1叶2个半叶。如图6第2栏所示,首尾皆缺,每半叶8—9行,行约13字。有科分标题,从“如理实见分弟五”至“正信希有分弟六”。叶面有残损。楷书。分题低正文4—5字。《俄藏》未定名。

按:据残存文字及科分标题推断,上揭三号皆应为《金刚经》罗什译本三十二分本。1正背面所存文本顺序为A—a—B—b。三号内容前后相承,当可缀合。缀合后如图6所示,1末行末四字与Дх.5896号首行首四字“若菩萨不/住相布施”相连成句,中无缺字。又三号抄写行款格式相同(楷书,每半叶8—9行,行约13字,分题低正文4—5字,天头及叶面下部残损,书口上下角剪为弧形,字体大小相近、字间距相近),书风相似,书迹似同(比较共有的“须”“菩”“提”“不”“分”“所”“布”“施”“于”等字),可资佐证。三号缀合后,所存内容参见《大正藏》T8/748C17—749A29。

图5　Дх.1976号+Дх.11041号+Дх.11651号(2—1)+Дх.2741号+Дх.5736号缀合图

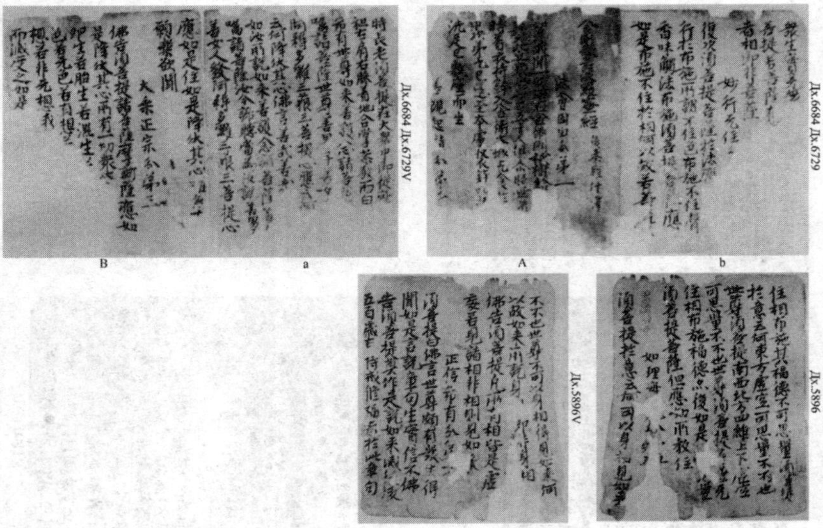

图 6　(Дx.6684 号+Дx.6729 号)+Дx.5896 号缀合图

(三) Дx.329 号(1—4)+Дx.6208 号…Дx.329 号(5—16)

1. Дx.329 号。见《俄藏》6/223A—226B。册叶装,8 叶 16 个半叶。首尾皆缺,每半叶约 8 行,行约 14 字。包括互不相连的两部分:第一部分 4 个半叶,如图 7 第 1 栏所示,有科分标题,从“妙行无住分弟四”至“正信希有分弟六”;第二部分 12 个半叶,局部如图 7 第 3 栏所示,有科分标题,从“能净业障分弟十六”至“一体同观分弟十八”。楷书。分题低正文 4—5 字。《孟录》已考定为《金刚经》罗什译本,称原件每叶纸高 14 厘米、宽 10.5 厘米,为 9—11 世纪归义军时期写本。[《孟录》上/86—87]

2. Дx.6208 号。见《俄藏》13/43A—43B。册叶装,2 叶 4 个半叶。《俄藏》列 2 块图版,但错序。更正后如图 7 第 2 栏所示,首尾皆缺,每半叶约 8 行,行约 14 字。有科分标题,从“无得无说分弟七”至“一相无相分弟九”。楷书。分题低正文 4—5 字。《俄藏》未定名。

按:据残存文字及科分标题推断,上揭二号皆应为《金刚经》罗什译本三十二分本。Дx.6208 号所存文本顺序为 A—a—B—b。又 Дx.6208 号与 Дx.329 号第 1 部分内容前后相承,当可缀合。缀合后如图 7 所示,其先后顺序为 Дx.329(1—4)+Дx.6208 号 A—a—B—b…Дx.329(5—16)。Дx.329 号 4 末行行末“乃至一念生净”与 Дx.6208 号 A 首行行首“信者”相连成句,中无缺字;Дx.6208 号 b 与 Дx.329 号 5 不直接相连,据完整文本推算,间缺约 9 叶。又二号抄写行款格式相同(楷书,每半叶约 8 行,行约 14 字,分题低正文 4—5 字,天头、地脚、书口处留白相近,书口上下角剪为弧形,字体大小相近、字间距相近),书风相似,书迹似同(比较共有的“须”“善”“提”“不”“分”“法”“亦”“说”“人”“经”等字),可资佐证。二号缀合后,所存内容参见《大正藏》T8/749A5—751B19。

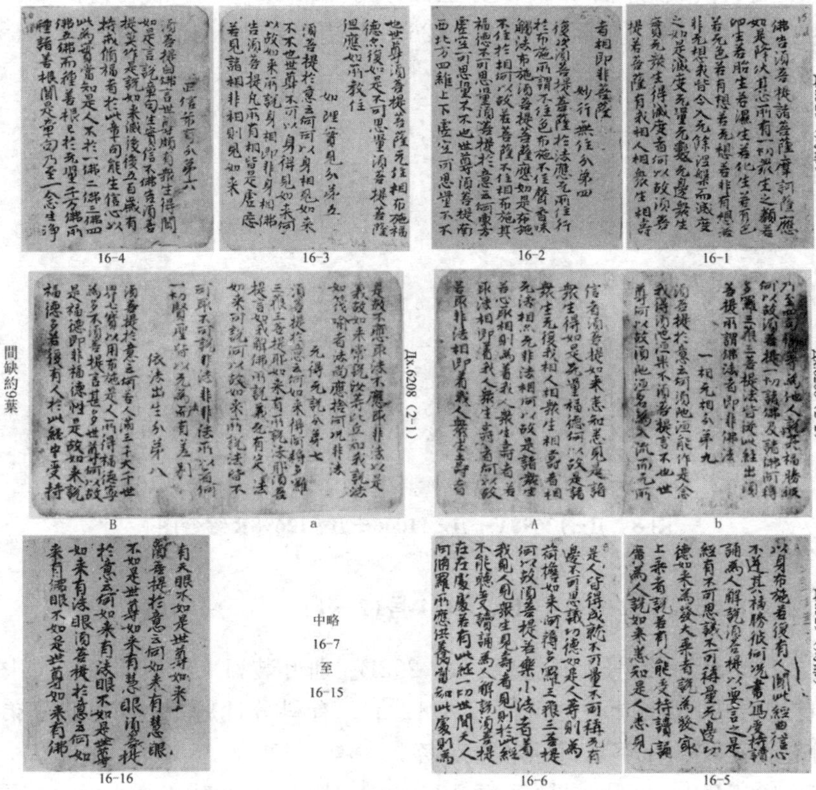

图 7　Дx.329 号(1—4)＋Дx.6208 号…Дx.329 号(5—16)缀合图

(四) Дx.12698V＋Дx.11046＋Дx.12698R

1. Дx.12698R、Дx.12698V。见《俄藏》16/159B。册叶装，1 叶 2 个半叶。叶面残损。Дx.12698V 如图 8 右片所示，仅存右部 4 残行，行存下部 5—11 字。Дx.12698R 如图 8 左片所示，叶面残损，仅存左部 5 残行(首行仅存下部 3 字右部残笔)，行存下部 3—10 字。楷书。《俄藏》未定名。

2. Дx.11046 号。见《俄藏》15/155A。册叶装，1 叶 2 个半叶。叶面残损。Дx.11046 正面如图 8 右片所示，仅存左部 4 残行，行存下部 7—10 字。Дx.11046 号背面如图 8 左片所示，仅存右部 4 残行，行存下部 5—11 字。楷书。《俄藏》未定名。

按：据残存文字推断，上揭二号应皆为《金刚经》罗什译本。据完整文本推算，满行皆约 17 字。二号内容前后相承，当可缀合。缀合后如图 8 所示，Дx.12698V 与 Дx.11046 号正面衔接处边缘大体可以拼合，Дx.11046 号首行上部应缺“惊不怖不畏当知是人甚为”11 字，补入后，正好合于本卷行约 17 字之数；Дx.11046 号背面与 Дx.12698R 缀接边缘亦基本吻合，接缝处“忍”“仙”“人”三字得成完璧。又二号抄写行款格式相同(楷书，满行皆约 17 字，地脚等高，字体大小相近、字间距相近)，书风相似，书迹似同(比较二号共有的“我”“相”“人”“寿”“者”等字)，可资佐证。缀合后 Дx.12698 号正面＋Дx.11046 号正面与 Дx.11046 号背面＋Дx.12698 号背面互为同一残叶的正反面(《俄藏》将 Дx.11046 号正面标为“Дx.11046”不准确,将 Дx.12698 号正面标为“Дx.12698V”、背面标为“Дx.12698R”更是错误),所存内容参见《大正藏》T8/750B7—750B19。

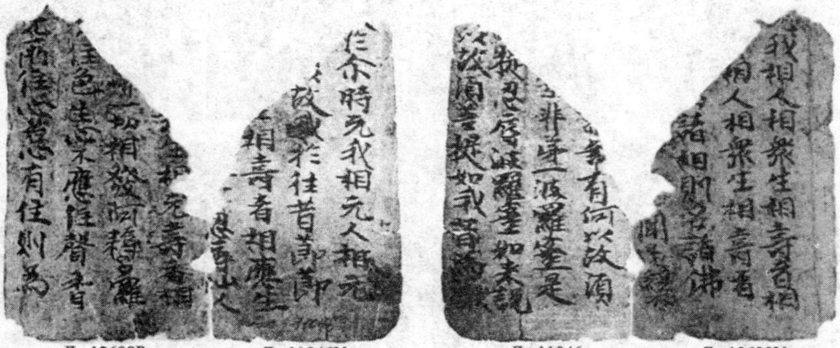

Дx.12698R　　Дx.11046V　　Дx.11046　　Дx.12698V

图 8　Дx.12698V+Дx.11046+Дx.12698R 缀合图

(五) Дx.11651 号(2—2)+Дx.10954 号(2—1)

1. Дx.11651(2—2)号。见《俄藏》15/292B。册叶装,1 叶 2 个半叶。如图 9 第 1 栏所示,首尾皆缺,每半叶 7—8 行,行约 12 字。有科分标题“持经功德分弟十五”。楷书。分题低正文约 4 字。《俄藏》未定名。

2. Дx.10954(2—1)号。见《俄藏》15/108B。册叶装,2 叶 4 个半叶。如图 9 第 2 栏所示,首尾皆缺,每半叶 7—8 行,行约 12 字。有科分标题“能净业障分弟十六”。楷书。分题低正文约 4 字。《俄藏》未定名。

按:据残存文字及科分标题推断,上揭二号皆应为《金刚经》罗什译本三十二分本。且二号内容前后相承,当可缀合。缀合后如图 9 所示(见下页),所存文本顺序分别为 A—a—B—b—C—c,A 半叶与 a 半叶,B 半叶与 b 半叶,C 半叶与 c 半叶分别为同一叶的正反面,Дx.11651(2—2)号末行与 Дx.10954(2—1)号首行于“中日分复/以恒河沙等身布施”诸字相连成句,中无缺字。又二号抄写行款格式相同(楷书,每半叶 7—8 行,行约 12 字,分题低正文约 4 字,天头、地脚、书口处留白相近,书口上下角皆剪为弧形,字体大小相近、字间距相近),书风相似,书迹似同(比较共有的“须”“菩”“提”“以”“恒”“河”“沙”“日”“分”“布”“施”等字),可资佐证。二号缀合后,所存内容参见《大正藏》T8/750B27—751A5。

(六) Дx.6094 号+Дx.11042 号

1. Дx.6094 号。见《俄藏》12/356B。册叶装,1 叶 2 个半叶。如图 10 第 1 栏所示,首尾皆缺,每半叶 7—8 行,行约 14 字。有科分标题“法界通化分弟十九”。楷书。分题低正文约 2 字。《俄藏》未定名。

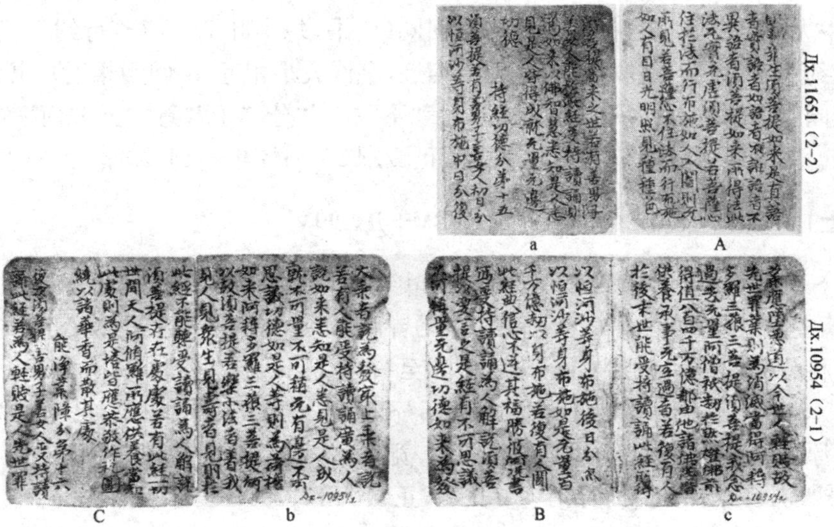

图 9　Дх.11651 号(2—2)+Дх.10954 号(2—1)缀合图

2. Дх.11042 号。见《俄藏》15/150B。册叶装，2 叶 4 个半叶。如图 10 第 2 栏所示，首尾皆缺，每半叶 7—8 行，行约 14 字。有科分标题，从"离色离相分弟二十"至"净心行善分弟二十三"。楷书。分题低正文约 2 字。《俄藏》未定名。

按：据残存文字及科分标题推断，上揭二号皆应为《金刚经》罗什译本三十二分本。且二号内容前后相承，当可缀合。缀合后如图 10 所示，Дх.6094 号所存文本顺序自右向左，其中第一个半叶与第二个半叶为同一叶的正反面；Дх.11042 号 2 叶所存文本顺序为 A—a—B—b，A 半叶与 a 半叶，B 半叶与 b 半叶分别为同一叶的正反

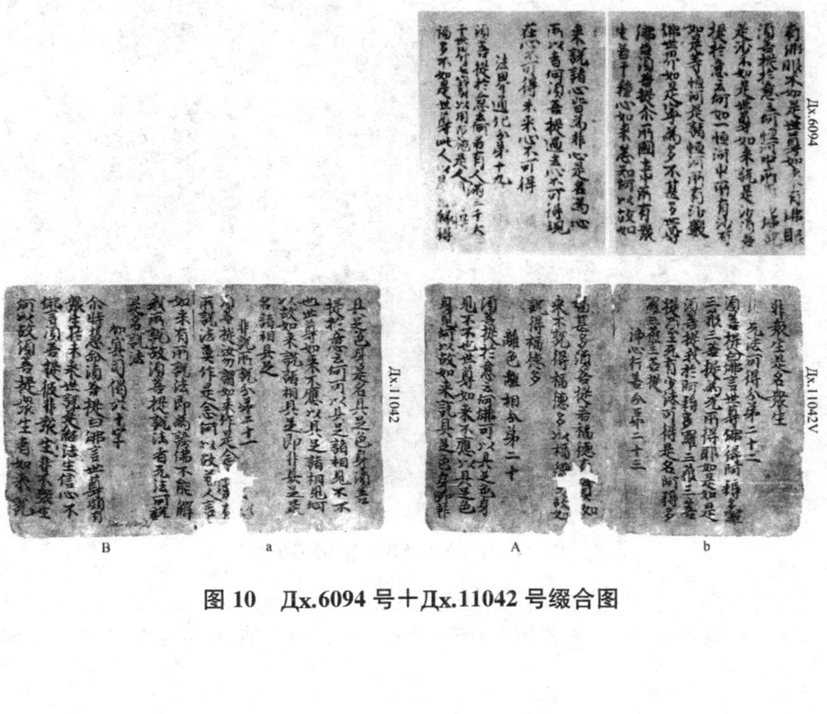

图 10　Дх.6094 号+Дх.11042 号缀合图

面,Дx.6094号末行与Дx.11042号A半叶首行于“此人以是因缘得/福甚多”句前后相连,中无缺字。又二号抄写行款格式相同(楷书,每半叶7—8行,行约14字,分题低正文约2字,天头、地脚、书口处留白相近,字体大小相近、字间距相近),书风相似,书迹似同(比较共有的“须”“菩”“提”“无”“不”“人”“分”“于”“意”“云”“何”等字),可资佐证。二号缀合后,所存内容参见《大正藏》T8/751B19—751C23。

(七) S.6250V+Дx.6054V…“Дx.88V+Дx.99V”

1. S.6250V。见《宝藏》45/172B。册叶装,由一片卷轴装写经纸折叠而成,4个半叶。《宝藏》图版如图11-1所示,首尾皆缺,每半叶9—10行,经文部分行约13字。有科分标题,从“法界通化分弟十九”至“福智无比分弟二十四”。楷书。分题低正文2—3字。所存内容参见《大正藏》T8/751B29—752A1。《翟录》已考定为《金刚经》,称原卷轴装写经纸残片高25厘米、宽24.5厘米[①]。[《翟录》/138] 正面见《宝藏》45/172A,抄《佛名经》尾部,所存内容参见《大正藏》T14/195A8—195A19。

B　　A

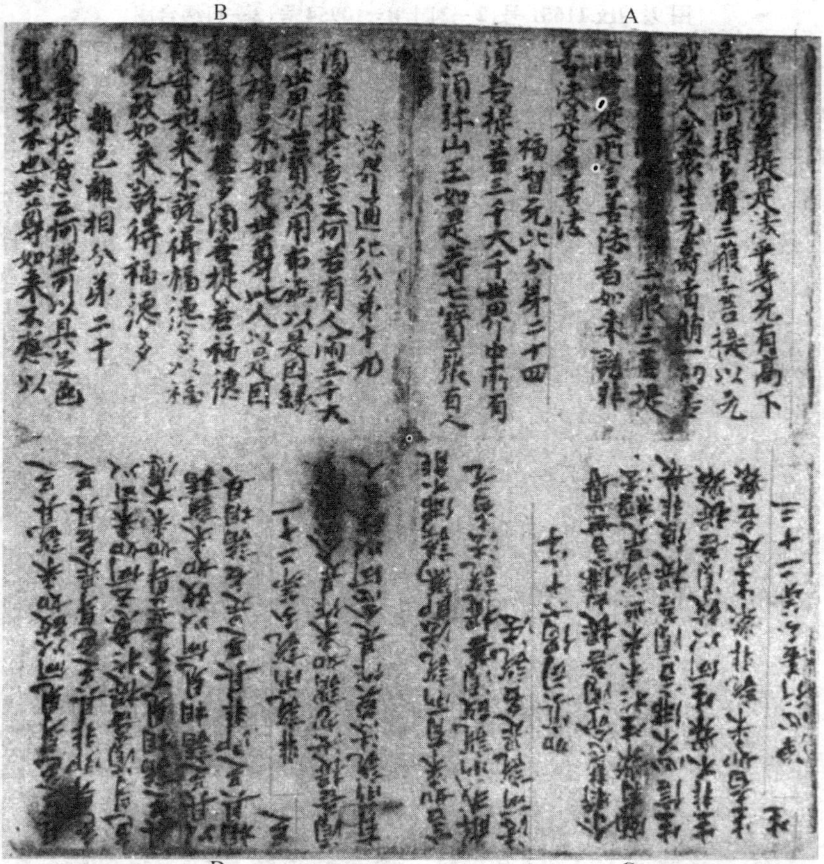

D　　C

图11-1　S.6250V《宝藏》图版

① 该号《翟录》编号为S.6250,定名为《金刚经》,不妥。实则该号正面抄《佛名经》,背面抄《金刚经》。

2. Дx.6054V。《俄藏》6/68A—68B 把 Дx.99、Дx.6054、Дx.11040 三号一并附列在 Дx.88 号之下，并按正面所存《妙法莲华经》卷五文句先后（但不完全相连）排列图版（见《俄藏》6/67A—67B）；背面部分如图 11－2 所示，《俄藏》拟题“金刚般若波罗蜜经”，由卷轴装写经纸折叠、裁剪而成，顺序错乱。《孟录》考定 Дx.88、Дx.99、Дx.6054 三号原属同册，背面皆为《金刚经》罗什译本，后一号与前二号不直接相连，并称原件每叶纸高、宽皆 12.5 厘米，为 8—9 世纪写本。[《孟录》上/112—113]结合《孟录》描述及《俄藏》图版，我们推测 Дx.6054V 号对应图 7－2 中 I、F、E、H、M 五个半叶。首尾皆缺，每半叶 8—9 行，经文部分行约 13 字。有科分标题，从“化无所化分第二十五”至“威仪寂静分第二十九”。楷书。分题低正文 2—3 字。所存内容参见《大正藏》T8/752A1—752B3。正面为《法华经》，其中 H、E、I、F 的背面依次相连，所存内容参见《大正藏》T9/40B11—40B28，M 背面所存内容参见《大正藏》T9/40C14—40C26。

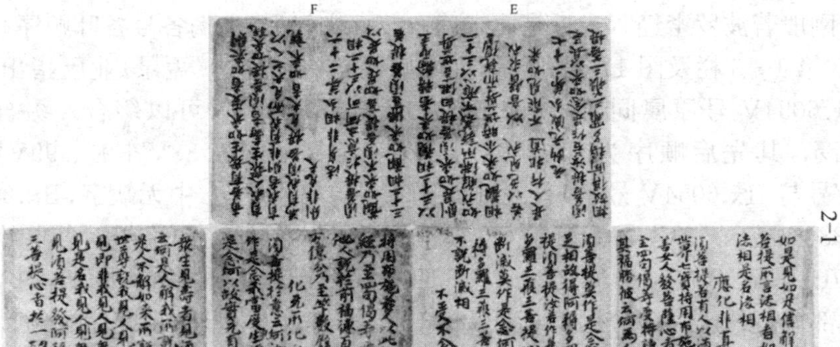

图 11－2　Дx.88、Дx.99、Дx.6054、Дx.11040V《俄藏》图版

3. “Дx.88V＋Дx.99V”。此二号《孟录》称作 Дx.88a，对应图 11－2 中 J、G 二个半叶。首尾皆缺，每半叶 8—9 行，经文部分行约 13 字。有科分标题“应化非真分第三十二”。楷书。分题低正文 2—3 字。所存内容参见《大正藏》T8/752B15—

752B27。正面为《法华经》,内容互不相连,其中 G 背面所存内容参见《大正藏》T9/39B24—39C3,J 背面所存内容参见《大正藏》T9/40B29—40C12①。《孟录》上/176—177

又 Дx.11040V,对应图 11－2 中 N、K、O、L 四个半叶,首尾皆缺,每半叶 8—9 行,经文部分行约 13 字。有科分标题,从“知见不生分弟三十一”至“应化非真分弟三十二”;尾题“金刚般若波罗蜜经”,下题“西川过家真本”;后附“大身真言”。楷书。分题低正文 2—3 字。所存内容参见《大正藏》T8/752B11—752C7。《俄藏》拟题“金刚般若波罗蜜经”。正面为《法华经》,内容不完全相连,其中 N、K 背面依次相连,所存内容参见《大正藏》T9/41B6—41B15,O、L 背面依次相连,所存内容参见《大正藏》T9/42A1—42A14。

按:据残存文字及科分标题推断,S.6250V、Дx.6054V、“Дx.88V＋Дx.99V”、Дx.11040V 应皆拟题为“金刚般若波罗蜜经(鸠摩罗什译三十二分本)”。《翟录》将 S.6250V 号考定为《金刚经》,《俄藏》将 Дx.88V、Дx.99V、Дx.6054V、Дx.11040V 拟题为“金刚般若波罗蜜经”,皆近是而未确。按存文先后,上揭各号各叶顺序修正后如图 11－3 第 1—3 栏及图 11—4 所示,文本顺序自右向左。《孟录》业已指出 Дx.88a 号与 Дx.6054V 号原属同册,今谓 S.6250V 号亦属同册,可以缀合。缀合后如图 11—3 所示,其先后顺序为 S.6250V＋Дx.6054V…“Дx.88V＋Дx.99V”。其中 S.6250V号与 Дx.6054V 号于“有人/持用布施”句相连成句,中无缺字;Дx.6054V 号与“Дx.88V＋Дx.99V”号不直接相连,据完整文本推算,其间缺 2 个半叶。又 S.6250V、Дx.6054V、“Дx.88V＋Дx.99V”四号抄写行款格式相同(楷书,每半叶约 9 行,经文部分行约 13 字,分题低正文 2—3 字,字体大小相近、字间距相近),书风相似,书迹似同(比较共有的“须”“菩”“提”“弟”“分”“无”“法”“不”“是”“说”“人”“经”等字),可资佐证。此四号缀合后,所存内容参见《大正藏》T8/751B29—752B27。

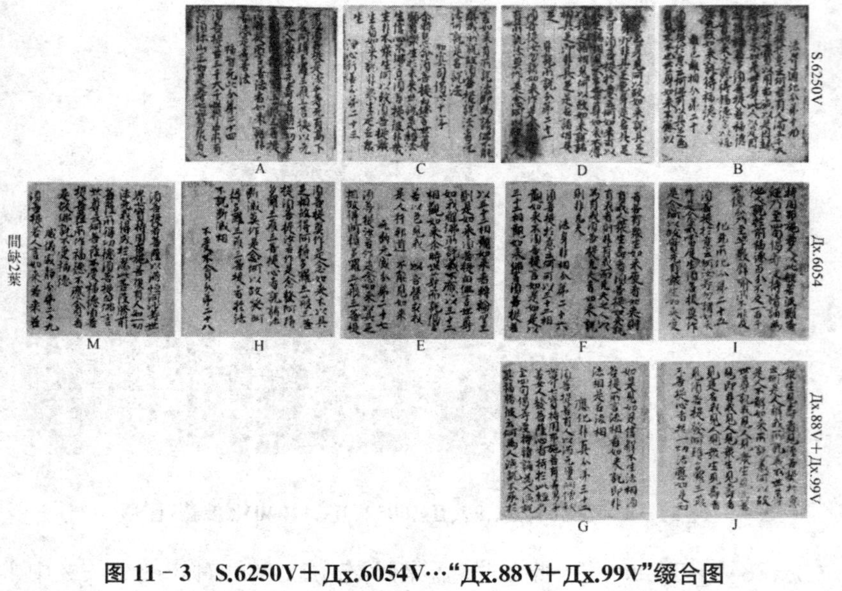

图 11－3　S.6250V＋Дx.6054V…“Дx.88V＋Дx.99V”缀合图

① 《孟录》记作“《大正藏》第 9 卷 40 页中 29 行—下 8 行”,误。

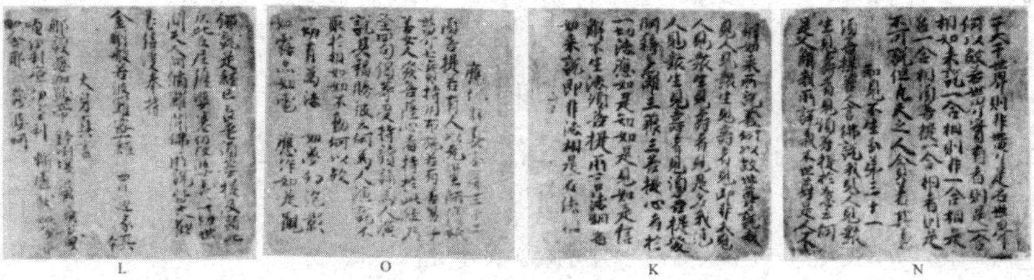

图 11 - 4 Дx.11040V 修正图

又,前面四号中,S.6250V 的 BDCA 四叶与 Дx.6054V 的 IFEH 四叶系由卷轴装写经纸折叠而成,并未裁剪,所以打开后正面《佛名经》《法华经》的内容依然完整、连续如初;而 Дx.6054V 的 M 叶与“Дx.88V+Дx.99V”的 JG 二叶系由卷轴装写经纸裁剪而成的单叶。若依背面 S.6250V、Дx.6054V、“Дx.88V+Дx.99V”四号缀合后的 BDCAIFEHMJG 排序,则正面所存内容依次对应《大正藏》T14/195A8—195A19、T9/40B11—40B28、T9/40C14—40C26、T9/40B29—40C12、T9/39B24—39C3。可以看到,背面缀合后,正面内容不但不连续,而且不再依文本先后顺序排列。类似的情况在上文第四组 S.5538 号…S.5965 号的缀合中也曾出现。可见,古人利用卷轴装写经纸制作册叶装纸叶时,并不再考虑正面原有抄文的内容及顺序。换言之,对制作者而言,正面部分已被废弃,制作者只是取用了背面空白纸的抄写价值。

至于 Дx.11040V 号,虽然抄写行款格式、书风、书迹等亦相似,但其内容与“Дx.88V+Дx.99V”号有重复,当属同一抄手所抄另一册本。

四、其他疑似八十老人本叙录

在 58 件疑似八十老人所抄《金刚经》写本中,除了上节讨论的可以相互缀合的 19 件之外,另有 39 件前贤已指出可以缀合或暂未发现可以缀合线索的,兹以存文先后及完整度为序,依次介绍如下:

1. 羽 73—1 号。见《秘籍》1/428—436。册叶装,17 叶 34 个半叶。首尾皆全,经文部分每半叶约 8 行,行约 16 字。经前有“奉请八大金刚文”后部、“启请文”,首题“金刚般若波罗蜜经”,下题“后秦罗什□”,中有科分标题,从“法会因由分弟一”至“应化非真分弟三十二”,尾题“金刚般若波罗蜜经”,换行署“西川戈家真印本”,后附“大身真言”“随心真言”“心中心真言”,末题“怨憎结解行人早回”。楷书。分题低正文约 1 字。所存内容参见《大正藏》T8/748C17—752C7。《秘籍》拟题“金刚般若波罗蜜经”。《秘籍》叙录称原件每叶纸高 14.2 厘米,宽 11 厘米。同册接抄羽 73—2 号《佛说阎罗王受记经》。

2. S.5536 号。见 IDP。册叶装,19 叶 38 个半叶。首全尾缺,经文部分每半叶约 8 行,行约 14 字。经前有“奉请八大金刚文”,首题“金刚般若波罗蜜经”,下题“后秦罗什法师译”,中有科分标题,从“法会因由分弟一”至“究竟无我分弟十七”。楷书。分题低正文约 1 字。所存内容参见《大正藏》T8/748C17—751A25。《翟录》已考定为《金刚经》罗什译本三十二分本,并称原件每叶纸高14厘米,宽11.5厘米(IDP称原件每叶纸宽11厘米)。[《翟录》/31]

3. Дx.5268号。见《俄藏》12/83B。册叶装,1叶2个半叶。首全尾缺,经文部分每半叶约7行,行约12字。首题"金刚般若波罗蜜经",下题"后秦罗什译",中有科分标题"法会因由分弟一""善现起请分弟二"。楷书。分题低正文约3字。所存内容参见《大正藏》T8/748C17—748C27。《俄藏》未定名。

4. S.5468号。见IDP。册叶装,28叶56个半叶。首尾皆缺,每半叶约7行,行约12字。有科分标题,从"善现起请分弟二"至"一合相理分弟三十"。楷书。分题低正文约2字。所存内容参见《大正藏》T8/748C22—752B9。《翟录》已考定为《金刚经》罗什译本三十二分本,并称原件每叶纸高14厘米,宽11厘米。[《翟录》/31]

5. Дx.6164号。见《俄藏》13/27B。册叶装,2叶4个半叶。首尾皆缺,每半叶约9行,行约16字。有科分标题,从"妙行无住分弟四"至"正信希有分弟六"。叶面残损。楷书。分题低正文约4字。所存内容参见《大正藏》T8/748C24—749A26。《俄藏》未定名。

6. S.5450—1号。见IDP。册叶装,19叶38个半叶。首缺尾全,经文部分每半叶约10行,行约18字。有科分标题,从"如理实见分弟五"至"应化非真分弟三十二",尾题"金刚般若波罗蜜经",换行署"西川真印本",后附"大身真言""随心真言""心中心真言",末题"为一切怨家债主,所有污泥伽蓝,一切重罪悉得销灭"。楷书。分题低正文约4字。所存内容参见《大正藏》T8/749A12—752C7。《翟录》考定为《金刚经》罗什译本三十二分本,并称原件每叶纸高14.5厘米,宽10.5厘米(IDP称原件每叶纸高14.3厘米,宽10.3厘米),为10世纪写本。同册接抄S.5450—2号《佛说阎罗王受记经》。[《翟录》/31—32]

7. BD8872号(国93)。见《国图》104/179A—181A。册叶装,4叶8个半叶。首尾皆缺,每半叶约8行,行约15字。有科分标题,从"如理实见分弟五"至"庄严净土分弟十"。楷书。分题低正文约4字。所存内容参见《大正藏》T8/749A18—749C20。《国图》拟题"金刚般若波罗蜜经(三十二分本)"。《国图》条记目录称原件每叶纸高15厘米,宽11厘米,为9—10世纪归义军时期写本。

8. Дx.2488、Дx.2505、Дx.5382号。见《俄藏》9/224B—228B。册叶装,9叶18个半叶。首尾皆缺,叶面皆残损,每半叶约5行,行约10字。楷书。《孟录》已考定该三号皆为《金刚经》罗什译本,称原件每叶纸高11厘米,宽8.5厘米,为8—10世纪写本,并记此三号与Дx.1007号原属同册;[《孟录》下/72—73]《俄藏》则直接归并在Дx.2488号之下。结合《孟录》录文[《孟录》下/72—73]及图版叶面所标卷号,推测诸号对应图版情况如下:Дx.2488号,第1至2半叶,无题,所存内容参见《大正藏》T8/749B3—749B15;Дx.2505号,第3至14半叶,有科分标题,从"依法出生分苐八"至"庄严净土分苐十",分题低正文约2字,所存内容参见《大正藏》T8/749B16—749C20;Дx.5382号,第15至18半叶,无题,所存内容参见《大正藏》T8/750B22—750C5。比勘完整文本,前二号内容相连,后二号间缺约12叶。

9. Дx.1007号。见《俄藏》7/256A—257B。册叶装,4叶8个半叶。首尾皆缺,每半叶约5行,行约10字。有科分标题,从"一合相理分第三十"至"应化非真分第三十二"。叶面残损。楷书。分题低正文约1字。所存内容参见《大正藏》T8/752B3—752B24。《孟录》考定为《金刚经》罗什译本,称原件每叶纸高11.5厘米,宽7.8厘米,为9—11世纪写本,与Дx.2488、Дx.2505、Дx.5382号原属同册。《孟录》上/111

10. S.5462号。见IDP。册叶装,5叶10个半叶。首尾皆缺,每半叶约7行,行约13字。有科分标题,从"依法出生分弟八"至"如法受持分弟十三"。楷书。分题低正文约2字。所存内容参见《大正藏》T8/749B16—750A13。《翟录》已考定为《金刚经》罗什译本三十二分本,并称原件每叶纸高15厘米,宽11厘米(IDP称原件每叶纸高14.4厘米,宽10.2厘米),为10世纪写本。《翟录》/32

11. S.8585A号。见IDP。册叶装,2叶4个半叶。首尾皆缺,每半叶约7行,行约13字。有科分标题,从"依法出生分弟八"至"一相无相分弟九"。楷书。分题低正文约3字。所存内容参见《大正藏》T8/749B16—749C8。IDP未定名,称原件每叶纸高13.6厘米,宽约10厘米。

12. Дx.1300号(含Дx.3134、Дx.3137、Дx.3139、Дx.5233、Дx.5760)。见《俄藏》8/69B—72B。《孟录》已考定该六号原属同册,为《金刚经》罗什译本,称原件每叶纸高14厘米,宽10.5厘米,为8—10世纪写本。《孟录》上/94 据图版叶面所标卷号,存文依次为Дx.5233Ⅱ+Дx.5233Ⅰ+Дx.5760+Дx.1300+Дx.3139+Дx.3134,但未见Дx.3137号。册叶装,6叶12个半叶。首尾皆缺,每半叶约8行,行约15字。有科分标题,从"妙行无住分弟四"至"无为福胜分弟十一"。叶面残损。楷书。分题低正文约4字。所存内容参见《大正藏》T8/749A6—750A1。

13. Дx.91号(含Дx.97号)。见《俄藏》6/70A—70B。册叶装,3叶6个半叶。首尾皆缺,每半叶约8行,行约17字。有科分标题,从"无为福胜分弟十一"至"离相寂灭分弟十四"。叶面残损。楷书。分题低正文约5字。所存内容参见《大正藏》T8/749C20—750B6。《孟录》把该二号缀合为一,定作《金刚经》罗什译本,称原件每叶纸高14厘米,宽10.5厘米,为9—11世纪写本,与Дx.3943号连缀。《孟录》上/98—99

14. Дx.3943号。见《俄藏》11/105A。册叶装,1叶2个半叶。首尾皆缺,每半叶约8行,行存4—7字。叶面残损。楷书。所存内容参见《大正藏》T8/750B6—750B22。《曾良》拟题"金刚般若波罗蜜经"《曾良》/213。《孟录》称该号可与"Дx.91号+Дx.97号"连缀。《孟录》上/98—99

15. Дx.11039号。见《俄藏》15/149B。册叶装,2叶4个半叶。首尾皆缺,每半叶约6行,行约10字。有科分标题,从"▨▨▨▨▨▨▨▨(尊重正教分弟十二)"至"▨▨□□□□□□(如法受持分弟十三)"。叶面残损。楷书。分题低正文约5字。所存内容参见《大正藏》T8/749C20—750A14。《俄藏》未定名。

16. Дx.18912号。见《俄藏》17/262B—271B。册叶装,19叶38个半叶。首尾皆缺,每半叶约8行,行约12字。包括原属同册,但互不相连的两部分:第一部分为前16叶,有科分标题,从"尊重正教分弟十二"至"非说所说分弟二十一",所存内容参见《大正藏》T8/750A1—751C15;第二部分为后3叶,有科分标题,从"法身非身分弟二十六"至"威仪寂静分弟二十九",所存内容参见《大正藏》T8/752A5—752B4。比勘完整文本,二者间缺2叶。楷书。分题低正文约2字。《俄藏》未定名。

17. S.5470号。见IDP。册叶装,12叶24个半叶。首尾皆缺,每半叶约9行,行约14字。有科分标题,从"尊重正教分第十二"至"福智无比分第二十四"。楷书。分题低正文约3字。所存内容参见《大正藏》T8/750A6—752A1。《翟录》已考定为《金刚经》罗什译本三十二分本,并称原件每叶纸张高、宽皆12.5厘米(IDP称原件每叶纸高12.3厘米,宽12.2厘米),为9世纪写本。[《翟录》/32]

18. S.5445号。见IDP。册叶装,13叶26个半叶。首尾皆缺,每半叶约9行,行约17字。有科分标题,从"离相寂灭分第十四"至"应化非真分弟卅二"。楷书。分题低正文约2字。所存内容参见《大正藏》T8/750A25—752B30。《翟录》已考定为《金刚经》罗什译本三十二分本,并称原件每叶纸高14厘米,宽10.5厘米(IDP称原件每叶纸高14.5厘米,宽11.5厘米),为10世纪写本。[《翟录》/32]

19. Дx.11044号。见《俄藏》15/152B—153B。册叶装,3叶6个半叶。首尾皆缺,每半叶约7行,行约12字。首题"金刚般若波罗蜜经",下题"后秦罗什译",中有科分标题"持经功德分弟十五"。楷书。分题低正文约2字。所存内容参见《大正藏》T8/750B7—750C7。《俄藏》未定名。

20. S.9529号。见IDP。册叶装,1叶2个半叶。首尾皆缺,每半叶存7行,行约10字。楷书。所存内容参见《大正藏》T8/750B9—750B16。IDP未定名,称原件每叶纸高10.5厘米,宽8.3厘米。

21. S.6280号。见《宝藏》45/197B—198B。册叶装,2叶4个半叶。首尾皆缺,每半叶约7行,行约13字。楷书。所存内容参见《大正藏》T8/750B10—750B26。《翟录》已考定为《金刚经》罗什译本,并称原件每叶纸高14.5厘米,宽11厘米。[《翟录》/23]

22. S.5498号。见IDP。册叶装,4叶8个半叶(首叶残损,仅剩半边)。首尾皆缺,完整半叶约7行,行约12字。有科分标题,从"能净业障分弟十六"至"究竟无我分弟十七"。楷书。分题低正文约2—3字。所存内容参见《大正藏》T8/750C11—751A23。《翟录》已考定为《金刚经》罗什译本三十二分本,并称原件每叶纸高13.5厘米,宽10.5厘米。[《翟录》/32]

23. S.5694号。见《宝藏》44/360A—361A。册叶装,2叶4个半叶(叶面残损,皆仅剩半边)。首尾皆缺,每半叶存4行,行约13字。比勘完整文本,完整半叶约7行。有科分标题"能断业障分弟十六"。楷书。分题低正文约2字。所存内容参见《大正藏》T8/750C24—751A15。《翟录》已考定为《金刚经》罗什译本三十二分本,并称原件每叶纸高14厘米,宽10.5厘米。[《翟录》/32]

24. S.5688号。见IDP。册叶装,4叶8个半叶。首尾皆缺,每半叶存7行,行约12字。有科分标题"究竟无我分弟十七""一体同观分弟十八"。楷书。分题低正文约3字。所存内容参见《大正藏》T8/751A2—751B17。《翟录》已考定为《金刚经》罗什译本三十二分本,并称原件每叶纸高14厘米,宽11厘米。[《翟录》/32]

25. S.5544—1号。见IDP。册叶装,10叶19个半叶(第19半叶第4行起接抄《佛说阎罗王受记经》)。首缺尾全,经文部分每半叶约8行,行约16字。有科分标题,从"一体同观分弟十八"至"应化非真分弟三十二",尾题"金刚般若波罗蜜经",换行署“西川戈家真印本”，后附“大身真言”“随心真言”“心中心真言”，末题“奉为老耕牛神生净土，弥勒下生，同在初会，俱闻圣法”。楷书。分题低正文约4字。所存内容见《大正藏》T8/751A21—752C7。《翟录》考定为《金刚经》罗什译本三十二分本，原件每叶纸高14.5厘米，宽10.5厘米(IDP称原件每叶纸宽10厘米)。[《翟录》/32]

26. Дх.4905号。见《俄藏》11/353B—355B①。册叶装，6叶12个半叶。首尾皆缺，每半叶存5—7残行，每行存1—13字。比勘完整文本，完整半叶约8行，行约17字。有科分标题，从“一体同▨▨▨□□(观分弟十八)”至“无断无▨▨□□□□□(灭分弟二十七)”。叶面残损严重。楷书。分题低正文约3字。所存内容参见《大正藏》T8/751A25—752A21。《俄藏》未定名。

27. S.5469号。见《宝藏》43/49B—52A。册叶装，5叶10个半叶。首尾皆缺，每半叶存7行，行约12字。有科分标题，从“一体同观▨□□□(分弟十八)”至“福智无比分弟二▨□(十四)”。楷书。分题低正文约3字。所存内容参见《大正藏》T8/751B9—752A2。《翟录》已考定为《金刚经》罗什译本三十二分本，并称原件每叶纸高15厘米，宽10.5厘米，为10世纪写本。[《翟录》/32]

28. S.8585B号。见IDP。册叶装，2叶4个半叶。首尾皆缺，每半叶约7行，行约12字。有科分标题，从“法界通化分弟十九”至“非说所说分弟二十一”。楷书。分题低正文4—5字。所存内容参见《大正藏》T8/751B28—751C18。IDP未定名，称原件每叶纸高14.4厘米，宽约10厘米。

29. S.5479号。见《宝藏》43/125B—126B。册叶装，2叶4个半叶。首尾皆缺，每半叶存10行，行约17字。有科分标题，从“非说所说分弟二十一”至“法身非相分弟二十六”。楷书。分题低正文约3字。所存内容参见《大正藏》T8/751C6—752A10。《翟录》已考定为《金刚经》罗什译本三十二分本，并称原件每叶纸高14厘米，宽11厘米，为10世纪写本。[《翟录》/32]

30. Дх.10953号。见《俄藏》15/108A。册叶装，1叶2个半叶。首尾皆缺，每半叶约8行，行约14字。有科分标题，从“威仪寂静分弟二十九”至“应化非真分弟卅二”。楷书。分题低正文2—3字。所存内容参见《大正藏》T8/752A28—752B24。《俄藏》未定名。

31. Дх.11040V号。写本信息如前文第三节末组所述。

根据上文的叙录，我们可以得出以下几点粗浅的认识：

第一，上揭39号《金刚经》抄本中，羽73—1号等36号皆可根据残存文字及科分标题拟题为“金刚般若波罗蜜经(鸠摩罗什译三十二分本)”；Дх.3943号，虽据存文仅可考定为罗什译本，但《孟录》既已称与“Дх.91＋Дх.97号”原属同册，则可根据缀合推断亦可拟题为“金刚般若波罗蜜经(鸠摩罗什译三十二分本)”；S.6280号、S.9529号，原件存文无分题，虽然根据笔迹、行款推测极有可能是八十老人所抄册叶装《金刚经》罗什译本三十二分本的散叶，但谨慎起见，姑且拟题为“金刚般若波罗蜜经(罗什译本)”。S.5536号、S.5468号、S.5450—1号、S.5462号、S.5470号、S.5445号、S.

① 《俄藏》Дх.4905号图版有误，详见《敦煌文献影印图版正误》，第2—3页。

5498 号、S.5694 号、S.5688 号、S.5544—1 号、S.5469 号、S.5479 号凡 12 号,《翟录》考定为《金刚经》罗什译本三十二分本,是;S.6280 号,《翟录》考定为《金刚经》罗什译本,亦是;羽 73—1 号、BD8872 号、“Дx.2488、Дx.2505、Дx.5382 号”、Дx.1007 号、“Дx.1300、Дx.3134、Дx.3137、Дx.3139、Дx.5233、Дx.5760 号”、“Дx.91、Дx.97 号”、Дx.3943 号、Дx.11040V 号,凡 16 号,《秘籍》《国图》《孟录》《曾良》《俄藏》等拟题近是而未确;Дx.5268 号、Дx.6164 号、Дx.11039 号、Дx.18912 号、Дx.11044 号、Дx.4905 号、Дx.10953 号,凡 7 号,《俄藏》未定名,兹予考定;S.8585A 号、S.9529 号、S.8585B号凡 3 号,IDP 未定名,拙文《英藏未定名敦煌〈金刚经〉残片考》已考定[①]。

第二,S.5544—1 号无抄写者署名,亦无纪年。但同册接抄的 S.5544—2 号《佛说阎罗王受记经》后有题记“奉为老耕牛一头,敬写《金刚》一卷、《受记》一卷,愿此牛身领受功德,往生净土,再莫受畜生身,天曹地府,分明分付,莫令更有雠(雔)讼,辛未年正月”。[《翟录》/32]根据这一题记,可以推知 S.5544—1 号亦由同一抄写者抄写于“辛未年正月”。“辛未年”,《翟录》与《集录》皆定为 911 年[②]。另有羽 73—1 号与羽 73—2 号、S.5450—1 号与 S.5450—2 号二组写本也都是《金刚经》与《佛说阎罗王受记经》同册接抄,极有可能出于同一抄写者之手。再查敦煌文献中抄有《佛说阎罗王受记经》的 BD1226 号(列 26)(见《国图》18/177A)存题记“戊辰年八月一日,八十五老人手书流传,依教不修,生入地狱”,S.4530 号(见《宝藏》36/475B)存题记“戊▨▨▨▨▨(辰十二月廿)四日,八十五□传”,其中的“戊辰年”,《集录》定为 908 年。比勘羽 73—2 号、S.5450—2 号、S.5544—2 号、BD1226 号、S.4530 号的笔迹,皆与八十老人《金刚经》抄本同。结合以上线索,基本可以推定:(1) 抄写《阎罗王受记经》的“八十五老人”即抄写《金刚经》的“八十老人”;(2) 将“戊辰年”定为 908 年、“辛未年”定为 911 年是正确的,908 年老人八十五,911 年老人八十八,皆吻合;(3) 基本可以确定 S.5544—1 号系八十老人《金刚经》抄本,抄于 911 年。

第三,羽 73—1 号、S.5544—1 号标明所据底本为“西川戈家真印本”,这也是目前仅见的关于“西川戈家真印本”的记载。《翟录》[32]及白化文[③]认为“戈”即“过”之误。我们将此二号与以“西川过家真印本”为底本的 S.5444 号、P.2876 号等进行比对,发现两组抄本的内容及用字皆大抵相同。但笔者认为这并不足以说明“戈”系“过”之讹,《金刚经》是重要佛典,校勘、传刊都备受重视,文本内容基本稳定,“戈家真印本”与“过家真印本”文本近似不足为奇。事实上,笔者认为“过家”“戈家”很可能是两家不同的书坊。首先,八十老人每于经下注明底本,说明他对版本是自觉重视的,且从题记及刺血写经来看,老人抄《金刚经》态度非常虔诚,不太可能会出现误注底本这种错误。其次,S.5544—1 号抄于 911 年,至此,八十老人已经抄写过大量以“西川过家真印本”为底本的《金刚经》,对“过”字非常熟悉,不太可能将“过”字误写。再者,“过”“戈”二字音虽近,形相远,抄写不易致混。更何况“戈家”在羽 73—1 号、S.5544—1

① 详见罗慕君、张涌泉:《英藏未定名敦煌〈金刚经〉残片考》,《敦煌吐鲁番研究》第 16 卷,2016 年 10 月,第 315—336 页。

② 见《翟录》第 32 页与《集录》第 454 页。

③ 白化文:《敦煌汉文遗书中雕版印刷数据综述》,《大学图书馆通讯》,1987 年第 3 期,第 50 页。

号两次出现，应当不是偶然的讹误。

五、小结

以上共计汇集明确或疑似为八十老人所抄的《金刚经》写本 86 件，包括：明确署名为八十老人的《金刚经》抄本 11 件；可与有八十老人署名的《金刚经》抄本缀合的写本 17 件；通过比对装帧、版本、行款格式、笔迹等方面的特点，推测为疑似《金刚经》八十老人抄本的写本 58 件，其中 19 件可缀合为 7 组。

这批敦煌藏经洞保存的《金刚经》八十老人抄本皆为册叶装，以西川真印本为底本，采用罗什译本三十二分本，又保存了丰富的题记信息，无论是对装帧研究、雕版印刷研究，还是对《金刚经》版本流传与演变、民间接受与信仰等方面研究，都具有非常宝贵的资料补充价值。因此，将有关于《金刚经》八十老人抄本的信息集合在一起，形成一份较为全面而详细的资料，对后续的研究而言，是十分必要的。

通过这次汇集整理，我们看到，得益于多个写本所提供线索的相互补充、启发，很多单件写本研究时难以解决或难以发现的问题在汇集相关写本后就得以迎刃而解了。如我们在确定诸号所署八十老人是同一个人后，就很容易根据老人的年纪推算出 BD8888 号所题“丁卯年”为 907 年、BD10902 号所题“辛未年”为 911 年，而不会误推一甲子；又如我们将诸号所题的抄写时间一一罗列，就可以发现八十老人抄写《金刚经》不仅抄得很勤，而且常年坚持，也由此引发了敦煌文献中可能留存着更多的《金刚经》八十老人抄本的推测；再如 Дx.11040V 号与 S.6250V、Дx.6054V 二号的抄写行款格式、书风、书迹等皆相似，但“Дx.88V＋Дx.99V”与 S.6250V、Дx.6054V 二号既原属同卷，而 Дx.11040V 号与“Дx.88V＋Дx.99V”又在内容上有所重复，则可排除 Дx.11040V 号与 S.6250V、Дx.6054V 二号可以缀合的可能性。可见，在条件允许的情况下，我们的研究不应局限于单件写本，而应汇集相关材料，以提取更多的信息。

关于这位八十老人，目前主要有三种猜测：(1) 白化文以“西川过家真印本”为系联，推测八十老人是 S.6726 号的抄写者兵马使范安宁[①]，颜廷亮（笔名“文初”）指出这一推测恐难成立[②]。笔者比对 S.6726 号与八十老人抄本（以首尾皆全的 P.2876 号为代表）的笔迹，差别较大，兹列举部分字形如表 2 所示，明显不是出于同一人手笔。(2) 颜廷亮推测八十老人是归义军时期敦煌地区有名的文士张球[③]。笔者将明确署名为张球的 P.4615 号《李端公墓志》与《金刚经》八十老人抄本（以首尾皆全的 P.2876 号为代表）的笔迹进行比对，发现很多共存的字形在写法上有明显的区别，兹列举部分字形如表 3 所示，显然也难以认同。(3)《国图》BD10902 号条记目录认为八十老人系翟奉达，但翟奉达生于 883 年[④]，天佑年间仅二十余岁，不可能是八十老人。八十老人既然有意隐姓埋名，以年岁自称，在资料有限的情况下，想要考证其真实姓名

① 《敦煌汉文遗书中雕版印刷数据综述》，第 51 页。

② 文初：《关于敦煌卷子中的“八十二老人”》，《社科纵横》，1990 年第 6 期，第 40 页。

③ 《关于敦煌卷子中的“八十二老人”》，第 40—41 页。

④ 《敦煌汉文遗书中雕版印刷数据综述》，第 51 页。

并非易事,恐怕还是以存疑为是。

表 2 S.6726 号与八十老人抄本(以 P.2876 号为代表)用字比较表

卷号\例字	无	罗	说	法	分	亦	量	不	以
P.2876 号	无	羅	説	法	分	亦	量	不	以
S.6726 号	无	羅	說	法	分	亦	量	不	以

表 3 P.4615 号与八十老人抄本(以 P.2876 号为代表)用字比较表

卷号\例字	经	分	女	人	河	沙	生	中	之
P.2876 号	經	分	女	人	河	沙	生	中	之
P.4615 号	經	分	女	人	河	沙	生	中	之

(作者单位:浙江大学古籍所)

中国国家博物馆藏《瓯乘补遗》稿本考略*

林　璜

瓯，古指温州府一带，其名源自汉代东瓯国。温州自古文风昌盛，才人学者层出不穷。温州之地方志，作为温州地域和历史最重要的文献资料，积淀亦极为深厚，南朝时已有刘宋郑缉之撰《永嘉郡记》。自宋至清，温州不仅官修府、县志代代传承不绝，民间私人修志之风亦颇盛行，佳志频出。《瓯乘补遗》即为清代嘉道中期温州学人洪守一所纂修之私志，本意为补《（乾隆）温州府志》之不足。该志初稿本现藏中国国家博物馆，现通行刻本为后改名之《瓯乘拾遗》，亦是清中后期温州难得之佳志。

一、《瓯乘补遗》作者之生平及史料记载

洪守一（1769—1860），字观亭，一字灌亭，号贯之，晚年号后河居士，清温州瑞安人。洪氏藏书楼棣花书屋藏书颇丰，有"万卷图书空堆案"之称，是清晚期温州一带著名的藏书楼，惜民国以后藏书散佚，湮没无踪。

瑞安洪姓，明代从安徽迁居瑞安，家资富庶，人才辈出，为当地名门。洪守一自幼读书，少有才名，清乾隆五十三年（1787）入泮，曾师从温州永嘉知名学者陈舜咨，学术风格深受其影响。陈舜咨，字咨牧，号春堤。嘉庆六年岁贡，后虽仕进屡挫，但学识极为广博，尤工诗赋，受到阮元、刘镮之、李銮宣等学政重臣的看重①，曾历主松川、梅溪、金鼇诸书院讲席，著有《茶话轩诗集》，删定《东瓯诗存》并改名《瓯雅》。史志方面，陈舜咨编著有《孤屿志》八卷。《温州经籍志》评此志："《孤屿志》以释元奇《江心志》为蓝本，因旧志明（名）不雅驯，取谢灵运诗语改题。其书卷首为胜迹，余则皆艺文，于旧志略有增删，亦间附考订。……较旧志稍为精审也。"②陈氏这种极重艺文，精饰文辞，擅长考订、增补前人著述的治学风格，洪守一在《瓯乘补遗》中表现出来的学术风格正与其师一致。

嘉庆初年以后，洪守一已经成为家乡颇为知名的学者，因此嘉庆十三年（1808）就受邀参与了《瑞安县志》的编纂。该志由时任瑞安知县的张德标主持编纂，嘉庆十三年（1808）开修，嘉庆十四年（1809）竣工刊刻。瑞安在明清两代共编成六部县志，嘉庆本是其中质量最好的。后孙诒让曾校勘标注，并评价此志"能据史传纠正其失，在吾

---

* 本文系中国国家博物馆科研项目《中国国家博物馆馆藏稀见地方志整理研究》阶段性成果。

① 林启享《茶话轩集序》中提及："当时如阮芸台、刘信芳两宗师，秦小岘、朱沧湄、李石农三观察，莫不叹赏其诗文。李公知之尤深，罗致幕中，凡撰著并属商定。"

② （清）孙诒让：《温州经籍志》卷三十四，光绪三年刻本。

乡诸志尚为佳本”[①]。这次本县地方志的编纂,使洪守一有更多机会全面了解本地的地理人文情况,故其在后来编修《瓯乘补遗》时也承认:“我瑞人也,所载掌故他邑不及採访,惟安固略详。”另外,《瓯乘补遗》中许多方志的编纂方式和特点与《瑞安县志》如出一辙。如山川风俗方面的内容喜以录入名人诗作的方式代替描述;偏重艺文、经籍,《瓯乘补遗》中这两部分内容占全书三分之一以上:可见参与《瑞安县志》编纂的经历对洪守一影响之大。

除嘉庆《瑞安县志》和《瓯乘补遗》外,洪守一还曾重辑《俗字编》,撰有诗集《后河吟草》。《俗字编》原为清康熙时瑞安学者余国光所编,记录瑞安方言词语800余条,后散佚,嘉庆年间洪守一重辑此书。在其中洪守一提出了汉字通俗化的问题,与清晚期汉字改革运动相关,在考证一些俗字字源时,涉及了许多与温州风俗、历史相关的内容,使得该书成为了他重要的学术成果之一。

洪守一一生未曾仕进,故留存下来的相关史料不多。除了名闻遐迩的洪氏藏书楼棣花书屋外,最为温州本地史志重视的,则是他为人慷慨仗义,对当地水利事业极有贡献。如资银4000余两疏浚瑞塘河40余里,修桥50余座,又修江塘20余处。道光二十七年(1847)年,官府因洪氏在水利上慷慨救急,加封其为六品衔义士,瑞安知县孙源撰《重修瑞安官塘碑记》表彰其事。

二、《瓯乘补遗》的编纂及其过程

清乾隆年间,李琬、齐召南编成《温州府志》三十六卷。道光初年,洪守一认为前志年久缺漏,决定加以辑补,于道光四年(1824)编成《瓯乘补遗》,然当时未能刊行。至道光二十九年(1849),年过八旬的洪守一在子侄洪澜等人的帮助下,重新整理早年存稿,改名《瓯乘拾遗》,交爱吾堂梓印。

《瓯乘补遗》中洪守一自叙道:“郡志自齐息园先生修后,年以周甲,此其将修时耶?余质钝,且弱龄废学,长而撑持家计,笔墨几如分外事。戊辰分修邑志,披览所及,有涉瓯事者,岁摘录之,迄今成帙。弗忍□□修郡志者,庶足供采择于万一欤!”[②]

后通行刻本《瓯乘拾遗》序言前半段基本完全一致,只是《拾遗》中将“年以周甲”变为“届今几近百载”。并记录二十五年后的刊刻始末:“现齿届杖朝,眼目昏花,深虑从前手辑□□□□□□□□平生心力竟归乌有。乃名侄澜编次之。名曰《瓯乘拾遗》,交付梨枣。虽鲜见浅闻,遗漏滋多,然汇成稿□□□□修志乘者采择焉。庶于吾瓯文献不无少补云尔。”《补遗》后署“道光四年且月□□日后河观亭居士识”,《拾遗》则署“道光贰拾有玖年乙酉春,安固八十一老人洪守一谨志”[③]。

从序言中可知,洪守一从早年起就注意收集梳理与温州府相关的史料,且对以前所修的温州地方志有较全面地了解。他序言中提及“年以周甲,此其将修时”,正符合

① 《温州经籍志》卷三十四。
② (清)洪守一:《瓯乘补遗·卷首》,道光四年稿本。
③ (清)洪守一:《瓯乘拾遗·卷首》,道光三十年爱吾堂刻本。

清代以后逐步成熟的地方志当每六十年一修的志学理念。

《瓯乘补遗》共3万余字，洪守一编撰此志是为补《温州府志》之缺。但其自称："我瑞人也，所载掌故他邑不及採访，惟安固略详。"《瓯乘补遗》内容上确有所偏重，以补清代道光朝以前的瑞安史料为主。洪守一并不认为仅凭己力能全面覆盖温州全府相关史志，因此《瓯乘补遗》并不求全责备，而注重择选各类史料中比较稀见或者自己比较熟悉的部分，希望能对修全志者有所助益。

这部方志最终得以刊刻，得益于洪守一家族和亲朋的帮助。如其侄洪澜负责了大部分的编次工作，外甥张墡、张增负责校订，孙洪庆长负责参订。私编家刻的地方志易有粉饰溢美之嫌，然而《瓯乘补遗》并没有出现对洪氏家族的偏袒，也无耽于乡野逸闻，而是中正平和地摘录史料，并因本地士绅耆老大量参与，内容真实可信。《瓯乘补遗》作为小型地方志的功用，得到了很好的实现。

三、中国国家博物馆藏《瓯乘补遗》的基本情况

中国国家博物馆所藏，乃是道光四年洪守一初撰此志时的手稿，彼时仍名《瓯乘补遗》。《瓯乘补遗》稿本，一册56叶，33至34叶间夹2叶素纸，为补入"重修礁石江塘记略"等内容。书高24.1厘米，宽12.6厘米。朱丝栏，框高17厘米，宽10.2厘米。四周双边，白口。半叶9行，行23—25字不等。行楷抄录，首页首行题书名"瓯乘补遗"，随后为类目。类目后洪守一自序，文中间有墨笔顿点断句。原稿较残破，经加衬重装，封面已失题签。

《瓯乘拾遗》刻本的初印本数量应该不多，即使是晚清刻本，现今留存也极少，仅国家图书馆、浙江图书馆、温州图书馆等几处收藏。而中国国家博物馆藏的《瓯乘补遗》作为洪守一手稿，更是极为珍贵的孤本。手稿中艺文和祥异中被刻本选入续增的内容，均用朱笔小字题"入续增"。由此可知，道光四年(1824)手稿成书至道光二十九年(1849)刊刻这二十五年间，手稿本一直为洪守一所珍藏。后来手稿散入民间，直至中国国家博物馆从中国书店购入此书。幸保存完好，得以全本。

四、国博《瓯乘补遗》稿本和通行《瓯乘拾遗》刻本内容之对校

《瓯乘补遗》稿本成书与《瓯乘拾遗》刻本刊印之间相距长达二十五年，内容上自然有所变化。

首先类目的比较：

补遗	山川	公署	祠祀	水利	物产	职官	人物	古迹
	冢墓	寺观	仙释	经籍	艺文	祥异	杂记	(附)各志
拾遗	山川	祠祀	水利	学校	物产	职官	人物	古迹
	冢墓	寺观	仙释	经籍	艺文	祥异	杂记	(附)续增

《拾遗》没有"公署"，多出"学校"。但实际上《拾遗》正文中"学校"没有具体内容，

而《补遗》中"公署"部分也只有"何镗有备赈义仓记"、"田升有瑞安善济院记"二行记录,无具体内容。

正文的内容,则有以下变化:

山川、祠祀、职官、古迹、冢墓、寺观、仙释几部分,刻本基本没有改动手稿本的内容,仅微调格式,如将一些史料出处从每条末尾统一调整到每条史料顶头处。

祥异部分,《补遗》首三条改入《拾遗》续增,其余都没有改动。

物产部分,《拾遗》末尾增添"谢灵运游名山志有高桐"、"花木考温州山中放杖木"、"五侯鲭龙牙竹"三条。

水利部分,《补遗》第二条"瑞安新埭",《拾遗》无。

经籍部分,《补遗》列出《四库全书》所收录的温州文人集部文献,《拾遗》缺漏。

艺文部分,《补遗》"戴咫园章恭毅祠诗",《拾遗》改入续增;《拾遗》在艺文末增添"沈丹书瑞安县学教谕洪守一八十寿序"一文。

人物部分,《补遗》"元时《涿郡志》有诗人卢挚",《拾遗》无此条,但改添"《销暑录》四灵学晚唐诗""《西湖游览志》韩侂胄荐叶适"两条;《补遗》"《耳新》萧鸣凤……道遇张永嘉聪。张使为己推造",《拾遗》无此条;《补遗》"两高明"、"两周旋"、"两刘根"、"六白云先生",《拾遗》均无;而《拾遗》末尾"徐俨夫"一条,《补遗》无。

杂记、附志部分,《拾遗》增补最多。如杂记"吴氏汲古轩阅赵孟頫长幅"、"《西湖游览志》岳坟诗无虑千首"、"《净慧寺志》马宋英"、"《行营杂录》朱熠本"、"《鞠坡丛话》王十朋"、"张璁议改孔子为先师"、"何为然《识小编》永嘉王泰"等条,均是《拾遗》后添。而《补遗》中原有的"科目姓名"一条则被删去。

附志部分,《拾遗》之续增除有前文提及的祥异和艺文调入几条外,还收入《补遗》附志中的"林培厚瓯会馆记"、夹页中的草稿"重修礁石江塘记略",又增添"重修瑞安官塘碑记"、"重修塘口桥节略"、"许真君祠"、"伍公庙"等数文。而《补遗》原附志的主体内容"《四库》各郡县志"则被删去。

比较两书可知,道光四年(1824)时《瓯乘补遗》的框架和基本内容已然完整,文字也经过了较为认真地抄录、校对,应该已有成书刊刻的计划。稿本与刻本类目设置极为相似,且并不因所辑内容之多寡而细分或者废弃类目,说明洪守一在方志框架上的理念是比较成熟完整的。不过稿本中的公署、水利、寺观几个部分,内容都非常简单,仅有一两条,这或许因为这几个方面乾隆《温州府志》比较周全,缺漏不多,但也有留待他日继续补充的意思。可惜的是这几部分直到二十五年后刻本刊刻时也没有太多增补,因此实际上《瓯乘补遗》在道光初年已基本完成。

从内容的增删看,刻本的改动大多是为了保证志书的真实和精核。例如人物中"两高明"、"两周旋"、"两刘根"、"六白云先生",这些材料繁琐而并不重要,《拾遗》才将之删去。而张永请萧鸣凤为其推算未来,则或因为人所熟知或过于荒诞,《拾遗》才选择了废弃。但在内容上,手稿也有一些刻本所无的重要内容。如《补遗》在经籍中有《四库》所收温州学人文集,杂记中有科目姓名,附志中列《四库》收温州相关的郡县志等等。以洪守一的个人学力,这些内容未必能够准确全面,《拾遗》因此选择删去,但从史料的重要性和地方志对于地方文献保护整理的角度来说,却是相当珍贵和值得保留的。

民国温州瑞安学人张棡在其日记中写道:“(民国二十七年)十二月十三日　装订旧藏《瓯乘拾遗》一册。是书系瑞安姻丈洪贯之先生手册,顾详略得中,较孙同元之《永嘉闻见录》似过之,至孟锦城《永嘉轶事》一书亦佳。惜外间少见传本,而从叶雨琴先生处得之,亦足备吾瓯掌故也。”①对这部方志评价不低。后《中国地方志集成·浙江府县志辑》,亦选择此志附于乾隆《温州府志》,证明它确实能补齐召南所修乾隆《温州府志》之不足。洪守一编纂这部方志之“平生心力”并无落空,可无愧于乡邦故老。

(作者单位:中国国家博物馆图书馆)

① 张棡:《张棡日记》,上海:上海科学院出版社,2003年版,第561页。

■校勘与注释

古籍整理中的异体字、讹字处理
——以《龙眠风雅全编》整理为例

彭君华

一

现代人阅读我国古代典籍，会感觉一字多形的现象比比皆是。即使你繁体字识读不成问题，也时不时地会被怪模怪样的字拦住去路，要去翻阅字书，很难畅通无阻地径直看下去，甚而至于废卷而叹。就如同吃上一碗米饭，常常有砂子稗粒硌牙，须停箸不断地挑剔，到头来程度不同地会影响胃口。毫无疑问，异体字是古籍阅读的一大障碍，对于古籍整理者来说，异体字处理是一道绕不过去的坎。

异体字，又称又体、或体，《说文解字》中称为重文。

异体字，是与正体字相对而言的。人为地规定了某一字形为正体，则与该字音、义全同而仅仅是字形显得不同的其他字即为异体。

异体字，很大程度上是文字使用过程中，人们的一己喜尚和习惯被逐渐承认并接受的结果，有一个时代发展和历史积淀的过程。一个正体字，往往会有多个异体字。如“梅”为正体，“槑”等为其异体；“窗”为正体，“窓窻牎牕”等为其异体。

异体字有宽义与严义之别：

严义者，音义完全对等，如“崖”（正体）与“崕”（异体）；“歌”（正体）与“謌”（异体）。

宽义者，则只在某些条件下相通，甚至包括了通用和假借。如“駁”与“駮”，前者义项较之后者为宽，涵纳了后者。

异体字可有不同的分类方式。就其字形构造而言，最常见者表现为：

(1) 形旁不同，如：

噴与歕　俟与竢　蓑与簑

(2) 声旁不同，如：

粮与糧　宇与寓　猿与猨猧

(3) 结构不同，如：

幕与幙　胸与胷　颯与颭

(4) 繁简不同，如：

蝎与蠍　襆与襥

除了异体字之外，有些字在使用过程中发生讹变，后人辗转因袭，以讹传讹，这种讹字在古籍整理过程中同样不可忽视。本文以《龙眠风雅全编》为例，并参考《汉语大字典》等重要工具书，重点介绍严义异体字和讹字的处理方法。

本文以下讨论使用的是宽义异体字概念，包括讹字。

二

《龙眠风雅全编》为国家古籍整理出版专项经费资助项目，2013 年 11 月完成出版。全书含《龙眠风雅》64 卷和《龙眠风雅续集》28 卷两种，共甄录有明一代以迄清初安徽桐城一邑（含今枞阳县）553 人（含方以智为僧后名僧智者）14874 首诗作。辑者潘江，明末清初桐城人，著述颇丰，有诗集《木厓集》《木厓续集》等。《龙眠风雅》正续编为其"竭半生之力，阅三纪之勤，用意良劬"之作。二种均由潘江石经斋先后自刻。因其弟子戴名世"《南山集》案"和其好友方孝标科场案的牵累，潘江著述遭到禁毁，《龙眠风雅》正续编传布寥寥。

1997 年，北京出版社出版《四库禁毁书丛刊》，将潘江石经斋自刻本《龙眠风雅》正续编影印收入。整理本即以丛刊本为工作底本，校以全国图书馆文献缩微中心缩微胶片，尤其是国家图书馆藏善本胶片，并参酌了明、清桐城相关文献。

整理本的异体字处理，以《汉语大字典》为基本依据。

1. 单个异体字径予置换，如：

衺→襄　摉→搜　叓→更　剌→刺　褁→裹　奺→死　閅→閉　臯→臭
撑→撐　恠→怪　駴→駭　屃→居　愳→惧　凷→塊　炤→照　莾→莽
靈→靈　飰→飯　媺→美　庿→廟　厺→去　歬→前　郍→那　髪→髪
庈→斥　炁→氣　聁→聞　枂→析　靍→雪　夸→夷　愸→整　搘→支
怍→怍　獻→漁　獻→畋　退→退　恩→恩　瞚→瞬

2. 多个异体字则加以归并，如：

鬓髩→鬢　盋缽→鉢　剏刱→創　蝨蠧→蠹　燃爇→然　禩禩→祀
飤飤→飼　鷽鷽→鶯　揔緫→總　刧刼刦→劫　遅遲遅→遲
攟攟攟→捃　凴凭凴→凭　飈飈飈→飆　澗磵磵→澗　鬪鬬鬭→鬭
吝悋恡→吝　珤琁寳→寶　偬傯偬毚→傯　畒畆畝畂晦→畝

3. 对于读音相同、意义相通，但义项宽窄有别的异体字，明确规定不改或不互改。如：

（1）"桮"不改为"杯"。两字除了同具现代"杯"义之外，"桮"又有"盘盏之属义"，还可以是姓氏；"杯"还有"舟船"义。

（2）"采"不改为"採"。两字动词义相通，然"采"义内涵更加丰富。

（3）"舡、舩"不改为"船"。三字同具现代"船"义。然"舡"又读为 xiāng；"舩"又可为方言中"衣纽"义，又读 fán，指船舷；"船"除具"舩"之"衣纽"义外，又可作为姓氏。

（4）"吃""喫"不互改。如"吃"之"口吃"义即为"喫"所不具备。又如：

仇讎不互改　脣唇不互改　啖啗噉不互改　堤隄不互改　篴不改为笛
妬不改为妒　豊不改为豐　个箇個不互改　獲穫不互改　饑飢不互改

逕不改为徑　卷不改为捲　曆歷不互改　凌淩不互改　煗煖不改为暖

礮砲不互改　珮佩不互改　凭憑不互改　岐歧不互改　舍捨不互改

筍笋不互改　嘆歎不互改　厀䣛膝不互改　絃弦不互改　閒不改为閑或間

綫線不互改　雁鴈不互改　遊游不互改　于於不互改　郁鬱不互改

徵征不互改　制製不互改　颿不改为帆

祇衹祗秖秪不互改,不改只

4. 严格杜绝受简体字影响而妄改,人为制造新的讹误。如:

(1) 厂　现为"廠"的简化字。然古籍中则颇复杂:

① 读 hǎn,山崖。② 读 ān,同"庵"。③ 读 yán,同"簷"。

(2) 范　现为"範"的简化字。古籍中二字相通处在于和"模型"相关的义项。即使作为姓氏,古代也区分为二字。

(3) 谷　现为"穀"的简化字。古籍中区别明确,意义相通处颇为狭隘。

又如:

几与幾　杰与傑　据与據　坏与壞　仆与僕　扑与撲　朴与樸　洒与灑　台与臺　向与嚮　叶与葉　广与廣　术与術　准与準　宁与寧

5. 姓名字号习惯用字,均遵从不改。

与"庵"同义者,有"厂",有"广",有"菴",有"葊",有"盦"。均一仍其旧,不加统一。又如:种(chóng)不改種　邨不改村　遯不改遁　适(kuò)不改適　枏不改楠　揅不改研　无(《周易》)不改無　畊不改耕

6. 讹字改为规范的繁体字,主要有以下几种情况。

(1) 有一两笔差异而难见于字书者,如:

鬼→鬼　畢→畢　穀→穀(縠)　炙→炙　且→且　甘→甘　缶→缶

垂→垂(垂)　南→南　紙→紙　皇→皇　新→新　峰→峰　鐵→鐵

斜→斜　仄→仄　矛→矛　笑→笑　弄→弄　丹→丹

从斤与从斥互讹　从専与从專互讹　从昜与从易互讹,

从才与从木互讹　从木与从术互讹

(2) 组成部件不同而难见于字书者,如:

囊囊→囊　爨→爨　牵→牽　壑→壑　類→類　冠→冠　旁→旁　庢→底

耡→鋤　肅→肅　列→列　殊→殊　殘→殘　羹→羹　陬→陬

粧→粧或妝　婺→嫠

(3) 讹为另字者,如:

雁讹为雁(堆字)　愽(博)讹为慱(音 tuán)　蚩讹为蚩或虽

佳讹为佳　盼讹为盻　類讹为顡　叉讹为乂　商讹为啇　汩讹为汨

偏讹为偏　敬讹为敬　节讹为芐　齔讹为齓

垆讹为炉　舂讹为春　鹽盬互讹　邛卬互讹

三

需要特别指出的是，异体字的置换，尤其是讹字的勘正，都有一个根本的前提条件，即结合上下语境和具体字的义项严格加以句斟字酌，审慎从事，决不能简单地想当然，鲁莽灭裂。勘正讹误，我们绝大多数情况下是保留原字，出校记给出认为妥当的正字，或存疑待考。以下略以例示：

1. 扞格难通，多因形近而讹。

（1）一朝解天弢，诗魂伴酒魄。（P3090《七十初度诗》）

“弢”字书难见，当为“弢”字之讹。弢即弢。

（2）趁春酿百花，三冬丰储偫。（P4501《后灵篇贻潘子木厓》）

“偫”，字书难见，当为“偫”字之讹。偫音 zhì，积储义。

（3）《蚤过磲矶》（P995）

“磲”，字书难见，当为“蟂”字之讹。蟂矶，在今安徽省无为县二坝镇长江中，与芜湖市隔江相望，相传为纪念三国蜀主刘备的孙夫人而建，设有灵泽夫人祠。

（4）帝遣羡门求凤来，嘘枯腴悴花重开。（P91《灵州枣》）

“腴”，字书难见，疑为“腴”字之讹。腴音 yú，肥沃、丰满义，诗中为使动用法，“嘘枯”“腴悴”均为动宾结构。

2. 诗歌作品，对仗、押韵、调平仄是疑误字处理的重要的关注点和依据。

（1）已见徐常人列鼎，又闻邓沭户鸣钟。（P1127《金陵篇》）

“沭”，为“沐”之讹。徐、常、邓、沐：徐达、常遇春、邓愈、沐英。两句构成对仗。

（2）似此一称觥，老人竟儿嵬。（P4505《我生篇》）

“嵬”，字书难见，疑为“啼”字异体，与其前之“褫”、其后之“牘”正相协韵。

（3）时危楚璞徒含泣，老去秦筝亦罢歌。（P664《八旬初度三首》）

“璞”，字书难见，当为“璞”字之讹。楚璞，即和氏璧。“楚璞”与“秦筝”恰相对仗。

（4）以兹对语寒山石，断不因人热脚翥。充溢贵官犹惜李，萧条高士仅如芝。（P2368《寄姚休那先生……》）

“翥”，字书难见，当为“翥”字之讹，“翥”与“芝”等正相协韵。

《龙眠风雅全编》整理本尽量保持刻本原貌，弥补其漫漶缺憾，纠正其衍、倒、脱简。字斟句酌，不放过一处疑问，严格审慎，不盲从，不妄改，是正有据，阙疑存真。于不经见的字词，务求水落石出，有所交代。照抄不误不是整理，臆断妄改则更可怕。总之，我们力图最大限度、最大信度地为现代读者提供阅读便利。

（作者单位：安徽省古籍整理出版办公室）

阮元《毛诗注疏校勘记》勘误

——兼谈《十三经注疏》的整理对阮《校勘记》的参考问题

杨青华

阮元嘉庆南昌府学刻本《十三经注疏附校勘记》，是一个较为精审且流传甚广的本子。但该本有一个很大的缺陷，即所采用底本非宋十行本，而是元刻明修补本①。此本虽说较明代诸刻本尚早且善，但也质量不高。阮元校勘《十三经注疏》之时，许多于《毛诗注疏》有重要校勘价值的相关文献大多藏在海外。比如南宋刊单疏本《毛诗正义》现存于日本武田氏杏雨书屋②。该本刻于南宋绍兴九年，是现存最早的单疏本③，而且后世的注疏合刻本的《疏》文部分大多以此本为底本。而真正的十行本《毛诗注疏》则现藏于日本足利学校，为日本国宝，此本亦是阮刻底本十行本的祖本，具有非常重要的文物与文献校勘价值。由朱杰人、李慧玲整理点校，上海古籍出版社2013年出版的《毛诗注疏》(以下简称"上古本")之底本就是宋十行本。而宋刻本《毛诗要义》是宋代大儒魏了翁摘录当时的《毛诗注疏》之经、注、笺、疏而成，由其子魏克愚刻于徽州紫阳书院。由于它刊刻时间早，所用底本精善，历来学者对其校勘价值均有认识，阮元自己亦认为其于校勘有重要价值④。但当时宋刻本《毛诗要义》为私家所藏，阮元未能得见，所以未能参用。宋刻本《毛诗要义》近代流散至日本，今藏于日本天理大学图书馆。《续修四库全书》编纂之时，《要义》从日本天理大学图书馆影印而来，国内方得见。

笔者采用南宋单疏本、足利十行本、宋刊《毛诗要义》与阮《校勘记》进行比勘，发现其错误有45⑤条。另外，由于缺乏相关文献依据，《校勘记》作者有些条目只列异同，而未能做出案断。我们根据足利学校所藏十行本《毛诗注疏》、南宋单疏本《毛诗正义》、宋刻本《毛诗要义》可对其进行补证，此种情况有12条⑥。这一数

---

① 李慧玲：《阮刻〈毛诗注疏〉底本诸说之辨正》，《中华文史论丛》，2008年第1期，第273页。

② 南宋单疏本《毛诗正义》阙前七卷，2012年，人民文学出版社据日本武田氏杏雨书屋本影印。

③ 王国维等撰：《闽、蜀、浙、粤刻书从考·两浙古刊本考》，北京古籍馆出版社，2003年，第148页。

④ 关于宋刻本《毛诗要义》的校勘价值，请参见笔者拙文《宋刻本〈毛诗要义〉文献校勘价值述略—以嘉庆二十年南昌府学阮刻本〈毛诗注疏〉为参照》，《历史文献研究》第37辑，上海：华东师范大学出版社，2016年。

⑤ 李慧玲《阮元〈毛诗注疏校勘记〉的两个版本辨析》一文指出，阮元《十三经注疏校勘记》主要有两个版本系统：其一为文选楼本系统，与《皇清经解》本同属一系统，今《续修四库全书·五经总义类》有收录；其二南昌府学本，两个系统版本差异较大。本文就勘误的45条《校记》皆为南昌府学本和文选楼本两个版本所共有。李慧玲：《阮元〈毛诗注疏校勘记〉的两个版本辨析》，《华东师范大学学报》(哲学社会科学版)，2009年第1期。本文所用阮元《毛诗注疏附校勘记》，系1989年台北艺文印书馆据嘉庆二十年南昌府学刻本影印。本文所引阮刻本《校勘记》均出此本，此作说明。

⑥ 此十二条校记为卢宣旬所补校，为南昌府学本所独有，文选楼本系统所无，当是卢宣旬摘录《校勘记》时所补校。

量虽于数目庞大的阮《毛诗注疏校勘记》而言不足道。但是见微知著，我们在整理十三经注疏之时，对于阮元《校勘记》的采用要保持谨慎。现就笔者所及，兹列于下，以资参考。

一、阮元《毛诗注疏校勘记》案断错误之处

1.《风》也、《小雅》也、《大雅》也、《颂》也，此四者，人君行之则为兴。

《校勘记》："闽本、明监本、毛本同。十行本'大'至'之'剜添者三字，是'此四者'三字衍也。"(P29)

案：考足利十行本(P23①)、《要义》(P317②)与阮刻本同，可证此处并非衍字。从文义上说亦顺，《校勘记》不知何据。

2. 若关雎之有别焉。

《校勘记》："小字本同，闽本、明监本、毛本亦同。相台本'关雎'作'雎鸠'。案：'关雎'是也。下传云'有关雎之德'可证。相台本因《正义》云'若雎鸠之有别'因改此传。考《正义》，凡自为文，每不必尽与注相应，不当据改也。《考文》古本作'雎鸠'采《正义》而误。"(P29)

案：阮《校勘记》认为相台本、《七经孟子考文》古本均是因《正义》而改《传》文。而《要义》(P318)亦作"若雎鸠之有别焉"，《要义》成书均早于相台五经本，可见此条《传》文，当作"雎鸠"，《校勘记》从本校和理校入手，认为此处相台本、《考文》是因《正义》而改《传》文，其说非是。对于此条，瞿镛《铁琴铜剑楼藏书目录》说："《关雎》传'若雎鸠之有别焉'，'雎鸠'不作'关雎'。"③上古本(P27)仍作"关雎"。

3.《南山》笺云姜与侄娣及傅母同处。

《校勘记》："闽本、明监本、毛本同。案：……'姜'上，浦镗云脱'文'字，是也。"(P38)

案：《校勘记》认为此处脱"文"字，而《要义》(P322)作："《南山》笺文姜与侄娣及傅母同处"。可证此处并非脱字，而是"文"字讹为"云"字。《校勘记》之说非是。瞿镛《铁琴铜剑楼藏书目録》："《葛覃》末章疏：'南山笺文姜与娣侄'，'南'上不衍'圈'，'文'不讹'云'。据此知十行本'云'即'文'之讹，铺氏镗谓脱'文'字，非也。"④上古本(P43)仍作"云"。

4. 则禄父也外。

《校勘记》："补，毛本'也'作'已'，案：'已'字是也。"(P82)

---

① 由朱杰人、李慧玲点校，上海古籍出版社2013年出版的《毛诗注疏》所用之底本乃是日本所藏足利十行本。足利十行本未能得见，本文出于校勘的需要，仍称足利十行本，而此处页码为上古本之页码。

② 此处页码为上海古籍出版社2002年《续修四库全书》本《毛诗要义》页码。《续修四库全书》第56册所收之《毛诗要义》，即据日本天理大学所藏宋本《毛诗要义》影印。

③ (清)瞿镛：《铁琴铜剑楼藏书目录》，《续修四库全书》第926册，上海：上海古籍出版社，2002年，第85页。

④ 《铁琴铜剑楼藏书目录》，第85页。

案:此处《校勘记》未列证据,直接认为“也”当作“已”。《要义》(P350):“禄父之外。”可知“也”当作“之”。上古本(P180)据阮《校勘记》改,不确。

5. 宋襄公之母则身已归宋。

《校勘记》:“补,‘宋’当作‘卫’。”(P82)

案:此处足利十行本及阮元《校勘记》皆不确。《要义》(P353):“宋襄公之母则身已归宗”。卫乃宋襄公之母宋桓夫人之母国,所以言“归宗”,当十行本“宗”误“宋”,形近而讹。上古本(P180)据阮《校勘记》改,不确。

6. 今雌雉鸣也。

《校勘记》:“闽本、明监本、毛本同。案:‘浦镗云‘鸣’当‘鸟’误,是也。”(P96)

案:足利本十行本(P194)、《要义》(P363)与阮刻本同。《校勘记》直接采用浦镗之说,“鸣”当“鸟”误,《校勘记》之说非是。经文说:“雉鸣求其牡”,孔《疏》说:“今雌雉鸣也,乃鸣求其走兽之牡。”[①]作“鸣”,于义亦通。

7. 又云为幽王大司徒。

《校勘记》:“闽本、明监本、毛本同。案:此不误。浦镗云衍‘云’字,非也。《谱》以上说京兆郑县,以下说河南新郑,故以‘又云’为更端之辞。山井鼎《考文》载永怀堂板‘又云’作‘桓公’出于臆改,其板自是俗书,无足论者。卢文弨亦取改此文,失之矣。”(P166)

案:足利十行本(P376)、《要义》(P413)皆作“又为幽王大司徒”,可见此处确衍“云”字,浦镗之说不误。

8. 是突前篡之笺。

《校勘记》:“闽本、明监本、毛本‘笺’作‘初’,案:皆非也,当作‘事’,上下文可证。”(P166)

案:单疏本(P38)、《要义》(P416)皆作“是突前篡之初”。闽本、明监本、毛本皆不误,《校勘记》之说不确。上古本(P399)已据单疏本改。

9. 宜是初田事也。

《校勘记》:“闽本、明监本、毛本‘田’作‘年’案:皆非也,‘田’作‘日’,形近之讹。”(P166)

案:单疏本(P38)、《要义》(P416)皆作“宜是初年事也”,可证当作“年”。《校勘记》认为“田”、“日”,形近而讹,似有道理,但《单疏本》、《要义》作“年”,从文义上说亦通[②]。孔疏说:“《褰裳》‘思见正’,言突篡国之事,是突前篡之笺,国人欲以邻国正之。《春秋》之义,君虽篡弑而立,已列于会,则成为君。案突以桓十一年篡,十二年公会郑伯,盟於武父。自是以后,频列于会,则成为郑君,国人不应思大国之见正,《褰裳》宜是初田事也。”[③]孔颖达认为《褰裳》当是公子突(郑厉公)篡夺郑国君位之初国人所

---

①③　《毛诗注疏附校勘记》,第88、160页。

②　此问题实与阮元校勘时文献资料不足有关。《校勘记》作者这认为其底本为宋十行本,较闽本等刊刻时间早,认为宋板本作“田”,但于义不通,当是“日”与“田”形近而讹,又认为闽本等作“年”,乃是后改。校者由于当时未见比十行本刊刻时间更早的宋刻单疏本、及《要义》,因而不知闽本等本渊源有自,于义亦通,而非臆改。本文第11、22两条所论属同类的问题。

作，所以“初年”于义可通。上古本（P399）已据单疏本改。

10. 周缁衣卿士所服。

《校勘记》：“闽本、明监本、毛本‘周’作‘则’。案：所改皆非也。‘周’当作‘明’，形近之讹。”（P166）

案：单疏本（P39）、《要义》（P417）皆作“则缁衣卿士所服”。与闽本、监本、毛本同，《校勘记》认为闽本以下所改为非，不知闽本、明监本、毛本渊源有自，并非臆改。孔《疏》：“经云缁衣，周缁衣卿士所服也。”[①]考孔《疏》，其于此正在说明“缁衣”乃是卿士朝服之正服。《诗经·郑风·缁衣》，《小序》曰“美武公也”，而郑武公为周王卿士。“则”字于义可通。上古本（P400）已据单疏本改。

11. 诸侯佩山玄玉。

《校勘记》：“闽本、明监本、毛本‘诸’作‘公’案：此‘公’字用《礼记》文改也。”（P175）

案：单疏本（P45）、《要义》（P424）皆作“公侯佩山玄玉”。此处《校勘记》认为闽本、明监本、毛本是根据《礼记》文所改而作“公侯”，而《要义》作“公侯”，可见闽本、明监本、毛本所改当有所据，乃宋板本亦如此，并非据《礼记》所改。《校勘记》之说不确。上古本（P410）仍作“诸侯”。

12. 止自胡公之所杀。

《校勘记》：“闽本、明监本、毛本同。案：卢文弨云‘止自’当作‘上距’是也。”（P193）

案：考单疏本（P55）、《要义》（P435）皆作：“上自胡公之所杀”。此处作“止”从语义上明显不通。阮《校勘记》亦认识到这一点。《要义》作“上自”于语义自然理顺。阮《校勘记》认为当作“上距”，不确。当是“止”是“上”形近之讹，当以《要义》为是。上古本（P452）仍作“止自”。

13. 有姝姝美好之子。

《校勘记》：“小子本同、相台本亦同。《考文》古本亦同。闽本、明监本、毛本‘姝姝’作‘姝然’，此当是‘有姝姝然美好之子’，《静女》正义所引可证也。今此《正义》两言‘姝然’，其毛以为下一‘姝然’不误，以《传》本不重此字也。其郑以为下本是与《笺》文同。作‘姝姝然’，因上有‘姝然’遂误脱之也。闽本以下用以改《笺》，非也。各本亦脱去‘然’字。”（P194）

案：《校勘记》从本校法入手，引《静女》疏文，认为其脱“然”字，当作“姝姝然”。《校勘记》认为闽本以下诸本据《笺》文而改下一“姝”字为“然”。而《要义》作：“有姝然美好之子”（P441）。由《要义》可证，此处不是脱“然”字。而是下“姝”字乃“然”字之误。闽本以下诸本非据《笺》文而改字，其作“姝然”本有所据。

14. 奇天数矣。

《校勘记》：“闽本、明监本、毛本同。案：‘天’当作‘大’，形近之讹。‘奇大数矣者，谓奇之数不止于五也。”（P203）

---

① 《毛诗注疏附校勘记》，第161页。

案:《校勘记》认为“大”因形近而讹为“天”,且从语义入手,怀疑讹字,确属高见。然单疏本(P63)、《要义》(P444)皆作“奇数多矣”,“奇数多矣”正如《校勘记》所说“奇之数不止于五”,于义可通。上古本(P502)虽以单疏本为是,但未据单疏本改。

15. 与上古文相通也。

《校勘记》:“闽本、明监本、毛本同。案:‘古’当作‘句’形近之讹。”(P205)

案:单疏本(P45)、《要义》(P449)皆作“与上互文相通也”,当作“互”。上古本(P503)已据单疏本改。

16. 止此诗并刺君。

《校勘记》:“闽本、明监本、毛本‘止’作‘也’,案:皆误也。‘止’当作‘但’,字之坏耳”(P213)

案:单疏本(P70)、《要义》(P453)皆作“此则明主也,此诗并刺君”。可证闽本、明监本、毛本不误。“止”当作“也”。阮《校勘记》认为当作“但”,字之坏耳,其说不确。上古本(P503)已据单疏本改。

17. 税三不得薄也。

《校勘记》:“闽本、明监本、毛本同。案:‘三’当作‘一’。”(P213)

案:单疏本(P72)、《要义》(P456)皆作“税敛不得薄也”。当以《要义》为是,作“敛”。上古本(P529)已据单疏本改。

18. 非徒薄于十。

《校勘记》:“闽本、明监本、毛本同。案:‘十’当作‘一’。(P213)

案:单疏本(P72)、《要义》(P456)皆作“非徒薄于十一”。可证此处当是脱“一”字,而不是“十”讹为“一”。上古本(P529)已据单疏本改。

19. 郑以为鱼食飧则非传所云熟食也。

《校勘记》:“闽本、明监本、毛本同。案:‘食’当作‘飧之’二字。”(P214)

案:单疏本(P74)、《要义》(P458)皆作“郑以为鱼飧谓以鱼食飧则非传所云熟食也”。可证此处当是阮刻底本脱“鱼飧谓以”四字。上古本(P530)已据单疏本补。

20. 翳之变风始作。

《校勘记》:“闽本、明监本、毛本同。案:此不误,浦镗云‘秦’误‘翳’,非也。案:《谱》于其余每称国,于此易‘秦’言‘翳’者,以言秦则嫌似秦之政衰,而变风始作也。《卫谱》云:‘卫国政衰,变风始作’,余国从上而同可知。唯郑首《缁衣》亦不易其文者,对上桧而言又作故耳”(P239)

案:单疏本(P86)、《要义》(P473)皆作“秦之变风始作”,可知当作“秦”,浦镗之说为是。上古本(P598)已据单疏本改。

21. 不须便言其西。

《校勘记》:“闽本、明监本、毛本‘便’作‘复’,案:皆非也。此‘更’字之误。”(P239)

案:单疏本(P87)、《要义》(P475)皆作“不须复言其西”,当作“复”。

《校勘记》认为闽本、明监本所改皆非,而不知闽本等本渊源有自。作“复”,于义可通。孔《疏》说:“《禹贡》雍州云‘荆、岐既旅,终南惇物’,则此山皆属雍州,秦居其傍,故云'之野'也。不言西至,独言东至者,以秦居陇西东拓土境,上已云近鸟鼠之山,不须便言其西,故直言东至而已。"[①]"复言"有"再说"之义,于义亦通。"便"、"复"形近之讹,且有版本为据。上古本(P598)已据单疏本改。

22. 桧国在禹贡豫州。

《校勘记》:"闽本、明监本、毛本同。案:此不误,浦镗云'桧'衍字,非也。嫌国是祝融国。故复举'桧'而言之。"(P266)

案:单疏本(P105)、《要义》(P501)皆作"国在禹贡豫州外方之北"。当是衍"桧",浦镗之说不误。阮《校勘记》之说不确。上古本(P656)仍有"桧"。

23. 谓如不以散。

《校勘记》:"闽本、明监本、毛本同。案:当作'谓固不可散'。"(P274)

案:单疏本(P112)、《要义》(P512)皆作"谓坚牢不散",可知当作"坚牢不散"。上古本(P691)已据单疏本改。

24. 綦常服也。

《校勘记》:"闽本、监本、毛本同,案:'綦'上当有'玉'字,因上句末'王'字形近而脱去也。"(P275)

案:单疏本(P113)、《要义》(P513)皆作"执兵卫王,非常服也"。孔《疏》说:"《顾命》云:'四人骐弁执戈',注云:'青黑曰骐'。不破'骐'字为玉綦者,以《顾命》之文,于'四人骐弁'之下,每云'一人冕',身服冕则是大夫也。于'四人骐弁'之上,云'二人爵弁执惠',身服爵弁,则是士也。于'爵弁'之下,次云'骐弁',明亦是士。《弁师》之文,上云'孤卿大夫之皮弁,各以其等为之',不言士之皮弁,则士之皮弁无璂饰矣,故《弁师》注云:'士之皮弁之会无结饰'。以士之皮弁无玉綦饰,故知《顾命》士之骐弁,正是弁作青黑色,非綦玉之皮弁矣。《礼》无骐色之弁,而《顾命》有之者,以新王即位,特设此服,使士服此骐弁,执兵卫王。綦,常服也。"[②]孔《疏》此处引《尚书·顾命》及《周礼·弁师》之说,意在说明士之皮弁有无玉綦饰这一问题。在一问题上,《顾命》与《弁师》所说相反。孔《疏》从《弁师》之说,认为士之皮弁无玉綦饰,而《尚书·顾命》所说"士服骐弁(有玉綦饰之弁)"乃是新王即位的临时做法,执兵卫王乃是士[③],因此玉綦饰非士之常服。单疏本、《要义》作"执兵卫王,非常服也",正合孔《疏》之义。上古本(P691)已据单疏本改。

25. 见能未形。

《校勘记》:"闽本、明监本、毛本同。案:浦镗云'见能"字当误倒,是也。"(P305)

案:单疏本(P124)、《要义》(P533)皆作"见于未形"。可证不是"见能"误倒,而是作"见于",可证阮《校勘记》案断之不确。上古本(P766)已据单疏本改。

26. 兴废于人也。

《校勘记》:"闽本、明监本、毛本'废'下有'存'字。案:所补是也。"(P314)

---

①② 《毛诗注疏附校勘记》,第233、第271页。

③ 《尚书·顾命》,孔疏说:"《礼》大夫服冕,士服弁也。此所执者凡有七兵,立于毕门之内,及夹两阶立堂下者,服爵弁、綦弁者,皆士也。"可见执兵卫王,正是士。(清)阮元校刻:《尚书注疏附校勘记》,台北:艺文印书馆,1989年,第280页。

案:单疏本(P145)、《要义》(P542)皆作“兴废由于人也”,此处当是脱“由”字,《校勘记》从闽本等,其说非是。上古本(P789)已据单疏本改。

27. 仍有故取、袭、克、围、灭、入之名。

《校勘记》:“闽本同,明监本、毛本‘入’误‘人’案:山井鼎云‘故’恐误‘攻’,是也。”(P337)

案:单疏本(P124)、《要义》(P553)皆作“仍有败、取、袭、克、围、灭之名。”“故”当作“败”,《校勘记》取山井鼎的说法,但山井鼎说“恐误‘攻’,乃属猜测,亦无明据。而《要义》此处‘故’作‘败’,当是‘故’、‘败’形近之讹。”上古本(P845)已据单疏本改。

28. 实阴阳而得阳名者。

《校勘记》:“闽本、明监本。毛本同。案:上‘阳’字当作‘月’。”(P336)

案:单疏本(P159)、足利十行本(P893)与《要义》(P552)皆作“实无阳而得阳名者”。《校勘记》认为“阴阳”当作“阳月”,无据。据单疏本、《要义》,“阴阳”当作“无阳”,于义亦通。

29. 无文论其形,故云同异未制闻。

《校勘记》:“闽本、明监本、毛本‘未制’作‘制未’,案:所改是也。”(P364)

案:单疏本(P175)、足利十行本(P911)与《要义》(P571)同,作“无文论其形制,故云同异未闻”。闽本、明监本、毛本“未制”作“制未”,《校勘记》据闽本、明监本、毛认为当是“制未”误倒“未制”。从单疏本、《要义》、足利十行本可证,此处确有误倒之处,当是“制”字本在“形”字之下,而非“制未”误倒“未制”。

30. 艮为石,地文也。

《校勘记》:“闽本、明监本、毛本误重‘石’字。”(P382)

案:单疏本(P188)、《要义》(P581)皆作“艮为石,石地文也”。可证闽本、明监本、毛本本与《要义》同,较阮刻底本多“石”字,重“石”字本不误,于义亦通。上古本(P972)已据单疏本补。

31. 礼诸侯之制也有夹室。

《校勘记》:“闽本、明监本、毛本同。案:‘也’当作‘聘’。(P390)

案:单疏本(P191)、《要义》(P583)皆作“诸侯之制有夹室”。《校勘记》认为“也”当作“聘”,其说非,当是衍“也”字。上古本(P981)因未参考单疏本及《要义》,标点为“礼,诸侯之制也,有夹室”,显然有误。

32. 快快快然其昼日居之也。

《校勘记》:“闽本、明监本、毛本无一‘快’字,案:上‘快’字乃‘矣’字之误,辄删者,非也。”(P391)

案:单疏本(P192)、《要义》(P586)皆作“故快快然,其昼日居之也”,足利十行本(P986)与阮刻同。可证第一个“快”字,当是“故”字之讹。闽本、明监本、毛本无上“快”字。《校勘记》认为上一“快”字当作“矣”字,作为上句的句末语气词。上古本(P998):“据阮校、闽本、明监本、毛本改。”不知上古本何据,当是据单疏本改。

33. 此篇讥曰皇父擅恣。

《校勘记》:“闽本、明监本、毛本同。案:‘曰’当作‘由’形近之讹。”(P415)

案：单疏本(P202)、《要义》(P592)皆作"此篇讥皇父擅恣"，无"曰"字。《校勘记》认为当是"由"形近而讹，非是。"曰"字，当是衍文。上古本(P1062)已据单疏本删。

34. 事国家之权。

《校勘记》："闽本、明监本、毛本'事'作'专'，案：所改是也。"(P415)

案：单疏本(P202)、《要义》(P592)皆作"秉国家之权"。《校勘记》从闽本、明监本、毛本认为"事"作"专"，非。"事"、"秉"当是形近而讹。上古本(P1062)已据单疏本改。

35. 虽子则《尔雅》小异。

《校勘记》："补，案：'子'当作'字'，'则'字不误，毛本并改'则'为'与'，非是。"(P415)

案：单疏本(P204)、《要义》(P595)皆作"虽字与《尔雅》小异"，此处"子"作"字"，"则"作"与"。《校勘记》认为"则"字不误，认为毛本作"与"非是，阮说非是。毛本所改，当是渊源有自。上古本(P1064)已据单疏本改。

36. 故安汉时不同。

《校勘记》："闽本、明监本、毛本同。案：'安'当作'校'形近之讹。"(P416)

案：单疏本(P206)、《要义》(P598)皆作"故与汉时不同"。阮《校勘记》认为"安"当作"校"，其说非是。"安"当作"与"，上古本(P1064)已据单疏本改。

37. 故变文以云义也。

《校勘记》："闽本、明监本、毛本同。案：山井鼎云宋版'云'作'示'，'示'字是也。但其实不然，当是剜也。"(P431)

案：单疏本(P221)、足利十行本(P1047)与《要义》(P603)皆作"故变文以示义也"。山井鼎认为作"示"，当有所据。《校勘记》认为乃是剜添，其说非是。

38. 于女亦何病乎。

《校勘记》："闽本、明监本、相台本'乎'作'也'，小字本无'亦'字。案：无者是也。有者用《正义》自为文添耳。"(P432)

案：此句乃《笺》文。考足利十行本(1094)亦作"乎"。而《要义》(P606)："于女亦何病也"，可证此处"乎"当作"也"。闽本、明监本、相台本当渊源有自。此处足利十行本(1094)亦有"亦"字，《校勘记》仅依从小字本认为无"亦"字，其说不确。

39. 四恶如此。

《校勘记》："闽本、明监本、毛本'四'作'曰'。案：山井鼎云'曰'恐'王'误，非也。浦镗云疑'肆'字误，是也。写者以'四'为'肆'之别体字而致误耳。大小《雅谱》'肆夏'作'四夏'是其证也。"(P450)

案：此条，闽本、明监本、毛本"四"字作"曰"，山井鼎云认为作"王"。而浦镗认为作"肆"，《校勘记》认为山井鼎之说为误，而认同浦镗之说。而单疏本(P225)与《要义》(P616)均作："王恶如此"，可证山井鼎说之是。上古本(P1156)已据单疏本改。

40. 传礬大淮上地。

《校勘记》："闽本、明监本、毛本同。案：十行本'大'至'地'剜添者一字，'淮'当作'至'。"(P463)

案:单疏本(P230)、《要义》(P620)皆作"传鼙大鼓三洲淮上地"。此句为孔《疏》标起之语。《校勘记》认为此处"淮"当作"至"字,是因为孔《疏》即将解说毛《传》"鼙大"至"上地"之语。的确,孔《疏》标起语长用此例,如"传……至……";笺……至……",中间多省略文字。但是此处标起语孔《疏》则没有省略,全部采用毛《传》之语。今考单疏本此种情况较多。可见当是经注本与孔《疏》合刻之时,于孔《疏》标起之语多有改动,而《校勘记》根据常例认为此处有误。《校勘记》有此怀疑当是正确,但其案断则非。上古本(P1192)已据单疏本改。

41. 如是音磐舒合。

《校勘记》:"补,案:'磐'当作'声'形近之讹,毛本正作声。"(P463)

案:单疏本(P230)、《要义》(P620)皆作"音磐和合节奏",正作"磐"。《校勘记》依据毛本作"声",其论不确。另外,根据单疏本、《要义》"舒"当作"和",当是阮刻底本"和"讹为"舒"。上古本(P1192)据单疏本已指出此处异文,但没据单疏本改。《要义》可与单疏本互证。

42. 必祭祀所用。

《校勘记》:"闽本、明监本、毛本同。案:'必'上浦镗云疑脱'非'字,是也。"(P463)

案:单疏本(P232)、《要义》(P622)皆作"未必祭祀所用皆所亲为",作"未必"。《校勘记》认为此处于义不通,怀疑脱字,是属高见。但其认为脱"非"字,则未确。依单疏本、《要义》此处当脱"未"字。上古本(P1168)此处没有出校,当是漏校。

43. 其若合符。

《校勘记》:"闽本、明监本、毛本同。案:'其'当作'共'。"(P475)

案:单疏本(P243)、《要义》(P635)皆作"其数正允,有若合符"。当是"其"、"有"形近之讹。《校勘记》认为作"共"字。其说无证。上古本(P1222)已据单疏本指出作"有",但未据改。以《要义》和单疏本参之,当作"有",形近之讹。

44. 故经曰山川悠远维其劳病矣。

《校勘记》:"闽本、明监本、毛本同。案:'病'字当衍也。因衍此而下有脱。故剜添之余,亦多此类。"(P529)

案:单疏本(P282)、《要义》(P670)与阮刻本同,足利十行本(P1347)作"维其劳苦病矣",《校勘记》认为"病"是衍字。考单疏本、《要义》并非衍字。而足利十行本则衍"苦"字。上古本(P1361)据阮《校勘记》、单疏本删"苦"字。

45. 四时迎气于四郊祭帝。

《校勘记》:"毛本'祭'下剜添'一'字。闽本、明监本无。案:此误补也。言'帝'于文自足。《南齐书·礼志》有'一'字。以义添之耳。"(P727)

案:《校勘记》于此认为是毛本误添"一"字,考《要义》(P774)作:"四时迎气于四郊祭一帝"。可证"一"字宋板本有之。《校勘记》在无确切的版本依据下,认为'一'字乃剜添,有失武断。上古本(P1942)已据单疏本改。

二、阮刻《校勘记》指出异同，缺乏证据不下案断

阮元《校勘记》对于直接引用他人的校勘成果，或者当十行本与参校本出现异文时，一般是会作出案断。如阮刻《注疏》："不应得有故乱旧恩好"。

《校勘记》："闽本、明监本、毛本同。案：浦镗云'乱'疑'衍'字，是也。""是也"、"所改是也"是案断的文字，但《校勘记》中有些条目由于缺乏确凿的证据，补校者[①]只列出了《毛本》与十行本的不同，并没有作出案断，现补证如下：

1. 后人作诗谟摩旧法。

《校勘记》："补，毛本'谟摩'作'模准'。"(P28)

案：此条《校勘记》指出毛本"谟摩"作"模准"，只列异同，而无案断。足利十行本(P8)作"谟准"。《要义》作："后人作诗模准旧法"(P310)，毛本不误，当作"模准"。孙诒让《十三经注疏校记·毛诗校记》："'谟'是，'准'非。'摩'似不误。"[②]孙校亦非。

2. 华注节间。

《校勘记》："补，'注'当作'生'。"(P157)

案：足利十行本(P357)、《要义》(P409)皆作"华生节间"，当作"生"。

3. 佩玉有衡牙。

《校勘记》："补，《礼记》'冲'作'衡'。"(P175)

案：单疏本(P45)、《要义》(P423)皆作"《玉藻》云佩玉有冲牙"，当作"冲"

4. 复思于郑。

《校勘记》："补，'思'当作'归'。"(P176)

案：单疏本(P47)、《要义》(P427)皆作"郑世子忽复归于郑"，当作"归"。

5. 当复禒衣。

《校勘记》："补，毛本'复'作'服'。"(P193)

案：单疏本(P57)、《要义》(P438)皆作"当服禒衣"，当作"服"。

6. 至于女嫁。

《校勘记》："补，毛本'嫁'作'家'。"(P193)

案：单疏本(P59)、《要义》(P440)皆作"至于女家"，当作"家"。

7. 尾于正鹄之事。

《校勘记》："毛本'尾'作'毛'。"(P205)

案：单疏本(P67)、《要义》(P450)皆作"毛于正鹄之事"，当作"毛"。

8. 声伯恶见食之。

《校勘记》："补，毛本'恶'作'梦'。"(P248)

案：单疏本(P96)、《要义》(P488)皆作"声伯梦见食之"，当作"梦"。

---

① 关于《毛诗注疏》校勘记卢宣旬的补校问题，详见李慧玲：《阮元〈毛诗注疏校勘记〉的两个版本辨析》，《华东师范大学学报》(哲学社会科学版)，2009年第1期。

② (清)孙诒让：《十三经注疏校记》，济南：齐鲁书社，1983年，第28页。

9. 警如为室。

《校勘记》:"补,毛本'警'作'譬'。"(P314)

案:单疏本(P140)、《要义》(P561)皆作"周国之兴譬如为室","警"乃"譬"之讹。

10. 瘗谓之堙于土。

《校勘记》:"补,毛本'堙'作'埋'。"(P667)

案:单疏本(P381)、《要义》(P742)皆作"瘗谓之埋于土",当作"埋"。

11. 祭于祖者。

《校勘记》:"诸本'者'作'考'。"(P715)

案:单疏本(P419)、《要义》(P772)皆作"用朝享之礼祭于祖考",当作"考"。

12. 言愍公之适辞。

《校勘记》:"补,毛本'辞'作'嗣'。"(P796)

案:单疏本(P473)、《要义》(P831)皆作"言愍公之适嗣",当作"嗣"。

综上,《校勘记》作者在校勘过程中,认识到有些地方明显有误,由于文献资料的缺乏,许多地方列出了异同而未做出案断,体现其谨慎之精神。当时校者如果能够参考南宋单疏本《毛诗正义》、宋刻本《毛诗要义》以及足利十行本,这些地方可以做出相对准确的案断。另外,历来学者对于毛晋汲古阁刻本评价质量不高,如张之洞说:"阮本最于学者有益,凡有关校勘处旁有一圈,以圈检之,精妙全在于此。四川书坊翻刻阮本,讹缪太多,不可读,且削去其圈,尤缪。明监本、汲古阁本不善。"[①]从这些补正的结果和阮刻《校勘记》来看,毛本许多地方多与单疏本、《要义》相同。可见毛晋的汲古阁本在校勘的过程中的参校价值较闽本、监本要高。

三、整理本关于阮元《校勘记》的参考问题

阮元《校勘记》是整理古籍时重要的校勘参考文献。如中华书局本、北大的点校本、还有最近上海古籍整理本,在出版和点校过程中均采用阮元《校勘记》的成果。中华书局本、北大点校本由于整理时间早,一些海外的重要参考资料如南宋单疏本、足利十行本等基本没有采用,他们整理还是以阮元《校勘记》作为主要校勘参考资料。这两个整理本,对于文字歧义之处,许多地方直接据阮元《校勘记》径改。由朱杰人、李慧玲两先生整理,由上海古籍2013年出版的《毛诗注疏》,后出转精,整理水平高,许多学者已有专文指出。上古本所用底本为日本足利学校所藏南宋刘叔刚一经堂刊刻的十行本《毛诗注疏》。该本较阮刻本之底本(元刻明修十行本)要精善。即便上古本所用之底本较好,参校本亦是众多,但阮元《校勘记》仍然是其重要的校勘参考资料。但如上所举,阮元《校勘记》中有许多结论和案断有误和值得商榷之处,即便是后出转精的上古本亦是不审,许多地方直接采用阮元《校勘记》的成果,如果在整理之时能够对阮元《校勘记》与单疏本、《毛诗要义》作对比,亦可免此错误。如:阮刻《注疏》:"则禄父也外"。《校勘记》:"补,毛本'也'作'已',案:'已'字是也。"(P82)此条足利

① (清)张之洞撰,范希增补正:《书目答问补正》,上海:上海古籍出版社,2001年,第1页。

十行本与阮刻本同。上古本(P180)于此直接采用阮《校勘记》之结论,而考之《毛诗要义》(P350):“禄父之外”,可知当作“之”。阮刻《注疏》:“宋襄公之母则身已归宋”。《校勘记》:“补,‘宋’当作‘卫’。”(P82)上古本(P180)亦是直接采用阮《校勘记》。考之《毛诗要义》(P353):“宋襄公之母则身已归宗”。卫乃是宋襄公之母的母国,所以说“归宗”,当是十行本“宗”误“宋”,形近而讹。当以《要义》为是。

北大点校本在吸收阮《校勘记》时同样问题很多。据笔者爬梳,笔者辩证阮《校勘记》错误 45 条,北大点校本(繁体排印本)大部分据阮《校勘记》据改。如:

阮刻《注疏》:“《南山》笺云姜与侄娣及傅母同处”。《校勘记》:“闽本、明监本、毛本同。案:……‘姜’上,浦镗云脱‘文’字,是也。”(P38)

此处并非脱“文”字,而是“文”讹为“云”。北大点校本据阮《校勘记》补“文”字。[①]

阮元《校勘记》虽说精善,但他校勘时,所用底本不精,且主要参校本质量不高,与之相关的重要参考资料未能得见或未采用。这不仅直接关系到南昌府学刻本的质量,且对其《校勘记》的校勘结论亦有重要影响。我们今天在吸收阮元《校勘记》成果之时亦需谨慎,很有必要对阮《校勘记》作全面的梳理,才能去粗取精,去伪存真。

(作者单位:中山大学中国语言文学系)

① 详见(汉)毛亨传,(汉)郑玄笺,(唐)孔颖达疏,龚抗云等整理:《毛诗正义》,北京:北京大学出版社,2000年,第 41 页。

北京大学出版社本《礼记正义》校勘记*

——兼校其阮刻底本

陶广学

北京大学出版社于1999年出版了整理本《十三经注疏》，以1979年中华书局影印清嘉庆二十一年阮元校刻的《十三经注疏》为底本（下文简称底本），进行了包括标点、文字处理、校勘和吸收研究成果等整理工作，“旨在填补学术界空白”（《整理说明》）。然智者百密，不无一疏。吕友仁先生在《〈十三经注疏·礼记注疏〉整理本平议》一文，爬梳剔抉，校勘出简体整理本《礼记正义》讹误71例，并加以严密论证[①]。叹服之余，笔者反复通读简体整理本《礼记正义》，对比稽考，另校勘出错字、衍文、脱文、倒文、异文等问题，凡53例，枚举如下，以期正于方家：

一、错字34例

1.《礼记正义·整理说明》页2—9（前一数字指讹误所在页码，后一数字指讹误所在该页正文的行码，下文皆同）：其中，汉·郑玄、何休、孔安国、赵岐，魏·何晏、王弼，晋·杜预、范宁、郭璞，唐·孔颖达、徐彦、杨士勋、李隆基，宋·刑昺等……

按：“刑昺”当为“邢昺”。

2.《礼记正义序》后有一篇名为《礼记正义》文，孙诒让云“此篇与疏中复，不审何故”[②]，整理本亦引孙说。此文错字凡三。其一，页5—10：《六艺论》云“历六记九十一代”，其又不同，未知孰是。

按：据本页第4行“历六纪九十一代”、第12行“案《广雅》云：‘一纪二十七万六千年。’方叔机注《六艺论》云：‘六纪者，九头纪、五龙纪、摄提纪、合洛纪、连通纪、序命纪，凡六纪也’”，知“记”当为“纪”。参此整理本卷一页2行10，及孙诒让所校[③]。底本此句亦误[④]。

3.其二，页9—5：《六礼论》云：“今礼行于世者，戴德、戴圣之学也。”

按：“六礼”当作“六艺”。底本误作“六礼”[⑤]。整理本页5行10已更正。

---

* 本文系2016年度国家社科基金一般项目“孔颖达《礼记正义》文献考察与研究”（16BZX038）成果。

① 吕友仁：《〈十三经注疏·礼记注疏〉整理本平议》，彭林：《中国经学》（第1辑），桂林：广西师范大学出版社，2005年，第100—131页。

②③ （清）孙诒让：《十三经注疏校记》，雪克辑校，北京：中华书局，2009年，第405页。

④⑤ （清）阮元校刻：《十三经注疏》（附校勘记），北京：中华书局，1980年，第1223、1226页。

4. 其三，页 9—13：河南缑氏杜子春，永平时初能通其读，郑众、贾逵往授业焉。

按：孙诒让曰"'永平时初'，'时'，当依贾引作'之'"[①]，甚是。亦可参整理本页 5—倒 2 及注释⑤。底本亦误作"时"[②]。以上三误，整理本正文卷一下"礼记"疏文已更正。

5. 页 32—倒 5 经文：幼子常视母诳。

按："母"当为"毋"。此系整理本新误。

6. 页 37—1 孔疏：案《屦人注》云："复下曰舄，禅下曰屦。古人言屦以通于复，今世言屦以通于禅。"如郑此言，古人之言无问禅之与复，皆名为屦。今人言屦，正谓禅者也。

按："禅"底本皆作"禪"[③]，甚是。"禪"，单衣，引申为单层。

7. 页 61—6 孔疏：注"为汗手不洁"。

按：郑注曰"为汗生不洁"，页下注释①引阮校曰：

> "生"原作"手"，按阮校："惠栋校宋本'手'作'生'，是也。宋监本同。岳本此句作'为污生不洁白也'，卫氏《集解》作'谓汗手不洁也'。又按疏言'汗生'，知此当作'生'。古书'洁'多作'絜'，嘉靖本作'为污手不洁也'。按正义本云：'一本汗生不圭，圭，絜也。'"据改。

由阮校曰"又按疏言'汗生'，知此当作'生'"，知此处"手"当作"生"。整理本据阮校更正郑注，亦当更正孔疏。底本亦误作"手"[④]。

8. 页 81—倒 3 经文：行，前朱鸟而后玄武，左青龙而右白虎，招摇在上，急缮其怒。

按：底本作"朱鸟"[⑤]。疏文云"朱鸟"外，又曰"朱雀"。王念孙曰："'朱鸟'本作'朱雀'，此后人以他书改之也。自开成石经已然，而各本皆从之。开成以前书引此有作'朱鸟'者，亦是后人所改。"王引之进而详析曰：

> 《正义》述经文正作"朱雀"。又"朱雀"字，《正义》凡三见，"雀"字一见。又引崔灵恩说亦作雀。又《尧典》"日中星鸟"，《正义》引《曲礼》"前朱雀后玄武"而释之云："雀即鸟也"，则《曲礼》自作"朱雀"明矣。《后汉书·张衡传》注、《北堂书钞·帝王部》十三、十六、《武功部》五、《太平御览·兵部》三十七引此并作"朱雀"。（卫湜《礼记集解》作"朱雀"，则宋时本尚有不误者。）

二王说并见《经义述闻》[⑥]。又孙希旦曰"朱雀，今本注疏作'朱鸟'，卫氏《集说》及石经作'朱雀'，与孔疏合，今从之"[⑦]，故以"朱雀"为确。

---

① 《十三经注疏校记》，第 406 页

② 《十三经注疏》，第 1226 页，第 1229 页下。

③ 《十三经注疏》，第 1226 页，第 1238 页中。

④ 《十三经注疏》，第 1226 页，第 1242 页下。

⑤ 《十三经注疏》，第 1250 页上。

⑥ （清）王引之：《经义述闻》，台北：世界书局，1975 年，第 317—318 页。

⑦ （清）孙希旦：《礼记集解》，北京：中华书局，1989 年，第 84 页。

9. 页175—1孔疏:“遂绝缨而死。”

按:底本作“绝缨”[①],而《春秋左氏传正义》[②]及《史记·仲尼弟子列传》[③]皆作“结缨”。据上文,子路被“戈击之”、“断缨”,子路曰“君子死,冠不免”,当是“结缨”而“不使冠在地”。

10. 页197—倒1孔疏:仲尼门徒亲承圣旨,子游裼裘而吊,曾子袭裘而吊。

按:同卷页216—12经文作“曾子袭裘而吊,子游裼裘而吊”,“裼”当为“裼”。底本皆作“裼”,然而“曾子”误作“鲁子”[④]。

11. 页230—1孔疏:“昔夫”至“之荆”。

按:经文作“昔者夫子失鲁司寇,将之荆,将应聘于楚”,故“夫”当为“者”,底本亦误[⑤]。

12. 页271—8释文:哻,况甫反。

按:整理本经、注皆作“冔”。底本经、注、《释文》皆作“哻”[⑥]。单行本《释文》作“哻”[⑦]。“哻”同“冔”,殷商冠名,故作“哻”误。

13. 页307—8孔疏:案《史记·仲尼弟子传》云:“高柴字子皋,少孔子三十岁,郑人也。”……《弟子传》及《论语》作“子羔”,与此文“子皋”字不同者,古字通用。

按:《史记》作“子羔”[⑧],整理本及底本[⑨]孔疏引《弟子传》,皆前曰“子皋”,后曰“子羔”,系因经文“季子皋”而误。

14. 页315—倒1经文:门人至,曰:“庶氏之母死,何为哭于孔氏之庙乎?”

按:底本亦作“庶氏之母”[⑩],刘师培《〈礼记注疏·校勘记〉书后》辨之甚详:

> 《檀弓下》“子思之母死于卫”,郑注云:“嫁母也,姓庶氏。”又云:“庶氏之母死,何为哭于孔氏之庙乎?”郑注云:“嫁母与庙绝族。”今按:经文“庶氏之母”当作“庶氏之女”,“母”涉注文“嫁母”而讹。《急就篇》卷一“庶霸遂”,颜注曰:“庶氏之先,本出卫之公族,以非正嫡,遂号庶氏。《礼记》曰‘子思之母死于卫’,庶氏之女也。”则唐初之本经文作“女”不作“母”。盖庶为子思之母所自出,非再嫁于庶氏也。误“女”为“母”,始于开成石经。然郑樵《通志·氏族略》卷五“庶氏”注云:“子思之出母庶氏。”王应麟《姓氏急就篇》“庶类别”注云:“庶氏,卫公族。以非正嫡,号庶氏。《礼记》:子思之母,庶氏之女也。”仍沿颜说。或宋本之中亦有作“女”不作“母”者,然足证抚州诸刻之误矣。[⑪]

---

①② 《十三经注疏》,第1275页中。

③ (汉)司马迁:《史记》,北京:中华书局,1959年,第2193页。

④ 《十三经注疏》,第1281页下,第1285页中。

⑤ 《十三经注疏》,第1290页中。

⑥ 《十三经注疏》,第1302页上。

⑦ (唐)陆德明:《经典释文》,黄焯断句,北京:中华书局,1983年,第170页。

⑧ 《史记》,第2212页。

⑨ 《十三经注疏》,第1312页下。

⑩ 《十三经注疏》,第1314页中。

⑪ 刘师培:《刘师培学术文化随笔》,北京:中国青年出版社,1999年,第87页。

15. 页 422—8 孔疏:按《郊特牲》云"飨禘有乐而食尝无乐",是故春禘而秋尝,享与禘连文,故知飨在春。

按:整理本及底本[①]皆"飨"、"享"混用,二字虽通,据前后文及《郊特牲》经文,仍以"飨"为上。

16. 页 532—倒 2 孔疏:云"宣布吾人之令德,示民轨仪"者。

按:整理本及底本[②]皆作"吾"。据同页郑注引《周语》曰"无射所以宣布喆人之令德"、《释文》曰"喆,贞列反",以及下文孔疏曰"喆人,后稷,布其德教,示以法仪",知"吾"当为"喆"。

17. 页 598—倒 10 郑注:重俞轻也。

按:整理本及底本[③]皆作"俞"。由孔疏"答以重喻轻"知"俞"当为"喻"。

18. 页 655—5 孔疏:此第三节也。

按:整理本及底本[④]皆误。据孔疏本卷解题,当为"第五节"。

19. 页 722—倒 6 郑注:《聘仪》所云"上公七介,侯伯五介,子男三介",乃谓其使者也。

按:整理本及底本[⑤]皆误,"聘仪"当作"聘义"。

20. 页 778—6 孔疏:案锺师《九夏》,皆夏文在下,而南本《纳夏》,独夏文在上,其义疑也。

按:整理本该页注释①据底本《校勘记》曰:惠栋云:"南本《仪礼》'纳夏'作'夏纳'。"[⑥]然《钟师·九夏》出自《周礼·春官宗伯》,云"《仪礼》"显误。

21. 页 804—7 孔疏:"曰土"至"杀也"。

按:此节疏经文:"曰:'土反其宅,水归其壑,昆虫毋作,草木归其泽。'"故"杀也"当作"其泽"。底本孔疏"曰上"至"杀也"[⑦],"上"当为"土"。

22. 页 819—倒 6 经文:盏酒涚于清,汁献涚于盏酒。

按:《说文》"醆,爵也,一曰酒浊而微清也,从酉盏声"[⑧],及整理本页 670 孔疏"醆,谓盎齐",此句经、注、释文、疏中的"盏"字,皆应同底本作"醆"[⑨]。整理本页 819 至 820 凡 10 个"盏"字、页 826 凡 14 个"盏"字,皆当为"醆"。

23. 页 830—倒 2 孔疏:故郑注《土冠礼》"黑屦青絇"云"絇之言拘也",以为行戒。

按:"《土冠礼》"当为"《士冠礼》"。

24. 页 849—9 释文:雏,字又作雏,仕俱反,又匠俱反。

---

① 《十三经注疏》,第 1345 页下。
② 《十三经注疏》,第 1379 页上。
③ 《十三经注疏》,第 1397 页中。
④ 《十三经注疏》,第 1411 页中。
⑤ 《十三经注疏》,第 1432 页上。
⑥ 《十三经注疏》,第 1451 页上。
⑦ 《十三经注疏》,第 1454 页上。
⑧ (汉)许慎:《说文解字》,北京:中华书局,1963 年,第 312 页下。
⑨ 《十三经注疏》,第 1457 页下。

按:此“雒,字又作雒”,底本作“雝,字又作雝”[①],令人费解。单行本《释文》曰“雝,字又作鷱”[②],当以后者为正。

25. 页874—11孔疏:《觐礼》在文王之庙,而《记》云“凡俟于东箱”者,是记人之说误耳。

按:《仪礼·觐礼》曰“几,俟于东箱”,“凡”当为“几”。底本亦误[③]。

26. 页935—倒5孔疏:彼注云:“上功辅成王业,若周公也。”

按:《周礼·司勋职》曰“王功曰勋”,郑注曰“辅成王业,若周公”,另有“国功”、“民功”、“事功”、“治功”、“战功”之说,而无“上功”。故“上”应为“王”。底本亦误[④]。

27. 页1102—倒2经文:是故先生因为酒礼。

按:底本亦作“先生”[⑤]。据下文“此先王之所以备酒祸也”及孔疏“是故先王因为酒礼”,“先生”当为“先王”。

28. 页1127—1孔疏:又郑司农注《笙师》云:“篪,七室。”

按:底本作“室”。《校勘记》曰“闽监本同卫氏集说同,惠栋校宋本室作空”,又《周礼注疏》曰“郑司农云‘竽,三十六簧。笙,十三簧。篪,七空’”[⑥],以“空”为上。

29. 页1213—15经文:父小功之末,可以冠子,可以嫁子,可以取妇。己虽小功,既卒哭,可以冠,取妻,下殇之小功则不可。

按:整理本、底本[⑦]同。王引之曰:“‘父小功之末’,‘小’当为‘大’。父大功之末,不但冠子、嫁子,而又可以为子娶妇,明父之大功轻于己功也。‘己虽小功’,‘虽’当读为‘唯’。”[⑧]黄以周曰:“郑注以大功之末、小功之末,末为卒哭,以与下句轻重失叙故也。其实末与卒哭不可混,‘父小功’乃‘大功’字之误耳。郑注之失,《通典·礼》二十载孔琳之答问已详议之,而上下文轻重失叙,孔氏尚未察也。王氏破‘小’为‘大’,甚当。‘己虽小功既卒哭’七字连读,‘虽’属卒哭,对上‘末’字为文,无容破字。”[⑨]黄说甚是。

30. 页1226—倒1郑注:官,犹仕也。

按:经文曰“宦于大夫者之为之服也,自管仲始也,有君命焉尔也”,整理本该页注释④校曰“官”当为“宦”,甚是,然郑注未更正。底本经、注皆误[⑩]。

31. 页1368—2孔疏:案郑《目录》云:“名曰《经解》者,以其记六义政教之得失也,此于《别录》属《通论》。”

---

① 《十三经注疏》,第1466页下。
② 《经典释文》,第187页下。
③ 《十三经注疏》,第1094页中、1474页中。
④ 《十三经注疏》,第841页下、1488页下。
⑤ 《十三经注疏》,第1534页下。
⑥ 《十三经注疏》,第1541页中、1546页下、801页下。
⑦ 《十三经注疏》,第1564页中。
⑧ 《经义述闻》,第374页。
⑨ (清)黄以周:《礼书通故》,北京:中华书局,2007年,第271页。
⑩ 《十三经注疏》,第1568页中。

按：任铭善曰"'六艺'孔疏误作'义'"①，甚是。底本亦误②。

32. 页 1391—倒 5 孔疏：符，谓甘露体泉之属，长，谓五方瑞应之长也。

按：据《释文》引《隐义》云"符，谓甘露醴泉之属，长，谓麟凤五灵之属"，又据《尔雅·释天》曰"甘雨时降，万物以嘉，谓之醴泉"，故"体泉"当为"醴泉"。底本误作"體泉"③。

33. 页 1425—倒 11 张华辨鲜，师旷别薪，符朗为青州刺史，善能知味，食鸡知栖半露，食鹅知其黑白。

按：《晋书》张华本传曰："陆机尝饷华鲊，于时宾客满座，华发器，便曰：'此龙肉也。'"④底本作"鲊"⑤，甚是。

34. 页 1665—1 孔疏：故《诗·匏叶》篇云："牲牢、饔饩。"

按："牲牢、饔饩"系《诗·小雅·瓠叶》小序，《诗》有《邶风·匏有苦叶》篇，无《匏叶》，或因形近而误。底本亦误⑥。

以上第 1、5、6、11、13、23、24、29、34 条，凡 9 例，乃整理本新误，其他 25 例皆承袭底本致误。

二、衍文 4 例

1.《礼记正义序》页 3—18：其为义疏者，南人有贺循、贺玚、庾蔚、崔灵恩、沉重、范宣、皇甫侃等；北人有徐遵明、李业兴、李宝鼎、侯聪、熊安生等。

按：整理本页注释 1："'庾蔚之'、'范宣'、'熊安生'，原分别脱'之'、'范'、'生'字；'徐遵命'，'遵'原误作'道'。"既然脱字补正，误字改正，衍字则应删去："皇甫侃"当为"皇侃"。整理本、底本误作"皇甫侃"多处，不一一枚举。

2. 页 45—11 孔疏：又《乡饮酒之礼》："公三重，大夫再重。"

按：《仪礼·乡饮酒礼》曰"公三重，大夫再重"，此"之"衍文。底本亦衍⑦。

3. 页 1392—3 孔疏：正义曰：案郑《目录》云："名曰《孔子闲居》者，善其无倦而不亵，犹使一弟子侍，为之说《诗》。"

按：整理本、底本疏云"无倦而不亵"，语意未当，而整理本、底本《释文》引《目录》云"倦而不亵"⑧，疑孔疏衍"无"字。

4. 页 1656—倒 4 孔疏：故郑注《诸子职》云："国子者，是公、卿、大夫、士之副贰。"又引《王制》云"王大子，王子，群后之大子，卿、大夫、元士之適子"是也。

---

① 任铭善：《礼记目录后案》，济南：齐鲁书社，1982 年，第 60 页。

② 《十三经注疏》，第 1609 页下。

③ 《十三经注疏》，第 1615 页中。

④ （唐）房玄龄：《晋书》，北京：中华书局，1974 年，第 1075 页。

⑤ 《十三经注疏》，第 1626 页上。

⑥ 《十三经注疏》，第 1693 页上。

⑦ 《十三经注疏》，第 989 页下、1239 页下。

⑧ 《十三经注疏》，第 1616 页下。

按:郑注《周礼》此条未引《王制》,当为孔疏所引,整理本、底本"引"字[①],系衍文。

以上4例皆因承袭底本致误。

三、脱文9例

1. 页23—12孔疏:庾蔚云:"汉世驾一马而坐乘也。"

按:"庾蔚",当为"庾蔚之"。庾蔚之,南朝宋人,字季随,颍川人。《宋书·傅隆传》云,庾蔚之"略解礼记,并注贺循丧服行于世"。著有《礼记略解》十卷,今仅存佚文[②]。整理本及底本凡言"庾蔚",皆脱一"之"字。

2. 页447—倒11郑注:角属木,以其清浊中,民象也。

按:底本此条《月令》郑注亦作"民象也",而孔疏云"民之象也",《乐记》孔疏引此郑注亦作"民之象也"[③],且郑注《月令》还有"君之象也"、"臣之象也"、"事之象也"、"物之象也"等说,故"民象也"脱一"之"字。

3. 页1099—5孔疏:本是第三,前既推礼章为第三,此为第四,亦明礼乐既备,后乃施布天下也。

按:底本亦作"礼章",郑玄《目录》作"乐礼章",脱一"乐"字[④]。

4. 页1302—倒1孔疏:故郑注《周礼·守祧》"先公迁主,藏于后稷之庙。先王之迁主,藏于文、武之庙"。

按:底本亦作"先公迁主",《周礼注疏》郑注作"先公之迁主"[⑤],与"先王之迁主"对举,此脱一"之"字。

5. 页1386—15经文:两君相见,揖让而入门,入门而县兴,揖让而升堂,升堂而乐阕,下管《象》、《武》,《夏》、《龠》序兴。

按:整理本与底本同[⑥]。据郑注曰"县兴,金作也。金再作者,献主君又作也",郑注又曰"四者,谓金再作,升歌《清庙》,下管《象》也",两次引"金再作",疑郑玄本原有"金再作"句,后脱。然孔疏云:"但此'下管《象》、《武》'之上少'升歌《清庙》'之一句,下文既详,故于此略之。"恐非郑注"略之",而实系脱文,原文"乐阕"后或有"金再作,升歌《清庙》"等七字。故孙希旦曰"'升堂而乐阕'下,当有'升歌《清庙》'一句,文脱也"[⑦]。

6. 页1429—倒5孔疏:是不见知而不悔。

按:此句费解。简本与底本同,然经文作"遯世不见,知而不悔"[⑧],疑脱文。

7. 页1474—倒8孔疏:以"考道"劣于"至道",又劣于"义",但能于仁义之中随其

① 《十三经注疏》,第850上、1690页上。
② (梁)沈约:《宋书》,北京:中华书局,1974年,第1553页。
③ 《十三经注疏》,第1353下、1528页上。
④ 《十三经注疏》,第1534上、1527页上。
⑤ 《十三经注疏》,第1589中、784上。
⑥ 《十三经注疏》,第1614页上。
⑦ 《礼记集解》,第1270页。
⑧ 《十三经注疏》,第1627页上、1626页下。

一能成就之。

按:经曰“道有至义有考,至道以王,义道以霸,考道以为无失”,郑注曰“字脱一‘有’耳”,然孔疏曰:言道之所用“有至”,一也;“有义”,二也;“有考”,三也。故“又劣于义”后脱一“道”字。底本亦脱[①]。

8. 页 1570—15 释文:遂以奇筭告,一本此句上更有胜者司射五字,误。

按:“胜者司射”应加引号,且仅四字。据单行本《释文》“胜”字前有二“有”字[②],此当脱其一。底本亦脱[③]。

9. 页 1644—15 孔疏:一绌以爵,再绌以地,三绌而地。毕注云:“凡十五年。”

按:据《尚书大传》曰:“一绌,少绌以爵;再绌,少绌以地;三绌,而爵地毕。”[④]故此疏脱一“爵”字,且标点有误,当为:“一绌以爵,再绌以地,三绌而爵地毕。注云:‘凡十五年。’”底本亦脱[⑤]。

以上 9 例皆承袭底本致误。

四、倒文 1 例

1. 页 461—倒 7 经文:天子亲载耒耜,措之于参保介御之间,帅三公、九卿、诸侯、大夫躬耕帝藉。

按:底本作“措之于参保介之御间”[⑥],整理本校释曰“‘御之’原作‘之御’,按阮校:‘段玉裁校正义本作“御之”,是也。’据乙。”王引之辨之曰:“段氏校本据《正义》改‘之御’为‘御之’引之谨按:《正义》与经文云‘措之于参保介御之间’,此写者误倒也,仍当作‘保介之御间’。《周颂·臣工》笺曰:‘《月令》孟春,天子亲载耒耜,措之于参保介之御间。’彼《正义》曰‘尽保介之御间’。皆《月令》文。……则郑、孔所见《月令》本作保介之御间明甚。不应《月令正义》又倒其文为‘御之’也。”[⑦]黄以周从王引之说[⑧]。又孙希旦曰“‘措之于参保介之御间’者,车右与御皆是王参乘,言置此耒器于参乘保介及御者之间也”[⑨],甚是。

五、异文 5 例

阮刻本《礼记正义》经、注、疏引文,时有与该文献通行本异文的现象,整理本未作校勘说明,今列 5 例言之。

---

① 《十三经注疏》,第 1639 页下。
② 《经典释文》,第 215 页上。
③ 《十三经注疏》,第 1666 页上。
④ (汉)伏胜撰,郑玄注:《尚书大传》,《丛书集成初编》本,上海:商务印书馆发行,1947 年,第29 页。
⑤ 《十三经注疏》,第 1687 页中。
⑥ 《十三经注疏》,第 1356 页中。
⑦ 《经义述闻》,第 335 页上。
⑧ 《礼书通故》,第 953 页。
⑨ 《礼记集解》,第 416 页。

1. 页537—8郑注:《司马职》曰"仲秋教治兵,如振旅之陈,辨旗物之用,王载大常,诸侯载旗,军吏载旗,师都载旃,师遂载物,郊野载旐,百官载旟"是也。

按:底本亦作"仲秋",然《周礼》作"中秋"①,并与"中春"、"中夏"、"中冬"并举。郑注或因《礼记·月令》作"仲春"、"仲夏"、"仲秋"、"仲冬"而异文。

2. 页792—倒4孔疏:又引司徒五土名。

按:底本作"五土",《周礼·地官司徒》作"五地"②。

3. 页1373—7经文:《易》曰:"君子慎始,差若豪氂,缪以千里。"

按:孔疏"此《易·系辞》文也",然不见今《周易》。见于其他文献所引者文字有出入:如《大戴礼记·礼察》篇引曰"《易》曰:'君子慎始,差若毫厘,缪之千里。'"《保傅》篇引曰:"《易》曰:'正其本,万物理。失之毫厘,差之千里。'故君子慎始也。"③《史记·太史公自序》引曰:"故《易》曰:'失之毫厘,差以千里。'"④

4. 页1509—11孔疏:此穆王戒群臣云:今尔何监,非是伯夷布刑之道。

按:底本作"非是",《尚书》则作"非时"⑤。且"今尔何监,非是伯夷布刑之道"句,应加引号。

5. 页1597—9孔疏:此《记》为"赫兮喧兮",《诗经》云"赫兮喧兮",本不同也。

按:孔疏云"本不同也",然整理本与底本两"喧"字并无不同。《校勘记》曰"闽、毛本同,监本'喧'作'谊'",盖指前者为"谊"。《毛诗》作"咺"⑥,亦不同。

以上校勘问题,排除异文5例,凡49例,其中40例皆整理本对阮刻底本缺乏精校并承袭其讹误所致。足见整理本在校勘方面不尽人意之处。不仅如此,整理本又产生了部分新的讹误。反观整理本"旨在填补学术界空白"的期望,使人不能不说遗憾。除了以上校勘问题外,整理本还因简化出现令人费解之处。例如页796—13《释文》:"圆,本又作圆,音员。"按底本作"圜,本又作圓"⑦。吕友仁先生曰:"北京大学出版社出版的整理本是急就之章,问题很多,遽数之不能终其数。"⑧诚哉斯言。

(作者单位:信阳师范学院文学院)

---

① 《十三经注疏》,第1379页下、837页中。

② 《十三经注疏》,第1450页上、702页中。

③ (清)王聘珍:《大戴礼记解诂》,北京:中华书局,1982年,第23页、58页。

④ 《史记》,第3298页。

⑤ 《十三经注疏》,第1649页上、249页上。

⑥ 《十三经注疏》,第1674页上、1677页下、321页上。

⑦ 《十三经注疏》,第1452页中。

⑧ 《〈十三经注疏·礼记注疏〉整理本平议》,第100页。

《仪礼·丧服》贾公彦疏标点志疑*

郎文行

丧服制度是中国古代宗法社会的基本特征,《仪礼·丧服》是研究丧服制度的基本文献,郑玄《丧服》注与贾公彦义疏,是《丧服》阐释的基本资料。当前通行的《仪礼注疏》整理本有彭林先生点校的北京大学出版社标点本①、王辉先生整理的上海古籍出版社点校本②,《仪礼》向称难读,这两个本子的整理,为学界的使用带来了巨大的方便。然而《仪礼注疏》的整理,实在难以毕其功于一役,整理本在标点方面难免有一些疑误之处,我们不揣鄙陋,拾取《丧服》篇中若干条目,连缀成文,略作辩证,祈请读者方家指正。文中订正之例,先据北大本列出存疑文字,标之以下划横线,又加北大本页码,以便搜检,"正"下拟出订正意见,"案"下提供文献或语言依据。

1. **疏**:杖期,齐衰有正而已,父在为母,与为妻同正服,齐衰五升,冠八升,不杖。齐衰期章有正、有义二等:正则五升,冠八升;义则六升,冠九升。(623 下)

正:杖期齐衰,有正而已,父在为母与为妻,同正服齐衰五升、冠八升。不杖齐衰期章,有正有义二等:正则五升,冠八升;义则六升,冠九升。

案:《丧服》五等十一章,其第三章为"杖期齐衰",第四章为"不杖齐衰期",父在为母、为妻均在"杖期章"中。又郑注、贾疏《丧服》义例,丧服同章之内有正、义、降之别,具体表现为衰冠用布升数的细微不同。丧服一章之内,正、义、降或只具其一,如"杖期齐衰章"只有正服一等,衰五升、冠八升;或具其二,如"不杖齐衰期章"有正义二等,正服衰五升、冠八升,义服衰六升、冠九升。"杖期齐衰"、"不杖齐衰期章"为二章之名称,前章只正服一等,后章则具正、义两等,北大本破句,王本作"《不杖》、《齐衰期》章",亦失之。

2. **经**:疏衰裳齐、牡麻绖、冠布缨、削杖、布带、疏屦者。

疏:云"冠布缨"者,案斩衰冠绳缨,退在绞带下,使不蒙苴齐,冠布缨,无此义,故进之使与绖同处。(651 下)

正:使不蒙苴。齐冠布缨,无此义,故进之使与绖同处。

案:本疏所论为斩衰、齐衰经文语序不同。贾疏将斩衰章经文"斩衰裳、苴绖、杖、绞带,冠绳缨、菅屦"语序与本经对比,发现斩衰章绖、缨之间有杖、有带,齐衰则绖、缨连文。首绖、冠缨均着于额上,而斩衰文不相连,必有缘由。贾疏以为斩衰绖、杖、带均有苴貌,又谓冠绳缨,"此绳缨不用苴麻,用枲麻"。故贾疏认为,斩衰以"冠绳缨"居

---

* 本文系江苏省 2015 年度普通高校研究生创新计划项目"经学史视野下的《仪礼·丧服》经传注疏研究"(KYLX15_0682)阶段性成果。

① 彭林点校:《仪礼注疏》,北京:北京大学出版社,2000 年。

② 王辉点校:《仪礼注疏》,上海:上海古籍出版社,2008 年。

杖、带之后,以见"苴"字兼指绖、杖、带三事,即疏所谓"斩衰冠绳缨,退在绞带下,使不蒙苴"。张尔岐《仪礼郑注句读》谓"苴绖、杖、绞带,苴字冒下三事,谓以苴麻为首绖要绖,苴竹为杖,又以苴麻为绞带。苴,恶貌,又黎黑色也"①,申说贾疏,甚为简当。齐衰,绖用牡麻、杖用削桐、带则用布,各自不同,无需连文见义,故以"冠布缨"居"削杖"之前、"牡麻绖"之后,即疏文所谓"齐冠布缨,无此义,故进之使与绖同处。"斩衰冠绳缨、齐衰冠布缨,各是一物,"苴"字下当断句。王本作"使不蒙苴齐,冠布缨无此义","齐"字上读,亦破句。

3. **传**:何冠也,齐衰大功,冠其受也;缌麻小功,冠其衰也。带、缘各视其冠。

注:缘如深衣之缘。

疏:云"带缘各视其冠"者,带谓布带,象革带者,缘谓丧服之内,中衣缘用布,缘之二者之布升数多少,各比拟其冠也。(657 上)

正:缘谓丧服之内中衣缘,用布缘之,二者之布升数多少,

案:"带谓布带"与"缘谓丧服之内中衣缘"相对成文。缘之材质为布,故谓"用布缘之",北大本破句。缘与带并用布,其升数与所戴之冠同。所谓"中衣",本疏下文谓"案《深衣目录》云'深衣连衣裳而纯之以采,素纯则曰长衣,有表则谓之中衣',此既在丧服之内,则是中衣矣",是中衣与深衣、长衣形制相同,惟中衣服之在内,见于丧服则外有衰裳而表之。"缘",谓衣服的边饰,《说文》"缘,衣纯也",段玉裁注"缘者,沿其边而饰之也"。王本此作"缘谓丧服之内,中衣缘用布缘之,二者之布升数多少,各比拟其冠也",亦破句,不得其解。

4. **经**:大功布衰裳、牡麻绖、无受者。

疏:且此经与前不同,前《期章》具文,于前《杖章》下《不杖章》直言其异者,此殇《大功章》首为文畧,于正具文者,欲见殇不成人故,故前略后具,亦见相参取义。(691 上)

正:前期章具文于前杖章,下不杖章直言其异者。

案:《丧服》行文或详于前而略于后、或略于前而详于后。杖期章丧服用物,如其章首所谓"疏衰裳齐、牡麻绖、冠布缨、削杖、布带、疏屦期者",不杖期章惟"麻屦"与杖期章"疏屦"不同,故省略衰、裳、绖、缨、杖、带等,而止云"不杖麻屦者",此谓详于前而略于后。故贾疏谓"前期章具文于前杖章,下不杖章直言其异者","具"者,完备之义,动词;期章,兼杖与不杖二章而言;"于前杖章,下不杖章",前、下对文反义,故"于前杖章"当连上为句。又有略于前而详于后,如本经殇大功章不言月数与缨绖,正服大功章则备举其文:"大功布衰裳、牡麻绖缨、布带三月,受以小功衰,即葛九月者",贾疏以为殇不成人,故略于殇而详于正。王本此作"前期章具文,于前杖章,下不杖章直言其异者,此殇大功章首为文略于正具文者","具文"下置逗,仍欠妥,"略"下应点断。

5. **经**:大夫、大夫之妻、大夫之子、公之昆弟为姑姊妹、女子子嫁于大夫者,君为姑姊妹、女子子嫁于国君者。

传:何以大功也,尊同也,尊同则得服其亲服。

疏:若然,大夫之下则云命妇、大夫之子,国君之下不云夫人,世子亦同国君,不降

① (清)张尔岐:《仪礼郑郑注句读》,《续修四库全书》本,上海:上海古籍出版社,2002 年,第 143 页。

可知。(707 上)

正:国君之下不云夫人、世子,亦同国君,不降可知。

案:本疏所论天子诸侯尊降之服。《丧服》制服以“亲亲”、“尊尊”为本,“亲亲”故有五等丧服,“尊尊”故见差降隆杀。天子、诸侯,其位至尊,旁亲期服以下无服,所谓“天子诸侯绝旁期”。大夫亦尊,其尊比于天子诸侯稍杀,故旁亲期服以下降杀一等,所谓“大夫降旁亲一等”。姑姊妹、女子子之服,在室不杖期,出嫁大功,是士服之例;大夫为姑姊妹、女子子,在室则以尊降一等服大功,出嫁又以出降一等服小功;国君为姑姊妹、女子子在室无服,出嫁或服或不服。如本经大夫、公之昆弟之姑姊妹、女子子若嫁于大夫,以其尊与己同,则止以出降一等,如其亲服大功,而不降之;国君姑姊妹若嫁于国君者,亦以其尊与己同,如同大夫止以出降一等,如其亲服大功,而不绝之。经文大夫之下,连言大夫之妻、大夫之子,国君之下不连云夫人、世子,贾疏据大夫之妻、大夫之子服如同大夫之义,谓国君夫人、世子之服亦当与国君相同,故云“国君之下不云夫人、世子,亦同国君,不降可知”。疏文“命妇”、“大夫之子”与“夫人”、“世子”对文,北大本、王本均以“世子”下读,则失贾疏之旨。

6. **经**:繐衰裳、牡麻绖,既葬除之者。

注:“治其缕如小功,而成布四升半。细其缕者,以恩亲也。升数少者,以服至尊也。凡布细而疏者,谓之繐。”

疏:又缕虽如小功升数,又少,故在小功上也。(709 上)

正:又缕虽如小功,升数又少,故在小功上也。

案:本疏论丧服“繐衰裳”章居小功章之上的缘由。所谓“繐衰裳”,诸侯之大夫为天子所服。如郑之义,繐衰裳之丝缕粗细,与小功相同;而成布之疏密,繐衰裳四升半,小功十升或十一升,是繐又粗于小功。丧服之例,服愈重则布愈粗,繐衰重于小功,故其文居小功之上。丝缕之粗细,与成布之疏密,各是一事,北大本、王本“升数”上读,失郑注之义。

7. **注**:每至袒时则袒,袒则去冠,代之以免。

疏:云“每至袒时则袒”者,凡丧至小敛节,主人素冠环绖以视,敛讫,投冠括发,将括发,先袒,乃括发,括发据正。主人齐衰已下,皆以免代冠,以冠不居,肉袒之,礼故也。(738 上)

正:主人素冠环绖以视敛,讫,投冠括发。……括发据正主人,齐衰已下皆以免代冠,以冠不居肉袒之礼故也。

案:“视敛”为丧礼大小敛之一节,《士丧礼》大敛节“君若有赐焉则视敛”[1],视敛即观敛事,中间不宜置逗。“括发据正主人”,浦镗《十三经注疏正字》[2]、卢文弨《仪礼注疏详校》[3],均谓“正”衍字。《士丧礼》:“主人括发,袒,众主人免于房”。郑注:“众主人免者,齐衰将袒,以免代冠。”[4]是括发者为主人,免者为齐衰已下之亲属,浦、卢

① 彭林点校:《仪礼注疏》,第 815 页。

② (清)浦镗:《十三经注疏正字》,文渊阁《四库全书》本,上海:上海古籍出版社,1987 年,第 524 页。

③ (清)卢文弨:《仪礼注疏详校》,《续修四库全书本》,上海:上海古籍出版社,2002 年,第 593 页。

④ 彭林点校:《仪礼注疏》,第 799 页。

所校似可从，然闽、监、毛、四库本俱有"正"字，敖继公《仪礼集说》引贾疏亦有"正"字。主人一般指丧者之子服斩衰者，故括发；齐衰已下为众主人，故着免，以见降杀之差。北大本、王本"正"字未出校记，"正"下又置逗，失经文之义。"以冠不居肉袒之礼"，《礼记·问丧》："或问曰：冠者不肉袒，何也？曰：冠，至尊也，不居肉袒之体也。故为之免，以代之也"①，"居"训为"当"，"肉袒之礼"即经文"袒"，指脱去上衣一袖，袒露左肩。北大本"居"下逗、"之"下逗，破句，失贾疏之义。

8. **记**：夫之所为兄弟服，妻降一等。

疏：妻从夫服其族亲，即上经夫之诸祖父母，见于缌麻章，夫之世叔见于大功章，夫之昆弟之子不降嫂叔，又无服。(742下)

正：夫之昆弟之子不降，嫂叔又无服。

案：本疏所论妇人为夫之族亲丧服。凡夫之所尊者，经文所见如夫之父母、世叔父母、祖父母、诸祖父母等，妇人皆降夫一等，经所不见者，以本记文"夫之所为兄弟服，妻降一等"求之。凡夫之所卑者，如昆弟之子之孙、从夫昆弟之子之孙等，妇人须以世叔父母、从祖父母等旁尊之义，服卑者以报服，得与夫同不降。又夫之平辈如昆弟、从父昆弟等，是为嫂叔之服，服经所无，先儒皆以为叔嫂无服。北大本"嫂叔"上属，读为"夫之昆弟之子不降嫂叔"，文义不明，失贾疏之义。王本作"夫之昆弟之子不降嫂，叔又无服"，破句，亦失当。

9. **记**：若齐，裳内衰外。

注：齐，缉也。凡五服之衰，一斩四缉。

疏：云"凡五服之衰，一斩四缉"者，谓齐衰至总麻并齐，齐既有针功，缌之名则没，去齐名，亦齐可知也。(752上)

正：齐既有针功，缌之名则没去齐名，亦齐可知也。

案："没"、"去"连文同义，均指省略，中间不宜置逗。《仪礼》经文简奥，贾疏释经，每为申说，《丧服》篇中贾疏称"没去"或"没"者，尚有多处。如"斩衰章"经传不书受服月数，郑注谓"斩衰不书受月者，天子诸侯卿大夫士虞卒哭异数"，贾疏申注谓"故周公设经，没去受服之文，欲见上下俱合故也"②。"齐衰三年章"削杖以桐木制之，经文称削而不称桐，贾疏谓"不言桐者，欲见母比父削杀之义，故亦没桐文也"③。是"没去"为贾疏习见之语。本疏释郑注"五服之衰，一斩四缉"，缉谓缝制，斩衰边幅不加针工，故称斩；齐衰边幅斩而后缉，稍加修饰，故称齐。贾疏以为，齐衰既缉，则大功以下，亲弥疏而服弥轻，亦当缉之，不言而可知，故缌麻等，止称缌麻，而省略齐字。王本作"齐既有针功缌之名，则没去齐名，亦齐可知也"，"缌之名"三字上读，失贾疏之义。又北大本"总"字为"缌"字之误。

10. **注**：斩衰受之以下大功，受之以正者，重者轻之，轻者从礼，圣人之意然也。

疏：又云"斩衰受之以下大功，受之以正者，重者轻之，轻者从礼，圣人之意然也"者，圣人之意，重者恐至灭性，故抑之，受之以轻服、义服，齐衰六升是也。轻者从礼

---

① 龚抗云整理：《礼记注疏》，第1792页。

②③ 彭林点校：《仪礼注疏》，第638、651页。

者，正大功八升，冠十升，既葬，衰十升，受以降服小功义服，大功衰九升，冠十一升。既葬，衰十一升，受以正服小功二等，大功皆不受，以义服小功是从礼也，是圣人有此抑扬之义也。(757下)

正：又云“斩衰受之以下，大功受之以正者，……受之以轻服，义服齐衰六升是也。……正大功八升，冠十升，既葬，衰十升，受以降服小功；义服大功衰九升，冠十一升，既葬，衰十一升，受以正服小功。二等大功，皆不受以义服小功，是从礼也。

案：此节标点，须明《丧服》义例。《丧服》“正、义、降”义例，郑注时已有成说，贾公彦义疏又申而明之，后儒于此三等义例，细目或有出入，然皆信从不悖。郑此义例的提出，旨在折中《丧服》经传记以及《礼记·间传》，以其记载每等丧服之升数，均有不定。《丧服》大功章传文谓“大功布九升、小功布十一升”，《丧服记》又有“衰(斩衰)三升、三升有半，其冠六升，以其冠为受，受冠七升；齐衰四升，其冠七升，以其冠为受，受冠八升；大功八升若九升，小功十升若十一升”，《间传》则更为复杂：“斩衰三升，齐衰四升、五升、六升，大功七升、八升、九升，小功十升、十一升、十二升，缌麻十五升去其半”[①]。斩、齐、大功之三等丧服，各有受服，所谓“受服”，指既虞卒哭，去初丧重服而改着轻服。据郑贾之义，《丧服》“正义降”变除升数如下图表：

		始死		既虞	
		衰	冠	衰	冠
斩衰	正	3	6	6	7
	义	3.5	6	6	7
齐衰	降	4	7	7	8
	正	5	8	8	9
	义	6	9	9	10
大功	降	7	10	10	11
	正	8	10	10	11
	义	9	11	11	12
小功	降	10	10	……	……
	正	11	11	……	……
	义	12	12	……	……
缌麻	降、正、义	15	15	……	……

如上表，每等丧服之内，降服最重、正服次之、义服最轻。所谓“斩衰受之以下”，斩衰受衰六升，与齐衰义服六升同，齐衰义服，为齐衰之下，故曰受之以下。北大本作“斩衰受之以下大功，受之以正者”，大功上属，破句；“受之以轻服、义服，齐衰六升是也”，义服上属，亦破句。所谓“大功受之以正”者，依贾疏之义，正服大功受衰十升，与

① 龚抗云整理：《礼记注疏》，北京：北京大学出版社，2000年，第1808页。

小功降服衰十升相同;义服大功受衰十一升,与小功正服十一衰相同。小功义服十二升为小功之下,而正、义二等大功,皆不以之为受服,故郑谓"受之以正",此"正"兼小功降、正二者而言。"义服大功衰九升,冠十一升",北大本"义服"二字上属,破句;"二等大功皆不受以义服小功,是从礼也",北大本、王本"二等"上属,均失注疏之旨,北大本"受"下又置逗,愈误。

《丧服》经传质略、郑注简奥、贾疏宏漫,点断实有不易,上文所列条目,或关名物,或关礼制,或关义例,其隆杀之差、尊卑之等,皆为《丧服》难解之处,是研读《丧服》需要注意的地方。

(作者单位:南京师范大学文学院)

标校本《汉学商兑》再订正

王贤明

方东树《汉学商兑》是清学研究的重要文献。此书的点校本，所知仅徐洪兴标校、朱维铮审核本一种。该本 1998 年由三联书店出版，收于钱锺书与朱维铮主编的《中国近代学术名著》中，附于《汉学师承记》之后。该本出后，颇为流行，清学研究者多有使用。但“校书之难，如扫落叶”①，其校点难免有可议之处，张克逊《汉学师承记(外二种)订正》(《古籍研究》2000 年第 3 期)已刊正多处。2012 年此本改由中西书局以简体横排重新出版，虽经重校，而张氏所列之误，却大多未改。兹依据其底本道光辛卯本(《续修四库全书》第 951 册)，对读三联、中西二本，举其疏失，就正于方家。

一、标点之误

(一) 不明词义

1. 吴澄、归有光，及吾宗望溪，皆于易图有辨。然亦不过谓：此邵子之学，非必羲文；必有是图，而孔子以《说卦》解之也。(三联初版本 241 页，中西再版本 220 页，下文简称为初、再)

按：“羲文”即伏羲与周文王，是“必有是图”的主语。标校者盖将“羲文”理解为“伏羲之文”，故以分号标断，误。方苞云：“然必谓羲、文已有是图，而孔子以《说卦》解之，则凿矣。”②故此句当标为“非必羲、文必有是图”。“谓”后冒号宜删。

2. 不知“腠理”、“政理”之确解。(初 245，再 224)

按：“政”即“正”，《墨子・节葬下》“上稽之尧舜禹汤文武之道，而政逆之”，孙诒让曰“政、正通”③。标校者以为“政理”是一个词，误。当改为“不知‘腠理’政‘理’之确解”。

3. 考戴氏尝言：吾“自十七岁时，有志闻道，谓非求之六经、孔孟不得，非从事字义、名物、制度，无由通其语言”文字云云。(初 275，再 250)

按：“语言文字”是一个整体，引号当标在“文字”之后。这段话引自段玉裁《戴东原先生年谱》，本作“仆自十七岁时，有志闻道，谓非求之六经、孔、孟不得，非从事于字

---

① (清)钱大昕：《跋〈乾道四明图经〉》，《潜研堂集》卷二十九，吕友仁点校本，上海：上海古籍出版社，1989 年，第 516 页。

② (清)方苞：《先天后天图说》，《望溪先生文集》卷三，影印清咸丰元年戴钧衡刻本，《续修四库全书》第 1420 册，上海：上海古籍出版社，2001 年，第 327 页。

③ (清)孙诒让：《墨子间诂》卷六，孙启治点校本，北京：中华书局，2001 年，第 187 页。

义、制度、名物,无由以通其语言”①,《商兑》所引略有改益。标校者为示区别,将“吾”与“文字”置于引号之外,不为无据;但有碍理解,至少应将“文字”放入引号内。

4. 下篇四十九章,与版本吴氏本略同。(初273,再249)

按:版本指刻本,吴氏本是钞本,两者间用顿号,标作“与版本、吴氏本略同”。

5. 周伯琦作《六书正讹》,主张小学,以帝治王猷,悉归之《六书》以张其门户。(初312,再284)

按:末句应标为“悉归之六书,以张其门户”。“六书”指象形、会意等,而非《六书正讹》,不应加书名号。初版标引号,不误。

(二) 不通文法

1. 不穷理,则于其粗者,固黑白不辨;穷理而不尽精微、道中庸,则于近理而乱者。疑似不明,豪厘之差,失之千里。(初273,再248)

按:“则于近理而乱者”语义未尽,且与“则于其粗者”相对,其后当标逗号。

2. 为不践迹亦不入室之君子,善人如黄宪者而已。(初285,再259)

按:“君子”、“善人”并列,都是“为”的宾语,其间当标顿号。

3. 然不求得才良,以居位治事,但执一卷通籍姓氏,稽考爵秩,以为此足,为治有是理乎!(初313,再284)

按:“以为此足,为治有是理乎”句义不明,当标作“以为此足为治,有是理乎”。

4. 乃发使搜天下书籍与谶纬,相涉者皆焚之。(初371,再335)

按:“谶纬”包含于“书籍”,当标为“乃发使搜天下书籍与谶纬相涉者,皆焚之”。

5. 岂若经文,字字典常修己治人之方,宰世经物之具。(初372,再335)

按:“修己治人之方”与“宰世经物之具”相对,“字字典常”后当标逗号。

(三) 不解文义

1. 宋郑庠,分《广韵》二百六部,为六部《韵略》合于汉、魏杜、韩所用,而于周、秦未合。(初329,再298)

按:郑庠合并今韵206部为6部;《韵略》指邵长蘅《古今韵略》;“汉”指汉朝,“魏”指曹魏,“杜”指杜甫,“韩”指韩愈。此段应标作“宋郑庠分《广韵》二百六部为六部,《韵略》合于汉魏、杜韩所用,而于周秦未合”。同页“止标汉、魏杜、韩诗为准”亦当改。

2. 曰“转音”,曰“协句”,曰“叶韵”。求之不通者也,顾氏所以有本音之求,曰“等韵”,曰“字母”求之于通者也。而守温、温公等,所以有图也。(初330,再299)

按:此段乃钱大昕语,应标为“曰‘转音’,曰‘协句’,曰‘叶韵’,求之不通者也,顾氏所以有本音之求;曰‘等韵’,曰‘字母’,求之于通者也,而守温、温公等所以有图也”。“顾氏”指顾炎武,“转音”、“协句”、“叶句”等说,是顾氏之前的音说;方氏认为,它们引发了顾氏对古音的研究。“等韵”与“字母”,是“图”即韵图中的术语。

3. 朱氏筠曰:自顾野王杂以隶书,李阳冰改其笔迹,于是有本异文。而今同一首

① (清)段玉裁:《戴东原先生年谱》,《戴震集》附录,上海:上海古籍出版社,2009年,第455页。

者，有本同文。而今异所从者，有本从某得声。而今改而之他者，有全失其体而讹者。有因一字以讹数字者，有并二字以讹一字者。（初339，再308）

按：此段当标为"自顾野王杂以隶书，李阳冰改其笔迹，于是有本异文而今同一首者，有本同文而今异所从者，有本从某得声而今改而之他者，有全失其体而讹者，有因一字以讹数字者，有并二字以讹一字者"。

4. 一为李氏寿《五音韵谱》，仍许氏五百四十部之目，以《广韵》、《集韵》始东终甲，次之每部中之字，又以始东终甲为之先后。（初341，再309）

按："寿"，方氏原书作"焘"，参见"形体相近"第3条。"次"即"编次"，"次之"当属上读；"以《广韵》、《集韵》始东终甲次之"是说依照部首字在《广韵》、《集韵》中所处的韵部编排《说文解字》，始于东韵，终于甲韵。则此处应标为"以《广韵》、《集韵》始东终甲次之；每部中之字，又以始东终甲为之先后"。

5. 江氏曰："宋以后贵文章，治《左氏》、《公》、《穀》，竟为绝学。"（初379，再342）

按：当标为"江氏曰：'宋以后贵文章，治《左氏》，《公》、《穀》竟为绝学'"，是说宋以后推重《左传》，忽视《公羊》与《穀梁》，以致《公羊》、《穀梁》成了"绝学"。下文"且贵文章，亦不自宋以后，而《公》、《穀》亦未尝非文家所贵"可证。

（四）未细核原书

1. 又曰："治经宗汉学"，不喜宋儒性命之学。（初260，再237）

按：此处征引《国朝汉学师承记》所记汪中之说；"不喜宋儒性命之学"亦是汪氏语[①]，亦应标引号。点校者谓《师承记》"原文没有'不喜宋儒性命之学'"，误。

1. 若亭林所引《太甲》颜子，非安仁之事也。（初382，再344）

按："《太甲》"与"颜子"是并列关系，其间当有顿号。《日知录》："《太甲》曰：'顾諟天之明命。'子曰：'回之为人也，择乎中庸。'"[②]。

2. 又曰："训诂之外，别有义理，非吾儒之学也。戴氏曰：'后世儒者，废训诂而谈义理，则试诘以求义理于古经外乎？'若犹在古经中也，则凿空者得乎？经之至者，道也；所以明道者，词也；所以成词者，未有能外于小学文字者也。"（初311，再283）

按："戴氏曰"之前引自钱大昕《臧玉林经义杂识序》，"戴氏曰"之后是戴震《古经解钩沉序》语，应另起一段。下文"戴氏又曰"可证。故应改标为：

又曰："训诂之外，别有义理，非吾儒之学也。"

戴氏曰："后世儒者，废训诂而谈义理，则试诘以求义理于古经外乎？若犹在古经中也，则凿空者得乎？经之至者，道也；所以明道者，词也；所以成词者，未有能外于小学文字者也。"

（五）不合标点规范

1. 又《答吕子约书》云："熹再叨祠录……不胜惭惧。"（初241，再220）

---

① （清）江藩：《国朝汉学师承记》卷七，钟哲整理本，北京：中华书局，1983年，第113页。

② （清）顾炎武：《日知录》卷十八，陈垣校注本，合肥：安徽大学出版社，2007年，第1017页。

按:“熹”至“惭惧”是朱熹的话,又在方氏所引毛奇龄语中,当标单引号。

2.《四库提要》曰:“……黄震《日钞》乃曰:‘《参同契》者,……然未喻有托而逃之意也”云云。(初242,再221)

按:“意也”后当有单引号。初版《参同契》“意也”后无单引号,不误。

3.“曾经圣人手,议论安敢到”王、陈诚妄人也!(初316,再287)

按:“王、陈”前当标逗号。

4.除《周颂》不论《风》、《雅》,商、鲁《颂》,共诗一千百十有二章。(初331)

除《周颂》不论,《风》、《雅》、商、鲁《颂》,共诗一千百十有二章。(再300)

按:《风》、《雅》、《颂》是并列关系,《商颂》、《鲁颂》是《颂》的组成部分;此句应标为“除《周颂》不论,《风》、《雅》、《商鲁颂》,共诗一千百十有二章”。初版所标,似亦可。

5.然不本之《说文》偶有所引,甚少。(初336,再304)

按:“《说文》”后当有逗号。

6.今并以孙愐音切为定。徐锴《系传·通释》朱,翱反切。(初340)

今并以孙愐音切为定徐锴《系传·通释》朱翱反切。(再308)

按:初版“朱”后逗号当删,再版“定”后当标句号。

7.谓之“逸”真影响也!(初352,再318)

按:“逸”后当标逗号。

8.《小闵》“或肃或艾”《书·洪范》恭作肃训皆同。(初363,再328)

按:“或肃或艾”后当标逗号,“恭作肃”应标引号,且其后宜加逗号。

9.增饰邪说,失真而改其面目又一局矣。(初403,再363)

按:“目”后当有逗号。

10.《经义考》本《授经图》西亭王孙所著。而作。(初407,再367)

按:“西亭王孙所著”是方氏自注,应加括号,或者排为小字。

二、文字之误

(一)形体相近

1.详见笔三卷(初255,再233)

按:“笔”当作“第”,见道光辛卯本卷上(548)。初版不误。

2.苟知已有四端、五常,则知已有“性”。(初282,再257)

按:“则知已有‘性’”之“已”当作“己”,初版不误。

3.一为李氏寿《五音韵谱》(初341,再309)

按:“寿”当作“焘”,见道光辛卯本卷中下(592)。

4.舍本讧未(初343,再310)

按:“未”当作“末”,见道光辛卯本卷中下(593)。

5.《挥尘录》(再320、322)

按:“尘(麈)”当作“麈”,道光辛卯本卷中下(598、599)此二处字迹模糊,犹可见是

“塵”非“尘(塵)”。初版(354、357)皆作“塵”,不误。

6. 元行冲毋照,所上《群书四录》。(初 354,再 320)

按:“元行冲”后当有顿号,“照”当作“煚”。《旧唐书·经籍上》:“殷践猷、……毋煚、……刘仲等重修成《群书四部录》二百卷,右散骑常侍元行冲奏上之。”[①]《商兑》道光辛卯本卷中下(598)作“煚”,已误作“照”。校者袭之,录为“照”。

7. 谓经字曰讹(初 365,再 330)

经字之曰讹(初 366,再 330)

按:“曰”当作“日”;道光辛卯本卷中下(604)“曰”宽“日”窄,区别明显。初版 368 页、再版 332 页正作“经字日讹”。

8. 非徐爰、沉重戚衮、王元规辈可及。(初 368,再 332)

按:“沉”当作“沈”,见道光辛卯本卷中下(606)。“重”后则当标顿号。

(二) 涉上下文

1. 独以告曾子、子贡,而他们弟子,皆若不得与闻焉者。(初 300,再 273)

按:“们”道光辛卯本作“门”(571),“门弟子”即及门弟子。点校者盖因“他”而误“门”为“们”。张克逊谓“‘他们’必误”[②],然不知“们”实“门”之误。

除以上讹误外,此标校本还有体例不定之弊。对于引文,或标引号,或不标,如初版 338 页、再版 307 页,“惠氏校曰”后不标引号,“《尚书》曰”后则标。对于避讳之字,校者的态度不明晰;初版 295 页、再版 269 页“李容”自注曰“李容即李颙,清人避讳而改”,初版 337 页、再版 306 页“唐元度”则不作说明。

综上,此本初版已问题不少,竟有误改底本之处,如“门”讹“们”、“焘”讹“寿”、“末”讹“未”、“日”讹“曰”,“沈”讹“沉”等。再版旧讹未改,新谬又生,竟有错改初版之处,如“六书”误标书名号、“《参同契》”前误标单引号、“第”讹“笔”、“己”讹“已”、“塵”讹“尘(塵)”、“日”讹“曰”等。故此本虽便于阅读,然非善本,有待勘正。

(作者单位:武汉大学文学院古籍整理研究所)

① (后晋)刘昫等:《旧唐书》,卷四十六,北京:中华书局,1975 年,第 1962 页。

② 张克逊:《〈汉学师承记〉(外二种)订正》,《古籍研究》,2000 年第 3 期,第 30 页。

《道教灵验记》校读札记*

刘祖国　　张学瑾

近年来，中古近代汉语研究硕果累累，在各类文献语料中，道教文献是独具特色的一块内容，但学界对道教文献的利用还远远不够。道教文献的校理是一个重要的基础性工作，有了这个基础，才能更好地发挥道教文献在汉语史研究中的作用。对那些在汉语史上研究价值较大的道经进行标点、注释、翻译，可为道教文献语言研究提供可靠的文本依据。

杜光庭(850—933)，唐末五代著名道教学者，其所撰《道教灵验记》记述了宫观灵验、尊像灵验、老君灵验等各类灵验事迹，成书年代下限可定在哀帝天佑元年(905)①。此书语言平实质朴，内容具有较广的生活覆盖面，故事情节性强，多有口语对话成分，是汉语史研究的宝贵材料。《道教灵验记》不见单本流传，收于《正统道藏》洞玄部记传类②，共十五卷，另宋张君房《云笈七签》卷一一七至卷一二二《灵验部》节录六卷。这是现在留存的最重要的两个版本。中华书局"道教典籍选刊"系列之《杜光庭记传十种辑校》将其收录整理，以《道藏》十五卷本为底本，校以《道藏》本、《四部丛刊》本、《道藏辑要》本、《四库全书》本《云笈七签》之节录部分。笔者拟对中华本中的问题，以及个别疑难字词作出校正与考释，求教于方家。(本文引例均据《杜光庭记传十种辑校》，标注页码与篇名。所引《道藏》原文均据 1988 年文物出版社等三家联合影印本，若引文在《道藏》第 10 册第 829 页第 1 栏，本文用"10/829a"表示，"a、b、c"分别表示"1、2、3"栏。)

1. 自制碑刊于洞门之侧，上构层楼，僰僮七十人以供洒扫，良田五百亩以赡斋储，在镇二十余年，封以王爵矣！(177 页，《韦皋令公修葛璝化验》)

按："僰"为"僰"之异体，故"僰僮"即"僰僮"。僰人是我国古代少数民族之一，散布于西南地区，主要分布在僰道(今四川宜宾)，秦以前曾建立僰侯国。僰僮，谓僰族的奴隶。西汉司马迁《史记·西南夷列传》："巴蜀民或窃出商贾，取其筰马、僰僮、髦牛，以此巴蜀殷富。"《索隐》："韦昭云：'僰属犍为，音蒲北反。'服虔云：'旧京师有僰婢。'"《正义》："今益州南戎州北临大山，古僰国。"东汉班固《汉书·地理志》："巴、蜀、广汉本南夷，秦并以为郡，土地肥美，有江水沃野，山林竹木疏食果实之饶。南贾滇、僰僮，西近邛、莋马、旄牛。"颜师古注："言滇、僰之地多出僮隶也。滇音颠。僰音蒲北反。"唐张说《大唐陇右将校颂德碑》："贾死畜贮绢八万往严道，市僰僮千口，以出滞足

---

* 山东省 2016 年社科规划项目：魏晋南北朝道教文献词汇研究(16CZWJ34)

① (前蜀)杜光庭撰、罗争鸣辑校：《杜光庭记传十种辑校》，北京：中华书局，2013 年，第 152 页。

② 丁培仁：《增注新修道藏目录》，成都：巴蜀书社，2008 年，第 646 页。朱越利：《道藏分类解题》，北京：华夏出版社，1996 年，第 201 页。《杜光庭记传十种辑校》言其收于《正统道藏》洞神部传记类，实属讹误。

人，其政七也。”故文中“僰僮七十人”为“僰族奴隶七十人”之义。

2. 全嗣顷年于华清宫阁上梦亲拜老君，及觉，求得一小帧，修奉香火已十年矣。(213 页，《骆全嗣遇老君验》)

按：“帧”即“帧”，“帧”为“帧”之异体。《说文》无此字。金韩孝彦《四声篇海·巾部》云：“帧，知更切。开张画缯也。”明梅膺祚《字汇·巾部》：“帧，同帧。”“帧”谓“画幅”；图画。如唐段成式《酉阳杂俎续集·寺塔记上》：“曼殊堂工塑极精妙，外壁有泥金帧，不空自西域赍来者。”明汤显祖《牡丹亭·写真》：“偶成一诗，暗藏春色，题于帧首之上，何如？”故文中“帧”可解作“（老君）画像”。“帧”于《道教灵验记》中仍有他例：“是夕方觉悟，恨不将得老君帧来烧香虔谢。”(214 页，《骆全嗣遇老君验》）他书亦有所见，如宋邵雍《击壤集·谢宋推官惠白牛》：“从此洛阳图帧上，丹青人更著功夫。”

3. 乃以俸金修天师之堂，加以丹臒，立为铭碣。(232 页，《李瓖梦天师验》)

按：“臒”字形讹误，《道藏》10/829a 作“雘”，“月”“丹”作为构字部件，形近易混。雘，赤石脂之类，古人以为上等的红颜料。“丹雘”一词常见于古籍，义为“可供涂饰的红色颜料”。如《书·梓材》：“若作梓材，既勤朴斲，惟其涂丹雘。”宋周必大《二老堂杂志·记恭请圣语》：“（上）从至翠寒堂，栋宇显敞，不加丹雘。”明杨慎《艺林伐山·印色》：“今之紫粉，古谓之芝泥；今之锦砂，古谓之丹雘，皆濡印染籀之具也。”故文中“加以丹臒”当作“加以丹雘”，为“用红色颜料涂饰”之义。

4. 因诣十九世天师，传受都功。脆信丰赡，致斋严洁，愈于众人。(259 页，《刘迁都功箓验》)

按：“脆”之字形有误，《道藏》10/838a 作“䞈”，当以《道藏》本为是。《玉篇·贝部》：“䞈，同赒。”《集韵·马韵》：“赒，财也。或从危。”南朝梁陶弘景《周氏冥通记》卷三：“卿姨屡有䞈请。”清黄生《义府》卷下：“䞈，古胃切，与赒同。赌也，资也。此云‘䞈请’，当是以财物事神求福之义。”

“䞈”或作“诡”，是道教文献中常见的一个概念，指受道祈神时奉送神仙或经师的信物。[①] 道经用例多见，如《赤松子章历》卷五：“某年命不长，寿算短促，伏愿大道弘慈，立更生之道。臣等誊其䞈信，上诣三天曹，请拔赎某身命，延年益寿，削死上生。”《洞真太上太霄琅书》：“或假道作妖，谋图不轨，幻术惑众，杂揉真经，改易前后，空中妄造，乖理失宗，苟以为是，托真传行，多取信䞈；或修而不受，授而不精；或抑绝贤明，附从愚瞽。”《太微灵书紫文琅玕华丹神真上经》：“古之上皇，皆保贵神书，防其轻泄，所以重䞈玄誓，期之勿泄，示其笃诚，明其根始也。”

5. 至诚阙，入门数重，追者引到曹署之门，立于屏外。(270 页，《崔公辅仙都经验》)

按：“诚阙”之“诚”属转录讹误，《道藏》10/842a 本作“城”，当据改。“城阙”义为“宫阙”。如晋陆机《谢平原内史表》：“不得束身奔走，稽颡城阙。”唐白居易《长恨歌》：“九重城阙烟尘生，千乘万骑西南行。”宋何薳《春渚纪闻·后土词渎慢》：“即令黄衣人复引余过数城阙，止一殿庭。”

---

① 周作明、俞理明：《东晋南北朝道经名物词新质研究》，北京：中国社会科学出版社，2015 年，第 132 页。

6. 忽山下有人请斋,兼欲求匃纸笔,借观奴一人同去。(266 页,《僧法成改经验》)

按:"匃",《道藏》10/840c 本作"匃",此乃"匃"之增笔。"匃"为"丐"之异体。《龙龛手鉴·勹部》:"匄,今;匃,正。古太反。乞也,求也。"《玉篇·勹部》:"匃,乞也,行请也,取也。丐,同上。"故"求匃"亦作"求丐",义为"乞求、乞讨"。

如《新唐书·南蛮传上·南诏上》:"南诏尝与妻子谒都督,过云南,太守张虔陀私之,多所求丐。"宋司马光《太子太保庞公墓志铭》:"凡名称礼数及求匄之物,当力加裁损,必不得已,乃少许之。"宋洪迈《夷坚丁志·邓城巫》:"(邓城巫)每岁春秋,必遍谒诸坊求丐。"故文中"欲求匃纸笔"义为"想乞讨纸与笔"。

7. 相传云,州中有攘敚之徒、遗失之物、争讼不决之事、沉滞抑屈之情,焚香叩钟立有明效。(282 页,《开州龙兴观钟验》)

按:"攘"即"𢹎","𢹎"在《汉语大字典》中的释义为:"同攘。"引《集韵·阳韵》:"攘,《说文》:'推也。'古作𢹎。"又《集韵·阳韵》:"𢹎,敚也。""敚"为"夺"之古字。《说文》:"敚,强取也。《周书》:'敚攘矫虔。'从攴,兑声。"段玉裁注:"此是争敚正字。后人假夺为敚,夺行而敚废矣。"今本《书·吕刑》作"夺攘矫虔"。故"攘敚"即"攘夺",义为"掠夺,夺取"。如《管子·八观》:"里域横通,攘夺盗窃者不止。"《新唐书·李纲传》:"齐王元吉为并州总管,纵左右攘夺,民愁苦。"

8. 饮食都忘,夕不暇寝,孜孜焉企踵翘足,延颈望风,汗流浃背,不敢为倦。如此二日三夕,延颈望风,汗流浃背,不敢为倦。如此二日三夕,使者持符而至入门迎拜欢呼,踊跃前导……(260 页,《云霄叶尊师符验》)

按:"如此二日三夕"后"延颈望风,汗流浃背,不敢为倦。如此二日三夕",这几句话《道藏》10/838c 原文中无,当为校理者误增之衍文。又,《道藏》原文本题为《玉霄叶尊师符验》,"云霄"乃中华本误录,当据改。

9.(1)梦为司命所摄,步卒骑吏就所居以捕之,亦如世上之擒寇索奸尔。窜匿无所,縻束将去。历荒径旷原,皆荆棘之地,牵顿舁曳,其速如飞。(197 页,《张仁表太一天尊验》)

(2)牵顿者皆笑曰:"临渴穿井,事同噬脐,胡可得也?"(198 页,同上)

(3)忽有赤光照其左右,牵顿者一时舍去,独在光明之中。(同上,同上)

按:"牵顿"在《汉语大词典》中释义为"牵连困顿",显然不合文意。文中"牵顿"即"牵扽",义为"牵引、拉扯"。

"顿"通"扽"。《荀子·劝学》:"若挈裘领,诎五指而顿之,顺者不可胜数也。"杨倞注:"顿,挈也。"王念孙《读书杂志·荀子一》:"杨训顿为挈,于古无据,且上文已有挈字,此不得复训为挈……顿者,引也。言挈裘领者,诎五指而引之,则全裘之毛皆顺也。《广雅》曰:'扽,引也。'曹宪音顿。古无扽字,借顿为之。"

"顿"假借作"扽"的情况很多。如汉桓宽《盐铁论·诏圣》:"今之治民者若拙御,马行则顿之,止则击之。"宋《太平广记》卷三百五十四:"此人亦随至,撮拽牵顿,势不可解。""撮拽牵顿"四字同义连文。① 清《醒世姻缘传》第六十六回:"智姐极了,把张茂实的一条白绸单裤尽力往下一顿,从腰扯将下来。"

关于"顿"与"扽"通假的情况,郭芹纳曾撰文论述②。他指出,"顿"之连文有"掣顿",王念孙《广雅疏证》已有申说。"顿引"亦可连文,唐张鷟《游仙窟》:"娘子向来频盼少府,若非情想有所交通,何因眼脉朝来顿引?""顿曳"亦可连文,唐李百药《北齐书·司马子如传》:"若言有进退,少不合意,便令武士顿曳,白刃临项。"

《汉语大词典》已指出"顿"通"扽","牵顿"一词可据此再丰富其词义。

10. 有僧辈二人来止其内,复欲移置飞赴寺。栖息月余,潜计已定,将隳坏像设而夺其地焉。(160 页,《青城山宗玄观验》)

按:"潜计"义为"阴谋"。"潜计"在《汉语大词典》中仅有"心算"这一个释义。然此义在文中恐不符。

唐栖复《法华经玄赞要集》卷二十五:"言潜计者,如阴谋人。心中最毒。心中嗔,面即笑。心恨貌恭。"可见此处"潜计"与"阴谋"同义。"潜计"作为"阴谋"义,常以动词出现于古籍之中。如梁沈约《宋书·刘湛传》:"自迩以来,凌纵滋甚,悖言怼容,罔所顾忌,险谋潜计,睥睨两宫。"《新唐书·鱼朝恩传》:"希暹觉帝指,密白朝恩,朝恩稍惧,然见帝接遇未衰,故自安而潜计不轨。"宋王钦若《册府元龟》卷一百三十三:"不意景龙之间,先帝暴弃,天下凶族潜计谋覆邦家,高祖之业几坠于地。"

故"潜计"作名词时有"阴谋、诡计"之义,"潜计已定"义为"阴谋已商定好";作动词义为"暗中策划",且多含贬义,"潜计不轨"义为"暗中策划叛乱"。

11. 有疑其异者即移卜高处以避水灾,其不信者安然而处,五六日暴水大至,漂坏庐舍,损溺户口十有三四焉。(241 页,《罗真人示现验》)

按:"移卜"《汉语大词典》未收,可释为"移居、迁居"之义。考"卜"有"选择"义,"选择"的对象常为地点、处所等。如东晋陶渊明《移居》诗二首之一:"昔欲居南村,非为卜其宅。闻多素心人,乐与数晨夕。"唐杜甫《卜居》诗:"浣花溪水水西头,主人为卜林塘幽。"明陈所闻《驻马听·九里松》曲:"我欲清修,卜来此地,把茅堂小构。""移"即为"转移"。另有"卜居"一词,义为"择地居住",亦可作为旁证。如《艺文类聚》卷六四引南朝齐萧子良《行宅》诗:"访宇北山阿,卜居西野外。"唐杜甫《寄题江外草堂》诗:"嗜酒爱风竹,卜居必林泉。"

"移卜"一词常见于古书,且后多与地点、处所搭配。如唐道宣《续高僧传》卷三:"道阕当年情欣栖静,以大业末岁,移卜终南之高冠岭。"宋赞宁《宋高僧传·唐雍京章敬寺怀晖传》:"后潜岨崃山,次寓齐州灵岩寺,又移卜百家岩。"明梅鼎祚《释文纪·释僧朗答晋主书》:"竺僧朗,京兆人,少而游方,问道长安,还关中,专当讲席,移卜太山。"则"移卜高处"可释为"移居高处"。

(作者单位:山东大学文学院)

---

① 蒋宗福:《四川方言词源》,成都:巴蜀书社,2014 年,第 88—89 页。

② 郭芹纳:《关中方言"骇、毕、扽"疏证》,《陕西师范大学学报》(哲学社会科学版),1998 年第 3 期。

文献辑考

《冒广生友朋书札》函作者补考十一则*

周录祥

冒鹤亭(广生)是近代著名学者,社会交往频繁,与名人学者来往信札极为丰富。2009年,佘彦焱、柳向春据上海博物馆藏冒鹤亭师友书札《师友之贻》整理成《冒广生友朋书札》[②],共一百五十二人,六百八十五通,具有重要的历史价值、文献价值,是研究冒氏交游乃至近代学者交往活动的重要材料。书后附有作者索引和小传(按音序编次),便于了解函札的作者。但也有一些人物,或原函末未署其姓,难知其人,或虽知姓名,然未能考知其生平,不无遗憾。今据本人所知,参考相关资料,再补充十一则(其中辨识函作者三则,纠正函作者二则,补充函作者生平六则),供读者参考:

1. 陈光宪,见原稿第十八册(江苏)。(? —?)生平不详。(第368页)

按:据刘寿年等编《民国职官年表》之《江苏省军政民政司法职官年表》,民国三年(1914年)淮扬道尹:"五月二十三日改设。蒋懋熙 2,17.署。陈光宪 6,10.任。"民国四年(1915年)淮扬道尹:"陈光宪 1,29.免。左杕周 1,29.任。"可知民国三至四年曾官淮扬道尹。又此书《浙江省军政民政司法职官年表》,民国四年(1915年)瓯海道尹:"左杕周 1,29.调。陈光宪 1,29.任。"民国六年(1917年)瓯海道尹:"赵曾蕃 1,22.任。"[③]则陈光宪民国四至六年间,任浙江瓯海道尹。考冒怀苏《冒鹤亭先生年谱》"一九一二年(民国元年 壬子)":"十一月,农工商部右丞袁云台(名克定)推荐先生赴温州任浙江省瓯海关监督兼温州交涉员。""一九一三年(民国二年,癸丑)":"正月,先生赴温州任所。""一九一七年(民国六年 丁巳)":"十一月,先生解瓯海关监督任,作《将去永嘉久别四首》。"[④]则冒鹤亭民国二年至民国六年,于温州官瓯海关监督,与陈光宪官瓯海道尹大略同时,故有交往。函中云:"留别鹤亭监督即乞教之",则当作于民国六年十一月鹤亭离任时。又考敷文社编《最近官绅履历汇录》:"陈光宪:年五十二岁,江苏江宁县人。廪贡生,教谕。历保直隶州知州,陆军部七品小京官,领额外主事,历充武卫军文案,山东抚院督操□□□官、北洋教练处学务股委员,北京□军学司委员,北洋陆军速成学堂普通教习、速成将弁两学堂汉文总教习兼文案。北洋陆军各学堂随办北京练兵处军学司一等委员、陆军贵胄学堂教习,兼王公讲习所讲员、军咨府总务厅科长、援鄂第一军秘书长。大总统府军事秘书,军事□议、北洋督军事科科

---

* 本文系2014年全国高校古委会项目"四库全书书前提要整理与研究"、2015年国家社科基金一般项目"四库全书书前提要综合研究"(编号:15BZW083)的阶段性成果之一。

② 佘彦焱、柳向春整理,《冒广生友朋书札》,上海:上海书画出版社,2009年

③ 刘寿年:《民国职官年表》,北京:中华书局,1995年,第244、245、277、279页。

④ 冒怀苏编著:《冒鹤亭先生年谱》,上海:学林出版社,1998年,第178、181、201页。

长，江淮宣抚使军事参议，江苏都督□□，代理淮扬观察使兼苏淮扬等处军政执法事谊、苏淮扬观察使，改淮扬道尹。”[①]又陈诒绂《续金陵通传》附《补传》有《陈光宇传》，附弟陈光第传，云：“弟光第，字紫笙，以廪贡就教职，提督杨雪门统领武卫军，函招北上，乃投笔从戎。值拳匪乱作，力请主剿，由是各当道皆耳其名，广为延誉。屡充北洋教练处学务、陆军速成将弁各学堂、贵胄学堂、王公讲习所教员、汉文总教习，军咨府总务厅科长兼核计全国军费事宜，旋由七品小京官、主事、员外郎、记名道员加二品衔，后历任淮、浙要职，卒于九江旅次，年五十九。生平慈祥恺恻，洞悉民隐，举凡振灾救荒、开沟洫兴工作、种植树木、创立学校，靡不竭力以请。间有因经费缺乏，未底于成者，终身犹以为憾也。”[②]两书所载略同，实即一人，知此“光第”乃涉上“弟”字而讹，应作“光宪”。《最近官绅履历汇录》述其官职至淮扬道尹(1914年)，称陈光宪五十二岁，则可推知其约生于1863年；而《续金陵通传》附《补传》称其卒年五十九，则当卒于1921年。据《成都市古籍联合目录》，著录有清陈光宪编辑《历代名将事略》不分卷，清光绪三十年(1904年)官报书局排印本(灌文所)[③]，年代相符，应即此陈光宪任军事学堂教官时所编。要之，可补其生平如下：

陈光宪(1863？—1921？)，字紫笙，江苏省江宁县人。前清廪生出身，历官北洋教练处学务、陆军速成学堂教习度支部员外郎、记名道员等职。民国三、四年间，任江苏省淮扬道尹。民国四年至六年，官浙江瓯海道尹，与鹤亭时有往还(时鹤亭官瓯海关监督)。编有《历代名将事略》。

2. 陈国璋，见原稿二十二册(江苏)。(？—？)生平不详。(第368页)

按：《张謇全集》第5卷《艺文下 挽联》有挽陈国璋(有注：《日记》作“陈子琇”)联云：“遇可塞，名不可湮，坛坫纵横，词赋犹思才子旧；少相重，老尤相惜，乡关萧索，钓游弥恸故人稀。”注云：“君卒年六十二，有才不遇，蹭蹬一生。回忆少时忧患之中，能相爱惜者，如皋独君与黄少轩耳，可念也。”[④]盖国璋其名，子琇其字。冒怀苏《冒鹤亭先生年谱》“一九〇一(清光绪二十七年 辛丑) 二十九岁”，有“是春，吴董卿自扬州至如皋，先生作《喜吴董卿至三首》。后先生与沙健庵、吴董卿饯春于水绘园雨香庵，座有洪小江(名延祺)、董景苏(名若洵)、项晴轩(名承明)、陈紫珊(名子琇)。先生作《三月二十九日招同人集雨香庵饯春即席分体得五古》，各人均有诗，陈紫珊作《八声甘州·辛丑三月廿九日春尽冒鹤亭孝廉(广生)招同仁和董卿大令(用威)阳湖董景苏太史(若洵)同里沙健庵编修(元炳)歙县洪筱江上舍(延祺)集雨香庵为饯春之会诸君子有诗余既分得五绝先呈此词》。”[⑤]后有传云：“陈子琇：一八五一——一九一一，字紫珊，江苏如皋人。同治七年秀才，后入湖南、安徽学使署幕。归里后，主讲海门、盐城等地

---

① 敷文社编：《最近官绅履历汇录》，台北：文海出版社，1970年，第242页。

② 陈诒绂：《续金陵通传 附补传》，南京：民国刻本。

③ 成都市图书馆编著：《成都市古籍联合目录》，成都：成都市图书馆，1992年，第224页。

④ 张謇研究中心，南通市图书馆、江苏古籍出版社编：《张謇全集》第5卷《艺文下》，南京：江苏古籍出版社，1994年，第575页。

⑤ 《冒鹤亭先生年谱》，第120页。

书院。工诗词,有《文介先生诗词集》,韩紫石(国钧)为该集作序。"[①]按张謇挽联作于清光绪三十四年十一月二十九日,则其生于1847年,卒于1908年。又佚名《陈国璋〈文介先生诗集〉》一文[②],述其生平甚详,今约述如下:

陈国璋(1847—1908),字子玮,号紫珊(子珊),江苏如皋人。岁贡。曾入湖南、安徽两省学政署幕。后任海门茶江书院、盐城书院山长。光绪末年,受沙元炳聘,任如皋小学堂监舍,主持教务,后改任师范国文和书法教习。逝后乡人私谥为"文介先生"。有《文介先生诗集》。

3. □蝶生,见原稿二十二册(江苏)。(? —?)生平不详。(第370页)

按:此函下有注:"按:笺尾钤'延卿自娱'朱文长方印记。"[③]延卿,顾锡爵字。此函当为顾锡爵作。冒怀苏《冒鹤亭先生年谱》"一九〇二年(清光绪二十八年 壬寅)三十岁":"春,先生在如泰会馆,重逢顾延卿(名锡爵),顾家世居如皋白蒲镇,与先德第十二世祖至第十五世祖为邻。后先生持《孙文节公遗墨》出示,并请顾题跋云云。"[④]后附小传:"顾锡爵:生年不详——一九一八,字延卿,江苏如皋人。同治六年秀才,后屡次应乡试,皆未售。后入薛福成幕,旋随薛出使英、法、意、比等国四年。归国后,薛病逝,又值甲午战争,清廷大败,海军覆灭,顾'绝意进取',愤然归里,以诗文书画自遣,与张季直、范当世、沙健庵以及先生友好煮茗论诗。曾与人编辑《(薛)庸庵文集》。"[⑤]另据《清末如皋两诗人——顾延卿和陈子玮》一文[⑥],顾锡爵生于1848年,卒于1917年,与范当世、张謇、周家禄、朱铭盘并称为"江苏五才子"。善诗文,著有《顾延卿诗集》等。乡人私谥"尚洁先生"。可参。

4. 洪承祺,见原稿二十二册(江苏)。(? —?)生平不详。(第372页)

洪延祺,见原稿二十二册(江苏)。(? —?)字小江。安徽歙县(今黄山)人。工诗,与鹤亭多有唱和。鹤亭尝有《杂书八章答洪小江》之作。《小三吾亭词》有为其《病树庵卧病图》所题《高阳台》一阕。(第372页)

按:所谓"洪延祺"函云:"亦是婵媛子,如何命不辰。贞心古冰雪,艳侠旧风尘。恤纬知时变,捐家怆老亲(夫人逝时家惟太翁尚存)。扬彤有佳传,钦叹付千春。鹤亭先生教正,筱江漫稿。"[⑦]筱江,乃洪承祺字,与民国间任甘肃政务厅长的洪延祺(安徽桐城人)无涉。冒广生《外家纪闻》卷首《栗娘夫人挽词》亦载此诗,署"歙县洪承祺小江"[⑧]。可知三函作者皆为洪承祺,字筱江,一字小江,安徽歙县人。前"陈国璋"条引《冒鹤亭先生年谱》[⑨],及后小传:"洪延祺:字小江,安徽歙县人。生平不详。工诗,与沙健庵、吴

① 《冒鹤亭先生年谱》,第121页。

② 佚名:《陈国璋〈文介先生诗集〉》,《南通日报》,2010年08月24日。

③ 《冒广生友朋书札》,第356页。

④⑤ 《冒鹤亭先生年谱》,第126页。

⑥ 《清末如皋两诗人——顾延卿和陈子玮》//政协如皋市委员会文史资料研究委员会编,《如皋文史》第八辑,1994年。

⑦ 《冒广生友朋书札》,第355页。

⑧ 冒广生:《外家纪闻》,《丛书集成三编》第83册史地类,新文丰出版公司,1997年,第638页。

⑨ 《冒鹤亭先生年谱》,第120页。

董卿以及先生多唱酬，先生曾作《杂书八章答洪小江》。”①亦作“洪延祺”，同误。

5. 灵照，见原稿二十二册(江苏)。(？—?)温州头陀寺僧。(第377—378页)。

按：徐世昌《晚晴簃诗汇》卷一九八云：“灵照，嵊县人。本姓郑，名淦，字淼泉。光绪戊子举人，官和州州同。永嘉头陀山妙智寺僧。《诗话》：‘淼泉辛亥后弃家为僧，殆金道隐、方药地一流人，而其诗雅不欲以遗民自居，倜乎意远矣。’”②且选有其《答冒鹤亭》诗二首(随缘披剃礼空王、耻学乡贤梅市卒)，《冒广生友朋书札》362页函已附载。考民国《嵊县志》卷十二《选举志·举人》，光绪十四年戊子科(1888)，有“郑文熙”③，文熙即郑淦榜名。又光绪《直隶和州志》卷十一《职官志表》，(光绪)二十六年有郑淦，云：“州同，嵊县，举人。”④刘承禺《世载堂杂忆》《世载堂杂忆》之“遁迹僧寮一奇士”⑤，述冒鹤亭任瓯海关监督时与灵照交游事甚详。要之，可补灵照生平如下：

灵照(？—约1916)，嵊县人。本姓郑，名淦，榜名文熙，字淼泉。光绪戊子举人，光绪二十六年，官安徽和州州同。辛亥后，弃家至温州头陀山妙智寺为僧。冒鹤亭官瓯海关监督时，有诗往还。

6. □泉，见原稿第十九册(江苏)。(？—?)生平不详。(第381页)

按：据原信，称冒广生为“鹤亭仁兄同年执事”⑥、“鹤亭仁兄同年左右”⑦，则应为冒广生同年举人(光绪二十年，1894)。故此人应为廉泉。冒怀苏《冒鹤亭先生年谱》“一九〇二年(清光绪二十八年 壬寅) 三十岁”云：“是夏，在吴挚甫处，先生晤廉惠卿(名泉)，为吴挚甫侄婿。后廉惠卿作《潭柘寄冒鹤亭同年》，先生即依韵和之，作《寄廉惠卿同年西山即依来韵》。”⑧又“一九二八年(民国十七年 戊辰)五十六岁”有：“三月，杨味云(名寿楠)约先生同樊樊山、周缉之(名学熙)、赵剑秋(名椿年)、丁闇公、陆彤士、吴董卿、廉惠卿等人赴先农坛(即耤坛)看桃花，先生作《清明日味云约耤坛看花用昌黎李花韵同樊山作》、《再和樊山用昌黎杏花韵》、《同莲士元常董卿浴于汤山用昌黎山石韵》(廉惠卿作《清明节偕樊山丈缉之鹤亭剑秋闇公彤士董卿荫北兄至先农坛看桃花樊丈用昌黎山石韵成七古索和依韵奉酬》。”⑨据年谱中附廉泉小传，及廉建中编《南湖居士年谱》⑩等资料，可补充其生平如下：

廉泉(1868—1931)，字惠卿，号南湖，又号岫云、小万柳居士，无锡人。曾入江阴南菁书院学习。16岁中秀才，19岁与安徽桐城吴芝瑛(吴汝纶侄女)结婚。光绪二十年(1894)年举人。翌年在京会试时参与“公车上书”。光绪二十二年，始任户部主事，翌年荐升户部郎中。提倡开办学校，创建无锡俟实学堂、竞志女中，又创办文明书局，

---

① 《冒鹤亭先生年谱》，第120—121页。

② 徐世昌编，闻石点校：《晚晴簃诗汇》，北京：中华书局，1990年，第9118页。

③ 牛荫麐等修，丁谦等纂：《嵊县志》，《中国方志丛书》，台北：成文出版社，1975年，第812页。

④ (清)朱大绅修，高照纂：《直隶和州志》，《中国地方志集成·安徽府志县辑七》，南京：江苏古籍出版社，1998年，第247页。

⑤ 刘成禺著，钱实甫点校：《世载堂杂忆》，北京：中华书局，1960年，第92—94页。

⑥⑦ 《冒广生友朋书札》，第311、312页。

⑧⑨ 《冒鹤亭先生年谱》，130、259—260页。

⑩ 廉建中编订，王宏整理：《南湖居士年谱》，陈建华主编；上海图书馆历史文献研究所编：《历史文献》第9辑，上海：上海古籍出版社，2005年，第325—334页。

编印教科书。辛亥革命时期,对孙中山革命事业有所支持。精诗文,善书法,嗜书画、金石。著有《南湖集》、《潭拓集》、《梦还集》、《梦还遗集》等。

7. □钺,见原稿二十二册(江苏)。(? —?)生平不详。(第383页)

按:按:考二函原文,作者应为金钺。《清代朱卷集成》:"金钺,字式金,号蘅裒,行一。光绪乙亥年五月二十三日吉时生。系江苏通州泰兴县优贡生。候选知县,民籍。"[①]以其生于1875年。然此为官年,不尽可信,今据朱世源《文史学家金钺》一文[②]及相关资料,补其生平如下:

金钺(1869—1950),字范才,一字式金,号蘅意,别号陶宧。清末民初著名文史学家、教育家、方志学家,江苏泰兴人。光绪二十一年进士,任翰林院庶吉士,散馆授编修。无意仕进,归任泰兴学堂总教习,主事泰兴县立中学。光绪三十年任如皋安定书院山长。又任南菁书院监督。民国后曾任泰兴县民政长、彭泽县知事。又任江苏通志局协纂,成《江苏通志艺文志》,又有《光绪江苏通州志》、《如皋县志》、《江山小阁诗文集》等。

8. 王文治,见原稿第十六册(江苏)(? —?)生平不详。(第386页)

按:前函一署"弟制文治稽首稽首"[③],函二署"弟制文治稽首"[④],此作王文治,不详所以。王文治清乾隆间著名学者、书法家,与冒鹤亭时代远不相及。此函作者当为唐文治。《冒鹤亭先生年谱》民国二十七年(1938)载:"七月,唐蔚芝由香港辗转上海,暂居爱文义路(今北京西路),先生同金巨山(名其源)往访,议论诸子校释,甚久。"[⑤]嗣后往还甚多(见《年谱》第413、460、461、470、519、525、532、552、565等页),唐蔚芝先生生平此勿庸赘述。

9. 王兆芳,见原稿二十二册(江苏)。(? —?)生平不详。(第387页)

按:据季子《苦学成材的学者王兆芳》一文[⑥]及相关资料,约略可知其生平:

王兆芳(1861—1898),字漱六,江苏南通人。肄业南菁书院,光绪十五年(1889)举人,曾官云南大姚教谕二年。张謇曾为之作挽联:"不以流俗毁誉祸福淆是非,企古学礼,儒者儒者;方为世界经济学问造因果,丧我同志,天乎天乎!"撰有《公羊异礼疏证》一卷,《经义征学》四卷,《古今义鉴》二卷,《教育原典》六卷,《霞山精舍文献记》二卷,《才兹文》、《文章释》各一卷。

10. 余愭,见原稿第十一册(湖南)。(? —?)生平不详。有《求实学斋文集》。(第392页)

按:此函云:"窃念我两人以文字至交,聚处数月"[⑦],函末附《馈鱼绝句奉柬鹤亭诗翁录呈教正》一首,末署:"平江余愭仲子初稿,时宣统庚戌季秋客京师作。"[⑧]考《清

① 顾廷龙主编:《清代朱卷集成82》,台北:成文出版社,1992年,第429页。

② 中国人民政治协商会议泰州市委员会编:《泰州历代名人续集》,南京:江苏人民出版社,2005年,第153—163页。

③④ 《冒广生友朋书札》,第257页。

⑤ 《冒鹤亭先生年谱》,第413页。

⑥ 南通县人民政府编史修志办公室,政协南通县委员会文史工作组:《南通史话》第2辑,1984年,第59—62页。

⑦⑧ 《冒广生友朋书札》,第160页。

代朱卷集成》宣统己酉科（1909年）优贡卷，有余惜："字勤夫，一字遁圃，行二，咸丰癸丑五月二十六日辰时生，同知衔分省补用州同。著有《仲子诗集》、《求实学斋文集》、《庭训退录》、《志书求志》、《草堂日记》、《丹霞山志》。"①余惜盖于宣统己酉（1909）后，在京候补州同。而《冒鹤亭先生年谱》"一九一〇年（宣统二年 庚戌）"云："是年，先生以普陀峪定东陵工劳绩在任，以四五京品候补，后派充实录馆校对官，与郭春榆、曹君直共事。"②两人即于是时在京师订交。又《湘雅摭残》卷十余云焕附从子昌浚、惜，云："平江余云焕，字凤笙，自号冗翁。"③"惜字勤夫，亦从游黔中，诗才虽亚掬泉，而朴茂过之。"④要之，可补其生平如下：

余惜（1853？—？），字勤夫，一字遁圃，湖南平江人。优贡。官同知衔分省补用州同。《仲子诗集》、《求实学斋文集》、《庭训退录》、《志书求志》、《草堂日记》、《丹霞山志》。

11. 郑文煦，见原稿二十二册（江苏）。（？—？）生平不详。（第396页）

按：此函云："家兄淼泉在妙智寺作古"⑤。淼泉即灵照（郑淦）。又刘成禺《世载堂杂忆》之"遁迹僧寮一奇士"篇，有："后其弟文煦来函，遣郑淦之子奉其先人遗榇，归葬家山。鹤亭谓所藏灵照诗及其北文煦函件，可备史料。"⑥可知文煦为郑淦之弟。故可补正其生平如下：

郑文煦，生平不详，浙江嵊县人。郑文熙（即郑淦，后出家号灵照）弟。

附书影一幅，原载第265页，作者作王文治，实为唐文治。

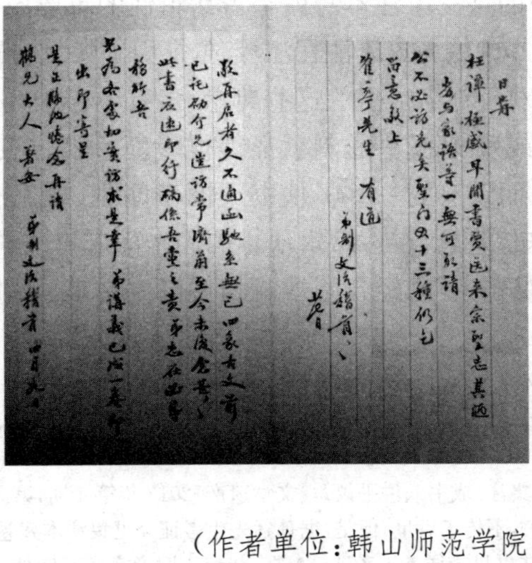

（作者单位：韩山师范学院文学与新闻传播学院）

---

① 顾廷龙主编：《清代朱卷集成》，台北：成文出版社，1992年，第187页。

② 《冒鹤亭先生年谱》，第159页。

③④ 张翰仪编，曾卓、丁保赤标点：《湘雅摭残》，长沙：岳麓书社，1988年，第394、395页。

⑤ 《冒广生友朋书札》，第363页。

⑥ 《世载堂杂忆》，第94页。

《文选集注》所见唐前佚文辑校

——以永明诗文为考察核心

魏晓帅

古钞《文选集注》作为一部在东瀛新发现的《文选》版本，最早见诸史载是在日人新见正路《赐芦文库书院储藏志》之中，时当公元1838年左右[①]。此集注本的体例是在六十卷李善注本的基础上，每卷一分为二，扩充为一百二十卷。注文按照李善注、《文选钞》、《文选音决》、五臣注、陆善经注这样的次序排列，最后常有集注本编者所作案语，指出各本差异。该本与传世各刊刻本有很大的不同，在选学领域中具有重要的版本与史料价值。虽时至今日，学界对于这一钞本的编者和成书时间等相关问题仍在讨论中，但对于此钞本乃"毫无疑问是流传至今保存着浓厚唐代钞本面貌的极珍贵的文献"[②]这一判断，中外学者大都能够认同[③]。

作为一种《文选》的集注本，今见残卷保留了大量早已失传的文献资料。从大处而言，《文选钞》、《文选音决》乃至陆善经注均仅见于此，这三家注释，本已失传千年。尽管在汇录时经过了编者的节略，然而，这三家注竟据此得以保留于今，已然是弥足珍贵。所以，集注本中的这三家注本身就是古籍辑佚的重要内容。

从小处言之，集注本中的各家唐注在注释时，征引了大量的先唐各部典籍。有的称名征引，有的未称名。对于称名征引的这些典籍，多有不存于今者，虽然其中多是一鳞片甲，但由于原书已佚或残缺，这些材料就显得很珍贵了[④]。在这方面，《钞》与陆注中可资辑佚的材料较多，而现有的一些辑佚书或囿于闻见，未见有效地利用。此书，自近代以来始为国人所知，但是，在古籍辑佚方面尚未引起有关学人足够的重视。虽然较早利用此书的余嘉锡先生，已经开始抄录相关已佚文献为《世说新语》作笺疏[⑤]，但

---

① 傅刚：《〈文选集注〉的发现、流传与整理》，《文学遗产》2011年第5期，第5页。

② ［日］冈村繁《〈文选集注〉与宋明版本的李善注》，《中外学者文选学论集》，北京：中华书局，1998年，第981页。

③ 详参刘志伟：《〈文选集注〉成书众说平议》，《文学遗产》2012年第4期，第34—46页。

④ 如释道淹的《文选音》，不传于后世，但是，据孙猛先生考证今见集注本残卷中的《音决》却征引了三处释道淹的音注，后于《日本国见在书目录详考·考证篇》进一步修正旧说言实有四处。前此，屈守元先生曾据慧苑《新译华严经音义》中保留之"淹师《文选音义》云，猗，美也"，认定其为释道淹书仅有的一条佚文。集注本的出现又为其增加了四条佚文。分别见孙猛《〈日本国见在书目录〉（经部、史部、集部）失考书考》，《域外汉籍研究集刊》第二辑，第210页；《日本国见在书目录详考·考证篇·总集家》上海：上海古籍出版社，2015年9月第1版，第2025页；屈守元：《文选导读》，成都：巴蜀书社，1993年，第62页。

⑤ 如《文学门》第99条下：嘉锡案：《晋书·仲文传》作谢灵运语，且云"言其文多而见书少也"，与此不同。又案《文选集注》六十二江文通《拟殷东阳兴瞩》诗注引《杂说》云："谢灵运谓仲文曰：'若读书半袁豹，则文史不减班固。'"考《隋志》杂家有《杂说》二卷，沈约撰。则本传自有所本，故与《世说》不同。（南朝宋）刘义庆撰，（南朝梁）刘孝标注，余嘉锡笺疏，周祖谟、余淑宜、周士琦整理：《世说新语笺疏》，北京：中华书局，2007年，第327页。

不无遗憾的是，系统性地借助是书从事古籍辑佚的工作，似乎还不多见。今见《文选集注》虽然仅存24卷，但其中保留了永明时期8位作家（沈约、谢朓、任昉、王融、范云、陆厥、王俭、江淹）的31首诗和9篇文。今试以这一时期诗文所附唐人注释为核心，钩稽相关业已亡佚的先唐各部文献如下[①]：

1. 卷59谢玄晖《直中书省一首》“紫殿肃阴阴”句，《钞曰》：“《世说》曰：武帝于甘泉宫有紫殿。阴阴，深沉之貌。”

案：此条材料中所引《世说》，未详所指，汉代刘向曾著有《世说》一书，但早佚。《隋书·经籍志》于刘义庆《世说新语》亦称为《世说》，今详审《钞》注引文，乃言汉武帝时事。对刘义庆《世说新语》一书叙述的时限问题，黄伯思《东观余论》认为起自汉末断至江左，《四库全书总目》承其旧说，亦言“上起后汉、下迄东晋”，果如此，则此条当非出自该书。但余嘉锡先生乃举出《规箴篇》有东方朔、京房各一事，《贤媛篇》有陈婴母、王明君各一事，指明“其书托始于前汉之初，黄氏谓起于汉末，非也”[②]。因此，此条有可能出自《世说新语》一书，又刘向《世说》不载于《隋书·经籍志》，应早已亡佚，《文选》诸唐注家当无由得见。《李善注》凡引《世说新语》十二条，均简称“《世说》曰”云云，除了卷四〇《奏弹王源》注文所引不见于今本外，其他各条所引均为《世说新语》正文，而非刘注。综上，此条当出义庆所辑。今本《世说新语》先后迭经宋晏殊、董弅董理剪裁、增损，不能不与原本有所不同。查今本《世说新语》及刘孝标注文，又叶德辉《〈世说新语〉佚文》[③]、王利器《〈世说新语〉佚文》[④]、范子烨《〈永乐大典〉残卷中的〈世说新语〉佚文与宋人批注》[⑤]等皆无此条材料。又范子烨《〈世说新语〉研究》从唐宋类书中钩稽大量遗文，对《世说新语》原文有较全面的考察，辑出许多为宋人删去的原文，颇有所得，然《钞》注此句亦不见载[⑥]。条目全文亦当如范说为宋人所删，仅此一句因《钞》注所引而留存于世。又乐史《太平寰宇记》引“《三辅黄图》曰：汉武帝起紫殿，雕文刻镂，以玉饰之。成帝永始四年，行幸甘泉，郊泰畤，神光降于紫殿。”[⑦]与本条所记一致，当可相互印证。

2. 卷59谢玄晖《直中书省一首》“风动万年枝”句，《钞》注：“《洛阳宫殿部》曰：玉橿，一名万年。然万年树名也。”《洛阳宫殿部》即《洛阳宫殿簿》，此书，《隋书·经籍志》著录一卷，两《唐书》著录三卷，均不著撰人姓名。此书应早亡，只是在类书如《艺文类聚》、《太平御览》以及经史注本如《尔雅翼》、《三国志注》中偶被征引，但此条材料

---

① 案：本文仅辑未经他人辑出者，对于同样从属于本文辑录范围内的佚文，如前此已有相关学者辑出，本文则不予收录，亦不作说明。如何之元的《梁典》一书，唐燮军《何之元〈梁典〉述论》已据《唐钞文选集注汇存》辑出数条，这些虽属于本文集中考察的永明诗文这一范围内，但因业已辑出，凡属此类情况的文献材料，均不再辑录。

② 余嘉锡：《四库提要辨证》，北京：中华书局，2007年，第2版，第1018页。

③ （南朝宋）刘义庆撰，（南朝梁）刘孝标注：《世说新语》，光绪十七年王先谦思贤讲舍刻本，上海：上海古籍出版社，1982年，第541—566页。

④ 王利器：《当代学者自选文库·王利器卷》，合肥：安徽教育出版社，1999年，第202—215页。

⑤ 范子烨：《〈永乐大典〉残卷中的〈世说新语〉佚文与宋人批注》，《庆祝卞孝萱先生八十华诞——文史论集》，南京：江苏古籍出版社，2003年1月第1版，第265—280页。

⑥ 范子烨：《〈世说新语〉研究》，哈尔滨：黑龙江教育出版社，1998年，第145—175页。

⑦ （宋）乐史撰，王文楚等点校：《太平寰宇记》卷三十一《关西道七》，北京：中华书局，2007年，第666页。

不见于现存史载。

案:汉唐间方志,今有刘纬毅《汉唐方志辑佚》共辑得439种失传方志,《汉唐地理总志钩沉》辑得69种;又,唐雯《晏殊〈类要〉研究》从《类要》中辑得大量亡佚文献,今见是书方志类内容达七卷之多,唐雯从中共辑得92种。《汉唐方志辑佚》列有《洛阳宫殿簿》一书,作者不详。此书,《隋书·经籍志》言一卷,但是《旧唐书·经籍志》、《新唐书·艺文志》均作三卷,又《类要》卷十三《古今宫殿名》亦言"《洛阳宫殿簿》三卷"[①],似乎作三卷为是,刘著从类书以及四部书的注本中辑得《洛阳宫殿簿》计26条佚文[②],"玉樞,一名万年"一句不见于其中,今据《钞》注当补入。

3. 卷59谢朓《始出尚书一首》,"惟昔逢休明,十载朝云陛",《钞》注:"惟,思也。《汉武故事》云:武帝有三云殿。此陛即三云殿之阶也。"

案:此条材料,不见于今本《汉武故事》。四库馆臣在此书的《提要》中说:"如《艺文类聚》、《三辅黄图》、《太平御览》诸书所引甲帐珠帘、王母青雀、茂陵玉碗诸事称出《汉武故事》者,乃皆无之。又李善注《文选·西征赋》引《汉武故事》二条,其一为柏谷亭事,此本亦无之;其一为卫子夫事,此本虽有之而文反略于善注。"[③]由此可知,今本此书尚有许多佚文,洪颐煊《经典集林》卷十五从类书等相关传世文献中辑得二卷[④],王仁俊《玉函山房辑佚书补编》[⑤]、鲁迅《古小说钩沉》[⑥]亦续有所辑,而《钞》注此条,当应补入。又《太平御览》引"《西京杂记》曰:汉成帝设云帐、云幄、云幕于甘泉紫殿,谓之三云殿。"[⑦]

4. 卷59谢玄晖《郡内登望》"山积陵阳阻,溪流春谷泉"句,《钞》注"《宣城记》曰:陵阳,山名。陵阳子明学仙之所,至宋宋(当为衍文),改宣城县为宣城郡。春谷属宣城郡也。"

案:《宣城记》,纪义撰,王谟《汉唐地理书钞》言《荆楚岁时记》已采用是书,断定纪氏当为晋宋间人,王书辑得五条[⑧];后王仁俊又辑得一条[⑨];刘纬毅《汉唐方志辑佚》亦据《荆楚岁时记》认定纪氏为晋宋间人,刘著辑是书仅得4条佚文[⑩],且均已见于《汉唐地理书钞》。《钞》注引文均未见以上辑本,当补入。

5. 卷62江淹《郭弘农游仙璞》题下,《钞》注"雷居士《豫章记》云:'吴猛与璞以术数相善,同在王敦府,知敦将害璞,而问曰:卿命尽几何?答曰:下官命尽中时。又问猛之为寿几何,璞云不可量也。既而害璞,又建收猛,猛入壁中,忽然不见,仍于津渚

---

① 分别见(唐)魏征、(唐)令狐德棻等撰:《隋书》,北京:中华书局,1973年,第953页。(后晋)刘昫等撰:《旧唐书》,北京:中华书局,1975年,第1961页。(宋)欧阳修、(宋)宋祁等撰:《新唐书》,北京:中华书局,1975年,第1453页。(宋)晏殊:《类要》,《四库全书存目丛书》,子部第166册,济南:齐鲁书社,1995年,第581页。

② 详刘纬毅:《汉唐方志辑佚》,北京:北京图书馆出版社,1997年,第73—75页。

③ (清)永瑢:《四库全书总目》,北京:中华书局,1965年,第1206页。

④ (清)洪颐煊:《经典集林》,《续修四库全书》,第1200册,上海:上海古籍出版社,第412页。

⑤ 王仁俊:《玉函山房辑佚书续编三种》,上海:上海古籍出版社,1989年,第271页。

⑥ 鲁迅:《古小说钩沉》,济南:齐鲁书社,1997年,第212页。

⑦ 分别见卷一百七十五《居处部三》、第七百《服用部二》、八百八《珍宝部七》。

⑧ (清)王谟:《汉唐地理书钞》,北京:中华书局,1961年,第320—321页。

⑨ 王仁俊:《玉函山房辑佚书续编三种》,第305页。

⑩ 刘纬毅:《汉唐方志辑佚》,第204—205页。

附载远南。猛自执政,使余人乘舟,甚密闭,轮户舫主不解所以久,窃窥之,果见两龙夹舟而行山上。曰未(兴)而至宫停,故得免祸。'(《豫章记》)又云'上辽道西,昔有石姥宫,有大蛇,长十丈。行者(吸)皆之立而吞。前后不知所食之多少,而白骨为山矣。辽道是七郡桂州行之要,不可以绝。猛乃率弟子而往,蛇闻猛至,逃于穴中。气势嚣赫,独难可犯,猛乃(悉)鬼神相与制之。蛇出穴,头高数丈,猛乃于后以脚蹑之,弟子加斤斧焉。大蛇虽死,独有小蛇,长数丈,得逸去。今已能衔人,渡江人犹惊畏之,俗云此蛇蜀地之精,故特盛也。'"

案:《豫章记》,据刘纬毅《汉唐方志辑佚》言,为刘宋雷次宗①所作,王谟《汉唐地理书钞》亦早有辑本,惜已不存②。上述材料言郭璞、吴猛事均不见于刘著所辑《豫章记》诸条,唐雯又从晏殊《类要》中辑出刘书未见之"石姥宫"一条③,加上此处所辑,今知共计有十三条④。

6. 卷 62 江淹《殷东阳兴瞩仲文》题下,《钞》注:"……《续晋阳秋》云:刘毅愽才好士,以仲文早有令名,深相礼重。何无忌甚慕之,自以进达之,令府中才士孙(殷)阐、孔宁之徒并称,撰文义以待焉。仲文既失志,恍忽(惚)不知如此,遂相忌踈,唯遣笺疏而已。无忌甚以傲,忽而轻也,大以为憾。及朝臣议欲北代(伐),无忌曰:方今殷仲文、桓玄为腹心之疾。舍近事远,非长策也。遂因此而陷仲文焉。"

案:《续晋阳秋》,刘宋檀道鸾撰,清人汤球《众家编年体晋史》⑤辑得 143 条,黄奭辑 4 条,《钞》注中言殷仲文与何无忌事未见载。今案《晋书》本传言"刘毅爱才好士,深相礼接,临当之郡,游宴弥日。行至富阳,慨然叹曰:'看此山川形势,当复出一伯符'。何无忌甚慕之,东阳,无忌所统,仲文许当便道修谒。无忌故益钦迟之,令府中文人殷阐、孔宁子之徒,撰义构文,以俟其至。仲文失志恍惚,遂不过府。无忌疑其薄己,大怒,思中伤之。时属慕容超南侵,无忌言于刘裕曰:'桓玄、殷仲文乃腹心之疾,北虏不足为忧'。义熙三年,又以仲文与骆球等谋反,及其弟南蛮校尉叔文并伏诛。"⑥由此,《晋书》中记载殷仲文得罪何无忌之事,当源出《续晋阳秋》也。

7. 卷 79 任彦昇《奏弹刘整》题下注,《钞》曰:"《梁典》云:西阳王内史刘寅与庶弟整同居,有奴婢四人,后家贫,将奴质钱,后又赎得之。寅后死,有二子,长曰逡,次曰师利。整乃与嫂分财,家中资物,整将去,唯有兄在日遣二奴兴易,经久不归,乃将与嫂。后经七年,二奴始归,乃大得财物,整又欲索之。其侄儿师利曾远行,乃逢雨,投整墅上,经得十二日。后整计食小斗六升米。乃来向便之处索米,嫂未有,乃将嫂犊车襜帷为质,后得米往赎,始还。又来嫂家无礼大叫,使婢打嫂,伤臂,并打侄儿。嫂范不胜欺苦之甚,故诣御史台诉。任昉得此辞,勘当得实,故奏弹之。"⑦

---

① 刘纬毅:《汉唐方志辑佚》,第 246 页。

② (清)王谟:《汉唐地理书钞》,第 16 页上 a,张国淦《中国古方志考·序例》言曾见《汉唐地理书钞》足本,因此王书并非虚列名目而是确曾辑出。

③ "上辽西五里有地名石姥宫,汉昌邑王所立"。

④ 唐雯:《晏殊〈类要〉研究》,上海:上海古籍出版社,2012 年 6 月第 1 版,第 193 页。

⑤ (清)汤球辑,乔治忠校注:《众家编年体晋史》,天津:天津古籍出版社,1989 年,第 232—292 页。

⑥ (唐)房玄龄等撰:《晋书》,北京:中华书局,1974 年,第 2605 页。

⑦ 案:周勋初《〈文选〉所载〈奏弹刘整〉一文诸注本之分析》录有此段佚文,此处曾据参考,谨致谢忱。

案:《钞》注中所谓《梁典》,今知分别有刘璠以及何之元两人各作同名之书,二书均佚。民国陶栋《辑佚丛刊》曾辑刘璠《梁典》,得齐明帝等十三人事迹;辑何之元《梁典》得12条[1]。唐燮军《何之元〈梁典〉述论》[2],又辑何之元《梁典》得19条。而《钞》注中记载刘整事迹均不见载,今据集注本虽未明了《钞》注所引究竟出自刘璠抑或何之元之本,但此条材料自当宝之。

8. 卷71任彦昇《宣德皇后令》"荐名宰府,则延誉自高"句下,《钞》曰:"《梁典》云:高祖迁为司空,王俭下东阁祭酒,从此(背)齐高武帝爵。"

案:此条下,李善注"何之元《梁典》曰:高祖迁仪同,王俭东阁祭酒。"陆善经注"何之元《梁典》曰:高祖为法曹,以后进之秀,与沈约等八人为竟陵王文学。"这里李善和陆注均注明出自何之元,《钞》注内容与李善和陆注所引均不同,善注和陆注的不同可能是摘录同书不同时期的材料所致;而《钞》和善注显系注释同一事由,二者的不同只能说明他们不是出自同一种书。颇疑此处《钞》注实为出自刘璠之书。

9. 卷71任彦昇《宣德皇后令》"推毂樊、邓,胡尘罕尝夕起"句下,《钞》曰:"樊、邓,二地名,在南阳界。《梁典》云:高祖据樊城。时为司马,在雍州界。言北胡畏之,不敢夜行。"

案:此条下李善注曰:"何之元《梁典》曰:虏主拓跋宏既退,高祖据樊城。《汉书》冯唐曰:臣闻上古王者遣将也,跪而推毂,……"善注与《钞》注均有"高祖据樊城"一句,怀疑此处《钞》注所引亦当出自何之元。

10. 卷71任彦昇《宣德皇后令》"隆昌季年,勤王始著"句下,陆善经注曰:"《梁典》曰:隆昌元年,高祖拜中书侍郎,西昌侯废郁林,使高祖领直台,内迁黄门侍郎。"

11. 卷71任彦昇《宣德皇后令》"建武惟新,缔构斯在"句下,陆善经注曰:"《梁典》曰:明帝建武二年,魏将刘昶、王肃围司、雍,遣高祖救之,大败魏人,以功封建阳县男。"

12. 卷71任彦昇《宣德皇后令》"代马不敢南牧"句下,陆善经注曰:"《梁典》云:建武二年,高祖除司州刺史。"

13. 卷71任彦昇《宣德皇后令》"推毂樊、邓,胡尘罕尝夕起"句下,陆善经注曰:"《梁典》云:建武四年,魏主帅百,分侵南阳诸城,高祖(往)授。五年,与崔慧景俱顿邓城。俄而,北军大至。慧景众大奔,高祖令士皆持涕满由别道归,故一军不败,还镇樊城。明帝崩,遗诏授高祖雍州刺史。"

案:上面第10至第13条言萧衍数事,均不见载于陶栋《辑佚丛刊》以及唐燮军《何之元〈梁典〉述论》文中。

14. 卷79任彦昇《奏弹曹景宗》"王师薄伐,所向风靡"句下,陆善经注曰:"《梁典》云:天监二年,魏司州。"

案:陆善经注引此条亦不见于陶栋《辑佚丛刊》以及唐燮军《何之元〈梁典〉述论》文中。另,集注本此注应有脱漏,"魏司州"中间当脱漏一"寇"或"犯"字。

① 陶栋:《辑佚丛刊》,上海:中华书局,1948年,第163页。

② 唐燮军:《何之元〈梁典〉述论》,《古籍整理研究学刊》,2007年第3期,第87—93页。

15. 卷79任彦昇《奏弹曹景宗》“是以淮徐献捷，河兖凯归”句下，陆善经注曰：“《梁典》云：进北徐州刺史昌义之冠军将(军)，先是，魏人来侵，义之却□有功。(《梁典》)又云：柳庆远及魏人战于小岘，魏人大败，众军凯还。”

16. 卷79任彦昇《奏弹曹景宗》“且道恭云逝，城守累旬；景宗之存，一朝弃甲”句下，陆善经注曰：“《梁典》：道恭以五月卒，七月城陷。”

案：此条与第15条陆善经注中引《梁典》三则材料，亦不见载于陶栋《辑佚丛刊》以及唐燮军《何之元〈梁典〉述论》文中。如前文所述，《梁典》有何之元和刘璠两人各作之书。据统计，今见《文选集注》中，明确注引自何之元《梁典》者，李善注计有六次，陆善经注一次(已由唐燮军辑出)；未注作者仅称《梁典》者，陆注计有八次，《钞》注三次。正因如此，唐燮军仅辑录了明确出自何之元书的一条佚文，其未注作者数条，一概未录，可以看出处理之分寸相当审慎。其实，这里可以稍作考辨，笔者认为这些没有注明作者的佚文，也当出自何之元书中。善注六次引用，均注明是何之元(集注本李善注两次引刘璠《梁典》[①])，而陆注九次中，仅一次注出何之元，而且这也是第一次称引[②]，其他八次虽未明确注明作者，但都在这条之后。如果我们考虑到《文选集注》有“去同存异”[③]的编辑体例，即以李善注为基础，虽集众家之注为一本，但是善注之后的《钞》、《音决》、《五臣》以及陆善经注，仅保留与李善不同者，删去与李善相重复的注释。因此，我们现在看到的李善注每次称引均清楚注明引自何书，是因为保留了李善单注本最初的面貌，与刊刻本系统的《文选》李善注一致。而位于李善注之后的陆善经注，仅在第一次出现时予以注明出自何书，后面重出时就不再繁琐注明了。另外，第13条注引《梁典》有“明帝崩，遗诏授高祖雍州刺史”的说法，虽然未注明作者，但是刊刻本《文选》卷56陆倕《石阙铭》善注所引何之元《梁典》中也有“齐明帝崩，遗诏授高祖雍州刺史”一句，所不同者仅在于刻本中增一“齐”字。唐燮军认为萧衍出刺雍州刺史在齐明帝驾崩之前，以故，此则当属何氏笔误或所据文献记载不实所致。果如此，则适可说明集注本陆注省去的作者名字应该就是何之元。

17. 卷91王元长《三月三日曲水诗序》“丹陵若水之旧”句下，《钞》注：“《襄州记》云：襄州，福地。”

案：《襄州记》，张国淦《中国古方志考》言已佚[④]，张书并言《舆地纪胜》卷八十二，《襄州府·景物上》引《襄州记》一条，即“桃林，在襄阳县南六里。《南襄州记》云：桓冲北伐，顿军于此，是时食桃，至春其核萌生，遂成茂林，故曰桃林津”[⑤]，据《钞》注则又为其增加一条。

18. 卷116王俭《褚渊碑文》“宋假以功高命氏”句下，陆善经注曰：“王僧孺《百家谱》云：宋共公子石，食菜于褚，其德可师，因而氏焉。”

---

① 分见卷七九《奏弹曹景宗》“故司州刺史蔡道恭”和“虽然，犹应固守三关，更谋进取”句下。

② 任彦昇《宣德皇后令》“荐名宰府，则延誉自高”句下，陆善经注“何之元《梁典》曰：高祖为法曹，以后进之秀，与沈约等八人为竟陵王文学。”

③ 常思春：《读〈文选集注〉管见三则》，《河南大学学报》，2005年第3期，第57—63页。

④ 张国淦：《中国古方志考》，上海：中华书局上海编辑所，1962年，第494页。

⑤ (宋)王象之：《舆地纪胜》，北京：中华书局，1992年，第2654页。

19. 卷116王俭《褚渊碑文》“魏晋以降,奕世重晖。乃祖太傅元穆公”句下,陆善经注曰:“《百家谱》云:晋初有褚磬,平东将军。”

案:王僧孺《百家谱》,《隋书·经籍志》言三十卷,又《百家谱集抄》十五卷,据马铁浩《〈史通〉引书考》言十五卷本即为三十卷之合卷本①。王仁俊《玉函山房辑佚书续编三种》辑得《百家谱》五条②,上面第18、19条不见于王辑本中。

综上,日本回传中国之《文选集注》一书,虽然自近代以来就已为汉文化圈的各国学者所重视,但是,对于其中保留的大量唐前佚文还尚未见有系统地整理,今人所作各种辑佚书,也似乎较少将此书纳入进研究视野。本文以旧钞本《文选集注》所残存南齐永明时期的诗文为研究范围,从唐人旧注中共辑得19条先唐佚文,多为子、史二部文献,这对于研究相关亡佚书的属性和内容不无裨益,而且有助于我们进一步审视《文选钞》和陆善经注等这些唐人旧注的价值。

(作者单位:复旦大学中国语言文学系)

① 马铁浩:《〈史通〉引书考》,北京:学苑出版社,2011年,第369页。

② 王仁俊:《玉函山房辑佚书续编三种》,第316页。

《古文四声韵》所引"古孝经"字形考论

曹景年

《古文四声韵》(以下简称《四声韵》)是一部古文字形汇编,由北宋夏竦于庆历四年(1044)编成,共征引古书、碑刻等资料100余种,收字形9000多个[①]。该书以《切韵》平上去入四声为纲,以楷体字头作统领,每个字头下收古文或隶古定字形若干,其数少者一、二,多者十数个。由于该书对于每一字形均注明来源文献,如"古孝经"、"古尚书"、"古春秋"等,这就为我们研究这些文献的传承和流变提供了珍贵资料。尤其是其中征引来自"古孝经"的有339字(不含重复出现的15个),加上一字多形,不同字形共415个。而《孝经》全文也只有1800字左右,通过考察这接近《孝经》全文四分之一篇幅的古文字形,将会得出当时《古文孝经》流传的丰富信息。

《古文孝经》的传承问题,在中国学术史上是一大疑案,自古以来聚讼纷纭。概括来讲,其历史流传过程大致可分为六个阶段:(一)汉武帝时发现于孔子故宅,传说孔安国曾为之作传,西汉末刘向整理,东汉卫宏、许慎等曾传习,其后下落不明;(二)隋朝开皇年间出现一本《古文孝经孔传》,为刘炫所得并得到传扬,但时人多疑为伪书,在唐末五代时再次亡佚;(三)唐大历年间出土一本科斗文《孝经》,韩愈、李阳冰曾得见,但其后流传不明;(四)宋初句中正、郭忠恕、夏竦等频繁提到"古孝经"并引用其字形,但其所引到底何本尚不明了;(五)宋司马光从皇家秘府中得一《古文孝经》,隶定并作《指解》,其后此本大行于世,朱熹等多位大儒为之注解,流传至今;(六)清初从日本回传一本《古文孝经孔传》,当时学者多认为是日本人伪作,但经现代学者详细考察,认为该书应是隋代刘炫所发现的本子在日本的流传。

《四声韵》所载《古孝经》字形,正与第(四)、(五)两个阶段有关。目前已有学者利用《四声韵》中"古孝经"的字形来从事《孝经》学研究,如舒大刚先生的一系列论文[②]。然而,舒先生只是借用其字形来说明与日传本《古文孝经》之间的关系,对于《四声韵》所征引的"古孝经"字形并没有做全面系统的考察,因此其结论尚有可商榷之处。本文即拟全面考察《四声韵》所征引的"古孝经"字形,探寻其字形来源并分析其与《孝经》各版本之间的关系。

---

① 《古文四声韵》有多种版本,本文所用为《文渊阁四库全书》本,上海古籍出版社,1987年,第224册。

② 如《论日传本〈古文孝经〉决非"隋唐之际"由我国传入》、《论宋代的古文孝经学》,分见《四川大学学报》(哲学社会科学版)2002年第2期及2004年第3期。

一、字形考释与分析

通过对《四声韵》所收“古孝经”415 个字形进行逐个研究分析，可以发现具有以下几个方面的特征：

（一）颇具古形古风

《四声韵》“古孝经”字形颇具古形古风，尤其在古今字和假借字的使用方面。

古今字方面，如卷一 3 [1]（冬），古“终”字。卷一 4 （龚），古“恭”字。卷一 9 （产），古“危”字[2]。卷三 25 （疋），古“雅”字。卷四 11 （亚），古“恶”字。卷四 17 （孛），古“悖”字。卷五 14 （詧），古“察”字。卷五 29 （乍），古“作”字。假借字方面，如卷一 9 （智），借为“知”[3]。卷一 14 （子），借为“慈”。卷一 15 （鱼），借为“吾”。卷一 17 （女），借为“如”。卷一 17 （者），借为“诸”。卷一 17 （亡），借为“无”。卷一 25 （垔），借为“因”[4]。卷二 10 （它），借为“他”。卷二 17 （尚），借为“当”。卷二 23 （型），借为“刑”[5]。卷三 7 （俚），借为“理”。卷四 20 （巡），借为“顺”[6]。卷四 38 （襄），借为“让”[7]。卷五 34 （域），借为“国”。

另外，还有一些字形，虽不见于字书，但颇与先秦文字相合，如卷五 29 ，“博”字，与出土战国古文相合[8]。卷五 30 ，“椁”字，象棺木，下有土。[9]卷四 40 ，“政”，上多一横画，与战国文字相合。[10]

（二）多音字形重复出现

《四声韵》“古孝经”字形有 15 字，因为是多音字，分属不同的韵部而重复出现。重出字形有的完全相同，有的微有差异，当是抄写问题。

字形完全相同的有：（遗），见卷一 11 上平声、卷四 6 去声。（闲），见卷一 36 上平声、卷四 23 去声（去声隶定为“间”，误）。（当），见卷二 17 下平声、卷四 39 去

---

① 本文标注《四声韵》字形来源体例为：卷次＋原书页码，此处是卷一第 11 页，原书每卷页码均重新编排。

② 徐海东：《〈古文四声韵〉疏证（一二三卷）》，西南大学博士学位论文，2013 年，第 107 页。

③ 《〈古文四声韵〉疏证（一二三卷）》，第 104 页。

④ 李绣玲：《〈古文四声韵〉古文探赜》，（台湾）中正大学博士学位论文，2009 年，第 74 页。

⑤ 《〈古文四声韵〉疏证（一二三卷）》，第 397 页。

⑥ 李春桃：《传抄古文综合研究》，吉林大学博士学位论文，2012 年，第 197 页。

⑦⑨⑩ 《传抄古文综合研究》，第 666、595、683 页。

⑧ 王丹：《〈汗简〉、〈古文四声韵〉传抄古文试析》，复旦大学出土文献与古文字研究中心网站（http://www.gwz.fudan.edu.cn/），2009 年 4 月 28 日。

声。(不),见卷三 32 上声、卷五 10 入声。(后),见卷三 32 上声、卷四 43 去声。

字形微异的有:"离",见卷一 8 上平声、卷四 3 去声。"妻",见卷一 21 上平声、卷四 13 去声。"丧",见卷二 18 下平声、卷四 39 去声。"藏",见卷二 19 下平声、卷四 39 去声。"行",见卷二 20 下平声、卷四 40 去声。"取",见卷三 11 上声麌韵、卷三 33 上声厚韵。"弟",见卷三 12 上声、卷四 13 去声。"厚",见卷三 32 上声、卷四 44 去声。"後",见卷三 32 上声、卷四 44 去声。"悖",见卷四 17 去声、卷五 12 入声。

(三)部分字头隶定讹误

《四声韵》在字形隶定方面有不少讹误和倒错,分析如下:

卷一 7,隶定为"羲",经文[①]无"羲"字,应为"義",《四声韵》未收"義"字,正是因为该字形误入"羲"字形下。

卷一 15,隶定为"鱼",但经文无"鱼"字,应假借为"吾",古"鱼"、"吾"音近互通[②]。"吾"字下正有(卷一 20),与此形接近。

卷二 13,隶定为"杨",但经文无"杨"字,此字形与《说文》手部"扬"字古文同,故此处亦应为"扬"。日传本《古文孝经》系统中"扬名于后世"之"扬"多作"敭",正是这一字形的直接隸定[③]。关于讹误原因,李春桃认为是由于"杨"、"扬"前后排列,书写中脱去字头"扬",致使本属"扬"下之字,都归属"杨"[④],可从。另卷一 33,《四声韵》隶定为"惇",经文无"惇",按其字形也应为"扬"字,只是字形稍有变化。

卷三 2,隶定为"踊",从字形看明显是"恿"(即勇)。《四声韵》"勇"、"踊"二字头前后相连,"勇"下有,与此形相同,而《集古文韵》[⑤]字形(即踊)标注为出自"古孝经",故怀疑此处字形误抄自"恿"字形,应从《集古文韵》改正[⑥]。

卷四 23,隶定为"间",但经文无"间"字而有"闲"字:"仲尼闲居。"此应为

① 本文所称经文,皆指《孝经》经文,下同。

② 《传抄古文综合研究》,第 520 页。

③ [日]石川泰成:《伝锦小路本"古文孝经"隶定古文并异体字疏证》,九州岛产业大学国际文化学部纪要,第 55 号,[29]—[50](2013),第 31 页。

④ 李春桃:《〈汗简〉、〈古文四声韵〉所收古文误置现象校勘》,简帛网(http://www.bsm.org.cn),2011 年 4 月 13 日。

⑤ 《集古文韵》为北京图书馆所藏宋刻配抄本《新集古文四声韵》后附文献,仅有上声残卷。关于其性质及与《古文四声韵》的关系,学界观点不一,或以为是《古文四声韵》残篇,或以为两者并非一书,但无论如何,二者有明显的相承关系,则是无可否认的。请参阅《传抄古文综合研究》,第 175 页。

⑥ 《传抄古文综合研究》,第 179 页。

“闲”,此字形在上平声已出,正为“闲”(卷一88)。

卷四9 ,隶定为“箸”,徐在国、李春桃都以为是古“者”字 (卷三25)讹变,假借为“箸”;[①]国一姝以为是古“旅”字 (卷三8)讹变,“箸”、“旅”同属古鱼部,音近通假。[②] 二说皆可通。经文无“箸”而有“著”:宗庙致敬,鬼神著矣。“箸”为“著”古字,《说文》段注云:“(箸)假借为箸落为箸明,古无去入之别,字亦不从艹也。”[③]

卷五4 ,《四声韵》隶定为“熟”,经文无“熟”,应为“孰”。从字形看前者为“熟”,后者为“塾”,都假借为“孰”[④]。《四声韵》“熟”、“孰”二字前后相连,“孰”字下有 ,与后一形相近。

卷五17 ,《四声韵》隶定为“绝”,经文无“绝”字,李春桃认为应是“说”,假借为“悦”,他说:“《古文四声韵》‘说’字古文作 (卷五17)两者明显同形。《古文四声韵》中‘绝’与‘说’两字相邻,猜想 、 原应在‘说’下,传抄过程中误置于‘绝’下。《订正六书通》中出于‘古孝经’的 和出于《裴光远集缀》的 都收在‘说’字下,《集篆古文韵海》收录相关形体亦放在‘说’字下,而相邻的‘绝’字下均不收此形体,可见从《汗简》到《集篆古文韵海》、《订正六书通》都把 这类形体当成‘说’(或悦)的古文,只有《古文四声韵》一书与此不同,显然不合理。”[⑤]经文《广要道章》恰有多处使用“悦”字他还解释了此形为“突”字古文 的讹写,而“突”与“兑”、“说”均可通用[⑥]。此说可纠正《四声韵》之误。

卷五15 、 ,《四声韵》隶定为“缺”,但经文无“缺”字,其实这两个字形有差别,应分别讨论。关于前一字形,《四声韵》“诀”字下有 (卷五15),与其全同,疑误置重出。《四声韵》“缺”字下,除了有此二字形,还有 ,此字形亦被《汗简》收录,但认为是“假”字,故我们推测后一字形也应是“假”字[⑦],经文虽无“假”字,但有“遐”:“心乎爱矣,遐不谓矣。”当是假借。

卷五28 ,《四声韵》隶定为“莫”,徐在国以为是“茉”,借为“莫”[⑧]。李春桃以为“萁”[⑨],经文无“萁”字而“莫”字甚多,而“萁”与“莫”也无通假之例,故徐说为优。

---

① 徐在国:《隶定古文疏证》,合肥:安徽大学出版社,2002年,第123页。

② 国一姝:《〈古文四声韵〉异体字处理讹误的考析》,北京语言文化大学硕士学位论文,2002年,第52页。

③ (清)段玉裁:《说文解字注》,上海:上海古籍出版社,1988年,第193页。

④⑨ 《传抄古文综合研究》,第573、155页。

⑤ 《〈汗简〉、〈古文四声韵〉所收古文误置现象校勘》,简帛网,2011年4月13日。

⑥ 李春桃:《古文考释八篇》,简帛网。

⑦ 黄锡全:《汗简注释》,武汉:武汉大学出版社,1990年,第412页。

⑧ 《隶定古文疏证》,第27—28页。

(四) 一字多形现象较多

《四声韵》所引"古孝经"字形一字多形者甚多,有些差别不大,如"之"字:(卷一 11);"君"字:(卷一 30);"思"字:(卷一 12)①;"居"字:(卷一 16)。有些差别很大。如"一"字有四形一(卷五 8);"用"字有四形(卷四 2);"小"字可能也有四形(卷四 30)②。"德"字有三形(卷五 33)。"忝"字有三形(卷三 35)③。"严"字有三形(卷二 33)。"恺"字有二形(卷三 14)。"淑"字有二形(卷五 4)。"云"字有二形(卷一 29)。"尼"字有二形(卷一 10)。这些字有些只在经文中出现过一次,如"淑"、"尼"、"居"等,却有多个字形,这说明这些字形,应该不止来自一种"古孝经"版本。

如果说以上所列的不同字形还有某些相似之处,另外有些不同字形,则在字形和用法上完全不同。如"睦"字二形(卷五 5),前者为"睦"古文④,后者为"穆"古文,假借为"睦"⑤。如"子"字二形(卷三 7),前者类似《说文》子部古文"子",后者类似《说文》籀文"子"。如"礼"字二形(卷三 12),前者为"礼"古文,即"礼";后者为"豊",是一种礼器,假借为"礼"。

(五) 有些字不见于《孝经》经文

上文提到一些字形不见于《孝经》经文,其原因或为抄写错误,或为通假等。但另有一些字形既不见于经文,又无法解释。"宠",卷三 2。"处",卷三 9。"露",卷四 10。"帕",卷四 37,似为"怕"字,但经文无"怕"、"帕"字。"称",卷四 46。"麦",卷五 21。"什",卷五 26。《四声韵》卷三 11 有字形,隶定为"古",经文无此字,可能是后人伪造的"古文孝经"标题(详后文)。

二、字形与现有各版本之关系

今存的《孝经》版本非常繁多,但可以归纳为三个系统,一是今文系统(简称今文本),即通行的《孝经》版本,主要有《十三经注疏》本和敦煌出土的一些版本;二是宋本

① 《〈古文四声韵〉疏证(一二三卷)》,第 128 页。

② 前二形《四声韵》隶定为"妙",后二形隶定为"少",但经文无"妙"和"少",应该都假借为"小"。

③ 徐海东以为前二字为"太",但经文无"太"字。见《〈古文四声韵〉疏证(一二三卷)》第 631 页。

④⑤ 《传抄古文综合研究》,第 123、39 页。

《古文孝经》系统(简称宋本),有大足石刻本、《指解》合编本、《孝经刊误》本等,此版本与今文本相比,除了多出《闺门章》外,其他文字基本相同;三是日传本《古文孝经》系统(简称日传本),有多种传本,在用字方面与前两个系统都有较大差异①。

那么,《四声韵》中所引“古孝经”字形是来自哪个版本呢?经过对比,发现“古孝经”字形与上述三个版本系统都有关系,这其中又可以分为五种情况:

(一) 今文本、宋本两个系统,与日传本有异文,但《四声韵》同时收有二者的异文。如以下三例:

“膝”与“育”字。今文、宋本“亲生之膝下”一句,日传本作“亲生育之”,“膝”、“育”字皆仅在相应的版本中出现一次。但《四声韵》既有“膝”字,又有“育”字。卷五8,《四声韵》字头为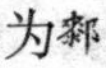,按字形应为“厀”,此即古文“膝”字。卷五4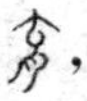,为“育”字。

“辟”与“避”字。今文、宋本“曾子避席”一句,日传本作“曾子辟席”,“避”、“辟”字皆仅在相应的版本中出现一次。《四声韵》既有“避”字,又有“辟”字。卷四2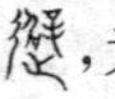,为“避”;卷五21,为“辟”。

“就”与“分”字。今文“用天之道,分地之利”②,日传本古文作“因天之时,就地之利”,“分”、“就”字皆仅见于相应的版本。《四声韵》既有“就”字,又有“分”字。卷四43,为“就”字;卷五17,隶定为“别”,与《说文》八部同,诸家也都认为是“别”字③,但各本经文均无“别”字,《说文》段注以为是“兆”字,但《四声韵》有“兆”字(卷三21),与此不类。笔者以为应是“分”字,或“别”假借为“分”。

(二) 今文本、宋本两个系统,与日传本有异文,但《四声韵》仅有前者的异文,而无后者的异文。如以下三例:

卷五11,隶定为“厥”,今文、宋本“聿修厥德”。日传本作“其”,通篇无“厥”字④。

卷四40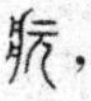,隶定为“病”,今文、宋本“病则致其忧”。日传本作“疾”,通篇无“病”字。

卷五22,隶定为“逆”,今文、宋本“以顺则逆”。日传本通篇无“逆”字,此句作“以训则昏”。

---

① 今文系统的敦煌版本请参阅张涌泉主编:《敦煌经部文献合集》第4册,北京:中华书局,2008年。宋本系统的大足石刻本见马衡:《马衡讲金石学》,南京:凤凰出版社,2010年,第164—170页;《指解》合编本及《孝经刊误》本均见《文渊阁四库全书》第182册。日传本有石川泰成的汇校本《古文孝经旧抄本之研究(资料篇)》最为全面。各系统内部各版本只有细微差异,不影响下文考证。

② 宋本作“因天之道,因地之利”,无校勘价值。

③ 《〈古文四声韵〉古文探赜》,第351页。

④ [日]石川泰成:《古文孝经旧抄本之研究(资料篇)》,日本庆应义塾大学附属研究所斯道文库藏,无版次信息,第38页。

（三）今文本、宋本两个系统，与日传本有异文，但《四声韵》仅有日传本的异文，而无前两版本的异文。亦有三例：

“安”字。卷二 5 ，隶定为“焉”，其实字形为“安”，用作虚词。经文中“安”作虚词且可与“焉”通用者，仅“安得为孝”一句，日传本同此，今文、宋本皆作“焉得为孝”。夏竦所见字形是“安”，与日传本同，但又为何隶定为“焉”？笔者猜测，夏在隶定时是对照今文本《孝经》进行的，今文作“焉”，故即使字形为“安”，也隶定为“焉”。宋本是司马光根据秘府所藏古文本隶定，也作“焉”，我们推测秘府原本也应作“焉”，司马光照原字隶定，因为司马光作为好古派，没必要根据今文经改“安”为“焉”。这也可以证明，此处所引“古孝经”字形与司马光所见的秘府本不同。

“吕”字。卷三 8 ，隶定作“吕”，今文、宋本“甫刑”，日传本作“吕刑”①。敦煌出土的今文本也有作“吕刑”者，是隋唐时今古文混淆造成的，今文原本只作“甫刑”②。

“训”字。卷四 20 ，《四声韵》均隶定为“顺”，此即《说文》人部字讹变，该字许慎释云“送也，古文以为训字”，可见此字应为“训”。按凡日传本作“训”之处，今文、宋本皆作“顺”，如日传本，今文、宋本皆作“以顺天下”。可見，此处的“训”字正与日传本合。《四声韵》之所以隶定為“顺”，也是因为参考今文《孝经》的结果。

（四）宋本、日传本两个系统，与今文本文字不同，《四声韵》同于前者。

经文“仲尼闲居”，宋本、日传本同，今文本作“仲尼居”且通篇无“闲”字，《四声韵》有“闲”字（卷一 36）。

（五）《四声韵》收字字形与宋本不同。

卷二 12 （参），与《说文》或体大致相同。宋本作曑，③这是《说文》晶部正篆的隶定，与《四声韵》字形不同。

三、字形来源研究

通过上文对“古孝经”字形的分析，我们可以对其字形来源，形成三个基本观点：

第一，来源非常驳杂，远自不止一个“古孝经”版本

据上文分析，“古孝经”字形有不少一字多形现象，而且这些字在《孝经》经文中出现的次数少于字形数，这只能断定为有多个“古孝经”版本供作者选用，所以才能收入如此多不同的字形。而且由于它与今文本、宋本、日传本有上述复杂的关系，这也可见其来源的不一。这就提示我们，研究《四声韵》的“古孝经”字形，甚至包括来自其他

① 《古文孝经旧抄本之研究（资料篇）》，第 42 页。
② 《敦煌经部文献合集》第 4 册，第 1901 页注（54）。
③ 《马衡讲金石学》，第 167 页。

文献的字形,要有多个版本的分析意识,不能简单地归结为属于哪个版本。有学者认为:"夏竦所见之《孝经》,当即宋代从秘府流传出来的本子,并无别本。"①舒大刚先生的《论宋代的古文孝经学》一文,也将《四声韵》所引"古孝经"与宋本笼统地混为一谈,从我们的考察来看,这种观点是站不住脚的。

第二,某些字形来自后人辑古字伪造或因书法创作形成的"古文孝经"

《古文孝经》只有一个真本,那就是汉代从孔壁出土的版本,既然"古孝经"字形来自多个版本,那其中必定有伪造的成分。除了上述理由,还有一个最明显的伪证,就是上文提到的"古"字形。遍查各版本《孝经》正文都没有"古"字,笔者思索良久,后来恍然大悟,知此"古"字必来自"古文孝经"标题。而所谓"古文孝经",只是汉代以后的人相对于"今文孝经"的称呼而已,又岂有在刚出土的时候就自题"古文孝经"的道理!因此可以断定收录这一字形的所谓"古孝经",肯定是后人的伪作。

这些伪作的"古孝经",可能是后人辑古字书写或造作的"古文孝经",如同我们今天用甲骨文或篆书书写《孝经》一样。以不同的字体书写经文的现象出现很早,早在曹魏时期就出现了用古文、小篆汉隶书写的"三体石经"。从宋初开始金石文字之学兴起,文人雅士用古文字体写的书法作品比较流行,像《孝经》这种精短的小书,更容易成为书法家创作的对象。宋初的句中正(929—1001)就曾以古文、篆、隶作"三体孝经"。比夏竦稍晚的司马光,在皇家秘府发现了一本《古文孝经》,他也认为这是好事者用古字重写经文的结果:"孔安国以古文时无通者,故以隶体写《尚书》而传之,然则《论语》、《孝经》不得独用古文……此盖后世好事者用孔氏传本,更以古文写之。"②司马光之言不会是空穴来风,起码可以说明,在宋初用古文字摹写经典是比较流行的。基于这一文化背景,我们推测,《四声韵》所引的《古文孝经》伪作,很可能是书法爱好者用古文字摹写的《孝经》。宋熊朋来就曾对《四声韵》一书的来源不纯批评道:"其间钟鼎文字缺略,颇泛取俗书以备奇字。"③其所谓俗书,大概就是指后人造作的这种假古文书。《四声韵》作者对其来源没有认真辨析,而是"泛取俗书",把别人的伪作甚至书法作品也拿来用,从而造成了字形的驳杂。

第三,假中有真,不能否认部分字形确有可靠来源

《四声韵》所引"古孝经"字形虽有来自伪作的成分,但也不能否认部分字形确有可靠来源,从本文第一部分所提到的大量古今字或通假字即可明了。那么这部分可靠来源又是来自何处呢?据文献记载,唐大历年间曾经出土过科斗文《孝经》,唐宋文献中有多次提及。这一点不少学者也有关注,基本承认这次出土的科斗文《孝经》应是汉代的真本,并一直流传到宋代初年。舒大刚指出:"唐代大历年间李士训在灞上项羽妾墓所得石函绢素《古文孝经》也只二十二章,壹仟捌佰柒拾贰字,说明《古文孝经》自秦、汉以来相传的字数都是1872字,并无增减。"④不过有学者认为该本是项羽

① 徐刚:《古文源流考》,北京:北京大学出版社,2008年,第110页。

② (宋)司马光:《古文孝经指解·序》,《文渊阁四库全书》第182册,第88页。

③ 转引自舒大刚:《论日传本〈古文孝经〉决非"隋唐之际"由我国传入》,《四川大学学报》(哲学社会科学版),2002年第2期,第112—113页。

④ 舒大刚:《司马光指解本〈古文孝经〉的源流与演变》,《烟台师范学院学报》(哲学社会科学版),2003年第1期,第30页。

妾墓出土，而不是东汉旧本，这源于夏竦《古文四声韵序》中一句不明不白的话："又有自项羽妾墓中得《古文孝经》，亦云渭上（当为"灞上"——引者）耕者所获。"于是有人认为，大历本应该是从项羽妾墓出土，所以与孔壁出土的真古文没有关系。如郭沂说："推论项羽妾去世的下限公元前 127 年，为汉武帝元朔二年，时值武帝初期，也就是说，当时《古文孝经》刚发现不久。所以唐代从项羽妾墓中发现的这部《古文孝经》相当原始，它不但尚未为卫宏所校，而且也未为刘向审理。"[①]据郭先生的意思，《古文孝经》先是从孔壁出土，然后又迅速被项羽妾带进坟墓，并于唐代大历年间出土。考诸史实，此说难以成立，项羽死于前 202 年，其妾的生活时代也应该在此前后，下距前 127 年尚有 70 年之久，且即使项羽妾活到孔壁书出土，《古文孝经》也是经孔家人献给朝廷，随后藏之秘府，这在当时算是珍本，外人希见，而项羽妾若还活者，也不过是一山野耄耋村妇，如何能够得见并带人坟墓？其实所谓的"项羽妾墓"不过是一个学术乌龙，徐刚先生已经指出是"将此事与北齐武平年间彭城人发项羽妾冢得古文《老子》一事混为一谈"[②]。北齐时曾从项羽妾墓出土古文《老子》，明《正统道藏》中宋谢守灏《混元胜纪》，彭耜《道德真经集注杂说》引《老君实录》都有记载："项羽妾本，齐武平五年(574)彭城人开项羽妾冢得之。"[③]项羽是楚人，其妾墓在彭城，而道家思想一直在楚地比较流行，从中出土古《老子》，是可以理解的。项羽妾墓有文献出土的传闻经几百年口耳相传，到宋代夏竦作《四声韵》时便与唐大历中出土《孝经》一事混淆。

唐大历真本《古文孝经》出土后，李阳冰、韩愈等人曾有传习，后来可能还被书法、篆刻爱好者摹写。不过夏竦可能只看到别人摹写的部分内容，而没看到此书的全本，因为如果看到全本，他应该会将全本 1800 余字全部收录，而不会只收 400 多，或是甚至部分内容也没看过，而只是辗转抄自其他引用《古文孝经》字形的资料。

四、结语

《四声韵》保留的大量"古孝经"字形，是不可多得的研究《孝经》流传情况的重要资料，有助于我们理清宋初孝经文本的流传情况。《四声韵》字形来源并非一个版本，而是非常驳杂，有真有伪。一方面，其书所引"古孝经"的大量字形是可靠的，并且很可能来自唐大历年间出土的由卫宏所校、桓谭所见的东汉旧本。另一方面，其书除了一些技术性的错误，如字形重出、隶定错误、前后错倒等之外，还有一字多形、来源各异、通假混乱、多版本并存等问题，尤其是收录"古文孝经"题名中"古"字的古文，这足以证明其中有些字形并不可靠，很可能来自后人收辑古字重写的"假古文孝经"。当然，《四声韵》作为一个资料宝库，还有大量来自"古尚书"、"古春秋"、"古老子"的字形，通过对这些字形进行整理研究，或许可以有更多的关于这些文献重要发现。

（作者单位：中国孔子研究院）

① 郭沂：《郭店竹简与先秦学术思想》，上海：上海教育出版社，2001 年，第 407 页。

② 《古文源流考》，第 110 页。

③ 转引自冯广宏：《老子传世版本三系说》，《文史杂志》，2009 年第 1 期，第 9 页。

《上博八·李颂》首句疏释

侯瑞华

《上博八·李颂》是一篇楚辞体文献，整理者曹锦炎先生指出："内容是以李树为歌颂对象。辞中以'素府宫李'即普通人家园子里的李树，与作为'官树'的桐树作对比。"①复旦吉大古文字专业研究生联合读书会（以下简称"读书会"）的《〈上博八·李颂〉校读》及相关网络评论对此篇字词的释读提出了许多富有价值的意见，认为"整篇简文与'李'无关，而是咏'桐'的一篇小赋。"②其后研究诸家尽管在个别字词的处理上续有补充修正，但简文中的"李"皆不认为是指李树，而桐树说则基本为各家所接受。总结性的论著如李晓梅女士的《上博简与清华简诗赋文献校注》即将此篇改称《桐颂》③。然而本篇"桐"字仅于首句一见，究竟是不是指桐树我们认为还有重新讨论的必要。本文即在各家考释的基础上主要针对简文首句作一些疏释，疏陋错误之处，祈请方家批评指正。

《上博八·李颂》第1简正的开头作：

> 相虐（吾）官梪，桐虞（且）怠（怡）可（兮）。④

以上是整理者曹锦炎先生的释文。"读书会"将此句释读作"梖（相）虐（乎）官（棺）梪（树），桐虞（且）怠（治·之部）可（兮）"⑤。其后研究诸家基本赞同读书会的隶定，"怠"字高佑仁先生认为"严式隶定最好将'口'省略"。至于字词的疏通，则存有较大分歧。除上引二说外，"官"字王宁、陈伟二位先生读为"馆"，意为"馆舍"⑥或"住宅、宫馆"⑦；陈民镇先生读为"灌"，认为"'灌树'指丛生的树木"⑧。"虞"字侯乃峰先生（网名"小狐"）针对读书会的释读指出似可读为"作"。"怠"字陈民镇先生认为"疑读作'始'，训生息"⑨。

"相"简文字形作""，右下部明显有一"又"形。相同构形的"相"字楚文字中习见。如（《望山楚简·1》简7）、（《郭店楚简·穷达以时》简6）、（《上博四·柬大

---

① 马承源：《上海博物馆藏战国楚竹书（八）》，上海：上海古籍出版社，2011年，第229页。

② 复旦吉大古文字专业研究生联合读书会：《〈上博八·李颂〉校读》，复旦大学出土文献与古文字研究中心网站，2011年7月17日。

③ 李晓梅：《上博简与清华简诗赋文献校注》，西南大学硕士学位论文，2015年。

④ 马承源：《上海博物馆藏战国楚竹书（八）》，第231页。

⑤ 复旦吉大古文字专业研究生联合读书会：《〈上博八·李颂〉校读》，复旦大学出土文献与古文字研究中心网站，2011年7月17日。

⑥ 王宁：《〈上博八·李颂〉通读》，简帛网，2011年10月18日。

⑦ 陈伟：《楚简册概论》，武汉：湖北教育出版社，2012年，第324—325页。

⑧⑨ 陈民镇：《上博简（八）楚辞类作品与楚辞学的新认识——兼论出土文献与中国古典文学研究的关系》，《邯郸学院学报》，2013年第3期，第43页。

王泊旱》简 9)、(同上·简 10)、(同上·简 15);所从之“又”乃楚文字中常见的赘旁。所以当从读书会隶定为“枧”。“相”即视、看之意。“怠”简文字形作“”,我们认为整理者和读书会的隶定均有问题。该字的下部所从绝非“心”字,而是“口”字。本篇其他心字和从心之字有“”、“”、“”、“”,与所从显然有异。(本篇“氏古”后面的文字我们认为与前文并非出自同一书手,所以不以其中字形为据。但至少可以看出其心字写法与所从有明显的不同。)本篇书手书写心字的笔画是三画,而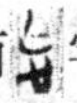字下部显然只有两画。而且心字的一个特征是开口在上部闭合或呈收敛,而字下部所从显然是侈口。心字中间的一横笔多是向上的弧线,而该字显然是一笔横画。另外可以参看鄂君启节的“台”字,即作“”。同字《上博五·三德》简 16 有作“”,《上博五·三德》简 20 作“”,皆可为证。李守奎先生在《上博一——五文字编》“怠”字头下加按语:“与‘心’旁有别。疑是‘口’旁的变形。”[①]徐在国先生在《上博楚简文字声系(一至八)》中指出“台,或作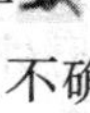(新蔡甲一简 24)、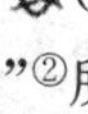(新蔡乙四简 126),下部所从的“口”或作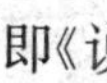,或认为是‘心’,不确,乃是横穿笔画。”[②]所以《李颂》此字可分析为从口㠯声,即《说文》训为“说也”的“台”字。段注云“台说者,今之怡悦字”。所以文中完全可以读如字而不必通读为“怡”。

“虐”字在楚简中既可用为“吾”,也可以用为“乎”,如《清华简一·尹诰》简 3“于(呜)虐=(呼,吾)可(何)复(祚)于民”[③]。此处下文言官树,不管是照整理者所说解为国家的或公家的树,或是道旁树,还是读为“馆树”、“灌树”,前面都不应该用具有领属意义的第一人称“吾”。(公家的树、道旁的树、野外丛生的树何以称吾树?馆既训为客舍,又何从而称吾?)所以这里应该读为“乎”。如《诗经·小雅·伐木》“相彼鸟矣”,《诗经·小雅·小弁》“相彼投兔”,《诗经·大雅·公刘》“相其阴阳”,《诗经·小雅·四月》“相彼泉水,载清载浊”。都是在“相”后有一个意义比较虚的指示代词,这里的“相乎官树”与上揭诸例并无本质不同,“乎”就相当于“彼”或“其”。

对“官”字的解释众说纷纭。读书会将其读为“棺”,这种看法似乎缺乏坚强的证据;陈民镇先生读为“灌”虽然在音上有相通的可能(同属见母元部),但是没有可靠的文献例证可以证明两者相通;况且灌树多指矮小之木,恐怕非是。剩下读如字或是读为“馆”两种观点的可能性较大。在包山简中“官”多用为“馆”[④],且文献中亦有较多的辞例可证[⑤]。但是读为“馆”有一个地方不太容易解释,即如果是指作者所寓居的馆舍,那么下文的“木斯独生,榛棘之间兮”就与之牴牾了。生在榛莽荆棘之中显然应该是在野外,如果是馆舍的话怎么会有这些恶草杂木存在?所以我们认为,还是读如

① 李守奎等:《上海博物馆藏战国楚竹书(一—五)文字编》,北京:作家出版社,2007 年,第 488 页。

② 徐在国:《上博楚简文字声系(1—8)》,合肥:安徽大学出版社,2013 年,第 289 页。

③ 李学勤:《清华大学藏战国竹简(壹)》,上海:中西书局,2010 年,第 133 页。

④ 李守奎先生指出“按:楚之官多读为馆,即馆之本字”,参见李守奎等《包山楚墓文字全编》,上海:上海古籍出版社,2012 年,第 502 页。

⑤ 参见王辉《古文字通假字典》,北京:中华书局,2008 年,第 704 页。

字比较可靠。曹锦炎先生指出官树是“国家的或公家的树”,并且提及“后世也有称官道旁公家所植的树为‘官树’”[①];黄浩波先生引顾炎武《日知录》“官树”条为证将其解释为行道树[②],我们也基本上同意这种看法。

“桐”字字形上没有疑问。整理者认为本篇是以桐树和李树进行对比,但是后来学者的研究几乎都认为是歌颂桐树而非李树,不少学者已经将此篇径称为“桐颂”。这两种观点尽管有分歧,但是对“桐”字的看法却是一致的,都认为“桐”指的是桐树。我们认为对此应该存疑。如果“桐”为桐树的话,一个值得考虑的地方是“且”字该作何解释?然而关于这一点诸家大多是含糊其辞。曹锦炎先生指出:“且,提挈助词”[③]。杨伯峻先生在其《古汉语虚词》里指出“且”字“偶也用作提挈助词”[④],但是似乎这种意义上的且字一般是在句首出现,如《孟子·公孙丑上》:“且以文王之德,百年而后崩,犹未洽于天下。”《韩非子·难二》:“且婴家贫,待市食而朝暮趋之,不可以违。”《史记·魏世家》:“且子之言克于子之君者,岂将比周以求大官哉?”所以“桐且台兮”的“且”字不应当解释为提挈助词。至于单育辰先生把“且”解释为“将要”,就更难将句子读通。因为文句中并未出现时间序列或是事件进展的过程,不应当突然言及将要;而且解为将要的话,“且台”一语亦殊觉不通。另外一点诸家可能注意到但是没有明说,《楚辞·九章·橘颂》的首句“后皇嘉树,橘徕服兮”与《李颂》的首句“相乎官树,桐且台兮”可以进行对比。尤其是“橘徕服兮”和“桐且台兮”,在句式上似乎有着一致性。比照之下,这或许可以证明“桐”指的是桐树。但《橘颂》中的“徕”字屈学诸家多解为来,姜亮夫先生在《重订屈原赋注》中指出“徕服义不可解,诸家说亦不安处。”[⑤]不管怎样理解,总之诸家是将“来”字解释为动词。如此与《李颂》对比的话,我们就会发现两者的相似仅仅是表面上的。综合上述考虑,我们认为“且”在此处当用为最常见的连词意义,在这里是连接两个并列的形容词成分。如《上博一·孔子诗论》简 6“贵虘(且)㬎(显)矣”[⑥],《上博一·缁衣》简 14“虐(吾)大夫龏(恭)虘(且)佥(俭)”[⑦],《上博四·曹沫之阵》简 16“上下咊(和)虘(且)咠”[⑧]。“桐”非名词桐树,这里应该读为“通”,是形容词,训为通达。“桐”为定母东部字,“通”为透母东部字。透、定二母都是舌头音,又韵部相同,故二字音近可通。朱骏声《说文通训定声》“桐”字下引汉史晨后碑“桐车马于渎上,‘通’作‘桐’”[⑨]可证。特别是《汉书·礼乐志·安世房中歌》:“桐生茂豫,靡有所诎”。颜师古注:“桐读为通,茂豫,美盛而光悦也。言草木皆通达而生,美悦光泽,各无所诎,皆申遂也。”[⑩]同样是描写草木,与简文的“桐且台”

① 马承源:《上海博物馆藏战国楚竹书(八)》,232 页。
② 黄浩波:《读〈上博八·杍颂〉札记》,简帛网,2011 年 8 月 23 日。
③ 马承源:《上海博物馆藏战国楚竹书(八)》,232 页。
④ 杨伯峻:《古汉语虚词》,北京:中华书局,1981 年,第 116 页。
⑤ 姜亮夫:《重订屈原赋注》,天津:天津古籍出版社,1987 年,第 525 页。
⑥ 马承源:《上海博物馆藏战国楚竹书(一)》,上海:上海古籍出版社,2001 年,第 133 页。
⑦ 马承源:《上海博物馆藏战国楚竹书(一)》,第 190 页。
⑧ 马承源:《上海博物馆藏战国楚竹书(四)》,第 253 页。
⑨ (清)朱骏声:《说文通训定声》,武汉:武汉市古籍书店,1983 年,第 35 页。
⑩ (汉)班固:《汉书》,北京:中华书局,1962 年,第 1055 页。

的形容若合符节。“桐”即是指草木生长的通达茂盛，“台”是指草木形象的美悦怡人。“相乎官树，桐且台兮”即是在说：看那官树，生长得通达茂盛又美悦怡人。与之相类似的句式如《诗经·魏风·伐檀》“河水清且涟猗”、“河水清且直猗”、“河水清且沦猗”。“猗”字如马瑞辰《毛诗传笺通释》言：“‘漪’，汉石经作兮，释文作猗，与书秦誓‘断断猗’大学引作兮正合，是知猗即兮也。正义释诗云‘猗皆辞也，亦谓猗即兮耳’。”[①]所以“官树桐(通)且台兮”正如同“河水清且涟兮”，都是“且”字连接两个并列的形容词来修饰主语。

如果上文所述不误的话，那么本篇的歌颂对象到底是桐树还是李树就有必要再作探讨。桐树说的根据主要有两点：一是首句“桐且台兮”，一是下文的“凤鸟之所集”(此从读书会释读，“凤”原作“鹍”，曹锦炎先生释为“鹏”)；李树说的根据主要是简1背的“索府宫李，木异类兮”句。先秦文献中“鹏”并不是很多见，也基本上是突出其身躯庞大的特点；凤则被视为祥瑞的象征，以简文文意来看，无疑是通过“凤鸟之所集”来夸饰官树的嘉美。所以诸家多将“鹍”字读为“凤”，我们也赞同这种读法。而梧桐落凤凰的典故是人们熟知的，由此似乎可以顺理成章地推出简文所言当为桐树。然而这种看似前后一贯的推论实际是建立在对首句“桐”字的误解之上的。检覈先秦两汉的文献，我们发现凤鸟所落的也未必是桐树。凤首先是鸟类之灵，如《孟子·公孙丑上》：“麒麟之于走兽，凤凰之于飞鸟”，《大戴礼记·曾子天圆》：“羽虫之精者曰凤”。而后成为祥瑞乃至治世的象征，如《论语·子罕》：“子曰：凤鸟不至，河不出图，吾已矣夫！”《荀子·哀公》：“孔子曰：古之王者，有务而拘领者矣，其政好生而恶杀焉。是以凤在列树，麟在郊野”，这里也只是说“至”和“在列树”。而《礼记·礼运》赞美圣王之治时就说“凤凰麒麟皆在郊椒”。在汉人那里，不仅有《春秋繁露·王道》：“嘉禾兴，凤凰麒麟游于郊”，《韩诗外传·卷五》“河洛出图书，麟凤翔乎郊”；更有直接落到地上的，如《论衡·吉验》“元帝之初，有凤凰下济阳宫，故今济阳宫有凤凰庐。”同书《奇怪》“光武皇帝产于济阳宫，凤凰集于地，嘉禾生于屋。”所以凤鸟所落不一定就是梧桐树，它只是一种祥瑞的象征。在本篇简文中为了夸饰官树而言及凤凰，是并不奇怪的。因此“凤鸟之所集”并不能成为简文歌颂桐树的直接证据。

而“索府宫李，木异类兮”一句问题更多。曹锦炎先生将之读为“素府宫李”，“意思是普通人家园子里的李树”[②]。黄浩波先生以“李”字《说文》古文作“杍”，而以为通“梓”。将此句读为“索俯躬梓”，以为索乃离群索居之意。将此句解为“梓树独自俯身，与众木不同”[③]。王宁先生认为“这里是说桐树本身所有之事物之状”，并指出“‘索府’即‘素柎’，谓白色的花房；‘绛理’谓红色的木纹理也。”[④]鲁鑫先生将“李”读为“士”，认为“‘素府宫士’与‘白屋之士’含义相仿，均指在家不仕的有道处士。”[⑤]蔡靖泉先生认为“‘索’通‘素’，朴素，寒素。‘府’，府院。‘宫’通‘躬’，自身，亲自。”指出

---

① (清)马瑞辰：《毛诗传笺通释》，北京：中华书局，1989年，第328页。

② 马承源：《上海博物馆藏战国楚竹书(八)》，241页。

③ 黄浩波：《读〈上博八·杍颂〉札记》，简帛网，2011年8月23日。

④ 王宁：《〈上博八·李颂〉闲诂》，简帛网，2011年8月29日。

⑤ 鲁鑫：《〈上博八·李颂〉缀释》，复旦大学出土文献与古文字研究中心网站，2013年6月8日。

此句意为"在寒素府院里躬亲料理"[①]。

我们认为以上诸说在文意上似乎均有不惬。一些通假也过于宽泛,缺乏坚强的证据。值得注意的是,"索府宫李"可以与前文的"胃(谓)群众鸟"相比照。两者在句式上应该是一致的。"群众"是同义形容词连用修饰"鸟";"府宫"是同义名词连用,修饰"李"。"李"即"李",不管是指人还是指树,总之是一名词。如此将两句合观,则"索"字为动词无疑。"索"就是常见的索求之意,如《楚辞·离骚》:"凭不厌乎求索"、"吾将上下而求索"、"索藑茅以筳篿兮"。"索府宫李,木异类兮"也就是说要寻求府宫中的李,就要找像特立独行的官树那样的。如果这个推论不误的话,"李"就存在两种可能,一种如鲁鑫先生所说是指人,一种如曹锦炎先生所说是李树。这两种观点其实都可以讲通:如前说,《左传·僖公三十年》:"若舍郑以为东道主,行李之往来,共其乏困。"《正义》曰:"《襄八年传》云:一介行李。杜云:行李,行人也。《昭十三年传》云:行理之命。杜云:行理,使人。李、理字异,为注则同,都不解理字。《周语》行理以节逆之。贾逵云:理,吏也,小行人也。孔晁注《国语》,其本亦作李字。注云:行李,行人之官也。然则两字通,本多作理,训之为吏,故为行人、使人也。"[②]已经把"李"讲得很清楚了。其实也不烦改字,结合简2有"和物以李(理)人情"一句(虽然非出于同一书手,且与前文无关,但是至少可证明"李"有用为"理"的用法)这里的"李"也可以读作"理",但是训为吏。"索府宫吏"即指如果寻求能在朝廷任职的官员,就要找像那异于他木、独善其身的官树一样的人。

如后说,这里的"李"也未尝不可以是李树。在上文我们曾讨论了官树即是路旁所种的树,黄浩波先生曾据《日知录》所引《续汉百官志》"将作大匠掌修作宗庙、路寝、宫室、陵园土木之功,并树桐梓之类,列于道侧"来证明简文所描写的对象是梓树。然而《日知录》同条尚有:"古人于官道之旁必皆种树,以记里至以荫行旅。是以南土之棠,召伯所茇;道周之杜,君子来游。固已宣美风谣,流恩后嗣。子路治蒲,树木甚茂;子产相郑,桃李垂街。下至隋唐之代,而官槐、官柳亦多见之诗篇,犹是人存政举之效。"[③]可见行道树并不是只有桐树或者梓树。所谓"子产相郑,桃李垂街",《太平御览》卷九六七引《说苑》佚文有"公孙侨相郑,路不拾遗。桃李垂街,人不敢取";《吕氏春秋·慎大》则言"桃李之垂于行者莫之援也";又《淮南子·时则训》"三月官乡,其树李";皆足以证明李树也常常作为行道树被种植在路旁。而宫廷园囿往往种植李树,如《西京杂记·第一》所载"初修上林苑,群臣远方,各献名果异树",其中有"李十五:紫李、绿李、朱李、黄李、青绮李,青房李、同心李、车下李、含枝李、金枝李、颜渊李,出鲁。羌李、燕李、蛮李、侯李。"因而府宫李很可能是指府宫中所种植的李树。结合简文考虑,作为道旁树的李树尽管处在"榛棘之间"这样恶劣的环境中,但是仍然有着美好的品行。所以"索府宫李,木异类兮"即是说府宫中所要种植的李树,也应当寻求像官树那样的。

① 蔡靖泉:《上博楚简〈桐颂〉与屈原〈橘颂〉》,《晋阳学刊》,2014年第4期,第17—19页。

② (清)阮元:《十三经注疏》,北京:中华书局,1980年,第1831页。

③ (清)黄汝成:《日知录集释》,上海:上海古籍出版社,2006年,第718页。

对于上面两种可能,目前我们还没有办法得出一个确定的结论。但是我们更倾向于简文通篇歌颂的是李树而不是桐树,更不是李树与桐树对比。我们的根据主要有以下两点,提出供大家参考:首先是简文中的"木斯独生,榛棘之间兮",这两种意象的对比很值得我们注意。《韩诗外传·卷七》:"夫春树桃李,夏得阴其下,秋得食其实。春树蒺藜,夏不可采其叶,秋得其刺焉。"类似的话还见于《说苑·复恩》:"夫树桃李者,夏得休息,秋得食焉。树蒺藜者,夏不得休息,秋得其刺焉。今子之所树者,蒺藜也,自今以来,择人而树,毋已树而择之。"而《楚辞·七谏·怨思》有"行明白而曰黑兮,荆棘聚而成林。江离弃于穷巷兮,蒺藜蔓乎东厢。"可见蒺藜、荆棘都是象征着恶人或者阻挠,而桃李则为良好嘉美的象征。其次是"忨(愿)岁之启时,思乎树秀兮",曹锦炎先生已经指出"'岁之启时',新的一年开始之时,亦即立春之时,犹《楚辞·九章·思美人》言'开春发岁兮','开'、'发'皆训始,指来年开春始岁之时。"[①]"思"曹锦炎先生训为"想望",读书会读为"使"[②],似乎有些迂曲。前文明言"忨(愿)岁之启时","愿"和"思"乃是对举见义。《诗经·大雅·文王》"思皇多士",郑笺:"思,愿也"。所以仍以整理者意见为确。岁之启时既然指开春始岁的时候,先秦文献中记载李始华正是在仲春之月,而桐始华则已经在季春之月。(可参看《吕氏春秋·仲春纪》《淮南子·时则训》)相比较而言自然是李树更符合这个时间。

致谢:本文在写作过程中曾得到安徽大学郝士宏教授的指导,谨志谢忱!

(作者单位:浙江大学古籍研究所)

① 马承源:《上海博物馆藏战国楚竹书(八)》,242页。

② 复旦吉大古文字专业研究生联合读书会:《〈上博八·李颂〉校读》,复旦大学出土文献与古文字研究中心网站,2011年7月17日。

商周金文数字卦辑证*

李红薇

长期以来,易学研究多用力于传世易学文献的整理与探索,取得了丰硕的成果。自上世纪 50 年代以后,商周出土古文字材料中屡屡出现由数字(三个或三个以上)连缀构成的特殊符号,逐渐引起学界关注,一些学者注意到旧著录中也有类似符号[①]。张政烺先生"提出了筮数或数字卦假说,为八卦起源和《周易》成书乃至三《易》问题的深入研究,开辟了新的道路"[②]。出土文献数字卦的搜集整理研究,对探索《周易》的起源及文化思想史具有重大意义。本文集中讨论迄今已发现的商周金文数字卦,逐器搜罗诸家观点,撮述相关研究成果。

铜器上出现数字卦,最早可追溯到北宋徽宗重和元年(1118)安州孝感县(今湖北省孝感市)出土的一件西周早期的中方鼎(图一。本文所附图片统一列于文后)[③]。鼎铭最后一行释文"隹臣尚中臣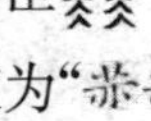",末两字较特别。《博古》释为"赫赫""铭五十七字",视为两字[④]。《薛氏》隶定为"赤赤",亦释"赫赫","后云惟臣尚中臣赤=者如赫=师尹之义"[⑤]。《啸堂》则释作"十八大夫八大夫"[⑥]。800 年来,这两个"奇字"一直难解。1935 年,郭沫若《两周金文辞大系考释》释"隹臣尚中臣□□",认为"末二奇字殆中之族徽"[⑦]。1957 年,唐兰先生提出这些奇字是"用数目当作字母来组成的""宋人把他们释成赫字是错的。按铜器铭刻的一般规律,这两字在铭文最后,应该是氏族的名称"[⑧]。唐兰《两周青铜器铭文分代史征》卷四下四十六"中乍父乙方鼎","疑当以臣尚中断句,臣是中的氏族名""这是用数目字构成的氏族名称,当时我国古代西北部少

---

* 基金项目:国家社会科学基金重大项目:简牍学大辞典(14ZDB027);吉林大学研究生创新基金资助项目:西周金文异写现象研究(2016002)

① 李学勤:《谈安阳小屯以外出土的有字甲骨》,《文物参考资料》1956 年第 11 期,第 16—17 页,后收入《李学勤早期文集》,石家庄:河北教育出版社,2007 年,第 33—37 页;唐兰:《在甲骨金文中所见的一种已经遗失的中国古代文字》,《考古学报》1957 年第 2 期,第 33—36 页。

② 刘大钧:《百年易学研究回顾与前瞻国际学术研讨会开幕辞(2000 年 10 月 31 日于济南)》,《周易研究》2001 年第 1 期,第 86 页。

③ "安州六器"之一,曾著录于《博古》2.16,《薛氏》89.2—90.1,《啸堂》10,《大系》图 6,《集成》02785,《总集》1279,《铭图》02382

④ (宋)王黼等编:《宣和博古图录》,泊如斋重修,明万历 1603 年本,卷二第 16 页。

⑤ (宋)薛尚功撰:《历代钟鼎彝器款识法帖》,海城于氏影印明崇祯朱氏刻本,卷十第 89—91 页。

⑥ (宋)王俅著:《啸堂集古录》,明代影宋刊本,第 10 页。

⑦ 1932 年文求堂书店影印《两周金文辞大系》上编第 21 页,南宫中鼎的释文作"…中扬王休命.䵼父乙尊."铭文末行缺释。1935 年版《两周金文辞大系考释》已释作"隹臣尚中.臣□□。",并说"末二奇字殆中之族徽",1954 年版、1999 年版、2002 年版均同。

⑧ 《在甲骨金文中所见的一种已经遗失的中国古代文字》,第 33—36 页。

数民族的文字，已失传，遗留下来的资料还很少，未能通读”[①]。管燮初先生曾猜想“可能是‘兄’的官职或氏族图记”“推想这是上古时代曾使用过的卦爻之类表示思想意识的图形”[②]。应该说在上述观点中，管先生的猜想是最具启发性的，惜未能详述，与真相擦肩而过。

给解决这一问题投入一线曙光的是 1978 年末在长春召开的首届中国古文字研究会。张政烺先生根据徐锡台先生新公布的凤雏西周卜甲刻辞上的数字符号，“当即在会上发表了题为《古代筮法与文王演周易》的短论，论证这种仅由五、六、七、八这四个特定数字所构成的复合符号，就是由老阴、少阴、老阳、少阳四个爻所构成的‘卦’。而且，这批西周卜甲刻辞中所见的均为六爻组成的‘重卦’，为文王重卦的历史传说提供了实证。至于在卜甲上刻卦，是研究当时卜和筮之间关系的重要线索。这一创见，得到了与会者的一致赞扬”[③]。会后，张政烺先生相继发表三篇论文[④]，使困扰学界许久的“奇字”谜团，得到突破性进展，真正将这一问题带入研究正轨。继张先生之后，许多学者进行了广泛探索[⑤]。学界对这类符号的命名亦多

① 唐兰：《两周青铜器铭文分代史征》，北京：中华书局，1986 年，第 291 页。

② 管燮初：《西周金文语法研究》，北京：商务印书馆，1981 年，第 22 页。管先生自述“往年我也设想过金甲文中这种图形是卦爻，曾写成文稿，因资料太少，不敢自信，只在拙作西周金文语法研究的文稿中偶尔提及”，参管燮初《商周甲骨和青铜器上的卦爻辨识》，《古文字研究》第 6 辑，第 141—149 页。

③ 吉林大学古文字学术讨论会秘书组：《吉林大学古文字学术讨论会纪要》，《古文字研究》第 1 辑，第 2—3 页。

④ 张政烺：《试释周初青铜器铭文中的易卦》，《考古学报》1980 年第 4 期，第 403—415 页，后收入《张政烺文史论集》，北京：中华书局，2004 年，第 561—580 页，又入张政烺著、李零等整理：《张政烺论易丛稿》，北京：中华书局，2011 年，第 6—29 页；张政烺：《易辨——近几年根据考古材料探讨〈周易〉问题的综述》，《中国哲学》第 14 辑，第 1—15 页，后收入《张政烺文史论集》，第 692—705 页，又入《张政烺论易丛稿》，第 44—63 页；张政烺：《殷墟甲骨文中所见的一种筮卦》，《文史》第 24 辑，第 1—8 页，后收入《张政烺文史论集》，第 714—723 页，又入张政烺著、李零等整理：《张政烺论易丛稿》，第 64—76 页。

⑤ 徐锡台、楼宇栋：《西周卦画探原——周原出土卜甲上卦画初探》，《中国考古学会第一次年会论文集》，北京：文物出版社，1980 年，第 159—162 页；徐锡台、楼宇栋：《〈西周卦画试说——周原卜甲上卦画初探〉》，《中国哲学》第 3 辑，第 13—19 页。张亚初、刘雨：《从商周八卦数字符号谈筮法的几个问题》，《考古》1981 年第 2 期，第 155—163、154 页。李学勤：《西周甲骨的几点研究》，《文物》1981 年第 9 期，第 7—12 页；后收入氏作《周易经传溯源》，长春：长春出版社，1992 年，第 177—190 页；又入《周易溯源》，成都：巴蜀书社，2005 年，第 127—137 页。管燮初：《商周甲骨和青铜器上的卦爻辨识》，《古文字研究》第 6 辑，第 141—149 页。饶宗颐：《殷代易卦及有关占卜诸问题》，《文史》第 20 辑，第 1—14 页。徐中舒：《数占法与〈周易〉的八卦》，《古文字研究》第 10 辑，第 379—387 页。冯时：《殷墟“易卦”卜甲探索》，《周易研究》1989 年第 2 期，第 13—21 页。曹定云：《殷墟四盘磨“易卦”卜骨研究》，《考古》1989 年第 7 期，第 636—641 页。刘雨：《殷周金文中的象与数》，原《周易与自然科学》，郑州：中州古籍出版社，1992 年，第 89—96 页；后人氏作《金文论集》，北京：紫禁城出版社，2008 年，第 281—286 页。曹定云：《新发现的殷周“易卦”及其意义》，《考古与文物》1994 年第 1 期，第 46—51 页。蔡运章：《论甲骨金文中的互体卦》，《第三届国际中国古文字学研讨会论文集》1997 年 10 月，第 169—186 页。李零：《中国方术正考》，北京：东方出版社，2000 年，第 251—270 页；李零：《中国方术正考》，北京：中华书局，2006 年，第 48—51、198—215 页。李零：《跳出〈周易〉看〈周易〉——“数字卦”的再认识》，《传统与现代化》1997 年第 6 期，第 22—28 页，后收入氏作《中国方术续考》，北京：东方出版社，2000 年，第 306—320 页；氏作《中国方术续考》，北京：中华书局，2006 年，第 234—245 页。季旭昇：《古文字中的易卦材料》，刘大钧编《象数易学研究》第 3 辑，成都：巴蜀书社，2003 年，第 10—39 页。蔡运章：《商周筮数易卦释例》，《考古学报》2004 年第 2 期，第 131—156 页。李宗焜：《数字卦与阴阳爻》，台北“中央研究院”历史语言研究所编：《“中央研究院”历史语言研究所集刊》第 77 本第 2 分册，2006 年，第 279—318 页。吴勇：《从竹简看所谓数字卦问题》，《周易研究》（注转下页）

有不同①,本文采用“数字卦”这一名称。学界对“数字卦”的认识过程,已有学者做过很好的梳理,读者可参看②。

张政烺先生首次将中方鼎上的这类“奇字”与《周易》的易卦联系,认为“这本来是两组数字,前者是七八六六六六,后者是八七六六六六”③。据“奇数变为阳爻,偶数变为阴爻”的原则,转写为用阴爻、阳爻表达的《周易》卦象,“七八六六六六”即䷖,坤下艮上,剥卦;“八七六六六六”即䷇,坤下坎上,比卦,遇比之剥④。“用卦名称呼新邑实属可能。而且这种用数字组成的卦不仅是邑名,也已是氏名,即以邑为氏”⑤。“安州六器……除中鼎外,其它五器皆无此二卦,也不记作采邑之事。可见卦和采邑是分不开的,卦是采邑的名字,因此也就成了中新加的族徽。铭文中著易卦的,文辞都简古,无法探究其意义,唯中鼎铭文篇幅稍长,有文义可寻”⑥。管燮初先生亦认为中方鼎末两字是“太史兄”的氏族图徽,但他否定文字说,认为“卦爻是语言文字之外的一套表意符号”⑦。张亚初及刘雨先生以“隹(唯)臣尚中臣”为句,“在作此器的时候,曾经占了两个卦”⑧。李学勤先生将铭文末句“惟臣尚中臣”视为筮辞中的命辞,并按《左传》、《国语》筮例定为“遇《剥》之《比》”,两者的关系是变卦,剥为本卦,比为之卦,与命辞对照,大吉大利,故将这一占筮铸于彝器⑨。李零先生认为“彝铭铸卦可能皆与占问铸器之由有关,而与族徽无涉”“可能是用来为铸器择日的”⑩。

(续上页注)2006年第4期,第43—48页。梁韦弦:《关于数字卦与六十四卦符号体系之形成问题》,《周易研究》2007年第1期,第14—19页。张朋:《数字卦与占筮——考古发现中的筮法及相关问题》,《周易研究》2007年第4期,第7—12页。王化平:《从甲骨卜法看数字卦例》,《殷都学刊》2013年第1期,第21—24页。贾连翔:《出土数字卦材料整理与研究》,清华大学博士学位论文,2014年4月。贾连翔:《试论出土数字卦材料中的用数体系》,《周易研究》2014年第6期,第29—32页。王化平、周燕:《万物皆有数——数字卦与先秦易筮研究》,北京:人民出版社,2015年。贾连翔:《数字卦的名称概念与数字卦中的易学思维》,《管子学刊》2016年第1期,第101—103页等。

① “八卦数字符号”(张亚初、刘雨)、“符号易卦”(蔡运章)、“易卦符号文字”(徐锡台)、“易卦”(张政烺、曹定云)、“筮卦”(张政烺)、“卦画”(徐锡台、楼宇栋)、“筮数”(李学勤)、“筮数易卦”(蔡运章)以及“数字卦”(李宗焜、李零)等。参看邢文:《数字卦与〈周易〉形成的若干问题》,《台大中文学报》第27期。

② 曾宪通:《建国以来古文字研究概况及展望》,原《中国语文》1988年第1期,第21—35页,后收入《曾宪通学术文集》,汕头:汕头大学出版社,2002年,第401—403页;李果仁:《建国以来〈周易〉研究回顾》,《东南文化》1993年第1期,第44—54页;贾连翔:《出土数字卦材料整理与研究》,清华大学博士学位论文,2014年4月。

③ 《张政烺论易丛稿》,第44,54页。

④ 《张政烺论易丛稿》,第54页。

⑤ 张政烺:《我与古文字学》,原载张世林编《学林春秋》,北京:中华书局,1998年,第285—305页;后收入《张政烺论易丛稿》自述部分,第1—3页。

⑥ 《张政烺论易丛稿》,第26页。

⑦ 管燮初:《商周甲骨和青铜器上的卦爻辨识》,《古文字研究》第6辑,第146—147页。

⑧ 张亚初、刘雨:《从商周八卦数字符号谈筮法的几个问题》,《考古》1981年第2期,第155—163、154页。

⑨ 李学勤:《中方鼎与〈周易〉》,《文物研究》第6辑,第197—201页;后收入《周易经传溯源》,第153—160页;后增订为《周易溯源》,第210—220页。

⑩ 《中国方术正考》,北京:中华书局,2006年,第203—204页。

故宫博物院藏有一件父戊卣(图二)[①],器物时代可断为商代晚期,器盖同铭,且有“”,张政烺先生认为是数字“六六六”,译写作坤卦,并说“同一氏族所作之器又有一斝、一鎗,皆无≋(《商周金文录遗》287 和 518 号),说明≋在族徽中是新添的部分”[②]。但也有一些学者坚持认为是族徽,李朝远先生据铭文中的“”,指出“不会再有‘六六六’这样叠床架屋式的族徽了”[③]。然而诚如孟宪武先生所言,“商代铜器铭文中铸有卦象符号的少见,且时代不明确,多为推测”[④]。但殷墟的一些铸铜遗址中已发现了不少带有数字卦的陶范[⑤],我们期待考古发现中能早日出现年代确切的商代金文数字卦。

美国纽约赛克勒氏藏有一件西周早期的盘(图三)[⑥],内底铸铭文“八一六”,张政烺先生转写为《周易》坎卦,形制纹饰属周初[⑦]。林巳奈夫先生将该盘定为西周IA,一型[⑧]。《铭图》误断为商代晚期[⑨]。

北京故宫博物院藏有一件史旂父鼎(图四)[⑩],时代约为西周早期前段。铭末有“”,唐兰先生认为“在族氏徽号的地位上写的…至于铜器上一般写作⋈则是较晚的形式,似乎因字形长而横了过来…有些周铜器,却只用三个数字,可能是简化了”[⑪]。张政烺先生据《周易》译写为巽卦[⑫]。张亚初、刘雨两位先生将铭文中的“”改释为“贞”,认为“当是占筮以后得出的八卦符号,‘贞’与相连,是这类符号为八卦数字符号的有力证据…‘史官’‘旂父’自己占筮,并把占得的八卦数字符号铸于铭文之末,也就是很自然的事情了”[⑬]。李零先生亦将鼎铭释作“史旂父作宝尊彝,贞:七五八”[⑭]。李朝远先生认为是“简单的作器之语”“这是铸器择吉的一种记录方式”[⑮]。《铭图》释作“史旂父乍(作)宝隮(尊)彝鼎(鼎)。七五八”并备注“铭后所附数字是八

① 《故铜》57,《商周金文录遗》253.1—2,《集成》05161,《总集》5277,《中国文物精华大辞典》(青铜卷)135,《铭图》13138

② 《张政烺论易丛稿》,第 10、27 页。

③ 李朝远:《馆藏青铜鼎探研二则》,《上海博物馆集刊》2008 年第 11 期,第 132—145 页。

④ 孟宪武:《商代筮卦的几组文物》,氏作《安阳殷墟考古研究》,郑州:中州古籍出版社,2003 年,第 87—90 页。

⑤ 可参中国社会科学院考古研究所安阳工作队:《2000—2001 年安阳孝民屯东南地殷代铸铜遗址发掘报告》,《考古学报》2006 年第 3 期,第 351—381 页。

⑥ 《续殷》下 74.3,《美集》R520,《综览》盘 26,《集成》10016,《总集》6673,《Western Zhou ritual bronzes from the Arthur M. Sackler collections》(1990) 717 页 121,《三代吉金文存补》520,《国史金》1230.1,《铭图》14344

⑦ 《张政烺论易丛稿》,第 10 页。

⑧ 林巳奈夫:《综览》(一)日本:吉川弘文馆,1984 年,图版第 360 页。

⑨ 吴镇烽:《铭图》第 25 卷,上海:上海古籍出版社,2012 年,第 358 页。

⑩ 《三代》3.18.4,《缀遗斋彝器考释》4.13,《贞松堂集古遗文》2.42.2,《故铜》111,《集成》02373,《总集》0934,《铭图》01855。原名中旂父鼎,张亚初、刘雨通过辨别“ψ”、“ф”形体特点,指出“”为“史”字省文,改读为“史旂父”,参看《从商周八卦数字符号谈筮法的几个问题》,第 156—157 页。

⑪ 《在甲骨金文中所见的一种已经遗失的中国古代文字》,第 33—36 页。

⑫ 《张政烺论易丛稿》,第 10 页。

⑬ 《从商周八卦数字符号谈筮法的几个问题》,第 155—163、154 页。

⑭ 《中国方术正考》,第 212 页。

⑮ 《馆藏青铜鼎探研二则》,第 132—145 页。

卦符号,表明铸造此鼎时曾经进行一次卜筮。占筮之单卦符号以一字计”[①]。

商周金文数字卦中出现“五”时,多横置,除上文提到的史斿父鼎,还见于原藏曹秋舫的一件效父簋(图五)[②],上海博物馆藏西周早期的一件者鼎(图六)[③],以及西周早期的堇伯簋(图七)[④]等。就现有材料看,仅出现过一例竖置的“五”,见于西周早期的召仲卣(图八)[⑤],盖铭有数字卦“七五六六六七”,其中“五”竖置,作“”[⑥]。

还存在一例卦文倒置的情况,见台北故宫博物院藏西周早期的召卣(图九)[⑦],唐兰先生认为“铭两字,下面是召字的复写体,上面是倒写的字。召字显然是氏族名,所以这个字也应该是氏族徽号。”[⑧]管燮初先生亦认为“”“是‘召’的氏族图徽”[⑨]。张政烺先生认为“原铭召字正写,卦文倒写,倒写则不可读”,并据《周易》将“六一八六一一”译写为兑下坎上,节卦[⑩]。李朝远先生则认为“这种倒写明显是特意为之,器主不可能把本族的族徽倒过来书写”,进而否定“数字卦是族徽”的观点[⑪]。

端方旧藏一件西周早期的盘(图十)[⑫],内底铸铭文“”,陈梦家先生说“底下有阳文的相重三角形,三代17.1.2以为铭文,恐是铸工所作符号。此器花文与伊簋相

① 《铭图》第4卷,第13页。

② 时代为西周早期前段,著录于《三代》6.46.3,《怀米山房吉金图》上22(称彝),《攈古》2之2.4.2(称彝),《奇觚室吉金文述》17.13.2,《大系》图95,《集成》03822,《总集》2406(2404重出),《综览》簋125,《铭文选》133,《铭图》04699。郭沫若《两周金文辞大系图录》图95、《两周金文辞大系图录考释》95—96页,也收了这件器,但没有解释。见于著录的还有一件效父簋,2000年11月出现在英国伦敦富士比拍卖行,曾藏日本奈良宁乐美术馆,现藏某收藏家,著录于《日本搜储支那古铜精华》2.106,《汇编》399,《集成》03823,《总集》2405,《流散欧美殷周有铭青铜器集录》105,《宁乐谱》15,《铭图》04700。但可能是伪铭,参隋伦:《〈商周青铜器铭文暨图像集成〉图版及著录信息校补(1—10卷)》,吉林大学硕士学位论文,2015年4月,第191页。

③ 《集成》01757,《铭图》01075。

④ 《三代》6.39.5(称彝),《从古堂款识学》7.6.1,《攈古》2之1.22.2(称彝),《敬吾心室彝器款识》上45.2,《小校》7.38.1(称彝),《集成》10571(称器),《总集》2250(称簋),《铭图》04555

⑤ 原藏清宫,著录于《西清古鉴》15.32,《集成》05020,《铭图》13201。

⑥ 1969—1977年河南安阳殷墟西区墓葬出土的铜爵(M354:2)鋬内有铭文“”,曹定云《新发现的殷周“易卦”及其意义》一文认为是“五五五”,八卦之一的乾卦,李零同意(参氏作:《中国方术续考》,北京:中华书局,2006年,第237页)。笔者按:商周金文多见“”(如《铭图》00259、03766、03801等)、“”(如《铭图》00781、01139、01605、03195等),一般认为是族氏文字(参何景成《商周青铜器族氏铭文研究》,济南:齐鲁书社,2009年,第377—378页),故本文不将这类符号视为数字卦。

⑦ 《三代》12.45.1,《商周彝器通考》图613,《贞松堂集古遗文续编》中13.3,《续殷》上70.3,《故宫》32,《故宫铜器图录》下上126,《故宫西周金文录》34,《集成》04868,《总集》5090,《铭文选》1.100,《国史金》222,《商周青铜酒器》43,《铭图》13174

⑧ 《在甲骨金文中所见的一种已经遗失的中国古代文字》,第33—36页。

⑨ 《商周甲骨和青铜器上的卦爻辨识》,第146页。

⑩ 《张政烺论易丛稿》,第10页。

⑪ 《馆藏青铜鼎探研二则》,《上海博物馆集刊》2008年第11期,第132—145页。

⑫ 原藏端方、山中,后归美国纽约魏格氏。著录于《三代》17.1.2(旧称“盘”),《陶斋吉金录》3.39(旧称“重屋形盘”),《续殷》下74.1,《小校》9.68.1(旧称“重屋形盘”),《美集》A821,《集成》10019(旧“盘”),《总集》6666(旧称“盘”),《铭图》14374

同，故可定为夷王时器。”[①]张政烺先生释“六六一一六一”[②]，译写为离下震上，丰卦[③]。

1976年春，陕西岐山县京当乡贺家村113号墓（M113.4）出土了一件西周早期后段的甗（图十一）[④]，过去不少学者认为该器1978年9月出土于凤雏村，笔者通过复核原始材料，认为这一说法是错误的[⑤]。内壁铭文“六六一六六一”，可译写为震卦[⑥]，此为由六位数字组成的易卦符号[⑦]。1991年4月陕西岐山县京当乡双庵村又出土了一件者◊鼎（图十二）[⑧]，约为西周早期前段，亦藏于岐山县博物馆，内壁铸铭文，有一重卦“六一七六一六”，据《易》可译写为下坎上兑，困卦。同铭的另一者◊鼎（图十三），曾出现在2008年4月的澳门崇源国际春季拍卖会上[⑨]。

瑞士玫茵堂现藏有一件西周早期的⁎父乙盉（图十四），[⑩]盖铭作“”，张政烺先生释为“七六七六七六”，转写为《易》下坎上离，未济[⑪]。李零先生认为这件盉是商代的[⑫]。《图铭》释作“六七六六六七六”，并备注“盖铭疑伪刻”[⑬]。

上海博物馆藏有一件变形兽面纹鼎（图十五）[⑭]，时代为西周中期中段[⑮]，内壁铸铭“八八六八”四个数目字，张政烺先生最初怀疑本为六爻卦，“疑初、二两爻未剔出”[⑯]，去信问了沈之瑜馆长，得知“此鼎非常完整，没有修补的痕迹。铭文上下均无锈斑”，后指出这种由四个数组成的是互体卦，用阴阳爻画出则为☷，坤卦，“鼎铭却以为氏（族）名”[⑰]。蔡运章先生认为这件鼎是商末周初的，筮数“可译为《周易》的卦画

① 陈梦家：《美集》，北京：科学出版社，1962年，第152—153页。

② 《集成》（修订增补本）第7册第5392页释文亦作“六六一一六一”。《铭图》第25卷第387页释作“六一六一六一”。

③ 《张政烺论易丛稿》，第11页。

④ 现藏岐山县周原博物馆，著录于《陕西金文汇编》1.239，《陕西出土商周青铜器》3.2，《文物资料丛刊》1983年8期图版柒4、5，《集成》00788，《近出》150，《周原出土青铜器》7.1509，《铭图》03274

⑤ 如张政烺“凤雏村周初墓葬出土”（《张政烺论易丛稿》第11页）；李零“上引陈全方书，图版7页上，1978年陕西岐山凤雏村出土”（《中国方术正考》第213页）；《陕西金文汇编》拓本目录表13页“1978年9月，岐山县京当乡凤雏村”；《宝鸡出土青铜器铭文集成》355页380“1978年9月，陕西省岐山县京当公社贺家大队凤雏村社员秋种犁地时发现一座西周青铜器窖藏”等，以上记载关于六六一六六一甗的信息均有误，从出土时间、地点及甗的尺寸重量等信息看，笔者认为以上四处所提到的甗实际上是另一件没有铭文的夔纹甗（参曹玮主编：《周原出土青铜器》，成都：巴蜀书社，2005年，第988—995页）。

⑥ 《张政烺论易丛稿》，第11页。

⑦ 刘雨、卢岩编著：《近出殷周金文集录》第1册，北京：中华书局，2002年，第330页。

⑧ 《文物》1992年6期77页图4.1，《近出》252，《新收》652，《铭图》01073

⑨ 《中国古董》（2008年）36，《铭图》01074

⑩ 原藏日本某私人，曾借予奈良宁乐美术馆，现藏瑞士玫茵堂。著录于《汇编》8.1125（摹本），《泉屋清赏新收编》第3册图250，《宁乐谱》30页10，《综览》图版206页盉30，《集成》09372，《玫茵堂藏中国铜器》

⑪ 《张政烺论易丛稿》，第10页。

⑫ 《中国方术正考》，第208页。

⑬ 《铭图》第26卷，第157页。

⑭ 《续殷》上7中，《上海博物馆集刊》2008年第11期139页图18，《铭图》01300。

⑮ 李零则认为是商代的，参氏作《中国方术正考》，第208页。

⑯ 《张政烺论易丛稿》，第10页。张亚初、刘雨同意其观点，认为下面仍有两字（参看《从商周八卦数字符号谈筮法的几个问题》，第157页图二24、160页）。

⑰ 《张政烺论易丛稿》，第59—63、68—76页。

☷。按四画互体卦通例求之,当译为《周易》的《坤》卦☷。“鼎、坤的含义相近,故《坤》卦可以作为铜鼎的象征”①。李朝远先生曾撰文重新介绍了这件鼎,认为“上博此鼎上的四个数字符号应是互体卦的卦爻”,并认为“四个数字的互体卦不应是族徽,也并非‘尚象’,应该是合范浇铸前的策筮”“这是铸器择吉的一种记录方式。上博此鼎上的八八六八,为记录方式的减省,大致可绎读为‘乍宝尊彝吉’”②。《铭图》备注“这是四个数字组成的互体卦卦爻”③。白军鹏先生则认为鼎铭数字卦“这与商周金文中只铸有族氏铭文的那些铜器相同,极有可能是作为族氏铭文的”④。

无独有偶,出土铜器上铸刻四爻卦的现象,不止上述这一件。2011年湖北随州叶家山墓地东南部的M50出土了两件同铭的龙纹铜方鼎(图十六、十七)⑤,时代约为西周早期。鼎内壁一侧铸有铭文,整理者释为“九六一白(伯)乍(作)宝尊彝”,九六一当为数字卦,并将鼎命名为“九六一白方鼎”⑥。白军鹏先生细审铭文拓片,怀疑“”首字“九”下一笔不是泐痕,而是第一个“六”之左面一笔,“六”右面一笔与“九”之捺笔共用一画,此数字卦应是“九六六一”⑦。并据此指出周初数字卦已经用“九”,鼎铭上这一筮例为张政烺先生讨论的“四爻卦”提供了例证,“然而‘互体’之说存于今者,仅只言片语,很多地方还难以理解。而且就考古发现而言,除‘四爻卦’外尚有‘五爻卦’,若依‘互体’之说,似乎无法解释。因此我们还是同意其‘重新拟测’之法”。鼎铭上数字卦的性质,白先生认为“学者们否定‘数字卦’与族氏有关,前提是承认其为占筮。有些铜器铭文中的‘数字卦’也似乎确与纯粹的占筮有关……但也绝不能因此否认‘数字卦’与族氏有关”“‘九六六一白鼎’中的数字则几乎可以确定是作为族氏的”“不太可能是国名,只能是氏名”,并认为鼎铭“白(伯)”为伯仲之伯,族氏铭文冠于私名前⑧。吴镇烽先生称作“伯鼎甲”、“伯鼎乙”,铭文释作“又六六一,白(伯)乍(作)宝隮(尊)彝”⑨,其意难晓。

不仅食器、酒器、水器上可以铸刻数字卦,一些兵器上也出现了数字卦,如1964年10月洛阳市文物工作队在河南洛阳市北窑村庞家沟(今属老城区邙山镇)西周墓

---

① 蔡运章:《论甲骨金文中的互体卦》,《第三届国际中国古文字学研讨会论文集》1997年10月,第169—186页。

② 《馆藏青铜鼎探研二则》,第132—145页。

③ 《铭图》第3卷,第15页。

④ 《湖北随州叶家山西周墓地出土数字卦鼎及相关问题》,第92页。

⑤ 鼎一(M50:12):通高23.7、口径横18.6、口径纵14.5厘米、重2230克,著录于《考古》2012年7期37页图版九4、56页图版六4,《湖北叶家山西周早期曾国墓地》228页。鼎二(M50:13):通高23.7、口径横18.6、口径纵14.5厘米、重2230克,著录于《湖北叶家山西周早期曾国墓地》228—229页。

⑥ 湖北省文物考古研究所、随州市博物馆:《湖北随州市叶家山西周墓地》,《考古》2012年第7期,第36—38、54页。

⑦ 从后来公布的铭文照片来看(参《随州叶家山西周早期曾国墓地》,北京:文物出版社,2013年,第228—229页),“九”之捺笔与“六”之左笔不相接,释为“九六六一”是对的。

⑧ 白军鹏:《湖北随州叶家山西周墓地出土数字卦鼎及相关问题》,《考古》2014年第12期,第90—93页。

⑨ 吴镇烽:《铭图续编》第1卷,上海:上海古籍出版社,2016年,第123—133页。

地 M210 发掘了三件同铭戈，编号分别为 M210.15（图十八）[①]、M210.23（图十九）[②]、M210.25（图二〇）[③]，时代均可断为西周早期，值得注意的是三件戈的内部均铸数字卦"⊼"。张政烺先生说"我当然读为一六一，而读阜阳简则不得不读初九、六二、九三了。这一点对考证易卦阳爻、阴爻的来源十分重要"[④]。蔡运章先生认为"属商周青铜器上常见的筮数易卦，当释为'一六一'，即《周易》中的离卦。《易・说卦传》云：'离为甲胄，为戈兵。'这些戈铭与《说卦传》离的含义相符。"[⑤]"这些易卦符号也是铜戈的象征"[⑥]。董珊先生在讨论鼎卦戈时，认为戈铭所见的数字卦是取法卦、爻之象，"一六一""转为八卦都是☲即《离》卦，《易传・说卦》说《离》的卦象'为甲胄，为戈兵'，这恐非巧合。戈铭《离》卦，应取离卦之象戈兵"[⑦]。

2014 年，董珊先生公布了杭州昼锦堂收藏的一件带有数字卦的铜戈（图二一），并将其时代断为两周之际，戈内部铸有铭文"一六一一一六，曰：鼑（鼎）止（趾）真（颠）；鼑（鼎）黄耳，奠止（趾）。五六一一五八，文"，可称为"鼎卦戈"。董珊先生将"一六一一一六"、"五六一一五八"两个筮数不同的筮例分别转换为阴阳爻卦，得到相同的两卦，即离上巽下，鼎卦䷱。并认为"在戈上铸卦，应当跟铸器之前举行占筮的迷信有关""将占筮结果铸于器物上，还有卦象方面的原因……以制器者尚其象……戈铭所见的数字卦也是取法卦、爻之象……《鼎》卦为'巽下离上'，《说卦》巽为木，离为兵戈，卦象正是在木柲上缚戈兵之形"[⑧]。贾连翔先生认爲"一六一一一六"并非数字卦例，而是与之同形的代表阴阳爻的卦画图形，后面附抄了筮书中的卦爻辞，第二个卦例是实占记录。这件器物乃是数字卦与单纯卦画并存的例子[⑨]。王化平先生认爲"一六一一一六"是《周易》卦象，紧随其后的繇辞也出自《周易》，只不过是与通行本不同的某个古本。第二个卦象"五六一一五八"确实是数字卦，所用筮法和解卦方法可能与清华简《筮法》相同[⑩]。

最后提一下，宝鸡青铜器博物院藏的㕛爵（图二二），[⑪]爵的左柱上铸有""，刘雨释作"八六七六七"五个纪数字，并认为"其中'六'字的写法，是以前所未见过的。

---

① 《文物》1996 年 7 期 64 页图 21，《北窑墓》104 页图 57.3，《近出》1074，《新收》344，《铭图》16501。

② 《文物》1996 年 7 期 64 页图 22，《北窑墓》102 页图 56.11，《近出》1075，《新收》345，《铭图》16502。

③ 《文物》1996 年 7 期 64 页图 23，《北窑墓》104 页图 57.2，《近出》1076，《新收》346，《铭图》16503。

④ 《张政烺论易丛稿》，第 36 页。

⑤ 蔡运章：《洛阳北窑西周墓青铜器铭文（简论）》，《文物》1996 年 7 期，第 66 页。

⑥ 《论甲骨金文中的互体卦》，第 180 页。

⑦ 董珊：《论新见鼎卦戈》，复旦大学出土文献与古文字研究中心网，2014 年 1 月 8 日，http://www.gwz.fudan.edu.cn/SrcShow.asp? Src_ID=2207。后收入复旦大学出土文献与古文字研究中心编：《出土文献与古文字研究》第 4 辑，第 68—88 页。

⑧ 《论新见鼎卦戈》，第 68—88 页。该戈又见吴镇烽：《铭图续编》第 4 卷，第 234 页。

⑨ 《数字卦的名称概念与数字卦中的易学思维》，第 101—103 页。

⑩ 王化平：《鼎卦戈再探》，《"商周青铜器与先秦史研究"青年论坛会议论文集》，西南大学，2016 年 11 月，第 244—149 页。

⑪ 陕西宝鸡市公安局打击走私文物时缴获，约为西周早期。著录于《考古与文物》1990 年 4 期 21 页图 4，《近出》905，《新收》1946，《铭图》08577。

这样,八卦纪数符号除有三个数、四个数外,又发现了五个数的符号”[①]。《新收》释作“八六一七六一七”,《近出》释作“八六七六七”,将其断为商代后期。《图铭》则释作“八六七六一七”。从铭文字数看,与其他数字卦多为三爻、四爻、六爻不同,所以这是否一定为数字卦,仍有讨论的必要[②]。

伴随着新材料日益涌现,学界对于数字卦的认识也逐渐深入。一些学者对数字卦与《周易》的关系问题,提出了与张政烺先生不同的理解,如李学勤先生提到“在商周遗物上出现的数字符号,虽然看来是与《易》卦有关,可是属于《易》的哪一种,还是需要论证的问题”[③]。李零先生亦认为“从近几年的考古发现看,有不少线索已经表明,大家把所有‘数字卦’都归入《周易》的范畴是不大合适的,整个思路还有待拓广”[④]。李宗焜先生认为“把数字卦迻译为《周易》易卦,局限性非常大,与相关文献如《左传》、《国语》等的易例也不相应;所有在数字卦与《周易》关系上的推演,主观成分居多”[⑤]。近年随着竹简中易卦符号的发现,吴勇、梁韦弦、宋华强等学者先后撰文指出,数字卦和阴阳爻卦是功用不同的两种符号,前者用来记录实际筮占所得之卦,而后者是对筮数的抽象提炼,是“筮占工具书”中的专用符号[⑥]。董珊先生认为从数字卦抽象为阴阳爻的过程中,还应存在一个用“八”与“七”、“六”与“九”标举爻性的阶段。并通过分析鼎卦戈的铭文,论述戈铭所见筮法属于《归藏》或《连山》,而非今天熟悉的《周易》[⑦]。囿于现有的数字卦材料,特别是《归藏》、《连山》二易材料的缺乏,对这一问题不能遽下结论,有待今后新发现予以证明。

掇拾余义,补充几点作为总结。本文遍检商周青铜器中的数字卦材料,全面搜集整理,共得数字卦24例,涉及铜器凡22件,其中鼎8件、簋2件、甗1件、卣3件、爵1件、盉1件、盘2件、戈4件[⑧]。其中出土地可考的器物,多集中出土于湖北(3件)、陕西宝鸡岐山(2—3件)、河南洛阳(3件)一带,从考古学看,都是当时周人活动频繁的地区。陕西岐山一带,属于先周文化遗址的重要地区,作为周人发祥地,古公亶父在周原立国,经过几代经营逐渐扩张,到武王时东灭殷商,建立周王朝,遂将岐周故地分封给了周公、召公[⑨]。河南洛阳即成周洛邑,是西周初年周公秉承武王遗志所组织营

① 刘雨:《殷周金文中的象与数》,后入氏作《金文论集》,第282页。

② 张政烺(《张政烺论易丛稿》第65页)、李零(《中国方术正考》第213页)还提到赛克勒氏所藏的一件鼎,鼎上有数字卦“八五一”,具体情况不详,姑录此待考。

③ 《周易经传溯源》,第154页。

④ 《中国方术续考》,第234—245页。

⑤ 李宗焜:《数字卦与阴阳爻》,《“中央研究院”历史语言研究所集刊》第77本第2分册,2006年,第279—318页。

⑥ 《从竹简看所谓数字卦问题》,第43—48页。《关于数字卦与六十四卦符号体系之形成问题》,《周易研究》2007年第1期,第14—19页。宋华强《楚简数字卦的再讨论(稿)》,简帛研究网,2006年8月17日,http://www.bsm.org.cn/show_article.php? id=406。宋华强《新蔡葛陵楚简新探》,武汉:武汉大学出版社,2010年,第185—313页。

⑦ 《论新见鼎卦戈》,第68—88页。

⑧ 近年考古发掘还出土了一些可能与青铜器铸造有关的带有数字卦的陶范,如《铭图》19926、19927、19928、19930、19931等,时代多为商代晚期。

⑨ 许倬云:《西周史》(增订本),北京:生活·读书·新知三联书店,1993年,第37、56页;霍彦儒、辛怡华主编:《商周金文编——宝鸡出土青铜器铭文集成》,西安:三秦出版社,2009年,序言部分第1页。

建的东都,至平王东迁,成为新的政治中心[①]。至于湖北发现的这三件带有数字卦的鼎,亦与当时周人的活动有关。李学勤先生有文章讨论过中方鼎的时代及背景,说“器铭所记,均与昭王南征之事有关”“出土地孝感,应该就是中受封的褔地”[②]。湖北随州叶家山西周曾国墓地牵扯的问题则比较复杂[③],但已有学者注意到,该墓地青铜器组合上基本遵循了西周早期周人的礼器制度[④],出土的鼎以中原周文化为其主要特征[⑤]。M50 出土的这两件带有数字卦的龙纹铜方鼎,或许在一定程度上可以反过来证明,这一地区与周文化有关。

就商周金文数字卦的延续时间而言,时代最早者或可追溯到商代晚期,最晚当为两周之际的鼎卦戈,其他器物则多集中在西周早期,中期仅有一件,即上博藏的八八六八鼎。还有一些误认为数字卦的情况需要辨别:孟宪武、宋镇豪二位先生认为殷墟戚家庄出土的 10 件爰戈,载有筮数“六六六六”[⑥]。我们曾通过排比与其形制、纹饰均类似的奔戈,认为戚家庄铜戈上铸有所谓“数字卦”的说法不能成立。戈内部边缘的“^”形阳文的数量也不尽一致[⑦],这只是为填满镂空花冠鸷鸟纹的空白,属于整体鸟纹的一部分,不能割裂出来视作数字“六”[⑧]。另蔡运章先生曾公布过一件战国晚期的成君鼎,认为铭文中“”是筮数“七六六六”的连书,并用四画互体卦解读为《周易》的剥卦[⑨]。从时间看,战国晚期金文中仍存有数字卦,是很值得怀疑的。已有学者从文字学角度做了订正,改释为“夫人”二字[⑩]。

近年随着出土材料的增加,相关研究成果越来越丰富,及时回顾梳理数字卦的研究成果,其价值亦愈显重要。限于篇幅,本文围绕已发现的商周金文数字卦例,总结其出现的时间、地域及器类等相关问题,希望从出土文献角度对早期易学研究有所裨益。以上所论难免有疏漏、不当之处,祈请方家指正。

部分引用书刊简称:

《博古》——《宣和博古图》　　《啸堂》——《啸堂集古录》

《薛氏》——《历代钟鼎彝器款识法帖》　　《三代》——《三代吉金文存》

① 李学勤:《东周与秦代文明》,上海:上海人民出版社,2007 年,第 12 页。

② 《周易溯源》,第 213—215 页。有关“昭王南征”问题,亦可参尹弘兵:《地理学与考古学视野下的昭王南征》,《历史研究》2015 年第 1 期,第 4—21 页。

③ 杨勇:《随州叶家山西周早期曾国墓地研究综述》,《中国史研究动态》2015 年第 2 期,第 5—12 页。

④ 朱凤瀚:《湖北随州叶家山西周墓地笔谈》,《文物》2011 年第 11 期,第 67—69 页;朱凤瀚:《随州叶家山西周曾国墓地第二次发掘笔谈》,《江汉考古》2013 年第 4 期,第 59—61 页。

⑤ 陈振裕:《湖北随州叶家山西周墓地笔谈》,《文物》2011 年第 11 期,第 74—75 页;张昌平:《湖北随州叶家山西周墓地笔谈》,《文物》2011 年第 11 期,第 75—76 页。

⑥ 孟宪武:《商代筮卦的几组文物》,氏作《安阳殷墟考古研究》,郑州:中州古籍出版社,2003 年,第 87—90 页、彩版一九。宋镇豪:《谈谈〈连山〉和〈归藏〉》,《文物》2010 年第 2 期,第 48—58 页。

⑦ 奔族戈内部边缘的“翻”形的数量不一,或 3 个(《铭图》16015)、4 个(《铭图》16012)、5 个(《铭图》16010),甚至多达 6 戈(《铭图》16009)。

⑧ 李红薇:《殷墟戚家庄出土所谓“筮卦”戈的讨论》,未刊。

⑨ 蔡运章:《战国成君鼎铭及其相关问题》,《中国历史文物》2007 年第 4 期,第 44—48、65 页。

⑩ 王其秀:《成君鼎铭补正》,《中国历史文物》2007 年第 5 期,第 19 页。

《攈古》——《攈古录金文》
《大系》——《两周金文辞大系图录考释》
《故铜》——《故宫铜器》
《集成》——《殷周金文集成》
《总集》——《金文总集》
《新收》——《新收殷周青铜器铭文暨器影汇编》
《北窑墓》——《洛阳北窑西周墓》
《汇编》——《中日欧美澳纽所见所拓所摹金文汇编》
《美集》——《美帝国主义劫掠的我国殷周青铜器集录》
《铭图》——《商周青铜器铭文暨图像集成》
《铭图续编》——《商周青铜器铭文暨图像集成续编》
《综览》——《殷周时代青铜器の研究——殷周青铜器综览》
《续殷》——《续殷文存》
《国史金》——《国史金石志稿》
《小校》——《小校经阁金文》
《铭文选》——《商周青铜器铭文选》
《近出》——《近出殷周金文集录》

(作者单位:吉林大学古籍研究所、出土文献与中国古代文明研究协同创新中心)

附:本文所涉及的铭文(刻本、拓本、照片):

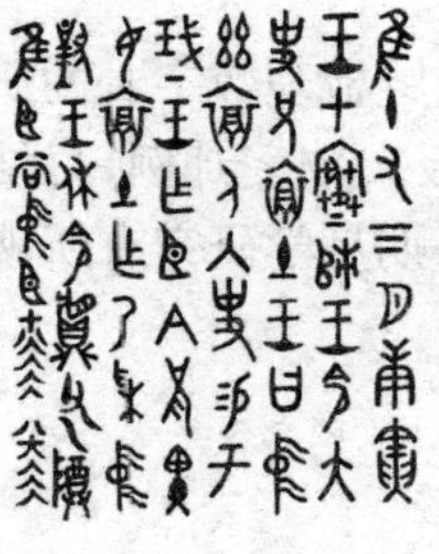
图一

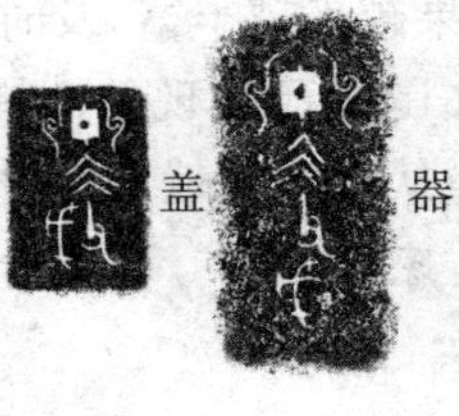

图二

图三

图四

图五

图六

图七

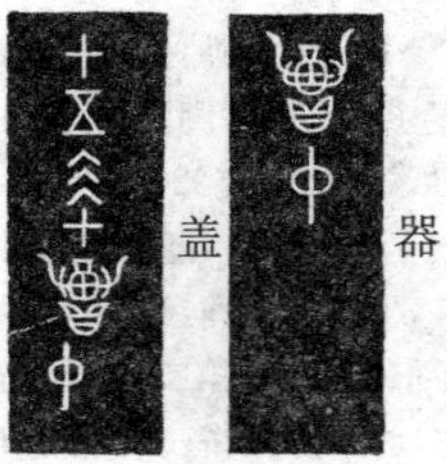

图八

图九

图十

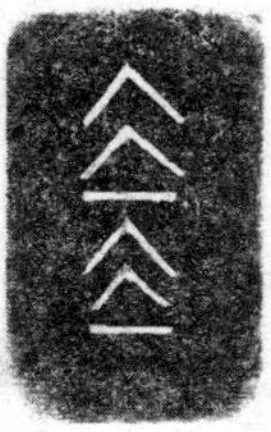

图十一

图十二

图十三

盖

器

图十四

图十五

图十六

图十七

图十八

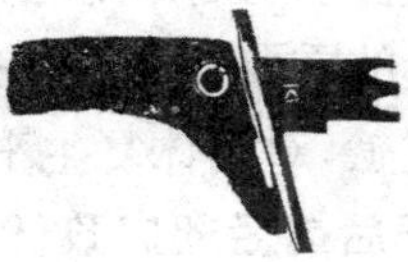

图十九

图二〇

图二一

鋬

左柱

图二二

黄休复生平考略

周广骞

黄休复为五代、北宋时期蜀地著名处士，性情恬淡，不乐仕进，兼通儒释，精于画学，其著作今存《茅亭客话》和《益州名画录》。《茅亭客话》十卷，“是编乃杂录其所见闻。始王、孟二氏，终于宋真宗时，皆蜀中轶事，无一条旁涉他郡”①，具有鲜明的四川地域特色。其所记内容涉及仙道灵迹、异物奇人、烧炼升仙等佛道内容，对太宗淳化甲午(994 年)及真宗咸平庚子(1000 年)蜀地两次战乱进行了如实记述。此外，书中还保留了大量绘画、医药、文化等方面的资料，其对不少历史人物，如唐求、景焕、李谌等人的记载为他书所未见，对于研究文学史、艺术史，也有很高的参考价值。《益州名画录》三卷，立逸、神、妙、能四格，分别阐述其美学内涵，并据以评述自唐乾元(758—760)至宋乾德(963—968) 益州画家之作品，且为画家各立小传。其所录多为黄休复亲所寓目的蜀地寺观画迹及私人藏画，同时亦参考前代及同时代的画史笔记、诗文论著，为研究唐宋绘画艺术的重要文献。今据黄休复所作《茅亭客话》、《益州名画录》为主，并参用相关史料等文献，对黄休复生平略加考证，以就教于方家。

1. 生年不详，或生于后蜀孟昶广政(938—965)中，初步推测为广政十三年(950)前后，入宋时或尚未弱冠。

黄休复生年，文献并无准确记载，仅可大致推测或生于后蜀孟昶广政中。

按：天禧元年(1017)，任玠、张逵同访休复于茅亭，玠有“故友将尽”、“垂白论交”之叹(详见下文第 15 条)。二人年龄当时或已均入暮年。休复挚友黄延矩亦曾访休复于其所居之茅亭(详见下文第 11 条)，并于“祥符壬子(1012)秋告归乡里，遗愚(按：即休复自称)养和一法。是年冬病卒，年八十。”(卷十“黄处士”条)②可见至任玠于天禧元年(1012)访休复之时，其友多有凋逝，而在世者亦多人暮年。若推测当时休复年近七旬，则休复或当生于后蜀广政十三年(950)左右。北宋并后蜀为公元 965 年，则后蜀入北宋时，休复或尚未弱冠。

《茅亭客话》卷五“虹蜺”条云：“(休复母之伯父)在伪蜀韩保贞幕，任本州眉山县令，丁母忧归村野，服将阕。……未几，韩侍中授秦州节制，伯父署节度推官。”《五代史记注》卷六四下《后蜀世家》云：“(广政十一年，948)是时，契丹灭晋，汉高祖起于太原，中国多故，雄武军节度使何建以秦、成、阶三州附于蜀，昶因遣孙汉韶攻下凤州，于

① (清)永瑢：《四库全书总目提要》子部十二小说家类二，清乾隆六十年(1795)浙江刻本。

② (宋)黄休复：《茅亭客话》，胡珽《琳琅秘室丛书》本。下文所引此书均据此本，卷数随文注出，不再另外出注。

是悉有王衍故地。"[①]据此可知,秦州归后蜀在广政十一年(948),则韩保贞得授秦州节制之职当后于是年。休复伯祖丁母忧,且得任秦州节度推官,年龄当在中年。休复作为孙辈,若按二十年一代人计算,则当其伯祖担任秦州节度推官之时,或正当休复出生前后。此或亦可为黄休复生于广政十三年(950)左右之旁证。

2. 字端本,又作归本。里贯不详,或题为江夏。考其著述,或当为蜀人。

李畋《益州名画录序》:"江夏黄休复,字归本。"[②]

《直斋书录解题》卷十四杂艺类:"《茅亭客话》,江夏黄休复端本撰,所记多蜀事,别有《成都名画记》,盖蜀人也。"[③]

《蜀故》卷十二云:"黄休复,字归本,蜀人也。"[④]

《茅亭客话》卷五"虹蜺"条:"休复母氏常说:'眉州眉山县桂枝乡程氏,某之祖裔焉。'"

按:李畋、陈振孙虽题"江夏黄休复",但并不认为江夏为黄休复之里贯。乐史《太平寰宇记》载晚唐五代黄姓郡望为鄂州江夏郡、处州缙云郡、泉州南安郡,宋本《广韵》载黄姓郡望为江夏,《百家姓》注明黄姓郡望为江夏郡。《四库全书总目提要》云:"今本皆题江夏人,疑似后人以畋序补书欤?然畋序作于宋初,或沿唐五代余习,题黄氏郡望,亦未可知,未必果生于是地也。"[⑤]据此,则江夏当为黄休复之郡望。《茅亭客话》、《益州名画录》所记之内容均为蜀地蜀事,则黄休复为蜀人的可能性较大。

3. 生性恬淡,不乐仕进,颇好释道,尤精画学,平日鬻丹养亲,旷达自处。任玠、李畋等均为其同道,彼此颇有交往。

《益州名画录》序:"鬻丹养亲,行达于世,恬如也。加以游心顾、陆之艺,深得厥趣,居常以魏晋之奇踪、隋唐之懿迹,盈缣溢帙,类而珍之。……及其僧舍道居,靡不往而玩之,环岁忘倦。"

《苕溪渔隐丛话》卷五十五宋朝杂记下:"蜀人任玠、郭震、李畋,皆博学能诗,晓音律,相与为莫逆之交,游荡不羁,礼法之士鄙之,然皆才识过人。"[⑥]

按:李畋《序》记休复"鬻丹养亲",当时蜀地以鬻丹为生者另有章全益、李玹等,与黄休复同被认为是有德行之人。黄休复以鬻丹为业,当亦精通炼丹之术。《四库全书总目提要》云:"其他论烧炼服饵导引之术,胪列道家灵迹者,居全书之大半,足征其娴于丹法。"[⑦]黄休复《茅亭客话》引书凡24次,其中引用道家书12次,占引书总数的一半。其中书名可考者有《登真隐诀》、《仙传拾遗》、《真诰》、《抱朴子》、《神仙传》、《仙人照宝经》、《黄庭经》等七种,其中《登真隐诀》引用2次,另有4处道家著作引文未提及

① (清)彭元瑞、刘凤诰:《五代史记注》卷六四下,《续修四库全书》二九二册史部正史类,上海:上海古籍出版社,1995年。

② (宋)李畋:《益州名画录序》,影印文渊阁《四库全书》八一二册,台北:台湾商务印书馆,1983年,第479页。本文所引《益州名画记》均据此本,不再另外出注。

③ (宋)陈振孙:《直斋书录解题》,上海:上海古籍出版社,1987年,第327页。

④ (清)彭遵泗:《蜀故》卷十二,乾隆刻补修本。

⑤ 《四库全书总目提要》子部十二小说家类二。

⑥ (宋)胡仔:《苕溪渔隐丛话》,北京:人民文学出版社,1962年,第376页。

⑦ 《四库全书总目提要》子部十二小说家类二。

书名。由此足见休复对道书涉猎之广,了解之深。

4. 受教于处士李谌,精于《春秋》,并曾校订《左氏》、《公羊》、《穀梁》三传。李谌对杜预合并《春秋》、《左传》之做法颇不认可,黄休复与李谌看法相同。李谌所居本为刘蟾旧居,休复因得详闻刘蟾因通黄白术为贼所逼,故将所居赠与李谌之始末。

《益州名画录序》:"通《春秋》学,校《左氏》、《公》、《穀》书,暨摭百家之说。"

《茅亭客话》卷二"李处士"条:"李处士名谌,学识精博。尝讲五经,善诱诲人,问无所隐。四十余年以束修自给。……每讲《春秋》,尝云:……杜征南不思孔子修经与《诗》、《书》、《周易》为等列,丘明之传当与司马迁、班固为等列,岂合将经之年与传之年相附参而贯之?将令学者素无资禀,纵意自裁,但务声律,罔知古道。……遂引证当时以《左传》文为《春秋》者数人,今不具录。休复屡见失其旨归如处士之言者,倘能使《春秋》自为经,《左氏》自为传,则不迷于后生者矣。"

《茅亭客话》卷四"刘长官"条:"刘长官名蟾,美风姿,善谈论,涉猎史传,好言神仙之事。……或云有黄白法,一日有三人冒夜投宿,……曰:'某等非君子,是贼也。如不得其法,必加害于君。'于腰间探出短刃,长官与妻惶惧,惮其迫胁,……兼奉之残药。三人得之,拱揖而去。长官夫妻晦爽下山,不复再往,因以山居与李谌处士。休复授(或当作"受")道于处士,故尽熟其事焉。"

按:《茅亭客话》中所引儒家著作凡八处,占全书引书总数的三分之一,其中引用《论语》2次,引用《诗经》1次,引用《易经》3次,引用《左传》2次。黄休复在记人记事之后,多引用儒家著作阐述观点,或印证判断。其对上述儒家经典均多次征引,且引述非常自然,足见休复对所引之书非常熟悉,有较为深厚的儒学修养。

5. 太平兴国(976—984)初,休复谒见光禄卿高保寅,并得张藻山水、羲之墨迹《兰亭》各一轴。当时蜀中晏然无事,古画法帖尚多存世,因此休复有幸得以观览。

《茅亭客话》卷三"兰亭会序"条:"太平兴国初,光禄卿高公保寅,即诸宫高氏之后,入川为九州巡检,休复尝谒见之。因得张藻山水一轴、羲之墨迹《兰亭》一轴,注"崇山"二字,围"者乎"二字,皆是赵模、诸葛贞搨者。檀香轴、古锦标皆烟晦虫蠹,时得与诸贤往复玩之。

6. 太平兴国(976—984)末,休复与处士胡本立、进士史载诗、僧隐峦游双流县保国观。

《茅亭客话》卷五"鲜于耆宿"条:"太平兴国末,休复与处士胡本立、进士史载诗、僧隐峦游双流县保国观看古柏树,道逢友人袁德隆,从者于担悬一虾蟆,大如扇许,人皆骇视之。后月余再见袁,因问向者虾蟆所在,袁曰:'是荷担者获于田隧中,将归杀而食之。'其夜无疾大叫数声而卒。"

7. 雍熙二年(985),居于成都,得见善捕猎者李吹口,并问及饮虎血之缘由。

《茅亭客话》卷八"李吹口"条:"永康军太平兴国中,虎暴失踪,误入市,市人千余叫鼓噪逐之。虎为人逼,弭耳瞩目而坐,或一怒,则跳身咆哮,市人皆颠沛。长吏追善捕猎者李吹口,失其名,众云:'李吹口至矣!'虎闻,忙然窜入市屋下匿身。李遂以戟刺之,仍以短刃刺虎心,前取血升余饮之。休复雍熙二年成都遇李,因问:'向来饮虎血何也?'李云:'饮其血以壮吾志也。'"

8. 雍熙(984—987)中，问遂州刘山人女道士游氏事。

《茅亭客话》卷四“女先生”条：“遂州女道士游氏，不记名，大平兴国末经过成都，游青城及诸仙化。仪质古雅，喜谈至道，容貌可二十余，不饮食，云得丹砂之妙。有一叟髭发皓然，腰脊伛偻，执焚香洒扫之役，侍于女冠之后，常遭叱辱。……经数年，有遂州刘山人到城，休复话女冠之事，山人笑云：‘……向来老侍者即女冠之父也。’”

9. 淳化甲午(994)，蜀地经王小波、李顺之乱。官军平叛后，蜀地残破，死亡相藉，士民流离，荆榛遍野。蜀地绘画损失严重，而黄休复所藏书画亦焚掠殆尽。

《茅亭客话》卷六“悼蜀诗”条：“益部淳化甲午岁，盗起卭蜀，围逼城垒。主帅素无御备，遂奔剑门。贼乘势入城，烧掠杀伤至甚。坤维间凡数十军州悉为贼之所有，唯眉、陵、梓、遂坚壁自守。贼据益郡凡百日，天兵至，戮无遗类。军旅所过，皆为荆棘。”

《益州名画录序》：“迨淳化甲午岁，盗发二川，焚劫略尽，则墙壁之绘，甚乎剥庐；家秘之宝，散如决水。今可觌者，十二三焉。”

《茅亭客话》卷三“兰亭会序”条：“甲午岁，家藏书画焚掠殆尽。今蜀中两经寇乱，诸家名书古画罕得见闻。”

按：释文莹《玉壶清话》卷四云：“蜀州青城民王小波为乱，小波死，又推其妻弟李顺为贼首，帅馀党，蚁聚万余人，两川大扰。”[①]李焘《续资治通鉴长编》卷三十六云：“王小波、李顺之初作乱也，朝议欲遣大臣慰抚。给事中参知政事赵昌言独请发兵捕斩，无使滋蔓，议久不决。贼连陷卭、蜀等州，始命王继恩等分路追讨。继恩握重兵，久留成都，专以宴饮为务。每出入，前后奏音乐。又令骑兵持博局棋枰自随，郡县仆使辈用事恣横。纵所部剽掠子女金帛，坐而玩寇，转饷稍不给，军士亦无斗志。”[②]对王小波、李顺起义及朝廷平叛作了较为详细的记载，亦颇可与《茅亭客话》卷六“悼蜀诗”条“军旅所过，皆为荆棘”之记载相印证。

10. 咸平庚子(1000)，王小波、李顺乱后，蜀中再经丧乱，休复避乱西山，友杨锡、于玄困于成都，忧愤而亡。休复记于玄以铁鱼骨制宝刀始末，兼抒友朋散亡之痛。

《茅亭客话》卷七“亡友哀辞”条：“咸平庚子岁正元日，神卫卒杀主将，窃据益郡。四月天军来讨，至城下。贼拒天军，驱胁老幼以乘城。天军噪以环城，昼夜攻击，城内死伤且甚。其贼求取供须器用钱帛珠金，民不聊生。

《茅亭客话》卷七“亡友哀辞”条：“及复避地于西山，不得亡友言别，每念迹虽离而心同，室在远而人迩，意其与终合而成前志也。至王师讨平凶丑，我虽归正，友则愤极而死矣。”

《茅亭客话》卷八“铁骨鱼”条：“于生名玄，字玄之，成都人也。庚子岁遇贼据城，谓愚曰：某家事可以不顾，所宝唯一刀尔。开房令愚视之，于昏黑处见光芒丈余，细辨之乃刀也。”

---

① (宋)释文莹：《玉壶清话》卷四，清《知不足斋丛书》本。

② (宋)李焘：《续资治通鉴长编》卷三十六，清文渊阁《四库全书》本。

11. 咸平(998—1003)中,孙知微、黄延矩来访。黄休复喜与博雅之士交往,会于茅亭,并展玩绘画。知微善画,延矩善琴,休复与二人志趣相投,颇为友善。

《益州名画录序》:"适值博雅之士款扉求见,则敞茅屋,拂榻尘,架而陈之,娱宾赏心,万虞一泯。"

《茅亭客话》卷十"黄处士"条:"咸平中,知州冯公知节召孙知微画,俾处士弹琴,二公俱止僧舍。尝会愚茅亭。"

《蜀故》卷十二:"旁通百家小说,所居一茅亭,多蓄古人异迹,凡宾客往来,拂拭展玩评论无倦色。"①

12. 景德(1004—1007)中,毕藏用两次来访,休复因得见其所藏铁镜。毕氏后封通真大师,入蜀,再访休复于茅亭。

《茅亭客话》卷九"赵十九"条:"赵十九名处琪,……淳化中收得一铁镜,颇有异常。时有毕先生者,名藏用,字隐之,年九十余,然不知所修之道。……一日与处琪赍铁镜,访愚茅亭。玩之,其镜可重一斤以来,径七八寸,鼻大而圆。绕鼻有四象八卦,外有大篆二十四字,背面皆碧色。每至望夜,光明愈于别夜。毕先生于景德中携至阙下,值上封泰山,因从观大礼得召见,称旨,遂与披挂赐紫服,号通真大师,封香令于青城山焚修,御诗送行。到川日访愚茅亭,问其铁镜,已在贵人之处矣。"

13. 景德三年(1006),《益州名画录》著毕,请李畋为序。休复此书,为淳化甲午乱后,感愤于蜀地绘画散亡而作,其自称"至如蜀都名画之存亡,系后学之明昧,斯黄氏之志也",正可见其心志。李畋于序中备述《益州名画录》所作之缘起,并对黄休复以"四格"评画之做法大加赞赏。

《益州名画录序》:"都多名画,富视他郡。谓唐二帝播越及诸侯作镇之秋,是时画艺之杰者,游从而来,故其标格楷模,无处不有。圣朝伐蜀之日,若升堂邑,彼廨宇、寺观前辈名画,纤悉无圮者。迨淳化甲午岁,盗发二川,焚劫略尽,则墙壁之绘,甚乎剥庐;家秘之宝,散如决水。今可觌者,十二三焉。噫!好事者为之几郁矣。黄氏心郁久之,又能笔之书,存录之也。故自李唐乾元初,至皇宋乾德岁,其间图画之尤精,取其目所击者五十八人,品以四格,离为三卷,命曰《益州名画录》。书来,谓余有陶隐居之好。恨无画之癖,首贶读之,序以见托。且曰:'画之神妙功格,往躅前范,黄氏录之详矣。至如蜀都名画之存亡,系后学之明昧,斯黄氏之志也。'故其书婉而当,博而有伦,体而不乱。信夫学者得意忘象,观前贤之逸轨,然后考黄氏之四格,则思过半矣,非独鸣图画之誉于坤维者哉。"

《郡斋读书志》:"《益州名画录》三卷。右皇朝黄休复纂。唐乾符初至宋乾德岁,休复在蜀中目击图画之精者五十八人,品以四格云。"②

《直斋书录解题》卷十四杂艺类:"《益州名画录》,三卷,黄休复撰。《中兴书目》以为李畋撰,而谓休复书今亡。案此书有景祐(按,景祐误,实景德。)三年序,不著名氏,其为休复所录明甚。又有休复自为后序,则固未尝亡也。未知题李畋者与此

① 《蜀故》卷十二。

② (宋)晁公武撰、孙猛校正:《郡斋读书志校正》,上海:上海古籍出版社,1990年,第685页。

同异。”[①]

《四库全书总目提要》:“所记凡五十八人,起唐乾元,迄宋乾德。品以四格,曰逸,曰神,曰妙,曰能。……逸格凡一人,神格凡二人,妙格上品凡七人,中品凡十人,下品凡十一人,而写真二十二处,无姓名者附焉。能格上品凡十五人,中品凡五人,下品凡七人,而有画无名、有名无画者附焉。……其书叙述颇古雅,而诗文典故,所载尤详,非他家画品泛题高下、无所指据者比也。”[②]

按:景德初,李畋与张逵同学于昭觉寺。李畋《重修昭觉寺记》曰:“畋且念景德初(1004),与今岳阳牧张都官逵肄业于兹(指昭觉寺)。”[③]后二人均被成都府知府张咏推荐应试。“初,蜀士知向学而不乐仕宦,咏察郡人张及、李畋、张逵者皆有学行,为乡里所服,遂延奖加礼,敦勉就举,而三人者悉登科。”[④]景德二年(1005)殿试,三人中仅张逵及第。此后李畋隐居于永康军之白沙山,从学者甚众。景德三年(1006)黄休复请李畋作序,李畋《益州名画录序》称:“书(即《益州名画录》)来,谓余有陶隐居之好,恨无画之癖,首觃读之,序以见托。”黄休复谓李畋“有陶隐居之好”,则当在李畋殿试失利,隐居于永康军之时。而李畋自谓“恨无画之癖”,则为自谦之词。

以品目评书画,肇始于南朝谢赫。此后,唐代李嗣真《书后品》列为十等,而首著逸品。朱景玄《唐朝名画记》列为四等。黄休复《益州名画录》沿此传统,而以逸、神、妙、能四格品评自唐至宋初蜀中画家五十八人,颇为精当,并得到后人的认可。南宋邓椿《画继》卷九称:“自昔鉴赏家分品有三:曰神,曰妙,曰能。独唐朱景真撰《唐贤画录》,三品之外,更增逸品。其后黄休复作《益州名画录》,乃以逸为先,而神、妙、能次之。景真虽云逸格不拘常法,用表贤愚。然逸之高,岂得附于三品之末?未若休复首推之为当也。”[⑤]黄休复《益州名画录》后世颇见著录,而首见于北宋仁宗庆历元年(1041)王尧臣等《崇文书目》,记曰:“益州名画录,三卷。”[⑥]

14. 大中祥符(1008—1016)中,童益善画,曾于休复所居茅亭图水石六堵。休复与论图画见解,颇可补画论之不足。其称童益为“小童处士”,年当较童益为长。

《茅亭客话》卷十“小童处士”条:“童处士名益,字友贤。因兄能画,相学习而顿悟,若生而知之。……祥符中,于愚茅亭图水石六堵,谓愚曰:‘时辈皆云弹琴非是乐,写真非是画,是耶非耶,请为言之。’愚对曰:‘……南齐谢赫论画有六法,一曰气韵生动,二曰骨法用笔,三曰应物像形,四曰随类传彩,五曰经营位置,六曰传移模写。其写真者,于画六法中一法尔,岂不谓之画乎?若只以画人头面而已,岂曰尽善,若秖以写真擅名,不亦寡乎。譬诸膳夫和羹,醯醢盐梅以烹鱼肉,齐之以味,阙一不可。今国朝取士于诗赋策论,阙一者不中其选也。则知君子之道贵乎全也,画与学虽殊,功用奚异,君其全和。’童曰:‘益虽不敏,请事斯语矣。’”

---

① 《直斋书录解题》,第 412 页。
② 《四库全书总目提要》卷一一二子部艺术类。
③ (宋)袁说友等编、赵晓兰整理:《成都文类》卷二十三,北京:中华书局,2011 年,第 723 页。
④ (宋)王偁:《东都事略》卷四十五,清乾隆刊本。
⑤ (宋)邓椿:《画继》卷九,明崇祯毛氏汲古阁刻本。
⑥ (宋)王尧臣:《崇文总目》卷六,清《文渊阁四库全书》本。

15. 天禧元年(1017),任玠、张逵同访休复于茅亭,观旧友之题壁,感友人之多殂,叹人生之将休,年寿不永之情溢于言表。此会当在休复暮年。

《茅亭客话》卷十"任先生"条:"(任玠)天禧元年欲就居嵩山,……因与乡人前秦州陇城主簿张逵中行秩满归川。二人同访愚茅亭,观旧题之处,云:'昔日高年有道之士,今已物故。未逾一纪,故友将尽。我虽存也,余生几何!'先生留一绝于亭壁云:'聚散荣枯一梦中,西归亲友半成空。唯余大隐茅亭客,垂白论交有古风。'"

按:大中祥符末(1016),任玠因集贤大夫凌策荐,被诏入京,授汝州团练推官,固辞。天禧元年(1017)与张逵同访黄休复于茅亭,翌年"不疾而逝"①

16. 天禧庚申(1020)之后,完成《茅亭客话》之创作。因此书所载故实"合道旨、属惩劝",且多为他书所未见,足以广异闻、订小说之讹,故颇受后世之重视。

《郡斋读书志》卷十三小说类云:"《茅亭客话》十卷。右皇朝黄休复撰。茅亭,其所居也。暇日宾客话言及虚无变化、谣俗卜筮,虽异端而合道旨、属惩劝者皆录之。"②

《蜀故》卷十二:"偶及仙佛鬼神谣俗卜筮,虽异端而合道旨、属劝惩者皆录之,命曰《茅亭客话》。"③

《四库全书总目提要》云:"其记吴王客省使高弼以王羲之石本《兰亭》一轴献伪蜀太子,当时识者谓是羲之撰序之后,刻石兰亭之本。其说为自古录金石者所未闻。又记唐德宗疑韦皋有异志,阴遣僧行勤诱之饵丹,至贞元二十年,丹毒发而死,亦《唐史》所不载。又记雷琴所以为异者,岳虽高而弦低,虽低而不拍面,按之若指下无弦,吟振之则有余韵,皆足以广异闻。其驳《北梦琐言》所记高骈镇蜀时,术士王剑换福感寺塔金相轮事,谓淳化五年相轮坠地,实铜铁所铸,证孙光宪为诬。亦足订小说之讹也。"④

按:黄休复《茅亭客话》本身的记载可以作为确定《茅亭客话》完成时间的参考。兹录黄休复《茅亭客话》纪事较晚数条于下:

《茅亭客话》大中祥符至天禧纪事系年表

原文	系年	出处
大中祥符六年,绵州彰明县崇仙观柏柱上有木纹如画天尊状,毛发、眉目、衣服、履舄纤缕悉备。	大中祥符六年(1013)	卷一"天尊木"条
圣宋大中祥符甲寅岁,知州谏大夫凌公策奏乞移王先主祠。	大中祥符甲寅(1014)	卷二"崔尊师"条
天禧戊午岁春,自言游青城山。	天禧戊午(1018)	卷二"王客"条
天禧二年,先生游宁州,卒于旅舍。	天禧二年(1018)	卷十"任先生"条
天禧己未岁,自九月不雨,至庚申岁二月。寺观诸庙祈祷,寂无影响。	天禧己未(1019) 天禧庚申(1020)	卷五"龙女堂"条

① (宋)江少虞:《事实类苑》卷四十七,清武进董康刻本。

② 《郡斋读书志校正》,第 590 页。

③ 《蜀故》卷十二。

④ 《四库全书总目提要》子部十二小说家类二。

据此，可大致判断黄休复完成《茅亭客话》当在天禧庚申（1020）之后，亦与《四库全书总目提要》所论“始王、孟二氏，终于宋真宗时”①相合。此书虽为杂记，但颇有伦次，如卷二多记前后二蜀之道士，卷六、卷七多记王小波、李顺起义及官军平叛中蜀地所遭受之巨大破坏，卷十则多记与友人交往事迹。此种条理的编排，一方面可能出自休复个人整理，也可能出自后人之整理。

17. 以下数条虽年岁不明，但所载休复植树种果、流连蚕市、目击访龙、获赠孔雀等事，颇能显示休复日常生活之状况，对了解黄休复之生平志趣，亦有帮助。因时间不明，故系于此。

《茅亭客话》卷八“滕处士”条：“凡欲接果，先得野树子酸涩不美者，如臂已上皆堪接也。然后寻美果枝，选隔年有鹤膝向阳者，枝长不过二尺，过则难治。至时剪下，便札于萝卜中，欲不泄其气也。……休复尝依其教而树，树皆成。”

《茅亭客话》卷九“鬻龙骨条”：“休复亦曾得芝本两层，抱石而生，每蚕市好事者凌晨而往，或有遇神仙者，或有遇灵药者，或有遇奇物者。耆艾相传青城山仙人隐士多因蚕市接救人尔。”

《茅亭客话》卷五“慈母池”条：“休复曾见道门访龙，经水有五色及沙在石上者，皆是龙居之处也。”

《茅亭客话》卷八“寓孔雀书”条：“愚友人左侍禁辛贻显为容宜廉白等州巡检，因寄一孔雀雏。西南相去万里，蜀人固未尝睹之，诚可爱也。”

18. 黄休复卒年不详，或卒于北宋仁宗天圣（1023—1031）间，享寿七十以上。

据《茅亭客话》卷十“任先生”条，则休复天禧元年（1017）已进入暮年。据此可大致推测，黄休复或当卒于《茅亭客话》所记时间下限之后不太长的时间。故将黄休复卒年定于北宋仁宗天圣（1023—1031）年间，其享寿或在七十岁以上，较为妥帖。

按：清真子石京《茅亭客话》后序云：“此集自先祖太傅藏之书笥，仅五十余载，而世莫得其闻也。……时钜宋元祐癸酉岁季夏中浣日。”②按元祐癸酉为1093年，则石京先祖得此书当在1040年左右，与上列《茅亭客话》所记下限相距约二十年。揆诸常理，亦可大致推测黄休复或当卒于仁宗天圣（1023—1031）中。

（作者单位：上海大学文学院）

① 《四库全书总目提要》子部十二小说家类二。

② 《丛书集成新编》第八二册，台北：台湾新文丰出版公司，1985年，第291页。

晚明作家陈仁锡行年考

黄传星

陈仁锡(1579—1634),字明卿,号芝台,江苏长洲人(今苏州),明末著名学者、作家,《皇明十六名家小品》收入其文章二卷,但陈仁锡以经世、气节闻名于时,其生平气质与屠隆、徐渭、王思任、袁宏道、钟惺等十五位作家迥异,在晚明小品的研究中往往受到忽视,其生平事迹也仍有很多模糊空白之处。故本文对陈仁锡生平活动进行考略,为陈仁锡的进一步研究奠定一个可靠的基础。

万历七年(1579)己卯　一岁

陈仁锡生。祖文烈,父允坚,母吴氏。

刘宗周(1578—1645)《大司成芝台陈公传》载陈仁锡卒于崇祯七年甲戌(1634),年五十六岁,可知陈仁锡生于此年[①]。据陈仁锡《始祖至高曾祖父小记》,陈氏始祖陈寿,南宋末年始居苏州陈湖之大姚村,三传至陈孟善,有二子,长子陈珪(生卒不详)字汝器,号东湖,次子陈璚(1440—1495)字玉汝,号成斋,成化、弘治年间颇有时名,陈珪即为陈仁锡五世祖[②]。据陈仁锡《先考文林郎崇德县知县毅轩府君暨先妣吴孺人合葬行状》,陈仁锡祖父名文烈,号敬斋,有善行。父允坚,字贞甫,号毅轩,万历十九年(1591)举人,二十三年(1595)成进士,授浙江诸暨县令,迁崇德县,卒于任,有子四人,仁锡、义锡、礼锡、智锡[③]。

万历二十一年(1593)癸巳　十五岁

是年入学为生员。

张世伟(1568—1641)《大司成明卿陈公小传》:"乙未(万历二十三年),毅轩公成进士,时年十七矣,先二年入泮。"[④]

---

① (明)刘宗周:《刘宗周全集》第四册《文编七》,浙江古籍出版社,2007年,第283页。

② (明)陈仁锡:《无梦园初集》驻集四,《域外汉籍珍本文库》第四辑集部15册,第333—337页。按:陈仁锡文集有《无梦园初集》《无梦园遗集》《无梦园全集》三种,后者为前两者合刻而成。《续修四库全书》《四库禁毁书丛刊》都影印了《初集》《遗集》,但两者的《遗集》中都缺少了目录里记载的《继志堂家乘》《翠娱阁评选初集小品》,《域外汉籍珍本文库》第四辑集部14—16册据美国国会图书馆藏《无梦园集》影印,两者俱存,并根据别本对残缺的篇章进行了补充,所以本文以《域外汉籍珍本文库》本为据,文中注释只标明册数、页码。

③ 《无梦园遗集》附录《继志堂家乘》,16册,第311页。

④ (明)张世伟:《自广斋集》卷十三,《四库禁毁书丛刊》集部162册,第383页。

万历二十二年(1594)甲午　十六岁

是年,读书外家,开始编纂《潜确居类书》。

陈仁锡《钱与立草序》:"余年十六,读书外家,喜饮酒,时时著书,间弄文字。"①《潜确居类书序》云:"此书十六岁时读书瑶林之潜确居,嘉与博硕,捃拾成帙。"② 外家,即陈仁锡岳父家。《何元戎继配刘夫人墓志铭》自云:"余少读书问涯馆,先外父涵宇刘公宴客,余尝众中目摄子威先生。今大将军何仲升继配,固子威抚女,祭酒靖节公孙女也。父太学垕、母钱氏早世,先生命子妇吴氏育之。"③子威先生,即苏州作家刘凤(1517—1600),字子威,其《刘子威集》有《女孙归何卫尉亡何而夭作悯殇》④、《刘朝载墓志铭》云"朝载名垕"⑤,可知刘凤所悼之女孙与陈仁锡撰墓志铭中的刘夫人当是同一人,而陈仁锡岳父"涵宇刘公"应该是刘凤同族。

师事许拱翁。

陈仁锡《许子旂稿序》:"予年十六,先君子令贽而事拱翁许师。……忆辛未(崇祯四年)大兄之捷南宫也,予在闱中,与同人称奇文高节,克承家学。癸酉(崇祯六年)之秋,予在里中,次兄冠冕南国。"⑥许拱翁,苏州人,生平不详。考诸同治《苏州府志·选举志》卷六十崇祯四年长洲进士有许士扬,字子明⑦,卷六十一崇祯六年长洲举人有许士招,字子旂⑧。二人生平待考。

万历二十三年(1595)乙未　十七岁

父允坚成进士,授浙江诸暨县令。

陈仁锡《天启壬戌会试恭谒定庆二陵记》:"先臣允坚登乙未进士,令浙江诸暨。"⑨光绪《诸暨县志》卷二十一职官表:"陈允坚,字毅轩,长洲人,进士,万历二十三年任。"⑩

万历二十五年(1597)丁酉　十九岁

是年中举。

陈仁锡《天启壬戌会试恭谒定庆二陵记》:"臣仁锡万历丁酉所取士也,年

---

①② 《无梦园初集》马集三,15 册,第 106、138 页。

③ 《无梦园遗集》卷六,16 册,第 148 页。

④ (明)刘凤:《刘子威集》卷四十三,《四库全书存目丛书》集部 120 册,第 477 页。

⑤ 《刘子威集》卷四十五,第 538 页。

⑥ 《无梦园遗集》卷三,16 册,第 29 页。

⑦ (清)冯桂芬等纂:《苏州府志》卷六十,台北:成文出版社《中国方志丛书》华中地方第 5 号,第 1561 页。

⑧ 《苏州府志》卷六十一,第 1592 页。

⑨ 《无梦园初集》惊集,14 册,第 225 页。

⑩ (清)蒋鸿藻纂:《诸暨县志》,《中国地方志集成·浙江省》41 册,第 363 页。

十九。"①

万历二十六年(1598)戊戌　二十岁

是年,父陈允坚调任崇德县。

据光绪《石门县志》记载可知陈允坚任崇德县令始于此年。②

万历三十年(1602)壬寅　二十四岁

父陈允坚卒于崇德县任上。

据光绪《石门县志》知陈允坚任期终于是年③,同卷《名宦传》曰:"陈允坚,字贞甫,长洲进士,万历间知县事,裁火耗,编运船……上计称循良第一。性强记,勤于视事,后积劳成疾,卒于官,祀名宦。"④沈德符(1578—1642)《万历野获编》卷十一"举吏部"条下载:"往时铨属,俱由太宰自择,自张新建为政,始令各省大僚各举其乡人,以分太宰之权,于是乡先达多以爱憎行其意,一缺出至荐六七人,甲可乙否,惟望重地尊者,所举始登启事。……次年壬寅,南直江南吏部缺出,时兵曹王淡生士骐最有名,当得之。其同府则兵部郎张其廉,与崇德令陈允坚,亦在伯仲间,而陈尤为时贤所推毂。王乃遍约江南诸大老,及各曹大僚以至科道,无不以王登荐。于是吏部竟以单名上疏,无一人陪者,亦近例行后未有之事也。陈在官,闻王命下,推案一嘘而殁。张仅得调礼部,亦引疾归殁于家。"⑤

从万历二十三年父亲任诸暨县令开始至此年,陈仁锡一直随父任职。

陈仁锡《天启壬戌会试恭谒定庆二陵记》:"先臣允坚登乙未进士,令浙江诸暨,调繁崇德,随任六载,事无巨细,悉令肄习。"⑥

万历三十二年(1604)甲辰　二十六岁

自去年九月开始编写《继志堂宗谱》,成于是年六月朔日。

陈仁锡《继志堂宗谱序》:"起于万历癸卯九月朔日,成于次年甲辰六月朔日。"⑦

万历三十九年(1611)辛亥　三十三岁

修纂《京口三山志选补》。

台湾成文出版社《中国方志丛书》影印《京口三山志选补》,前有镇江守霍镇

---

①⑥ 《无梦园初集》惊集,14册,第225页。

② (清)余丽元纂修:《石门县志》卷六,《中国方志丛书》华中地方第185号,第861页。

③④ 《石门县志》卷六,第861、767页。

⑤ (明)沈德符:《万历野获编》卷十一,北京:中华书局,1997年,第289—290页。

⑦ 《无梦园初集》驻集四,15册,第345页。

方(1595年进士)万历三十九年《三山志选补序》云:“岁戊申(万历三十六年),谬守镇郡,褰帷问俗,眉睫六朝,履亩劝农,齿唇三辅,考鼎于周,据石于汉,杜鹃之仙,鹤丘之隐人景,不可指屈计矣,汇而多轶,徒殷我怀。适陈孝廉明卿世丈以公车道润州,余为设榻。览京口之奇胜,相与杯酒论文,慨任铨次,举不传之秘,补有遗之珠,旧志而去留,退巵之无当,校新编而损益,进瓦缶之希音,皆余之所欲言者,备之帙括矣。”[①]有陈仁锡《乞言引》,文字漫漶,不可辨认,王重民《中国善本书提要》史部地理类载美国国会图书馆藏本录其文,略曰:“于是首访巉岩,勒石益十之二;渡广陵游白下及润州,文献益十之三;悉览先哲文集,益十之五;逖稽咸淳、嘉定二志,暨正德年京口诸集,益十之七。既归吴门,尽出耆旧藏书,课劂氏于清溪。敝邑韩侯过从,大奇之,捐镪犒工,则既受成事矣。……时维辛亥九月九日。”[②]此书大部分文字,收入陈仁锡《无梦园初集》干集。

万历四十年(1612)壬子 三十四岁

初秋,作《周礼句解序》。

陈仁锡《周礼句解序》文末题曰:“万历壬子孟秋朔日,述于问龙馆。”[③]

万历四十一年(1613)癸丑 三十五岁

进京参加会试。落第,与二弟出京,游北京西郊马鞍山。

陈仁锡《游马鞍山记》:“癸丑春,既出长安门。……予与家仲款段行,烟峦杂晓吹,远峰如抹。”[④]

三月二十七日,游览位于今山东邹城的峄山。

陈仁锡《游峄山记》文末题云:“癸丑三月之廿有七日。”[⑤]

八月,游西湖,有《明圣湖观》《钱塘潮观》《西湖补帆集》游记三种。

陈仁锡《西湖月观・初四月纪》:“癸丑秋八月暮,维舟棕毛场。”[⑥]《中国古籍总目》载上海图书馆藏万历刻本《明圣湖观》《钱塘潮观》《西湖补帆集》各一卷[⑦]。陈仁锡《杭州孙太守序》:“愚束发游湖,当其鸟声乱,溪水殚,棋落灯花,天空响泉,风雪夜归,自以乐湖甚不如,归而思之,尤乐也。于是为《明圣湖观》,为《补帆集》,甚矣其多事也。”[⑧]知《明圣湖观》《补帆集》创作时间相距不远,《钱塘潮观》当亦作于此时。《西湖月观》序云:“甲寅,居尧峰……既编《补帆》,为捃《月观》,

① (明)陈仁锡纂:《京口三山志补编》卷首,《中国方志丛书》华中地方第460号,第4—6页。
② 王重民:《中国善本书提要》,上海:上海古籍出版社,1983年,第206页。
③ 《无梦园遗集》卷二,15册,第679页。
④⑤ 《无梦园初集》江集二,15册,第436、443页。
⑥ 《无梦园初集》江集二,15册,第447页。
⑦ 中国古籍总目编纂委员会:《中国古籍总目・史部》,北京:中华书局,2009年,第7册,第3943页。
⑧ 《无梦园初集》马集一,15册,第23页。

留作湖上一梦。”[①]所记乃万历癸酉(四十一年)八月游览西湖的经历,“捃”,即选取之意,可见《西湖月观》是从《补帆集》中选取出来的,则此三种游记很有可能乃是万历四十一年游西湖时所撰。

是年,从钱一本学《易》。

陈仁锡《天启壬戌会试恭谒定庆二陵记》:“耐烦经史,思学《易》,年三十五从师焉。”[②]张夏(康熙间学者)《洛闽源流录·陈仁锡传》:“以师礼拜启新钱先生之门,钱先生辞之曰:‘此礼不轻施,亦不轻受也。’要以他年相见,无负今日面目,不则勿为烦,凡三往始纳贽,遂受易学,得綮要。”[③]钱一本(1539—1610),字国瑞,号启新,江苏常州人,万历十一年(1583)进士,官至福建道御史,因上疏言事,触怒万历皇帝被罢。与高攀龙(1562—1626)、顾宪成(1550—1612)等主讲东林书院。钱一本之学得自王时槐(1522—1605)者为多,论学以工夫为主。精于《易》,有《四圣一心录》、《像象管见》等,详见《明儒学案》[④]。

万历四十二年(1614)甲寅　三十六岁

七月中旬,游杭,会黄汝亨。

陈仁锡《玉稠山房大题选序》:“甲寅秋十四日,卧和靖先生树下。……越明日中元,云腾万艘,彻夜欢伯。……十九日踏莲花数亩,晤贞父黄先生于寄园。”[⑤]中元即七月十五日。黄汝亨(1558—1626),字贞父,仁和(今浙江杭州)人。万历二十六年(1598)进士,授进贤知县,历任南京工部主事、礼部郎中,江西布政参议等。后谢病归,结庐南屏山小蓬莱,有《寓林集》三十二卷。

自秋至冬,读书尧峰山中。

陈仁锡《尧峰山兴福庵斋僧常住田记》:“甲寅之秋,坐尧峰而志之。”[⑥]《尧峰山露禅菴募田赡僧疏》亦云:“万历甲寅岁,读书山中,孟冬吉日书于情晖轩。”[⑦]

整理《西湖月观》。

见万历四十一年。

与钱允治、陈继儒合编《类选笺释续草堂诗余》二卷、《类编笺释国朝诗余》五卷,与嘉靖年间顾从敬编《类选笺释草堂诗余》六卷合刻。

《续修四库全书》集部1728册据上海图书馆藏万历四十二年刻本影印,正文

① 《无梦园初集》江集二,15册,第447页。
② 《无梦园初集》惊集,14册,第225页。
③ (清)张夏:《洛闽源流录》卷十二,《续修四库全书》史部第536册,第552页。
④ (清)黄宗羲:《明儒学案》卷五十九,北京:中华书局,1985年,第1435页。
⑤ 《无梦园初集》马集三,15册,第97页。
⑥ 《无梦园初集》江集三,15册,第468页。
⑦ 《无梦园遗集》卷五,16册,第105页。

前有陈仁锡《诗余序》,《续草堂诗余》前有陈仁锡《续诗余序》,文末分别题云"甲寅中秋古吴陈仁锡书于尧峰之青莎坞。""甲寅秋日陈仁锡书于天涌峰。"①钱允治(生卒不详),字公甫,吴县人,父縠。"贫而好学,酷似其父,年八十余,隆冬病瘍,映日抄书,薄暮不止。殁无子,遗书皆散去,自是吴中文献,无可访问,先辈读书种子绝矣。"②

辑《尧峰山志》。

陈仁锡《尧峰寿圣寺募缘文》:"余忆未第时,亦曾读书寺中,景仰先辈风流,搜访古迹,辑成山志。"③陈仁锡《无梦园初集》江集三有《尧峰山志序》。

致书巡抚周起元,为先贤吴宽请祭。

陈仁锡《与周抚台绵贞为吴文定公请祭书》:"生读书尧峰山,久之,有像俨然,故文定公读书地也。……台臺请于朝而予之祭,庶成、弘间耆旧领袖,吴山名教,其大光哉。"④吴宽 (1435—1504) 字原博,号匏庵,长洲人。成化八年(1472年)进士,官至礼部尚书,谥文定。周起元(1571—1626),字仲先,号绵贞,福建海澄人,万历二十九年(1601)进士,官至佥都御史,巡抚苏、松十府。

万历四十三年(1615)乙卯 三十七岁

整理刊刻《陈白阳集》《石田集》。

《四库全书存目丛书》集部 146 册有陈淳《陈白阳集》,据北京大学图书馆藏万历刻本《陈沈两先生稿》影印,有钱允治万历四十三年夏序,云:"明卿为先生三从玄孙,慨然惜先业颓落,先生之集不传,于是旁搜博采裒而成帙,都为若干卷,附录一卷,问序不佞。"⑤北京师范大学图书馆藏沈周《石田集》不分卷有钱允治序,作于是年秋闰八月。陈淳(1483—1544)字道复,号白阳山人,为陈仁锡叔祖,少事文徵明,诗画俱佳,为陈仁锡七世从祖。沈周(1427—1509)字启南,号石田,苏州人,诗、书、画俱擅时名。

是年作《羲经易简录》八卷。

黄虞稷(1629—1691)《千顷堂书目》卷一:"陈仁锡《羲经易简录》十卷,一作八卷,万历乙卯序。"⑥

卧龙街关帝庙殿圮,倡议重建。

陈仁锡《重建卧龙街关帝庙殿阁记》:"岁乙卯殿垂圮,仁锡感梦,职倡邦君,

---

① 这两篇序文分别见《续修四库全书》集部 1728 册,第 65、175 页。
② (清)钱谦益:《列朝诗集小传》丁集中,上海:上海古籍出版社,1983 年,第 487 页。
③ 《无梦园遗集》卷五,16 册,第 104 页。
④ 《无梦园初集》驻集三,15 册,第 310 页。
⑤ (明)陈淳:《陈白阳集》卷首,《四库全书存目丛书》集部第 146 册,第 1 页。
⑥ (清)黄虞稷:《千顷堂书目》卷一,上海:上海古籍出版社,2001 年,第 11 页。

大夫闻而义之,各捐俸焉。”[①]

万历四十四年(1616)丙辰　三十八岁

赴京参加会试。

陈仁锡《消暍集序》:“丙辰偕计,启翁见而规之曰:‘万物各有首出,公矻矻孝廉,何不早寻出头?’予惊问曰:‘孝廉何以首出?’师曰:‘陈白沙其人与?’”[②]

落第归,途中作《中庸渊天述》。

陈仁锡《中庸渊天述序》:“丙辰下第,扶友榇舟中,辄成书。”[③]《中庸渊天述》,又名《中庸渊天绍易测》。

归家十日,一儿出生,不育。

陈仁锡《跋吴颐山纪事》:“丙辰归十日,举一子。[④]”陈仁锡《儿课小引》:“丙辰归举一儿,又不育。”[⑤]

七月,合葬友人高梁楹姬敖十五娘、司理某公二姬,作铭。

陈仁锡《虎丘合葬三姬墓铭》后有诗题《孟秋二十八日葬敖姬,越明日合葬二姬,诗以酹之》诗末又自注云“万历丙辰七月四日。[⑥]”高梁楹(生卒不详),字明柱,贵州人,客死吴下,与陈仁锡关系密切。

九月,游阳山。

陈仁锡《阳山海日奇观记》:“丙辰重九前一日,偕广德沈君翰、释太虚、弟中卿跻阳山,观鲤鱼峰,峰皆腾踊而上。”[⑦]中卿,即陈仁锡三弟陈礼锡(生卒不详),广德人沈君翰、阳山僧释太虚生平俱不详。

万历四十五年(1617)丁巳　三十九岁

季秋,再游阳山。

陈仁锡《再游阳山记》:“丁巳季秋,自白墡岭访丹井。”[⑧]

万历四十六年(1618)戊午　四十岁

编选《古文奇赏》。

---

① 《无梦园遗集》卷四,16册,第51页。
②③ 《无梦园初集》马集三,15册,第118、71页。
④ 《无梦园初集》驻集三,15册,第300页。
⑤ 《无梦园遗集》卷三,16册,第35页。
⑥ 《无梦园初集》驻集二,15册,第274页。
⑦ 《无梦园遗集》卷四,16册,第70页。
⑧ 《无梦园初集》江集三,15册,第468页。

《四库全书存目丛书》集部352—353册（据浙江图书馆藏本影印）有《古文奇赏》二十二卷，卷首序文末自云："万历戊午孟冬日题。"①

长子济生生。

陈仁锡《儿课小引》："及四十，果举济生。"②

万历四十七年(1619)己未　四十一岁

会试落第，欲弃科举，计划游览浙江。

陈仁锡《存艺自序》："己未下第，能事已竭，遂决弃之，预计车马之费，理游屐于天台、雁宕间，誓不作风尘客。"③

泰昌元年(1620)庚申　四十二岁

万历皇帝崩，哭于郡。

陈仁锡《天启壬戌会试恭谒定庆二陵记》："庚申，神庙宾天，臣痛豢养数十年，哭于郡。"④

泰昌皇帝崩，哭于西湖，复有应试之意。

陈仁锡《天启壬戌会试恭谒定庆二陵记》："八月十四日裹一月粮，往西湖。越明日，闻光庙崩，哭于湖，即日归。臣诗云：'小臣一滴西湖泪，洒尽先陵未肯干。'又云：'何必寝园皆种竹，六桥风雨泣成斑。'臣荼苦自知耳，臣始欲出。"⑤《先考文林郎崇德县知县毅轩府君暨先妣吴孺人合葬行状》："庚申季秋，泊西湖，惊闻光宗贞皇帝崩，大恸。归跽告母曰：'儿神祖显皇帝丁酉取士，豢养二十六年，鼎湖继变，四郊多垒，趣应上试，匍匐二陵，然后奉母以老。'先孺人复许之。"⑥

苏州饥荒，倡议赈灾，有《义助邻里籴本疏》、《募义恤邻事宜》。

《义助邻里籴本疏》："庚申二麦全荒，溢雨之后，继以亢旸，吴故鲜积，而况经岁米珠，俯仰孔亟。"⑦沈萃桢(1613年进士)《陈孝廉芝台募义恤邻事宜序》："阅此册，秉义甚高，中间条画种种详到，是一里即可为一邑之摹，一邑即可为一郡之倡。"⑧

天启元年(1621)辛酉　四十三岁

是年游浙，自春至夏，历百余日。所作游记收录在《无梦园初集》江集一。

---

① (明)陈仁锡：《古文奇赏》卷首，《四库全书存目丛书》集部第352册，第597页。
②③ 《无梦园遗集》卷三，16册，第35页、34页。
④⑤ 《无梦园初集》惊集，14册，第225页。
⑥ 《无梦园遗集》附录《继志堂家乘》，16册，第314页。
⑦⑧ 《无梦园初集》劳集三，14册，第628、627页。

陈仁锡《与友人说台雁》:“辛酉春夏,疑于雁荡,悟于天台,醒于会稽,梦于上虞,因思文章妙境,疑深于悟,梦长于醒,人亦有言,台不如雁,非也。”①

三月二十五日,游赤城山。

陈仁锡《游赤城山记》②。

五月初,游雁宕山。

陈仁锡《天台忆一》③。

在浙期间,谒奉化戴德彝祠、宁海方孝孺祠、台州东湖樵者祠,俱建文殉难之臣。

陈仁锡《史侍书奇忠家祠记》:“天启辛酉,仁锡于奉化谒戴探花祠,宁海吊方正学祠,徬徨八百义士瘞玉之井,竟三日不能去,大呼曰:八百义士姓名安在乎。至台州,过东湖樵者祠,微雨磨碑,第载‘旧皇帝何在’一语,惊惋赴水耳。”③

在台州,闻浑河之败,驰往山阴慰问战死之浙军统领张名世。

《天启壬戌会试恭谒定庆二陵记游浙江》:“归憩台州府,惊闻浑河之役,张帅督东浙兵力战死,三江闸人。臣驰疾骑四百里,叩其家,母老子幼,想魂万里。臣所至谢□,盖特为二将启恤。亡何,明诏优之,恨不能身列戎行,愈欲出。”④天启元年浑河之役被称为“辽左用兵以来第一血战”。嘉庆《山阴县志》卷十四:“张名世,字今我,万历乙未中武榜,历官云南都司。苗长阿克用兵结象阵,陷武定府一州三县,名世击之,尽复其地,忌者思重赂不得,因以冒功诬狱,督师特疏出之。天启元年统浙兵三千与大兵战于浑河,名世曰:‘吾起累囚,为上将,不能报国,何用生为?’遂战死。赠中军都督,荫一子。乾隆四十一年赐谥烈愍,入忠义祠。”⑤

是年,《续古文奇赏》编纂完毕,有序。

《四库全书存目丛书》集部353—355册有《续古文奇赏》(据浙江图书馆藏本影印),卷首序自题作于“天启辛酉长至日⑥”。

七月,自浙归。

陈仁锡《存艺自序》“已未下第,能事已竭,遂决弃之,预计车马之费,理游屐于天台雁宕间,誓不作风尘客。青山白日,闻斯语也,谷啸山呼,若环起而悲壮之者。归则辛酉之秋七月。”⑦

---

① 《无梦园初集》驻集三,15册,第319页。
②③ 《无梦园初集》江集一,15册,第358、363页。
③ 《无梦园初集》驻集一,15册,第192页。
④ 《无梦园初集》惊集,14册,第225页。
⑤ (清)朱文翰等辑:《山阴县志》卷十四,《中国方志丛书》华中地方第581号,第453页。
⑥ (明)陈仁锡:《续古文奇赏》卷首,《四库全书存目丛书》集部第353册,第628页。
⑦ 《无梦园遗集》卷三,16册,第34页。

天启二年(1622)壬戌　四十四岁

赴京参加会试。会试毕，于二月十八日拜谒万历、泰昌二陵。

《天启壬戌会试恭谒定庆二陵记》末云："虏孔炽，士卒乘城，大风扬沙，臣不顾望，昌平道中，迳行谒拜，是为二月十有八日。"①

参加殿试，名列一甲第三。

《明史》卷二八八《陈仁锡传》："天启二年以殿试第三人授翰林编修，时第一为文震孟，亦老成宿学，海内咸庆得人。"②陈仁锡《奉政大夫贾公妣赵氏墓表》："壬戌廷试名在四，今阁部孙老师力诤主者：'此经济士，宜三之。'出语仁锡曰：'学问必求经世，效李杜何益？'愈研究时务。"③文震孟(1574—1636)，字湛持，陈仁锡同乡，崇祯初官至礼部左侍郎，入阁预政。孙老师，即孙慎行(1565—1636)字闻斯，号淇澳，今江苏常州人。万历二十三年(1595)进士，官至礼部尚书。

夏，收到母亲家书一封。

陈仁锡《先考文林郎崇德县知县毅轩府君暨先妣吴孺人合葬行状》："壬戌之夏，手批《明心宝鉴》，邮寄不肖云：学莫先于事天，事君即事天，无以我为念。"④

秋，友人曹毅叔寄信，以经世为劝。

陈仁锡《曹毅叔墓志铭》："壬戌之秋，公贻书规之曰：'今妖氛未靖，丑虏跳梁，非命世之才不能定也。若欲泥封函谷，漠无王庭，与绛灌等列，窃为不取，何则投石超距，擎天浴日，功相万也。'"⑤

八月二十九日，母亲吴氏卒。丁内艰。

陈仁锡《先考文林郎崇德县知县毅轩府君暨先妣吴孺人合葬行状》"九月朔，祭庆陵，先三日，上御皇极门，仁锡在遣祀列，骏奔走如春仲，孰意母孺人卒，即月朔前二日。"⑥

晤钱允治，谈及疏凿水利事。

陈仁锡《钱功父先生集序》："忆予壬戌艰归，先生年八十矣，相对不叙寒暄，手胡舜申《吴门忠告》，从臾昌言当事，疏巽水，通全城生气。"⑦

---

① 《无梦园初集》惊集，14 册，第 226 页。
② (清)张廷玉等撰：《明史》卷二百八十八，北京：中华书局，1974 年，第 7395 页。
③ 《无梦园初集》驻集三，15 册，第 250 页。
④ 《无梦园遗集》附录《继志堂家乘》，16 册，第 315 页。
⑤ 《无梦园初集》驻集二，15 册，第 267 页。
⑥ 《无梦园遗集》附录《继志堂家乘》，16 册，第 315 页。
⑦ 《无梦园遗集》卷二，15 册，第 706 页。

天启三年(1623)癸亥　四十五岁

《明文奇赏》编刻完成。

《四库全书存目丛书》集部357—358册(据浙江图书馆藏本影印)有《明文奇赏》,卷首序文末自云:"天启癸亥仲秋下澣。"①

天启四年(1624)甲子　四十六岁

《三续古文奇赏广文苑英华》二十六卷编成。

《四库全书存目丛书》集部355—356册(据浙江图书馆藏本影印)有《三集古文奇赏》,卷首序文末自云:"天启甲子初夏。"②

天启五年(1625)乙丑　四十七岁

《四续古文奇赏》编选完成。

《四库全书存目丛书》集部356—357册(据浙江图书馆藏本影印)有《四续古文奇赏》,卷首序文末自云:"天启乙丑中秋日。"③

天启六年(1626)丙寅　四十八岁

《经世八编类纂》编成,作序。

《续修四库全书》1240—1246册据北京大学图书馆藏本影印,卷首自序末题云:"天启丙寅长至日。"④

六月中旬,赴京途中,至在济宁,评阅《三国志》毕并作序。

北京师范大学图书馆藏《三国志》卷首陈仁锡自序曰:"予阅《三国志》竣,盖泊舟济阳之南池,荷花盛开,饮至夜半,若有人焉歌,鹤焉鸣,古太白酒楼也。……时天启丙寅季夏既望长洲陈仁锡撰。"⑤

七月既望赴京途中,评阅《宋元通鉴》并作序。

陈仁锡《宋元通鉴序》:"渡黄河,舟中暑剧,日夜披读……时天启丙寅秋七月既望。"⑥

七月至京,任经筵日讲官。

① (明)陈仁锡:《明文奇赏》卷首,《四库全书存目丛书》集部第357册,第415页。
② (明)陈仁锡:《三续古文奇赏》卷首,《四库全书存目丛书》集部第355册,第41页。
③ (明)陈仁锡:《四续古文奇赏》卷首,《四库全书存目丛书》集部第356册,第104页。
④ (明)陈仁锡:《经世八编类纂》卷首,《续修四库全书》1240册,第3页。
⑤ (晋)陈寿撰,(明)陈仁锡评阅:《三国志》卷首,北京师范大学图书馆藏天启六年云林积秀堂刻本。
⑥ 《无梦园遗集》卷一,15册,第665页。

陈仁锡《郑巻阳年兄诗序》："余既服阕，阅一载余，丙寅七月入邸，承匮讲筵。"①

直讲《四书》，多有规正之语，阉党衔之。

黄道周(1585—1646)《陈祭酒传》："既入补日讲官，每进讲，多所规正，珰甚衔之，以公负重望不敢自绝。"②陈仁锡《郑巻阳年兄诗序》："天大申儆于王恭厂，正人屠割。魏忠贤竭土木不休，耽耽立于侧，余罔识忌讳，初佯忍之，继而忿，三而诟谇。"③《无梦园初集》有集有天启二年经筵讲章三篇，第一篇讲《论语·学而》"礼之用，和为贵"一章云："而臣窃诵'小大由之'一语，重有感也。假如朝讲是个大处，后庭佚游宴游是个小处，倘大处勉遵典礼，若于出入起居，至微至细的所项，好人在朝在野，尽个不乏。臣愿皇上博谋广询，择才任使，平时不专信一私昵之人，临事自然有人出力。倘或偏听误信，彼端士贞臣，俱已斥远，无可倚仗，一旦四方有事，天变于上，民乱于下，要倚着佞幸一辈挽回补救，全然倚他不着。然后痛心疾首，下诏求贤，则何益矣。"④

秋，评阅《后汉书》毕，作序。

北京师范大学图书馆藏天启六年刻本《后汉书》，卷首陈仁锡自序曰："予近假讲幄之暇，细读是编……天启丙寅秋季史官陈仁锡撰。"⑤

十月，魏忠贤任宁国公魏良卿冒领边功，时陈仁锡视草，不撰铁券，魏忠贤益怒。因以孙文豸案诬陷陈仁锡。

陈仁锡《郑巻阳年兄诗序》："最后以不撰宁国敕，欲死我三人久矣，是年十月廿日事也。"⑥黄道周《陈祭酒传》："会珰父子给铁券，欲得公诰词，再遣人趣公，公坚不可。珰怒曰：'属草则铉鼎，不属草则齿剑，奚择乎？'公笑曰：'世自多属草者，何必我。'于是数日有孙文豸之狱，文豸以诵《步天歌》见捕，坐妖言乱朝政。词连公及湛持，以池阳救得不逮。"⑦湛持，即文震孟。《明史纪事本末》卷七十一："先是，仁锡在讲筵，因王恭厂火灾，又见正人屠戮，忠贤竭土木不休，讲时不避忌讳。忠贤怒，复以不撰宁国敕，怒愈甚，遂命许显纯拟文豸狱，词连仁锡等。⑧"

冬末，有旨令陈仁锡改讲《尚书》，不再讲《四书》。

陈仁锡《丙寅冬早朝集精微科，与同馆兄弟商日讲，及不请敕命纪事》："同年会朝凡数人语余曰：'日讲侃侃既闻耳矣，今入春，将讲何书？'余曰：'为政以德三

---

①⑥ 《无梦园初集》马集三，15册，第72页。

② (明)黄道周：《黄石斋先生文集》卷十，《续修四库全书》1384册，第232页。

③ 《无梦园初集》马集三，第72页。

④ 《无梦园初集》有集，14册，第175页。

⑤ (南朝宋)范晔撰，(明)陈仁锡评阅：《后汉书》卷首，北京师范大学图书馆藏云林积秀堂刻本。

⑦ 《黄石斋先生文集》卷十，第232页。

⑧ (清)谷应泰：《明史纪事本末》卷七十一，中华书局，1977年，第1159页。

章。'曰:'可得闻乎。'曰:'为政以德不以刑,亟清锦衣,镇抚冤狱,便是北辰有主,放大光明,一天星通亮起来。'……是日朝罢,忽传旨:'南直陈讲官以后不要讲四书,改讲《书》经。'未几,阁派应讲壁经至,而余削夺除名矣。"①

十二月二十八日,被罢。

陈仁锡《郑荃阳年兄诗序》:"许显纯狱词成一月余矣,余在长安,咫尺罔闻知。岁将除,循故事,二十八日踵先辈吉服封馆,阁中喧甚,俄传削夺,忽报四蟒玉赤棒大声,矫传吏部除名,永不叙用。……三十日,珰仍致日讲年宴曰:'不发科抄,事秘密,若从乎?'直语其人曰:'无官可削,有死已耳。'于是元旦令走馆。"②

岁除日,始批阅《史记》。

陈仁锡《史记序》:"是书始阅于丙寅岁除日,可以解解之,不可解置之。"③

天启七年(1627)丁卯　四十九岁

正月初一,出京。

陈仁锡《潞水客谈记》:"天启丙寅除夜,余在讲筵,以不撰宁国敕忤珰,被严谴江右。……明年正月,蹇驴出。④"黄道周《陈祭酒传》、陈仁锡长子陈济生编《天启崇祯两朝遗诗小传》俱云陈仁锡被罢黜后,被令"即日就道。"⑤据天启六年"十二月二十八日"条下可知,十二月三十日时阉党犹欲以"不发科抄"笼络之,陈仁锡不从,"元旦令走馆"。元旦,即正月初一。

在潞河,批阅《苏文忠公文选》。

此书《四库全书存目丛书》据辽宁图书馆藏本影印,卷首有陈仁锡《苏文忠公文选序》,收入《无梦园初集》中,题为《苏文忠公奇赏序》云:"此余丙寅削逐,待泮潞河所阅。"⑥潞河,在今北京市通州区。待泮,谓冰雪未化。

归家途中,阉党屡次逼迫。

陈仁锡《郑荃阳年兄诗序》:"出国门,崔呈秀领较尉百辈偕赴潞水。行三百里,漕监遣蓝旗白牌环拥余舟,妇人争投水,余避一小艇。飞骑往来,二更许,笞长年数人始释。"⑦

---

① 《无梦园初集》有集,14册,第182页。

②⑦ 《无梦园初集》马集三,15册,第72页。

③ 《无梦园初集》马集四,15册,第146页。

④ 《无梦园初集》驻集一,15册,第188页。

⑤ 此两条资料分别见《黄石斋先生文集》卷十,《续修四库全书》1384册,第232页;陈济生辑《天启崇祯两朝遗诗小传》所收陈仁锡传为归庄撰写,见周骏富辑《明代传记丛刊·学林类》10,《天启崇祯两朝遗诗小传》,台湾明文书局,第339页。

⑥ (宋)苏轼撰,(明)陈仁锡选评:《苏文奇赏》卷首,《四库全书存目丛书》集部12册,第1页。

仲春,邀友人邓尉观梅雨。

夏允彝(1596—1645)跋《丁清溪〈葛稚川移居图卷〉》曰:"丁卯仲春,陈明卿先生招同邓尉观梅雨,宿圣恩禅院南荫性公,出此见示,因识数语。"①

崇祯元年(1628)戊辰　五十岁

六月复官,回京。

陈仁锡《潞水客谈记》:"戊辰六月,余以环召重来。"②黄道周《陈祭酒传》:"戊辰元年起公原官,稍迁中允,再补日讲。"③

主试武闱。

陈仁锡《武举录序》:"天子登极之元年秋九月,都试郡国材官介士。……上命臣仁锡、臣绍贤往偕都给事中臣允儒、右给事中臣承业、主事臣桥、臣有闻,共襄厥事。"④

崇祯二年(1629)己巳　五十一岁

三月,宣诏辽东,至高台堡。宁远武进士王振远、陈国威拜谒陈仁锡,欲以护送屯兵夜袭蒙古部朵颜束不的,不果而罢。

此事陈仁锡《宁远武进士门生王振远、陈国威料束虏必引奴入犯,谋以扈送前屯兵夜擒之高台堡纪事》言之甚详⑤。

作《筹边图说》。

《天启崇祯两朝遗诗小传》:"奉命宣诏三韩,凡亭台凡亭障徼塞险阨之处,皆详志之,作《筹边图说》一书,后尝进御览。"⑥

自辽东回京,路经永平,游盘山,归语之徐霞客(1578—1641)。

《跋徐霞客游盘山黄石斋赠诗卷》:"余归自宁锦,憩山海,喜永平山水甚,驻钓台,俯危石,一过崆峒,访道之处,有盘山焉。竟数日不能去,所见古松百株,半挂藤萝,半星斗,疑野僧,疑诗鬼,归示霞客。霞客踵及燕山,剑及云中,无何而虏至 。"⑦

批阅《资治通鉴目录》毕。

北京师范大学图书馆藏刻本《资治通鉴目录》有陈仁锡自序,末题云:"皇明

① (清)陆心源:《穰梨馆过眼录》卷九,《续修四库全书》子部1087册,第102页。
② 《无梦园初集》驻集一,15册,第188页。
③ 《黄石斋先生文集》卷十,第232页。
④ 《无梦园初集》文集,14册,第182页。
⑤ 《无梦园初集》海集二,14册,第336页。
⑥ (明)陈济生:《天启崇祯两朝遗诗小传》,第340页。
⑦ 《无梦园初集》驻集一,15册,第302页。

崇祯己巳长至日”。①

仲夏,归家。

陈仁锡《重修射渎杜庄桥记》:“今崇祯己巳仲夏,余以宫允宣诏三韩,归道浒墅。”②

崇祯三年(1630)庚午 五十二岁

二月,置义庄,重修先祖陈璚牌坊。

陈仁锡《义田建坊记》:“崇祯三年二月,以宣诏归,计通籍八载,叨列日讲,荷沾赐镪,兼积俸金,计有六百余两,契买附郭官田三顷,公举宪奖善人礼部儒士叔讳允昌管理听核,极贫、次贫二,则每岁均赡,更设向善、力学、守节三规,即于内优给。另置买义庄,重修故祖忠谏都宪讳璚牌坊,嗣后日久递传本族堪任者,遵依定例,世为公产。”③

春,著《乾》《坤》两卦文十数篇。

黄道周《陈祭酒传》:“庚午春病胃数日,稍谢客,为《乾》《坤》两卦著论十数篇。”④

六月返京。

陈仁锡《祭圌山朱师复将军文》:“崇祯庚午六月三日,趋召渡江,遥望圌山,师复朱公实专祠世祀焉。”⑤

六月,《潜确居类书》刻成。

陈仁锡《潜确居类书序》:“此书十六岁时读书瑶林之潜确居,嘉与博硕,捃拾成帙,而刻成于崇祯庚午六月渡江之辰,续订于辛未九月册封之竣,又明年六月始僝功。”⑥

升任国子监司业。

陈仁锡《刻医闾贺先生稿序》:“岁庚午,余承匮司业。”⑦

八月十二日,直经筵讲。

《无梦园初集》有集存此日讲经一篇,内容为《尚书·皋陶谟》“禹曰:都！帝。慎乃在位。帝曰:俞！禹曰:安汝止,惟几惟康。其弼直,惟动丕应徯志,以昭受

① (宋)司马光撰,(明)陈仁锡评阅:《资治通鉴目录》卷首,北京师范大学图书馆藏陈天祯刊本。
② 《无梦园遗集》卷四,16册,第61页。
③ 《无梦园初集》驻集四,15册,第341页。
④ 《黄石斋先生文集》卷十,第232页。
⑤ 《无梦园初集》驻集二,15册,第283页。
⑥⑦ 《无梦园初集》马集四,15册,第138、170页。

上帝，天其申命用休。”[①]

九月，作《同患浅言》二卷，收入《无梦园初集》内集。

陈仁锡《同患浅言序》：“庚午九月初三，自北雍访友灵济宫，归而病累月，枕上漫著此书。”[②]

崇祯四年(1631)辛未　五十三岁

会试分考，主春秋房。

陈仁锡《贺李海翁双寿序》：“岁辛未，较天下春秋士。”[③]

七月，奉使河南，册封周王。

《无梦园初集》惊集《辛未秋七月予与同年陈赞皇奉使周秦，迓我于顺德路，见三公子喜而漫赋》诗[④]。

中秋，册封事竣。

《无梦园初集》海集三有《周藩册封礼成，时中秋夜雨》诗。[⑤]

册封事竣，因病归家。

祁彪佳《宜焚全稿》卷九《巡按苏松等处监察御史题为讲官病故事》：“据苏州府申，据长洲县申报，据官属陈慎呈称：义父陈仁锡，原任左春坊左谕德，兼翰林院侍讲经筵日讲官，于崇祯四年七月内奉旨差往册封周藩。事竣，中途冒暑患病，乞恩请假，差家属陈慎斋捧御节奏缴讫。有旨：‘暂假调理，依限前来供职。’”[⑥]《东林列传》则云陈仁锡“秋册封周藩归，时相恶其不附，遂讼于朝曰：‘是门户后劲也，是东林嫡派也，科道何为不逐之。’遂乞身。”[⑦]刘宗周《大司成芝台陈公传》则云：“会先朝余孽犹时时布要地，锦衣某者忽蜚语中公，祸不测，未几锦衣自败，获免。公遂以官谕捧节周藩，役竣，请告还里。”[⑧]

重九日至镇江，登金山。

陈仁锡《无梦园初集》海集三有《洛游》诗一卷，所录为册封河南及归家途中所作诗，末有《重阳前一日憩瓜州息浪庵候风》《九日登金山》诗[⑨]。

是年评阅《通鉴纲目》毕。

---

① 《无梦园初集》有集，14 册，第 178 页

② 《无梦园初集》内集上，14 册，第 370 页。

③ 《无梦园初集》马集二，15 册，第 50 页。

④ 《无梦园初集》惊集，14 册，第 258 页。

⑤ 《无梦园初集》海集三，14 册，第 358 页。

⑥ (明)祁彪佳《宜焚全稿》卷九，《续修四库全书》史部 492 册，第 513 页。

⑦ (明)陈鼎：《东林列传》卷二十二，周骏富辑《明代传记丛刊·学林类》3，台北：台湾明文书局，第 409 页。

⑧ 《刘宗周全集》第四册，第 283 页。

⑨ 《无梦园初集》海集三，14 册，第 366 页。

陈仁锡《性理序》有"辛未评纲目成"一语。[①]

是年仲冬,评阅《苏文忠公文选》毕,作序。

此书之选评始于天启七年,原书自序题云:"崇祯辛未仲冬既望长洲陈仁锡题于介石居。"[②]

崇祯五年(1632)壬申　五十四岁

《潜确居类书》刊刻完毕。

详见崇祯三年。

刊行《大学衍义》《大学衍义补》《皇明衍义》。

刘宗周《大司成芝台陈公传》:"公遂以官谕捧节周藩,役竣,请告还里。公前后輶轩所至,若边陲要害,建置沿革,及一切吏治民生,无不得之咨诹。一日读西山氏《大学衍义》好之,已读文庄公补义,犹病其漏也,间取时务之要续补之,于是有《衍义》合刻,有《皇明衍义》刻。[③]"周中孚(1768—1831)《郑堂读书记》卷三十六著录陈仁锡刻《大学衍义》四十三卷云:"明崇祯壬申(五年)陈芝台仁锡取是书而评点之,并为之序,重加刊刻。"[④]

是年苏州大旱,倡议翻修阳山白龙祠。

陈仁锡《阳山志序》:"今岁壬申,六月不雨,至于八月靡神不举。予在众中谔言曰:'苏郡主阳山,阳山主龙母,白墡岁修,太守符给,僧抱牒而问侵,胥因缘以匿牒,神之怒也,其弗雨矣。'诸公曰:'旧符在固不出,何弗新之?'遂与湛持同年,言之史太守。太守诺,牒下,澄照如故。会陈邑侯步祷三十里至神所,越三日果大雨。"[⑤]

崇祯六年(1633)癸酉　五十五岁

去年冬,与文震孟倡议重修长洲县学文星阁,是年竣工。

陈仁锡《重修长洲学文星阁记》:"崇祯癸酉重修文星阁成,江右涂公捐俸任人,两月而功竣。……壬申之冬,予与同年文湛持诺庠友之请,尺牍为导。"[⑥]

春,整理刊刻诗文集《无梦园初集》。

《无梦园初集》自序署时间作于"崇祯癸酉季春朔日",可知此集编选时间当

---

① 《无梦园初集》马集四,15册,第173页。
② 《苏文奇赏》卷首,第6页。
③ 《刘宗周全集》第四册,第283页。
④ (清)周中孚:《郑堂读书记》卷三十六,《续修四库全书》史部924册,第429页。
⑤ 《无梦园遗集》卷二,15册,第709页。
⑥ 《无梦园初集》卷四,16册,第50页。

在此年春天左右。[①]

文震孟六十寿，陈仁锡作《寿文湛持年丈六十寿序》《再贺文湛翁寿序》。

文见《无梦园初集》马集二。[②]

八月，浒墅关使许豸重修石塘，黄道周等人颂之，陈仁锡有和诗，并作记。

陈仁锡《榷关许公重修石塘记》："时维九月，访友出关，公大兴塘事，余为赋大石，次同年石斋之什焉。……公讳豸，号平远，福建侯官人，辛未（崇祯四年）进士。"[③]陈仁锡《大石山次黄石斋诸公韵为关使君平远计公颂》序称："癸酉八月，访友望亭，棹穿浒墅，水落石出，听挽负而上肩相摩戛，知平远公将有事于塘。"[④]

崇祯七年(1634)甲戌　五十六岁

元旦，作《孙淇翁宗伯七十寿序》。

文见《无梦园遗集》卷七，文末自署"甲戌元旦笔"[⑤]。孙淇翁，即孙慎行。

春末，《四书备考》成，作序。

《四库全书存目丛书》据上海图书馆藏崇祯七年刻本影印，自序称作于"甲戌春季[⑥]"。

三月，升任南京国子监祭酒，卒于四月二十六日，未及赴任。

祁彪佳《宜焚全稿》卷九《巡按苏松等处监察御史题为讲官病故事》："崇祯七年五月十六日，据苏州府申，据长洲县申报，据官属陈慎呈称：义父陈仁锡，原任左春坊左谕德兼翰林院侍讲经筵日讲官，于崇祯四年七月内奉旨差往册封周藩。事竣，中途冒暑患病，乞恩请假，差家属陈慎斋捧御节奏缴讫。有旨：'暂假调理，依限前来供职。'一面在籍调理，未痊。于今年三月内奉旨升授南京国子监祭酒，正欲赴任，前病愈笃，于四月二十六日身故，理合呈报。"[⑦]

有子四人，长子济生，次子济桢，余不详。

张世伟《大司成明卿陈公小传》："子四人，济生其长，恢廓酷肖其父。"[⑧]同治《苏州府志》卷八十七："陈济生，字皇士，少师事黄道周、刘宗周，皆传其学，以荫官太仆寺丞，明亡后隐居奉母，著书甚多，所编《启祯遗诗》皆海内忠臣义士之作，

① 《无梦园初集》卷首，14册，第162页。按：此序题作《无梦园全集自叙》，内容与续修四库、四库禁毁所影印《无梦园初集自叙》同。

② 《无梦园初集》马集二，15册，第42、44页。

③④ 《无梦园遗集》卷四，16册，第62、64页。

⑤ 《无梦园遗集》卷七，16册，第180页。

⑥ （明）陈仁锡：《四书考》卷首，《四库全书存目丛书》经部164册，第546页。

⑦ 《宜焚全稿》卷九，第513页。

⑧ 《自广斋集》卷十三，第383页。

尤有裨世教,卒年四十七,门人私谥节孝先生。”[①]汪琬《陈文庄公祠堂碑》:“工已告成,次君济桢复聚族谋曰:‘维兹丽牲之碑阙焉,无辞以刻,非所以妥先灵而示子姓也,乃来谒某为文。’”[②]生平不详。

(作者单位:北京师范大学文学院)

① 《苏州府志》卷八十七,第2104页。有王云云《陈济生与〈启祯两朝遗诗〉研究》(南京师范大学2015年硕士论文),可以参看。

② (清)汪琬:《尧峰文钞》卷十,《四部丛刊》本。

何道生年表*

许隽超

何道生(1766—1806),字立之,号兰士、菊人,山西灵石县两渡镇人。乾隆五十一年举人,翌年成进士,由工部主事,仕至甘肃宁夏府知府。著有《双藤书屋诗集》。事具法式善《朝议大夫宁夏府知府何君墓表》文。

清中叶以降,灵石何氏科第繁盛,曳紫纡朱,书香世泽,代有闻人。始迁祖何立本,“岁贡生,有文学,其先河南大石桥人也,馆于灵石之两渡镇,乐其风土,遂家焉”(道光《何氏族谱》卷八)。九世祖何溥“贸易京师,遂以致富”,“赀逾十万”,复以贡生考授州同知,家族始兴。至十一世何思钧,乾隆四十年捷南宫,成为何家进士第一人。何思钧自乾隆三十九年移家京师后,广交胜流,延名师课子,“江南名士入京求为弟子师者,莫不知有何氏书塾”。此后何氏子弟蟾宫折桂,联翩鹊起,科场传为佳话。

仅以何思钧一支为例。长子何元烺,次子何道生,乾隆五十二年同榜进士。何元烺长子何荣绪,嘉庆十九年进士;次子何炳彝,嘉庆十六年进士。何道生二子何熙绩、何耿绳,道光六年同榜进士。何熙绩子何福咸,道光三十年进士。据《清代朱卷集成》何莱福履历,至同治元年,灵石何氏已十一人成进士,十四人举乡闱,山西科场渐有“无何不开科”之说。光绪年间梓行的《何氏试艺》,汇集乾隆以来三十馀名家族成员制艺和试帖诗,供家族后辈揣摩学习。灵石何氏不仅仅将时文视为功名敲门砖,还有意识地不断强化这种科场优势,使之内化为一种家族文化优势。同时,藉联姻同邑陈氏及山西洪洞刘氏、汾阳曹氏、孝义张氏,顺天宛平马氏、直隶天津韩氏等世家,进一步巩固、扩大了这种文化优势。

科第连绵之同时,灵石何氏亦以文学世其家。何思钧早年从学姚鼐,后由进士改翰林院庶吉士,校书四库馆,散馆授翰林院检讨,所接皆硕儒通人。故“兰士与其兄砚农使君,承其尊甫双溪先生(何思钧)之家法,为子弟皆有文学,历官内外皆有声”(陈用光《双藤书屋诗集序》)。何元烺、何道生,及何道生二子何熙绩、何耿绳,皆世守清芬,工于韵语。家族后辈中,亦不乏能诗者,如何焕纶有《棠阴书屋诗集》,何福堃有《午阴清舍诗草》、《午阴清舍试帖》,何福海有《退盦诗集》,何乃莹有《灵樵山馆诗草》,何厚吾有《爰庐诗草》等。

作为何家文名最高者,何道生弱冠登第,与京师名流诗酒往还,工诗善画能琴,声华藉藉。他以诗求友,交游所及,前辈如纪昀、袁枚、姚鼐、王昶、蒋士铨、吴锡麒,同侪如王芑孙、洪亮吉、孙星衍、法式善、张问陶等,当世皆推为作者。闻长者之绪论,喜师

---

* 基金项目:国家社科基金一般项目“洪亮吉年谱”(15BZW101)、国家社科基金重大项目《清代诗人别集丛刊》(14ZDB076)阶段性研究成果。

友之砥砺,识见遂超,故发为歌诗,俊迈清苍,自成一格。其诗既是平生步履、心境的清晰展露,也是乾嘉诗坛生态的生动投影,是研究清代家族文化传衍的真实样本。

今以整理《何道生集》之便,勒此年表,岁仅两三条,力避枝蔓,俾呈现何道生一生仕履、交游之概况,就教于学界同道。

乾隆三十一年丙戌(1766)　一岁

八月三十日,诞于山西灵石。

何道生《方雪斋诗集》(苏州博物馆藏稿本)卷七《八月晦日三十初度口占》诗:"奎堂风景日萧萧,落卷浑如落叶飘。默数浮生三十载,此间三度度生朝。"

史致光《诰赠宜人何母梁宜人家传》(国家图书馆藏拓本)文有云:"自乾隆庚辰(1760)至乙酉(1765),检讨公(何思钧)三试京兆不举,乃偕宜人归。时中宪公(何思温)已官浙矣,宜人持家,一如在京师时,勖检讨公无荒旧业。"时何道生父何思钧年三十一,母梁氏年二十五,父母皆里居,何道生诞于灵石,当无疑义。胞兄何道冲,后改名元烺,时已五龄。灵石县,隶山西平阳府;乾隆三十七年,改隶山西霍州直隶州。

乾隆三十六年辛卯(1771)　六岁

九月,父何思钧举于乡。

吴锡麒《有正味斋骈体文续集》卷六《何双溪检讨传》文有云:"比归而学业大进,辛卯举于乡,乙未成进士。"

乾隆三十七年壬辰(1772)　七岁

二月三十日,母梁氏病殁。

史致光《诰赠宜人何母梁宜人家传》文有云:"壬辰正月,中宪公(何思温)在京师,以书趣检讨公(何思钧)应礼部试,检讨公逡巡不欲行。宜人遂知之,曰:'仲望君甚,不往,违仲意。且向吾所以期君者,亦在此。病尚可支,幸犹及见也'。遽起,为趣治装。检讨公行,而宜人以二月三十日卒,年三十有二。遗言须试期毕,然后通耗也。"何思钧本年会试落第。

乾隆三十九年甲午(1774)　九岁

秋冬,父何思钧偕家来京师。

姚鼐《惜抱轩文集》卷十《何季甄家传》载:"吾在礼部时,季甄得山西乡举而来,相对甚喜。后三年,而吾以病将归,季甄适携家居于都,吾入其室,见其子之幼俊,叹曰:'何氏其必兴乎'!"

何道生《双藤书屋诗集》卷六《次韵惕甫岁暮述怀二首》诗,其一有"屈指长安成小住,岁华曾见廿番新"之句,乾隆五十九年冬作,与此契合。据郑福照《姚惜抱先生年谱》本年条,姚鼐"秋乞病解官","冬十二月,自京师乘风雪至山东。"

乾隆四十年乙未(1775)　十岁

五月,父何思钧以新进士膺馆选。

《乾隆朝上谕档》载:"乾隆四十年五月十四日,内阁奉上谕:'新科进士,一甲三名吴锡龄、汪镛、沈清藻,已经授职。王春煦、戴心亨、翟槐、张慎和、严福、徐如澍、王念孙、曾廷枟、于鼎、戴联奎、陈崇本、陈文枢、许烺、李廷敬、章宗瀛、梁上国、何循、罗修源、戴均元、徐立纲、王晋、吴锡麒、毛凤仪、卢遂、周琼、曹锡龄、陈墉、周宗岐、汪如藻、范来宗、谷际岐、王允中、孙玉庭、饶庆捷、五泰、德昌、戴震、瑞保、程光瑛、何思钧,俱著改为翰林院庶吉士。方林、恽燮、胡世垲、胡文铨、李蘧、陈笔锋、沈丙觉、罗长麟,俱著分部学习。赵钧彤、申允恭,俱著以知县即用。馀俱著归班铨选。钦此'。"据江庆柏编著《清朝进士题名录》,何思钧得三甲第八十四名进士,为灵石两渡何氏举进士、入翰林之第一人。

乾隆四十二年丁酉(1777)　十二岁

八月,伯父何思温卒。

邵晋涵《南江文钞》卷十一《敕授承德郎户部福建司主事何君墓志铭》文有云:"会父殁,乃躬持门户,壹意课季弟学,弟即检讨(何思钧)也,时年甫十有二,携幼妹依君以居。君外肃内和,爱检讨特甚,教特严。检讨尝遘危疾,亲调药饵,抚视兹蓐间,夜不寐。暇辄搏颡于天,喃喃吁祝,病瘥乃已。复为远道延师,师亦感其诚,训倍常课。至今检讨语及,辄悲噫,谓微吾兄,无以至今日云。"何思温以监生捐纳,知浙江武义、定海,直隶武邑、丰润县,卒于户部福建司主事任,年五十一。

乾隆四十三年戊戌(1778)　十三岁

四月,父何思钧散馆改部,五月仍留馆,翌年授翰林院检讨。

《乾隆朝上谕档》载:"乾隆四十三年四月二十九日,内阁奉上谕:'此次翰林散馆,……庶吉士梁上国、陈墉、杨昌霖、张慎和、陈文枢、仓圣脉、李廷敬、曾廷樗、胡敏、胡必达、何思钧,俱著以部属用。至此次改部各员内,其原在四库馆办书者,仍令其兼馆行走。钦此。'……乾隆四十三年五月初六日,奉旨:'本年散馆清书庶吉士梁上国,汉书庶吉士仓圣脉、何思钧,前已有旨以部属用。著加恩俱留馆,再教习三年,同新科庶吉士一体散馆。钦此'。……乾隆四十四年五月二十五日,奉旨:'王燕绪著加恩授为翰林院编修。仓圣脉、何思钧,著照该员甲第授职。朱钤著赏给庶吉士。杨懋珩、缪琪,俱著以知县即用。馀依议。钦此。'"何思钧三甲进士,依例授翰林院检讨。

乾隆四十四年己亥(1779)　十四岁

十一月十九日,弟何立三诞于京师。

祁寯藻《皇清诰授奉政大夫湖北安陆府同知恒斋何君墓志铭》(灵石何氏后人藏拓本)文有云:"君生于乾隆四十四年十一月十九日酉时,终于道光十六年八月十四日申时,享年五十有八。配曹宜人,乾隆乙未科进士,翰林院编修,吏科给事中讳锡龄公女。"何思钧与曹锡龄同年同乡,同膺馆选。按,何道生弟立三、维四、慎五,皆继母张氏出。

乾隆四十五年庚子(1780)　十五岁

本年,从顾九苞学,诗得程晋芳批点。

何道生《双藤书屋诗集》卷一《杂诗四首》诗,为诗集开篇之作,系于本年。

同书卷四《偶检旧作,得程鱼门、张瘦铜两先生手迹,感念知己,不觉泫然,爰各系一诗》诗二首。其一有云:"忆余十五六,秉性颇迂狷。人事少款曲,读书弄柔翰。恭惟文子师,循循诲不倦。识籀期九千,作诗几一卷。有时独苦吟,三更和漏箭。得句辄自矜,师亦每称善。乃命裒集之,小胥付誊缮。细字如眠蚕,研光界红线。良工不示朴,豪贾善夸衒。手卷视鱼门,未说喜先见。谓言此门人,问年始童丱。书史星宿罗,文章锦绣绚。诗才实天授,开口即峭蒨。往往句有神,老眼为震眩。子其善诱掖,以助吾激劝。鱼门一掀髯,子言适我愿。后生得隽才,我闻最欣忭。"时程晋芳以主事纂修四库。

乾隆四十六年辛丑(1781)　十六岁

本年,业师顾九苞卒,有诗哭之。

何道生《双藤书屋诗集》卷一《哭顾文子师二首》诗,小序云:"师讳九苞,文子其字也,江南兴化人。博学自力于经史,诗古文词皆有原本。戊戌以选贡入都,庚子、辛丑连取科第,然竟不得京秩。时朝廷开四库全书馆,当事以分校荐,先生以太夫人年老,辞不就。促装归至天津,疡发于颈,月馀竟卒。今闻其旅榇将归,诗以志痛。"顾九苞卒年四十四岁。

何道生《双藤书屋诗集》卷首,王芑孙《序》有云:"(何道生)少受经学于兴化顾进士九苞,长见吴张埙舍人,而大为诗,以诗求友于天下。尤善余,有所讥弹,应时改定。此其师友渊源也。"

乾隆四十七年壬寅(1782)　十七岁

二月,父何思钧告假,家居教子。

《乾隆朝上谕档》载:"检讨何思钧,由庶吉士奏充总校,议叙授职检讨。(乾隆)四十七年二月告假。(乾隆五十年)二月初三日。"

姚鼐《何季甄家传》载："及《全书》成，与赐宴文渊阁下，而旋以疾请告，屏居训子元烺、道生。两子一年成进士，其后皆以才显，有名内外。"

乾隆四十八年癸卯(1783)　十八岁

九月，胞兄何道冲举山西乡试。

姚学塽《姚镜塘先生全集·古文》卷一《砚农何君墓志铭》文有云："(何道冲)乾隆癸卯举于乡，丁未成进士，改庶吉士。"光绪刊《灵石何氏试艺》，所载何道冲"乾隆癸卯乡墨"，版心题"乾隆癸卯山西"，知何道冲本年秋返太原应乡试。

本年，娶同邑陈氏。

何耿绳《皇清诰封恭人显妣陈太恭人墓志》(山西灵石县史志办藏拓本)文有云："显妣陈太恭人，诰授朝议大夫，江西临江府知府讳思贤公长女，在室有淑慎名。年十九，归先考兰士公。"陈氏为灵石蒜峪村人，乾隆三十年六月十五日生，道光九年十二月初二日卒。

乾隆五十年乙巳(1785)　二十岁

本年，从徐鳌受举业。

何道生《双藤书屋诗集》卷二《哭徐江楼师二首》诗，小序云："师讳鳌，号江楼，浙江馀杭人。乾隆丁酉举人，家贫力学，工诗古文词。岁乙巳，生从师受举业仅一年，以病归，归三年而卒。痛师之工于文而啬于遇也，哭以诗。"

乾隆五十一年丙午(1786)　二十一岁

九月，举山西乡试。长子何熙绩生。

道光《何氏族谱》卷一载："道生，字立之，号兰士，乾隆丙午、丁未联捷进士。"光绪刊《灵石何氏试艺》，所载何道生"乾隆丙午乡墨"，版心题"乾隆丙午山西"，知何道生本年秋返太原应乡试。按，何道生补诸生日期俟考。若在京捐监，自可投国子监录科，应顺天乡试，固不必返乡也。

《清代朱卷集成》所载《何熙绩何耿绳履历》有云："何熙绩，字亮臣，号春民，行一，又行二。乾隆丙午年九月二十五日吉时生。"何熙绩当诞于京师。

乾隆五十二年丁未(1787)　二十二岁

四月二十五日，得赐进士出身。

《乾隆帝起居注》载，本年四月"二十五日壬戌，卯刻，上御太和殿。升座，赐贡士史致光、孙星衍、董教增一甲进士及第，朱理等四十五人二甲进士出身，焦以厚等八十九人三甲同进士出身。诸进士行礼毕。"何道生为二甲第二十九名，胞兄何道冲二甲第八名。朝考例于一二日后举行。

五月初五日,新进士引见,奉旨分部学习,后签掣工部。兄何道冲得馆选。

《清实录》乾隆五十二年五月初五日条载:"辛未……内阁、翰林院带领新进士引见。得旨:'新科进士,一甲三名史致光、孙星衍、董教增,业经授职。朱理、王观、李如筠、秦恩复、马履泰、何道冲、范逢恩、龙廷槐、谢恭铭、李传熊、任衔蕙、何泌、柳迈祖、胡钰、王祖武、陈士雅、汪彦博、初乔龄、吴烜、顾钰、潘绍经、杜南棠、陈若霖、张溥、翁树培、瑚图礼、尹英图、周维坛、赵继昌,俱著改为翰林院庶吉士。汤藩、彭希洛、马书欣、方建钟、邱采、谈祖绶、周维祺、吴煦、郭均、邱先德、何道生、李承端、陆元鋐、雷维霈、周廷森、潘鹭、焦以厚、施履亨、周锷、高乐生、刘广恕、包恺、薛淇、毛登瀛、钱豫章、章守勋、王国元、沈叔埏、徐森、王肇成、任澍南、贾掞、马维驭、张祥云、茅豫、郑文明、瑚图灵阿、杨维翩、杨彦青、漆銮、际良、杨梦符、任尚蕙、马潜蛟、宋鸣琦、胡永焕,俱著分部学习。吴于宣、康纶钧、唐仁埴、龚鹤鸣、叶中鲤、蔡振中、刘德懋,俱著以知县即用。馀著归班铨选'。"

《清代官员履历档案全编》载,何道生"由进士分部学习,签掣工部,乾隆五十七年四月内题补主事,六十年五月内题补员外郎。"

十月,何道冲代父赴热河覆校文津阁书籍。

纪昀乾隆五十二年十月二十五日《据实奏明奉旨同罚来热河覆校文津阁书籍之何思钧徐以坤本人未亲来缘由》折有云:"兹于本月二十三四等日,续到温汝适、刘源溥、孙溶、常循、程嘉谟、许兆椿等六员,又有翰林何思钧之子何道冲,主事职衔徐以坤之侄徐奎五,一同前来。据称,何思钧病尚未痊,徐以坤年过七旬,艰于动履,伊等前来代办等情。查何道冲系告假庶吉士,徐奎五询系庚寅科举人,似尚可以校阅,现在人未到齐,臣权令暂行代办。"载《宫中档乾隆朝奏折》第六十六辑。

乾隆五十三年戊申(1788)　二十三岁

九月初十日,偕王友亮等饮张埙宅。

何道生《双藤书屋诗集》卷五《重九后一日,张瘦铜先生埙招集记珠轩,约同王葑亭侍御友亮、胡雪蕉同年次日载酒长椿寺看菊,雨阻不果,瘦铜用东坡九日黄楼韵作诗见示次韵》诗,"比邻莫恼鹅共鸭"句自注:"瘦铜寓斋,同巷而近。"张埙亦寓烂面胡同。

按,何道生诗,多得张埙指授。张埙时官内阁中书,长何道生三十五岁,二人本年始往还。

十一月二十四日,次子何耿绳生。

《清代朱卷集成》所载《何熙绩何耿绳履历》有云:"何耿绳,字正甫,号玉民,行二,又行四。乾隆戊申年十一月二十四日吉时生。"何耿绳亦诞于京师。

乾隆五十四年己酉(1789)　二十四岁

春,督西陵岁修工程,夏返京。九月再赴西陵督工,岁暮始返。

何道生《双藤书屋诗集》卷二《道上望大防诸山》诗,自注:“已下督西陵岁修作”。后九题为《暮春雨雪交作,遣闷四首》诗。再后十六题为《哭瘦铜先生》诗三首,其一“握手招提意惘然,重来灵运已生天”句自注:“余将于役西陵,与先生别于法源寺。及余还京,而先生已卒矣。”西陵在直隶易州,张埙本年夏殁于京师。

同卷《重阳后一日感事作歌,复次东坡黄楼韵》诗,自注:“已下重至西陵作。”此诗后九题为《岁暮》诗。本年十一月,兄何道冲补户部主事。

乾隆五十五年庚戌(1790)　二十五岁

春,充会试收掌官。

何道生《双藤书屋诗集》卷五《秋闱分校纪事十首》诗,其二《占房》诗,“回思绛帐曾游日,衣钵真成一脉传”句,自注:“庚戌会试,予以收掌得入内帘,时范叔度师为同考,即占此房。”

五月,扈跸热河,八月返京。

《乾隆朝上谕档》载:“乾隆五十五年四月二十九日,内阁奉上谕,朕于五月初十日启銮,前往热河驻跸,七月二十三日回銮。”本年值乾隆帝八旬万寿庆典,何道生返京当在七八月间。

法式善《双藤书屋诗集序》文有云:“乾隆五十五年,余以讲官学士扈跸滦阳,僦居僧舍,夜不成寐,就瓦灯书日间所得句,率以为常。一日书罢,瞑目静坐,忽闻吟诵声自墙外来,就短垣窥之,则一人立苇棚下方哦诗,时夜已分矣,询之,则侍御也。侍御亦遂造余庐,谈达旦,自此晨夕必偕。”见何道生《双藤书屋诗集》卷首。何道生是时始与法式善定交。

冬,偕伊秉绶、汪端光、罗聘等饮法式善诗龛。

伊秉绶《留春草堂诗钞》卷二《时帆学士招同汪剑潭助教端光、何兰士水部道生、罗两峰山人小集诗龛,两峰作图》诗。

乾隆五十六年辛亥(1791)　二十六岁

七月初四日,偕法式善等极乐寺看荷。

何道生《双藤书屋诗集》卷三《法时帆招同许香岩封君兆桂、洪稚存编修亮吉、张水屋运判道渥、李石农比部銮宣、吴季游明经方南游极乐寺看荷花,水屋作图纪之,分韵拈得游字》诗。何道生时为户部额外主事。

乾隆五十七年壬子(1792)　二十七岁

四月,补工部都水司主事。

《清代官员履历档案全编》载,何道生"由进士分部学习,签掣工部,乾隆五十七年四月内题补主事,六十年五月内题补员外郎"。工部都水司,专管织造器杖、河工沟渠、水利桥梁、道路船只等事。

六月二十一日,法式善招游诸友积水潭。

何道生《双藤书屋诗集》卷四《法时帆招集诗龛用东坡焦山韵》、《立秋后一日,时帆招同积水潭看荷》诗。按,据前诗"诗人画手各快意,画吾不解诗犹堪"句,知尚未学画。

八月,分校顺天乡试。

何道生《双藤书屋诗集》卷五《秋闱分校纪事十首》诗。

《乾隆帝起居注》本年八月初六日条:"是日,礼部奏本年壬子科顺天乡试,请钦点正、副考官一疏,奉谕旨:'顺天正考官,著刘墉去;副考官,著王昶、瑚图礼去。'又奏请钦点同考官一疏,奉谕旨:'这同考官,著项家达、张虎拜、何道生、史国华、张翾、裴谦、宋澍、龙廷槐、梁上国、陈嗣龙、朱理、洪亮吉、丁云锦、吴孝显、李传熊、谈祖绶、彭希濂、吴树本去'。"

乾隆五十八年癸丑(1793)　二十八岁

五月初四日,割宅居王芑孙。

何道生《双藤书屋诗集》卷五《王惕甫南宫报罢,招寓敝居,先之以诗》诗。王芑孙去岁六月始官咸安宫教习,本年会试被黜。

王芑孙《渊雅堂全集·编年诗稿》卷十一《移居诗》,小序云:"榜发不第,谋欲去京,日下相知,多劝留者。同年何工部道生割宅见处,其地在宣南坊之烂面胡同,以五月初四日,移具入居,作诗示何,并柬时帆庶子法式善。"

冬,与王芑孙、张问陶等结试律诗会。

嘉庆五年重刻本《国朝馆阁九家诗笺》卷首,王芑孙《序》有云:"乾隆癸丑之岁,予为咸安宫教习,下礼部试,将自免以去,诸故人劝而留之。灵石二何君砚农、兰士,相与割宅,居予烂面胡同,暇日过从,论文讲艺,甚乐也。其年冬,稍邀旁近诸君作诗课,学为八韵赋得之体,十日一会,会则各出其诗以相质,及明年四月而止。明年十月,复举是课,迨今年三月而止。其始不过三五比邻,家厨脱粟,咄嗟具饭,迭为宾主。其后客来益多,会益盛,而诗亦益胜。每课,予与兰士皆录其本存之,积日既久,得诗弥富。今年夏,兰士扈跸热河,予与砚农、介夫录稿付梓,诸君继之,公私拘缀,卒卒无馀日,匠亦懈事。及今甫得九卷,而予以官学岁满,当出为华亭教官,不可复留矣。辄遂以其诗印行,而各为之序其卷端。"尾署:"乾隆六十年小除夕,长洲王芑孙书于京居之芳草堂。"九家,为钱塘吴锡麒、长乐梁上国、蒙古法式善、长洲王芑孙、南丰雷维霈、灵石何元烺、江阴王苏、大庾李如筠、灵石何道生。

乾隆五十九年甲寅(1794)　二十九岁

三月十四日,与罗聘、张问陶、陈嵩饮王友亮宅,醉后合写一画贺寿。

王友亮《双佩斋诗集》卷八《生日,两峰、兰士、船山、肖生见过即事》、《诸公醉后合作一画》诗。据王友亮后诗自注,乃罗聘作松,何道生写石,张问陶画菊,陈嵩绘竹。按,何道生此时之泼墨,不过酒酣耳热之际,凑趣而已,平日并不能独立成幅。其学画于朱鹤年,画技大进,或在丁外艰前后。

八月初六日,入闱分校顺天乡试。

《乾隆帝起居注》本年八月初六日条:"是日,礼部奏本年八月顺天乡试,应请派正、副考官一疏,奉谕旨:'顺天正考官,著窦光鼐去;副考官,著玉保、方维甸去。'……又奏请派同考官一疏,奉谕旨:'同考官,著王观、裴谦、何道生、刘锡五、钱福胙、郭淳、何道冲、魏成宪、黄镕、陈庆槐、王天禄、龙廷槐、周栻、朱绂、庞士冠、杜南棠、董教增、钱学彬去'。"

乾隆六十年乙卯(1795)　三十岁

五月初四日,引见,补工部营缮司员外郎。旋扈跸热河。

《乾隆帝起居注》本年五月初四日条:"是日,工部掣造库郎中、营缮司员外郎二缺,拟定正、陪,带领引见。奉谕旨:'掣造库郎中员缺,著拟正之沈琨补授;所遗员缺,著拟正之何道生补授'。"工部营缮司,专管官府城垣、坛庙仓库,经管兴造物料销算。

嘉庆五年重刻本《国朝馆阁九家诗笺》卷首王芑孙《序》,有"今年夏,兰士扈跸热河"之语。何道生《双藤书屋诗集》卷七有《出古北口次蒲孝廉快亭忭韵二首》诗。

八月,分校顺天乡试。

何道生《双藤书屋诗集》卷七《八月三日行在奉分校之命,急驰入都,途中即事书怀二十四韵》诗。

嘉庆元年丙辰(1796)　三十一岁

五月十二日,引见,记名以御史用。

《嘉庆帝起居注》五月十二日条载:"(吏部)又将户部等衙门保送御史之郎中吕云栋等十一员带领引见,奉谕旨:'吕云栋、章守勋、杨志信、王治模、吴煦、劳树棠、姚梁、郭仪长、郑敏行、沈琨、何道生,俱著记名以御史用'。"本年二月,何元烺升户部员外郎。

五月,王芑孙携眷出都,南下赴任。

何道生《双藤书屋诗集》卷八《送惕甫下第之华亭校官任五首》诗。按,王芑孙本年会试下第,挈眷出都赴任,其寓于何道生宅整三年。

秋,偕兄何元烺归里葬母,冬返都。

何道生《双藤书屋诗集》卷八《奉大人命偕大兄归营先慈葬事乞假得请》、《到家二首》、《葬事毕复偕大兄北上》等诗。

嘉庆二年丁巳(1797)　三十二岁

闰六月二十日,偕章学濂、法式善等积水潭观荷。

谭光祜《铁箫诗稿》卷一《立秋后五日,章京县学濂招同祭酒先生法式善、水部何先生道生、罗山人聘、曹御史锡龄、马比部履泰、洪编修亮吉、赵舍人怀玉、汪博士端光、叶编修绍楏、冯司务宬、伊比部秉绶、熊检讨方受、张检讨问陶、孔广文传薪、金上舍学莲、周编修厚辕、宋仪部鸣琦诸人,于李西涯旧宅泛舟观荷。冯司务手持司业王叟世芳百十三岁所书扇,罗山人即于扇后写王叟小像,同人各题句。马比部诗曰:"清波门里逢翁话,积水潭边又画翁。三十年来弹指过,始知身住电光中。"祭酒先生法式善以此诗二十八字分韵,余得翁字。是日同人要余吹铁箫,酒酣各题余白袷衫,诗画几满,醉墨淋漓,洵可乐也》诗。

八月十五日,偕兄招友游法源寺,归饮寓斋。

赵怀玉《亦有生斋诗集》卷十五《中秋日,何户部元烺、工部道生兄弟招同人游法源寺,归集寓斋小饮作》诗二首。其二"酒情酣侧帽,琴思托《平沙》"句自注:"工部善琴。"

十一月,补工部营缮司郎中。

《清代官员履历档案全编》载,何道生"嘉庆二年十一月内,题补郎中"。

嘉庆三年戊午(1798)　三十三岁

六月初九日,法式善邀曹振镛、何道生等集西涯旧址,为李东阳作生日。

法式善辑《诗龛声闻集续编》中,载赵怀玉《戊午六月九日,梧门祭酒邀同人于西涯旧址为李文正作生日》诗,后为曹振镛、王宗诚、石韫玉、汪端光、何元烺、何道生、马履泰、文宁、金学莲、孙仁渊、宋鸣琦、叶绍楏、张问陶、周兆基、伊秉绶等同题之作。

八月,分校顺天乡试。

《嘉庆帝起居注》本年八月初六日条:"又,礼部题请钦点顺天乡试正、副考官一疏,奉谕旨:'顺天正考官,著沈初去;副考官,著赵佑、铁保去。'又题请钦点同考官一疏,奉谕旨:'这同考官,著叶继雯、韩文绮、汪滋畹、卢元伟、帅承瀛、周系英、黄洽、游光绎、汪守和、王瑶台、陈琪、李鹏、赵文楷、何道生、郑宗彝、马履泰、习振翎、吴光悦去'。"

十二月，升山东道监察御史。

《清代官员履历档案全编》载，何道生"嘉庆二年十一月内题补郎中，三年十二月内升授山东道监察御史，四年十二月内巡视济宁漕务。"

嘉庆四年己未(1799)　三十四岁

二月，任会试外场巡察御史。

《嘉庆帝起居注》本年二月二十日条："礼部题，本年己未科会试……又题外场巡察御史，开列请钦点一疏，奉朱笔圈出觉罗经禄、多福、蒋攸铦、何道生。"按，是科会试，王芑孙仍被黜，返里前，为何道生点窜近诗。

七月初七日，偕吴树萱等集赵怀玉寓斋。

赵怀玉《亦有生斋诗集》卷十七《七夕立秋，招同吴树萱、宋鸣琦两祠部，谢振定、何道生两侍御，汪助教端光、戴比部敦元、万大令承纪集敦经悦史堂，沈侍御琨以疾不至》诗。本月，何元烺升户部郎中，充军机处章京。

十二月二十六日，出都巡视东漕，新正人日抵济宁任所。

何道生嘉庆五年正月初七日《恭报接印到任日期事》折有云："窃臣奉命接巡东漕，于上年十二月二十日跪聆圣训后，即于二十六日自京起身，本年正月初二日抵山东德州境。……今于初七日到济宁任事。所有塘长，各河挑工分数，前任臣王念孙详细察勘，奏明在案。臣到济后，接见在工各员。"按，嘉庆帝十二月十九日降谕，何道生接替王念孙巡视东漕，王念孙补直隶永定河道。

嘉庆五年庚申(1800)　三十五岁

四月，偕黄易、钱泳等会饮南池。

钱泳《履园丛话》卷十八《南池》云："山东济宁州城下有南池，因杜少陵集有与任城许主簿游南池诗而得名也。故今东偏小室中塑一工部像，而以许主簿配之。城上有太白酒楼，前工部尚书和公为巡漕御史时重建。嘉庆庚申四月，余由水路入京，泊南池。是时灵石何兰士亦为巡漕御史，钱塘黄小松为运河司马，同在南池会饮者三日。小松出示所藏金石图书，与州人李铁桥、山西刘镜古、吴江陆古愚同观，为一时佳会云。"和公，和珅胞弟和琳。

五月十六日，补授江西九江知府。七月初二日到京，引见后初冬抵任。

《嘉庆帝起居注》载："嘉庆五年岁次庚申，五月十六日丁酉，内阁奉谕旨：'江西九江府知府员缺，著何道生补授。何道生现在巡视东漕，俟东省漕务完竣后，即由山东前赴新任，不必来京请训'。"何道生十月二十八日抵九江知府任。

《清代官员履历档案全编》载："(何道生)五年五月内，用江西九江府知府。"

夹注:“嘉庆五年七月内引见,中平才具。”九江知府秩从四品,养廉银岁一千六百两。时属吏为同知田文龙,通判纪汝傅,教授涂元相,训导徐步瀛,经历刘兴基,照磨董司任,巡检王明等。

嘉庆六年辛酉(1801) 三十六岁

五月,因病卸九江知府任,乞回籍调理,旋议准。

中国第一历史档案馆藏江西巡抚张诚基嘉庆六年五月二十四日《题报江西九江府知府问道生因病请解任回籍调理事》题本有云:“臣查何道生平力精壮,率属勤谨。既据验明患病属实,应请照例准其解任调理,俟病痊之日,照例验看,给咨送部引见。可否准其回籍调理之处,听候部议,请旨遵行。”

同治《九江府志》卷二十七,言何道生“以部曹出守九江,虽视事未久,凡一切不便民者,悉除之,至今市廛多颂其德。”

九月十一日,父何思钧殁于京师,与胞兄何元烺丁忧。

王芑孙《渊雅堂全集·惕甫未定稿》卷十五《诰封朝议大夫累封中宪大夫翰林院检讨何公行状》文有云:“公(何思钧)卒以嘉庆六年九月十一日,享年六十六。以子元烺,累封至中宪大夫,户部山东清吏司郎中加二级。以子道生,累封至朝议大夫,山东道监察御史加二级。始娶王,继娶梁,先卒,皆赠恭人。又继张,封恭人。”

法式善《朝议大夫宁夏府知府何君墓表》文:“五年,(何道生)授九江府知府。六年,丁父忧。十年,服阕,授宁夏府知府。”载闵尔昌《碑传集补》卷二十二。姚学塽《姚镜塘先生全集·古文》卷一《砚农何君墓志铭》文:“嘉庆六年,(何元烺)京察一等,以亲老须侍侧,不就外任。丁父忧,服阕,比俸满,以繁缺知府记名。”

嘉庆八年癸亥(1803) 三十八岁

春,法式善邀集西涯,饯送唐仲冕之任,何道生、朱鹤年即席作画。

法式善《存素堂诗初集录存》卷十六《西涯小集,饯陶山之任海州,兰士、野云即席作图,余为题后》诗四首。

按,法式善《存素堂诗二集》卷一《秋药、兰士、迦坡、野云合作〈诗龛图〉》诗,有“野云赁画屋,兰士时时来”之句。后一题《何兰士、朱野云、马秋药合作〈诗龛图〉》诗,有“何郎学画晚,画笔生从诗。自与朱子交,日夜丹黄为”诸句。何道生学画于泰州朱鹤年(野云),应在此前数年。朱为布衣画家,长何道生六岁,旅食京师有年。京师文酒之会,何道生得颉颃老画师之间,遂工丹青。

五月,为蒙泉写《溪山亭子图》。

原件立轴,纸本,墨色,何元烺六世孙何引先生藏。右上题:“溪山亭子。嘉庆岁次癸亥五月,小竺道人生,为蒙泉姻家画。”何道生别号小竺道人,向不为人知。

八月，偕法式善等游西山。

何道生《双藤书屋诗集》卷十一《次韵时帆西山诗十九首》诗。小序云："癸亥八月，偕同人遍游西山，余为日记，未有诗也。已而时帆出示纪游诸作，乃不免见猎之喜，遂仿元白故事，一一次韵，得十九首，非欲斗奇，亦聊以纪雪泥鸿爪耳。"其十二《归宿怀德草堂》诗，有"剪烛更作画，山气饱一吐"之句。

十二月十九日，以东坡生日，邀法式善等集书斋分韵。

何道生《双藤书屋诗集》卷十二《十二月十九日东坡生日，同人集双藤书屋，展拜笠屐遗像，以李委吹笛诗分韵赋诗，得头字、吹字二首》诗。法式善《存素堂诗初集录存》卷十八《坡公生日，同人集何氏方雪斋，用公集李委吹笛诗分韵，得飞、界二字》诗。何道生本月服阕。

嘉庆九年甲子(1804)　三十九岁

十二月初七日，引见，以知府用。

《嘉庆帝起居注》嘉庆九年十二月初七日条："(吏部)又将病痊起复，原任江西九江府知府何道生带领引见，奉谕旨：'何道生著以知府用'。"

何道生《双藤书屋诗集》卷十二《送徐南村同年森守宝庆》诗，"昔为五马驱，今甘六鹢退"句，自注："时方求降补京员"。

嘉庆十年乙丑(1805)　四十岁

二月初四日，补授甘肃宁夏府知府，旋引见。

何道生嘉庆十年二月初五日有《奏为奉旨新授甘肃宁夏府知府谢恩事》折。《清代官员履历档案全编》载："(何道生)五年五月内，用江西九江府知府。"夹注："嘉庆五年七月内引见，中平才具。嘉庆十年二月内引见，中才。"

法式善《朝议大夫宁夏府知府何君墓表》文有云："六年，丁父忧。十年，服阕，授宁夏府知府。召见，君奏宿病未瘳，愿就京职，奉温谕：'以汝之为人，朕所素知，宁夏要缺，汝好为之。如果不胜，再请不迟。'君遵谕往。"

蒋攸铦《绳枻斋诗钞》卷八《送何兰士起官宁夏太守》诗二首，其一有"过眼烟云新入画，君近工画。联吟棣萼旧成编，与兄砚侬，俱以诗名。"诸句。王泽《观斋集》卷五《送何兰士太守道生之官宁夏》诗二首，其二"留得画图终日对，好山蕴藉似风仪"句自注："时为予画山水小幅。"按，秦祖永《桐阴论画三编》上卷，列何道生为"逸品"，云："笔墨清雅，文秀之气，扑人眉宇。余见横披小幅，简淡萧疏，丘壑恬静，笔端秀润，荒率之致，文人本色。《画论》云：'与其苍老而有霸气，何如秀弱而存士气？'学者不可不知。"

三月下旬离京，六月十二日到任。

何道生《双藤书屋诗集》卷十二《暮春下浣，之官宁夏，途次述怀，却寄家人，并柬京中诸朋好十首》诗，其一有"时从对户偷诗格，船山。每向比邻借画叉。野云。"诸句。陈用光《太乙舟诗集》卷七《题兰士太守所寄途中诗草后却寄》诗，"飞雁昨传札，《停云》应有图"句自注："君工画。"

西泠印社拍卖有限公司2011年秋季拍卖会图录中，何道生本年六月十九日《致朱鹤年》札有云："弟于月之十二日抵宁夏治所，诸事尚为顺绪，贱体亦托庇如常。南庐相得甚欢，笔下亦甚敏捷。日来酬应稍清，公事多暇，未免寂寞。"南庐，海宁人查世官，何道生幕友。宁夏知府养廉银岁三千两。时属员为理事同知希宁，水利同知陈松，通判阿勒精阿，教授马士元，训导高金玉，经历唐元善。首县为宁夏县，知县李棠荫。何元烺本年授山东道监察御史，七月简广西太平府知府。

闰六月，以失察满营兵饷掺铅，解任赴省城候质，十二月查销。

一档馆藏宁夏将军兴奎、宁夏副都统双喜嘉庆十年闰六月初四日有《奏为查出宁夏府何道生等玩视兵饷伪造假银滋弊请旨究办事》折。

台北"中央研究院"史语所藏大学士庆桂等嘉庆十年十二月十三日《题覆宁夏府支放兵饷掺杂铅银一案既据该督审明实无亏挪搀用情事所有宁夏知府何道生宁夏知县李棠荫原参解任革职之处应准其查销开复题本》题本。何道生以少年科第，与满人武夫酬应时，言语间或有轻慢之处。

何道生《双藤书屋诗集》卷十二《兰州寓邸偶作二首》诗，为集中最末之作。据其二"旅邸惊心欲岁寒"句，盖本年秋冬间候质省城作。

嘉庆十一年丙寅(1806)　四十一岁

五月十二日，以回避姻亲，陕甘总督请旨拣调。

一档馆藏陕甘总督倭什布嘉庆十一年五月十二日《奏为甘肃按察使刘大懿与宁夏府知府何道生姻亲例应回避请旨拣调事》折。何道生次子何耿绳，聘山西洪洞刘大懿女。

七月十八日，卒于宁夏任所。

秦瀛《小岘山人续文集》卷二《宁夏府知府兰士何君墓志铭》文有云："八年服阕，授甘肃宁夏府知府，以十一年七月十八日没于宁夏，年四十有一。"

按，一档馆藏陕甘总督倭什布、陕西巡抚方维甸嘉庆十一年七月十六日《奏为凤翔府知府王骏猷与宁夏府知府何道生对调事》录副折。法式善《朝议大夫宁夏府知府何君墓表》文云："乃以嘉庆十一年六月十八日，以病骤亡于宁夏。"若何道生卒于六月十八日，陕甘总督七月十六日具折时，何得不知？何道生卒于七月十八日，可无疑义。

嘉庆十二年丁卯(1807)

八月,何道生《方雪斋诗集》开雕,翌年三月工竣。

《方雪斋诗集》凡十二卷,何道生殁后,友人法式善、吴嵩梁,受其二子之托,为之点定。《目录》后,何熙绩、何耿绳识曰:“右诗自乾隆庚子起,至嘉庆乙丑讫,共诗五百七十二首。嘉庆十二年岁次丁卯八月开雕,十三年戊辰三月工竣。”其遗诗未经删汰前,当远逾此数。卷首冠法式善、查揆、吴嵩梁、王芑孙四序。方雪斋,本何思钧里居时书斋名,何道生取以名集,寓克绍先志之意。

道光元年辛巳(1821)

本年,何熙绩、何耿绳重刻乃父诗集。

何道生《双藤书屋诗集》十二卷,《双藤书屋试帖》二卷,何熙绩、何耿绳道光元年重刻本。

按,乾隆六十年底,王芑孙编《国朝馆阁九家诗笺》九卷,收录吴锡麒、法式善、何元烺、何道生等人八韵诗课,何元烺署“方雪斋”,何道生则以其都下书斋名别之,署“双藤书屋”。道光元年,以《方雪斋诗集》板毁于火,何熙绩、何耿绳遂重刻乃父诗集,卷首增刻陈用光序,附《试帖》二卷,统以“双藤书屋”名之。道光九年,何耿绳又增刻胞兄何熙绩《月波舫遗稿》,附于《双藤书屋诗集》后。

(作者单位:黑龙江大学文学院)

中国人民大学藏善本《支百集》文献价值探析

周勇军

中国人民大学图书馆藏善本《支百集》，又名《休宁洪源洪氏家乘》，是记载徽州休宁洪源洪氏一支的家族资料。洪姓属于古徽州大姓，自唐代迁居徽州，经过漫长的繁衍生息，涌现出了洪适、洪亮吉等诸多名人，为徽州的历史发展做出了一定的贡献。有基于此，学界对于徽州洪氏发展源流的研究也取得了一定的成果[①]。据乾隆年间刊本《官源洪氏总谱》记载，徽州洪氏有近百个支派，然而所存家谱并未有如此之多，就中国人民大学图书馆所藏善本《支百集》而言，该书记载了大量洪源洪氏的家族资料，文献价值丰富。因而本文尝试从文献学的角度来对《支百集》进行简要分析，考察其文献价值，以期加深对家谱文献的认识。

一、《支百集》概述

关于休宁洪源洪氏的发展源流，据洪崖老人所撰《洪氏木根水源序》记载："我洪自共工氏之后，后世避仇者，以治水有功，遂加水为洪，至观察使经纶公者，本支之始祖也。……越六世朝公有子八人，因五季衰乱，散居四方，长曰……四曰鈸公，乃吾本支之祖也"[②]。可知休宁洪源洪氏以洪经纶为始祖，以洪鈸为本支之祖。又据怀铨公所撰《洪氏木根水源序》记载："经纶公世居青州北海县，既而迁淮扬下邳，任唐为宣歙观察使，遂居婺源官坑，越七世，鈸公再迁休宁黄石，历四世至中孚公，累官至龙图阁待制，簪组蝉联，后先相望，越五世至大六公，因黄石人稠且邻驿道，再迁洪源而居之，开基创业益振前烈。"[③]故十七世大六公（讳楠）为洪源始祖。之后，洪源洪氏又发展壮大，慢慢各立门户。至第二十八世观一公（讳用宾），又成为洪祚永一门的始祖。

休宁洪源洪氏始盛于唐，再盛于宋，元以来有所衰落。到了元至正年间，洪崖老人与其弟洪雷尝修族谱，始创图谱，有乡先生唐仲实、史官徐旭序文。然而该谱对于居而起家、仕而著绩者记载不详，经三代未有续修。成化年间，洪寿又模写续图，增入三代世次，但考虑到编次不合体制，又命其子郑州守洪宽重修，成若干卷，有程敏政序文。然而族益繁，谱益伪。崇祯年间，族人讨论修谱，议论鼎沸，几于毁弃名义，谱成

---

① 就笔者目力所及，有陈爱中：《徽州洪氏》，见黄山市政协文史资料委员会编：《徽州大姓》，合肥：安徽大学出版社，2005 年，第 246—258 页；魏运生：《徽州洪氏源流考》，《大众文艺》，2009 年第 19 期，第 220—221 页。

② 《支百集》卷三《洪氏木根水源序》，第 20—21 页。

③ 《支百集》卷三《洪氏木根水源序》，第 25 页。

与否未知。到了康熙初年,族人洪祚永在参考了相关家族资料后,撰成《支百集》,使休宁洪源洪氏家谱得以延续。

《支百集》纂修者洪祚永,字卜公,斋名"祭书草堂",有《抄止庵先生遗集记事》十七则①。其人邑志未详记载,仅有"江天一门人洪祚永"之语。据《江先生遗稿征刻小引》记载:"(江天一)先生死后,门人洪祚永守其遗文数百篇,于寇氛兵燹火之余,前后手录凡三过,老而且死,乃嘱其子毓健世守之。"②

《支百集》中有关洪祚永的资料虽不多,但也能补充一二。洪祚永,洪秉钺之子,约生于万历四十一年(1613),其妻为长林吴文学之楫公女,有子毓苍、毓健。曾名祚奇,江宁府庠名祚永。曾师从江天一、汪沐日,结交友郑诗言、程伯建等人。

《支百集》,四卷首一卷末一卷,洪祚永纂修,康熙初年写本。那么何为《支百集》?洪祚永在后序中给出了这样的解释:"族大宗繁,支分派衍,谱不能多得,得亦不能尽读,故自不肖之身等而上之,及于始祖勋业文章硕德懿行,舆夫山川之秀,风俗之醇,咏歌赠答之恭敬温文,排纂成帙,胪列四卷,俾子孙考据如示诸掌也。"③遍览《支百集》,可以发现其主要内容为自洪祚永一门始祖洪用宾起至洪祚永止十代人的记载,而这也是《支百集》的独特所在。

《支百集》,正文共四卷,第一卷主要介绍本支部分先祖的行状、墓志铭。卷二主要介绍洪祚永祖父洪思忠所著《钟灵集》与《醉闲亭诗集》的相关内容。卷三主要介绍本支世系表,本支的历史渊源及本支的修谱情况。卷四主要介绍本支的祭祀、会社等宗族文化。卷首有目录,卷末有洪祚永序,洪祚彰跋。由此可知,《支百集》虽无详细体例可言,但却蕴含丰富的家族成员作品及家族文化资料。

二、《支百集》的辑佚学价值

《支百集》收入的部分家族资料尤其是家族成员的作品今多亡逸,这就为文献辑佚提供了宝贵的资料。笔者未及详检,就目前所发现的佚文而言,主要有洪思忠的《钟灵集》和洪秉鉴的《钟灵续本》。

据《(乾隆)歙县志》卷十一《宦绩》记载:"洪思忠,号义虬,洪源人,国子生,补邹平县主簿,殚心民隐,薪米皆自给。判事操笔,立断无留狱,会济南大祲,御史廉思忠才,使赈饥,民颂之,以病乞归,士民遮道而泣。"④据《(乾隆)歙县志》卷十三《孝友》记载:"洪秉鉴,洪坑人,邑诸生,家产悉推以让其兄。子六人,祚蔚最少能承父志,有焚券以全孝友事。蔚子毓奎、孙立鳌等均能读书砺节,世其学,科名蔚起。"⑤父子两人都能入邑志,因而两人的作品值得研究。

阅读《支百集》发现,有多处提及洪思忠的《钟灵集》,如卷一江天一所撰《明将仕

①② 许承尧撰,李明回等校点:《歙事闲谭》,合肥:黄山书社,2001年,第178、177页。
③ 《支百集》卷末《洪祚永序》,第46页。
④ (清)张佩芳修,刘大櫆纂:《(乾隆)歙县志》卷十一《宦绩》,乾隆三十六年刊本,第47页。
⑤ 《(乾隆)歙县志》卷十三《孝友》,第14页。

郎邹平县少尹义虬洪公传》中提及“所著有《醉闲亭诗集》、《钟灵集》”[①];卷二叶本泽所撰《赋得洪隐公暨配江孺人吉壤诗五首》小序中提道“余一日偶过斋头,见其《钟灵集》,阅之有感,孝先遂属余赋诗”[②];卷三对洪思忠的生平介绍,题有“著《钟灵集》一卷,《醉闲亭诗》三卷”[③];等等。可见,洪思忠《钟灵集》确有其书,洪祚永在纂修《支百集》时,应是参考过《钟灵集》。笔者检阅《(民国)歙县志》发现该书卷六介绍洪思忠时未题《钟灵集》,而在卷十五《艺文志·书目》中题有洪思忠的《钟灵集》。然而,笔者未能查到洪思忠《钟灵集》的任何资料,都只提及《醉闲亭集》。至于洪秉鉴的《钟灵续本》更是无人提及。因此,从《支百集》中辑佚出《钟灵集》和《钟灵续本》的内容,不仅让洪思忠与洪秉鉴的堪舆作品重见天日,而且有助于了解二人的堪舆思想,从而加深对洪源洪氏家族文化的研究,对徽州地区堪舆与丧葬的研究也有所裨益。

首先,可以从《支百集》中辑佚出《钟灵集》篇章包括《先府君圹志》、《风水图形说》、《虬村后头山墓图》、《虬村后头山记》、《虬村记事》、《义城村上山塘墓图》、《管见解嘲》、《义城纪异》、《穴印辩疑》、《醒迷要语》、程翔凤所撰《双兆钟灵序》、方学伊所撰《双兆钟灵序》、叶本泽所撰《赋得洪隐公暨配江孺人吉壤诗五首》,《附次韵》,汪积勋所撰《阅双兆图题赠》。而《钟灵续本》篇章包括《虬村地记》、《虬村地管见》、《义城村地记》、《黄连冲口地记》、《钟灵集引》。

其次,《钟灵集》大致包含三部分内容,一是洪思忠对虬村、义城两地风水格局的介绍及选择墓地的经过。如《虬村后头山墓图》、《虬村后头山记》、《虬村记事》、《义城村上山塘墓图》、《义城纪异》等篇。二是洪思忠对于堪舆的看法。如《风水图形说》篇,洪思忠认为选择墓地应参考地形,但不能拘以图形论;《穴印辩疑》篇,洪思忠担忧世人不求真龙,不审真穴,而专辟一篇谈如何取穴;《醒迷要语》篇,洪思忠主要谈论如何才能求的好的风水墓地。三是洪思忠好友所题序及所赋诗。如程翔凤《双兆钟灵序》、方学伊《双兆钟灵序》、叶本泽《赋得洪隐公暨配江孺人吉壤诗五首》等。《钟灵续本》主要介绍虬村、义城村、黄连冲口三地的地形风水。

最后,《钟灵集》与《钟灵续本》体现了洪源洪氏的忠孝观与丧葬文化。洪源洪氏自五世祖以来皆留心堪舆,以为尊祖敬宗之思。洪思忠励精堪舆,钻研山川脉理,最终觅得吉壤,不惜重资购买,安葬考妣,以期荫及后人。此外,洪思忠还订立家规纪要四则,其一便是《风水纪要》,记曰:“余家世洪源历经宋元以及我大明之世派传,盖二十余代矣。其间祖墓虽各载佥册,各有祠屋佃守岁时标祀,谅必无虞。第恐人心玩怠,读书者功名为重,商贾者生意所羁,或数载而不上坟,或上坟而不经理,疆界致使豪强侵占,纵后人克肖为之恢复,亦甚艰矣。余每念至此,故将先世坟墓逐一开载,使尔子孙为之观省料理者,亦有所稽考云。”[④]此足见洪思忠对丧葬的重视。洪秉鉴继承父亲洪思忠堪舆之学,亦觅得黄连冲口等吉壤。洪源洪氏以堪舆之学为先祖选墓地安葬,相较于那些不懂堪舆又不及时安葬先祖的人要靠谱很多,更能彰显仁孝。

---

① 《支百集》卷一《明将仕郎邹平县少尹义虬洪公传》,第 67 页。

② 《支百集》卷二《赋得洪隐公暨配江孺人吉壤诗五首》,第 38 页。

③ 《支百集》卷三《洪氏世系》,第 15 页。

④ 《支百集》卷四《各墓所标祀钱粮山界地税共三十五则》,第 23 页。

同时，洪思忠作《钟灵集》、洪秉鉴作《钟灵续本》，其目的在于规训后人，“以见前人造福之艰，以为子孙存善，俟休之训。凡我后人俱宜留心于此，富贵者广求大地，贫者亦以数缗置一向阳高垅，但俱结墩一二年开圹验视，此为至法，得免水蚁，即不至富贵，亦免绝亡，念之念之”①。对于“世人屡世不葬其祖父”的现象，洪秉鉴深为悯悼，要求子孙引以为戒。洪秉鉴《钟灵集引》表达了对“停棺不葬”现象的怪叹与批评：

> 世有子孙置其祖父于厝中数十百年而不葬者，余甚怪之，叹之……彼岂不知百年无不朽之棺，而听其尸骨暴露，此等心曲诛其心，惟是悋财、偷安二者而已。延师择地必费资财，此吝财者不能，又或远游经商，或人事不等，互相推捱，此偷安者不能日久年深，竟至废记，甚有终身颇裕，而恬不知念者，彼诚何心，彼诚何心！司马温公曰：人所贵于有子孙者，以其死后不能自为，藉子孙以葬且祭也。若不得葬，曷若无子孙者？死于道路，犹有仁人见而殣之。噫！深可悯也。又有一等谓不以图子孙富贵而将祖父骸骨求谋迁葬，此等语尤为可痛，彼即不以图子孙富贵为是，而祖宗骸骨可不问耶？②

三、《支百集》的文学价值

《支百集》博收广采，对先贤文章作品收入较多，除上文提及已亡佚的《钟灵集》、《钟灵续本》的资料外，《醉闲亭诗集》的相关序跋也具有一定的文学价值。

《醉闲亭诗集》，义虬老人洪思忠著，据黄仁生所著《日本现藏稀见元明文集考证与提要》一书记载，该书为洪思忠自编，刊行于崇祯三年(1630)，“岁久散佚，国内外已无崇祯刻本传世；今仅存清抄本《醉闲亭诗稿》三卷，为东洋文库独家收藏”③。

查《支百集》所载，有关《醉闲亭诗集》的资料包括洪思忠的《醉闲自序》，杜名林的《义虬洪先生诗序》，程翔凤的《醉闲亭诗序》，汪沐日的《醉闲亭诗集序》；汪沐日所撰的《醉闲亭诗集北游卷序》、《醉闲亭诗集东游卷序》、《醉闲亭诗集林泉卷序》、《醉闲亭诗集北游卷跋》、《醉闲亭诗集东游卷跋》、《醉闲亭诗集林泉卷跋》以及觉非道人方了然的《醉闲亭诗跋》。虽然《支百集》未载具体的诗文内容，但从序跋中或多或少能窥探出《醉闲亭诗集》所要表达的内容，从而挖掘其价值。

《醉闲亭诗集》三卷，分为《北游》一卷、《东游》一卷、《林泉》一卷，代表了洪思忠人生的三个阶段，可以说是洪思忠一生生活的写照。明末徽州名士江天一曾为洪思忠作传，可大致知洪思忠的人生轨迹。洪思忠，初读书于紫阳，后入南雍为国子生，然七入棘闱竟弗遇，因此以国子生例抵北候选胥吏。故称北游。后因不善胥吏，取缺任山东济南府邹平县主簿。在任之时，逢济南大祲，洪思忠得御史赏识，负责移粟赈济，功成，泽及百千万人，却因他人嫉妒陷害而愤然辞官。此为东游。致政还家后，洪思忠课业子孙，游于乡里山川河流。故有林泉。④

---

①② 《支百集》卷二《钟灵集引》，第11—12、12页。

③ 黄仁生：《日本现藏稀见元明文集考证与提要》，长沙：岳麓书社，2004年，第404—405页。

④ 参见《支百集》卷一《明将仕郎邹平县少尹义虬洪公传》，第64—67页。

《醉闲亭诗集》虽然名为醉闲,而实为借诗言志。洪思忠在《醉闲自序》中对此表露无遗:“寰区净大觉,胡然而醉,醉其真乎?天地卑我以劳,又胡然而闲,闲亦非真也。……宇宙虽宽,侧身犹小,君亲罔报,禄仕奚为故遁,摆脱风尘,栽培松菊,芒鞋□杖,不与俗游,独酌长吟,悠然自适,辞喧习静,仿句玄居,啸月酣云,寻浮丘之逸趣。……援山水以为朋,假醉闲以自省,我之为我,诗之为诗,如是而已。”[①]观其字里行间,透露出一种壮志未酬之感。汪沐日在《醉闲亭诗集序》中也指出:“沐日今者亲炙义虬先生之风,而讽咏其诗,盖信先生之非醉闲也。意先生之醉闲,陶隐居之醉闲也,庐陵欧阳公之醉闲也,眉山苏长公之醉闲也。”[②]觉非道人方了然在《醉闲亭诗跋》中也感慨道:“士君子处世非见则隐道德功名,岂能一无建立漫然自废,独时势约结,伸缩不自由,故每以心曲寄之诗歌,少舒廖廓而生平壮志犹未肯自已也。余读《醉闲亭诗》,窃有感焉。……若洪君则以忧世之心,随遇而发名理,多得之象先,词意每超于物外,至末卷中尤多真切语言,近旨远大,与寻常口吻不同。”[③]故从《北游卷》、《东游卷》、《林泉卷》三卷中亦可管窥一二。

《北游》一卷,“先生终事亲而始事君之辞也”[④]。洪思忠北游的初衷是希望能谋得一京职,以显父母,以体忠孝。虽事与愿违,未能留京任职,但北游之行,收获颇丰。《北游》:“北游有触必感,有感必吟。诸如金陵之气,广陵之涛,过露筋之庙而镂其贞骨,登子房之山而慰其多艰,伤利国之驿而叹其迷津,感高唐之梦而惜其石丹。……惟余清夜钓台感遇,上林辞恩,道闻酉啸,寺写龙吟,莫不抑扬性情,发摅忠爱而至。其清明之忆双兆,则尤不胜二人嘉魄卜相之思、先人俎豆簠簋之念。”[⑤]其中有记录山川古城,有感慨时事,有交游之欢,有思亲之情,内容丰富,可资研究。

“《东游》者何?洪义虬先生之邹平声教也。”[⑥]洪思忠在邹平县主簿任内,政绩卓著,尤以运粟赈济为民众所称道。灾荒赈济历来为文人所重视,常作诗赋记之。而《东游卷》对于运粟一役记载也颇为详细,“兹役敬君奉上协友恤民,胥见之矣,视世之坐署幕称父母者,弁髦简书传舍政事,嫉他人之功而败其成,夺百姓之粟而饱其橐,其可歌可咏何如哉。先生自入境以迄,发粟一一形之,歌咏倘亦情之不能自已者乎,独邹平之何幸,私蒙其声教乎”[⑦]。观《东游卷》不仅可知赈济的过程,还可以了解当时的地方官场现象。洪思忠作为一名文人,为官一任,当然不忘与文人骚客觥筹交错,吟诗唱和,同时也为当地留下了不少诗赋。如汪沐日的《东游卷序》中所称:“若夫客至命觞登临染翰,如诸缙绅孝廉广文宰尹之酬,和山泉郊祠庙堂署之篇什,则又先生信友慕古,感时触物,不能已者矣。”[⑧]

《林泉》一卷,辞官归田庐之后课业子孙,遍游故乡新安所记,因新安林高泉深,故有此称。古人尝寄情于山水之间,有朋往来,赋诗作乐,留下了诸多描绘山水的诗赋。

---

① 《支百集》卷二《醉闲自序》,第3页。

② 《支百集》卷二《醉闲亭诗集序》,第20页。

③ 《支百集》卷二《醉闲亭诗跋》,第30页。

④⑤ 《支百集》卷二《醉闲亭诗集北游卷序》,第22、23页。

⑥⑦ 《支百集》卷二《醉闲亭诗集东游卷序》,第24、25页。

⑧ 《支百集》卷二《醉闲亭诗集东游卷序》,第25页。

观《林泉卷》，亦有不少关涉新安山水之诗赋。如“先生因指黄山而赋曰：是轩辕丹砂，太白谪游之林也。而其下有温泉焉，世所谓丹砂穴也。指新安江而赋曰：是沈约任昉游泳之泉也。而沿水西十寺下有紫阳出焉，是朱子读书处，而予少兴文较艺，一片青毡地也。指鸟聊白岳万山南山而赋曰：是越王霸国之遗迹，明天子帝时之郊坛也，是洞宾藏药炉之巅，昇平留诗瓢之塚也。林林无恙，其待予眺乎。”①。然洪思忠林泉之意并不在于林泉，而有陶渊明《归去来兮辞》之意。

总之，《醉闲亭诗集》是洪思忠北游、东游、林泉之游的记录，从《醉闲亭诗集》中可以了解洪思忠的生活历程、交友情况，可以了解各地的风土人情。而最重要的可以从中发现洪思忠所希望借诗来表达北游爱君之心，东游爱民之心，林泉清风亮节，这无疑展现了一代徽州文人的家国情怀，以及一种壮志未酬的感叹。

四、《支百集》的史学价值

宗族文化中极为重要的一环便是宗族祭祀。《支百集》卷四用了大量的篇幅介绍了洪源洪氏的祭祀情况，其中包括家庙祭祀、祭祖、堂祭等等，这对于研究洪氏宗族历史文化有重要的史学价值。

洪源洪氏十分注重家族文化建设，建有家庙，关于家庙春秋祭祀情况也有详细记载：“中庙铺设玉案，酒五菓，罩五棹，食三牲，五谷香，花灯烛，东西各庙席面同，而无三牲五谷帛爵羹饭，执事人数如东西庙数，羊猪摆庙前在香案之上，香案之下设沙盆，用三隅茅灌神，其礼多进羹饭，阖门饮福受胙读诫词。”②

洪氏为徽州大姓，洪源洪氏祭祀先祖也有一定的规范。其祭祀情况为：

> ……祭品元旦中元二祭纯用素，暮年用荤，以肉贯串，中元用汤，暮年用羹，三祭金银纸数俱同。祭品长一尺，阔五寸，平面陷腹外方内圆外黑漆内，珠漆像簠簋遗制，每架三格，每用两架合并为一棹。神厨三处香烛俱全。左廊下设棹一张，腐饭各一盆，碗二只，三献酒，后酌酒，碗内用犒随行仆役。③

除了祭祀，洪源洪氏的会社活动也十分丰富，颇具特色。据《支百集》载，大致有保安会、忠义社、长明会、宗贤会等，这对研究宗族会社与宗族文化有一定史学价值。

每到元宵节前后，保安会、忠义社、长明会都有各自的分工安排，且历代承袭：

> 余里灯节十三日忠义社烛，十五日保安会烛，十七日长明会烛，众圣出游，燃灯放花，盖以祈年丰也。保安会管元宵灯烛……本门本源会下四年一轮，中间竹林里二年黄村一年也。送烛之例，至今不废，而金赀则两相蠲免。……忠义社管不泒脚色，长明会管泒脚色。社内有新婚者，社内十三日送灯。家庙有新婚者，家庙十五日送烛。俱各有例。④

---

① 《支百集》卷二《醉闲亭诗集林泉卷序》，第27—28页。

② 《支百集》卷四《家庙春秋祭》，第1页。

③ 《支百集》卷四《旧府祀祖》，第3页。

④ 《支百集》卷四《洪源保安会簿记》，第25—26页。

宗贤会,洪氏家族子弟课业会文的会社,充分展示了洪氏重文修善之意。

宗贤者,乃吾洪氏家庙之堂名也。先世君子蒸尝之余,萃同堂之俊彦,操觚角艺祀事毕而文事修焉。立为家社,遂以颜其堂者,名其社,考其意,岂非以宗而非贤,虽宗不尊贤,而非宗虽贤不亲当时取义意深有在,不谓于今而益见之何也。盖自前贤肇创斯社,春秋课艺,四时讲诵,垂永不哀于时,相先奋迅人文蔚起,不但簪缨奕奕,即人品文章后先辉映,阖郡推重。①

旧例春秋二季,集吾宗子弟会于庙者,凡若干篇,课于窗者,凡若干篇,分单传阅。自近而远,每位计若干日,阅毕,俟下会面缴,前辈衡文极严,瑕疵不掩,即只字错误亦必摘出,子弟之奉教惟谨去取无哗,即聪明颖异亦不敢稍稍踰闲。此人文之所以蔚然日起也。其传阅不许外人窥视者,所以重吾宗斯道之传也。会文之期,各家洁茗芳饵,络绎不绝,司会者旨酒佳肴,先事预备,童仆皆欣欣有喜色,所以作兴斯文也。②

五、余论

古人云:“家乘如国史”。族谱家乘的纂修对于家风的传承起着重要的作用。洪祚彰作《支百集》跋文曰:“易曰:君子多识前言往行,以蓄其德。吾是以见古人之嘉言懿行,莫不咨嗟爱慕,况其有关于家乘也哉。……吾永兄今有《支百集》,装衍家乘中,又益睹所未睹,闻所未闻,何幸如之。因请自缮写以广其传。”③通过《支百集》,可以得知洪祚永一门先祖的嘉言懿行,可以了解该门的祭祀文化与会社活动,可以感受到该门对家族文化修养的推崇。因此,挖掘家谱的内在价值,继而传承优良家风,显得十分必要,对于当代的家风建设也具有一定的启示意义。

(作者单位:中国人民大学清史研究所)

① 《支百集》卷四《重振宗贤会序》,第44页。

② 《支百集》卷四《宗贤会旧例纪略》,第43页。

③ 《支百集》卷末《洪祚彰跋》,第53页。

安徽师范大学图书馆藏清代硃卷述略*

李永卉

“硃卷”(又作朱卷)一名,源自北宋科举考试誊录制,“自雍熙二年梁灏榜始封弥誊录”①,“考试者用墨,谓之墨卷,誊录用硃,谓之硃卷”②,元代沿袭宋制③。朱卷由官府保存,严禁遗失,“今北场及会场硃卷,皆以开榜时立刻送部磨勘,无复遗失事矣”④。明清时期有将乡、会试中式文章,选刻成书“分送亲友”⑤之习,明称“小录”,清称“闱墨”,“虽以硃卷称之,实为墨印而非硃耳”⑥。但是必须按照原卷刊刻,不得随意窜改,如“(顺治)三十二年,覆准刊刻闱墨,务照原卷,若考官不照原卷发刻者,交部议处”⑦。安徽师范大学图书馆所藏硃卷均为刊刻之作,并非原始硃卷。

一

安徽师范大学图书馆收藏了近百份清代硃卷,其中 20 份为《清代硃卷集成》⑧未收录:会试硃卷 1 份、乡试硃卷 8 份、贡卷 11 份,均为场外刊刻。硃卷大都有固定的格式,通常由三部分组成:第一部分为考生履历,包括家世与受业师、问业师等。第二部分为科年及中式名次以及本科同考官、主考官或总裁官的官阶姓名,后为荐批及取批各考官的批语。第三部分为考生文章。安徽师大馆藏硃卷大多刻印有以上内容,但是也有几份内容比较简单,如石嗣宗、汪成、石鍊、陈逢吉、金钺、盛运权的硃卷只有后两部分,缺履历和家世。兹将部分卷主籍贯、科年移录如下:

---

* 本文系安徽省哲学社会科学规划项目:清末民初皖南下层士绅研究——以新发现苏荫椿手稿为中心(AHSKQ2014D67);安徽省教育厅人文社科一般项目:清末民初安徽典商苏荫椿研究——以 H 大学馆藏苏氏手稿为中心(SK2013B215)的成果。

① 李攸:《宋朝事实》卷十四《科目》,载赵铁寒主编:《宋史资料萃编第一辑》,台北:文海出版社 1967 年,第 558 页。

② 张廷玉:《明史》卷七十《选举二》,北京:中华书局,2011 年,第 1694 页。

③ “誊录所承受试卷,并用朱书誊录正文实计涂注乙字数,标写对读无差,将朱卷逐旋送考试所。如朱卷有涂,注乙字,亦皆标写字数誊录官书押,候考校合格中选人数已定抄录字号索上元卷,请监试官知贡举官同考试官对号开拆。”(拜制:《通制条格》卷五《学令》,明钞本,来源于中国基本古籍库)

④ 沈德符:《万历野获编》卷十五《科场 · 榜后误失硃卷》,清道光七年(1827)姚氏刻同治八年(1869)补修本。

⑤ 叶梦珠撰、来新夏点校:《阅世编》卷二《科举五》,清代史料笔记丛刊,北京:中华书局,2007 年,第 51 页。

⑥ 商流鎏:《清代科举考试述录》,北京:三联书店,1958 年,第 87 页。

⑦ 官修:《大清会典则例》卷六十六《礼部》,文渊阁四库全书本,台北:台湾商务印书馆 1986 年,第 625 册,第 378 页。

⑧ 清末废科举后,硃卷散落各地,20 世纪 80 年代起,上海图书馆开始对馆藏硃卷进行整理编目,经顾廷龙先生主编成《清代朱卷集成》(台北:成文出版有限公司,1992 年)一书,大 32 开精装本共 420 册,总计收录硃卷 8 235 份。

(一) 会试硃卷

太平府芜湖县汪一元,字阜生,号孟复,生于同治丙寅年(1844)六月二十五日。光绪甲午(1894)会试恩科中式第二百五十名。

(二) 乡试硃卷

1. 宁国府泾县朱学曾,字少华,号逊旃,生于咸丰癸丑年(1853)八月初九日。父亲朱宗湛,道光己酉科举人,拣选知县,例赠文林郎,懿行载省志文苑传。光绪辛卯(1891)正科中式第六十一名举人。

2. 徽州府黟县胡承�,字李侯,光绪庚辰年(光绪六年,1880)十一月初五日生。光绪丁酉科(1897)中式第十五名举人。

3. 徽州府黟县胡洪漳,字丽衡,号皖生,又号筱崧,生于同治己巳(同治八年,1869)十二月初四日。光绪己丑(1889)恩科中式第一百六十六名举人。

4. 徽州府绩溪县石嗣宗。光绪乙酉科(1885)中式第十一名副举人。

5. 安庆府望江县檀珂,字玉堂,号可庵。咸丰乙卯年(1855)七月二十日生。光绪壬午(1882)科中式第一百十三名举人。

6. 池州府石埭县徐经纶,字存诚,号铁华,行二,光绪己卯年(1879)二月十七日吉时生,系安徽池州府石埭县廪膳生民籍。光绪癸卯(1903)恩科中式第一百二十七名举人。

7. 宁国府太平县盛世鸣,字朝瑞,号假天,生于光绪己卯(1879)年七月初七日吉时。光绪壬寅(1902)补行庚子辛丑(1900、1901),中式第三十一名副举人。

8. 宁国府泾县王拔萃,字选青,号梦爻,又号梦樵,行一。同治庚午年(1870)正月二十日吉时生光禄寺,署正衔江南池州府石埭县教谕。光绪壬寅(1902)补行庚子辛丑(1900、1901),中式第三十八名举人。

11. 池州府石埭县桂瑞霖,字,泽民,一字质珉,号愚轩,行一,同治庚午(1870)四月初十日吉时生。光绪壬寅补行庚子辛丑(1902)优行贡生。

二

安徽师大馆藏硃卷卷主籍贯主要在皖南地区,其中徽州府8份,宁国府7份,太平府1份,安庆府1份,池州府3份,时间均为同治辛未科(1871)以后。明清以来,徽州商人富甲一方,多重视教育,弘治《徽州府志·风俗》曰:"徽州自朱子而后,为士者多明义理之学,称为'东南邹鲁'"①,故徽州府中榜人数要多于皖南其他府。因地缘因素,明清以来毗邻徽州的宁国府太平、泾县以及池州府石埭县的商人比较活跃,同属于宁国商人的区域经济圈,徽商重视教育的风气也影响到该区域②。

① 汪舜民:《(弘治)徽州府志》卷一《风俗》,明弘治刻本。

② 李甜、陆洋:《宁国商人再探:明清皖南商帮的兴起及其地域分化》,《中国经济史研究》2013年第3期,第100—113页。

另外,从卷主的履历可以看出,晚清时期皖南的地方教育资源具有明显的家族垄断性。兹从上述硃卷中选择11位中式士子的家世与受业师情况,绘制表格如下:

安徽师范大学馆藏硃卷卷主家世及师承概况

卷主姓名	家世(祖、父辈)	受业师
1. 太平府芜湖县汪一元	祖父荣桂,字玉亭,号月阶,国学生,幕游宁国与胞三叔同殉粤流之难。奉旨入祀昭忠祠,例赠修职郎。父亲汪震,谱名昌龄,号屺堂,五品衔。赏戴蓝翎,候选县丞。诰授奉政大夫。著有《爰邱山人诗集》,待梓。	华究,字补之;陈家书,字孟禹;薛传霖,字筑岩;沈铭,字德甫;族叔汪行恭,字子侨等。
2. 宁国府泾县朱学曾	父亲朱宗湛,道光己酉科举人,拣选知县,例赠文林郎,懿行载省志文苑传。	胡之珍,字洙庭,附贡生;家伯朱仲林,字镜湖,同治甲子科举人,前任霍山县教谕。诰封奉直大夫,江西试用知县加同知衔。姻伯淇汝奎,字琴西。道光甲辰举人,前任两淮盐运使司盐运使;世伯徐宗瀛,字朗轩。道光甲辰科举人,前任广西河南巡抚,两湖总督;倪文蔚,字豹岑,壬子科进士,前任广东河南巡抚;童文澜,字浔渠。优贡,同治甲子科举人,现任泾县教谕。
3. 宁国府泾县王拔萃	父鸿儒,字席珍,太学起家,勤俭可风,厚德未享,萃。今倖一榜皆祖母苦节,先严阴口之报,惜未身见,抱憾良多耳。敕赠承德郎,例授文林郎。	潘生,字孔皆,南邑廪膳生;吕志元,字竟成,辛卯举人,壬辰贡士。殿试二甲赐进士出身,朝考二等,钦点主事。籤分刑部湖广司行走,覃恩加一级。
4. 宁国府宁国县胡卓	祖父胡泰祥,字瞻甫,道光乙酉拔贡,历署泗州、盱眙、颍州府蒙城等处教谕。著有《先春山房诗稿》。父亲胡景郊,字口农,岁贡生,候选训导。	哈贤招,字聘之,甲子举人;姚叶荼,字履安;邓心嘉,字德斋;胡国琛,字雨春,庠生;郑振翰,字黼堂;李天骐,字文甫,岁贡生,浙江分水县训导。
5. 宁国府太平县杜和声	父金玉,字其相,号琢斋,国学生。	杜学守,字友成,国学生绩学未遇文行兼优;杜璟,字乐轩,岁贡生,候选训导;杜树荣,字实庵,乙酉拔贡,署理池州府训导兼充本邑议员及本邑高等小学堂校长,钦加五品衔。
6. 徽州府黟县胡承郰	祖父胡芝龄,捐职未入流,衔例赠文林郎。父亲胡麟瑞,例封文林郎,戊子,举人。会试,挑取誊录谶会会典馆汉誊录官。庚寅甲午会试,荐卷。著有《四书塙解六卷》《群经质疑四卷》《公羊礼说补两卷》《雕蟲集两卷》。	胡丙阳,字岐山,邑庠生。

续表

卷主姓名	家世(祖、父辈)	受业师
7. 徽州府黟县胡洪漳	曾祖启瑛公,字修堂,邑庠生,贻赠奉政大夫,事迹载入《安徽省志》。祖父嘉善公,字继之,诰赠奉政大夫。父兆岳,字仰崧,号养松。钦加同知衔江苏即补布政司理问,诰受奉政大夫,例赠文林郎。	胡志超,字载如,附贡生,蓝翎候选训导;胡朝贺,号藤圃。道光己酉府学拔贡。咸丰己未恩科举人。以劝捐军饷奏保国子监监丞衔。前主讲徽郡紫阳书院,婺邑紫阳书院。丁亥,寿届八旬,重游泮水,河南抚宪倪以年谊赠以"名世耆儒"额。著有《时文杂著》《黟山联话》行世;胡朝赞,字翎园。岁贡生,候选训导。著有《编竹书斋文稿》行世;李经世,号丹崖,同治庚午优贡,光绪丙子举人,庚辰进士,翰林院编修五品升衔。
8. 安庆府望江县檀珂	祖父檀文郁,候选从九,例赠文林郎。父亲檀树人,岁贡生,候选训导。历署宁国县教谕、合肥县训导、全椒县训导,例授文林郎。	檀树蕃,号竹轩;檀树屏,号翰周;檀璋,号静庵;周良玉,号宝臣;孙翼谋,号谷庭;朱沄,字心园;吴志芬,字咸卿。
9. 池州府石埭县汪由中	父永吉,字瑞详,太学生,义行详载家乘。本生父就文,字选青,廪贡生,候选训导懿行,具有传序待梓。	舒夫子,讳文熙,邑庠生。姚履谦夫子邱瑛,恩贡生,候选教谕。杨尚文夫子,讳廷魁,岁贡生,候选训导,丁卯庚午癸酉三科荐卷,乙亥恩科堂备三科荐卷,乙亥恩科堂备。金夫子邱星照,岁贡生,候选训导。程紫嚴夫子,讳琮,甲子举人,前任太湖县教谕。年伯苏虞廷,讳吉治,恩贡生,候选教谕。著有救病药石,已梓行世。仍有《存心堂全集》待梓等。
10. 池州府石埭县桂瑞霖	祖,金衔,字淇园,国学生,慷慨好义,当修水利以备干旱。诰赠武略佐骑尉。父一举,字成斋,武庠生,卫千总,衔敕受武略佐骑尉。	桂树森,字可山,岁贡生,候选训导。光绪丙子甲午堂备,戊子己丑房荐;苏士芬,字学斋,附贡生,五品衔;陈之凤,字柴庭,光绪己卯科举人,选授婺源县教谕;陈之骏,字际周,附贡生,光绪丙子房荐,候选训导;郭建勋,字策臣,汉军翻译,举人,前任石埭县知县,蒙举优行;姚锡光,字石荃,光绪乙酉科拔贡,戊子科举人,前任石埭县知县。蒙举优行。现官直隶候补道。
11. 池州府石埭县徐经纶	父讳炯,谱讳天助,字谨庵,太学生,辑有《学庸详解》待梓。《周易挈要》《春秋便读》未成。	姚石荃夫子,印锡光,前任石埭县知县;余寿平夫子,印诚格,前任讲敬敷书院。

从中榜士子的家世与师承来看,多有家学渊源。卷主的父、祖辈或为地方名人、或曾中举、或担任过地方教谕等职位、或为地方政要。而受业师也多为地方士人,有的还是族人中名士亲加教导,如胡洪璋的受业师胡朝贺、胡朝赞均为地方著名士人。朱学曾的受业师朱伸林便是他的伯父,为同治甲子科举人,前任霍山县教谕,而道光甲辰举人,前任两淮盐运使司盐运使的淇汝奎,则是他的姻伯父。

同时,硃卷内容具有鲜明的时代性。硃卷中式时间均为同治中期以后,其时国家正处于剧变时期,虽然科举八股文已经程式化,但是也有举子的文章开始探讨时事问题。如王拔萃的《欧洲格致多源出中国宜精研绝学以为富强之基策》和杜和声的《德国有公立劳动局其联合之法能否仿行策》。王文考官评价极高,批曰:“如中西学之源流异同,勘得分明,说得融贯,使维新守旧两家无从置喙,是谓通才。”①

三

硃卷具有重要的文献价值和史料价值。早在20世纪30年代,著名社会学家潘光旦先生所著的《明清两代嘉兴的望族》一书便利用了硃卷资料,曾曰:“朱卷必具履历,履历的一大部分是先世本支和旁支的一个题名,等于一本简略的家谱。”②顾廷龙先生则将清代硃卷的价值概括为:“不可多得的传记资料”、“研究八股文的第一手材料”、“窥视清代教育状况之一斑”三个方面③。张杰认为应该关注硃卷的内容,因为其“涉及每一个家族的经济状况、婚姻关系、人口数量、社会地位、流动迁移、师承关系、教育水准等等, 几乎是无所不有。”④例如硃卷中的家世资料,将家族中有科举功名者几乎全部罗列,是考察地方科举世家的重要文献。

另外,硃卷还可与地方文献相互佐证,具有重要的史料价值。如池州府石埭县汪由中、徐经纶二人,均是本县生员苏荫椿⑤的朋友,其中汪由中还与苏荫椿同窗三载⑥,徐经纶(号铁华)是晚清民国时期桐城派诗人,有遗著《铁华诗钞》⑦。苏荫椿是皖南苏氏家族成员之一,清光绪二十一年(1895)考上生员,光绪二十六年(1900)弃儒从贾,开始进入同族—太平苏文卿⑧(时号“苏百万”,长江一带,设典肆九所)所办的安庆同春典任职,其后的二十多年,一直负责部分苏氏典当行(主要有安庆、湖口、芜湖、宣城等处)的具体经营管理,是皖南比较著名的典商,并有系列手稿传世⑨。现存的苏荫椿手稿保存了多通与汪由中、徐经纶的来往信札,内容主要有探讨时事、典业经营以及个人生活等,对于研究皖南地方下层士人在晚清民国国家裂变时期的生活和思想,具有比较典型的意义。

综上可知,安徽师范大学图书馆收藏的清代硃卷,不仅是对《清代朱卷集成》的补遗,也是考察晚清以来皖南地方教育以及转型时期地方士人思想的宝贵资料,可以为清代皖南地区科举、家族史、士人生活等研究提供新资料和新视角。

(作者单位:江苏大学图书馆)

---

① 王拔萃:《王拔萃乡试朱卷》,清末排印本,安徽师范大学图书馆藏。

② 潘光旦:《明清两代嘉兴的望族》,上海:上海书店出版社1991年影印本,第8页。

③ 顾廷龙:《清代硃卷集成.·序》,台北:成文出版有限公司1992版。

④ 张杰:《清代硃卷的文献价值》,《文献》2002第2期,第232—241页。

⑤ 胡洪璋:《胡洪璋乡试硃卷》,清黟城宝文堂写刻本;胡承郰《胡承郰乡试硃卷》,清黟县藜照堂写刻本。

⑥ 苏荫椿:《文稿·覆汪性初》辛丑二月二十三日,民国间稿本。

⑦ 徐铁华:《铁华诗钞》,民国间排印本。

⑧ 安徽太平、石埭苏氏(石埭苏氏为太平苏氏迁出一支,主要分布在乌石、夏村、广阳等处,今属黄山地区)皆源于四川眉山苏氏,入清以来以经营盐业、典当业享誉省内外,是皖南地方望族之一。(参见两邑十排公修:《苏氏宗谱·序言》,光绪二十五年刻本)

⑨ 目前发现的主要有《文稿》、《信稿》、《典业杂志》、《各大宪通电》、《东鳞西爪》等五种,均藏安徽师范大学图书馆。

《黔诗纪略》周瑛诗歌误收考辨

胡晓军

周瑛，字廷润，兴隆（今贵州黄平县）人。举景泰元年（1450）乡试，五年（1454）成进士。天顺间由刑部员外郎出知临安、衡州二府，后擢行太仆寺卿，复出为广西布政使。引年致仕后，优游林泉，啸咏自适。著有《兴隆志》二卷、《草亭存稿》三卷，但已亡逸。周瑛之诗在莫友芝编《黔诗纪略》时，"仅见方志载诗十余首"[①]。《黔诗纪略》是明代黔诗汇编、辑佚之大成者，其卷二中收周瑛诗歌十二首，依次为《题飞泉》四首、《独啸亭》一首、《桃源篇》一首、《次祁太守顺游西峡韵》二首、《次韵丁天玉游凌玄洞》四首。值得注意的是，周瑛晚年致仕归田期间，福建莆田周瑛恰任镇远知府。此周瑛，字梁石，学者称"翠渠先生"，《明史·儒林传》有传。因二人同名，且又同时，后人极易混淆二人著述，比如清人黄虞稷《千顷堂书目》卷八"地理类下"于"周瑛，《兴隆志》二卷"之后特别提醒："与莆田周瑛别一人。"[②]而且，他们俩在镇远有过交集，甚至有诗歌唱和，如果方志编纂者不加注明，就极易混淆同名二人的诗作。比如，《黔记》卷九"山水志中·镇远诸山"下录"铁壁三关"诗共四首，于两个周瑛作了区分，一个是"周瑛诗"，一个"翠渠诗"，一目了然[③]。可惜，《黔记》未能将这种区分一以贯之，比如"镇远诸水"下收㵲水之诗，未加区分，一律标以"周瑛诗"[④]。贵州各时代的地方志在收录署名"周瑛"的诗歌时，或许是失之疏懒、或许是当时编者对于周瑛为谁，心中了然，故往往只署其名，而无官职、籍贯之注明。又因兴隆周瑛《草亭存稿》亡佚已久，后来方志的编撰者在抄录署名周瑛的诗歌时，已无从仔细甄别作者孰是兴隆周瑛，孰是莆田周瑛，致使张冠李戴，以讹传讹。《黔诗纪略》所收周瑛十二首诗歌均录自各种方志，但莫氏亦未加甄别，将福建莆田周瑛所作误为兴隆周瑛之诗，下文一一辨析之。

一

《黔诗纪略》所收周瑛第一首诗歌为《独啸亭》，其诗如下：

一年卧衡门，复领楚南牧。此行谁使之？应不为斗粟。和衷乏僚寀，供令少

① （清）莫友芝等：《黔诗纪略》卷二，中国少数民族古籍集成（汉文版）第 89 册影印同治十二年遵义唐氏梦研斋刻本，成都：四川民族出版社，2002，第 062 页。

② （清）黄虞稷：《千顷堂书目》卷八，文渊阁四库全书本。

③ （明）郭子章：《黔记》，赵平略点校，成都：西南交通大学出版社，2016，第 263 页。

④ 《黔记》，第 267 页。

徒仆。讼庭日无事，何必修边幅。每当风日佳，散步自扪腹。仰天舒郁襟，大块苦局促。正声发唇齿，余响振林木。浮云敛太清，长风动虚谷。虽未谐宫商，犹堪拟丝竹。原非不平鸣，只用矫庸俗。新亭已结构，徙倚一寓目。燕雀莫惊猜，吾将逐黄鹄。①

诗中说"新亭已结构，徙倚一寓目"，可知此诗应该是独啸亭落成之日，建此亭之主人游览后所作。据《(嘉靖)贵州通志》卷八"宫室·镇远府"，莆田周瑛在镇远任知府期间修建多处亭台楼馆，除了独啸亭外，周瑛还修建了拙冥亭、石崖书屋、读骚台、卧羲轩等②。此诗又云"讼庭日无事，何必修边幅"，据此也可知作者是镇远府时任官员，这与兴隆周瑛的生平经历是不相符的。

据莆田周瑛《翠渠摘稿》文末所附郑岳所撰之周瑛本传，知周瑛于南京礼部仪制司郎中升抚州知府后，大兴水利，均征输、行保甲，民以为利，但"豪右以为不便，调知镇远"③。周瑛《镇远府志旧序》也说："瑛待罪有司，恒以不达于政为病。"④如是则周瑛可谓是"左迁镇远"了。本诗所展现的情绪是牢骚满腹而又强作宽慰，这也正符合莆田周瑛来知镇远府的背景。从《黔诗纪略》卷二周瑛条下所引丁养浩之《草亭类稿序》，可知其仕途顺畅，无迍邅不平之际遇。晚年致仕，也是"优游林泉，啸咏自适"，与此《独啸亭》中所述"和衷乏僚寀，供令少徒仆""原非不平鸣，只用矫庸俗"的情状与心境大相径庭。综上，此《独啸亭》之作者应为福建莆田周瑛。

二

《黔诗纪略》在《独啸亭》之后收《题飞泉》四首：

下马碧山阿，散坐清溪滨。遐观千古上，地下人已陈。引手弄清泼，与君怀抱均。安能被炎汗，日与簿书亲。

北山深窈窕，远接渔樵踪。中有寒泉水，如奏峄阳桐。洒雨映疏竹，随风鸣长松。坐久人迹绝，孤云起前峰。

杜甫爱西瀼，渊明登东皋。而我有高兴，石面觏飞涛。平生得丧心，对此轻秋毫。不谓宣尼远，白日坐闻韶。

飞泉落深潭，波澜方涣涣。中有得意鱼，往来或聚散。衔杯意方适，忽尔接奇玩。解组嗟未能，临川发长叹。⑤

《(康熙)贵州通志》卷之三十二"艺文"收此四首诗，顺序亦在《独啸亭》之后，但未明确注明是兴隆周瑛还是莆田周瑛。《黔诗纪略》之后，陈田《明诗纪事》乙签卷十九明确将此四诗系于兴隆周瑛之下，但只收前二首。

---

①⑤ 《黔诗纪略》卷二，第063页。

② 参见(明)谢东山，张道：《(嘉靖)贵州通志》卷八，天一阁藏明代方志选刊续编68，上海：上海古籍书店，1990。

③ (明)周瑛著：《翠渠摘稿》，影印文渊阁四库全书1254册集部第193。

④ (清)蔡宗建，龚传坤等：《(乾隆)镇远府志》，贵州省图书据南京图书复制油印本。

明万历年间的《黔记》卷九"山水志中·偏桥诸水"收署名王鼎题飞泉诗四首：

用王羲之韵：何人抉云汉，飞来寂寞滨。珠玑杂星斗，一一皆前陈。人间若炎热，远迩流汗均。北山多清凉，舍此非所亲。

用孙统韵：碧云悬鸟道，幽林绝人踪。上有千丈泉，清商奏丝桐。风吹微作雨，碎滴洒崖松。他年记清赏，天涯此奇峰。

用孙绰韵：晓出北郭门，逸兴飞林皋。奇哉驾壑泉，云间泻狂涛。映树转清切，历历分秋毫。落日坐忘归，嗒尔忘虞韶。

用袁峤韵：飞泉映北山，意象辄成涣。胸中万斛尘，对此尽消散。亢坐甘烦聒，此意可把玩。吁嗟名利徒，促促生忧叹。①

而后是周瑛的次韵四诗，即《黔诗纪略》之《题飞泉》四首。王鼎四首其三"用孙绰韵"，于《(乾隆)镇远府志》卷二十二"艺文"可见，但诗题为《和周太守飞瀑第三韵》，结合《黔记》所载，则此诗题应为王鼎四诗正题。关于此诗作者王鼎，据《(乾隆)镇远府志》卷二十二"艺文"周瑛《祭忠武侯文》中说："维弘治三年，岁次庚戌六月壬午朔，越十有八日，湖广布政司右参议王鼎、贵州镇远知府周瑛，谨以牲醴致祭于汉丞相诸葛武侯之祠。"②又查《明代人物传记丛刊》，知此王鼎极有可能是《兰台法鉴录》卷十四所载之王鼎："字汝调，河南汝州人。正德十二年进士，十六年由南道御史丁忧，复除湖广道，清军陕西，巡按淮扬，升姚安知府考察，致仕。"③又《云南通志》卷十九"名宦·姚安府"有："王鼎，字汝调，河南汝州人，嘉靖间以御史任知府。"④综上，此王鼎有与周瑛诗歌倡和的可能性，遗憾的是笔者未查到王鼎有诗文集传于世。

王鼎《和周太守飞瀑第三韵》用韵与《黔诗纪略》所收第三首相同，而此"周太守"应为福建莆田镇远知府周瑛，而非贵州兴隆周瑛。理由有二：一，此诗为和"周太守"而作，"太守"一词，自明清以来，专指知府，按周瑛《祭忠武侯文》所记，其时镇远知府恰是福建莆田周瑛；二，兴隆周瑛虽也曾任临安、衡州知府，但以广西布政使"引年"致仕，故按惯例此时应称其为"布政"、或"方伯"，后者尤其常见。莆田周瑛《翠渠摘稿》卷七便有一诗曰《次石阡韵寄兴隆周方伯》：

场屋疑名记昔年，白头相见两茫然。权知避处应为福，官到休时却是仙。林下看云闲倚杖，楼头过雪每开筵。别来何处相思忆，月在梅梢满意县。⑤

"场屋疑名"即指二人有同名；"官到休时却是仙"恰是写兴隆周瑛致仕后"优游林泉，啸咏自适"的生活，所以此诗中"兴隆周方伯"为贵州之周瑛无疑，而王鼎所唱和之"周太守"只能是福建莆田的周瑛了。所以，因王鼎《和周太守飞瀑第三韵》一诗的"周太守"是福建周瑛，自然，《黔诗纪略》所收《题飞泉》四首作者便不是兴隆周瑛了。

---

① 《黔记》，第271页。

② 《(乾隆)镇远府志》卷二十二，第183页。

③ (明)何出光、陈登云等：《兰台法鉴录》卷十四，北京图书馆古籍珍本丛刊(史部·传记类)，北京：书目文献出版社，1990，第368页。

④ (清)鄂尔泰：《(雍正)云南通志》卷十九，文渊阁四库全书本。

⑤ 《翠渠摘稿》卷七。

当然，也还存在另一种可能的情况：福建周瑛、兴隆周瑛以及王鼎均同韻唱和，则王鼎之诗只是唱和“周太守”而已，兴隆周瑛亦有《黔诗纪略》所载飞泉之诗。但此种假设一是无其他证据支持，二是福建周瑛与石阡太守祁顺一样，均无与兴隆周瑛同游同乐、相互戏谑的亲密关系（说见下文），故笔者以为《黔诗纪略》所收《题飞泉》四首应为福建镇远太守周瑛之作。

又，《黔诗纪略》于《题飞泉》之后有按语曰：

> 《明一统志》：新添卫北十里有飞泉，即今贵定县北蔡苗山中，悬流直泻，宛如玉虹者也。黄平州东北二十里飞云岩左亦有飞瀑。诗中但云“北山”，不知指兴隆、指新添也。①

综上，此飞泉应该就在镇远兴隆而非贵阳新添了。

三

《黔诗纪略》收周瑛《桃源篇（并引）》如下：

> 桃川在桃源县西南陬，其山周遭，四围中有平原，广土可居。麓有水绕，疑即渔郎泊舟处也。想当时林木深阻，土人鲜有至者，故避秦君子相与即居之。自后生齿渐繁，土地慚辟，遂与外境合而为一。傍山有桃川官，道流数辈栖息其中，告予山后有烂船洲，山前有秦人洞，洞闭不开，皆非事实。因赋此以告好事诸君子。
>
> 秦人法网密如织，楚人逃生苦未得。一朝拔邑入南山，咫尺就与尘寰隔。山中风俗何恬然，竹篱茅舍临平田。男婚女嫁相代谢，岁月无纪谁知年。昨日渔郎忽到此，杯酒殷勤问乡里。汉龙晋马相继兴，始知世传非秦纪。由来静躁迹不同，山人怕与俗人通。送得渔郎出山口，归来相与灭其踪。武陵太守好事者，谓人可仙官可舍。分付渔郎重问津，溪山宛在眉睫下。初来夹岸皆桃花，再来赤壁横苍霞。千峰万壑不可辨，欲从何处寻人家。我闻海鸥识人意，机心一动鸥不至。山人心事闲于鸥，孰谓高风可强致。使君莫厌城市喧，浇漓淳朴各有根。机心不动争心息，武陵处处皆桃源。②

查莆田周瑛《翠渠摘稿》卷三亦有此诗，只是文字与《黔诗纪略》稍异。明人曹学佺编《石仓历代诗选》卷四百三十八明诗次集七十二将此诗系于福建周瑛之下，但诗前无引③。《黔诗纪略》于诗后有注曰：“见《桃川集》。”笔者迄今未寻获此集，暂无从查证。《翠渠摘稿》书前四库馆臣摘要曰：“此本乃其门人林近龙选录付梓，故曰《摘稿》。……末附说三篇、序一篇、诗十八首，共为一卷，乃康熙戊子其七世孙维镳于家乘中钞出以补摘稿所遗者。其八世孙成又于雍正壬子求得瑛自撰志铭补录于后。”自宋代以来，文人“诗史”意识逐渐增强，而明人尤喜以刊行诗文集的形式阶段性地记录其生平事迹，所以，相较而言，《翠渠摘稿》作为别集似比《黔诗纪略》更为可信，故笔者

---

①② 《黔诗纪略》卷二，第063、064页。

③ （明）曹学佺编：《石仓历代诗选》，清文渊阁四库全书本。

以为此诗也应该是福建莆田周瑛之作,《黔诗纪略》亦误收于兴隆周瑛之下。

四

《黔诗纪略》所收《次祁太守顺游西峡韵二首》如下:

溪洞入玲珑,寻山半是空。松篁山鬼路,烟雨水仙宫。人立红尘外,马行苍涧东。忽闻黄太史,诗句落黔中。

溪回见绿树,路转接丹崖。春尽客初到,雨晴山益佳。看花怜少伴,听鸟忆同侪。更待松梦月,照归溪上斋。①

《黔诗纪略》于此诗后有按语:

(祁)顺,字致和,东莞人,天顺四年(1460)进士,为陈白沙高弟。成化间知石阡府,才敏称文守,著《石阡府志》十卷,见《明史》志。西峡山,在镇远府西十里,势若重楼叠阁,有飞瀑数处挂岩端,望若烟绡。②

此二诗亦见于《(康熙)贵州通志》卷三十二"艺文",但于作者未有任何注明。陈田《明诗纪事》丙签卷四于祁顺之下有按语曰:"致和守石阡……尝游镇远西峡山,与兴隆周布政瑛倡和。布政有句云:'忽闻黄太使,(军按:"使"为"史"之误)诗句落黔中。'其为黔人倾慕如此。"③陈田《明诗纪事》多沿袭《黔诗纪略》之说,亦相信此诗是兴隆布政周瑛所作。

《(万历)贵州通志》卷二十二"艺文二"有知府祁顺《镇远游西峡记》、《黔记》卷九"山水志中"有知府祁顺《游西峡记略》、祁顺《巽川集》卷十二有《游平冒西溪记》,此三文实为记同一事而异名,但《(万历)贵州通志》所记最为详赡,故以《(万历)贵州通志》为底本并校以《巽川集》,摘要抄录《镇远游西峡记》一文有关内容如下:

余既游长潭之三日,是为三月上巳,梁石周君暨何健之昆仲各携殽酒,请游西峡,邀余为修禊故事……是日命驾出西郭,梁石与健之溪行,余独取路田阪间。……众欲渡江,呼船未至,乃解衣坐石上。梁石衣葛,余赋诗嘲之,梁石用韵解嘲。既渡江,乃游黄垲,梁石自谓不能舟,升舆先往。……瀑之南岸长崖壁立,其上平坦可居十数万人者,谚所云"十万囤"也。囤之西湾山多洞窍,云雾隐隐,如仙人宫……入郡会,发袖中诗,共得一十六首。顺自念请居石阡已六年,山水之游,岁无一二。今获与诸君探奇览胜,不浃旬而三游焉,非乐事与?抑是游也,边方宁谧,有太平之庆;良朋盍簪,有文字之雅;登高望远,有忧君怀亲之感,匪直衔杯玩物,流连光景而已。古人游集必有记,顺不敏,效颦而书之。④

又查祁顺《巽川集》卷六,有七律《归舟次翠渠韵》《过黄凯》《过十万囤山顶可容十

①② 《黔诗纪略》卷二,第064页。

③ (清)陈田辑:《明诗纪事》丙签卷四,陈氏听诗斋刻本。

④ (明)王耒贤、许一德:《(万历)贵州通志》卷二十二,日本藏中国罕见地方志丛刊,北京:书目文献出版社,1990,第547页。

万人故名》等都应该是记此次之游的。尤其是《巽川集》卷四五律《过黄凯溪》：

山色翠玲珑，长厓挂半空。云迷十万囤，路隔九千官。风景辋川曲，人家瀼水东。凭谁挥妙笔，置我画图中。①

此诗与《黔诗纪略》所收《次祁太守顺游西峡韵二首》中其一是次韵之作。祁顺《镇远游西峡记》记同游者有"梁石周君"，即镇远知府周瑛，所以，《黔诗纪略》所录次韵游西峡之诗应是莆田周瑛之作。

又，祁顺《镇远游西峡记》文中记："梁石衣葛，余赋诗嘲之，梁石用韵解嘲。"莆田周瑛《翠渠摘稿》卷六有《祁石阡嘲予着敝裘依韵解嘲》一诗：

新裘到箧稀，敝裘藏箧久。视旧如视新，心自忘可否。读书慕前哲，晏生是吾友。一裘三十年，见重鲁东叟。②

此诗即是记祁顺游记中所说"衣葛"之事，此为明证，故《黔诗纪略》中所载《次祁太守顺游西峡韵二首》中至少第一首是莆田周瑛之作。

当然，因为祁顺与兴隆周瑛在镇远也有过交集，我们可以假设《黔诗纪略》所收《次祁太守顺游西峡韵二首》是兴隆周瑛与祁顺另一次游西峡时所作之诗，但考虑到兴隆周瑛与祁顺之间因籍贯、仕途、官职等差异，两人的交集可能更多是公宴应酬之类的诗歌倡和，像祁顺游记中所描述的可以作诗戏谑的亲密关系应不太可能发生在他们之间。比如，《巽川集》卷六有诗《答兴隆周方伯次韵》：

惜别愁肠日九回，青山迢递有诗来。数缄珍重披云锦，五色光芒烁斗魁。郢下阳春真妙曲，濂溪风月属多才。疏愚独幸承清教，山径蓬茅次第开。③

诗中祁顺表达了自己在当地名宿面前的谦卑以及敬重之情，全是客套之语而未见亲近之词。据《黔记》卷九，祁顺除了《游西峡记略》，还有《游铁溪记》《游长潭记》，同游者均是莆田周瑛，而未有提及兴隆周瑛。所以，《黔诗纪略》所收周瑛《次祁太守顺游西峡韵二首》——尤其是第一首——也应该是福建莆田周瑛之作。

五

《黔诗纪略》于周瑛之下最后收《次韵丁天玉游凌玄洞四首》：

鸡鸣桑树深，犬卧苔花湿。何处课春耕，独倚斜阳立。
长江春雨过，绿水生青苔。行人过江急，江阔船不来。
石湿云不起，石晴云亦逗。对石闲观云，苍翠落衫袖。
江暖雪初作，江寒雪渐飞。一竿潭水上，雪深犹未归。④

---

① （明）祁顺之：《巽川集》卷四，四库全书存目丛书集部第37册，第445页。
② 《翠渠摘稿》卷六。
③ 《巽川集》卷六。
④ 《黔诗纪略》卷二，第064页。

《黔诗纪略》为避讳,将此洞名记作"凌元",正确的名称应是"凌玄洞"。莆田周瑛《翠渠摘稿》卷七中有《题镇远何贰守东岩四咏用林见素韵》四诗,现抄录于下:

鸡鸣桑树深,犬卧苔花湿。何处课春耕,独倚斜阳立。(右《南亩春耕》)
长江春水满,弥弥緑如苔。行人过江急,江阔船不来。(右《蓝江晚渡》)
石湿云不起,石晴云亦逗。对石闲观云,苍翠落衫袖。(右《古石堆云》)
江暖雪初作,江寒雪渐飞。一竿潭水上,雪深犹未归。(右《寒江钓雪》)[①]

很明显,此四诗虽然与《黔诗纪略》所载在文词上稍异,但也应为同一人所作,绝非不同二人不谋而合,那么,作者是兴隆周瑛还是福建周瑛呢?《黔诗纪略》在《次韵丁天玉游凌玄洞四首》后有注曰:

洞在镇远府东五里分水岭北东岩下,俗呼七间屋。丁玑,字天玉,丹徒人。成化十四年(1478)进士,授中书舍人。星变求直言,应诏,陈十事,并劾李孜省及僧继晓,疏留中,以他事谪普安州判,后历官四川按察使。著有《补斋集》。其诗云:"野日春正暝,山云午犹湿。布谷不停声,人人荷锄立。""兰桡泛江水,江水绿于苔。日日斜阳里,行人自往来。""空崖苍翠间,平窐自相逗。有时石上眠,云来逐衣袖。""潭静山同色,云寒鸟不飞。微茫烟溆际,独见钓船归。"[②]

据此可知,《黔诗纪略》中之"凌玄洞"即莆田周瑛诗中之"东岩",东岩是"凌玄洞"未改名之前的名称。改名者为镇远知府程炜,据《(嘉靖)贵州通志》卷二"山川·镇远府·大洞":"在府城东五里,知府程炜改为凌玄洞。"[③]《(万历)贵州通志》卷十五"镇远府·山川·大洞":"在府城东五里分水岭北,知府程炜改为凌玄洞,即俗名七间屋。"[④]又据《(万历)贵州通志》卷十五"镇远府·知府"可知程炜为嘉靖(1507—1566)间知府,而莆田周瑛于此前的成化(1465—1487)、弘治(1470—1505)之际为镇远知府,其时东岩还未改名,故《翠渠摘稿》诗称"东岩"。而兴隆周瑛卒于弘治末,其在世时,东岩也还未改名"凌玄洞",故即使他有诗倡和丁玑,也不会用"凌玄洞"之名。虽然,《黔诗纪略》所收之诗也有可能是后人追记而改名,但既有改动那么其可信度就没有《翠渠摘稿》可靠了。

又,此四诗虽《黔诗纪略》与《翠渠摘稿》同录,但诗题差异较大,所唱和者一是丁玑,一是何贰守,那么谁最可信?丁玑于成化、弘治间谪普安州判,也在程炜改名之前。而何贰守应是镇远土同知何骐,他及其兄弟常与莆田周瑛、祁顺游山玩水、诗歌唱和[⑤]。此外,《翠渠摘稿》所录此四诗于诗后一一注明四景名称,作者似亲临其境,

---

① 《翠渠摘稿》卷七。

② (清)莫友芝等辑:《黔诗纪略》卷二,第064页。

③ 《(嘉靖)贵州通志》卷二,第233页。

④ 《(万历)贵州通志》卷十五,第317页。

⑤ 军按:《黔记》卷九祁顺《游铁溪记》:"二守何君健之以出游为请,予许之。"《(万历)贵州通志》卷二十二载祁顺《镇远游西峡记》曰:"余同健之及其弟骥与騤仍舟行,遇水深处辄放獭捕鱼,连得数鱼皆盈尺。"《(乾隆)镇远府志》卷十七官师·土同知年表有何骐,其下曰:"成化中有军功,入名宦。"从时间、姓名用字综合考虑,何贰守极有可能是何骐。

显得更为可信。

六

现以明清贵州方志为据，将兴隆周瑛略为可信的诗歌抄录于下，并稍加说明。

《黔记》卷九“镇远诸山”下有周瑛“铁壁三关”诗：

山回路转行将迷，崖壑杳深烟未齐。隔溪有石大如屋，屋底风光宜品题。忆昔边庭拥才彦，城下咫尺风尘遍。弯刀擐甲都不暇，问水寻山岂如愿。陆沉今是行书厨，胸中飞跃罗鸢鱼。点化治中三两字，铿然掷地金声如。捕蛇缚龙惊赤手，下风远拜韩与柳。蹇予得趣每忘言，斜日半山坐饮酒。

“铁壁三关”景下共收四首诗，其中有题名为“周瑛”与“翠渠”二诗，且题名“翠渠”者与前录祁顺诗是次韵之作。故此二诗区别明显，暂认定此周瑛为兴隆周瑛。

又，《黔记》卷四十六右布政使周瑛条下收《题带水环流》《南楼》二诗，而《(嘉庆)黄平州志》卷十一艺文志所录周瑛“旧州八景”：“东坡仙岛”“北岭险关”“榜山凝秀”[①]“带水环流”“安江晚渡”“南楼春晓”“炉山烟雨”“龙渊灵异”[②]等八景诗，其中《黔记》之《南楼》，即《黄平州志》之“南楼春晓”。八首诗中有《东坡仙岛》一诗：

层峦叠嶂耸琼楼，仿佛三山东海头。水泛碧桃流涧壑，烟笼绿柳锁汀洲。祥光隐隐陀头起，紫气阴阴洞口浮。白鹤玄猿栖自古，苍苔仙迹旧遨游。

该诗又见于《(弘治)贵州图经新志》卷十三“兴隆志・寺观・月潭寺”[③]、《(万历)贵州通志》卷十三“兴隆・形胜・东坡仙岛”。《(弘治)贵州图经新志》明确注明是“郡人周瑛诗”。所以，亦暂将此八诗系于兴隆周瑛之下。

此外，《(成化)山西通志》卷十六收《平阳谯楼四题》，署名为“周瑛”，且后有注曰：“贵州人，天顺间刑部员外郎。”再据兴隆周瑛之官历，此四题作者应为此周瑛无疑。现将四诗抄录于下，以补《黔诗纪略》之阙：

其一《云天咫尺》：

危楼清气满乾坤，倚遍阑干易断魂。探手摩云星可摘，擎杯邀月桂堪扪。景浮四壁吟怀壮，势入层霄望眼昏。何日从容共登览，便应骄鹤叩天阍。

其二《中州雄镇》：

千寻飞构接层霄，雄镇西南万里遥。三晋云山推壮丽，一层楼阁仰清标。如登天上无凡累，不识人间有寂寥。身世从来云路客，凭高怀抱自嚣嚣。

其三《太形行胜》：

---

① 军按：《(嘉庆)黄平州志》卷十一将“凝”误为“疑”，径改。

② (清)李台、王孚镛等：《(嘉庆)黄平州志》卷十一，贵州省图书馆据道光三十年增补本复制油印本，第396页。

③ (明)沈庠、赵瓒等：《(弘治)贵州图经新志》，北京图书馆藏明刻本。

层峦叠嶂拥高楼,形势南来自孟州。千仞幻成天险阻,万年冲扼贼心喉。云霞吞吐供奇玩,冠盖登临壮胜游。仙境莫言尘世隔,太平随处即壶丘。

其四《河山一览》:

楼上何时一解颜,唐人风度得追攀。玲珑户墉开明处,表里山河指顾开。云树苍茫千里景,乾坤浩荡几人闲。投壶散帙多清兴,拟欲寻仙问大还。①

总之,对于各方志中署名周瑛之诗,须加小心引用。比如,《(乾隆)镇远府志》于可确认为是兴隆周瑛之作的《带山环流》题下署名"周瑛",而《忠武侯词》《鸡鸣关》二诗也仅署名周瑛,未有注明。但这两首诗又见于莆田周瑛《翠渠摘稿》卷七,诗题分别为《谒诸葛武侯庙》《次曹时中晓发鸡关韵》。所以《(乾隆)镇远府志》中所收署名周瑛之诗可能也大多为莆田周瑛所作,至少可疑者居多,今人引用时尤应小心对待。

(作者单位:贵州大学文学与传媒学院中文系)

① (明)李侃、胡谧:《(成化)山西通志》,四库全书存目丛书(史部174册),第661页。

敦煌文献与佛经异文研究释例*

谭　翠

众所周知，汉文佛经在历代传抄和刊刻过程中，由于字体演变、刊刻臆改等原因，产生了众多版本和大量异文。而敦煌文献中存有大量写本佛经和音义材料，往往能提供一些与现行刻本大藏经不同的异文形式，对于现今汉文佛经的校勘整理具有重要的价值和意义。下面本文就略举数例进行说明，不当之处，敬请方家指正。

（1）唐菩提流志译《大宝积经》卷三六："从王舍城至鹫峰山中间道路，屏除草秽、砖瓦、砾石、株杌、毒刺，极令遍净如明镜面，又以香水沾洒其地。"[T11,p0204b]①

按："株杌"一词，《大正藏》校勘记曰"杌"字符、明本均作"机"。《中华大藏经》影印《金藏》本同。斯2414号背《大宝积经难字》则出"株杌"条，《敦煌经部文献合集·小学类佛家音义之属》考证该处"株杌"实为"株杌"二字所出，"杌"、"机"皆即"杌"的俗字②。此说甚是。其他异文材料亦可证明。《影印碛砂藏》(以下简称《碛砂藏》)本《大宝积经》卷三六随函音义云："株杌，吾骨反，树无枝曰株杌也。"[帝六][76/48]且《碛砂藏》本对应经文原文正作"杌"[帝六][76/43]。又"株杌"一词，佛经经文中习见，常与荆棘、瓦砾、毒刺等事物一起表示路上的障碍物。如后秦佛陀耶舍共竺佛念译《长阿含经》卷十八："以足蹈地，地凹四寸，举足还复，地平如掌，无有高下。又彼土地无有沟涧、坑坎、荆棘、株杌，亦无蚊虻、蚖蛇、蜂蝎、虎豹、恶兽。"[T01,p0117c]唐实叉难陀译《大方广佛华严经》卷七四："一者，此园中地忽自平坦，坑坎、堆阜悉皆不现；二者，金刚为地，众宝庄严，无有瓦砾、荆棘、株杌。"[T10,p0403b]亦可为证。那么，"杌"何以写作"杌"、"机"呢？此殆改为"因""兀"、"瓦"二字俗书皆作"乙"，又"乙"与"几"形近易讹，三者每多相乱③。如《慧琳音义》卷十二《大宝积经》第三十六卷音义中亦出"株杌"条[T54,p0381c]，影印日本狮谷白莲社本对应条目亦作"株杌"④，"杌"为"杌"字之误。又"株机"在《大正藏》中凡三见，此三处均未出校勘记，但亦均为"株杌"之误，应据改。

另竺法护译《生经》卷一："或云甑蒸之，或云煮之，或云枝解，或云臼捣，或云五杌，截耳割舌挑目杀之。'"[T03,p0077b]此处"杌"字，窃以为亦为"杌"之误也。从上下文经义来看，"甑蒸之"、"煮之"、"枝解"以及"截耳"等皆指刑罚的名称，《碛砂藏》本《阿

* 国家社科基金青年课题：《思溪藏》与《碛砂藏》随函音义比较研究(15CYY030)

① 本文所引佛经来自《大正藏》者，括号中"T"指《大正藏》册数，"p"指页码，"a、b、c"分别指上中下三栏；来自《中华大藏经》者，括号中前一个数字表示册数，"p"指页码，"a、b、c"分别指上中下三栏；来自《影印碛砂藏》者，前一个括号是千字文号，后一个括号中前一个数字表示册数，后一个数字表示页码。

② 张涌泉：《敦煌经部文献合集·小学类佛经音义之属》，北京：中华书局，2008年，第5079页。

③ 参见黄征《敦煌俗字典》"瓦"字条，上海教育出版社，2005年，第414页。

④ (唐)释慧琳：《一切经音义》，上海古籍出版社，1986年，第472页。

育王息坏目因缘经》随函音义:“五杌,下吾骨反,五杌则五刑之罪也。”[禽六][435/59]可证。由此可知,“五杌”在此与经义密合。又从异文来看,《大正藏》此处校勘记称“宋、元、明本作杌”,亦可为证。故此处“瓬”亦为“瓦”与“兀”形近讹误而产生之俗字。

(2) 鸠摩罗什译《十住经》卷一:“尔时诸菩萨一时同声,以偈请金刚藏菩萨言:‘上妙智慧人,乐说无有量,德重如山王,哀愍说十地。’”[T10,p0499b]

按:“乐说无有量”句,《中华大藏经》所印此品为《丽藏本》,与之同。《碛砂藏》本对应经文亦与此同。而伯 2146 号《十住经》作“常能乐演说,文辞无有量”,又《碛砂藏》本《十住经》卷一随函音义云:“第六纸第一行第二句‘乐说无有量’,按下竺寺藏开为二句云‘常能乐演说,文辞无有量’。”[羌一][120/9]据此可知,上揭佛经下竺寺藏与伯 2146 号相合,亦分为两句,为我们提供了《十住经》的另一个版本。

(3)《中本起经》卷下:“譬如稻田禾稼具熟,而有恶露灾气,则令善谷伤败。今使女人入我法律者,必令佛清净大道不得久兴盛。”[T04,p0158b]

按:“譬如稻田禾稼具熟”句,《大正藏》校勘记称“具”字宋、元本均作“粗”,明本作“麤”。今查《中华大藏经》、《碛砂藏》对应经文均作“粗”,且《碛砂藏》本《中本起经》随函音义:“粗,徂古反。”[容十][281/84]而从上下文经义来看,“具”在文中充当副词,意为“尽,完全”,表示“谷类作物完全成熟”,与经义契合。然“具”何以会误作“粗”和“麤”呢?对此,上图 114 号《中本起经》卷下所出“俎”字为我们沟通二者提供了线索。今查上图 114 号上揭经文作“譬如稻田禾稼俎热”。从读音来看,在中古音中“具”属群母遇韵,“俎”属庄母语韵,敦煌俗文学别字异文中偶有见精两组字相互代用的例子①,窃疑上揭敦煌写经作“俎”,是抄写者方音“俎”“具”读音接近,故产生了别字异文,而后来的佛经刊刻者不明乎此,遂臆改作与之形近的“粗”字,后又想当然地改作其异体的“麤”,从而一误而再误。至于“熟”与“热”盖因形近,在此也产生了异文。

(4)《中本起经》卷下:“此人处世,自爱者也。积善履德,身无抂横,志行修明,上天卫护,无男无女,众行归身,兵刃不伤,虎兕无害,自护之方,唯持戒行。”[T04,p0160c]

按:“众行归身”句,《大正藏》校勘记云宋、元、明本该句下均有“若入军旅”句。今查上图 114 号《中本起经》卷下亦有“若入军旅”句,从上下文经义来看,有该句于义为长。又查《碛砂藏》《中华大藏经》本对应经文确有此句。《碛砂藏》本《中本起经》随函音义出“军旅”条,并云:“军旅,下音吕。”[容十][281/84]可见宋、元、明本等的异文由来已久,且渊源有自。

从上述例子可以看出,敦煌文献一方面由于离译经年代较近,未经后代刊刻误改,有可能更接近汉译佛典原貌,能匡正现今刻本佛经的刊刻讹误,提供现今异文来源的线索;但另一方面,我们在使用敦煌文献校勘现行汉文佛经时,也应保持谨慎的态度,仔细地分析和辨别,因为这些卷子既有同时代传抄的,也有不同时代辗转抄写的,在这种传抄过程中由于字体变迁、抄手臆改等因素的影响,也会产生大量与原本不同的异文形式。例如:

① 邵荣芬:《敦煌俗文学中的别字异文和唐五代西北方音》,《中国敦煌学百年文库·语言文字卷》,兰州:甘肃文化出版社,1999 年,第 125 至 126 页。

(5) 鸠摩罗什译《十住经》卷一:“尔乃能听闻,寂灭无漏智,分别说甚难,如畫于虚空,如执空中风,我念佛智慧,第一难思议,众生少能信,是故我默然。”[T10,p0499a]

按:“如畫于虚空”句,《中华大藏经》此品影印自《丽藏本》,该处字形模糊,无法确定是否为“畫”。《碛砂藏》本对应经文则作“畵”,乃为“畫”之俗写。而伯 2146 号《十住经》卷一经文则此处则作“晝”。从上下文经义来看,“如畫于虚空”指在虚空中作畫,与下文“如执空中风”一同形容虚无缥缈之义,与经义密合;又从其他佛经材料来看,东晋佛驮跋陀罗译《大方广佛华严经》卷三十亦有类似表述“如畫于虚空,如执于疾风”[T09,p0543a],亦可资为证。据此,伯 2146 号中所出异文“晝”为“畫”之误也,二者形近在此发生混同。又“畫”与“晝”混同,由来已久。唐李匡义已举出梁武帝解释《论语》“晝寝”条的例子,在其《资暇集》卷上“晝寝”条下:“《论语》‘宰予晝寝’,郑司农云:‘寝,卧息也。’梁武帝读为室之寝,‘晝’作胡卦反,且云:‘当为畫字。言其绘畫寝室,故夫子叹朽木不可雕,粪土之墙不可圬。’然则曲为穿凿也。今人罕知其由,咸以为韩文公愈所训解也。”①

(6)《大方便佛报恩经》卷一:“时释提桓因将欲界诸天下阎浮提,怯怖须阇提太子,化作师子虎狼之属,张目䁤眥,咆地大吼,波踊腾踯,来欲搏啮。”[T03,p0129b]

按:“䁤眥”一词,《玄应音义》卷四《大方便佛报恩经》第一卷音义对应位置则出“掝眥”条,下云:“呼麦反,掝,裂也,下静计反,目头曰眥,《淮南子》云‘瞋目裂眥’,是也。经文从首作馘,古获反,生获断耳曰馘,馘非此义。”②又《可洪音义》卷八《大方便佛报恩经》第一卷音义:“衔髭,上户岩反,下即斯反;《经音义》作馘眥,又见别本作䤗眥;应和尚以掝眥替之,上呼麦反,裂也,馘、䤗二同,古麦反,截耳也;眥,自诣反,瞋目皃也。”[59/850b]今查《碛砂藏》本《大方便佛报恩经》对应经文与《大正藏》同,但卷末随函音义云:“䁤眥,上呼麦反,正作掝,下在赐反;䁤眥,裂目也。”[器一][189/9]

今查敦煌写经伯 3053 号、北 445(暑 10)号、449(水 62)号《大方便佛报恩经》残卷皆存有上揭经文文字,前者虽字迹稍显模糊,但仍可辨别出该词语写作“䁤眥”二形,后二者则清晰显示均作“䁤眥”。此处是否就如敦煌写经作“䁤眥”为宜呢?

上段文字亦见于《经律异相》卷三一,除“䁤眥”作“摑髭”外,其他经文皆同,校勘记称“髭”字宋、元、明、宫本均作“眥”[T53,p0163c]。《碛砂藏》本《经律异相》对应经文作“摑眥”[傍一][443/4]。《慧琳音义》卷七九《经律异相》第三十一卷音义出“睚眦”条,云:“上音崖,下音紫,案经义睚眦,张口露齿瞋怒作啮人之势也,经中从爪、从國作䁤,从目、从此作眦,并传写错谬,甚无义理,今故改之,并从目,形声字也。”[T54,p0818b]《可洪音义》卷二三《经律异相》第三十一卷音义:“摑眥,上古麦反,裂也;下才计反,眼角也;又经本作‘张目衔髭’也,上又《经音义》以掝字替之,呼麦反。”[60/274b]

可见,此处存在着众多异文,而且众说纷纭,莫衷一是。总体来说,大体有以下几种情形:其一是敦煌写经、《大正藏》、《碛砂藏》本经文原文和异文作“䁤眥”、“摑髭”和“摑眥”;其二是玄应和《碛砂藏》本《大方便佛报恩经》随函音义作者认为应作“掝眥”,

① (唐)李匡义:《资暇集》,丛书集成初编第 279 册,上海书店,1989 年,第 4 页。

② (唐)释玄应:《一切经音义》,《影印高丽大藏经》第 32 册,韩国东国大学校译经院,1994 年,第 57 页。

作“詘眥”不合经义;其三是《碛砂藏》本《经律异相》随函音义作者认为宜作“矆眥”;其四是慧琳认为所见经本中作“瞓眦”系传写错谬,应据义理改作“矔睞”;其五则是可洪将当时所见经本中有作“衔髭”、“詘眥”、“掝眥”、“馘眥”者列出,但未下斷語。

总的说来,从上下文经义来看,基本上各家都同意该词在此应表示“瞋目皃、裂目而视皃”,因此表示“打眼角”、“打胡须”的“摑眥”和“摑髭”于此皆与经义不适,表示“衔胡须”义的“衔髭”亦与经义不谐。敦煌写经虽年代较早,但其作“馘眥”者,“馘”爲“詘”之俗体,正如玄应所言“生获断耳曰詘,詘非此义”。又“詘”作“馘”《汉斥彰长田君断碑》已见[①],故现存刻本藏经中作“馘眥”者由来已久,“摑眥”、“馘眥”盖为因音近或形近而与其混同;慧琳虽然正确指出“瞓眦”与经义不合,但径直臆改作“矔睞”,亦大谬;今查《玉篇·目部》:“矆,许缚切,大视也。矆,同上。”[②]《广韵·药韵》许缚切:“矆,大视貌。矆,上同。”[③]《玉篇·手部》:“掝,呼麦切,掝,裂也。”[④]《广韵·麦韵》呼麦切:“掝,裂也。”[⑤]据此,“矆”虽表示“大视貌”,但不与“眥”相搭配,在此亦不谐,而“掝眥”表示“裂目皃”则与经义契合。综上所述,窃以为此处从《玄应音义》和《碛砂藏》本《大方便佛报恩经》随函音义,作“掝眥”为长。

另外,《大正藏》作为国际上最流通的大藏经传本,为学界普遍使用,其85卷因收录了大量敦煌佛教文献而闻名,但由于诸多原因,这些佛经卷子在迻录过程中产生了大量与原本不同的异文形式,值得我们留意。例如:

(7)《普贤菩萨说证明经》:“此诸魔神,各将十万力士,走地挽弩,前掷叫唤,大與兵马,矛戟在前,火车霹雳,共佛震斗。”[T85,p1367b]

按:“大與兵马”,不合经义。核伯2136、2186号原卷,“大與兵马”之“與”,原卷实作“興”,“與”当为“興”之形讹。又上图84号《普贤菩萨说证明经》对应经文亦作“興”,可资为证。

(8)《究竟大悲经》:“梨耶奋迅振六合,雷电鼓击光辉辉。不动真际而遍过,黑闇根中开明照。梨耶神通性无碍,山河名壁于中过。”[T85,p1372c]

按:比对原卷斯2499号,录文“辉辉”原卷作“辉耀”,又录文“名壁”原卷作“石壁”,故“辉”与“名”皆为迻录错误。又北大138号《究竟大悲经》亦作“辉耀”和“石壁”,可助互勘。

(作者单位:中华女子学院汉语国际教育系)

① (清)顾蔼吉编:《隶辨》,北京:中华书局,1986年,第181页。
② (梁)顾野王:《大广益会玉篇》,北京:中华书局,1987年,第21页。
③ (宋)陈彭年:《宋本广韵》,北京:中国书店,1982年,第483页。
④ 《大广益会玉篇》,第31页。
⑤ 《宋本广韵》,第494页。

古籍整理研究的优秀之作

——评《〈周礼正义〉点校考订》

王凤娇　　周志锋

《周礼正义》是孙诒让的代表之作，也是《周礼》研究的集大成之作，梁启超《中国近三百年学术史》称道："他（孙诒让）费二十年工夫成《周礼正义》八十六卷，这部书可算清代经学家最后的一部书，也是最好的一部书。"[①]姜亮夫《孙诒让学术检论》也赞道："（《周礼正义》）把自汉以来直至明清学人全部《周礼》著述的精说都收入书中。"[②]其学术价值可见一斑。《周礼正义》版本较为重要的主要有三："乙巳本"（孙诒让自校的定本，铅印于光绪乙巳年，即1905年），"楚本"（1931年湖北笛湖精舍木刻本），"中华本"（1987年中华书局排印王文锦、陈玉霞点校本）。其中中华本点校精良，便于使用，是现在文史研究者经常使用的版本。但还有不少漏校失校及标点讹误的地方，须要订补。

颜春峰、汪少华合著《〈周礼正义〉点校考订》[③]一书（下简称"《考订》"）勾稽参比，考校结合，按语精详，实乃点校著作之翘楚，具有许多优点及创新点，值得总结借鉴。

一、多家参比，详加校勘

作者校书博采约取，不偏主一家。点校考订孙疏时，过录了孙校本全部批校，并与乙巳本、楚本、中华本相参比，择善而从。有关订补孙疏的成果，"无论是否所见略同，凡正确者本书均注明来源，或有以不误为误，则逐一指正"（《前言》）。且承蒙裘锡圭先生惠借中华本《周礼正义》手批本，补充作者漏校之处。还充分利用网络资源，广泛吸取校改意见。

（一）抉发善本，还原孙疏

上文已经提到《周礼正义》三个较为重要的版本，下面简单厘清一下它们之间的渊源关系。乙巳本常被看作孙诒让自校的定本，但有排印错讹，不惬孙意。于是孙在乙巳本的天头、地脚或侧边处多有批校，楚本就是参考孙校本补刻覆校而成。然而孙校本在此之后辗转流落，久晦于世，因此中华本在重新整理《周礼正义》时仅以乙巳本

① 梁启超：《中国近三百年学术史》，北京：中国书店，1985年，第187页。
② 姜亮夫著，沈善洪、胡廷武主编：《姜亮夫全集·史学论文集》，昆明：云南人民出版社，2002年，第551页。
③ 北京：中华书局，2017年。

做底本，以楚本做工作本，未得亲览孙校本。如此辗转传抄，误改失校在所难免。令人高兴的是近年来孙校本终浮出水面，现藏于台湾师范大学图书馆。汪少华先生专赴台湾，亲睹孙诒让校本，过录孙氏全部批校，并与乙巳本、楚本、中华本相对照，“发现楚本对乙巳本的正确校改有471处与孙校本相同，孙校本178处正确校改未被楚本采纳，楚本9处校改与孙校本有出入”(《考订》21页)。特别是后两者的发现，足以表明孙校本之弥足珍贵。可见孙校本才是孙诒让《周礼正义》的善本，是最能体现孙诒让真正学术水平的版本。此本的发现与发掘，对于还原孙疏真实面貌，正确评价《周礼正义》以及提高点校正确率等皆具有重要价值。

(二) 据孙校本以证楚本、中华本之失

孙校本178处正确校改未被楚本采纳，而中华本多盲从楚本，承袭舛讹，遗误匪小。《考订》详加比对，据孙校本以证楚本、中华本之失。如P43“寻此注所以别出狐狸者，盖谓献裘材也。司裘中秋献良裘，季秋献功裘，掌皮秋敛皮，则狐狸宜以秋献可知”，《考订》按云：“此注”指《兽人》“春秋献兽物”郑注：“兽物，凡兽皆可献也，及狐狸。”“则狐狸宜以秋献可知”之“秋”，孙校本改作“材”，对应上句“献裘材”。孙疏510—511页：“郑意凡裘材皆于前年秋取之，故《兽人》‘春秋献兽物’，注云‘及狐狸’，即取裘材也。《诗·豳风·七月》云：‘一之日于貉，取彼狐狸，为公子裘。’彼仲冬取者，民闲取兽时或略后，与此经不必同也。依经注义，秋敛春献，并属裘材。”亦可证“材”是。再如P65页段玉裁云：“为当作‘从’。凡二本字乖异，而用一废一，曰从。如萧或为茜，郑仲师从茜读缩，杜则从萧是也。郑君从杜，萧与茅为二，大夫、许君茜茅为一。”《考订》按云：“郑仲师”，与段玉裁《周礼汉读考》合，孙校本改作“郑大夫”。289页《甸师》“祭祀，共萧茅”郑玄注引郑大夫云：“萧字或为茜，茜读为缩。束茅立之祭前，沃酒其上，酒渗下去，若神饮之，故谓之缩。缩，浚也。”可见“从茜读缩”的是“郑大夫”。孙疏174页引《后汉书·郑兴传》“兴字少赣，河南开封人也。建武六年，征为太中大夫”之后说“注凡引郑大夫义，皆其遗说也”；12页又引《后汉书·郑兴传》“兴子众，字仲师。建初六年，代邓彪为大司农”之后说“仲师作《周礼解诂》，见郑叙。与郑大夫兴为二郑”，可见“郑大夫”是郑兴，“郑仲师”是郑兴之子郑众(郑司农)。段玉裁将“郑大夫”误作“郑仲师”，乃是父冠子戴，无怪乎孙校本改作“郑大夫”。

(三) 多家比勘，择善而从

由于版本不一，用字用词常有出入，学者的看法亦见仁见智。《考订》覃思详考，择善而从。如P7“乙巳本：山田之野，其地广博，山虞于其外芟草，以为田之大界。《毛诗·小雅·车攻》传云‘田者大艾草以为防’是也。其防之中，拟田猎处不芟，惟于防南别除地三四百步，其中为四表之地，南北二百五十步，东西广各容三军，以为教战列陈之顷。”楚本将“以为教战列陈之顷”改为“以为教战列陈之须”，中华本出校：“须”原讹“顷”，据楚本改。《考订》按曰：乙巳本不误，楚本妄改，中华本盲从。百亩为“顷”，这里指教战列陈的场所。孙疏解说得很清楚：“今考《谷梁》昭八年传，说蒐狩之事云：‘艾兰以为防，过防弗逐。’范注云：‘兰，香草也。防为田之大限。’《毛诗·小雅·车攻》传亦云‘田者大艾草以为防’,又云‘战不出顷,田不出防’。然则田之芟除之地有二:一为习战之地,则尽艾其草,以为列陈及立表之所,所谓顷也;一为田猎之地,则艾禁外四旁之草以通车,且以为田限,而留其中厉禁之地不艾以藏兽,所谓防也。田之防,包罗原野,其限至广阔。而战之顷,则四表从不过二百五十步,广足容六军而止,益以列陈之地,广袤亦当不逾百步,其界域有定,盖即于防之内为之。”

二、精熟孙疏,深谙微旨

楚本、中华本因不明文意,昧于孙疏训诂微旨而有时擅改原文,甚不可取。作者殚研《周礼正义》,深谙孙疏传注义例,对于孙疏用字用语之章法了然于胸,据此是正楚本、中华本之疏谬,得心应手,多有创获。

(一)了解孙疏用字规则

楚本、中华本用字时往往注文与经文一致,表面看似严谨和谐,实际上却违背了孙疏沿奉经用古字、注用今字的规则。如 P6 乙巳本:《大司徒》:“二曰六行,孝、友、睦、婣、任、恤。”郑注:“姻,亲于外亲。”楚本改郑注“姻”为“婣”,中华本从之。《考订》按云:楚本、中华本表面上达成注文与经文一致,却违背了经用古字、注用今字的规则。此郑注,当用今字。孙疏 759 页:“云‘姻,亲于外亲’者……此经作婣,注作姻,盖亦经用古字,注用今字之例。”同页乙巳本:云“以至于畿,则中虽有都鄙,遂人尽主其地”者,于,注例当作“於”,各本并误。……经言以达于畿者,明道路四达无阻耳,非谓遂人沟洫之制达于五百里之畺地也。《考订》按曰:“以至于畿”之“于”,与郑注(1132 页)合,与孙疏所说“于,注例当作‘於’,各本并误”合;“以达于畿”之“于”,与《遂人》原文(1132 页)合。楚本不分皂白,均误改作“於”(1138 页)。

(二)知晓孙疏常用语

楚本常因不熟悉孙疏用语习惯而漏采孙校本的正确校改。中华本则因不熟悉孙疏的常用语而常常致标点失误,此各举一例:P54《周礼正义略例十二凡》2 页:注有牾违,辄为匡纠。《考订》按云:“牾违”,孙校本乙作“违牾”。后者符合孙诒让用词习惯,例如 1415 页“与此注自相违牾”、1667 页“与《杂记》疏自相违牾”、2161 页“与《大司马》治兵王建大常之文违牾”、2278 页“与《载师》‘卿食小都’之文,显相违牾”、2397 页“彼云‘出火’与此‘内火’之文违牾”、3359 页“与彼注违牾”。再如 P98 条目 19 一例:依《内司服》注:“女御服褖衣。”今依金榜说,女御亦得服展衣,详彼疏。(516 页)《考订》按云:凡言“依某某注”是据某某注推断,而非引原文。例如 2635 页“依《巾车》注说,遣车亦陈驾”、2751 页“依《冶氏》注,锾为六两大半两”。《内司服》注:“内命妇之服:鞠衣,九嫔也;展衣,世妇也;缘衣,女御也。”“缘”孙疏以为当为“褖”(590 页)。可见“女御服褖衣”是孙疏据“褖衣,女御也”所知,不宜加引号。

(三)熟悉孙疏表达方式

楚本常因不了解孙疏的一些特殊的表达方式而误校。如 P5 乙巳本:《说文·聿部》云:"肄,习也。"重文"肆,篆文肄。"经典皆从篆文。楚本将"经典皆从篆文"改为"经典皆从重文",中华本出校:"重"原讹"篆",据楚本改。《考订》按曰:《说文·聿部》云:"肄,习也。肆,篆文肄。"对照孙疏所引可知:孙疏这里所谓"重文"指的就是"篆文",所以乙巳本说"经典皆从篆文"不误,楚本不明孙疏引《说文》之例而误改。孙疏引《说文》所添加的"重文",就是指下文紧接的"篆文"、"古文"或"籀文",这一特点无一例外。例如《说文·鱻部》:"瀺,捕鱼也。渔,篆文瀺,从鱼。"孙疏30页引作:"瀺,捕鱼也。重文渔,篆文瀺,从鱼。"《说文·火部》:"䙴,以火干肉。㷉,籀文不省。"孙疏383页引作:"䙴,以火干肉。重文㷉,籀文不省。"《说文·米部》:"糂,以米和羹也。一曰粒也。从米甚声。糣,籀文糂从朁。糁,古文糂从参。"孙疏405页引作:"糂,以米和羹也。一曰粒也。重文糁,古文糂从参。"《说文·入部》:"仝,完也,从入从工。全,篆文仝,从玉,纯玉曰全。"孙疏3327页引作:"仝,完也。重文全,篆文仝,从玉,纯玉曰全。"

三、审慎周详,精于考辨。

点校古籍并非易事,所涉庞杂,所关甚广,一字之讹,可致事实全乖。段玉裁《重刊明道二年国语序》言:"校定之学,识不到则或指瑜为瑕,而疵纇更甚,转不若多存其未校定之本,使学者随其学之浅深以定其瑕瑜,而瑕瑜之真固在……古书之坏于不校者固多,坏于校者尤多。坏于不校者以校治之,坏于校者久且不可治。"①可见校书贵在审慎。两位作者著书立说一贯审慎周详,精雕细琢,点校孙疏亦不例外。

(一)核实引文,去伪存真

对于乙巳本、孙校本、楚本、中华本中的引文用字,《考订》尽可能一一核实原书,以定真伪,并在按语中标注"与某某合"。有一些无法找出原文,则从阙,且出脚注注明。如P68、69郑珍云:"约轂与帱革是两事,诸家说皆不憭。帱革者,除置辐处,通鞔之,所以固轂,因以为饰。"《考订》按云:"鞔",即郑珍下文"乃以革鞔之"之"鞔",与郑珍《轮舆私笺》合。孙校本改为"挽",误。"挽"是引车,《乡师》郑注:"辇,人挽行。"孙疏823页引《说文·车部》:"辇,挽车也。挽,引车也。"而"鞔"是给车轂蒙覆皮革,孙疏3161页"鞔革密附轂木"、3146页"凡小车轂以革冢幎为固,故亦谓之帱",作了清楚的说明。孙疏3161页"以革鞔篆约"、"凡小车有革鞔"、"既篆刻而革鞔"亦可为证。再如P26页"孔继汾谓《释文》楢,疑䌷之讹,亦通"。《考订》按云:"䌷"从楚本,乙巳本讹作"褶",孙校本改为"䌷"。《考订》未找到此句出于孔继汾何书,因此在脚注下标明"暂未知出自孔继汾何书"。

(二)标点精确,依据可靠

《考订》主要工作之一就是校改中华本中大量的错误标点。中华本标点问题较

---

① (清)段玉裁撰、锺敬华校点:《经韵楼集》,上海:上海古籍出版社,2008年,第191页。

多，破句200余处，引文讫止误判200余处。《考订》又进一步细分，归纳为六类：叙述语误为引文，引文误为叙述语，破句，当分未分，不当分而分，书名、篇名、人名、地名误标失标。《考订》一一校改，且在按语中注明校改原因，理据充分，信而有征。如P131纠正人名误标一例：成十六年传云："公子喜时外治诸京师而免之。"《考订》按云："公子喜"是郑公子，《春秋·成公十六年》："郑公子喜帅师侵宋。"杜预注："喜，穆公子子罕也。""公子喜时"则是曹公子。《公羊传·成公十六年》："公子喜时者，仁人也，内平其国而待之，外治诸京师而免之。"《左转·成公十六年》作"公子欣时"，杜预注："曹宣公庶子。《公羊传》作'喜时'。"2813页"公子喜时"标专名线，是。

（三）考证词义，纠正缪改

楚本常因不谙文意而妄改臆校，中华本不究是非，盲从楚本。《考订》循文疏证，博稽广揽，定其是非。如P7"乙巳本：诒让案：此誓大夫、誓师，皆谓常事当关，而有不关者也，故罪止于鞭。若非常大事，如《汉律》所谓矫诏害者，则当在士师八成挢邦令之条，岂徒鞭抶而已哉！"楚本改"矫诏害"为"矫诏书"，中华本出校（2920页）："书"原讹"害"，据楚本改。《考订》按云：正如何焯《义门读书记》以"害"为衍文，楚本、中华本亦不知"矫诏害"之义。惠士奇《礼说·誓大夫曰敢不关鞭五百》："《汉律》有矫诏害、矫诏不害，害者死。"《汉书·灌夫传》："乃劾婴矫先帝诏害，罪当弃市。"颜注引郑氏曰："矫诏有害、不害也。"王念孙《读书杂志·汉书第十·矫先帝诏害》指出"《汉书》凡言坐矫诏罪者，皆有害、不害之分。《史记》亦有之"，批评《义门读书记》以"害"为衍文"盖未考《汉律》也"。

四、归纳方法，津逮来学

这也是本书最大亮点之一。陆宗达，王宁《训诂方法论》中谈到："任何一门学问，如果它只能解决一个个的具体问题，却不能提出一系列科学的方法，或者虽然运用着一整套的方法，而这些方法的正确性却未能从理论上得到证明，在应用中就难免有因缺乏科学理论指导而产生的盲目性，也就很难向现代科学发展，要想普及并便于更多的人来应用它则尤为困难。"①可见归纳整理一套科学有效的方法对于一门学科的长足发展至关重要。作者深谙此理并根据自己的学术积累摸索出一系列提高点校正确率的方法，这对于提高古籍整理水平、培养古籍点校能力以及促进点校工作的发展等大有裨益。试以标点为例说明之。

（一）总结归纳避免破句之法

《考订》不仅订正中华本中200余处破句，并针对其致误原因归纳出多种避免破句的方法，主要有："注疏须与经文字眼对应"，"疏解须与所据引文对应"，"利用对应句式"，"了解表述方式"，"借助虚词的语气关联"，"双音词不可拆分"，"区分多义词"，

① 陆宗达、王宁：《训诂方法论》，北京：中国社会科学出版社，1983年，第20页。

"辨识书名或篇名","总说与分说应吻合","注意分辨施事、受事","语意须完整,表述须合理"。每个条理下面都附有精彩例证。例如"区分多义词"一条,P82页条目34云"著舄屦之头,以为行戒"者,贾疏云:"絇谓屦头以絛为鼻,郑注《士冠》亦云'絇之言拘也,以为行戒,状如刀衣鼻,在屦头'。言拘取自拘持为行戒者,谓使抵目不妄顾视也。"诒让案:絇形制,郑《士冠》、《士丧礼》注并云"如刀衣鼻"。……贾彼疏谓以刀衣鼻,况絇在屦头上,以其皆有孔,得穿系于中而过。《考订》按云:"况"有连词"况且、何况"、动词"比况"二义,前者用在句首,后者用在名词之前。"况絇"当属上"以刀衣鼻况絇"。《士冠礼》郑注"絇之言拘也,以为行戒,状如刀衣鼻,在屦头。"贾疏:"此以汉法言之。今之屦头见有下鼻,似刀衣鼻,故以为况也。"《士丧礼》郑注:"絇,屦饰,如刀衣鼻,在屦头上。"贾疏:"以汉时'刀衣鼻'况絇,在屦头上,以其皆有孔,得穿系于中而过者也。""况"指比拟、比方。郑说"絇如刀衣鼻"、"状如刀衣鼻",贾疏说郑是"以汉时'刀衣鼻'况絇"、"似刀衣鼻,故以为况"。

(二)总结归纳引文讫止判断方法

针对中华本中引文讫止的200余处误判,《考订》亦归纳出一系列避免误判的方法,比如"注疏须与经文关键词眼对应","疏解须与所据引文对应","知悉孙疏常用语","引某说仅有引文和注释却无论述,则其论述极可能误标在引号外","引若干旧注为证,则不容其中一句为孙疏","疏文过短,与下文语义联系较紧,则下文很可能仍是疏文","叙述与所引不对应,则引号有误","夹引夹叙时会有对应句子","区分郑司农、郑玄、杜子春注的界限","注意引文讫止的关键词"等。如"注疏须与经文关键词眼对应"一条,P92页条目1云"臣妾,男女贫贱之称"者……惠士奇云:"古无奴婢,有臣妾……《周书·大聚》曰:'春发枯槁,夏发叶荣,秋发实蔬,冬发薪蒸,皆臣妾之职也。'又云:'鲁国之法,赎人臣妾于诸侯者,皆取金于府。'并见《吕览》、《家语》。故知古之臣妾,即今之奴婢。"《考订》按云:针对郑玄注"臣妾"这个关键词,惠士奇引《周书》"春发枯槁,夏发叶荣,秋发实蔬,冬发薪蒸",而认为这些"皆臣妾之职也"。此外,"又云"上承"惠士奇云"而非"《周书·大聚》曰",是另起引惠士奇;且既然说"并见《吕览》、《家语》",则"鲁国之法,赎人臣妾于诸侯者,皆取金于府"也不可能出自《周书·大聚》。

诚如张舜徽先生所说:"古书流传日久,讹舛滋多,或误夺一字而事实全乖,或偶衍一文而意谊尽失,苟非善读书者,据他书订正之,则无以复古人之旧,此校勘之役所以不可缓也。"[①]《考订》语必溯其源,事必数其典,殚研精思,不辞微末,求真订讹,集腋成裘,非博洽多通焉能至此。此书出版实为学界研究《周礼正义》提供了一本足资利用的善本,亦为古籍整理提供了一本足资研习的范本,沾溉后学,功莫大焉。

(作者单位:复旦大学中文系,宁波大学人文与传媒学院)

① 张舜徽:《广校雠略》,武汉:华中师范大学出版社,2004年,第63页。

日本江户及明治时期《国语》著述综论*

郭万青

1994年以来，中国大陆学者谭家健、梁涛、李佳、戎辉兵、师璐露、陈鹏程、仇利萍、卓敏敏等对《国语》作者、性质、成书、文献以及近几十年的研究概况进行了一定程度的总结①。2009年，陈鹏程首次提出"《国语》学史"范畴，并在2009年、2013年、2015年、2016年发表了四篇论文对战国、汉代、晋代、唐代《国语》研究进行了初步梳理②。此外，也有学者对中国本土《国语》研究脉络进行了比较扼要的总结，如拙撰《〈国语〉研究史概观》、《〈国语〉历时研究鸟瞰》等③。以上研究主要关注中国本土的《国语》研究成果。对日本的《国语》研究情况，少有涉及。本文通过梳理日本《国语》研究著作及相关著录资料，力图展示日本江户及明治时期《国语》研究著述的大致情形。

一、著录日本《国语》著述的书目资料

就日本本土而言，自文化后期的《近世名家著述目录》、《续近世名家著述目录》以及近现代的相关资料都对日本本土的《国语》研究著作有所著录。今检著录《国语》的主要书目及相关资料如下：

1.《近代著述目录》

该书原题《本朝诸名家著述书目录》，堤朝风（1765—1834）编订。后经万笈堂英遵补订，有文化六年（1809）西村源六刊本，又央大助天保七年（1836）本。

---

* 本文为教育部人文社会科学规划基金项目"《国语》研究史"（15YJA770004）阶段性成果。

① 按照发表年次，如下：谭家健《历代关于〈国语〉作者问题的不同意见综述》，《中国史研究动态》1994年第7期；梁涛《20世纪以来〈左传〉、〈国语〉成书、作者及性质的讨论》，《邯郸学院学报》2005年第4期；李佳《20世纪前期〈国语〉研究述评》，载于《2008年〈春秋〉〈左传〉学术研讨会论文集》，中华书局、中央广播电视大学出版社2009年版；戎辉兵《〈国语〉流布、研究及版本概述》，《唐山师范学院学报》2009年第6期；师璐露《近十年来〈国语〉文献与文学研究述评》，《绥化学院学报》2009年第6期；李佳《台港及海外〈国语〉研究综述》，《国际汉学研究通讯》2010年第1期；陈鹏程、刘生良《近三十年来大陆地区〈国语〉文学性研究》，《社会科学家》2011年第8期；仇利萍、杨世文《〈国语〉学的奠基与展望——近10年来〈国语〉研究述评》，《北京理工大学学报》2012年第3期；卓敏敏《近三十年来〈国语〉研究综述》，《湖北民族学院学报》2015年第1期；卓敏敏《近三十年来〈国语〉与史官文化研究综述》，《文艺评论》2015年第4期。

② 四篇论文分别为：《汉代〈国语〉学概述——〈国语〉学史研究之一》，《兰台世界》2009年第24期；《战国时期：〈国语〉研究的萌芽——〈国语〉学史研究之二》，《赤峰学院学报》2013年第11期；《〈尔雅〉郭注引〈国语〉谫论——〈国语〉学史研究之三》，《宜宾学院学报》2015年第2期；《略论刘知几对〈国语〉的接受与研究——〈国语〉学史研究之四》，《中北大学学报》2016年第4期。

③ 郭万青：《〈国语〉研究史概观》，《华夏文化论坛》第12辑（2014年）；郭万青：《〈国语〉历时研究鸟瞰》，《海岱学刊》2015年第1期。

全书共八卷,以人物为线索,每位学者之下,把该学者著、编、译的各种书籍一一胪列。共著录了392位学者的著述。所收人物著述,先小字列人物字号生平大概,后依次胪列该学者著述、训点著作,使读者可以了解作者一生著述的全部情形。这一著录体例和中国史志中的艺文志体例不同。《近代著述目录》的这一著录体例被《近代著述目录后编》、《越佐名家著述目录(未定稿)》、《大阪名家著述目录》、《庆长以来诸家著述考·汉学家之部》等继承。

2.《近代著述目录后编》

《近代著述目录》书后就有万笈堂主人所作《〈本朝名家著述目录二编〉嗣出》的广告。今所见《近代著述目录后编》,原为东条琴台编辑,和泉屋金右卫门刊行。后经正宗敦夫(1881—1958)编纂校订,由日本古典全集刊行会于昭和十二年(1937)刊行。今检昭和十二年印本书前有正宗敦夫所作《近代著述目录后编解题》,详细叙述了堤朝风《本朝诸名家著述书名录》与东条琴台《近代著述目录后编》的编纂情况及两者之间的前后继承关系。《近代著述名录后编》全书体例、卷次一依堤朝风《近代著述名录》,共收录917位学者的著述。

3.《越佐名家著述目录(未定稿)》

该目录为新潟县立图书馆编,昭和四年(1929)四月排印本。该《目录》属于地方著述目录汇编。仍以人物为编次,共著录了450位学者的著述。

4.《大阪名家著述目录》

大阪府立图书馆编,大阪府立图书馆大正三年(1914)三月排印本。该目录也是地方著述目录汇编,共著录了630位学者的著述。

5.《庆长以来诸家著述考·汉学家之部》

该书由中根肃治(1847—1921)编,青山堂支店明治二十七年(1893)出版。《庆长以来诸家著述考》分为三个部分,分别为"小说家之部"、"和学家之部"和"汉学家之部",以"汉学家之部"最大,故分上下编。上编著录518家,下编著录573家,合共1091家。此外,中根肃治还编有《大日本名家著述名录》抄本二十四册,分为皇族之部和国学家之部,共收录601家。

6.《国语国字解》

日本学者桂湖村(1868—1838)《国语国字解》,大正六年(1917)日本早稻田大学出版部版。是日本早稻田大学编辑部辑印的《汉籍国字解全书·先哲遗著追补》中的一部,分上下册。分为叙说和《国语》国字解两部分。其中上册书前绘有《国语时代地图》,详明方国、城邑。叙说部分共分十三章,十三章内容分别为:《国语》の名义、《国语》の作者、《国语》、体裁、《国语》の传来、《国语》记事年表、《国语》に见れなゐ列国诸侯系表、《国语》に见れなゐ列国卿大夫世系表、《国语》に见えなゐ周穆王以来春秋に至ゐ人物一览表、地名一览表、国语と左传との比较、《国语》の文章、《国语》の注解及论议书类、《国语》の参考书类。这部分共229页,实际上已相当于一部独立的《国语》研究著作。桂湖村这一撰述体例对大野峻具有重要影响。桂湖村在"《国语》の注解及论议书类"中著录了日本江户及明治时期14位学者的《国语》论著。

7. 大野峻译注《国语》

大野峻对《国语》的译注是日本《国语》翻译的第二个时期。第一个时期即日本大正年间林泰辅(1854—1922)译本(国民文库刊行委员会,1920)、桂湖村译本(汉籍国字解全书,1917)和冢本哲三(1881—1953)译本(汉文丛书,1926)。不同于第一期《国语》翻译的是,大野峻的第一次译本是选译而第二次才是全书翻译。

大野峻翻译的第一个本子是明德出版社昭和十四年(1969)版本。是宇野精一、铃木由次郎编集的《中国古典新书》中的一种,一册。该本分解说、本文、年表三个部分。解说部分包括四个方面内容:《国语》の根本思想、《国语》の成立、《国语》の内容、《国语》の研究书。在"《国语》の研究书"一节内容中,大野峻胪列了日本江户及明治时期的日本《国语》研究著作九种。

大野峻翻译的第二个本子是明治书院出版的《新释汉文大系》中的一种,分上下册,其中上册1975年12月出版,下册1978年10月出版。分为《国语》解题、《国语》各卷、《国语》年表、《国语》关系地图、索引。其中上册至《晋语一》,其他为下册。"《国语》解题"包括六个方面内容,分别为:《国语》の名称、《国语》の成立、《国语》の构成、《国语》の传本、《国语》の研究书,基本是大野峻前此《国语》研究的浓缩。大野峻对于《国语》的传本有比较好的见解,惜乎流传未广,故不能为研究《国语》者所参考。其"《国语》の研究书"中几乎将《国语》传世各著作全部著录,类乎《通志·艺文略》与朱彝尊《经义考》。其中著录日本江户、明治时期《国语》研究著作二十五种,其第一次译本中著录的九种都包含在这二十五种中。

二、以上各书目资料著录《国语》研究著作简况

以上各书所著录的日本江户、明治时期《国语》研究著作(包括训点)列表如下(各著录资料用简称,依次为近、近续、越、阪、庆、桂、大):

作　者	《国语》著作	卷&本	著录书目	备　注
林信胜	国语(点)	十	近、大	21卷,10册或5册
户崎哲	国语考		近、庆、桂、大	户崎自序云4卷,今著录有作2卷者
千叶玄之	韦注国语(点)	十	近、庆、桂、大	桂标注为"《韦注国语》二十一卷",大标为《重刻国语》二十一卷
狄生道济	国语校草	一	近、庆、桂、大	桂标注"卷数不详",大云"未见"
冈岛顺	国语订字	一	近、庆	
渡边操	国语解删补	二	近、庆、桂、大	
葛西质	天圣明道本国语续考证		近、阪、庆、桂、大	桂、大著录为"《国语考证补遗》"
新井祐登	左国易说		近、庆	

续表

作　者	《国语》著作	卷&本	著录书目	备　注
关脩龄	国语略说	四	近、庆、桂、大	庆"四"作"五",桂、大著录为八卷
秦鼎	校本国语	二十一卷	近续、庆、桂、大	桂、大著录为《国语定本》;庆著录"二十一卷"为"五"
土肥鹿鸣	左国易解	三卷	近续	
河野子龙	国语韦解补正	二卷	近续、阪、庆、桂、大	大云"未见"
龟井昱	国语参考	三卷	近续、庆、大	
龟井昱	国语独了		庆、大	大著录为二卷
龟井昱	国语考	二十一卷	桂、大	
海保元简	国语补证	二卷	近续、庆	庆作"海保元备"
海保元备	国语考		庆	
种村济	国语集解补证	六卷	近续、阪、庆	
冢田虎	国语增注	二十二卷	近续、庆、桂、大	桂著录为"韦注国语增注二十一卷",大著录为《增注国语》二十一卷
永井损疾	左国考	五卷	近续、庆	
村濑海辅	读国语合案	二卷	近续、庆	庆"读"作"续"
井上观国	左国一家言	三卷	近续	
野村襄	国语考	十八卷	近续、庆	庆"十八卷"作"六"
恩田维舟	国语考	五卷	近续、庆	庆"舟"作"周"
真势达富	左国易占活断解	一卷	近续、阪、庆	
增嶋信道	国语考	一卷	近续、庆	
赤松鸿	左国腴词	四卷	近续	
朝川鼎	左国之八考	一卷	近续、庆	
溢井孝德	左国通义	八卷	近续、阪、庆	阪不载卷数
广泽惟直	左国占义俚解	二卷	近续、庆	
蓝泽祇	读国语	二卷	越、桂、大	桂、大著录为四册
三宅安懿	国语律吕考	一卷	越	
落合赓	国语统		阪、庆	
斋藤象	国语评	六卷	阪、庆	庆作"国语解六"
谷川顺助	左国易一家言	三卷	阪、大	大作"谷川顺一"

续表

作　者	《国语》著作	卷&本	著录书目	备　注
中井积德	国语雕题		阪、大	《近续》亦载中井事，唯无国语雕题的著录。大著录为五卷
中井积德	国语闻书	三册	大	大云"未见"
伴徙义	国语解		庆	
荻原万世	左国解	二	庆	
土井贯雅	左国易解	二	庆	
东条弘	国语解		庆、桂、大	桂谓卷数不详，大云"未见"
冈本保孝	国语考	一	庆	
片山世璠	国语一适		庆	近有传，唯未著录此书
濑谷某	国语解		庆	
片冈基成	左国占例考	卷数不详	桂、大	大云"未见"
橘春晖	国语律吕解	一卷	桂、大	
蒲坂圆	国语考	卷数不详	桂、大	大云"未见"
帆足万里	标注国语	卷数不详	桂、大	
高木熊三郎	标注国语定本	二十一卷	桂、大	
平景教	国语考		大	
山义雄	国语国字解	二十一卷	大	写本

汰去重复，一共五十一种。当然，除了这五十一种之外，以上各家没有著录到的尚有松本慎(1755—1834)《国语韦注考正》(写本)三卷、服部元雅(1768—1832)《国语考案》(写本)一卷、皆川淇园(1737—1807)《国语考》(写本)二十一卷、弘化二年(1854)写本《国语考》二卷、皆川田龙《左国占义》一部、《鉴斋先生国语考》一部等。另外，秦鼎(1761—1831)还有《国语周颐》、《左国世族解》二书，见于秦鼎氏《国语定本》和《春秋左氏传校本》书后广告。这八部都是上列著述目录以及桂湖村、大野峻等所没有提到的。如果加上笔者提到的8种著作，则日本江户及明治时期《国语》研究著作一共59种。总体而言，江户中后期和明治时期的日本《国语》研究著作文本形态以写本为主，刻本较少。以上59种著作中，刻本仅9种，仅占《国语》研究著述的15.25%。目前可知存世的有27种，占著述总数的45.76%。

三、对江户及明治时期《国语》研究著作的考述

(一) 日本学者对江户及明治时期《国语》研究著作的考述

日本学者对江户及明治时期《国语》研究著作的考述较少。桂湖村《国语国字解》

对涉及的14种《国语》研究著作多有考证,然受体例限制,寥寥几语,尚嫌单薄。日本专门进行《国语》著作研究的学者有三位:阿部隆一、寺门日出男和小方伴子。

1. 阿部隆一对亀井昱《国语》研究著作的考述

阿部隆一撰有《亀井南冥昭阳著作书志》一文(见载于《斯道文库论集》第6辑,页1—124),首次详细梳理了亀井昱(1774—1837)及其父亲亀井南冥(1743—1814)的生平著述。其正文分三部分,第一部分和第二部分分别为亀井南冥和亀井昱著述的考订,其中考订亀井南冥著述65种,考订亀井昱著述116种,其父子著述连续编号至181号。其中涉及到亀井昱《国语》研究著作三部。

(1)《国语独了》二卷

写本。阿部著录为第80号。推断其《独了》作于文化元年(1804)和文化二年(1805)之间。文化元年,时亀井昱三十二岁。有筑波大学藏写本二册。阿部隆一对筑波大学藏本著录较详。另有杵筑市立图书馆藏明治五年写本一册。

(2)《国语考》二十一卷

根据阿部隆一研究,这部《国语考》是亀井昱晚年在《国语独了》的基础上撰成。于前此《国语》研究成果,于秦鼎《定本》得失评断尤多。阿部隆一引述亀井昱《空石日记》及其年谱为证。阿部据年谱考定亀井昱《国语考》成于天保二年辛卯(1831),时亀井昱五十九岁。根据阿部氏著录,日本各地存有亀井昱《国语考》写本八部。其中东京大学藏天保二年写本五册。卷十左栏外下题有"九月十四日卒业",卷末题有"天保二辛卯十月念二日卒业",是为《国语考》写定日期。

根据菊池纯(1819—1891)为高木熊三郎《标注国语定本》所作序及高木熊三郎《标注国语定本例言》可知,高木熊三郎《标注国语定本》即以秦鼎本为底本,又录入了亀井昱《国语考》和中井积德(1732—1817)《国语雕题》的研究成果,按以己义而成。

(3) 批校本《重刻国语》二十一卷

这个本子是千叶玄之(1727—1792)校订的本子。根据阿部隆一研究,这个本子是亀井昱批校本。阿部隆一引述《空石日记》文政九年(1826)三月至七月开讲、批校《国语》的情形,认为亀井昱先以千叶玄之本《国语》为工作本,逐条批注。五年之后,即天保二年,由亀井昱门人逐写成《国语考》这部专门著作。

这个做法,倒和皆川淇园(1735—1807)《国语考》的形成过程相同。今见京都大学藏"皆川淇园先生私见书"《国语》为林道春训点本,其中朱、墨、蓝三色批校。而日本清泉女子大学图书馆则藏有弘化四年(1856)皆川淇园《国语考》写本,恐怕其工作方式和亀井昱《国语考》是相同的。

2. 寺门日出男对中井积德《国语》研究的研究

寺门日出男为日本都留文科大学教授,长期从事怀德堂、怀德文库、中井积德以及中国文献的研究。对中井积德的生平交游以及生平著述有比较广泛而深入的研究,发表有多篇论文。寺门日出男在中井积德《国语》著述方面有论文两篇,其一为《中井履轩の"国语"注积について》,发表于2000年6月出版的《中国研究集刊》第26号(页13—26);另一为《中井履轩撰"国语雕题"について》,发表于2001年3月出版的《国文学论考》第37号(页1—7)。前篇主要是对中井积德《国语》注释体例、内容的揭示，后者主要是对中井积德《国语雕题》专书的基本研究。此外，寺门日出男教授还有《大阪天满宫御文库所藏"雕题"(中井履轩撰)诸本について》，发表于 1991 年的《中国研究集刊》第 10 号(页 79—83)。这是目前可知的日本学者对中井积德《国语》研究著述的研究。

3. 小方伴子对秦鼎《国语定本》的研究

日本二松学舍大学准教授小方伴子近年来致力于《国语》研究，已经发表《国语》研究论文数篇，内容包括：段玉裁《说文解字注》引《国语》研究、段玉裁《国语》校本临本、《国语札记》段玉裁校语研究、宋明道二年本《国语》黄丕烈重刊本研究、《国语》版本考——明道本与公序本、秦鼎《国语定本》初探、《国语》版本暨校勘学研究、顾千里撰《校刊明道本〈国语〉韦氏解札记》研究等，主要涉及《国语札记》的诸多问题。

2013 年，"校勘与经典"国际学术研讨会在日本冲绳召开，小方伴子提交《和刻本〈国语定本〉的校勘》一文，声明要对秦鼎《国语定本》进行校勘整理。此后，就秦鼎《国语定本》公开发表了两篇文章，分别为《秦鼎〈国语定本〉初探》(《大学院纪要》第 28 辑，页 1—17，2014 年)、《秦鼎"国语定本"に于ける清朝校勘学の成果の导入とその限界：顾千里"国语札记"の利用を中心に》(《二松学舍大学人文论丛》第 95 号，页 126—153，2015 年)。前者对和刻本《国语》、秦鼎《定本》刊行的背景、《定本》的底本、《定本》参照明刊本的情形、《定本》参照清刊本的情形等进行了梳理与总结。后者则是对前者"《定本》参照清刊本情形"的补充和进一步深入。

小方伴子的这两篇论文是对日本江户时期的《国语》研究著作——秦鼎《国语定本》的研究。当然，对于秦鼎《国语定本》的研究还需要进一步拓展和深入。

(二) 中国学者对江户及明治时期《国语》研究著作的关注

1. 书目著录

日本江户后期以及明治时期的《国语》研究著作多数是写本，流传未广。晚近时期的一些旧书店售书书目就有《国语定本》的著录。雷梦水(1921—1994)《古书经眼录》即对《国语定本》有较详细的著录。

鲁惟一(Michael Loewe)主编《中国古代典籍导读》(李学勤等译，辽宁教育出版社 1997 年版)，其中《国语》导读是由张以仁(1930—2009)、鲍则岳(William Boltz)、鲁惟一等撰写的。在这篇导读中，张以仁等著录了秦鼎《国语定本》。

王宝平编《中国馆藏和刻本汉文书目》(杭州大学出版社 1995 年版，页 127—129)、《中国馆藏日人汉文书目》(杭州大学出版社 1997 年版，页 127—129)曾经对中国国内部分图书馆收藏的日本学者汉文《国语》著作进行了著录。王书共著录了林道春(1583—1657)训点本、渡边操(1687—1775)《国语解删补》、户崎允明(1724—1806)《国语考》、千叶玄之(1727—1792)校本、关脩龄(1727—1801)《国语略说》、上善堂刻本、秦鼎《国语定本》、冢田虎(1745—1832)《增注国语》、高木熊三郎《标注国语定本》等日本《国语》刻本和著作九种。当然，其实以上各书的收藏机构不仅仅限于王氏所著录的几家。如秦鼎《国语定本》，中国国家图书馆、南京图书馆、安徽省图书馆以及一些大学图书馆也有收藏，非仅限于哈尔滨师范大学图书馆。

此外,刘毓庆、张小敏《日本藏先秦两汉文献研究汉籍书目》(三晋出版社2012年版,页316—319)虽然主要收录日本藏书机构藏中国汉籍情况,但是其中也收录了一些《国语》和刻本。如其“杂史类”中就收录有林罗山训点本、秦鼎《定本》、上善堂刊本等日本《国语》刻本以及著作多种。

2. 中国学者对日本《国语》研究成果的利用与研究

(1) 中国学者对日本《国语》研究成果的利用

长期以来,中国大陆地区各图书馆庋藏的日本学者《国语》汉文研究著作几乎没有得到重视。比较早参考到日本学者《国语》研究成果的是彭益林《〈国语·周语〉校读记》(《华中师范大学学报》1985年第5期),该文参考到秦鼎《国语定本》的一个条目。近些年来,随着《国语》研究的深入,中国大陆地区的学者越来越关注海外《国语》研究成果。尤其是秦鼎《国语定本》的研究成果得到了较多的关注与重视。

海外中国学者较早关注日本《国语》研究成果的是张以仁教授。张教授1957年从台湾大学中国文学系中国文学研究所硕士毕业,其硕士论文即《国语研究》。后入中央研究院历史语言研究所,从事《国语》研究近三十年,是20世纪《国语》研究的重镇。1969年,张以仁出版《国语斠证》,秦鼎《国语定本》和上善堂刻本《国语》是其重要的参校资料。在其后来的《国语》研究实践中,也一直注意引述秦鼎《国语定本》。①另外,郑良树《国语校证》三篇也把秦鼎《国语定本》作为重要的参校资料。

综上可知,中国学者对日本江户及明治时期的《国语》研究成果的利用还仅仅局限于秦鼎《国语定本》一书。而且这种利用还是浅层次上的,局部的。

(2) 中国学者对日本《国语》研究成果的研究

截至目前,中国学者缺乏对日本江户及明治时期的《国语》研究成果以及《国语》著作进行专门的研究。笔者此前曾经发表《金李本、张一鲲本、穆文熙本、秦鼎本之关系》(《长江学术》2012年第2期)一文,这篇文章只是对秦鼎本的版本来源进行了初步的探讨。时至今日来看,这篇文章有轻率和武断之嫌。2016年,又在《古籍整理研究学刊》第6期上发表《日本主要〈国语〉刊本考略》一文,对日本的主要《国语》刊本进行了较为详尽的研究,对其版本系统进行了梳理。

总体而言,对日本江户及明治时期《国语》研究成果及《国语》相关著作的研究还处于垦荒阶段,需先对日本《国语》进行个案研究,并进一步促进全面、深入的研究。

四、日本江户及明治时期《国语》研究概观

早期汉籍以及《国语》的东传,对日本平安时期(794—1192)及其以后相关典籍的

① 查询台湾大学图书馆、傅斯年图书馆馆藏,日本《国语》研究著作仅藏有《国语定本》。这也是张以仁《国语》研究一直仅仅参照《国语定本》的原因。另外,张以仁《国语斠证》所参《国语》刻本也都是比较常见的刻本,今审台湾“国家图书馆”所藏宋明《国语》刻本数量可观,而张以仁《国语斠证》并没有参考到。恐怕是当时仅仅利用了台湾大学和历史语言研究所的馆藏而已。此外,在张以仁的《国语》研究实践中,一直没有参照徐元诰的《国语集解》,这是很可怪的事情。今审台湾“国家图书馆”、台湾大学图书馆仅藏有王树民(1911—2004)、沈长云点校本《国语集解》,而傅斯年图书馆不仅藏有点校本,还有民国十九年上海中华书局排印本。这个排印本恐怕也是早期入藏的,张以仁何以没有参考到。至今仍是一个不解之谜。

编纂起了重要的材料支撑作用，如日本类书《秘府略》、日本小学书《倭名类聚抄》都利用到了《国语》材料。

江户时期(1603—1867)，日本《国语》研究兴起。江户前期，荻生徂来(1666—1728)、太宰纯(1680—1747)等人对《国语》的性质、《国语》与《左传》关系及其相关问题进行了较为系统地研究。林罗山首次为《国语》作训点，成为日本《国语》刊本中的重要版本，也是此后日本学者《国语》研究的可依据之本和此后日本诸多《国语》刻本的底本。江户后期，日本《国语》研究进入鼎盛时期，出现了为数不少的研究著作，也出现了几种重要刊本。著作如渡边操《国语解删补》、关修龄《国语略说》、冢田虎《增注国语》、户崎允明《国语考》、秦鼎《国语定本》、龟井昱《国语考》等。刊本如千叶玄之校本、上善堂本等。尤其上善堂本的出现，代表着日本《国语》研究的转折。此前的《国语》研究对中国本土《国语》刻本和著作的利用都不够理想。当然，也和这一时期中国本土没有出现重要的《国语》研究著作有关。明代后期的一些刻本和评点本成为上善堂本刊刻前后日本学者的主要参照材料。上善堂本刊行之后，日本学者有了较好的版本和研究成果的参照。在这一方面做得比较突出的就是秦鼎《国语定本》和恩田维舟《国语备考》。恩田维舟(1743—1783)《国语备考》条目数量较少，且非专攻，故所得有限。而秦鼎主要研究《左传》、《国语》，其参照明道本以及黄丕烈《札记》之处颇多。又由于秦鼎氏个人在《左传》方面也有较深的研究，并广采前人著述，故而其《国语》研究成就超迈前人。一直受到重视。江户末期，《国语》研究式微。明治初期，高木熊三郎等进一步推动了日本的《国语》研究。

如上文所言，江户中后期和明治时期的日本《国语》研究著作文本形态以写本为主，刻本较少。撰述体例大略可分为四种：1.渡边操《国语解删补》、关脩龄《国语略说》、恩田仲任《国语备考》、帆足万里(1778—1852)《标注国语》等节录原文语句，进行逐条辨析的撰述方式。这一类中，关脩龄《国语略说》又独出机杼，把撰述分为考文、考注、校异、补音四个部分。2.千叶玄之《韦注国语》、秦鼎《国语定本》、高木熊三郎《标注国语定本》等分栏，将个人见解写入上栏的方式。3.冢田虎《增注国语》则采取随文为释的方式；4.批校本则采取校语书于栏外，校改书于书中的方式。就其研究内容而言，大体包括这样几个方面：

(一) 订补音注

由于林罗山用刘怀恕本进行训点，而刘怀恕本是张一鲲本的子系统。张一鲲本的一个最大特点，就是把《补音》打散置于《国语》及韦注本文之下。渡边操、关修龄、千叶玄之、冢田虎等人都进行增补订正音注的工作，其中冢田虎《增注国语》增补最多。如关修龄弟子新井熙所作《国语略说序》就谓关修龄“因取《国语》，参考众说，依陆氏订其音”①，渡边操《春秋外传国语解删补序》亦谓：“宋庠音注诖误甚多，恐读者惑焉。今并书旧闻之与愚按以传之。”②又其《凡例》云：“《补音》……然今视其书疏漏

① 见载于关修龄《国语略说》卷首，前川嘉七宽政四年刊本。

② [日]渡边操：《国语解删补·自序》，永田调兵卫宝历十三年(1763)刊本，序文第2页。

甚多。《删补》于各条僭窃删订焉。”[①]日本学者在补音方面做了两方面工作:1. 无音之处补音。《国语补音》是针对二十一卷《国语》本文的,对于《国语解叙》并没有给予音注。千叶玄之、关修龄、冢田虎等在这一方面下了很多功夫。补音对象,无非三种:1) 异读字;2) 疑难字;3)《补音》他处注音而此处未注之字。音注来源有三个方面:1) 该字在《补音》他处已有音注,移以注此处之字;2) 以《古今韵会举要》、《正字通》、《康熙字典》所载音注施注;3) 音注来源不明。2. 感觉音注有误者订正之。这部分内容针对对象有二:1) 单音字订误;2) 异读字正音。由于日本学者不知道张一鲲在把《补音》散置《国语》正文之下改动了一些字的音注反切,从而误认为是宋庠《补音》的错误。另外,他们也没能全面参考《经典释文》等著作,又不懂音韵,故对《补音》条目的有些辨析是错误的。

(二) 释文

中国本土的《国语》研究,从三国时期的韦昭一下子就到了清代中期,中间不是没有《国语》的研究,相对而言较少而且未能引起重视。日本学者所参据的中国本土《国语》版本主要是明代后期的刻本,尤其是万历、崇祯年间张一鲲本等翻刻本以及一些评点本。日本学者所释即韦无注之处。涉及到普通词语、专有名词、历史典制、虚词以及文句结构等。

(三) 考注

主要对韦昭注进行考校。主要内容包括:1. 对韦注提出异议;2. 补证韦注引述内容及出处;3. 对韦注语词进行解释。日本学者相当注重韦昭引述内容出处的补充,渡边操、千叶玄之、关修龄、冢田虎、秦鼎等在这一方面都比较注重。

(四) 校异

渡边操、千叶玄之、关修龄一直到秦鼎都相当注意《国语》版本的对勘和考校。日本江户时期学者多采用他校法,也偶尔用理校法,如冢田虎《增注国语》用理校法比较多。此外,千叶玄之等往往校出而不改易《国语》本文,这一做法也被秦鼎继承,但是秦鼎经常改易注文,尤其增加了许多句末语气词“也”。千叶玄之等所据参校的本子比较单一,且非良本。如渡边操所参据的主要是崇祯年间的卢之颐本,此后千叶玄之也主要参校卢本[②]。整体而言,日本《国语》校异由于参校版本的问题,所得有限。到了葛西质(1764—1823)、秦鼎,才参照到黄刊明道本及其覆刻本。此外,秦鼎还参照陈仁锡本、钟惺评本、闵齐伋本等明代后期的本子,又参照《国语》选本和一些古文选集中的《国语》篇目。由于可以参考到上善堂本以及《国语札记》,考校成绩有所提高。

(五) 评点

林罗山训点的本子以刘怀恕刻本《国语》为底本,该本把张一鲲本和穆文熙《国语

---

① [日]渡边操:《国语解删补·凡例》。

② 通过比证可知,卢之颐本是以闵齐伋裁注《国语》为底本,增入陶望龄的评点。

钞评》合在一起，最便翻检。所收录历代评点中，穆文熙评语149条，11条称“穆子”，柳宗元(773—819)评语50条，孙应鳌(1527—1586)评语48条，刘怀恕评语5条，石星(1538—1599)1条，程子1条。后世日本《国语》研究基本以林罗山训点本为对象，并且他们所参据的本子也是明代后期的带有评点的本子，如陈仁锡评本、钟惺评本、卢之颐校订本、储欣评本甚至一些古文选本等等。关注《国语》评点，并对《国语》相关篇章进行评点，就成为日本《国语》研究的一个重要内容。如千叶玄之就增补了较多的评点条目。至于冢田虎，认为评点无益，全部删掉，秦鼎按照冢田虎的做法，不再迻录篇题和评点，但在《国语》具体问题的考校中，仍会引用评点意见。

（六）专门问题研究

专门问题研究分为两个方面：1. 对《国语》性质、作者、价值等相关问题研究；2.《国语》占筮、引《易》研究。前者主要体现在《国语》著述的序跋以及日本学者的文集中；后者则是专门著作，如谷川顺(1774—1831)《左国易一家言》、真势中洲(1754—1817)《国语占筮考》等。

总体而言，日本《国语》流传线索明晰，版本系统单纯。日本的多个《国语》刊本隶属于《国语》张一鲲本系统，在流传上具有相当清晰的前后继承性。如下图：

《国语钞评》　闵齐伋本、陈仁锡本、卢之颐本等华本　上善堂本

↓　↗　↓　↘↓

张一鲲本→刘怀恕本→(《评苑》→)道春本→千叶玄之本→秦鼎本→高木本

日本江户及明治时期的《国语》研究学者大多精研多种汉籍，故其《国语》的研究成果也多比较深入。日本江户中期，恰好是中国本土注重明道本钞校的时代，中国本土学者鲜有完整的《国语》研究著作，而日本江户时期中期的《国语》研究填补了这段空白，并把《国语》的研究向前推进了一步。当然，就学养、识断而言，江户及明治时期的日本学者远逊于同时期的中国学者，很多问题研究未能深入，论证稍嫌单薄。

（作者单位：唐山师范学院中文系）

2014年类书研究综述*

刘全波　何强林

类书是一种辑录各种门类或某一门类的资料，按照一定的方法加以编排，以便于寻检、征引的知识性资料汇编①。一千多年来，类书作为典籍之荟萃，知识之精华，对文献保存、知识传播和学术研究都产生了重要作用。近年来，类书研究渐有升温之趋势，各种论著层出不穷，为了展现类书研究的新状况、新进展，笔者计划以年为单位梳理近年来的类书研究，本文即是针对2014年类书研究状况的梳理。

一、类书通论

罗恰《由出土文献论古代"类书"之起源》一文认为《说苑·谈丛》是格言和谚语的材料汇编，类似于后来类书的体例，故作者认为《说苑·谈丛》开启了类书的编纂体例②。吴承学、何诗海《类书与文体学研究》一文主要考证了类书对于文体学研究的意义，作者认为类书不专主一门，故能包罗万有，往往体现了编撰者对于整个知识体系的总结，自然也反映出对文学学术的认识，是文学研究的重要史源③。刘芙蓉《雕版印刷与类书漫谈》主要论述了宋代雕版印刷的发展情况以及宋代雕版的特点，并且通过北宋四大类书说明了雕版印刷术的应用和贡献④。刘全波《论敦煌类书的分类》一文通过对中古类书发展史的梳理，将类书当然也包括敦煌类书分为类事类书、类文类书、类句类书、类语类书、赋体类书与事文并举类书六种体例，并认为类事类书是类书发展的主流，其他类书体例是重要组成部分⑤。

何跞《从〈四库全书总目〉看类书的特质》一文从《四库全书总目·类书类》出发考察了清人对类书的学理认识，其言类书在经史子集中独关子部、集部而无关经史，经史子集中文学与非文学的类分意识，使得类书的归类也带上了文与非文的色彩⑥。何跞《从〈四库全书总目〉论类书的二元属性与学理源流》主要是根据《四库全书总目》对于类书既博又杂的特性进行了探讨，作者认为类书有两重性使得类书同时要追求博和精，结果使得大部分类书具有冗杂的特点，类书在发展中始终存在着这种学理的

* 本文为教育部人文社会科学研究基金一般项目"唐代类书编纂研究"（15YJAZH045）阶段性成果。

① 刘全波：《类书考略》，《山东图书馆学刊》，2013年第6期，第88页。

② 罗恰：《由出土文献论古代"类书"之起源》，《中国典籍与文化》，2014年第3期，第4—9页。

③ 吴承学、何诗海《类书与文体学研究》，《古典文学知识》，2014年第1期，第117—123页。

④ 刘芙蓉：《雕版印刷与类书漫谈》，《图书馆学刊》，2014年第11期，第108—109页。

⑤ 刘全波：《论敦煌类书的分类》，王三庆、郑阿财主编：《2013敦煌、吐鲁番国际学术研讨会论文集》，台南：成功大学中国文学系出版，2014年，第547—579页。

⑥ 何跞：《从〈四库全书总目〉看类书的特质》，《图书馆学刊》，2014年第1期，第126—128页。

二元对立，这是与历史上文学与经学的发展相关联的[①]。崔洁《〈四库全书总目·子部·杂家类〉研究》一文从学术史的角度梳理了清代之前的重要目录书中杂家类演变发展的情况，随之重点分析了《四库全书总目·子部·杂家类》的由来及其中所体现的创新，文章对杂家类下的杂说、杂纂同与之相近的其他类目如史部杂史、小说类、类书等皆做了考证分析，作者认为类书是将古书分为一定单位大小的条目，按门类将其编排，杂抄却是将诸家之说摘取其精要部分汇编成书，《意林》《绀珠集》《类说》属于杂抄，而《事实类苑》《仕学规范》《自警编》《言行龟鉴》《说郛》属于类书[②]。王林飞《略论子部的此消彼长与学术变迁》主要讨论了从《汉志》到《隋志》再到《四库全书总目》子部类目与子部内容的变化，阴阳家、名家、墨家、纵横家逐渐消亡，增加了艺术、谱录、类书、释家四个类别，作者认为子部类目的增减与子部内容的调整，不只是数目的变化，其实还是中国古代学术发展的一个缩影[③]。

杨靖康《论目录书与类书关照下的先唐时期典籍分类学》认为先唐时期是古代典籍分类学从起源、发展逐渐走向定型的关键时期，作者探讨了学术分类法与事物分类法，并且认为目录书与类书是其两种载体[④]。杨靖康《古代典籍分类中之事物分类法探源》主要讨论了儒家“六艺”典籍分类法以及它的局限性，而随着书籍的不断增加以及抄撮之学的兴起，原来按典籍名称进行分类的方法就显得落伍了，受抄撮之学的影响，事物分类法增添了新内容，其表现形式即为中国古代特有的类书[⑤]。王欣妮、崔建利、黄燕《“类书纂辑法”与“别裁法”之辨析》主要讨论“类书纂辑法”与“别裁法”的区别与相似之处，作者认为类书重在“抄”，述而不作，但类书的这种抄录往往支离破碎，不关注著录源流的意义，别裁在裁篇别出之后往往在每个篇目之下标有子注，申明所自，能够达到旨存统要，显著专篇的功效[⑥]。

宋一明《〈茶经·七之事〉采摭类书考》主要是对陆羽《茶经·七之事》资料来源的考证，作者认为《茶经·七之事》可能出自某类书[⑦]。赵谦《〈四库全书〉类书中杨柳的多种意象分析》通过搜集类书中关于杨柳的条目，从杨柳的自然属性、情感寄托和人格指代三个方面进行了分析[⑧]。刘张杰《再论八音——从类书出发谈八音之外的古代乐器分类方法》以类书为主探究除了八音分类法之外的古代乐器分类法，作者认为

---

① 何跞：《从〈四库全书总目〉论类书的二元属性与学理源流》，《乐山师范学院学报》，2014年第6期，第136—140页。

② 崔洁：《〈四库全书总目·子部·杂家类〉研究》，首都师范大学硕士学位论文，2014年。

③ 王林飞：《略论子部的此消彼长与学术变迁》，《西华大学学报（哲学社会科学版）》，2014年第5期，第43—47页。

④ 杨靖康：《论目录书与类书关照下的先唐时期典籍分类学》，《文教资料》，2014年第15期，第19—20页。

⑤ 杨靖康：《古代典籍分类中之事物分类法探源》，《语文学刊》，2014年第18期，第58—59页；杨靖康：《古代典籍分类中之事物分类法探源》，《黑龙江史志》，2014年第17期，第48—49页。

⑥ 王欣妮、崔建利、黄燕：《“类书纂辑法”与“别裁法”之辨析》，《晋图学刊》，2014年第6期，第51—53页。

⑦ 宋一明：《〈茶经·七之事〉采摭类书考》，《农业考古》，2014年第2期，第171—176页。

⑧ 赵谦：《〈四库全书〉类书中杨柳的多种意象分析》，《天水师范学院学报》，2014年第3期，第75—78页。

民间主要是以演奏方式进行分类①。陈晨《日本辞书〈倭名类聚抄〉研究》主要以《倭名类聚抄》为研究对象，从性质特点、编撰价值、部类结构、解说体例、引用典籍等方面进行探讨，然后以《倭名类聚抄》引用中国典籍《玉篇》和日本典籍《杨氏汉语抄》为例进行对照分析，揭示《倭名类聚抄》的文献引用情况及其在汉语史上的地位②。

二、魏晋南北朝类书

刘全波《〈皇览〉编纂考》主要对《皇览》的编纂者、编纂背景、编纂时间等问题进行了考证，作者认为《皇览》开创了一个新的图书编纂模式，并被后世沿袭至今，但是《皇览》类书之祖的名号却是后人追封的，《皇览》编纂的时代还不知道类书为何物，魏文帝曹丕等人应该是将《皇览》看作文献大成、资料汇编的，《皇览》的流传历经千余年，南北朝时期何承天、徐爰、萧琛皆有抄合本，而今则有王谟、孙冯翼、黄奭等辑佚本流传③。刘全波《〈修文殿御览〉编纂考》一文对《修文殿御览》的编纂背景、编纂过程、编纂者以及流传、辑佚等情况做了较为全面的梳理，旨在展现《修文殿御览》在传世文献中的流传情况，作者认为《修文殿御览》的编纂是在北齐文化繁荣的背景下进行的，由于北齐君臣的主观目的是沽名钓誉，所以在编纂《修文殿御览》时以《华林遍略》为蓝本，因袭而成，《修文殿御览》与《华林遍略》相比增加的主要内容是《十六国春秋》《魏史》和《六经拾遗录》等北朝著作，但由于颜之推等学者的存在，一定程度上也保证了《修文殿御览》的编纂质量④。

本井牧子撰，桂弘译《东亚的唱导中的〈金藏论〉——以朝鲜版〈释氏源流〉空白页上的填写内容为端绪》一文认为中国南北朝末年编纂的《金藏论》是抄录佛经中各种故事而汇集成的一部古籍，虽然它在形式上被称作类书，但是与中国传统意义上的类书是有区别的，因为它收录的内容都是宣扬善恶因果的譬喻因缘，并且从内容及篇章分布上可知，《金藏论》的着眼点是教化世俗之人从而将其导向向佛之道；文章还认为写在日本天理图书馆藏朝鲜版《释氏源流》一书里的内容是抄自或引用自《金藏论》，这些夹写在书中的文字表明，一直到《释氏源流》刊行的17世纪为止，《金藏论》在朝鲜半岛上仍然在得到奉读，并且很可能是用在法会唱导的时候，这就为《金藏论》在东亚区域的普及性又增添了一份佐证⑤。

敦煌写本类书《语对》自藏经洞发现以来，便以其文学文献价值备受学者关注。王祺《敦煌写本类书〈语对〉词汇研究》侧重《语对》的词汇考释，将《语对》中所呈现的复音词与大型工具书相对照，把失收的复音词罗列起来尽量给予正确释义，并分析了

---

① 刘张杰:《再论八音——从类书出发谈八音之外的古代乐器分类方法》,《人民音乐》,2014年第11期,第60—65页。

② 陈晨:《日本辞书〈倭名类聚抄〉研究》,山西大学硕士学位论文,2014年。

③ 刘全波:《〈皇览〉编纂考》,《中国典籍与文化》,2014年第1期,第57—69页。

④ 刘全波:《〈修文殿御览〉编纂考》,《敦煌学辑刊》,2014年第1期,第31—45页。

⑤ 本井牧子著,桂弘译:《东亚的唱导中的〈金藏论〉——以朝鲜版〈释氏源流〉空白页上的填写内容为端绪》,《中国俗文化研究》第9辑,成都:巴蜀书社,2014年,第12—28页。

《语对》的词汇特点及意义[①]。《良吏传》为南朝梁钟岏所撰，今已亡佚，该书内容零星保存在《太平御览》《职官分纪》等传世类书中。陈光文《〈良吏传〉辑考——以敦煌遗书与传世类书为中心》对抄写于唐代的敦煌遗书 P.4022＋P.3636、P.5544、S.2053V 进行了研究，结合敦煌遗书与传世类书对《良吏传》内容进行了辑考[②]。王驰《敦煌写本类书征引史籍研究》一文首先对敦煌写本类书征引的传世史籍做排比、辨析，分析征引特点，并利用敦煌写本类书中保留的相关条目对一些亡佚的六朝史籍做辑佚与校勘[③]。今人刘纬毅的《汉唐方志辑佚》是目前辑录六朝地志较为全面的著作，王驰《敦煌类书补扩〈汉唐方志辑佚〉三则》主要是通过对三件敦煌类书写本的研究考证，新发现三则关于六朝地志的佚文，补充了《汉唐方志辑佚》之漏[④]。

三、隋唐五代类书

王璐《〈兔园策府〉与唐代类书的编纂》一文认为《兔园策府》代表了唐初类书编纂的一个趋势，即文学性与学术性并重，这和唐初修纂类书的目的和方法有关，作者认为《兔园策府》成书时间在《初学记》前，因而偶句之体例不是自徐坚始，很有可能始自《兔园策府》[⑤]。毛阳光《洛阳偃师新出土〈杜嗣俭阎夫人墓志〉及相关问题研究》主要是对洛阳新出墓志《杜嗣俭阎夫人墓志》及相关问题的研究，杜嗣俭是唐代类书《兔园策府》作者杜嗣先的兄长，墓志内容可以和此前流散台北的《徐州刺史杜嗣先墓志》相印证，证实了《杜嗣先墓志》的真实性，同时对于了解唐代偃师杜氏家族有重要意义[⑥]。

林晓光《论〈艺文类聚〉存录方式造成的六朝文学变貌》认为有大量六朝文学文本赖《艺文类聚》得以保存，但其存录方式却并非忠实抄录原文，而是有意识地加以删略改造，作者通过对六朝作品在《艺文类聚》和其他文献中所保存文本的对比，可以看到《艺文类聚》基于其“艺文”宗旨及类书功能、体例，而对原作进行了删节缩略甚至必要的改写，六朝文学文本因此发生构造性的变异，文体遭到破坏弱化，其中的历史性内容及与类书条目无关的部分则往往被隐灭舍弃，故在六朝文学研究中，不能直接将这些镜中影像视同六朝文学本体，而应当充分考虑其存录方式乃至规律，对“六朝文学”和“六朝文学镜像”采取二重性的研究模式[⑦]。韩建立《〈艺文类聚〉中的“互著”与“别裁”》认为在《艺文类聚》中自觉而有意识地借鉴并大量运用“互著”与“别裁”之法，这

---

① 王祺：《敦煌写本类书〈语对〉词汇研究》，西北师范大学硕士学位论文，2014 年。

② 陈光文：《〈良吏传〉辑考——以敦煌遗书与传世类书为中心》，《中国典籍与文化》，2014 年第 3 期，第 64—71 页。

③ 王驰：《敦煌写本类书征引史籍研究》，兰州大学硕士学位论文，2014 年。

④ 王驰：《敦煌类书补扩〈汉唐方志辑佚〉三则》，《黑龙江史志》，2014 年第 9 期，第 78 页。

⑤ 王璐：《〈兔园策府〉与唐代类书的编纂》，《西安文理学院学报(社会科学版)》，2014 年第 5 期，第 24—27 页。

⑥ 毛阳光：《洛阳偃师新出土〈杜嗣俭阎夫人墓志〉及相关问题研究》，《敦煌学辑刊》，2014 年第 1 期，第 71—75 页。

⑦ 林晓光：《论〈艺文类聚〉存录方式造成的六朝文学变貌》，《文学遗产》，2014 年第 3 期，第 34—44 页。

从一个侧面说明,最晚在唐初,古典目录运用“互著”和“别裁”已经相当普遍,并且作者认为在“互著”与“别裁”起源诸说中,只有起源于《七略》一说较为合理[①]。韩建立、黄春华《〈艺文类聚〉领修人考辨》认为欧阳询是当然的领修人,但不是唯一,另外三位领修人是陈叔达、裴矩和袁朗[②]。韩建立《〈艺文类聚〉编撰人员考辨》认为《艺文类聚》是多人分工主导编撰而成,目前可知的编撰人员有欧阳询、令狐德棻、陈叔达、裴矩、赵弘智、袁朗六人,且其中四位留下了主导编撰的痕迹,即欧阳询、陈叔达、裴矩和袁朗[③]。黄婷、许建平《〈艺文类聚〉所引〈诗经〉的学术价值》认为《艺文类聚》保存了珍贵的古本《诗经》的面貌,文章将《艺文类聚》所引《诗经》与宋刻本对照,并从保存《诗经》之本字、佐证先贤之成说、据知传本之误改、提供失传之文句、保存《韩诗》之佚文五个方面论述《艺文类聚》所引《诗经》的学术价值[④]。

王乐《〈初学记〉与初唐文学研究》认为《初学记》引选了不少本朝人的作品,可谓是一手材料,故其文字可信程度较高,故可以以现存的宋本及排印本《初学记》来校勘《全唐诗》和《全唐文》。再者,《初学记》的选文特色和文艺倾向可以反映出初唐文学的流行情况,可以看出某些作家在当时的文学地位和作品的接受程度,从而总结出在《初学记》视角下所映像的初唐百年间不同时期主流文学的发展走向。最后,作者通过《文苑英华》的十卷科举应试诗的题目来比对《初学记》的内容,论证以《初学记》为代表的类书与唐代科举文学及国家选官制度的密切联系,进而延伸讨论官修类书与当时文学和政治精神实质的一致性[⑤]。李玲玲《〈初学记〉征引文献体例探讨——以经部文献为中心》对《初学记》所引经部文献的体例进行了归纳,得出其引文有意引、合引、选引、补足省略成分等方式,引文标识上,往往采用小字加注、“又曰”、句末总结等方式[⑥]。苏国伟、智延娜《〈初学记〉引〈论衡〉考略》一文主要是对于《初学记》中引自《论衡》的内容作了考订,一一与原文对正,并探究《初学记》在编纂中的体例与取舍原则[⑦]。郜同麟《类书专书研究的新范式——读李玲玲〈《初学记》引经考〉》一文先对于类书的专书研究做了一个学术史回顾,从校勘学和异文研究两方面叙述了当下的研究,然后谈到李著的优点和缺点,作者认为李玲玲《〈初学记〉引经考》是一部类书专书研究的佳作[⑧]。张小艳《类书引经研究的典范之作——读〈《初学记》引经考〉》对李玲玲《〈初学记〉引经考》进行了评论,认为《〈初学记〉引经考》是一部类书引书研究的

---

① 韩建立:《〈艺文类聚〉中的“互著”与“别裁”》,《图书馆学刊》,2014年第4期,第117—119页。

② 韩建立、黄春华:《〈艺文类聚〉领修人考辨》,《社会科学战线》,2014年第8期,第275—276页。

③ 韩建立:《艺文类聚》编撰人员考辨》《南京邮电大学学报(社会科学版)》,2014年第4期,第96—101页。

④ 黄婷、许建平:《〈艺文类聚〉所引〈诗经〉的学术价值》,《中国典籍与文化》,2014年第4期,第11—16页。

⑤ 王乐:《〈初学记〉与初唐文学研究》,复旦大学博士学位论文,2014年。

⑥ 李玲玲:《〈初学记〉征引文献体例探讨——以经部文献为中心》《浙江师范大学学报(社会科学版)》,2014年第3期,第80—84页。

⑦ 苏国伟、智延娜:《〈初学记〉引〈论衡〉考略》,《河北大学学报(哲学社会科学版)》,2014年第4期,第57—61页。

⑧ 郜同麟:《类书专书研究的新范式——读李玲玲〈《初学记》引经考〉》,《参花(下)》,2014年第7期,第93—94页。

典范之作，作者主要从语言文字、内容考辨、发现谬误、研究价值等几个方面进行探讨，认为李玲玲这部书内容翔实，考证精当，是一部很有价值的书[①]。

李文澜《〈白孔六帖〉校补札记》认为陆心源藏宋刻本《白氏六帖事类集》不避宋仁宗讳，而避宋真宗讳，断定该本是宋真宗时刊本，其刊刻时间当在真宗即位(997)以后，大中祥符五年(1012)之前，无疑是存世最早的善本。《孔氏六帖》成书于南宋高宗绍兴初年，版刻于孝宗即位之后。目前海内仅存一部《孔氏六帖》，分藏台北"故宫博物院"和北京国家图书馆，文章认为《白孔六帖》对其祖本之一的《孔氏六帖》删节阉割之多，在存世古籍中尚不多见，作为私人编纂的类书，《孔氏六帖》不仅具有一般类书的辑佚和校勘作用，而且还充满了时代精神，蕴涵着编书人孔传的价值取向，它被并入《白孔六帖》后的省佚，又体现了时代的变迁，诸如此类为历史学提供了研究的空间[②]。

李华伟《〈法苑珠林〉研究——晋唐佛教的文化整合》认为《法苑珠林》之《轮王篇》《君臣篇》《纳谏篇》意在体现佛教对王者责任与福德的多种规范，以及其至高之德与至善之治相统一的政治理想，其《审察篇》《思慎篇》《俭约篇》《惩过篇》《和顺篇》等篇重在把握佛教与儒家君子人格相契的内容，并以佛教精神与之作互释沟通，《法苑珠林》所把握的这几点也是后来理学于君子心性修养方面尤为重视的。作者认为《法苑珠林》相关篇章的编撰，一方面介绍佛教业报因果论的本来面貌，一方面表露了以因果来理解中土社会现象的意图，以及强调因果惩戒对社会秩序的规范作用[③]。韩海振《宋版〈法苑珠林〉随函音义字形研究》对宋元时期《碛砂藏》所载《法苑珠林》随函音义的版刻字形存在的书写变易现象进行了探索，为汉字俗写字形研究提供更多样式的实际材料，有助于推动汉字构形研究的细致化、多元化[④]。张龙飞、周志锋《〈汉语大字典〉失收俗字字形补遗——以〈法苑珠林〉俗字为例》，为《汉语大字典》补充若干失收俗字[⑤]。

宋军朋《论佛教类书的博物学特色》主要从博物学角度对四部佛教类书《经律异相》《诸经集要》《法苑珠林》《释氏六帖》进行了讨论，论述佛教类书博物学特色的演变过程，力求丰富中国古代科技史研究的内容，拓展其研究领域[⑥]。宋军朋《〈释氏六帖〉在古代科技方面的主要贡献》从现代科学的角度，即天文历法、地理、数学和物理、生物、医药卫生、纺织、工艺制造七个方面，分类总结《释氏六帖》在古代科技方面的主

---

① 张小艳：《类书引经研究的典范之作——读〈《初学记》引经考〉》，《宁波大学学报(教育科学版)》，2014 年第 6 期，第 124—128 页。

② 李文澜：《〈白孔六帖〉校补札记》，《魏晋南北朝隋唐史资料》第 30 辑，上海：上海古籍出版社，2014 年，第 246—263 页。

③ 李华伟：《〈法苑珠林〉研究——晋唐佛教的文化整合》，南开大学博士学位论文，2014 年。

④ 韩海振：《宋版〈法苑珠林〉随函音义字形研究》，河北大学硕士学位论文，2014 年。

⑤ 张龙飞、周志锋：《〈汉语大字典〉失收俗字字形补遗——以〈法苑珠林〉俗字为例》，《现代语文(语言研究版)》，2014 年第 6 期，第 96—97 页。

⑥ 宋军朋：《论佛教类书的博物学特色》，《科学技术哲学研究》，2014 年第 2 期，第 73—77 页。

要成就和贡献,以丰富和深化中国古代科技史的研究①。赵玉琦、刘同军《〈释氏六帖〉引〈古今注〉的文献价值》认为《释氏六帖》引用了许多《古今注》释义,与今通行本《古今注》多有出入,作者从辨伪、版本、辑佚、校勘四个方面分析了其征引情况②。

王龙睿《〈小名录〉研究》认为《小名录》是以小名为对象,通过摘抄史传书籍中的小名及其相关故事编撰而成一部类书,文章分析了《小名录》的内容、作者、著录、版本、流传与影响,通过对其校勘,分析了其文献价值,文章认为晚唐至宋时诗文创作追求典故的风气和晚唐知识分子对博物和知识的极致追求是其产生的主要背景③。

四、宋元类书

申慧青《皇权观念在类书编纂中的映射——以〈太平御览·皇王部〉的编纂为例》认为宋代类书的编修目的从唐代应对科举的"场屋"之书转变为皇帝御用的"资政"之作,这就使得宋代类书中关于君主和君臣关系的内容成为重点,《太平御览》中《帝王部》的编写和前代类书中的《帝王部》有很大不同,在《太平御览》中对唐代部分特别重视,内容也比较多,并且材料的记录与编排,都反映了编纂者的正统意识④。吴娱《试论宋初谏诤的修己观——以〈太平御览〉的"谏诤"门为例》认为"谏诤"门的设置,可看出宋初统治者对"谏诤"的重视和开国时推崇儒教、施行仁政的统治策略,尽管在宋代后来的政治中,谏诤的政治功能日益衰微,然而"谏诤"事例中体现的修己、内省的思想,能发现宋初文臣对统治者提高个人修养的刻意要求⑤。

李文娟《〈太平御览〉引〈论语〉考》对《太平御览》所引《论语》与皇侃《论语集解义疏》、定州竹简《论语》、正平本《论语》、汉熹平石经所刻《论语》、唐写本《论语郑氏注》等文本对比,并于不同或有疑异处详加校勘⑥。段伟、孙越《〈太平御览·工艺部·画类〉文献揭引》认为《太平御览·工艺部·画类》是一部重要的美术文献,通过考察《太平御览》的文献结构及其美术史料的表现形式,指出《太平御览·工艺部·画类》对人们校勘宋代以前的美术典籍有着重要的文献参考价值⑦。韩志远《浅谈北宋时期的"扬杜抑李"思想——以〈太平御览〉对李杜的记载为例》通过《太平御览》对李杜的记

---

① 宋军朋:《〈释氏六帖〉在古代科技方面的主要贡献》,《华北水利水电大学学报(社会科学版)》,2014年第1期,第139—142页。

② 赵玉琦、刘同军:《〈释氏六帖〉引〈古今注〉的文献价值》,《北方工业大学学报》,2014年第2期,第78—82页。

③ 王龙睿:《〈小名录〉研究》,西南交通大学硕士学位论文,2014年。

④ 申慧青:《皇权观念在类书编纂中的映射——以〈太平御览·皇王部〉的编纂为例》,《宋史研究论丛》第15辑,保定:河北大学出版社,2014年,第498—509页。

⑤ 吴娱:《试论宋初谏诤的修己观——以〈太平御览〉的"谏诤"门为例》,《山西大同大学学报(社会科学版)》,2014年第4期,第30—33页。

⑥ 李文娟:《〈太平御览〉引〈论语〉考》,曲阜师范大学硕士学位论文,2014年。

⑦ 段伟、孙越:《〈太平御览·工艺部·画类〉文献揭引》,《辽宁工业大学学报(社会科学版)》,2014年第6期,第82—84页。

载与诗作的选录情况加以分析,为北宋人的“扬杜抑李”思想寻找依据[①]。高文智《〈太平御览〉中与“冬”相关人事活动解析》通过对《太平御览》的研究分析,考察了“冬”的本身含义及涉及的意象,并对与“冬”相关的人事活动进行分析研究,考察了古人活动与“冬”的关系和冬季对人们生产生活的影响[②]。李沛雷《试析〈太平御览〉中的“秋”》通过对《太平御览》中时序部卷二四和二五的分析来了解“秋”在古代文章典籍中的记录情况,从而知晓“秋”的含义及其所蕴含的文化意蕴[③]。

《文苑英华》收赋共分为四十二类,杨欣华《〈文苑英华〉赋卷研究》对主要类目做了大致的阐述,分析这些类目背后隐藏的文化关照,探寻宋人重视唐赋的原因,并将《文苑英华》的应试赋以列表的形式进行分类,结合唐代科举制度去分析所收应试赋的特色,又将《文苑英华》和《文选》进行比较,从选录标准、作品分类和文体分类三个方面分析《文苑英华》对《文选》的继承和革新,还将《文苑英华》和《历代赋汇》从编纂理念、作品分类和作品文本三个方面进行比较,分析《文苑英华》对于《历代赋汇》编纂的影响[④]。杨栩生、沈曙东《〈文苑英华〉之李白诗题目异文辨读》认为《文苑英华》所录李白诗有诸多异文,作者择出《将进酒》等七首诗题目颇为重要的异文加以辨析[⑤]。张培《〈文苑英华〉与〈唐百家诗选〉的宗唐风尚比较研究》认为《文苑英华》和《唐百家诗选》分别代表着北宋不同时期士人的唐诗观,通过比较其审美风尚的变迁,揭示北宋初期到中期唐诗观演变的过程和宋人崇尚唐诗的文化心态[⑥]。罗昭君、李倩冉《论〈文苑英华〉中对歌行的编选》认为《文苑英华》中对歌行的编录,继承了中唐元稹、白居易的歌行观念,其中收录白居易、杜甫、韦应物等人的歌行作品较多,之所以将歌行独立成类,是编录官参考唐人文集而来,因为在中晚唐诗人的观念中,歌行已逐渐发展成为一种文体,作者认为《文苑英华》在编录歌行的过程中也出现了一些失误,主要原因在于编书时间仓促、唐宋人文体观念模糊及受政治影响等因素[⑦]。

何水英《从选本批评看宋初唐诗学的演进——基于〈文苑英华〉与〈唐人选唐诗〉的比较》对《文苑英华》与《唐人选唐诗》十三种选本所选录唐诗进行比较,发现宋初选唐诗更突出题材意识,题材有日常生活化倾向,宋人对唐诗选录态度更具包容性,更强调诗歌的教化功能[⑧]。何水英《论〈文苑英华〉诗学批评特征及成因》认为《文苑英

---

① 韩志远:《浅谈北宋时期的“扬杜抑李”思想——以〈太平御览〉对李杜的记载为例》,《菏泽学院学报》,2014 年第 4 期,第 44—47 页。

② 高文智:《〈太平御览〉中与“冬”相关人事活动解析》,《齐齐哈尔师范高等专科学校学报》,2014 年第 1 期,第 93—95 页。

③ 李沛雷:《试析〈太平御览〉中的“秋”》,《青年文学家》,2014 年第 21 期,第 54 页。

④ 杨欣华:《〈文苑英华〉赋卷研究》,南京师范大学硕士学位论文,2014 年。

⑤ 杨栩生、沈曙东:《〈文苑英华〉之李白诗题目异文辨读》,《绵阳师范学院学报》,2014 年第 1 期,第 6—11 页。

⑥ 张培:《〈文苑英华〉与〈唐百家诗选〉的宗唐风尚比较研究》,《郑州牧业工程高等专科学校学报》,2014 年第 4 期,第 52—55 页。

⑦ 罗昭君、李倩冉:《论〈文苑英华〉中对歌行的编选》,《广东广播电视大学学报》,2014 年第 4 期,第 75—78 页。

⑧ 何水英:《从选本批评看宋初唐诗学的演进——基于〈文苑英华〉与〈唐人选唐诗〉的比较》,《中南大学学报(社会科学版)》,2014 年第 1 期,第 181—185 页。

华》主要诗学批评特征有三，诗歌尊君意识进一步强化，倾向崇尚文采的“风雅”追求，以及诗用以教化，但人的德行不入批评标准，其成因与宋初儒学复兴、文化主体心态都有关系，官方虽在文学上未强调作者德行，但要求以政治上的德行来确保士人文德兼修①。何水英《〈文苑英华〉对南朝艳诗的收录：态度、特征及影响》认为《文苑英华》收录了不少南朝艳诗，这说明宋初从官方层面接受了艳诗，但《文苑英华》并未明确肯定艳诗地位，而是通过筛选宫体诗、改变诗歌类型等方式淡化艳诗色彩②。何水英《〈文苑英华〉误作“网罗放佚”性总集考辨》认为《文苑英华》不是“网罗放佚”的非选本总集③。宋红霞《何焯手批本〈文苑英华〉考述》对台湾“国图”藏何焯手批本《文苑英华》进行了实地考察，对其版本、递藏、文献价值及批校背景等进行了较为全面的梳理与考证，认为何焯对《文苑英华》的评校与《全唐诗》的编修刊刻有关系④。

林耀琳《〈太平广记〉成书时间考》通过对宋太宗、宋真宗时期各种因素和资料的考证，证明《太平广记》是从宋太宗太平兴国年间开始编撰，最终成书于宋真宗时期⑤。呼啸《浅谈〈太平广记〉中的仙枣》认为《太平广记》中许多关于枣的神奇传说反映了枣在民俗文化中的重要地位⑥。赵伯陶《〈聊斋志异〉借鉴〈太平广记〉三题》从词语借鉴、情境借鉴以及注释校勘出发考察《聊斋志异》与《太平广记》的关系⑦。宋冠华、王虎《〈太平广记〉与〈唐摭言〉异文比较研究》认为《太平广记》引用《唐摭言》共132条，有异文存在，辨明这些异文，不仅对《太平广记》和《唐摭言》的校勘有重大作用，而且有利于史实真相的探明⑧。赵素忍、刘静、宋菲《〈艳异编〉与〈太平广记〉关系探讨》以“王敬伯”篇为例，查找故事源流，得知《艳异编》中此篇看似与《太平广记》相关，实际上并非编选自《太平广记》⑨。王晓蕾《接受美学视域下的中国志怪小说英译——以〈太平广记〉中小说标题英译为例》认为丁译(丁往道)为异化译法，张译(张光前)为归化译法，而作者认为评价志怪小说英译的优劣应以读者的接受为标准⑩。

曾礼军《〈太平广记〉异僧小说的“三重”叙事》认为《太平广记》异僧小说有着宗教性、史传性和审美性三位一体的叙事特征，其神异叙事善于融通佛教哲思和启悟佛性体认，史传叙事注重烘托神异观念和突出宗教真实，审美叙事重视刻画僧人形象和描

① 何水英：《论〈文苑英华〉诗学批评特征及成因》，《江苏科技大学学报(社会科学版)》，2014年第2期，第39—44页。

② 何水英：《〈文苑英华〉对南朝艳诗的收录：态度、特征及影响》，《石河子大学学报(哲学社会科学版)》，2014年第4期，第102—106页。

③ 何水英：《〈文苑英华〉误作“网罗放佚”性总集考辨》，《凯里学院学报》2014年第4期，第73—77页。

④ 宋红霞：《何焯手批本〈文苑英华〉考述》，《图书馆杂志》，2014年第11期，第93—98页。

⑤ 林耀琳：《〈太平广记〉成书时间考》，《长江论坛》，2014年第5期，第84—86页。

⑥ 呼啸：《浅谈〈太平广记〉中的仙枣》，《榆林学院学报》，2014年第1期，第67—70页。

⑦ 赵伯陶：《〈聊斋志异〉借鉴〈太平广记〉三题》，《聊城大学学报(社会科学版)》，2014年第6期，第24—29页。

⑧ 宋冠华、王虎：《〈太平广记〉与〈唐摭言〉异文比较研究》，《九江学院学报(社会科学版)》，2014年第2期，第36—39页。

⑨ 赵素忍、刘静、宋菲：《〈艳异编〉与〈太平广记〉关系探讨》，《河北经贸大学学报(综合版)》，2014年第4期，第29—32页。

⑩ 王晓蕾：《接受美学视域下的中国志怪小说英译——以〈太平广记〉中小说标题英译为例》，《洛阳师范学院学报》，2014年第3期，第97—99页。

绘宗教神奇①。曾礼军《〈太平广记〉符命小说的文学叙事与文化意义》认为《太平广记》符命小说基本上是唐五代时期的文学作品，是探讨唐五代天命观念的重要文献资料，符命小说宣扬命数天定观念，属于民间世俗文化的小传统，虽然与儒家文化大传统有一定差异，甚至悖离，却是精英文化不可或缺的有益补充和必要存在②。曾礼军《〈太平广记〉人神遇合故事的文化生成及观念新变》认为《太平广记》人神遇合故事的文化生成当源于农耕生产的人牲祭祀文化，是焚巫和沉人的祭祀仪式世俗化发展的结果，后来这种娱神观念逐渐脱离宗教祭祀的原始内涵而演变为世俗化的人神遇合故事③。曾礼军《〈太平广记〉中胡僧形象的群体特征与宗教意义》认为胡僧形象既具有鲜明的种族特性，又具有突出的佛教文化指向，折射着外来文化与本土文化的交流、佛教文化与儒家文化的碰撞，不仅具有文学审美作用，也具有宗教文化意义④。

马小方《西方净土信仰影响下的唐人小说研究——以〈太平广记〉为中心》分析了唐人小说中的西方净土信仰情况，归纳了三种西方净土信仰故事类型，僧人灵验故事、佛像灵验故事以及佛典灵验故事，并从念佛思想、佛号变化、念佛主体、莲花化生四个方面分析了渗透在唐人小说中的西方净土信仰，认为唐代西方净土信仰的盛行在思想内容及情节构造上对唐人小说的创作影响深远⑤。苏振富《〈太平广记〉所见唐代民间女性修道情况研究》立足于《太平广记》辑录志怪小说的性质，通过《太平广记》对唐代民间妇女的修道及其相关情况进行了一些研究⑥。阎婷《论传奇小说在唐代佛教世俗化过程的作用——以〈太平广记〉为研究中心》主要以《太平广记》所收录的唐传奇小说为研究材料，主要是研究唐传奇小说在唐代佛教世俗化过程中所起的作用，作者认为唐传奇小说所涉及到描述佛教思想和寺院文化的故事，反映了佛教日益世俗化，推进了民众对佛教的信仰，而民众对佛教的信仰又进一步希望佛教进一步的世俗化，在这个互动的过程中，小说在其中起到了不可忽视的重要作用⑦。李秋源《〈太平广记〉中佛教造像题材小说研究》通过对佛教造像小说进行文学特点方面的探讨，分析《太平广记》中佛教造像在小说中所起到的作用，以及它所蕴含的思想精神⑧。李秋源《〈太平广记〉中的佛教造像研究的现状及意义》主要对《太平广记》中对

① 曾礼军：《〈太平广记〉异僧小说的“三重”叙事》，《辽东学院学报(社会科学版)》，2014 年第 1 期，第 50—54 页。

② 曾礼军：《〈太平广记〉符命小说的文学叙事与文化意义》，《安康学院学报》，2014 年第 2 期，第 52—56 页。

③ 曾礼军：《〈太平广记〉人神遇合故事的文化生成及观念新变》，《五邑大学学报(社会科学版)》，2014 年第 2 期，第 50—54 页。

④ 曾礼军：《〈太平广记〉中胡僧形象的群体特征与宗教意义》，《赤峰学院学报(汉文哲学社会科学版)》，2014 年第 4 期，第 150—152 页。

⑤ 马小方：《西方净土信仰影响下的唐人小说研究——以〈太平广记〉为中心》，《社会科学论坛》，2014 年第 8 期，第 160—172 页。

⑥ 苏振富：《〈太平广记〉所见唐代民间女性修道情况研究》，《牡丹江大学学报》，2014 年第 12 期，第 56—59 页。

⑦ 阎婷：《论传奇小说在唐代佛教世俗化过程的作用——以〈太平广记〉为研究中心》，山西大学硕士学位论文，2014 年。

⑧ 李秋源：《〈太平广记〉中佛教造像题材小说研究》，内蒙古师范大学硕士学位论文，2014 年。

于佛教造像内容的研究及其意义做了一个学术总结[①]。

盛莉《论〈太平广记〉类目的动物分类思想》通过对许多例子的分析,阐述了"同类相存同声相应"和"类必立长"原则在动物分类中的具体应用[②]。张媛《〈太平广记〉龙形象浅析》对《太平广记》中龙的基本形象进行了分析,并按照中国传统的龙形象、佛教中的龙形象、佛教中龙形象的中国化三种不同的类型进行讨论[③]。尚晓云《〈太平广记〉中虎类精怪故事的文化内涵》主要对《太平广记》中的虎类故事进行解读,并分析此类故事中蕴含的文化[④]。季鲁军《〈太平广记〉中水族故事研究》研究的是《太平广记》中的水族故事,文章从禁锢与自由、感恩与复仇、魅惑与渴望、梦境与现实、异变与亲情和信仰与救赎六个方面来探讨水族故事所呈现的当时社会的风貌和人们的价值追求[⑤]。

范晶晶《唐代宦胡的文化政治生活——主要以〈太平广记〉为参考文本》以《太平广记》为主探讨来华胡人的文化认同、政治命运以及汉族士人对他们的态度,以理解唐宋之交的文化心态、外交政策[⑥]。陈洪英《〈太平广记〉中唐五代商贾小说发展演变》认为唐代以商贾为题材的小说大量出现,作者人数多、作品数量多、时间跨越长,探讨了《太平广记》中商贾小说的演变历程[⑦]。杨宗红《生态视阈下古代小说中男神—凡女母题研究——以〈太平广记〉〈夷坚志〉为中心》认为人类与男神的矛盾是对资源占有的矛盾,这种矛盾导致人际冲突,进而导致人与自然的冲突[⑧]。李露《〈太平广记〉中的"人神恋"故事研究》从《太平广记》中"人神恋"故事的情节功能、基本故事类型、文化内涵等几个方面对《太平广记》中的"人神恋"故事作全面系统而又深入的研究,作者从中抽出四个基本的故事类型,并对其故事背后的文化内涵做了深入分析[⑨]。

张学成《〈太平广记〉研究的新开拓和新成果——评曾礼军〈宗教文化视阈下的《太平广记》研究〉》认为曾书的创新点在于以宗教文化的视角对《太平广记》进行了研究,曾书具有广泛的学术视野和深厚的文献基础,这一切都反映在书中对于《太平广记》的研究中[⑩]。金建锋《独辟蹊径立论精解——评曾礼军〈宗教文化视域下的《太平

① 李秋源:《〈太平广记〉中的佛教造像研究的现状及意义》,《语文学刊》,2014年第7期,第58—59页。

② 盛莉:《论〈太平广记〉类目的动物分类思想》,邓正兵主编:《人文论谭》第6辑,武汉:武汉出版社,2014年,第47—57页。

③ 张媛:《〈太平广记〉龙形象浅析》,《濮阳职业技术学院学报》,2014年第1期,第5—8页。

④ 尚晓云:《〈太平广记〉中虎类精怪故事的文化内涵》,《现代语文(学术综合版)》,2014年第9期,第26—28页。

⑤ 季鲁军:《〈太平广记〉中水族故事研究》,辽宁大学硕士学位论文,2014年。

⑥ 范晶晶:《唐代宦胡的文化政治生活——主要以〈太平广记〉为参考文本》,《西南大学学报(社会科学版)》,2014年第3期,第162—168页。

⑦ 陈洪英:《〈太平广记〉中唐五代商贾小说发展演变》,《文艺评论》,2014年第12期,第89—90页。

⑧ 杨宗红:《生态视阈下古代小说中男神—凡女母题研究——以〈太平广记〉〈夷坚志〉为中心》,《贵州师范大学学报(社会科学版)》,2014年第1期,第94—98页。

⑨ 李露:《〈太平广记〉中的"人神恋"故事研究》,湖北大学硕士学位论文,2014年。

⑩ 张学成:《〈太平广记〉研究的新开拓和新成果——评曾礼军〈宗教文化视阈下的《太平广记》研究〉》,《辽东学院学报(社会科学版)》,2014年第4期,第3页。

广记》研究〉》认为曾著是在对《太平广记》文献作了认真梳理之后做出的研究，具有立论精解的特点，而且曾书注意到了《太平广记》在宗教文化方面的极高价值[①]。

叶秋冶《〈云笈七签〉初探》阐述了张君房编纂《云笈七签》的主客观原因，论述了《云笈七签》的编纂体例与道藏编纂传统"三洞四辅"体系的异同，重点研究了《云笈七签》与上清经的关系，认为《云笈七签》重点是对上清派经典的汇集和归纳，分析了《云笈七签》中的"宇宙论"，并进一步展示道教的宇宙论，细辨了《云笈七签》记载的各路神仙，深入剖析了《云笈七签》中所载北宋前的道教修炼方法[②]。王治伟《〈云笈七签〉中的善恶思想》通过对《云笈七签》中的道教精神观念和修行的研究，探究其中所蕴含的善恶思想，文章认为对善恶之源头的探讨可以追溯到元神之阳、三魂七魄、三尸九虫等方面，并且善恶可以从得道之人、修炼丹药以及祸福寿夭等方面得到表现，而修善则要从修心、积善、去恶等角度去完成[③]。

北宋刊《重广会史》一百卷在国内久已失传，此帙曾入藏朝鲜，后又流入日本，昭和三年(1928)由育德财团影印出版，是书钤有二印，卷首钤"经筵"印，卷末钤"高丽国十四叶辛巳岁藏书大宋建中靖国元年大辽乾统元年(1101)"印。牟宗杰《〈重广会史〉钤"经筵"印考辨》认为"经筵"印系一枚朝鲜印，是朝鲜李朝世宗为其所藏书册刻制的专印[④]。施建才《和刻本〈重广会史〉引书研究》在前人学术成果的基础上以正史文献为主要对象展开引书研究，通过引文的校勘，引文的爬梳归类，引文特点的分析和引文版本的讨论，进而总结出和刻本《重广会史》的文献学思想及其价值[⑤]。

金菊园《万历刻本〈记纂渊海·郡县部〉初探》主要是对类书《记纂渊海》万历本中郡县部的考察，万历本《记纂渊海·郡县部》卷帙达到了二十八卷，超出了宋慈序中所载的卷数，证明它曾经过后人的增改，在内容上它主要来源于《历代郡县地理沿革表》和《舆地纪胜》，但是万历本在引用时，很多都没有注明出处[⑥]。

何春根《小说类书〈姬侍类偶〉考述》认为《姬侍类偶》是宋人周守忠纂辑的一本小型小说类书，专辑自古至宋姬妾侍婢的事状，在诸多以女性为专题的小说集中颇有特色，作者从版本、思想价值、文献价值和编撰体例等方面对此书做了一一考述，认为《姬侍类偶》是在整合传统类书形式的基础上形成了自己的编纂特点[⑦]。

柳建钰《国图藏孤本文献〈婚礼新编〉初探》主要是对国图所藏孤本类书《婚礼新编》的一个简易研究，《婚礼新编》是南宋武夷人丁昇之所编写的我国第一部专门辑录婚俗资料而形成的日用生活型通俗类书，该书流传很少，前十卷收录了很多书仪作

---

① 金建锋:《独辟蹊径立论精解——评曾礼军〈宗教文化视域下的《太平广记》研究〉》,《曲靖师范学院学报》,2014年第5期,第127—128页。

② 叶秋冶:《〈云笈七签〉初探》,中国社会科学院研究生院博士学位论文,2014年。

③ 王治伟:《〈云笈七签〉中的善恶思想》,《无锡商业职业技术学院学报》,2014年第2期,第99—104页。

④ 牟宗杰:《〈重广会史〉钤"经筵"印考辨》,《文献》,2014年第1期,第11—13页。

⑤ 施建才:《和刻本〈重广会史〉引书研究》,东北师范大学硕士学位论文,2014年。

⑥ 金菊园:《万历刻本〈记纂渊海·郡县部〉初探》,《历史地理》第30辑,上海:上海人民出版社,2014年,第380—387页。

⑦ 何春根:《小说类书〈姬侍类偶〉考述》,《文献》,2014年第1期,第129—135页。

品,卷十一到卷二十是与婚礼相关典故的汇编[①]。柳建钰《国图藏孤本文献〈婚礼新编〉文献价值简论》认为《婚礼新编》里面的婚俗资料具有很高价值,并且由于这部书主要是用骈体文写成的,故还有助于骈体文的研究[②]。

仝建平《略谈〈翰墨全书〉利用的几个问题》认为《翰墨全书》是一部元代前期编纂成书、后来经过两次改编的民间日常交际应用类书,分类辑录民间交际应酬相关的词语、典故、诗词文章及活套、图式,对宋元文学、历史研究具有较高的文献价值。传世的《翰墨全书》有大德本、泰定本、明初本三种系统,大德本编纂时间最早、内容最多,泰定本内容主要系压缩大德本而成,明初本内容基本承用泰定本,利用时应优先使用大德本,明初本存在编纂或抄录错误、内容编排不严密、翻刻致误等不足[③]。

任晓彤《艺林之珍品,大辂之椎轮——简述〈韵府群玉〉的性质、体例及价值》主要介绍了《韵府群玉》的体例和价值,《韵府群玉》是为了读书人学习用韵而出现的,后代的《佩文韵府》也是以它为蓝本编纂的,在《佩文韵府》诞生之前,这部书具有极大的价值,《佩文韵府》刊行后,《韵府群玉》逐渐湮没,以致后人很少提到它,文章从性质、内容、编纂体例、价值等方面简述了该书在辞书史上的重要影响及地位[④]。

祝昊冉《〈事林广记〉俗字实例与正字理念研究——以和刻本与至顺本为例》从宏观的角度去研究俗字的使用状况,提供了校勘和考订的材料,该研究认为《事林广记》明确提出了正字主张,这在汉字发展史上是首次[⑤]。郑伟《〈事林广记〉音谱类〈辨字差殊〉若干音韵条例再分析》结合汉语语音史和吴、闽北、山西等南北方言的资料,对《事林广记》音谱类所录《辨字差殊》中的若干音韵材料作了分析,文章指出有的条例需要参考现代方言之间的比较,并且结合"词汇扩散理论"才能得出比较完整的解释[⑥]。王建霞《〈事林广记〉之婚俗浅谈》对《事林广记》所记载的婚礼仪式等做了简单的介绍[⑦]。王建霞《〈事林广记〉部分校勘浅谈》找到了《事林广记》的五个版本并进行了初步的对校工作[⑧]。闫艳、祝昊冉《〈事林广记〉俗字探微》认为《事林广记》中收录的俗字类型代表了元明时期俗字的使用状况,反映了汉字系统发展的趋势,故以《事林广记》为中心分析了改换意符、采用古体、简省、增繁、异音替代五种俗字类型[⑨]。

刘礼堂、李文宁《宋代笔记及类书中的岁时民俗研究》认为宋代类书中有许多关于岁时民俗的内容,并且对几部主要类书的相关内容做了研究,作者认为宋代类书中

---

① 柳建钰:《国图藏孤本文献〈婚礼新编〉初探》,《兰台世界》,2014年第11期,第98—99页。

② 柳建钰:《国图藏孤本文献〈婚礼新编〉文献价值简论》,《兰台世界》,2014年第28期,第147—148页。

③ 仝建平:《略谈〈翰墨全书〉利用的几个问题》,《史学集刊》,2014年第2期,第58—65页。

④ 任晓彤:《艺林之珍品,大辂之椎轮——简述〈韵府群玉〉的性质、体例及价值》,《辞书研究》,2014年第1期,第75—78页。

⑤ 祝昊冉:《〈事林广记〉俗字实例与正字理念研究——以和刻本与至顺本为例》,内蒙古师范大学硕士学位论文,2014年。

⑥ 郑伟:《〈事林广记〉音谱类〈辨字差殊〉若干音韵条例再分析》,《汉语史学报》第14辑,上海:上海教育出版社,2014年,第105—116页。

⑦ 王建霞:《〈事林广记〉之婚俗浅谈》,《金田》,2014年第12期,第50页。

⑧ 王建霞:《〈事林广记〉部分校勘浅谈》,《金田》,2014年第12期,第60页。

⑨ 闫艳、祝昊冉:《〈事林广记〉俗字探微》《内蒙古师范大学学报(哲学社会科学版)》,2014年第6期,第102—104页。

关于岁时民俗的记叙，具有注重考辨历史源流的特点，这与笔记注重现实的特点不同，同时宋代类书在叙述岁时民俗时，在体例上多有创新[①]。

五、明清类书

康保成《〈永乐大典戏文三种〉的再发现与海峡两岸学术交流》介绍了近代以来嘉靖本《永乐大典戏文三种》的流传经过，1920年被叶恭绰从伦敦携回中土后，曾以徐世昌的名义存放在天津一家银行的保险柜里，徐氏去世后重归叶。1941年叶氏在香港参与抢救民族文献，将此书归入中央图书馆寄存在港的大批善本古籍中。香港沦陷，此书被劫往日本，抗战胜利后重回南京。1948年此书随"央图"迁往台湾，1957年即在台北"央图"的善本书目中著录，1962年收入杨家骆主持影印的《永乐大典》。此书直到2009年方才被"再发现"，其主要原因是两岸分治，其次也和学术界搜求不广有关。[②] 马泰来《美国普林斯顿大学东亚图书馆藏〈永乐大典〉影印本前言》是对普林斯顿大学东亚图书馆葛思德文库所藏两册《永乐大典》影印出版的序言说明。[③]

张升《抄本〈永乐大典目录〉的文献价值》认为与目前通行的中华书局影印本《永乐大典目录》相较，姚氏抄本《永乐大典目录》在内容的完整性、准确性与体例的规范性方面均要更胜一筹。姚氏抄本《大典目录》不但可以补影印本《大典目录》的缺漏，校正其讹误，而且可以补现存八十韵本《洪武正韵》的缺失。尤其值得注意的是，姚氏抄本《大典目录》收有影印本《大典目录》失收的《永乐大典韵总歌括》及《韵总》，而这两部分内容是以往重印、整理、介绍与研究《永乐大典》者从来不曾提及的，可以说是《永乐大典》的重大新发现。因此，姚氏抄本《大典目录》具有很高的文献价值[④]。项旋《〈永乐大典〉副本署名页之价值考论》一文较为全面地整理了218册《大典》署名页所载录副人员（总校官、分校官）相关信息，并结合相关史料，对《大典》副本册末署名页的价值进行探讨，发现《大典》录副人员是动态流动的，署名页改装补写后多有讹误，署名页所揭示的录副人员更替、衔名变化，可藉以探究《大典》录副的具体分工和录副进度[⑤]。钟仕伦《〈永乐大典〉录〈世说新语〉考辨举隅》认为大典本《世说新语》在内容上与今通行本《世说新语》时有互异，除了可以用来校勘、考证有批语的元刻本、明代凌蒙初刻本、今赵西陆批校本、朱铸禹集注本和刘强会评本外，还可以用来校勘、考证无批语的余嘉锡《世说新语笺疏》、徐震谔《世说新语校笺》、杨勇《世说新语校笺》、龚斌《世说新语校释》等通行本，具有很高的文献价值。尤其是在版本来源上，大典本至少可以说是我们今天能够见到的现存元刻本之一，可与现存元刻本进行比勘，

① 刘礼堂、李文宁：《宋代笔记及类书中的岁时民俗研究》，《江汉论坛》，2014年第11期，第117—123页。

② 康保成：《〈永乐大典戏文三种〉的再发现与海峡两岸学术交流》，《文艺研究》，2014年第1期，第90—102页。

③ 马泰来：《美国普林斯顿大学东亚图书馆藏〈永乐大典〉影印本前言》，《版本目录学研究》第5辑，北京：北京大学出版社，2014年，第143—145页。

④ 张升：《抄本〈永乐大典目录〉的文献价值》，《历史文献研究》第33辑，2014年第1期，上海：华东师范大学出版社，2014年，第228—236页。

⑤ 项旋：《〈永乐大典〉副本署名页之价值考论》，《中国典籍与文化》，2014年第2期，第91—105页。

以进一步明确元刻本中“刘辰翁批语”作者的真伪,这对加深《世说新语》及其批语的研究有很大的用处[①]。赵爱学《国图藏嘉靖本〈永乐大典〉来源考》对国图藏嘉靖本224册《永乐大典》的来源及递藏情况逐一进行梳理,并按入藏时间顺序排列清楚[②]。王继宗《〈永乐大典〉十九卷内容之失而复得——[洪武]〈常州府志〉来源考》认为《中国地方志联合目录》著录为[洪武]常州府志十九卷,《江苏旧方志提要》定名为“[永乐]常州府志”的抄本,其实是《永乐大典》卷6400至6418“常州府一至十九”的抄本[③]。陈艳军《大连图书馆藏抄本〈永乐大典〉伪书考》对藏于大连图书馆收入《中国古籍善本书目》的两册《永乐大典》进行了辨伪,认为它是抄录《汪氏辑列女传》又假毛晋之名而成的一部伪《永乐大典》[④]。

宁亚平《〈永乐大典·诸家诗目〉(唐诗)研究》对《永乐大典·诸家诗目》唐诗部分的体例与诗集方面进行了分析,阐述了《永乐大典·诸家诗目》中的唐诗观,通过分析发现唐诗观是历代相承的,唐代的唐诗观追求唐诗的句法、章法,宋代的唐诗观追求平淡的意境,元代的唐诗观宗唐,并且追求新变,《永乐大典·诸家诗目》唐诗部分很有价值,它可以让我们看到唐代诗风的流变过程,它有史学与诗学的二重性质,既是我们了解唐代社会历史文化现象的重要文献的载体,又是我们研究唐代诗歌艺术发展规律的重要对象[⑤]。

张明明《〈永乐大典〉所存〈通鉴源委〉的注释体例》认为《永乐大典》所存《通鉴源委》的注释体例是摘取《资治通鉴》中字句作注,单集成本,和《资治通鉴释文》相比,《通鉴源委》更加详细,和《资治通鉴音注》相比,它又显精简,所以对一般读者来说,《通鉴源委》的注释是最合适的阅读参考[⑥]。史广超《三礼馆辑〈永乐大典〉佚书考》认为三礼馆为突破《三礼》文献阙如的困境,接受李绂建议,从《永乐大典》辑出大量佚书,这是第一次由国家力量组织并实施的辑录《永乐大典》佚书的实践,对四库馆的设立有直接影响[⑦]。崔伟《〈永乐大典〉本〈金陵志〉编修时间及其佚文考》认为有赖于《永乐大典》的收录,我们才得以见到元代《金陵志》的一些佚文,略窥其貌[⑧]。

赵金文《〈永乐大典〉同一种辞书间单字的排列原则》认为在同一种辞书内部,《永乐大典》所引《洪武正韵》与八十韵本《洪武正韵》的韵序、字序完全相同,《永乐大典》在引用《说文》《集韵》《龙龛手鉴》《五音类聚》时,单字的排列并非是按照所引辞书的前后次序加以排列[⑨]。刘倩《论〈四库全书〉中“永乐大典本”的误辑问题》以文渊阁本

---

① 钟仕伦:《〈永乐大典〉录〈世说新语〉考辨举隅》,《文献》,2014年第2期,第136—146页。

② 赵爱学:《国图藏嘉靖本〈永乐大典〉来源考》,《文献》,2014年第3期,第37—64页。

③ 王继宗:《〈永乐大典〉十九卷内容之失而复得——[洪武]〈常州府志〉来源考》,《文献》,2014年第3期,第65—77页。

④ 陈艳军:《大连图书馆藏抄本〈永乐大典〉伪书考》,《文献》,2014年第3期,第78—80页。

⑤ 宁亚平:《〈永乐大典·诸家诗目〉(唐诗)研究》,云南师范大学硕士学位论文,2014年。

⑥ 张明明:《〈永乐大典〉所存〈通鉴源委〉的注释体例》,《郑州航空工业管理学院学报(社会科学版)》,2014年第6期,第89—92页。

⑦ 史广超:《三礼馆辑〈永乐大典〉佚书考》,《兰台世界》,2014年第29期,第158—159页。

⑧ 崔伟:《〈永乐大典〉本〈金陵志〉编修时间及其佚文考》,《江苏地方志》,2014年第1期,第34—37页。

⑨ 赵金文:《〈永乐大典〉同一种辞书间单字的排列原则》,《内蒙古民族大学学报(社会科学版)》,2014年第6期,第37—40页。

《四库全书》为底本，对四库馆臣所辑佚的“永乐大典本”文献的质量进行考量[①]。潘晨静、余雁舟《〈永乐大典戏文三种校注〉商补》对《永乐大典戏文三种校注》失当的校注内容进行了补校[②]。向定杰《中国书籍史上最大疑案：〈永乐大典〉流失何方》对《永乐大典》的流散做了通俗版的介绍[③]。毛华松《西湖文化的演进历程及其历史意义——〈永乐大典·六模湖〉中的西湖文献统计分析》以《永乐大典》西湖文献为主线，综合相关案例在方志、城市笔记及文记中的历史记载，提出西湖文化始于魏晋，风景化于唐代，兴盛于宋代的演进历程[④]。

项旋《古今图书集成馆纂修人员考实》认为康熙五十五年(1716)，诏开古今图书集成馆，任命诚亲王允祉为监修，陈梦雷为总裁，物色人员进馆纂修《古今图书集成》。集成馆开馆前后采取举荐、诏试等方式选拔人员入馆纂修，并设立了监修、总裁、副总裁等职，由专人分修《古今图书集成》各典部，也有专人负责誊录、校阅、绘图和刷印工作。雍正帝即位后，清洗原集成馆部分纂修人员，纂修工作短暂停顿后二次开馆，至雍正三年(1725)十二月闭馆，雍正四年六月初一日吏部尚书孙柱请准议叙纂校人员。值得注意的是，集成馆纂修人员多为身份低微的举贡生员，集成馆兴废也直接影响到了纂修人员的个人命运，此一特殊性与康熙末年的皇位继承关系甚大[⑤]。李开升《〈古今图书集成〉铜活字校样本考述》认为天一阁藏铜活字本《古今图书集成》是一部校样本和排印工的工作底本，并进一步探讨了编校人员的分工、校对工作的基本流程、校对工作的质量、挖补的方法和重新排印等细节方面的问题，并由此联系到传统活字印刷的技术问题及其对传统活字印刷发展的影响问题[⑥]。

李善强《〈古今图书集成〉石印本与铜活字本考异》将《古今图书集成》两个不同版本进行了对比，作者认为光绪石印本并非与雍正铜活字本全同，而是有了许多变化，光绪石印本增加了考证24卷，并且在版式和印刷方面都有不同，在避讳上，它比雍正本避讳的地方要多[⑦]。李善强《华东师范大学图书馆光绪御赐〈古今图书集成〉递藏源流考述》详细介绍了华东师范大学图书馆所藏《古今图书集成》的递藏源流[⑧]。李善强《一部光绪御赐〈古今图书集成〉的递藏始末》介绍了华东师范大学图书馆所藏石印本《古今图书集成》，此书本是光绪皇帝赏赐给上海交通大学的前身邮传部上海高等实业学堂的，院校合并时进入华东师范大学[⑨]。李善强《光绪石印本〈古今图书集

---

① 刘倩：《论《〈四库全书〉中“永乐大典本”的误辑问题》，《宿州学院学报》，2014年第1期，第54—57页。

② 潘晨静、余雁舟：《〈永乐大典戏文三种校注〉商补》，《常熟理工学院学报》，2014年第3期，第113—117页。

③ 向定杰：《中国书籍史上最大疑案：〈永乐大典〉流失何方》，《文史博览》，2014年第7期，第62—63页。

④ 毛华松：《西湖文化的演进历程及其历史意义——〈永乐大典·六模湖〉中的西湖文献统计分析》，《中国园林》，2014年第11期，第117—120页。

⑤ 项旋：《古今图书集成馆纂修人员考实》，《文史》，2014年第4期，第143—162页。

⑥ 李开升：《〈古今图书集成〉铜活字校样本考述》，《中国典籍与文化》，2014年第4期，第76—87页。

⑦ 李善强：《〈古今图书集成〉石印本与铜活字本考异》，《图书馆界》，2014年第1期，第8—9页。

⑧ 李善强：《华东师范大学图书馆光绪御赐〈古今图书集成〉递藏源流考述》，《科技情报开发与经济》，2014年第10期，第38—39页。

⑨ 李善强：《一部光绪御赐〈古今图书集成〉的递藏始末》，《湖北广播电视大学学报》，2014年第6期，第156页。

成〉诸说辨误》对于石印本《古今图书集成》长期以来的一些错误说法做了辨误[①]。

段伟、赵连朋《〈古今图书集成·字学典·书画部〉文献揭引》主要是对《古今图书集成·字学典·书画部》内容的梳理，认为它是文献专家比勘书画异文的重要依据[②]。吕莎、孙刚、陈贵海《〈古今图书集成医部全录·咳嗽门方〉的统计分析研究》通过对《古今图书集成医部全录·咳嗽门方》书中224首方剂的统计分析，重点对排序前67位的出现频次大于5次的药物进行分析，得出治疗咳嗽的主要方法特点，认为古代中医主要采用了归肺经的食疗之品，对病位在肺的咳嗽病以止咳化痰平喘辅以补虚的方法治疗[③]。

何立民《王圻父子〈三才图会〉的特点与价值》认为《三才图会》的主要编纂者是王思义，此书当为一〇七卷，非以往常见一〇六卷，此书共有插图表格六一二五幅，数量巨大，形式多样，内容繁复，堪称图海，作者认为从文献学、版画史、艺术史、科技史、出版史、民俗学、中日文化交流、江户汉学等角度进行比较研究，当为未来《三才图会》研究主要方向[④]。臧运锋《〈三才图会〉域外知识文献来源考——以〈地理卷〉和〈人物卷〉为考察中心》对《地理卷》和《人物卷》记载的域外知识进行详细的文献来源考证，并对某些域外国家作了比较深入的地理辨析，通过考证发现《地理卷》对域外国家的图说记载与《明一统志》等官方文献一致，其内容比较真实、客观，《人物卷》对域外国家的图说记载与《异域志》等私人著述一致，其内容带有偏见和想象色彩[⑤]。李莹石《〈三才图会〉中明代名臣像研究》认为明代名臣像是王圻心中理想化名臣的集中展示，画像中的服饰既彰显了政治身份又凸显了等级的尊卑，主要目的是对后世起到瞻仰、缅怀、引导和劝诫的作用。作者认为王圻历仕嘉靖、隆庆、万历三朝，其对名臣的选择，不仅体现了王圻名臣观，也体现了其政治立场，对品行和道德的注重，也侧面反映了明中后期政治的现实[⑥]。

明代嘉靖年间至明末是类书体文言小说集编刊的繁盛期。刘天振《明代类书体小说集研究》是一部关于中国明代通俗类书研究的理论专著，内容包括总论、明代日用类书研究、道德故事类书研究、娱乐性通俗类书研究、通俗类书与古代小说研究等，作者认为借用类书体例编纂文言小说集，方便了读者检索，促进了小说的传播，类书的分类体系助成小说文体与正统价值系统的巧妙链接，类书的分类方式客观上推动时人对小说文体分类的探索与尝试[⑦]。

徽州文书是指在皖南旧徽州府一域发现、由徽州人手写的文献。王振忠《徽、临

---

① 李善强:《光绪石印本〈古今图书集成〉诸说辨误》,《湖北广播电视大学学报》,2014年第7期,第158页。

② 段伟、赵连朋:《〈古今图书集成·字学典·书画部〉文献揭引》,《渤海大学学报(哲学社会科学版)》,2014年第3期,第150—151页。

③ 吕莎、孙刚、陈贵海:《〈古今图书集成医部全录·咳嗽门方〉的统计分析研究》,《中国民族民间医药》,2014年第8期,第42—44页。

④ 何立民:《王圻父子〈三才图会〉的特点与价值》,《史林》,2014年第3期,第54—59页。

⑤ 臧运锋:《〈三才图会〉域外知识文献来源考——以〈地理卷〉和〈人物卷〉为考察中心》,浙江大学硕士学位论文,2014年。

⑥ 李莹石:《〈三才图会〉中明代名臣像研究》,东北师范大学硕士学位论文,2014年。

⑦ 刘天振:《明代类书体小说集研究》,北京:中国社会科学出版社,2014年。

商帮与清水江的木材贸易及其相关问题——清代佚名商编路程抄本之整理与研究》主要是利用清代佚名商编路程抄本对于徽、临商帮与清水江的木材贸易进行的研究[①]。《指南尺牍生理要诀》是近代名人丁拱辰总结闽南社会生活经验所编纂的民间日用类书。王振忠《闽南贸易背景下的民间日用类书——〈指南尺牍生理要诀〉研究》认为该书向广众庶民传授养身赡家的应世技巧,从一个侧面反映出社会流动频繁、高移民输出地区的日用常行和商贩流俗,《指南尺牍生理要诀》流传各地,翻刻颇多,有着较为广泛的影响,不仅是在闽南,许多人皆以该书为范本酬答进退,而且在海外,也成了不少移民的酬世锦囊[②]。《祭文精选》是甘肃武威的一种非公开出版物,作者魏可净系当地的仪式专家,书中收录的诸多祭文,其年代可以上溯至民国时期(甚至更早),极为生动地反映了现、当代河西走廊民众的社会生活。王振忠《区域文化视野中的民间日用类书——从〈祭文精选〉看二十世纪河西走廊的社会生活》即以此为例,对河西走廊的民间日用类书及其所反映的历史背景作了探讨,以期在累积文本史料的基础上,对南北民间日用类书的类型以及区域文化差异有进一步的了解[③]。

刘全波《论明代日用类书的出版》主要对明代日用类书的出版情况作了考证,作者认为日用类书的版本繁多,且同一版本还有不同的装帧册数,一版之外还有再版、新版、三版等,说明了日用类书的市场需求量非常大,作者还考证了日用类书的价格以及营销编辑理念等问题[④]。刘捷《明末通俗类书与西方早期中国志的书写》认为明末来华的早期西方传教士为了了解中国的历史和文化,购求中国的书籍,在他们所获得的书籍中,此类民用通俗类书占了很大比例,这些书籍成为西方学术界了解和想象中国的重要依据,西方人编写的第一本全面介绍中国历史、文化和风俗的《中华大帝国史》,所依据的材料就是源于明末民用类书[⑤]。张胜仪《明代日用类书中的词状文书探究》认为到了万历中后期,日用类书中开始出现独立的词状门类,如词状门,其目录关键词多为作状规格、萧曹遗笔、告诉真稿等,不同版本日用类书中的词状内容之间相互影响,不仅体现在因直接抄袭而导致的结构与内容上的雷同,还表现在部分内容上的删减、编排顺序的调整,以及新增内容的出现,文章认为虽然该文本在日常生活中的实际作用无法考证,但围绕词状的编纂者、读者及审阅者仍有迹可寻[⑥]。

苑磊《明代故事汇编类书籍研究》将明代故事汇编类书籍作为研究对象,从出版史角度,对此类书籍的编辑与出版特征进行分析,认为明代故事汇编类书籍作为蒙童读物发挥了重要的作用,其中侧重人物事迹汇编的书籍充分发挥教化的功能,以辞藻

① 王振忠:《徽、临商帮与清水江的木材贸易及其相关问题——清代佚名商编路程抄本之整理与研究》,《历史地理》第29辑,上海:上海人民出版社,2014年,第177—206页。

② 王振忠:《闽南贸易背景下的民间日用类书——〈指南尺牍生理要诀〉研究》,《安徽史学》,2014年第5期,第5—12页。

③ 王振忠:《区域文化视野中的民间日用类书——从〈祭文精选〉看二十世纪河西走廊的社会生活》,《地方文化研究》,2014年第1期,第19—32页。

④ 刘全波:《论明代日用类书的出版》,《山东图书馆学刊》,2014年第5期,第67—71页。

⑤ 刘捷:《明末通俗类书与西方早期中国志的书写》,《民俗研究》,2014年第3期,第35—42页。

⑥ 张胜仪:《明代日用类书中的词状文书探究》,厦门大学硕士学位论文,2014年。

典故汇辑为主的书籍除用于日常查考资料之外,也传播各种知识,发挥寓教于乐的作用[①]。苑磊《明代故事汇编类通俗日用类书的编辑艺术——以〈日记故事〉为例》以专门辑录历史人物故事的《日记故事》为例,从来源、版本、具体表现、继承发展以及多方促进因素等方面对明代故事汇编类日用类书的编辑艺术进行了探析[②]。

董裕雯《〈多能鄙事〉研究》认为《多能鄙事》是元末明初时的一部日用类书,文章先宏观介绍《多能鄙事》一书,分析该书的成书背景、版本源流和编纂体例,并明确概述确有显著的实用类书的特点,尔后在解读的基础上,根据该类书所收条目和分类方法对其选定条目标准作大致归纳,并针对其中涉猎当时烹饪法、染色手工业、老年食疗养生法价值进行研究,特别着重于挖掘该书对前代的承袭和对后世类书的影响价值以及其本身实用性在类书编纂史上的地位[③]。

王双《史梦兰〈异号类编〉综论》认为《异号类编》系史梦兰编纂的一部记录古人异名别号的类书,文章认为这部著作首创以类相从的体例,将美刺劝惩之意涵蕴其中,引用书目多达五百余种,为后人提供了不少成语典故、民间俗语、风俗习尚的释义和源流,生动地展现了古人的行为风尚、意趣追求[④]。陈稳根《翁藻〈医钞类编〉文献研究》认为《医钞类编》是由清道光年间江西武宁翁藻编撰而成的一部医学类书,内容包含了中医基础理论、临证各科、方药、本草、养生等,其引用的历代医学文献上自秦汉下自作者生活时期,为我们研究其他中医文献提供了参考[⑤]。

陈长宁《滴水藏海:法律文字与社会的关联——〈法律知识的文字传播:明清日用类书与社会日常生活〉评介》认为尤陈俊大著一书充分利用了尚未引起法史学界足够重视的明清日用类书,可谓在"客观资料之整理"方面具有相当之贡献,并且作者在对史料的细致梳理中,又融入了独特的问题意识,尝试回答了诸多基础性、前沿性的问题,故也在"主观的观念"上有所革新。不仅如此,尤著在研究过程中始终将研究对象置于明清社会变迁的历史背景中,不拘泥于法史学以及史学的界限,而以更广阔的社会科学视野展开研究。因此,从"新史料"与"新问题"以及"社会科学与史学之间的融合"这三方面来看,尤著都算得上是一本具有重要学术进步意义的力作[⑥]。

六、结语

类书是文献学研究的重要内容,近年来,类书研究取得了巨大的发展,论著大增,如何将类书研究的成果展现出来,分析其中趋势,使学者们可以前后参考,就是本论文写作的主要目的,当然我们的统计难免疏漏,我们的论说难免偏驳,但涓涓细流终

① 苑磊:《明代故事汇编类书籍研究》,山东大学硕士学位论文,2014年。

② 苑磊:《明代故事汇编类通俗日用类书的编辑艺术——以〈日记故事〉为例》,《山东图书馆学刊》,2014年第1期,第90—94页

③ 董裕雯:《〈多能鄙事〉研究》,上海师范大学硕士学位论文,2014年。

④ 王双:《史梦兰〈异号类编〉综论》,《唐山师范学院学报》,2014年第1期,第17—20页。

⑤ 陈稳根:《翁藻〈医钞类编〉文献研究》,长春中医药大学硕士学位论文,2014年。

⑥ 陈长宁:《滴水藏海:法律文字与社会的关联——〈法律知识的文字传播:明清日用类书与社会日常生活〉评介》,《云南大学学报(法学版)》,2014年第2期,第137—142页。

会汇聚成大海，精诚所至必然金石为开。从魏晋到明清，直至今天，皆有类书在编纂，这是一个绵延不绝的中国类书发展史，是一个整体，不容忽略其中任何一部分，而由于类书之庞杂，我们在做研究时往往只能集中力量攻坚其中一点，往往会忽略其他，而这样就会得出片面甚至武断的结论，所以我们强调类书研究的整体性。为了便于考察，我们将2014年所有的类书研究成果分为四个大的时间段，即魏晋南北朝、隋唐五代、宋元、明清，而有些研究是通论性质的，不属于以上四个时段，亦单独列出。纵观2014年的类书研究，论著多达140余种(篇)，百万字不止，其中有专著，有精辟的研究论文，有简短的介绍性论文，更有不少博硕士研究生学位论文，绝对可谓是丰富，远远超出我们的预测，对比2000年以前之类书研究，进步巨大。通论部分的研究已经将类书研究提升到新的高度，不再是简单的类书介绍、类书漫谈，而是研究类书的发展史、学术史；魏晋南北朝时期的类书研究由于资料的严重散佚，研究成果相对较少，但是此时期是类书发展的第一个高潮期，也引来了不少的关注，而对残存的类书文献的校勘辑佚亦是重要任务；隋唐时期是类书的重要发展阶段，《北堂书钞》《艺文类聚》《初学记》的研究还是在如火如荼的进行，方兴未艾，而《兔园策府》《法苑珠林》的研究亦是不甘落后，新论迭出，并且某些研究已经深入到类书的内部，这是用类书资料在研究新问题，是值得提倡的研究方法；宋元时期、明清时期的类书研究思路与隋唐五代时期基本相同，知名重要类书仍然是大家关注的中心，论著颇多，博硕士学位论文也多由此选题，可见类书研究之渐受重视，而这些博硕士研究生就是类书研究的生力军；关于日用类书的研究亦是一个新的研究热点，发展趋势不容小觑，并且日用类书研究绝不仅仅是单纯的类书研究，早已经和社会史、经济史、文化史相融合。

(作者单位：兰州大学敦煌学研究所)

商承祚汉字学思想述略*

吴　慧

"汉字学思想"是人类关于汉字学这门客观科学的主观认识、理性观念，包括对汉字起源、发展、性质、体系、汉字的形音义的关系，正字法以及个别汉字演变的情况等方面的认识和观念①。作为享誉盛名的古文字学家和书法家，商承祚先生虽无专文探讨相关问题，但从其文字学著述，从他在古文字考释对汉字特点的零星的、不成体系的表述中，我们仍可窥见其汉字学思想。

一、汉字起源

关于汉字起源，赵诚归纳为六种："仓颉造字说"、"结绳说"、"八卦说"、"书契说"、"记号说"和"图画说"②。近年来，随着地下考古资料的不断出土和文字学研究的深入，图画与汉字有密切关系的观点已为越来越多的学者所接受。商承祚亦持此论："我国文字源于图画，凡象形诸文，皆图画也。上古图画无存于今者，其工巧若何，殊难考见，若甲骨文中之龙、凤、龟、虎、豹、象、马、牛、羊、鸡、犬、豖、鹿、兔、猴、燕、鱼、蚕诸字，妙肖生动，一望而知其为何物，并可以推见古代画意。"③文字和图画渊源深远，自古就有"书画同源"④之说。商氏所举龙、凤等甲骨文字都具有图画意味浓厚的繁复字形。"羊角像其曲，鹿角像其歧，象像其鼻，豖像其竭尾，犬像其修体，虎像其巨口……因物赋形，恍若与图画无异。"⑤这些图画描绘出了概念中的名词实像，人们通过这些图画就能联想到所要表达的概念。缘此，文字由图画衍生而出，象形为其最早之形态，很有道理。商承祚对此在《谈廿、卅、卌及其起源》一文中进一步解释："象形文字的前身是从图画变而来的，为研究文字学的人们所公认。古代人民在生产过程中，对自然界的事物或人体的某一部分来观察、体会，依据其不同形象、动作描绘成图画。这种图画最初的结构必然比较复杂，经过不断的删繁就简，去掉其不必要的部

---

* 基金项目：2017年度江西省社会科学规划项目"汉字构形演变的历史文化动因及内在机制研究"，2017年度江西省高校人文社会科学研究项目"商承祚文字研究"。

① 张玉梅：《王筠汉字学思想述论》，上海：上海交通大学出版社，2009年，第8页。

② 赵诚：《甲骨文字学纲要》，北京：商务印书馆，1993年，第17—27页。

③ 商承祚：《甲骨文字研究》，天津：天津古籍出版社，2008年，第93—94页。

④ 张彦远曰："上古时代，书画同体而未分，象制肇始而犹略。无以传其意，故有书；无以见其形，故有画。"郑午昌则谓殷契古文既是书法又是图画，言甲骨文字时代"是可谓书画混合时代。"郑樵在《六书略·象形第一》中说："书与画同出。画取形，书取象；画取多，书取少。凡象形者，皆可画也，不可画则无其书矣。然书穷能变，故画虽取多而得算常少，书虽取少而得算常多。"指出书画共性的同时，进一步区别了书画的不同。

⑤ 容庚：《甲骨文字之发见及其考释》，《国学集刊》，1924年第1期。

件，保留其突出特点，乃成为轮廓式的线条象形文字，所以图画和文字有紧密的联系。”①

商承祚从发生学角度推证图画与象形文字之间的相通关系，辩证地看待文字与图画的联系，既肯定象形文字来源于图画，又指出象形文字与图画的区别，难能可贵。图画和文字不同，文字是为记录语言而产生的书写符号，受语言规律的制约；而图画尽管能表达某种意思，但不能准确地记录语言。文字初创时期，象形表意是主要的造字法，但这种造字法局限很大，能够摹写的东西有限，且“有形可象但差别细微的事物间难以造出区别字，无形可象及难于用事物联想会意的抽象语词无法造字”②。

此外，商承祚还提出了一条判断文字起源的标准，即这个起源与语言有否关联。汉字是记录汉语的书写符号系统，汉字产生的根本在于汉语。“无论文字起源于什么，在它还无法跟语言中的语词相对应并按照语序逐词逐句地记录语言之前，我们不能称之为文字。”③“结绳固然能起帮助记忆的作用，但若以为它就是一种原始的文字，或是认为文字起源于结绳，都是不符事实的说法。因为结绳和语言并没有直接的关系。”④商承祚从语言和文字的关系上来看汉字的产生，抓住了汉字是基于记录汉语的需要而形成的这一特点，显然更为科学合理。

二、汉字发展

商承祚的汉字发展思想体现在对汉字性质、特点、字体结构等各方面的揭示中。他将自己对汉字发展演变原理和规则的认识贯穿于整个古文字研究实践，如在古文字考释中将甲骨金文与后世文字进行比较，寻其发展演变之迹，不仅据此考释出了不少古文字，还辨正分析了古文字在发展过程中讹误的形式和原因。

（一）文字发展观

商承祚曾“因字触谊，而推其初”作《由甲骨文字推想上古人民生活之程序》。他由上古人民“由渔猎而游牧，而农业，而信仰与宗教，而政治与刑法，而思想与艺术”等六种程序推论了文字的产生发展与社会的发展息息相关，提出“造字者亦由社会普通之心理而图成之也”、“农事既生，文字亦出”⑤等观点。文字不仅是记录语言的书写符号系统，也是人类社会生活的一面镜子，积淀着汉民族实践的历史尤其是认知的历史，凝聚着汉民族先民复杂的心智劳动、独特的思维方式和文化心理。

商氏辩证地看待汉字的发展演变，认识到文字随社会发展而发展，“文字非一代所能备，亦非一人所能齐集，世愈下，文字之孳乳衍变亦至多，且一字之成，必经若干

---

① 商志䄙编：《商承祚文集》，广州：中山大学出版社，2004 年，第 298 页。

② 张振林：《古文字中的羡符——与字音字义无关的笔画》，《中国文字研究》，2001 年，第二册。

③ 叶玉英：《古文字构形与上古音研究》，厦门：厦门大学出版社，2009 年，第 384 页。

④ 《商承祚文集》，第 298 页。

⑤ 《甲骨文字研究》，第 87 页。

时期能定形”①。“每一个文字产生初期,异体繁多决不会统一其形的,从不固定到固定结构,必须经过不断修改的漫长过程缩小其异体的范围,是合乎客观规律的”②。

商承祚论及小篆与古文、籀文的关系时批评段氏“不知文字之变迁”,“今试就小篆及甲骨文金文观之,相合者不过十之一二,不合者十之七八”,并诘问“古籀文何能异例乎?”商氏正确认识到“小篆之于古籀,籍使相同亦不过小部分,绝不能尽合”③。

商承祚立足于语言文字的功用,指出“书同文字”“澄清战国以来文字异形的混乱局面,奠定了后世统一文字的基础,厥功甚伟”④,肯定秦始皇统一文字的做法。他认为语言文字与社会发展息息相关,混乱的文字给社会生产发展带来混乱,因此文字要为社会发展服务,要努力顺应社会的发展,特别强调从社会治乱的角度评价语言文字的作用,辩证地看待文字的发展演变。

他又从汉字与汉语的关系出发,揭示汉字发展演变的实质和内在动因。“文化艺术包括文字在内,不断向前发展,我们从历史来看,文字在不断增益,是与语言词汇的产生发展有密切联系的。”⑤作为记录汉语的书写符号系统,汉字必然伴随着汉语的发展而发展,必然要在形音义方面反映社会变迁,适应社会发展。

(二) 汉字繁简

文字形体变异,唐兰说:假如归纳起来,实在不外删简改易和变繁的两种。⑥ 汉字的繁简,指的是汉字在发展过程中笔画和偏旁有所增繁和删简。商承祚在古文字考释过程中对繁简现象多有讨论,如“古文字每省益。省之者如:甲骨文金文示作,商作,言作,例不胜举。增之者如:天甲骨文金文鉥文作,正金文作,平金文作,鬲金文作,可作,其例亦伙。”“笔画增减乃古文字中纹饰之一种,于各体中皆有之。”“纟、丝本一字,体有繁简也。”等总结性的评价均确切不易。

1. 论字之繁化

从形体上看,简化是汉字发展的主要趋势,但“就单字结构而论,在二百七十三年之中甲骨文字逐渐趋向繁复,是由简到繁,而不是由繁到简。这也说明汉字在甲骨文时代正在不断的创造、丰富之中。”⑦唐兰将文字的增繁分为三种:一是文字的结构趋向整齐,因是在许多地方添加一些笔画,使疏密匀称⑧;二是因为形声字的盛行,在较古文字上面增加偏旁;三是因为文字的书法,成为艺术,常增加笔画或偏旁⑨。商承祚用历史的眼光看待文字的发展,发现并总结了不少汉字繁化现象。

增加形符或声符而造成繁化,如“跽”,甲骨文作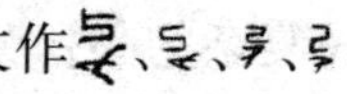诸形,未见从心作者。商氏认为“从止从己,殆即许书之跽字,后世增心耳,”得之。杨树达后补充曰:

---

①②④⑤　《商承祚文集》,第 46、299、324、513 页。

③　商承祚:《说文中之古文考》,上海:上海古籍出版社,1983 年,第 2 页。

⑥　唐兰:《古文字学导论》,济南:齐鲁书社,1981 年,第 219 页。

⑦　陈炜湛:《甲骨文简论》,上海:上海古籍出版社,1987 年,第 75 页。

⑧　具体可分为五种:凡垂直的长画,中间常加・,・又引为一,间或为丷;凡前缀是横画,常加一画;凡前缀为横画者,常加八;凡字末常加一,一下又加一;凡中有空隙的字,常填以・。

⑨　《古文字学导论》,第 223—228 页。

"已象人跽形，许说非是。忌字从己得声，故己跽二字音同。象形字变为形声，其形声字之类即由本象形字所孳乳，此例往往有之[①]。

增加笔画而造成繁化之字，如"聿"之初形作□，其"·"即为后世所写之一横。□字下部有"·"和"∧"，由□到□是通过增加笔画而造成书写形式上的繁化。"'天'，甲骨文金文鉥文作□，'正'，金文作□，'平'，金文作□，'鬲'，金文作□，可作□，其例亦伙。"又如：表数字之一、二、三，甲骨文分别作一、=、≡，《说文》古文分别作弌、弍、弎，是"加弋而填密之"。钱大昕《汗简》跋云："作字之始，先简而后繁，有一二三，然后有从弋之弌弍弎，而叔重注古文弌弍弎之下。吾以是知许所言古文者，古文之别字，非弌古于一也。"[②]商氏进一步指出，"殆一二三之字，笔画太简，与它字不能相称，至晚周遂加弋而填密之，是弋乃彣饰也。汉开庙石阙及袁安袁敞残碑，一二字皆作□、□，曲其下笔为垂脚，取姿媚与配合之一证，其意与从弋同也。"

商承祚指出"文字由进化而推衍，愈后则愈繁，故籀文详于古文，篆文详于籀文"[③]，看到了汉字繁化的现象，并指出汉字繁化的原因为"或取其美观，或以之实空。"[④]这有一定道理。王筠在《说文释例·文饰》中说："古人造字，取其百官以治，万民以察而已。沿袭既久，取其悦目，或欲整齐，或欲茂美，变而离其宗矣。此其理在六书之外。吾无以名之，强名曰文饰焉尔。"人们为了求得字形的整齐美观，加上了一些无实际意义的符号，因而使文字繁化。当然，繁化最主要的原因不是为了字形的美观，而是语义的不断引申发展，造成一字多职。为保证文字表达语言的准确性，往往在初文基础上增加某些表义构件，产生新字，区别词义，从而引起繁化。

2. 论字之简省

"图画最初的结构必然比较复杂，经过后人不断的删繁就简，去掉其不必要的部件，保留其突出特点，乃成为轮廓式的线条象形文字。"[⑤]将汉字形体上的主要变化归结为简化基本符合汉字发展的事实。因为，在使用汉字的过程中，构形简单的字便于书写、易于记忆，总是传承的主流因素。

简化是汉字演变的主要趋势，唐兰在《中国文字学》中说："文字原来是致用的工具，所以总是愈写愈简单。"[⑥]梁东汉、王凤阳对此均有详细论述，林沄在讨论"字形历史演变的规律"时，首先提及"简化"[⑦]。高明总结汉字简化的途径主要有五种：变图形为符号，删除多余和重复的偏旁，用形体简单的偏旁替换复杂的偏旁，截取原字的一部分代替本字，用笔画简单的字体更代笔画复杂的字体[⑧]。其核心是将复杂的形体简省，把具体的意象转化为抽象简单的符号，使汉字更趋向于"文字化"[⑨]。汉字简

① 杨树达：《中国文字学概要 文字形义学》，上海：上海古籍出版社，1988年，第28页。

② 郭忠恕、夏竦：《汗简古文四声韵》(含通检)，北京：中华书局，1983年，序页。

③ 《说文中之古文考》，第2页。

④ 《甲古文字研究》，第102页。

⑤ 《商承祚文集》，第298页。

⑥ 唐兰：《中国文字学》，上海：上海古籍出版社，2001年，第107页。

⑦ 林沄：《古文字研究简论》，长春：吉林大学出版社，1986年，第42—49页。

⑧ 高明：《中国古文字学通论》，北京：北京大学出版社，1996年.，第160—164页。

⑨ 李孝定：《汉字史话》台北：联经出版社，1997年，第58页。

化始于甲骨文,且常和省变结合在一起。这有两方面的事实为证:一是甲骨文本身繁简的事实,释为内证;二是殷金文繁复而甲骨文简省的事实,是为外证[①]。

如:"车",商承祚通过甲骨金文与《说文》籀文比较,指出甲骨文字有多种形体,有辕轭、车厢、两轮俱见之形,也有见辕轭之形,见车厢之形,或仅见车轮之形,繁简之形并存,简省之意已显。至金文则变图形为符号,删除多余的部分,省作形,便于书写,为小篆所本,在文字发展竞争中得以留存至今。

3. 论字之分化

字之分化即汉字孳乳。王筠曾提出"分别文""累增字"等来说明汉字的孳乳、衍生[②]。王宁说:"一个汉字因为引申或假借而造成用法的分化,为了区别,需要分开用两个或两个以上的字来记录,这组字就是分化字。"[③]字之分化从原因上可分为同音分化和同源分化,从字形来源与形成时间上可分为异体分化与后出分化。商氏所论字之分化主要有两种情况。一是用字需要,在原字基础上增加示意符号以区别原字,如"公卿之卿、鄉党之鄉、饗食之饗,皆为一字,后世析而为三。"[④]二是"古文本一字,为后世写讹而别为二字甚多,幸古谊尚存,乃得证误,俎且其一例也"[⑤]。

如"庸",王国维认为"庸"即"亯",与"章(墉)"、"郭"古同为一字。商承祚深以为然,并明确指出三字通用的时代。在王氏所论基础上,列举毛公鼎、国差𦉜、召伯虎簋、柏簋盖等金文辞例和字形,又据古字书《玉篇》和《诗经》、《周易》、《礼记》等经典文献,将地下出土资料和纸质文献结合起来,从文字训诂角度进一步论证了"亯"由于词义的分化而在使用过程中析一为三。类似的例子还有"画划一字,划为后起"。

(三) 汉字讹变

汉字讹变是"古文字演变过程中,由于使用文字的人误解了字形与原义的关系,而将某些部件误写成意义不同的其它部件,以致造成结构上的错误的现象"[⑥],也是汉字演化的方式之一。商承祚对古文字被篡改致原貌多不存颇感痛心,对古文字形义被妄说尤有感触,曾言"结构任意,体多误合矣。""后世误形立说者,则未有不失之千里者矣"[⑦]。因此,在考释、梳理古文字时,极力辨正古文字被传写篡改的谬误,分

① 陈炜湛:《陈炜湛语言文字论集》,上海:上海古籍出版社,2005年,第186页。

② 王筠在《说文释例》卷八中说:"字有不须偏旁而义已足者,则其偏旁为后人递加也。其加偏旁而义遂异者,是为分别文。其种有二:一则正义为借义所夺,因加偏旁以别之者也(冉字之类)。一则本字义多,既加偏旁,则只分其一义也(伀字不足兼公侯义)。其加偏旁而义仍不异者,是谓累增字。其种有三:一则古义深曲,加偏旁以表之者也(哥字之类)。一则既加偏旁,即置古文不用者也(今用復而不用复)。一则既加偏旁而世仍不用,所行用者反是古文也(今用因而不用捆)。

③ 王宁主编:《汉字汉语基础》,北京:科学出版社,1997年,第133页。

④ 罗振玉:《增订殷虚书契考释》,见宋镇豪、段志洪主编《甲骨文文献集成》(第七册),成都:四川大学出版社,2001年,第98页。

⑤ 《说文中之古文考》,第158页。

⑥ 张桂光:《古文字论集》,北京:中华书局,2004年,第1页。

⑦ 《商承祚文集》,第212页。

析其讹误之由。商氏所论讹变有传写而讹、形近而讹、整齐而讹等三种情形[①]。

1. 传写而讹

传写而讹主要是文字在后世书写、传抄过程中，由于误书而造成的讹变。商承祚主要通过甲金文字与小篆的形体比较而得之，常直言"后世传写之误/失"。如："函"，甲骨文作，象倒矢在函中，右上部所从之为"其缄处，且所以持也。"商氏说"后世传写误而为，许君训舌，殆指此，谬于初意矣。""逃"，甲骨文作、、之形，"此象二人背逃之形，许书之，殆由写讹误"。甚确。马叙伦曰："甲文逃字作，传写讹变为，又为卜兆之义所据，加辵成逃矣。"[②]这是后世不明部件寓意而造成的书写之讹。

商承祚指出因传写而讹的字还有：丮，甲骨文作、、，"金文作（毛公鼎丁未角巩𡚱字偏旁），今篆文作，乃传误也。"㫃，甲骨文作、、，"金文作（㫃爵）、象杠与首之饰，即斿形，篆文作写误也。"皮，"《说文》古文作，籀文作，《汗简》引作、，所从之、、，乃之讹，又之讹。金文叔皮父簋作，者减钟作，可证。盗壶作，鉢文作，亦误为。"虤，甲骨文作，"角两虎对争之形，即许书虤之本字，后世传写误正，成虤，遂加贝字以别虤，微此几晦其初形。"

2. 形近而讹

形近而讹主要是由于文字的相关构件相似而在书写中将彼形误作此形造成的讹变。形近而讹既有同一文字系统内的讹误，也有不同文字系统之间的讹误。商氏常用"某与某形近易误"、"与……相混"等表述。如："攸"字，林义光释曰："按以为水省，不显。古作师嫠敦，作攸尊彝丁，从支从人，即修之古文。"[③]商氏将其甲骨文、金文、石刻和小篆进行比较，知甲骨文"攸"从人从支不从水，金文已改之从从支，至今本《说文》从水省，疑与形近而误，是也。商氏后在《说文中之古文考》补充："甲骨文作，金文王尊同，颂毁、伊毁作，师酉毁作，颂壶作。此从作者，其之讹欤。"[④]赵平安指出"新出文字资料与明拓本基本相同，因此当为的讹误。"[⑤]

3. 整齐而讹

甲骨金文的形体结构不固定，繁简并存，能左能右，或分或合，书写相当随意，增减偏旁往往因人因时而异。后人为求整饬美观，取其悦目，"或欲整齐，或欲茂美，变而离其宗矣。"[⑥]但由于不明文字最初取象义，而在整理、规范过程中造成讹误，商承祚常用"因整齐失其形"言之。相对于传写而讹和形近而讹，整齐而讹是有意为之。

商承祚曾言"象形为文字之始，及至后世，日归整齐，遂不能尽似，此古文与篆文

① 张桂光将讹变类型归纳为八种：因简省造成的讹变，因偏旁同化造成的讹变，因汉字表音化趋势造成的讹变，因割裂图画式结构造成的讹变，因相邻部件相交而与别的偏旁相似造成的讹变，因装饰性笔画造成的讹变，以文字形体附会已变化了的字义造成的讹变，受写刻条件、习惯影响造成的讹变。

② 马叙伦：《说文解字六书疏证》(一)，上海：上海书店，1985 年，第 158 页。

③ 林义光：《文源》，见刘庆柱、段志洪、冯时主编《金文文献集成》(第十七册)，北京：线装书局，2005 年，第 513 页。

④ 《说文中之古文考》，第 28 页。

⑤ 赵平安：《〈说文〉小篆研究》，南宁：广西教育出版社，1999 年，第 51 页。

⑥ 王筠：《说文释例》，北京：中华书局，1987 年，第 118 页。

之分也。"①甲骨文的"马"其形虽屡变,"然一望而知其为马也。至周文字日趋整齐,愈变愈不肖"。进而总结了文字形体发展的一般规律:早期文字尤其是象形文字在由图画式结构向线条化演变过程中,为求整饬美观,日趋整齐,愈变愈难以窥见其最初形态,故而不明其取象义而造成讹误。商承祚明确指出因整齐失其形的例子还有:猴,"案猴乃后起字,其本体疑即《说文》训'母猴属'之禺。今篆作者,整齐失其形也。"为,"甲骨文作,金文宗妇毁作,石鼓文同,皆象以手牵象助劳之意。金文后变作、昌鼎、公伐郐钟,形已失。小篆整齐之作为,以人手为兽爪,象形为猴形,古文无所取义。"仆,"甲骨文仆作,从两手捧,似箕内盛有粪土之形。金文将箕置头上,又变其笔势。古文省略为,小篆又整齐之为。金文史仆壶作,趞簋作。奴仆从箕,示执贱役,逐步省误,由来已久,不自汉魏始矣。"

三、汉字结构方式

汉字创制问题在汉字学史上是藉"六书"之名而发生发展的,千百年来,"六书"定名、次第以及是否为造字法问题一直是文字学界探讨的重要问题。《说文》首次总结六书条例,虽无"六书"为造字法之论断,但文字学家一直认为"六书"理论是文字发生理论。如戴侗提出"五书造字,假借用字"②说。杨慎提出"四经二纬"③说。戴震提出"四体二用"④说。商承祚在继承前人研究的基础上,对"六书"的性质、作用和相关概念亦做过一些探讨。他说:"殷去古未远,文字简略,每多象形及简体表示之字以达其意。亦文字不足于用之征也。后世文字日繁,乃相孳乳,反虑其多而难识别,于是立六书以纳之。""人事日繁,则文字必孳乳繁变,若无系统以归纳之,则紊淆而不可究诘。此六书之所以应时产生,亦必然之趋势也。"⑤

商氏之意,"六书"是应文字发展之需产生的,是文字发展的必然趋势,旨在识别日益繁多的汉字。从性质上看,"六书"是文字孳乳繁变的系统归纳方法,而非造字方法。较传统的六书理论来说,这种看法独到,为一些学者所认同。如于省吾曰:"六书者,乃后人用归纳方法把所有文字划分为六个范畴。"⑥

商承祚认为自汉代兴起的"六书"理论可以用来释读、分析较小篆古老的甲金文字,故在《甲骨文字研究》(下篇)开篇中说:"凡读古文字,欲求易于贯彻,有条不紊,六

① 《甲骨文字研究》,第107页。

② 戴侗曰:"书始于象形、指事,变而为转注、会意、谐声、假借,谓之六书,文字之原也。独立为文,判合为字。文立而字孳,天地万物之载孰有外于是者。""五者犹不足以尽变,故假借以通之,而后文字之用备焉。"

③ 杨慎于《六书索隐》中说:"六书,象形居一,象事居二,象意居三,象声居四。假借此四者也,转注此四者也。四象为经,假借、转注为纬。"

④ 戴震曰:"指事、象形、形声、会意四者,字之体也;转注、假借两者,字之用也。"

⑤ 《甲骨文字研究》,第97—106页。

⑥ 于省吾:《甲骨文字诂林》,北京:中华书局,1996年,第445页。

书当矣。”“六书”中，商承祚明确提及象形、指事、会意、假借四种①。

1. 象形

从汉字构造形式来看，商承祚把象形排在第一位，认为其为造字之本。曾言“以象其物之形故曰象形，乃文字之始”②。换言之，象形即汉字的“字形”“象”“物”之形，“象”为动词，“形”为物形——且从他所考释的古文字实例来看——为实物之形。“比如象山形，象水形，象草形，象鹿形；人体的（手）、（耳）、（口）、（目）莫不皆然。”都是从具体的物构成其形，而不是抽象的，是由图画“经过后人不断的删繁就简，去掉其不必要的部件，保留其突出特点，乃成为轮廓式的线条象形文字。”

商承祚亦言“象形是文字之始，及至后世，日归整齐，遂不能尽似，此古文与篆文之分也。殷文象形之字，亦不多遘，其习见者，以鸟兽之形为伙。而一字之中，又或象形兼会意，知商时文字已不能统一矣。”此论有其合理性，但是否符合所有文字发展的史实还有待研究③。商氏《甲骨文字研究》共考释了5类149个象形字，其中天象地文象形15个、人体象形31个、动物象形31个、植物象形10个、器物象形62个。

2. 指事

商承祚明确指出指事“乃象形文中附有符号之字”，由于“事空虚不可象，必丽于形而后乃能明示其谊。”在他看来，象形字只能“象”实物之形，而空虚之“事”无形可象，故须在象形文字基础之上附加符号而成指事之字。这是对的，“象形和指事之别，物有形，故可象，事无形，故须有所指以见意。”④也即“在用象形方法难以表示事物特点时，利用标记符号的方法，指出所记事物的要点，将已有之图形与已有之记号相互嫁接，通过图形与记号的关系呈现物象涵义，从而‘视而可识，察而见意’。”⑤

然指事和会意常淆然不分，商氏指出，指事字和会意字区别在于起标识作用的符号无定形，“指事字与会意别者，以所指之标识无定形，似会意而实非也。”如“天在人上，故绘人形，后作一注或两画以指其处，只求表见其意，故不拘于一形。”信然。如“夫”和“立”，甲骨文分别写作“”和“”，《说文·夫部》：“夫，丈夫也。从大，一以象簪也。”《说文·立部》：“立，住也。从大，立一之上。”两字皆从“大”（即“人”），皆以“一”为标识符号。作为标识记号的“一”并不表示特定的所指，也无固定的位置，在“夫”字中表示簪，在“立”字中表示地。商氏《甲骨文字研究》共考释了33个指事字。

---

① 商承祚在《甲骨文字研究》中说“转注一门于殷无征，故付阙如，而言其五。”然该书只涉及到象形、指事、会意三种，未见形声、假借。在《商承祚文集》和《石刻篆文编》中虽提到过假借，但其所指的假借主要是用字方面，与汉字的构造方式无涉。

② 《甲骨文字研究》，第107页。

③ 宋人郑樵在《通志》中曰：“六书也者，象形为本。”把象形排在第一位。清人王筠则将象形与指事并重，他在《说文释例》中说：“案：会意形声，诚为继起。若象形指事，各立门户，相对相当，不可分本末。特以虚实论之，形先事后耳。似不可言为本。”于省吾说：“六书次序以指事象形为首，但原始指事字一与二三亖积画之出现，自当先于象形字，以其简便易为也。”象形是否为文字之始不能一概而论。

④ 《甲骨文字诂林》，第445页。

⑤ 吴慧：《论汉字构形的整体联系性》，《重庆邮电大学学报》（社会科学版），2007年第1期，第116—119页。

3. 会意

会意,《说文》释为:“比类合谊,以见指撝。”商承祚将会意与指事、象形进行比较、辨析后,对其特点进行了归纳:会意字以象形为本,在象形字的基础之上增加一个人为的意义,由此及彼,由外及里地产生另一种新义。象形重在“形”,指事重在“事”,会意重在“意”。会意字有独体会意和合体会意之分,一事能明其意则为独体会意,“如夫为指事字,而到(倒)之则为意。正为指事字,而反之则为意,此独体会意也。”须借助他事之意并比附贯合而成新一意者为合体会意。“如止戈为武,人言为信。止之于武,人之于信,其意悬绝,而合止于戈,合人于言,则武信之意乃昭焉。此会意之字所以必具合体,而所合之两体,又必具有两意使能贯合而成一意者也。”①

商承祚认为要理解会意字,“须与其他的偏旁联系起来思考,才能理解其涵义所在。象形与会意主要区别在于此。”他还曾指出区别象形字和会意字,不能从字的表面现象来判断,而要从内在因素进行分析。进而把构成会意字的各个部件看作一个整体,相合相资,而别铸造一个新义。这种看法抓住了会意字的精髓,会意是“一体不足以见其义,故必合二字以成字”,“合二字三字之义,以成一字之义”。商氏《甲骨文字研究》共考释了214个会意字。

4. 假借

商承祚未对假借做过具体界定,在《甲骨文字研究》中也未列假借之条,但在《石刻篆文编》中举例说明了假借大量存在的事实②。在《研究甲骨文字应该注意的一个问题》一文中,他从甲骨文字用例推论假借早已大量存在,来源很早,且不止始于商朝,分析产生假借的原因在于“当初文字少,不够用”,进行假借的条件是“音义皆要相近”,否则就叫别字,当然“先可没如此的严格。”尽管不清楚事实上何以“在多数合于声就算数,又有连声都不合的”情况下也能假借。他认为假借是研究甲骨文字应该明了的一个问题。③ 在商承祚具体运用假借来考释古文字的实例中,即是结合所释字之上下文语境,利用音同假借。当然,商氏所谓假借“音义皆要相近”有失偏颇,假借有多种,不能一概而论。

“六书”是基于小篆字形总结归纳出来的汉字结构方式。但由于甲骨文与小篆分属于不同的文字系统,其结构方式也就可能“因其作法不同,而所属之六书亦异。”④商承祚以发展的眼光灵活运用六书理论分析甲骨文字的偏旁结构,考释出了不少新字,也指出了后世不少字形讹误之字。

(作者单位:江西师范大学国际教育学院)

---

① 《甲骨文字研究》,第177—178页。

② 商承祚还在《石刻篆文编》序中说:“在魏三体石经古文中用假借字也极为普遍,如借肤为卢,借奠为郑,借工为功,借才为在,借兽为狩,借奡为傲,借戠为捷,借麋为迷,借垣为咺,借昜为阳,这些假借字,有的见于商周古文,有不少是我们第一次看到的,他们尽量去借用原有的文字而不去独创新字,足以说明其古文不是臆造的。”

③ 《商承祚文集》,第93页。

④ 王国维:《观堂集林》,北京:中华书局,1959年,第282页。

《古籍研究》征稿启事

一、《古籍研究》创刊于1987年,现已出版65卷。在学界同仁的大力支持下,已成为古籍整理与研究领域有较大影响的学术阵地。本刊每年出版两期,欢迎学界同仁惠赐稿件。

二、本刊主要刊发与古籍整理和研究相关的各种专门性论文。书评和研究综述亦适量刊载。来稿内容必须原创,不存在版权问题。

三、本刊欢迎电子投稿,请将稿件WORD文档投至本刊专用邮箱gujiyanjiu@aliyun.com。如稿件中造字、图表等不能正常显示,须同时投寄PDF文件或纸质稿。请勿一稿多投,勿寄个人。

四、来稿请遵从本刊格式规范,并请在文末注明作者姓名、单位名称、职称、详细通讯地址、电子邮箱和电话,以便联系。

五、本刊稿件由相关领域专家匿名评审。稿件被采用者,将发给录用通知。如稿件寄达后三个月内未收到本刊采用通知,可自行处理。来稿一般不退。

六、本刊不向作者收取任何版面费、审稿费等费用。来稿刊出后,本刊即奉上薄酬,同时寄赠样刊两册。

七、本刊通讯地址:安徽省合肥市肥西路3号安徽大学文学院《古籍研究》编辑部。邮编:230039。

附:稿件要求及格式规范

1. 来稿要求一般不少于4000字,题目不超过20个字,副标题不超过18个字。

2. 来稿文字须用繁体字,横排,标点符号和计量单位须符合最新国家规范和标准。

3. 来稿请按如下顺序排版:论文标题,作者姓名,正文,作者简介,联系电话和电子邮箱。

4. 来稿若属课题研究成果,请在首页用脚注标明课题名称和课题号。示例如下:

国家社会科学基金重大项目:现存元人著作(汉文部分)总目提要

(12&ZD157)

5. 本刊文后不列参考文献,注释一律采用脚注形式,以阿拉伯数字顺序编码,圈码(①②……)标引。古代文献的作者请在朝代外加圆括号。译著须标明原著者国籍,并在国籍外加方括号。引文出处要求按顺序依次准确标明:作者、书(篇)名、出版地或刊物名称、时间及页码。示例如下:

著作:

① 钱钟书:《管锥编(一)》,北京:三联书店,2007年,第36页。

② (元)陶宗仪:《南村辍耕录》,北京:中华书局,1959年,第181页。

③ (古罗马)玛克斯·奥勒留:《沉思录》,梁实秋译,南京:译林出版社,2012年,第10页。

论文:

④ 章培恒:《〈桃花扇〉与史实的巨大差别》,《复旦学报》(社科版),2010年第1期,第15页。

⑤ 任继愈:《朱熹与宗教》,《皓首学术随笔·任继愈卷》,北京:中华书局,2006年,第26页。

⑥ 程毅中:《古籍数字化须以古籍整理为基础》,《光明日报》,2013年4月30日,第6版。

文章多次引用同一论著,第一次出现时用上述格式标注,再次出现时只需标注论著名称和页码,示例如下:

⑦《管锥编(一)》,第38页。

《古籍研究》编辑委员会

2017年10月